Die Änderungen der Außenbereichsvorschrift des § 35 BauGB
durch das Europarechtsanpassungsgesetz Bau

Regensburger Beiträge zum Staats- und Verwaltungsrecht

Herausgegeben von Gerrit Manssen

Band 17

PETER LANG

Frankfurt am Main · Berlin · Bern · Bruxelles · New York · Oxford · Wien

Astrid Kühne

Die Änderungen der Außenbereichsvorschrift des § 35 BauGB durch das Europarechtsanpassungsgesetz Bau

PETER LANG
Internationaler Verlag der Wissenschaften

Bibliografische Information der Deutschen Nationalbibliothek
Die Deutsche Nationalbibliothek verzeichnet diese Publikation in der Deutschen Nationalbibliografie; detaillierte bibliografische Daten sind im Internet über http://dnb.d-nb.de abrufbar.

Zugl.: Regensburg, Univ., Diss., 2010

Gedruckt auf alterungsbeständigem,
säurefreiem Papier.

D 355
ISSN 1860-319X
ISBN 978-3-631-60892-0

www.peterlang.de

Vorwort

Seit dem 20.07.2004 ist das Gesetz zur Anpassung des Baugesetzbuchs an EU-Richtlinien (Europarechtsanpassungsgesetz Bau – EAG Bau) vom 24.06.2004 geltendes Recht in der Bundesrepublik Deutschland. Diese Arbeit befasst sich vorrangig mit den weitreichenden Änderungen in der Außenbereichsregelung durch das Europarechtsanpassungsgesetz Bau, wie sie sich ab dem Gesetzgebungsverfahren bis zur aktuellen Anwendung darstellen. Auf dieser Basis sollen mögliche Auswirkungen aufgezeigt sowie erforderliche Korrekturanregungen gegeben werden.

Vorab bedarf es jedoch einer Schilderung des in Jahrhunderten gewachsenen und aufgrund mehrerer Zielsetzungen und Erfahrungswerten herausgearbeiteten öffentlichen Baurechts im Hinblick auf die Außenbereichsvorschrift, da die historische Entwicklung der Regelung des Außenbereichs sowohl für das inhaltliche als auch systematisch Verständnis des heutigen § 35 BauGB unerlässlich ist.

Anhand dessen wird ersichtlich, dass etliche Reformvorstellungen bezüglich der Außenbereichsregelung bereits in den Jahren zuvor angedacht waren. Die Leitvorstellung des Baugesetzbuchs, den Außenbereich, der den weitaus größten Teil der Fläche Deutschlands einnimmt, von baulichen Anlagen freizuhalten, soweit diese nicht in den Außenbereich gehören, behielt dabei nach wie vor ihre Gültigkeit.

Die Abhandlung ist von der Juristischen Fakultät der Universität Regensburg als Dissertation angenommen worden.

Ein besonderer Dank gilt meinem Doktorvater, Herrn Prof. Dr. Gerrit Manssen, der die thematische Idee für diese Arbeit entwickelt hat, die Arbeit betreut und in vielfältiger Weise mit seinem Rat begleitet hat. Ebenso danke ich herzlichst Herrn Prof. Dr. Steiner, der das Zweitgutachten erstattet und mich immer unterstützt hat.

Regensburg, 10.05.2010 Astrid Kühne

Inhaltsverzeichnis

1. Kapitel: Einleitung 21

A. Anlässe für die Novellierung des Baugesetzbuchs durch das Europarechtsanpassungsgesetz Bau 21

B. Vorbereitungsmaßnahmen und Gesetzgebungsverfahren 23

C. Überblick über die Änderungen durch das Europarechtsanpassungsgesetz Bau 26

2. Kapitel: Geschichtliche Entwicklung des Bauens im Außenbereich 29

A. Die Entwicklung des Baurechts bis zum Zeitalter des Liberalismus 29

B. Die Ordnung des Bauens gegen Ende des 18. Jahrhunderts 29

C. Das öffentliche Baurecht im 19. Jahrhundert 30

- I. Die preußischen Ansiedlungsgesetze 31
- II. Die Fluchtliniengesetzgebung 32

D. Die baurechtlichen Gesetze in der ersten Hälfte des 20. Jahrhunderts 33

- I. Die bedeutendsten Bauordnungen der Länder im ersten Drittel des 20. Jahrhunderts 33
- II. Die bodenrechtlichen Bestimmungen der Weimarer Reichsverfassung 35
- III. Die bodenrechtlichen Bestrebungen während des Nationalsozialismus 36
  - 1. Das Wohnsiedlungsgesetz aus dem Jahre 1933 36
  - 2. Die Bauregelungsverordnung von 1936 als Vorläufer des Bundesbaugesetzbuchs im Hinblick auf Außenbereichsvorhaben 37

E. Die Entwicklung des Baurechts nach dem Zweiten Weltkrieg 38

F. Das Bundesbaugesetz von 1960 40

- I. Entstehungsgeschichte und Vorarbeiten 40
- II. Das Regelungswerk des Bundesbaugesetzes speziell im Hinblick auf den Außenbereich 42
  - 1. Der Begriff des Außenbereichs 42
  - 2. Die Systematik des § 35 BBauG 1960 43
    - a) Die privilegierten Vorhaben nach § 35 Abs. 1 BBauG 1960 43
    - b) Die sonstigen Vorhaben nach § 35 Abs. 2 BBauG 1960 45

c) Die Beeinträchtigung öffentlicher Belange nach § 35 Abs. 3 BBauG 1960 46
G. Die Bundesbaugesetz-Novelle 1976 47
I. Gründe für die Änderung des Bundesbaugesetzes 47
II. Die Änderungen der Außenbereichsvorschrift durch das Bundesbaugesetz 1976 48
1. Änderung in § 35 Abs. 1 Nr. 1 BBauG 1976 durch Ausdehnung des Landwirtschaftsbegriffs nach § 146 BBauG 1976 48
2. Privilegierung unechter Altenteilerhäuser in § 35 Abs. 1 Nr. 2 BBauG 1976 49
3. Erweiterung der beeinträchtigten öffentlichen Belange in § 35 Abs. 3 BBauG 1976 50
4. Einführungen von Sondervorschriften in § 35 Abs. 4 – 7 BBauG 1976 51
a) Die Teilprivilegierung nach § 35 Abs. 4 BBauG 1976 51
b) Die teilprivilegierten Vorhaben in § 35 Abs. 5 BBauG 1976 53
c) Die Teilprivilegierung nach § 35 Abs. 6 BBauG 1976 54
d) Die Regelung in § 35 Abs. 7 BBauG 1976 55
H. Das Bundesbaugesetz aus dem Jahre 1979 55
I. Anlass und Vorbereitungen für die Beschleunigungsnovelle 1979 . 55
II. Die Änderungen durch § 35 BBauG 1979 57
1. Die neuen Teilprivilegierungen für bauliche Erweiterungen von Wohngebäuden in § 35 Abs. 5 S. 1 Nr. 4a und b BBauG 1979 58
2. Die neue Begünstigung nach § 35 Abs. 5 S. 1 Nr. 5 BBauG 1979 bei baulicher Erweiterung von Gewerbebetrieben 59
I. Das Baugesetzbuch 1986 60
I. Gründe und Eckdaten für das Baugesetzbuch 1986 60
II. Änderungen der Außenbereichsvorschrift 60
1. Die Änderung in § 35 Abs. 1 Nr. 1 BBauG 1986 durch Erweiterung des Landwirtschaftsbegriffs 60
2. Aufnahme der Kernenergie als privilegiertes Vorhaben 61
3. Änderungen des Katalogs der öffentlichen Belange 62
4. Berücksichtigung der Ziele der Raumordnung und Landesplanung durch den neu angefügten § 35 Abs. 3 S. 3 BauGB 1986 .. 62
5. Die Neufassung des Katalogs der begünstigten Vorhaben 63
a) § 35 Abs. 4 S. 1 Nr. 1 BauGB 1986 – Nutzungsänderung baulicher Anlagen 64
b) § 35 Abs. 4 S. 1 Nr. 2 BauGB 1986 – Neuerrichtung abgängiger Wohngebäude 64

c) § 35 Abs. 4 S. 1 Nr. 3 BauGB 1986 – Ersatzbau zerstörter Gebäude 64
d) § 35 Abs. 4 S. 1 Nr. 4 BauGB 1986 – Änderung kulturell prägender Gebäude 65
e) § 35 Abs. 4 S. 1 Nr. 5 BauGB 1986 – Erweiterung von Wohngebäuden 65
f) § 35 Abs. 4 S. 1 Nr. 6 BauGB 1986 – Erweiterung von Gewerbebetrieben 65
g) § 35 Abs. 4 S. 2 BauGB 1986 – Zulässigkeit geringfügiger Abweichungen 66
h) § 35 Abs. 4 S. 3 BauGB 1986 – Erleichterte Erweiterung auf zwei Wohnungen 66
6. Die Verpflichtung zum schonenden Bauen im Außenbereich nach § 35 Abs. 5 BauGB 1986 66
J. Änderungen durch das Wohnungsbau-Erleichterungsgesetz i. V. m. dem Maßnahmegesetz zum Baugesetzbuch von 1990 67
I. Eckdaten des Maßnahmegesetzes zum Baugesetzbuch von 1990 ... 67
II. Änderungen der Regeln über das Bauen im Außenbereich 69
1. Erleichterte Nutzungsänderung aufgegebener land- bzw. forstwirtschaftlicher Gebäude zu Wohnzwecken, § 4 Abs. 3 BauGB-MaßnahmeG 1990 70
2. Die Außenbereichssatzung gemäß § 4 Abs. 4 BauGB-MaßnahmeG 1990 72
K. Modifizierungen durch das Investitionserleichterungs- und Wohnbaulandgesetz 1993 75
I. Anlässe und Zielsetzungen des Investitionserleichterungs- und Wohnbaulandgesetzes 1993 75
II. Modifizierung der Vorschriften über das Bauen im Außenbereich durch das Maßnahmegesetz zum Baugesetzbuch 1993 77
1. Änderungen durch § 4 Abs. 3 BauGB-MaßnahmeG 1993 77
a) § 4 Abs. 3 BauGB-MaßnahmeG 1993 i. V. m. der dortigen Fassung des § 35 Abs. 4 S. 1 Nr. 1 BauGB – Nachfolgenutzung ehemals landwirtschaftlicher Gebäude 77
b) § 4 Abs. 3 BauGB-MaßnahmeG 1993 i. V. m. der danach anzuwenden Fassung des § 35 Abs. 4 S. 1 Nr. 2 BauGB – Neuerrichtung abgängiger Wohngebäude bei baulichen Missständen 79
2. Verlängerung der Anwendbarkeit von Außenbereichssatzungen nach § 4 Abs. 4 BauGB-MaßnahmeG 1993 80
L. Das Änderungsgesetz zum Baugesetzbuch von 1996 81

I. Zielsetzung und Gründe für das Änderungsgesetz 1996 ... 81
II. Neuerungen für Außenbereichsvorhaben durch das Baugesetzbuch 1996 ... 83
1. Aufnahme von Anlagen der Wind- und Wasserenergie in den Privilegierungstatbestand, § 35 Abs. 1 Nr. 7 BauGB 1996 ... 84
2. Planvorbehalt zugunsten der Gemeinden und der Landesplanung nach § 35 Abs. 3 S. 3 BauGB 1996 ... 84
3. Aussetzungsmöglichkeit bei Windenergieanlagen gemäß § 245b BauGB 1996 ... 86
M. Erweiterungen durch das Bau- und Raumordnungsgesetz 1998 ... 87
I. Anlass und Gesetzgebungsverfahren des Bau- und Raumordnungsgesetzes 1998 ... 87
II. Neufassung des Außenbereichsparagraphen durch das Bau- und Raumordnungsgesetz 1998 ... 88
1. Definition des Außenbereichs ... 89
2. Änderungen im Privilegierungstatbestand § 35 Abs. 1 BauGB 1998 ... 89
a) Privilegierung gartenbaulicher Betriebe gemäß § 35 Abs. 1 Nr. 2 BauGB 1998 ... 89
b) Streichung der Privilegierung von Landarbeiterstellen gemäß § 35 Abs. 1 S. 1 Nr. 3 BauGB 1986 verbunden mit der redaktionellen Änderung des § 35 Abs. 1 Nr. 3 BauGB 1998 ... 91
3. Klarstellung in § 35 Abs. 2 BauGB 1998 ... 91
4. Änderungen in § 35 Abs. 3 BauGB 1998 ... 92
a) Aufnahme von Darstellungen eines Landschaftsplanes oder sonstigen Plans als öffentlicher Belang in § 35 Abs. 3 S. 1 Nr. 2 BauGB 1998 ... 92
b) Ergänzungen in § 35 Abs. 3 S. 1 Nr. 5 BauGB 1998 ... 93
c) Änderungen in § 35 Abs. 3 S. 1 Nr. 6 BauGB 1998 ... 93
d) Anpassungen in § 35 Abs. 3 S. 2 BauGB 1998 ... 94
e) Ausdehnung der Konzentrationsklausel durch § 35 Abs. 3 S. 3 BauGB 1998 ... 94
5. Änderungen der Teilprivilegierungsregelungen für Außenbereichsvorhaben nach § 35 Abs. 4 BauGB 1998 ... 95
a) § 35 Abs. 4 S. 1 BauGB 1998 – Teilprivilegierungen ... 95
b) Neuerungen in § 35 Abs. 4 S. 1 Nr. 1 BauGB 1998 für begünstigte Änderungen landwirtschaftlich genutzter Gebäude 95
c) Ersatzbau für mängelbehaftete Wohngebäude gemäß § 35 Abs. 4 S. 1 Nr. 2 BauGB 1998 ... 100

d) Erweiterung von Wohngebäuden nach § 35 Abs. 4 S. 1 Nr. 5 BauGB 1998 100
6. Ausführungs- und Sicherungsmaßnahmen in § 35 Abs. 5 BauGB 1998 100
7. Die Außenbereichssatzung nach § 35 Abs. 6 BauGB 1998 101
N. Die Baugesetzbuch-Novelle 2001 103
O. Zusammenfassung der historischen Entwicklung 104

3. Kapitel: Novellierung der Außenbereichsregelung im Baugesetzbuch durch das „Europarechtsanpassungsgesetz Bau" 107
A. § 35 Abs. 1 Nr. 1 i. V. m. § 201 BauGB 2004 – Änderung des Landwirtschaftsbegriffs 107
I. Vorschlag der Unabhängigen Expertenkommission 107
II. Gesetzesentwurf der Bundesregierung 109
III. Stellungnahme des Bundesrates 109
IV. Gegenäußerung der Bundesregierung 110
V. Stellungnahmen der Planspielstädte 110
VI. Empfehlungen der Ausschüsse 111
VII. Der Landwirtschaftsbegriff gemäß § 201 BauGB 2004 112
VIII. Zusammenfassung 116
IX. Beurteilung 117
B. § 35 Abs. 1 Nr. 6 BauGB 2004 – Privilegierung von Biomasseanlagen . 120
I. Sinn und Zweck der eigenständigen Privilegierung von Biomasseanlagen 120
II. Ansicht der Unabhängigen Expertenkommission 122
III. Gesetzesentwurf des Bundesministeriums für Verkehr, Bau- und Wohnungswesen 123
IV. Kritik seitens Biogas-Verbänden 125
V. Die Privilegierungsregelung von Biomasseanlagen nach dem Gesetzesentwurf der Bundesregierung 125
VI. Stellungnahme des Bundesrates zum Regierungsentwurf 126
VII. Gegenäußerung der Bundesregierung 127
VIII. Planspielergebnisse 127
IX. Beschlussempfehlung des Ausschusses für Verkehr, Bau- und Wohnungswesen 128
X. Empfehlungen des Agrarausschusses 129
XI. Vom Gesetzgeber beschlossene Privilegierung von Biomasseanlagen 129
1. Tatbestand des § 35 Abs. 1 Nr. 6 BauGB 2004 130

a) Energetische Nutzung von Biomasse und Anschluss an das öffentliche Versorgungsnetz, § 35 Abs. 1 Nr. 6 BauGB 2004 130
aa) Definition von Biomasse 130
bb) Energetische Nutzung von Biomasse 132
cc) Biomasseanlagen sowie deren Anschluss an das öffentliche Versorgungsnetz 133
b) Nutzung im Rahmen eines Betriebs, § 35 Abs. 1 Nr. 6 BauGB 2004 134
aa) Betrieb i. S. v. § 35 Abs. 1 Nr. 1, 2 oder 4 (tierhaltend) BauGB 2004 134
bb) Tatbestandsmerkmal „im Rahmen" eines Betriebs 135
cc) Klärung des Wortes im Rahmen „eines" Betriebs 139
c) Räumlich-funktionaler Zusammenhang der Biomasseanlage mit dem Betrieb, § 35 Abs. 1 Nr. 6a BauGB 2004 144
aa) Sinn und Zweck von § 35 Abs. 1 Nr. 6a BauGB 2004 144
bb) Zusammenhang mit „dem Betrieb" 145
cc) Zusammenhang in räumlicher Hinsicht 145
(1) Bezugspunkte für einen räumlichen Zusammenhang . 145
(2) Reichweite des räumlichen Zusammenhangs 148
dd) Funktionaler Zusammenhang 149
d) Herkunft der Biomasse i. S. v. § 35 Abs. 1 Nr. 6b BauGB 2004 150
aa) Definition des Begriffs „überwiegend" 151
bb) Kooperationsbetriebe 153
cc) Merkmal der „nahe gelegenen" Betriebe 154
(1) Sinn und Zweck des Merkmals 154
(2) Auslegung des Kriteriums „nahe gelegene" Betriebe 155
dd) Klärung des Erfordernisses „aus" dem Betrieb oder „aus" diesem und nahe gelegenen Betrieben „stammt" .. 158
e) Zulässigkeit einer Anlage je Hofstelle oder Betriebsstandort, § 35 Abs. 1 Nr. 6c BauGB 2004 159
aa) Betrieb mit einer Hofstelle bzw. einem Betriebsstandort 159
bb) Betrieb mit mehreren Hofstellen bzw. Betriebsstandorten 160
f) Leistungsbegrenzung auf 0,5 MW gemäß § 35 Abs. 1 Nr. 6d BauGB 2004 164
2. Konkurrenzen 166

a) Verhältnis der Neuprivilegierung zu anderen Privilegierungstatbeständen für die Zulässigkeit von Biomasseanlagen ... 166
aa) Spezialität von § 35 Abs. 1 Nr. 6 BauGB 2004 gegenüber § 35 Abs. 1 Nr. 1 BauGB ... 166
bb) Keine Privilegierung von Biomasseanlagen mit einer höheren Leistung als i. S. v. § 35 Abs. 1 Nr. 6d BauGB 2004 über § 35 Abs. 1 Nr. 4 BauGB 2004 ... 167
b) Anwendbarkeit sonstiger bauplanungsrechtlicher Instrumente für die Zulassung von Biomasseanlagen ... 169
c) Verfahrensrechtliche Genehmigungen für Biomasseanlagen .. 169
XII. Zusammenfassung ... 170
XIII. Bewertung ... 172
1. Vorteile der Privilegierung energetischer Biomassenutzung ... 172
a) Förderung regenerativer und umweltfreundlicher Energieerzeugung ... 172
b) Wirtschaftliche Vorteile für Betreiber von Biomasseanlagen und Betriebsinhabern ... 173
c) Vorteil für Verbraucher ... 174
d) Stärkung der Wirtschaft ... 174
2. Negative Auswirkungen der Privilegierung von Biomasseanlagen ... 175
a) Biomasseanlage als gesundheitliche Gefahrenquelle ... 175
b) Umweltschäden ... 176
c) Zurückdrängung des Außenbereichschutzes ... 176
d) Geringe Energieversorgung ... 177
e) Verschärfung der Welternährungslage ... 177
f) Höhere Stromkosten für Verbraucher ... 177
g) Rechtliche Risiken für Betreiber von Biomasseanlagen ... 177
3. Ergebnis ... 178
C. § 35 Abs. 1 Nr. 5, 7 BauGB 2004 – privilegierte Vorhaben der Wind- und Wasserenergie sowie der Kernenergie ... 180
D. „Hochwasserschutz" als öffentlicher Belang ... 181
I. Öffentlicher Belang „Hochwasserschutz" gemäß § 35 Abs. 3 S. 1 Nr. 5 BauGB-Entwurf im Zuge des Europarechtsanpassungsgesetzes Bau ... 181
1. Überlegungen im Gesetzgebungsverfahren ... 181
2. Keine Umsetzung im Baugesetzbuch 2004 ... 181
II. Öffentlicher Belang „Hochwasserschutz" durch das Baugesetzbuch 2005 ... 182

1. Gesetzgebungsverfahren ... 182
2. Gesetzliche Normierung des Hochwasserschutzes als öffentlicher Belang in § 35 Abs. 3 S. 1 Nr. 6 Alt. 3 BauGB 2005 ... 183
3. Zusammenfassung und Beurteilung ... 184
E. § 35 Abs. 3 S. 1 Nr. 8 BauGB 2004 – öffentlicher Belang „Funktionsfähigkeit von Funkstellen und Radaranlagen" ... 185
I. Entwurf des Bundesministeriums für Verkehr, Bau- und Wohnungswesen ... 185
II. Kritik seitens des Bundesverbandes Windenergie ... 185
III. Entwurf eines Europarechtsanpassungsgesetzes Bau durch die Bundesregierung ... 186
IV. Stellungnahme des Bundesrates ... 186
V. Gegenäußerung der Bundesregierung ... 187
VI. Bericht des Ausschusses für Verkehr, Bau- und Wohnungswesen . 187
VII. Gesetzliche Normierung nach § 35 Abs. 3 S. 1 Nr. 8 BauGB 2004 187
VIII. Bewertung ... 188
F. § 35 Abs. 3 S. 2 BauGB 2004 – Raumordnungsklausel ... 192
G. § 35 Abs. 3 S. 3 i. V. m. §§ 5 Abs. 2b und 15 Abs. 3 BauGB 2004 – planungsrechtliche Steuerungsmöglichkeiten, insbesondere für Tierhaltungs-, Biomasse- und Windkraftanlagen ... 192
I. Vorschläge der Unabhängigen Expertenkommission ... 193
1. Darstellungsmöglichkeit von Eignungs- und Belastungsgebieten ... 194
2. Bausperre zur Sicherung der Flächennutzungsplanung ... 195
3. Ausweitung des bisherigen Planvorbehalts nach § 35 Abs. 3 S. 3 BauGB auf landwirtschaftliche Tierhaltungsanlagen ... 195
II. Gesetzesentwurf des Bundesministeriums für Verkehr, Bau- und Wohnungswesen ... 195
1. Planungsrechtliche Steuerung durch Darstellung von Eignungs- und Belastungsflächen mit entsprechender Ausschlusswirkung .. 196
2. Zurückstellungsmöglichkeit zur Sicherung der Planungsinstrumente ... 196
3. Anwendungsbereich des Planvorbehalts ... 196
III. Entwurf der Bundesregierung zur Anpassung des Baugesetzbuchs an das Europarechtsanpassungsgesetz Bau ... 197
1. Regelungen in §§ 5 Abs. 2 Nr. 11 und 12, 35 Abs. 3 S. 3 BauGB-RegE zur planungsrechtlichen Steuerung ... 197
2. Zurückstellung von Baugesuchen gemäß § 15 Abs. 3 und 4 BauGB-RegE ... 197
IV. Stellungnahme des Bundesrates zum Regierungsentwurf ... 198

V. Bewertung des Regierungsentwurfs durch den Bundesverband Windenergie 199
1. Kritik an der Figur „Belastungsfläche“ i. S. v. § 5 Abs. 2 Nr. 12 BauGB i. V. m. § 35 Abs. 3 S. 3 BauGB-RegE 199
2. Streichung der Darstellungsmöglichkeit „in sonstiger Weise“ in § 35 Abs. 3 S. 3 BauGB-RegE 199
3. Aufhebung der Zurückstellung von Baugesuchen nach § 15 Abs. 3 und 4 BauGB-RegE 200
VI. Gegenäußerung der Bundesregierung 200
VII. Ergebnisse des Planspiels zu den vorgesehenen Steuerungsmöglichkeiten 201
1. Stellungnahme zur Darstellungsmöglichkeit von Eignungsflächen 201
2. Bewertung der Darstellungsmöglichkeit von Belastungsflächen 201
3. Ergebnis über die Zurückstellung von Baugesuchen zur Sicherung der Flächennutzungsplanung 202
VIII. Beschlussempfehlung und Bericht des Ausschusses für Verkehr, Bau- und Wohnungswesen 202
1. Streichung der Ausweisungsmöglichkeiten von Eignungs- und Belastungsflächen unter Einführung sachlicher Teilflächennutzungspläne 202
2. Änderungen bezüglich der Zurückstellung von Baugesuchen nach dem vorgeschlagenen § 15 Abs. 3 und 4 BauGB-RegE 203
IX. Empfehlung der Ausschüsse 204
X. Kritik seitens des Fachverbandes Biogas 205
XI. Gesetzgewordene Regelungen im Baugesetzbuch 2004 zur planungsrechtlichen Steuerungsmöglichkeit 205
1. Einführung sachlicher Teilflächennutzungspläne nach § 5 Abs. 2b BauGB 2004 206
a) Geltungsbereich eines sachlichen Teilflächennutzungsplans 206
aa) Inhalt von sachlichen Teilflächennutzungsplänen 206
bb) Räumlicher Geltungsbereich eines sachlichen Teilflächennutzungsplans 207
b) Materielle Voraussetzungen eines sachlichen Teilflächennutzungsplans 212
c) Anwendbare Vorschriften auf § 5 Abs. 2b BauGB 2004 213
d) Rechtsfolgen 214
e) Verhältnis eines sachlichen Teilflächennutzungsplans zum (Gesamt-) Flächennutzungsplan 214
f) Rechtsschutz 216

2. Die in § 15 Abs. 3 BauGB 2004 neu geschaffene Zurückstellungsmöglichkeit ... 217
a) Voraussetzungen für eine Zurückstellung nach § 15 Abs. 3 BauGB 2004 ... 217
aa) Zurückstellungsfähiges und genehmigungsbedürftiges Vorhaben, § 15 Abs. 3 S. 1 BauGB 2004 ... 217
bb) Planaufstellungsbeschluss gemäß § 15 Abs. 3 S. 1 BauGB 2004 ... 219
cc) Notwendiger Regelungsgehalt ... 220
(1) Darstellungen i. S. v. § 35 Abs. 3 S. 3 BauGB 2004 220
(2) Bestimmung des räumlichen Geltungsbereichs ... 222
dd) Sachlicher Zurückstellungsgrund ... 222
ee) Antrag nach § 15 Abs. 3 S. 1 BauGB 2004 ... 224
(1) Frist zur Stellung des gemeindlichen Antrags, § 15 Abs. 3 S. 3 BauGB 2004 ... 225
(a) Begriff „Bauvorhaben" ... 226
(b) Kriterium „in einem Verwaltungsverfahren" ... 226
(c) Merkmal der „förmlichen Kenntniserlangung" .. 227
(aa) Klärung des Merkmals „förmlich" ... 227
(bb) Zeitpunkt der Kenntniserlangung bei unterschiedlichen Zuständigkeiten für Einvernehmenserklärung und Flächennutzungsplanung ... 228
(cc) Behandlung der Kenntniserlangung bei Identität von Baugenehmigungsbehörde und Gemeinde ... 228
(dd) Zurückstellungsantrag trotz Vorliegen des gemeindlichen Einvernehmens ... 229
(d) Berechnung der Antragsfrist in § 15 Abs. 3 S. 3 BauGB 2004 ... 232
(2) Rückstellungszeitraum nach § 15 Abs. 3 S. 1 BauGB 2004 ... 232
(3) Anrechnung auf den Rückstellungszeitraum, § 15 Abs. 3 S. 2 BauGB 2004 ... 234
(4) Art der Zustellung i. S. v. § 15 Abs. 3 S. 1 und 2 BauGB 2004 ... 237
b) Rechtsfolge ... 238
c) Rechtsschutz ... 239
d) Überleitungsrecht ... 240
e) Konkurrenzen ... 244

3. Die Änderungen zu § 35 Abs. 3 S. 3 BauGB 2004 245
XII. Zusammenfassung 247
1. Sachliche Teilflächennutzungspläne i. S. v. § 5 Abs. 2b BauGB 2004 247
2. Zurückstellungsmöglichkeit nach § 15 Abs. 3 BauGB 2004 248
3. Planvorbehalt nach § 35 Abs. 3 S. 3 BauGB 2004 250
XIII. Stellungnahme 251
1. Sachliche Teilflächennutzungspläne gemäß § 5 Abs. 2b BauGB 2004 251
a) Vorteile eines sachlichen Teilflächennutzungsplans 251
aa) Teilflächennutzungsplan bei keinem oder unwirksamem (Gesamt-) Flächennutzungsplan 251
bb) Teilflächennutzungsplanung trotz bereits vorhandenem (Gesamt-) Flächennutzungsplan 252
cc) Begrenzte Darstellungsmöglichkeiten 252
dd) Reduziertes Prüfprogramm 253
ee) Kostenersparnis 253
ff) Eingegrenzte Gerichtsanfälligkeit 253
gg) Teilflächennutzungsplan als Alternative zur Darstellung von Vorrangflächen 254
hh) Teilflächennutzungsplan als zusätzliches Planungsinstrument zur Regionalplanung 255
ii) Maßgeschneiderte Korrespondenznorm bei Zurückstellung nach § 15 Abs. 3 BauGB 2004 255
b) Nachteile eines sachlichen Teilflächennutzungsplans 255
aa) Nebeneinander von Teil- und Gesamtflächennutzungsplan 255
bb) Begrenzter Darstellungskatalog 256
cc) Rechtsanfälligkeit des neuen Planungsinstruments „sachlicher Teilflächennutzungsplan“ 256
dd) Stigmatisierung durch Windkraft 256
c) Bewertung des Novums „sachliche Teilflächennutzungspläne“ 257
2. Beurteilung des neuen Sicherungsinstruments gemäß § 15 Abs. 3 BauGB 2004 259
3. Quintessenz zum Planvorbehalt i. S. v. § 35 Abs. 3 S. 3 BauGB 2004 260
4. Zusammenfassende Bewertung der neuen Steuerungs- und Sicherungsmittel 262

H. § 35 Abs. 4 S. 1 Nr. 1c und d BauGB 2004 – begünstigte Nutzungsänderung eines Gebäudes i. S. v. § 35 Abs. 1 Nr. 1 BauGB 2004 263
I. Gesetzgebungsverfahren 263
1. Länderabweichungsklausel § 245b Abs. 2 BauGB 1998 bezüglich § 35 Abs. 4 S. 1 Nr. 1c BauGB 263
2. Zur Fristenregelung in § 35 Abs. 4 S. 1 Nr. 1d BauGB 1998 263
II. Gesetzgewordene Regelungen 264
1. Verlängerte Aussetzungsmöglichkeit nach § 245b Abs. 2 BauGB 2004 für die Frist nach § 35 Abs. 4 S. 1 Nr. 1c BauGB 264
2. Änderung der Fristenregelung gemäß § 35 Abs. 4 S. 1 Nr. 1d BauGB 2004 264
III. Zusammenfassung 265
1. Verlängerung der Länderabweichungsklausel gemäß § 245b Abs. 2 BauGB 2004 265
2. Geänderte Fristenregelung nach § 35 Abs. 4 S. 1 Nr. 1d BauGB 2004 265
IV. Bewertung 266
I. § 35 Abs. 5 S. 2 und 3 BauGB 2004 – Einführung einer Rückbauverpflichtung 267
I. Gesetzesentwurf des Bundesministeriums für Verkehr, Bau- und Wohnungswesen 267
II. Entwurf eines Europarechtsanpassungsgesetzes Bau durch die Bundesregierung 268
III. Bedenken und Anregungen seitens des Bundesverbandes Windenergie 268
IV. Stellungnahme des Bundesrates 269
V. Gegenäußerung der Bundesregierung 269
VI. Planspielergebnisse 270
VII. Bericht des Ausschusses für Verkehr, Bau- und Wohnungswesen ... 271
VIII. Empfehlungen der Ausschüsse 271
IX. Die gesetzlich normierten Regelungen zur Rückbauverpflichtung ... 272
1. Die Bestimmungen in § 35 Abs. 5 S. 2 und 3 BauGB 2004 272
a) Erklärung der Rückbau- und Entsiegelungsverpflichtung gemäß § 35 Abs. 5 S. 2 Hs. 1 BauGB 2004 272
aa) Einzelheiten zur Verpflichtungserklärung 272
(1) Rechtsnatur der verpflichtenden Erklärung 272
(2) Inhalt der Verpflichtungserklärung 273
(3) Form und Bestandteil der Erklärung 273
(4) Erklärungsverpflichteter 274
(5) Erklärungsempfänger 274

(6) Zeitpunkt des Vorliegens der Verpflichtungserklärung ... 275
bb) Regelungsbereich ... 275
cc) Dauerhafte Aufgabe der zulässigen Nutzung ... 277
dd) Begriff des Rückbaus und der Beseitigung der Bodenversiegelung ... 278
b) Rückbauverpflichtung bei Nutzungsänderung, § 35 Abs. 5 S. 2 Hs. 2 BauGB 2004 ... 279
aa) Übernahme der Rückbauverpflichtung, § 35 Abs. 5 S. 2 Hs. 2 Alt. 1 BauGB 2004 ... 279
bb) Fortfall der Rückbauverpflichtung, § 35 Abs. 5 S. 2 Hs. 2 Alt. 2 BauGB 2004 ... 280
c) Sicherstellung der Rückbauverpflichtung, § 35 Abs. 5 S. 3 BauGB 2004 ... 282
aa) Regelungsgehalt ... 282
bb) Empfänger der Sicherheitsleistung ... 282
cc) Auslegung der „Soll-Vorschrift“ ... 283
dd) Höhe der Sicherheitsleistung ... 284
ee) Arten von Sicherungsmittel ... 285
(1) Baulast als Sicherungsmittel ... 285
(2) Sicherstellung „in sonstiger Weise“ ... 285
(3) Verhältnis der Sicherungsmittel ... 287
ff) Zeitpunkt der Sicherstellung ... 289
2. Rechtsfolgen der Rückbauverpflichtung ... 290
a) Auswirkungen der Verpflichtungserklärung ... 290
b) Wirkung gegenüber Rechtsnachfolger ... 291
c) Eintritt der erklärten Verpflichtung ... 292
3. § 244 Abs. 7 BauGB 2004 als Überleitungsvorschrift zu § 35 Abs. 5 S. 2 BauGB 2004 ... 293
4. Konkurrenzen ... 294
X. Zusammenfassung ... 294
XI. Beurteilung ... 298
J. Die Außenbereichssatzung ... 300
I. Änderungen bei der Außenbereichssatzungssatzung durch das Baugesetzbuch 2004 ... 300
1. Bericht der Unabhängigen Expertenkommission ... 300
2. Entwurf des Bundesministeriums für Verkehr, Bau- und Wohnungswesen ... 301
3. Gesetzesentwurf der Bundesregierung ... 302
4. Kritik seitens der Kommunen ... 302

5. Beschlussempfehlung des Ausschusses für Verkehr, Bau- und Wohnungswesen 303
6. Die Änderungen gemäß § 35 Abs. 6 S. 4 – 6 BauGB 2004 304
a) Voraussetzungen für die Aufstellung einer Außenbereichssatzung, § 35 Abs. 6 S. 4 BauGB 2004 304
b) Verfahrensregelungen, § 35 Abs. 6 S. 5 BauGB 2004 305
c) Wegfall der Genehmigungsbedürftigkeit durch § 35 Abs. 6 S. 6 BauGB 2004; mögliches Anzeigeverfahren nach § 246 Abs. 1a Hs. 1 BauGB 2004 307
7. Überleitungsvorschriften 308
8. Zusammenfassung 310
9. Bewertung 312
II. Modifizierung der Regelung zur Außenbereichssatzung durch das Baugesetzbuch 2007 315
1. Erneute Novellierung des Baugesetzbuchs im Jahre 2007 315
2. Geänderte Verweisung nach § 35 Abs. 6 S. 5 BauGB 2007 316
3. Überleitungsrecht 317

4. Kapitel: Zusammenfassung der Änderungen der Außenbereichsvorschrift des § 35 BauGB durch das Europarechtsanpassungsgesetz Bau 319

5. Kapitel: Gesetzesfassungen – Außenbereichsvorschrift 325

Literaturverzeichnis 359

1. Kapitel: Einleitung

Seit dem 20.07.2004 ist das Gesetz zur Anpassung des Baugesetzbuchs an EU-Richtlinien (Europarechtsanpassungsgesetz Bau – EAG Bau) vom 24.06.2004 geltendes Recht in der Bundesrepublik Deutschland. Durch das Europarechtsanpassungsgesetz Bau wurde auch die Außenbereichsvorschrift des § 35 BauGB teilweise modifiziert. Der Landwirtschaftsbegriff für privilegierte landwirtschaftliche Vorhaben wurde geändert, für Biogasanlagen wurde ein eigener Privilegierungstatbestand eingeführt, die öffentlichen Belange wurden um die Funktionsfähigkeit von Funkstellen und Radaranlagen ergänzt, bei den begünstigten Vorhaben erfolgten einzelne Änderungen, bei nicht-landwirtschaftlich privilegierten Vorhaben wurde eine Rückbau- und Entsiegelungsverpflichtung und bei bestimmten privilegierten Außenbereichsvorhaben erweiternde Steuerungsmöglichkeiten über den Planvorbehalt durch sachliche Teilflächennutzungspläne und Zurückstellung von Baugesuchen eingeführt und auch bei der Außenbereichssatzung erfolgten mehrere Änderungen. Vor dem Hintergrund, dass der Außenbereich den weitaus größten Teil der Fläche Deutschlands einnimmt, beschäftigt sich die Arbeit mit der Frage, wie sich die Außenbereichsvorschrift im Hinblick auf ihre grundsätzlich außenbereichsschützende Wirkung und in ihrem Umfang durch die genannten Änderungen verändert hat.

A. Anlässe für die Novellierung des Baugesetzbuchs durch das Europarechtsanpassungsgesetz Bau

Unmittelbarer Anlass und maßgeblich bestimmend für den Zeitplan des Europarechtsanpassungsgesetzes Bau war die Notwendigkeit, das räumliche Planungsrecht in den Mitgliedsstaaten der Europäischen Union an die Vorgaben des europäischen Gemeinschaftsrechts anzupassen. Bei den zwingenden europarechtlichen Vorgaben handelte es sich zum einen um die auf Art. 175 Abs. 1 EGV[1] gestützte Richtlinie 2001/42/EG des Europäischen Parlaments und des Rates vom 27.06.2001 über die Prüfung der Umweltauswirkung bestimmter Pläne und

1 *Krautzberger/Stüer*, DVBl. 2004, 914 (915) m. w. N. zur Diskussion über Art. 175 Abs. 1 EGV als ausreichende Rechtsgrundlage.

Programme (sog. Plan-UP-Richtlinie)[2] und zum anderen um die Richtlinie 2003/35/EG des Europäischen Parlaments und des Rates vom 26.05.2003 über die Beteiligung der Öffentlichkeit bei der Ausarbeitung bestimmter umweltbezogener Pläne und Programme und zur Änderung der Richtlinie 85/337/EWG und 96/61/EG in Bezug auf die Öffentlichkeitsbeteiligung und den Zugang zu Gerichten (sog. Öffentlichkeitsbeteiligungs-Richtlinie[3]).[4] Die Plan-UP-Richtlinie zielte darauf ab, zur Förderung einer nachhaltigen Entwicklung ein hohes Umweltschutzniveau sicherzustellen, indem für bestimmte Pläne und Programme, die voraussichtlich erhebliche Umweltauswirkungen haben, eine Umweltprüfung durchgeführt wird, Art. 1 Plan-UP-Richtlinie. Dabei sollte eine Umweltprüfung mit einer umfassenden Bürgerbeteiligung nicht erst wie bisher bei der Zulassung des Projekts, sondern bereits auf der räumlichen Planungsebene erfolgen.[5] Gemäß Art. 13 Abs. 1 Plan-UP-Richtlinie musste diese europäische Richtlinie bis zum 20.07.2004 in nationales Recht umgesetzt werden. Eine nicht bzw. nicht rechtzeitig erfolgte Umsetzung der Plan-UP-Richtlinie in nationales Recht hätte zur Folge gehabt, dass die Richtlinie nach ständiger Rechtsprechung des Europäischen Gerichtshofs unmittelbar gegolten hätte. Zudem hätte eine fehlende Umsetzung der Richtlinie eine Vertragsverletzung dargestellt, so dass die Gefahr der Einleitung eines Vertragsverletzungsverfahrens nach Art. 226–228 EGV bestanden hätte.[6]

Die Pflicht zur termingerechten Umsetzung der Richtlinien durch Novellierung des Baugesetzbuchs nutzte der Gesetzgeber als Gelegenheit, im Sinne einer Gesamtnovellierung weitere Änderungen und Ergänzungen des Baugesetzbuchs vorzunehmen. Das Planungsrecht sollte vereinfacht werden, indem der gemeindlichen Planung ein einheitliches und übersichtliches Verfahren zur Verfügung gestellt werden sollte, um den aktuellen und künftigen komplexen Anforderungen an die räumliche Planung für ein modernes Städtebaurecht zur nachhaltigen Entwicklung in Deutschland gerecht werden zu können.[7]

---

2 ABl. EG Nr. L 197, S. 30.

3 ABl. EG Nr. L 156, S. 17.

4 *B. Stüer*, Städtebaurecht 2004, S. 10 f.; *W. Hoppe*, in: Hoppe/Bönker/Grotefels, Öffentliches Baurecht (3. Auflage), § 1, Rdnr. 17; vgl. auch BGBl. 2004 I, S. 1359, wo es in der amtlichen Fußnote heißt, dass das Europarechtsanpassungsgesetz Bau der Umsetzung der o. g. EU-Richtlinien dient.

5 *M. Krautzberger*, in: Spannowsky/Krämer, BauGB-Novelle 2004, 1 (3); *Bundesregierung*, Entwurf eines Europarechtsanpassungsgesetzes Bau, BT-Drs. 15/2250, S. 1.

6 *H.-D.Upmeier/C. Brandenburg*, Neues Baugesetzbuch 2004, S. 1; *Friege*, ThürVBl. 2005, 217 (217).

7 *Nebelsieck/Schmidt*, NordÖR 2004, 93 (93); *Söfker*, Institut für Städtebau 2004, 1 (1); *Stemmler*, in: Berliner Kommentar, Band I, Einführung EAG Bau, S. 1; *Berkemann/Halama*, in:

B. Vorbereitungsmaßnahmen und Gesetzgebungsverfahren

Die Vorarbeiten zur Umsetzung der Plan-UP-Richtlinie und damit das Gesetzgebungsvorhaben setzten alsbald nach Erlass der Richtlinie ein. Zunächst ließ das innerhalb der Bundesregierung zuständige Bundesministerium für Verkehr, Bau- und Wohnungswesen den Umfang des Umsetzungsbedarfs der Plan-UP-Richtlinie in nationales Recht mit Hilfe eines Gutachtens[8] klären. Zudem berief der damalige Bundesbauminister Kurt Bodewig noch im Dezember 2001 eine Unabhängige Expertenkommission mit dem Auftrag, ein Konzept zur Umsetzung der Plan-UP-Richtlinie zu entwickeln sowie Vorschläge zum weiteren Novellierungsbedarf bei den bauplanungsrechtlichen Regelungen zu erarbeiten. Den Vorsitz der Unabhängigen Expertenkommission hatte der frühere und langjährige Vorsitzende des 4. Senats des Bundesverwaltungsgerichts Prof. Dr. Günter Gaentzsch inne, der der Unabhängigen Expertenkommission auch seinen Namen gab – die sog. Gaentzsch-Kommission.[9] Nachdem der Unabhängigen Expertenkommission Anfang Februar 2002 die wesentlichen Ergebnisse des Gutachtens über den Umsetzungsbedarf vorgestellt wurden, legte diese ihren 111 Seiten umfassenden Bericht zur Novellierung des Baugesetzbuchs[10] bereits

---

Berkemann/Halama, S. 3; *Wagner/Engel*, BayVBl. 2005, 33 (33); *Bundesregierung*, Entwurf eines Europarechtsanpassungsgesetzes Bau, BT-Drs. 15/2250, S. 29.

8 *Pietzcker*, Gutachten zum Umsetzungsbedarfs der Plan-UP-Richtlinie der EG im Baugesetzbuch vom 30.04.2002; zusammenfassend: *Pietzcker/ Fiedler*, DVBl. 2002, 929 ff.

9 Der Unabhängigen Expertenkommission gehörten weiterhin an: aus dem Bereich der Rechtswissenschaft die Professoren Ulrich Battis von der Humbolt-Universität zu Berlin (diesem oblag zugleich die wissenschaftliche Geschäftsführung), Hans Jarass von der Westfälischen Wilhelms-Universität Münster, Eberhard Schmidt-Aßmann von der Ruprecht-Karls-Universität Heidelberg und Matthias Schmidt-Preuß von der Rheinischen Friedrich-Wilhelms-Universität Bonn als Kommissionsmitglieder sowie Pietzcker von der Rheinischen Friedrich-Wilhelm-Universität Bonn als Gast der Kommission; aus der Anwaltschaft als Mitglieder der Kommission Prof. Dr. Klaus-Peter Dolde (stellvertretender Kommissionsvorsitzender) und Dr. Olaf Reidt; für die Länder Prof. Hans-Georg Gierke aus Niedersachsen und Jens Meißner aus Thüringen als Mitglieder der Kommission; für die Städte und Gemeinden als Mitglieder der Kommission Gabriele Dönig-Poppensieker aus Greifswald, Dr. Heinz Janning aus Rheine, Dr. Engelbert Lütke Daldrup aus Leipzig und Martin zu Nedden aus Bochum; aus dem Bundesministerium für Verkehr, Bau- und Wohnungswesen begleiteten die Kommissionsarbeiten als ständige Gäste Prof. Dr. Michael Krautzberger, Dr. Peter Runkel sowie Dr. Jörg Schliepkorte und als sonstige Gäste Prof. Wolfgang Kleiber, Dr. Johannes Stemmler sowie Silke Jung; die Geschäftsstelle der Kommission betreuten Dr. Ulrike Bick, Richterin am Oberverwaltungsgericht, und Dr. Daniel Radig, Rechtsreferendar.

10 *Unabhängige Expertenkommission*, Bericht zur Novellierung des Baugesetzbuchs, Berlin, August 2002.

im August 2002 vor.[11] Auf der Grundlage dieses Berichts, weiterer Untersuchungen[12] und den Ergebnissen gemeinsamer Veranstaltungen von Planern, Juristen, Ministeriumsvertretern der EU-Staaten sowie Vertretern der europäischen Kommission[13] erarbeitete im Winter 2002/2003 das federführende Bundesministerium für Verkehr, Bau und Wohnungswesen einen internen Arbeitsentwurf des „Europarechtsanpassungsgesetzes Bau (EAG Bau)“.[14] Nach ausführlichen Beratungen mit den betroffenen Fachkreisen, den Ländern und kommunalen Spitzenverbänden sowie nach Abschluss der Verhandlungen mit anderen Ressorts der Bundesregierung, insbesondere mit dem Bundesministerium für Umwelt, legte das federführende Bundesministerium für Verkehr, Bau- und Wohnungswesen am 03.06.2003 einen ersten Entwurf des Gesetzes zur Anpassung des Baugesetzbuchs an EU-Richtlinien (Europarechtsanpassungsgesetz Bau – EAG Bau) vor.[15] Im Sommer 2003 wurden zu diesem Referentenentwurf nochmals die Länder, Kommunen und Verbände angehört.[16] Unter Einfluss der Anhörungsergebnisse verabschiedete das Bundeskabinett am 15.10.2003 den Regierungsentwurf des Europarechtsanpassungsgesetzes Bau und leitete diesen an den Bundesrat weiter.[17] Am 28.11.2003 nahm der Bundesrat hierzu gemäß Art. 76 Abs. 2 GG Stellung[18] und forderte zum Teil weitreichende Änderungen.[19] Dazu äußerte sich die Bundesregierung in der Kabinettssitzung vom 17.12.2003 in ihrer Ge-

---

11 *Pietzcker/Fiedler*, DVBl. 2002, 929 (929); *Dolde*, NVwZ 2003, 297 (297); *Finkelnburg*, NVwZ 2004, 897 (898).

12 Eine unveröffentlichte Untersuchung von *Schmidt/Eichstaedt* zum Regelungsbedarf im Stadterneuerungsrecht, namentlich bei den Aufgaben im Stadtumbau Ost; des Weiteren eine Stellungnahme des *Deutschen Volksheimstättenwerks*, das auf Anraten des Bundesministeriums für Verkehr, Bau- und Wohnungswesen hierfür eine spezielle Expertengruppe eingesetzt hatte.

13 Dokumentiert vom *Deutschen Institut für Urbanistik* in „Städtebaurecht unter EU-Einfluss – Erfahrungsaustausch zur nationalen Umsetzung in den Mitgliedsstaaten (Teil I), Berlin, November 2001 sowie im Endbericht des Forschungsauftrags „Städtebaurecht unter EU-Einfluss – Erfahrungsaustausch zur nationalen Umsetzung der UVP-Richtlinien in den Mitgliedsstaaten (Teil II)“, Berlin, November 2002.

14 *Krautzberger*, UPR 2004, 41 (42); *dergl.*, in: Ernst/Zinkahn/Bielenberg/Krautzberger, Band I, Einl., Rdnr. 257; *dergl.*, in: Krautzberger/Söfker, Baugesetzbuch, Rdnr. 10; *Krautzberger/Schliepkorte*, UPR 2003, 92 (93).

15 *Bundesministerium für Verkehr, Bau- und Wohnungswesen*, Entwurf eines Europarechtsanpassungsgesetzes Bau, www.bmvbw.de.

16 *Nebelsieck/Schmidt*, NordÖR 2004, 93 (93); *Krautzberger/Stüer*, BauR 2003, 1301 (1303); *Battis*, AnwBl. 2004, 42 (43).

17 *Grziwotz*, DNotZ 2004, 674 (675); *Schreiber*, UPR 2004, 50 (50); *M. Krautzberger*, in: Spannowsky/Krämer, BauGB-Novelle 2004, 1 (4).

18 *Bundesrat*, Stellungnahme zum Regierungsentwurf, BT-Drs. 15/2250, S. 75 ff.

19 *Finkelnburg*, NVwZ 2004, 897 (898).

genäußerung.[20] Zur Unterstützung der parlamentarischen Beratung war im Sommer 2003 im Auftrag des Bundesministeriums für Verkehr, Bau- und Wohnungswesen unter der Leitung des Deutschen Instituts für Urbanistik zusammen mit der Forschungsgruppe Stadt und Dorf ein Planspiel durchgeführt worden. An diesem Planspiel zur praktischen Erprobung des Referentenentwurfs in Bezug auf seinen städtebaurechtlichen Teil nahmen sechs Städte[21] sowie zwei Landkreise mit ihren Kreisstädten[22] teil.[23] Bei der Auswahl der Planspielstädte war entscheidend, dass Städte und Gemeinden unterschiedlicher Größe und Lage beteiligt sein sollten. Zudem wurde weiterhin auf die Mitwirkungsfähigkeit und Mitwirkungsbereitschaft der Städte und Gemeinden sowie auf die Relevanz der vom Referentenentwurf berührten Aufgabenfelder für die Städte und Gemeinden geachtet.[24] Mit Hilfe des Planspiels in Form eines Vorab-Tests mit künftigen Normanwendern konnten die vorgesehenen Änderungen und Neuerungen auf ihre Praktikabilität, Problemadäquanz sowie Wirksamkeit hin überprüft werden.[25] Die Ergebnisse dieses Planspiels über die Praxistauglichkeit der vorgeschlagenen städtebaulichen Regelungen präsentierten am 01.03.2004 die Mitglieder des zuständigen Ausschusses des Deutschen Bundestages für Verkehr, Bau- und Wohnungswesen und der mitberatenden Ausschüsse in Form eines Berichts über die Stellungnahmen der Planspielstädte und Planspiellandkreise.[26] Daraufhin gab der Ausschuss für Verkehr, Bau- und Wohnungswesen am 28.04.2004 seine Beschlussempfehlung und seinen Bericht zu dem Gesetzesentwurf der Bundesregierung.[27] Am 30.04.2004 beschloss der Deutsche Bundestag den Entwurf eines Gesetzes zur Anpassung des Baugesetzbuchs an EU-Richtlinien (Europarechtsanpassungsgesetz Bau – EAG Bau). Der Empfehlung des Agrarausschusses vom 01.06.2004[28], den Vermittlungsausschuss nach Art. 77 Abs. 2 GG einzuberufen, widersprach der Ausschuss für Städtebau, Wohnungs-

20 *Bundesregierung*, Gegenäußerung zur Stellungnahme, BT-Drs. 15/2250, S. 90 ff.; *Schliepkorte*, ZfBR 2004, 124 (124); *Stemmler*, ZfBR 2004, 128 (128).

21 Im Einzelnen waren dies die Städte Bochum (Nordrhein-Westfalen), Leipzig (Sachsen), Bocholt (Nordrhein-Westfalen), Reutlingen (Baden-Württemberg), Forst (Brandenburg) und Freising (Bayern).

22 Landkreis Cloppenburg mit der Kreisstadt Cloppenburg (Niedersachsen) und Landkreis Parchim mit der Kreisstadt Parchim (Mecklenburg-Vorpommern).

23 *Jung*, BBauBl. 2003, 14 (14); *Bunzel*, ZfBR 2004, 328 (328).

24 *Deutsches Institut für Urbanistik/Forschungsgruppe Stadt + Dorf*, Bericht über Planspiel BauGB-Novelle 2004, S. 18.

25 *Lau*, Institut für Städtebaurecht 2004, 1 (4).

26 *Bunzel*, ZfBR 2004, 328 (328).

27 *Ausschuss für Verkehr, Bau- und Wohnungswesen*, Beschlussempfehlung und Bericht zum Regierungsentwurf, BT-Drs. 15/2996 vom 28.04.2004.

28 *Agrarausschuss*, Empfehlungen der Ausschüsse, BR-Drs. 395/1/04 vom 01.06.2004, S. 1 f.

wesen und Raumordnung. In der Folge stimmte der Bundesrat dem Gesetzesentwurf am 11.06.2004 zu.[29] Den Muster-Einführungserlass zum Gesetz zur Anpassung des Baugesetzbuchs an EU-Richtlinien beschloss sodann am 01.07.2004 die Fachkommission Städtebau. Das Gesetz zur Anpassung des Baugesetzbuchs an EU-Richtlinien (Europarechtsanpassungsgesetz Bau – EAG Bau) wurde schließlich am 24.06.2004 ausgefertigt, am 30.06.2004 bekannt gemacht (Art. 6 EAG Bau)[30] und trat am 20.07.2004 in Kraft (Art. 7 EAG Bau).[31] Zwar haben die Vorarbeiten und das Gesetzgebungsverfahren zu dieser Novelle die drei Jahre zwischen der Verabschiedung der Plan-UP-Richtlinie und der Umsetzungsfrist ausgeschöpft, jedoch erfolgte die Anpassung u. a. des Baugesetzbuchs an die europarechtlichen Vorgaben noch rechtzeitig vor einer unmittelbaren Geltung der Plan-UP-Richtlinie ab 21.07.2004.

Für die Novellierung des Baugesetzbuchs nahm der Bund die konkurrierende Gesetzgebungskompetenz für das Bodenrecht nach Art. 74 Abs. 1 Nr. 18 GG sowie das Gesetzgebungsrecht nach Art. 72 Abs. 2 GG zur Wahrung der Rechts- und Wirtschaftseinheit im gesamtstaatlichen Interesse in Anspruch mit dem Argument, dass ein Verzicht auf eine einheitliche Regelung zu erheblichen Wettbewerbsverzehrungen führe, da Investoren und Bauherren für ihre wirtschaftliche Betätigung bundesweit gleiche bauplanungsrechtliche Voraussetzungen und Bedingungen benötigten.[32]

C. Überblick über die Änderungen durch das Europarechtsanpassungsgesetz Bau

Durch das Europarechtsanpassungsgesetz Bau wurde nicht nur das Baugesetzbuch gemäß Art. 1 EAG Bau geändert, sondern ebenso das Raumordnungsgesetz durch Art. 2 EAG Bau, das Gesetz über die Umweltverträglichkeitsprüfung nach Art. 3 EAG Bau, die Verwaltungsgerichtsordnung in Art. 4 EAG Bau sowie das Bundesnaturschutzgesetz mit Art. 5 EAG Bau. Schwerpunkt des Europarechtsanpassungsgesetzes Bau war jedoch die Novellierung des Baugesetzbuchs. Bei

---

29 *Battis/Krautzberger/Löhr*, NJW 2004, 2553 (2554).

30 Gesetz zur Anpassung des Baugesetzbuchs an EU-Richtlinien (Europarechtsanpassungsgesetz Bau – EAG Bau) vom 24.06.2004, BGBl. I 2004, S. 1359.

31 *Steinkemper*, NZBau 2004, 495 (495); *M. Krautzberger*, in: Krautzberger/Söfker, Baugesetzbuch, Rdnr. 10; *dergl.*, in: Ernst/Zinkahn/Bielenberg/Krautzberger, Band I, Einl., Rdnr. 257.

32 *Upmeier*, BauR 2004, 1382 (1383); *Bundesregierung*, Entwurf eines Europarechtsanpassungsgesetzes Bau, BT-Drs. 15/2250, S. 28.

den anderen Gesetzesänderungen handelte es sich lediglich um Folgeänderungen zur Novellierung des Baugesetzbuchs bzw. um sonstige Änderungen.[33]

Kernstück der Reform im Baugesetzbuch war die Integration der umweltbezogenen Anforderungen des Gemeinschaftsrechts, um im Bereich der Bauleitplanung die planungsrechtlichen Verfahrensschritte auf hohem Umweltschutzniveau zu vereinheitlichen und zu stärken. Damit sollte eine dem Leitbild der nachhaltigen Stadtentwicklung entsprechende zügige und sichere Planung ermöglicht werden.[34] Daher kam es zur Einführung einer Umweltverträglichkeitsprüfungspflicht bereits auf der räumlichen Planungsebene für nahezu alle Bauleitpläne. Dabei wurde die Umweltverträglichkeitsprüfung mit umfassender Öffentlichkeitsbeteiligung in die bestehenden Verfahrensschritte der Bauleitplanung als Regelverfahren integriert und dadurch das Recht der Bauleitplanung mit den europäischen Vorgaben strukturell harmonisiert.[35]

Um das Städtebaurecht an aktuelle Herausforderungen anzupassen, kam es zur Einführung mehrerer Regelungen zur Flexibilisierung der Bauleitplanung (z. B. § 5 Abs. 1 S. 3 BauGB 2004), zur Streichung der Teilungsgenehmigung (§ 19 BauGB a.F.), zur Fortentwicklung des Umlegungsrechts durch ein vereinfachtes Umlegungsverfahren anstelle der bisherigen Grenzregelung (§§ 45 ff. BauGB), zur Überführung der Förderungsmaßnahmen Stadtumbau und Soziale Stadt in das Baugesetzbuch (§§ 171a–171d BauGB) sowie zu Änderungen bei den Planerhaltungsregelungen durch Neuordnung und übersichtliche Gestaltung (§§ 214 ff. BauGB).[36]

Zahlreiche Änderungen betrafen auch die Vorschriften über die Zulässigkeit von Vorhaben, wobei die Aufhebung des Absatzes 3 in § 29 BauGB 1998 sowie die Anpassung und Einschränkung der Zulässigkeit von Vorhaben während der Planaufstellung an die Neuregelungen der Öffentlichkeits- und Behördenbeteiligung europarechtlich geboten waren.[37] Im nichtbeplanten Innenbereich wurde die Errichtung von großflächigen Einzelhandelsbetrieben zum Schutz zentraler Versorgungsbereiche erschwert und eine Befreiungsmöglichkeit vom Einfügungsgebot für die Erweiterung, Änderung, Nutzungsänderung und Erneuerung

33 *Fischer*, NVwZ 2005, 909 (909); *Krautzberger/Stüer*, DVBl. 2004, 781 (781); *Bundesregierung*, Entwurf eines Europarechtsanpassungsgesetzes Bau, BT-Drs. 15/2250, S. 28.

34 *Schliepkorte*, ZfBR 2004, 124 (124).

35 *Battis/Krautzberger/Löhr*, in: Battis/Krautzberger/Löhr, S. V; *Schrödter*, in: Schrödter, S. V; *Grziwotz*, DNotZ 2004, 674 (676); *Mitschang*, Institut für Städtebau 2004, 1 (1); *Haaren*, Institut für Städtebau 2004, 1 (1).

36 *Stemmler*, Institut für Städtebau 2004, 1 (1); *Krautzberger/Stüer*, DVBl 2004, 781 (783); *Jung*, BBauBl. 2003, 14 (14); *Steinkemper*, NZBau 2004, 495 (495); *R. Kunze/H. Welters/H. Jäde*, BauGB-Novelle 2004, S. 7; *J. Meißner*, Baugesetzbuch 2004, S. 3.

37 *Söfker*, Institut für Städtebau 2004, 1(7).

zulässig errichteter Gewerbe- und Handwerksbetriebe geschaffen.[38] Die Neuerungen für die Regelung von Außenbereichsvorhaben erfolgten weitgehend aufgrund bestehenden Reformbedarfs. Hierzu zählen die Änderung des Landwirtschaftsbegriffs, die Aufnahme eines Privilegierungstatbestandes für Biogasanlagen, die Ergänzung der öffentlichen Belange um die Funktionsfähigkeit von Funkstellen und Radaranlagen, die Änderungen bei den begünstigten Vorhaben, die Einführung einer Rückbau- und Entsiegelungsverpflichtung bei nichtlandwirtschaftlich privilegierten Vorhaben sowie die erweiterten Steuerungsmöglichkeiten von bestimmten privilegierten Außenbereichsvorhaben über den Planvorbehalt durch sachliche Teilflächennutzungspläne und Zurückstellung von Baugesuchen. Die Änderungen bei der Außenbereichssatzung hingegen ergingen als Folge der Plan-UP-Richtlinie.[39]

---

38 *Finkelnburg*, NVwZ 2004, 897 (897).

39 *Scholz*, EurUP 2004, 134 (139); *Krautzberger*, UPR 2004, 241 (244 f.); *Battis/Krautzberger/Löhr*, NJW 2004, 2553 (2557); *Büssemaker*, BTR 2005, 10 (10).

2. Kapitel: Geschichtliche Entwicklung des Bauens im Außenbereich

A. Die Entwicklung des Baurechts bis zum Zeitalter des Liberalismus

Die Institute des öffentlichen Baurechts können bis in das Zeitalter des sog. mittelalterlich-kommunalen Städtebaus zurückverfolgt werden. Zunächst knüpfte das Bodenrecht an die hofrechtliche Leihe an, wonach der Grundeigentümer sein Land für ein Zinsrecht verlieh und der Beliehene das Recht auf Nutzung des Grund und Bodens hatte, über welches dem Grundherrn ein gänzliches Aufsichtsrecht zustand. Das Nutzungsrecht entwickelte sich schließlich zu dem freien Eigentum des Beliehenen. Um dem Lehnsherrn das verbliebene Zinsrecht auch wirtschaftlich zu erhalten, galt eine Baupflicht für den Beliehenen bzw. für den Lehnsherrn das Recht, den Grund und Boden auf der Basis des Ackerwertes zu enteignen. Diese zunächst vertraglichen Instrumente wurden später Teil der allgemeinen Rechtsordnung. Die Bauaufsicht einschließlich der Baugestaltung ging dabei von dem Lehnsherrn auf die bürgerliche Selbstverwaltung über. In der darauf folgenden Zeit des landesfürstlich-absolutistischen Städtebaus kam es zu einem verstärkten Städtebau, jedoch ohne Entwicklung neuer baurechtlicher Instrumente. Die Freiheit des Einzelnen, mit seinem Grund und Boden nach eigenem Belieben zu verfahren, gab es damals folglich noch nicht. Erst mit den Anfängen des Liberalismus wurde das Grundeigentum weitgehend von allen Bindungen freigestellt.[40]

B. Die Ordnung des Bauens gegen Ende des 18. Jahrhunderts

Im Zuge der Französischen Revolution im Jahre 1789 gewann mit dem aufkommenden Liberalismus gegen Ende des 18. Jahrhunderts der Grundsatz der Baufreiheit immer mehr an Bedeutung, was sich bereits im Preußischen Allgemeinen Landrecht von 1794 widerspiegelte. § 65 Teil 1 Titel 8 PrALR normierte, dass jeder Eigentümer „in der Regel wohl befugt“ sei, „seinen Grund und Boden mit Gebäuden zu besetzen oder sein Gebäude zu verändern“. Die Baufreiheit fand

40 *W. Hoppe*, in: Ernst/Hoppe, Das öffentliche Bau- und Bodenrecht (2. Auflage), Rdnr. 142 ff.

allerdings ihre Grenze in § 66 Teil 1 Titel 8 PrALR, wonach „zum Schaden oder Unsicherheit des gemeinen Wesens oder zur Verunstaltung der Städte und öffentlichen Plätze kein Bau und keine Veränderung vorgenommen werden" sollten. Die Ordnung des Baugeschehens wurde zu dieser Zeit noch als Aufgabe der Baupolizei aufgefasst – getragen von der Vorstellung der Gefahrenabwehr für die Öffentlichkeit, den Bauherrn, den Nutzern baulicher Anlagen sowie deren Nachbarn. In Preußen gab es daher keine gesamtstaatliche Regelung für das Bauwesen, wie dies in anderen deutschen Staaten der Fall war, sondern lediglich Einzelregelungen im Sinn von örtlichen Baupolizeiverordnungen. Diese stützten sich dabei auf die polizeiliche Generalklausel zur Gefahrenabwehr gemäß § 10 Teil 2 Titel 17 PrALR. Es fehlte somit noch an einem eigenständigen Recht der städtebaulichen Planung. Ebenso handelte es sich bei der Ausführung der älteren Fluchtlinienpläne, welche sich mit den Erfordernissen einer ausreichenden Ver- und Entsorgung sowie Infrastruktur beschäftigten, um eine Aufgabe der Baupolizei.[41]

C. Das öffentliche Baurecht im 19. Jahrhundert

In der ersten Hälfte des 19. Jahrhunderts verstand man unter dem Begriff „Baurecht" noch alleinig das Baupolizeirecht, wonach ausschließlich Polizeibehörden zur Gefahrenabwehr bei künftigen oder bereits bestehenden baulichen Anlagen tätig werden durften.[42] Mit dem Anstieg der Bevölkerungszahl in Deutschland von der Mitte des 19. Jahrhunderts an[43], wurden jedoch die Erfordernisse nach einer bodenrechtlichen Gestaltung des städtischen Bereichs und des Stadtumlands immer dringender. Daraus resultieren die ersten Ansätze eines selbständigen Planungsrechts unter Lösung vom Baupolizeirecht. Entscheidend für die Entwicklung zu einem Städtebaurecht waren vor allem die preußischen Ansiedlungsgesetze und die Fluchtliniengesetzgebung.[44]

---

41 *W. Kasten*, in: Hoppenberg/de Witt, Handbuch des öffentlichen Baurechts, Band 1, A I, Rdnr. 1; *W. Brohm*, Öffentliches Baurecht, § 1, Rdnr. 7; *Krautzberger*, in: Ernst/Zinkahn/Bielenberg/Krautzberger, Band I, Einl., Rdnr. 3 f.; *E.-M. Ehebrecht-Stüer*, in: Stüer, Handbuch des Bau- und Fachplanungsrechts, Rdnr. 12.

42 *Ferner*, in: Fener/Kröninger, Einl., Rdnr. 1.

43 Bis 1870 von 35,4 Millionen (Stand: 1850) auf 41 Millionen und bis 1914 um 26 Millionen auf 67 Millionen, vgl. *W. Hoppe*, in: Hoppe/Bönker/Grotefels, Öffentliches Baurecht (2. Auflage), § 1, Rdnr. 15.

44 *E.-M. Ehebrecht-Stüer*, Entwicklung des Städtebaurechts, in: FS Hoppe, S. 40.

I. Die preußischen Ansiedlungsgesetze

Aufgabe der Ansiedlungsgesetzgebung war es, rasch emporschießende Ansiedlungen in ihre kommunale Umgebung einzugliedern. Sie fand ihre Anfänge mit dem Gesetz über die Zerteilung von Grundstücken und die Gründung neuer Ansiedlungen von 1845[45], welches durch die Unzuträglichkeiten bei der Lastenverteilung parzellierter Grundstücke veranlasst war.[46] Das im Jahre 1876 neu erlassene Ansiedlungsgesetz[47] führte in § 13 die Ansiedlungsgenehmigung für Bauten im Außenbereich ein.[48] Der darin verankerte Grundsatz der Ansiedlungsfreiheit war jedoch durch eng formulierte Verbotstatbestände beschränkt. Nach § 14 des Ansiedlungsgesetzes 1876 musste die Genehmigung versagt werden, wenn die verkehrsmäßige Erschließung des Grundstücks nicht gesichert war. Die Genehmigung konnte versagt werden nach § 15 des Ansiedlungsgesetzes 1876, wenn von der Ansiedlung nachteilige Einwirkungen auf die land- oder forstwirtschaftliche Nutzung der Nachbargrundstücke zu erwarten waren. Folglich handelte es sich bei der Ansiedlungsgenehmigung um eine gebundene Entscheidung.[49] Aufgrund einiger Änderungen wurde das Ansiedlungsgesetz von 1876 durch das Gesetz von 1904[50] novelliert, wobei die Genehmigungspflicht für Wohngebäude im Außenbereich, deren Grundstück ausreichend erschlossen ist und welche die benachbarten Grundstücke nicht gefährden, zur Erfassung der raumgestalterischen Bezüge im Außenbereich beibehalten wurde. Mit dem Recht der städtebaulichen Planung wurde die Trennung vom Baupolizeirecht eingeläutet. Dies zeigt sich beispielsweise anhand von § 13 des Ansiedlungsgesetzes 1904, wonach die polizeiliche Baugenehmigung zwar neben der Ansiedlungsgenehmigung bestehen blieb, jedoch nicht ohne diese erteilt werden durfte. Ebenso wurde nur auf Einspruch eines Beteiligten der Versagungsgrund des schädlichen Einwirkens auf die Nachbargrundstücke beachtet und berücksichtigt; insofern hatte die Polizei keine Entscheidungsbefugnis.[51] Bereits aus diesen damaligen Regelungen lässt sich hinsichtlich der Baubeschränkungen für heutige Außenbereichsvorhaben eine Entwicklungslinie erkennen.

---

45 Gesetz betreffend die Zerteilung von Grundstücken und die Gründung neuer Ansiedlungen vom 03.01.1845, Pr. GS. S. 25.

46 *E. Schmidt-Assmann*, Grundfragen des Städtebaurechts, S. 20 f.

47 Gesetz betreffend die Verteilung der öffentlichen Lasten bei Grundstücksteilungen und die Gründung neuer Ansiedlungen vom 25.08.1876, Pr. GS. S. 405.

48 Errichtung neuer Wohngebäude „außerhalb einer im Zusammenhang gebauten Ortschaft".

49 *E. Schmidt-Assmann*, Grundfragen des Städtebaurechts, S. 21.

50 Gesetz betreffend die Gründung neuer Ansiedlungen vom 10.08.1904, Pr. GS. S. 227.

51 *E.-M. Ehebrecht-Stüer*, Der Außenbereichsschutz, S. 5; *E. Schmidt-Assmann*, Grundfragen des Städtebaurechts, S. 22.

II. Die Fluchtliniengesetzgebung

Mit am wichtigsten für die Entwicklung eines raumgestaltenden Bau- und Bodenrechts war die Fluchtliniengesetzgebung, mit der die Gemeinden an der Planung der Fluchtlinien beteiligt werden sollten, und aus der sich das moderne Städtebaurecht – insbesondere im Hinblick auf den Bebauungsplan – herausbildete. Die Notwendigkeit zu einem gesetzgeberischen Handeln ergab sich aus der enorm ansteigenden Entwicklung des Städtewesens, dem Bevölkerungsanstieg sowie der Ansiedlung von Industrie innerhalb der Städte.[52]

Neben dem Badischen Ortsstraßengesetz von 1868,[53] welches die erste umfassende Behandlung des kommunalen Fluchtlinienwesens darstellte, war das preußische Fluchtliniengesetz von 1875[54] die einflussreichste Gesetzgebung für die städtebauliche Planung. Danach wurden die Gemeinden ermächtigt, Fluchtlinien für das Baugeschehen festzulegen, um somit auf eine einheitliche Straßenrandbebauung sowie auf den Grundriss der baulichen Anlagen Einfluss zu nehmen.[55] Ebenso erhielten sie das Recht, die für die Erschließung der Grundstücke erforderlichen Straßen – notfalls über das entsprechende Enteignungsrecht – zu schaffen und die darauf entfallenden Kosten als Anliegerbeiträge auf die Eigentümer der begünstigten Grundstücke umzulegen. Des Weitern war es den Gemeinden nun möglich, das Bauen an unfertigen Verkehrswegen zu untersagen, was als Maßnahme gegen die Zersiedlung der Landschaft von großer Bedeutung war. Die Regelungen hinsichtlich Höhe und Gestaltung von Gebäuden waren hingegen weiterhin dem Zuständigkeitsbereich der Baupolizei zugeordnet, die aufgrund der polizeirechtlichen Generalklausel nach § 10 Teil 2 Titel 17 PrALR die Baufreiheit nur beschränken durfte, wenn die Maßnahmen der Abwehr von Gefahren für die öffentliche Sicherheit und Ordnung dienten. Daraus wird ersichtlich, dass die Übertragung der Fluchtlinienplanung an die Gemeinden erstmals zu einer sachlichen und organisatorischen Trennung des Städtebaurechts

---

52 *E. Schmidt-Assmann*, Grundfragen des Städtebaurechts, S. 24.

53 Badisches Gesetz über die Anlage von Ortsstraßen und Feststellung der Baufluchten vom 20.02.1868.

54 Gesetz betreffend Anlegung und Veränderung von Straßen und Plätzen in Städten und ländlichen Ortschaften vom 02.07. 1875, Pr. GS. S. 561.

55 Nach § 1 PrFluchtlG waren die Straßen und Baufluchtlinien vom Gemeindevorstand im Einvernehmen mit der Gemeinde unter Zustimmung der Ortspolizeibehörde festzusetzen. § 2 Abs. 1 Alt. 2 PrFluchtlG regelte das Aufstellen von Bebauungsplänen „nach den voraussichtlichen Bedürfnissen der näheren Zukunft“, vgl. *E. Schmidt-Assmann*, Grundfragen des Städtebaurechts, S. 24. Unter dem Bebauungsplan verstand man „nichts anderes als die Festlegung von Fluchtlinien im voraus nach einem einheitlichen Plane, welcher die Richtigkeit der Straßen, die Anlegung öffentlicher Plätze usw. in Obacht nimmt“, vgl. Gesetzesmaterialien zum Fluchtliniengesetz, RGZ 6, 295 (296).

vom Baupolizeirecht führte. Während die Regelungen des heutigen Bauordnungsrechts und die Vorschriften über die bauliche Nutzbarkeit der Grundstücke in Bezug auf die Art und das Maß der baulichen Nutzung sowie die überbaubare Grundstücksfläche in Baupolizeiverordnungen enthielten waren, wurde die Bebaubarkeit einzelner Grundstücke hingegen allein von den Gemeinden gemäß dem Preußischen Fluchtliniengesetz festgelegt. Eine allgemeine Anerkennung fand die Baufreiheit schließlich durch die Rechtsprechung mit dem sog. Kreuzberg-Urteil des Preußischen Oberverwaltungsgerichts aus dem Jahre 1882.[56] Damit setzte sich endgültig der Grundsatz durch, dass die Baupolizei die Baufreiheit nur zur Abwehr der Gefahren für die öffentliche Sicherheit und Ordnung beschränken durfte.[57]

D. Die baurechtlichen Gesetze in der ersten Hälfte des 20. Jahrhunderts

I. Die bedeutendsten Bauordnungen der Länder im ersten Drittel des 20. Jahrhunderts

Mit Hilfe einer Fülle an auf Landesebene erlassener Bauordnungen[58]wurde versucht, der durch die regellose Ausdehnung der Städte bedingten Landflucht Einhalt zu gebieten. Hervorzuheben ist das Sächsische Allgemeine Baugesetzbuch vom 01.07.1900[59] – ein Baugesetzbuch, welches die städtebauliche Planung aus

---

56 *PrOVG*, Urt. vom 14.06.1882, DVBl. 1985, 219 (223). In diesem Verfahren ging es um die Frage, ob der Berliner Polizeipräsident im Wege der Polizeiverfügung Bauverbote und Baubeschränkungen in der Umgebung des Kreuzbergs anordnen durfte, um die Aussicht vom Fuße des dort errichteten Siegesdenkmals auf die Stadt und deren Umgebung sowie die Ansicht des Denkmals vor Beeinträchtigungen zu schützen. Das Preußische Oberverwaltungsgericht entschied, dass § 10 Teil 2 Titel 17 PrALR die Polizei nur ermächtigte, Gefahren für die öffentliche Sicherheit und Ordnung abzuwehren, nicht aber für eine städtebauliche „Wohlfahrtspflege". Da die in der Umgebung des Kreuzbergs angeordneten Baubeschränkungen nicht der Gefahrenabwehr dienten, wurden sie durch das Gericht aufgehoben.

57 *W. Brohm*, Öffentliches Baurecht, § 1, Rdnr. 7, 9; *E.-M. Ehebrecht-Stüer*, in: Stüer, Handbuch des Bau- und Fachplanungsrechts, Rdnr. 13; *W. Hoppe*, in: Hoppe/Bönker/Grotefels, Öffentliches Baurecht (2. Auflage), § 1, Rdnr. 15.

58 Allgemeines Baugesetzbuch für Sachsen vom 01.07.1900, Bayerische Bauordnung vom 17.02.1901, Allgemeine Bauordnung für Hessen vom 07.08.1902, Bauordnung für Anhalt vom 10.06.1905, Badische Landesbauordnung vom 01.09.1907, Württembergische Bauordnung vom 28.07.1910; vgl. *E.-M. Ehebrecht-Stüer*, Entwicklung des Städtebaurechts, in: FS Hoppe, S. 42.

59 Sächsisches Baugesetzbuch, GVBl. S. 381 ff.

dem zu engen Fluchtliniengedanken herausführen wollte und bis heute noch das Baugesetzbuch beeinflusst.[60] Unter Ausbildung planungsrechtlicher Instrumente konnten die raumbedeutsamen Belange im gemeindlichen Gebiet gesteuert werden.[61] In Preußen hingegen kam es vor Beginn des ersten Weltkriegs nicht mehr zu einer Gesetzesfassung, die sich mit dem Planungsrecht befasste. In den Jahren 1902[62] und 1907[63] wurden lediglich das Verunstaltungsrecht von der bisherigen Generalklausel in § 10 Teil 2 Titel 17 PrALR auf eine speziellere Grundlage gestellt und die polizeilichen Regelungsbefugnisse über die Gefahrenabwehr hinaus ergänzt.[64] Das Planungsrecht wurde erst im Jahre 1918 mit dem Preußischen Wohnungsgesetz[65] ausgebildet, das als über die reine Abwehr von Gefahren und Verunstaltungen hinausgehendes Planungsgesetz ausgestaltet war.[66] Bei den Festsetzungen der Fluchtlinien war zusätzlich zu den Verkehrs-, Feuersicherheits-, Gesundheits- und Verunstaltungsbelangen das Wohnungsbedürfnis zu berücksichtigen. Dies führte zu Erleichterungen bei der Errichtung von Klein- und Mittelwohnungen und gab den Gemeinden in Ergänzung zum Preußischen Fluchtliniengesetz das Recht zur planmäßigen Ausweisung von Gartenanlagen, Spiel- und Erholungsplätzen. Zudem erstreckte sich nunmehr der Schutz gegen Verunstaltungen auch auf das Ort- und Landschaftsbild. Trotz dieser Neuerungen fehlte es dem preußischen Wohnungsgesetz an einem einheitlichen städtebaulichen Instrumentarium, da das Planungsrecht weiterhin in kommunale und baupolizeiliche Kompetenzen aufgeteilt blieb.[67] Mit dem Gesetz betreffend die Verbandsordnung für den Siedlungsverband Ruhrkohlenbezirk[68] wurde die Raumordung durch eine gemeindeübergreifende, großflächige Zusammenarbeit

60 Beispielsweise mit der darin getroffenen Stufung von vorbereitenden und verbindlichen Bauleitplänen; vgl. *W. Hoppe*, in: Hoppe/Bönker/Grotefels, Öffentliches Baurecht (2. Auflage), § 1, Rdnr. 15.

61 *E. Schmidt-Assmann*, Grundfragen des Städtebaurechts, S. 30.

62 Gesetz betreffend die Verunstaltung landschaftlich hervorragender Gegenden vom 02.07.1902, Pr. GS. S. 159.

63 Gesetz gegen die Verunstaltung von Ortschaften und landschaftlich hervorragenden Gegenden vom 15.07.1907, Pr. GS. S. 260.

64 So *E. Schmidt-Assmann*, Grundfragen des Städtebaurechts, S. 34, wohingegen *W. Hoppe*, in: Hoppe/Bönker/Grotefels, Öffentliches Baurecht (2. Auflage), § 1, Rdnr. 15, davon ausgeht, dass die preußischen Gesetze von 1902 und 1907 weiterhin nur vom Prinzip der Gefahrenabwehr ausgingen.

65 Preußisches Wohnungsgesetz vom 28.03.1918, Pr. GS. S. 23.

66 Beispielsweise war es nach dem Preußischen Wohnungsgesetz nun möglich, in den Außengebieten eine offene Bauweise und zweigeschossige Bebauung vorzuschreiben, vgl. *W. Hoppe*, in: Hoppe/Bönker/Grotefels, Öffentliches Baurecht (2. Auflage), § 1, Rdnr. 16.

67 *E. Schmidt-Assmann,* Grundfragen des Städtebaurechts, S. 34.

68 Gesetz betreffend die Verbandsordnung für den Siedlungsverband Ruhrkohlenbezirk vom 05.05.1920, Pr. GS. S. 286.

gefördert. Dies war nunmehr die dritte Säule neben der städtebaulichen Planung und dem Baupolizeirecht. Die Ablösung des § 6 Teil 1 Titel 8 PrALR 1794 durch § 14 Preußisches Polizeiverwaltungsgesetz von 1931[69] als Ermächtigungsgrundlage für Baupolizeiverordnungen zeigt aber, dass das Städtebaurecht immer noch im Polizeirecht wurzelte.[70]

II. Die bodenrechtlichen Bestimmungen der Weimarer Reichsverfassung

Die Reichsverfassung von 1919 trug mit den Art. 153 und 155 der sich entwickelten Umwandlung des Eigentumsverständnisses Rechnung und stellte damit die Bodenordnung auf ein gewandeltes Fundament. Die Beschränkung des Eigentums zum Wohl der Allgemeinheit wurde in Art. 153 Abs. 3 WRV[71] erstmals in der Garantie des Eigentums mit formuliert und mit Art. 155 Abs. 2 S. 1 WRV[72] durch das Enteignungsrecht praktisch ausgestaltet. Diesen Neuerungen lag die Überlegung einer Bodenreform zugrunde, die mit Hilfe der Enteignung unter Entschädigungsleistung als Instrument der Sozialpolitik durchgesetzt werden sollte.[73] Weitere Gesetze und Verordnungen zu einer umfassenden Planung folgten, wie die Behebungsverordnung von 1919[74], welche die Baulandenteignung für Klein- und Mittelwohnung im vereinfachten Enteignungsverfahren gegen angemessene Entschädigung ermöglichte, die Kleingarten- und Kleinlandpachtordnung[75] sowie das Reichsheimstättengesetz aus dem Jahre 1920.[76] Die sozialpolitische Aufgabe der Enteignung trat jedoch in den Folgejahren wieder zurück, da der Gesetzgeber den Bedarf an Siedlungsgebieten überschätzt hatte.[77] Ab dem Jahr 1925 wurde als neues Instrumentarium der Bauleitplanung der

---

69 Wortlaut des § 14 Abs. 1 Polizeiverwaltungsgesetz vom 01.06.1931, Pr. GS. S. 77: „Die Polizeibehörden haben im Rahmen der geltenden Gesetze die nach pflichtmäßigem Ermessen notwendigen Maßnahmen zu treffen, um von der Allgemeinheit oder dem Einzelnen Gefahren abzuwenden, durch die die öffentliche Sicherheit oder Ordnung bedroht wird."

70 *E.-M. Ehebrecht-Stüer*, Der Außenbereichsschutz, S. 8.

71 Wortlaut des Art. 153 Abs. 3 WRV: „Eigentum verpflichtet. Sein Gebrauch soll zugleich Dienst sein für das Gemeine Beste."

72 Wortlaut des Art. 155 Abs. 2 S. 1 WRV: „Grundbesitz, dessen Erwerb zur Befriedigung des Wohnungsbedürfnisses, zur Förderung der Siedlung und Urbarmachung oder zur Hebung der Landwirtschaft nötig ist, kann enteignet werden."

73 *W. Hoppe*, in: Hoppe/Bönker/Grotefels, Öffentliches Baurecht (2. Auflage), § 1, Rdnr. 16; *E. Schmidt-Assmann*, Grundfragen des Städtebaurechts, S. 45 ff.

74 Verordnung zur Behebung der dringendsten Wohnungsnot vom 15.01.1919, RGBl. 1919, S. 69.

75 Kleingarten- und Kleinpachtlandordnung vom 31.07.1919, RGBl. 1919, S. 1371.

76 Reichsheimstättengesetz vom 10.05.1920, RGBl. 1920, S. 962.

77 *E. Schmidt-Assmann*, Grundfragen des Städtebaurechts, S. 47.

Wirtschaftsplan mit dem „Ziel, sowohl der Industrie wie der Landwirtschaft, dem Wohnungswesen und den Erholungsflächen ihre freien Entwicklungsmöglichkeiten für die Zukunft zu geben“ entwickelt. In einer Phase der Baugesetzgebung – Entwurf eines Preußischen Städtebaugesetzes von 1926[78], Thüringische Landesbauordnung von 1930[79], Entwurf eines Reichsstädtebaugesetzes von 1931[80], Novelle zum Sächsischen Baugesetzbuch von 1932[81] – sollte die neue Zweistufigkeit von Wirtschaftsplan und Bebauungsplan in das allgemeine Baurecht eingeführt werden. Der Versuch einer überörtlichen Planung durch das Aufstellen von Wirtschaftsplänen scheiterte jedoch, da der Wirtschaftsplan eher als städtebaulicher Plan – ähnlich dem heutigen Flächennutzungsplan – konzipiert wurde.[82]

III. Die bodenrechtlichen Bestrebungen während des Nationalsozialismus

1. Das Wohnsiedlungsgesetz aus dem Jahre 1933

Ab dem Jahre 1933 sollte die Bodenplanung durch Abkehr von der Dezentralisierung und Einführung einer Zentralisierung reichseinheitlich neu bestimmt werden. Hierfür griff man auf das in der Weimarer Zeit vom Grundsatz her angedachte Institut des Wirtschaftsplanes zurück, welches mit dem Wohnsiedlungsgesetz im Jahre 1933[83] eingeführt wurde. Der Wirtschaftsplan enthielt einen Rahmen für Bauvorhaben in Gebieten mit (zu erwartender) verstärkter Siedlungstätigkeit, die deswegen zu Wohnungssiedlungsgebieten zu erklären waren. Damit sollte die intensivere Entwicklung zur Raumordnung und Landesplanung eingeleitet und dadurch eine stärkere Überwachung des Grundstücksverkehrs ermöglicht werden. In der Praxis konnte sich jedoch das einheitliche Planungs-

---

78 Entwurf eines Preußischen Städtebaugesetzes, Staatsratsdrucksachen Nr. 209. Trotz einer geänderten zweiten Fassung wurde dieser Entwurf niemals als Gesetz verabschiedet; vgl. *E.-M. Ehebrecht-Stüer*, Entwicklung des Städtebaurechts, in: FS Hoppe, S. 44.

79 Thüringische Landesbauordnung vom 02.09.1930, GS. S. 187.

80 Referentenentwurf eines Reichsstädtebaugesetzes, ReichsArbBl. 1931, S. 266. Dieser wurde von der Reichsregierung im Jahre 1931 zwar noch verabschiedet, jedoch aufgrund der damaligen politischen Verhältnisse nicht mehr beraten; vgl. *E.-M. Ehebrecht-Stüer*, Entwicklung des Städtebaurechts, in: FS Hoppe, S. 44 f.

81 Novelle zum Sächsischen Baugesetz vom 20.07.1932, GS. S. 133.

82 *E. Schmidt-Assmann*, Grundfragen des Städtebaurechts, S. 52 ff.

83 Gesetz über die Aufschließung von Wohnsiedlungsgebieten vom 22.09.1933, RGBl. 1933 I S. 659.

system nicht durchsetzen; vielmehr wurde der Wirtschaftsplan als Ortsrecht angesehen und als solches gehandhabt.[84]

2. *Die Bauregelungsverordnung von 1936 als Vorläufer des Bundesbaugesetzbuchs im Hinblick auf Außenbereichsvorhaben*

Mit der Bauregelungsverordnung[85], die auf das Siedlungsordnungsgesetz[86] gestützt war, wurde erstmals eine reichseinheitliche städtebauliche Regelung getroffen, mit der dem bis dahin ungeordneten Bauen entgegengewirkt werden konnte. Die Bauregelungsverordnung enthielt neben der Möglichkeit, durch baupolizeiliche Verordnungen unterschiedliche Baugebiete festzulegen, eine Regelung im Hinblick auf die Zulässigkeit von baulichen Anlagen im Außenbereich. Nach § 3 Abs. 1 BauRegVO sollte für Vorhaben im Außenbereich die baupolizeiliche Genehmigung versagt werden, wenn ihre Ausführung der geordneten Entwicklung des Gemeindegebietes oder einer ordnungsgemäßen Bebauung zuwiderlaufen würde.[87] Bei den Begriffen „geordnete Entwicklung des Gemeindegebietes" und „ordnungsgemäße Bebauung" handelte es sich um unbestimmte Rechtsbegriffe, die gerichtlich nachprüfbar waren; den Baubehörden stand insofern keine Ermessenfreiheit zu. Für die Auslegung der Begriffe im Einzelfall waren die planungsrechtlichen Festlegungen bzw. die örtliche Umgebung entscheidend.[88] Hierbei kam es jedoch nicht nur auf die Lage des Grundstücks in der unmittelbaren Umgebung und bis zu den Gemeindegrenzen hin an, sondern auch auf die Beziehung des Gebietes zu der gesamten Landschaft und seiner Unterordnung unter deren besonderen Eigenart. Die Außenbereichsvorschrift stand damit in Verbindung zur örtlichen Bauleitplanung, zu Aussagen der Fachplanung und nicht zuletzt auch zu naturschutzrechtlichen Belangen. Daher konnte ein Außenbereichsvorhaben unzulässig sein, wenn es für die Belange des Landschaftsschutzes erforderlich war[89]. § 3 BauRegVO enthielt aber kein absolutes Bauverbot, da in der Rechtsprechung anerkannt war, dass Bauvorhaben,

---

84 *W. Hoppe*, in: Hoppe/Bönker/Grotefels, Öffentliches Baurecht (2. Auflage), § 1, Rdnr. 16; *Bielenberg*, DVBl. 1960, 84 (85).

85 Verordnung über die Regelung der Bebauung vom 15.02.1936, RGBl. 1936 I S. 104.

86 Gesetz über einstweilige Maßnahmen zur Ordnung des deutschen Siedlungswesens vom 03.07.1934, RGBl. 1934 I S. 568.

87 Wortlaut des § 3 Abs. 1 BauRegVO: „Für bauliche Anlagen, die außerhalb von Baugebieten oder, soweit solche nicht ausgewiesen sind, außerhalb eines im Zusammenhang gebauten Ortsteils ausgeführt werden sollen, soll die baupolizeiliche Genehmigung versagt werden, wenn ihre Ausführung der geordneten Entwicklung des Gemeindegebietes oder einer ordnungsgemäßen Bebauung zuwiderlaufen würde".

88 *BVerwG*, Urt. vom 07.10.1954, NJW 1955, 195 (196).

89 *BVerwG*, Urt. vom 29.08.1957, JR 1958, 33 (33).

die der Landschaft entsprachen, der naturgegebenen Bodennutzung dienten und sonstigen Interessen nicht zuwiderliefen, genehmigt werden mussten. Dies galt beispielsweise für land- und forstwirtschaftlicher Bodennutzung dienenden Bebauungen[90] sowie für Bauvorhaben, die wegen ihres Verwendungszwecks oder ihrer Wirkung auf die Umgebung innerhalb bebauter Ortschaften nicht errichtet werden konnten bzw. auf einen Standort im Außenbereich angewiesen waren.[91] § 3 Abs. 2 BauRegVO[92] führte sodann beispielhaft und damit nicht abschließend mögliche nachteilige Auswirkungen von baulichen Anlagen auf die wegmäßige, abwasserbezogene sowie infrastrukturelle Erschließung unter dem Gesichtspunkt der polizeilichen Gefahrenabwehr auf.[93] Mit § 3 BauRegVO wurde den Gründen für eine Beschränkung der Bautätigkeit im Außenbereich, die zunächst getragen waren von dem Gedanken der Entlastung der Gemeinden von Erschließungskosten für weit auseinanderliegende Außenbereichsvorhaben und später ergänzt wurden durch den Gesichtspunkt der Schonung des Außenbereichs vor Verunstaltungen, erstmals reichseinheitlich Rechnung getragen. Die Baueregelungsverordnung von 1936 kann bezüglich der Zulässigkeit von Außenbereichsvorhaben als Vorläufer des Bundesbaugesetzbuchs angesehen werden.[94] § 3 BauRegVO wurde erst mit dem Erlass des Bundesbaugesetzes im Jahre 1960 durch dessen § 35 abgelöst.[95]

E. Die Entwicklung des Baurechts nach dem Zweiten Weltkrieg

In der Zeit nach dem zweiten Weltkrieg war aufgrund der Zerstörung zahlreicher deutscher Städte und Gemeinden deren Wiederaufbau erforderlich. Die Bauregе-

---

90 *BVerwG*, Urt. vom 28.02.1961, DVBl. 1961, 476 (476) – Landarbeiterwohnungen; *OVG Lüneburg*, Urt. vom 20.05.1960, DVBl. 1960, 521 (521) – Nebenerwerbssiedlungen.

91 *BVerwG*, Urt. vom 25.10.1956, E 4, 124 (125).

92 Wortlaut des § 3 Abs. 2 BauRegVO: „Dies gilt namentlich für bauliche Anlagen, deren Ausführung unwirtschaftliche Aufwendungen für Straßen und andere Verkehrseinrichtungen, Versorgungsleitungen, Entwässerungsanlagen, Schulversorgung, Polizei- und Feuerschutz oder sonstige öffentliche Aufgaben erfordern oder deren Benutzung besondere wirtschaftliche Schwierigkeiten für die Bewohner ergeben würde."

93 *Söfker*, in: Ernst/Zinkahn/Bielenberg/Krautzberger, Band II, § 35, Rdnr. 2; *W. Hoppe*, in: Hoppe/Bönker/Grotefels, Öffentliches Baurecht (2. Auflage), § 1, Rdnr. 16.

94 Hierzu ist jedoch anzumerken, dass § 3 BauRegVO nicht Ausdruck nationalsozialistischer Ideen war, sondern eine aus langjähriger Erfahrung gewonnene, modernen städtebaulichen Gesichtspunkten Rechnung tragende Erkenntnis, vgl. *BVerwG*, Beschl. vom 15.06.1954, BBauBl.1954, 442 (442).

95 *BVerwG*, Urt. vom 28.02.1961, DVBl. 1961, 476 (476); *E. Schmidt-Assmann*, Grundfragen des Städtebaurechts, S. 187; *Söfker*, in: Ernst/Zinkahn/Bielenberg/Krautzberger, Band II, § 35, Rdnr. 2.

lungsverordnung von 1936 war jedoch zur Bewältigung derartiger Probleme nicht geeignet. Deshalb erließen einige der sich neu gebildeten Bundesländern[96] mangels einer bundeseinheitlichen Regelung in den Jahren 1948/1949 zunächst Trümmergesetze und sodann Aufbaugesetze.[97] Grundlage hierfür war der sog. Lemgoer Entwurf[98], auf den sich die Bundesländer der Britischen Zone als Musterentwurf einigten. Bei der Ausarbeitung sowohl der süddeutschen als auch der norddeutschen Aufbaugesetze kam es aber schließlich zu nicht unerheblichen Abweichungen. Die Aufbaugesetze enthielten bereits weitgehend die planungsrechtlichen Instrumente[99] des späteren Bundesbaugesetzes, ohne jedoch das Baurecht umfassend neu zu regeln. Die Länder waren sich aber durchaus der Stellung der Aufbaugesetze als Vorstufe für eine bundeseinheitliche Regelung bewusst, weshalb die von den Ländern in der unmittelbaren Nachkriegszeit erlassenen Gesetze nur provisorischen Charakter hatten. Unter Fortgeltung des älteren überkommenen Baurechts wurde mit den Aufbaugesetzen daher lediglich der Versuch unternommen, die rechtlichen Grundlagen für einen möglichst raschen und geordneten Wiederaufbau des zerstörten Deutschlands zu schaffen.[100] Des Weiteren bewirkten die Schwierigkeiten bei der Baulandbeschaffung ein Hemmnis für die Durchführung des Nachkriegswohnungsbauprogramms, dem mit Hilfe des Baulandbeschaffungsgesetzes von 1953[101] entgegengewirkt werden sollte. Dieses Gesetz befasste sich ausschließlich mit dem Enteignungsrecht und stellte – wie die Aufbaugesetze der Länder – insoweit ein dem Bundesbaugesetz vorausgehendes, aber lediglich vorläufiges Regelungswerk dar.[102]

---

96 Mit Ausnahme von Bayern – der 1950 ausgearbeitete Entwurf eines bayerischen Baugesetzes wurde in Erwartung einer bundeseinheitlichen Regelung zurückgestellt –, Berlin – dort wurden mit dem Plenargesetz vom 22.08.1949 (VOBl. 1949 I S. 301) und dem Baulandumlegungsgesetz vom 03.03.1950 (VOBl. 1950 I S. 71) nur die beiden ersten Teile einer vorbereitenden Gesamtregelung des Baurechts beraten und verabschiedet – und Bremen, vgl. hierzu *E.-M. Ehebrecht-Stüer*, in: Stüer, Handbuch des Bau- und Fachplanungsrechts, Rdnr. 24.

97 Neben den Aufbaugesetzen blieb aber die Bauregelungsverordnung gültig; vgl. dazu *Söfker*, in: Ernst/Zinkahn/Bielenberg/Krautzberger, Band II, § 35, Rdnr. 2.

98 Entwurf eines Gesetzes über den Aufbau der deutschen Gemeinden aus dem Jahre 1947, der vom ehemaligen Zentralamt für Arbeit in Lemgo veröffentlicht wurde.

99 Neben Vorkaufsrechten, Bausperren, Grenzregelungen, Umlegungen sowie Bau- und Instandsetzungsgeboten waren dies Regelungen über die Aufteilung des Plangebietes in Bau-, Verkehrs- und Grünflächen, Nutzungsart und -grad der Baufläche sowie Bebaubarkeit von Baugrundstücken nach Fläche, Höhe und Baumasse.

100 *E.-M. Ehebrecht-Stüer*, Der Außenbereichsschutz, S. 13.

101 Baulandbeschaffungsgesetz vom 03.08.1953, BGBl. 1953 I S. 720.

102 *Krautzberger*, in: Battis/Krautzberger/Löhr, Einl., Rdnr. 11.

F. Das Bundesbaugesetz von 1960

I. Entstehungsgeschichte und Vorarbeiten

In der neu entstandenen Bundesrepublik Deutschland mehrten sich die Bestrebungen nach einer einheitlich geltenden Rechtsgrundlage, um der bisherigen Rechtszersplitterung und den daraus resultierenden Unsicherheiten ein Ende zu bereiten. Dies zeigt der bereits im Jahre 1950 vom Bundesministerium für Wohnungsbau veröffentlichte Referentenentwurf zu einem Bundesbaugesetz, der zu kontroversen Diskussionen über die Frage der Gesetzgebungszuständigkeit des Bundes führte. Da am 13.09.1951 der Bundestag die Bundesregierung um die Vorlage des Entwurfs eines Bundesbaugesetzes ersuchte[103] und die verfassungsrechtlichen Bedenken gegen die Zuständigkeit des Bundes zur Gesetzgebung auf dem Gebiet des Baurechts noch im Raum standen, stellten Bundestag, Bundesrat und Bundesregierung gemeinsam im Oktober 1952 einen Antrag an das Bundesverfassungsgericht nach Art. 97 Abs. 1 BVerfGG a. F. auf Erstattung eines Rechtsgutachtens.[104] Zeitgleich im Jahre 1952 regte das Bayerische Staatsministerium des Inneren an, eine Sachverständigenkommission – bestehend aus Angehörigen der Bauministerien der Länder, des Bundesministeriums für Wohnungsbau, der Wirtschaft und der Praxis – mit der Ausarbeitung eines Entwurfs für ein Bundesbaugesetz zu beauftragen. Der vorläufige Entwurf der Sachverständigenkommission vom Oktober 1954 legten Abgeordnete des Deutschen Bundestages[105] im Oktober 1955 vor.[106]

Das mittlerweile im Jahre 1954 erstattete Rechtsgutachten kam zu dem Ergebnis, dass die Zuständigkeit des Bundes – unter den Voraussetzungen des Art. 72 Abs. 2 GG a. F. – aus Art. 74 Nr. 18 GG a. F. zur Regelung des Rechts der städtebaulichen Planung, der Baulandumlegung, der Zusammenlegung von Grundstücken, des Bodenverkehrs und der Bodenbewertung sowie das Erschließungs- und Bodenverkehrsrechte gegeben ist, nicht hingegen für das Baupolizeirecht im Sinn des Bauordnungsrechts. Mit der Zuweisung der Regelung des „Bodenrechts“ an den Bundesgesetzgeber in Art. 74 Nr. 18 GG a. F. wurde diesem mithin nicht die Gesamtmaterie des Baurechts zugewiesen, da die Materie

---

103 *Deutscher Bundestag*, Stenogr. Br. der 162. Sitzung vom 13.09.1951, S. 6583 (D) bis 6587 (C). Der Antrag zum Bundesbaugesetz wurde von den Fraktionen der CDU/CSU, SPD und FDP am 06.07.1951 gestellt, vgl. *Fraktionen der CDU/CSU, SPD und FDP*, Antrag betr. Bundesbaugesetz, BT-Drs. 1/2442.

104 *W. Hoppe*, in: Hoppe/Bönker/Grotefels, Öffentliches Baurecht (2. Auflage), § 1, Rdnr. 18.

105 *Abgeordnete Lücke, Jacobi, Will, Engell und Schild und Genossen*, Antrag Entwurf eines Bundesbaugesetzes, BT-Drs. 2/1813.

106 *E.-M. Ehebrecht-Stüer*, Entwicklung des Städtebaurechts, in: FS Hoppe, S. 53.

„Bodenrecht“ dort nur neben andere Materien mit ebenso baurechtlichen Elementen gestellt ist. Zudem gehören zur Materie des Bodenrechts nur solche Vorschriften, die den Grund und Boden unmittelbar zum Gegenstand rechtlicher Ordnung haben, somit die rechtlichen Beziehungen des Menschen zum Grund und Boden regeln. Das der Gefahrenabwehr dienende Baupolizeirecht gehört folglich nicht zum Bodenrecht, und fällt damit in die Gesetzgebungskompetenz der Länder.[107] Die Gesetzgebungskompetenz zwischen Bund und Ländern für das öffentliche Baurecht wurde folglich aufgeteilt in die Gesetzgebungskompetenz des Bundes im Bereich des Bauplanungsrechts und in die Gesetzgebungskompetenz der Länder für die Regelungen des Bauordnungsrechts.

Nach Erstattung des Rechtsgutachtens durch das Bundesverfassungsgericht legte die Sachverständigenkommission im März 1956 ihre endgültige Fassung des Bundesbaugesetzes vor. Die Bundesregierung legte sodann in Zusammenarbeit mit der Sachverständigenkommission einen eigenen Entwurf des Bundesbaugesetzes vor.[108] Da dieser jedoch in der auslaufenden 2. Legislaturperiode nicht mehr abschließend beraten werden konnte und teilweise geändert werden musste, wurde am 07.02.1958 schließlich der Endentwurf des Bundesbaugesetzes von der Bundesregierung[109] und nach eingehender Beratungszeit am 20.05.1960 das Bundesbaugesetz vom Bundestag beschlossen, dem der Bundesrat am 10.06.1960 zustimmte. Nach seiner Ausfertigung am 23.06.1960 wurde das Bundesbaugesetz[110] am 29.06.1960 verkündet.[111]

Damit lag nun ein geschlossenes Regelungswerk des Städtebaurechts vor. Die städtebauliche Ordnung als planvolle Ordnung der Bodennutzung auf örtlicher Ebene durch die Gemeinden war dabei das Kernstück und zugleich das verbindende Glied zwischen dem Baupolizeirecht und der Raumordnung. Für den Außenbereich sollte das Bundesbaugesetz Grundsatzentscheidungen treffen zur Sicherstellung einer sachgerechten Bodennutzung unter Berücksichtigung privater Bauwünsche unter Wahrung der öffentlichen Belange und der Erholungsfunktion des Außenbereichs.[112]

---

107 *BVerfG*, Rechtsgutachten vom 16.06.1954, E 3, 407 (414, 424, 432 f.); vgl. dazu ausführlich *G. Manssen*, Stadtgestaltung durch örtliche Bauvorschriften, S. 47, 51 ff.; *J.-D. Just*, in: Hoppe/Bönker/Grotefels, Öffentliches Baurecht (3. Auflage), § 2, Rdnr. 3 f.

108 *Bundesregierung*, Entwurf eines Bundesbaugesetzes, BT-Drs. 2/3028, S. 74.

109 *Bundesregierung*, Entwurf eines Bundesbaugesetzes, BT-Drs. 3/336.

110 Bundesbaugesetz vom 23.06.1960, BGBl. 1960 I S. 341.

111 *Krautzberger*, in: Battis/Krautzberger/Löhr, Einl., Rdnr. 11.

112 *E.-M. Ehebrecht-Stüer*, in: Stüer, Handbuch des Bau- und Fachplanungsrechts, Rdnr. 29.

II. Das Regelungswerk des Bundesbaugesetzes speziell im Hinblick auf den Außenbereich

Mit der Regelung der Außenbereichsvorhaben in § 35 BBauG 1960 wurde zwar § 3 BauRegVO aufgehoben, jedoch der darin enthaltene Grundgedanke in normativer Fortbildung übernommen. Dieser bestand darin, den Außenbereich weitgehend von Bebauung freizuhalten und lediglich dem Außenbereich entsprechenden Vorhaben wie solchen zur land- und forstwirtschaftlichen sowie gärtnerischen Nutzung und denen, die auf den Außenbereich angewiesen sind, eine Baumöglichkeit zu gewähren.[113] Der Gesetzgeber des Bundesbaugesetzes von 1960 verfestigte somit den für die städtebauliche Ordnung unverzichtbaren Grundsatz, dass die bauliche Nutzung eines Grundstücks im Baugebiet die Regel ist, im Außenbereich hingegen die Ausnahme darstellt. Damit zielte er darauf ab, im Außenbereich einer ungeordneten, planlosen Besiedlung sowie Bebauung vorzubeugen, seinen landwirtschaftlichen sowie naturverbundenen Charakter zu erhalten und vor wesenfremder Bebauung zu schützen, um die Erholungsfunktion des Außenbereichs für die Allgemeinheit zu wahren und diese vor einem nicht wiedergutzumachenden Schaden zu bewahren.[114]

1. Der Begriff des Außenbereichs

Seit dem Bundesbaugesetz 1960 ist der Begriff des Außenbereichs ein eigenständiger Begriff des Bundesrechts. In § 19 Abs. 2 BBauG 1960 wurde Außenbereich erstmals definiert als alle Grundstücke, die außerhalb des räumlichen Geltungsbereichs eines qualifizierten Bebauungsplanes und außerhalb der im Zusammenhang bebauten Ortsteile liegen.[115] Damit definierte der damalige Gesetzgeber den Außenbereichsbegriff nicht positiv, sondern durch Entgegensetzen der Tatbestände §§ 30 und 34 BBauG 1960 negativ.[116] Anzumerken ist, dass dieser Begriff mit der Umschreibung des Außengebiets in § 3 Abs. 1 BauRegVO nicht identisch ist.[117]

113 *Roeser*, in: Berliner Kommentar, § 35, Rdnr. 2; *BVerwG*, Urt. vom 06.12.1967, E 28, 268 (274).

114 *Bundesregierung*, Entwurf eines Bundesbaugesetzes, BT-Drs. 3/336, S. 72.

115 Wortlaut des § 19 Abs. 2 BBauG 1960: „Außerhalb des räumlichen Geltungsbereichs eines Bebauungsplans im Sinne des § 30 und außerhalb der im Zusammenhang bebauten Ortsteile (Außenbereich) ...“

116 *BVerwG*, Urt. 01.12.1972, E 41, 227 (232).

117 *Söfker*, in: Ernst/Zinkahn/Bielenberg/Krautzberger, Band II, § 35, Rdnr. 3.

2. *Die Systematik des § 35 BBauG 1960*

Die Ursprungsfassung § 35 BBauG 1960 differenzierte erstmals zwischen der Zulässigkeit von privilegierten und sonstigen Vorhaben. Die ausdrücklich und abschließend in § 35 Abs. 1 BBauG 1960 genannten Vorhaben gehörten nach dem Willen des Gesetzgebers grundsätzlich in den Außenbereich.[118] Da sie im Außenbereich bevorzugt zulässig waren, wurden sie auch als „privilegierte Vorhaben“ bezeichnet. Deren Zulässigkeit wurde im Einzelfall davon abhängig gemacht, dass öffentliche Belange i. S. v. § 35 Abs. 3 BBauG 1960 nicht entgegenstanden. Die Bevorzugung spiegelte sich also in dem gesteigerten Durchsetzungsvermögen der privilegierten Vorhaben gegenüber den von ihnen betroffenen öffentlichen Belangen. Der Vorzug war somit nicht absolut, sondern ergab sich daraus, dass die Privilegierung der Vorhaben gebührend in die Abwägung mit einzustellen war.[119] Alle nicht privilegierten Vorhaben, auch sonstige Vorhaben genannt, hingegen fielen unter § 35 Abs. 2 BBauG 1960 und waren danach nur dann zulässig, wenn dadurch öffentliche Belange i. S. v. § 35 Abs. 3 BBauG 1960 nicht beeinträchtigt wurden. Bei sonstigen Vorhaben wurde davon ausgegangen, dass diese regelmäßig öffentliche Belange beeinträchtigen. Soweit dies aber im Einzelfall nicht zutraf, sollte das Vorhaben im Außenbereich nicht verhindert werden. Dies forderte schon die verfassungsrechtliche Gewährleistung des Eigentums, weshalb bei einer Nichtbeeinträchtigung öffentlicher Belange ein Rechtsanspruch bestand.[120] § 35 Abs. 3 BBauG 1960 enthielt eine beispielhafte Aufzählung von Belangen, die bei Vorhaben im Außenbereich zu beachten waren. Das Festhalten des Bundesbaugesetzes 1960 an den Grundlinien des § 3 BauRegVO zeigt auch die sinngemäße Anknüpfung der Begriffe der öffentlichen Belange i. S. v. § 35 Abs. 3 BBauG 1960 an die in § 3 BauRegVO verwendete Begriffe „geordnete Entwicklung des Gemeindegebiets“ sowie „ordnungsgemäße Bebauung“.[121]

a) Die privilegierten Vorhaben nach § 35 Abs. 1 BBauG 1960

Mit § 35 Abs. 1 Nr. 1 BBauG 1960 wurde die Privilegierung von Vorhaben, die einem land- oder forstwirtschaftlichen Betrieb dienen und lediglich einen untergeordneten Teil der Betriebsfläche in Anspruch nehmen, erstmalig eingeführt. Für den Begriff des landwirtschaftlichen Betriebes war die Begriffsbestimmung

---

118 *BVerwG*, Urt. vom 25.10.1967, E 28, 148 (150).

119 *E.-M. Ehebrecht-Stüer*, Der Außenbereichsschutz, S. 20 f., *BVerwG*, Urt. vom 14.03.1975, E 48, 109 (114).

120 *Roeser*, in: Berliner Kommentar, Band I, § 35, Rdnr. 2.

121 *Söfker*, Ernst/Zinkahn/Bielenberg/Krautzberger, Band II, § 35, Rdnr. 3.

der Landwirtschaft heranzuziehen, die zum damaligen Zeitpunkt in § 146 BBauG 1960 legaldefiniert war. Danach fielen darunter insbesondere der Ackerbau, die Wiesen- und Weidewirtschaft, der Erwerbsgartenbau, der Erwerbsobstbau und der Weinbau.[122] Mit dieser allgemeinen Bestimmung sollte in den verschiedenen Einzelvorschriften eine wiederholte Aufzählung des Landwirtschaftsbegriffs vermieden sowie Rechtsklarheit bei Auslegung der Einzelvorschriften geschaffen werden.[123] Die damalige Rechtsprechung hingegen legte den gesetzlich normierten Begriff der Landwirtschaft in § 146 BBauG 1960 eher restriktiv aus. Dies begründete sie mit dem Gesetzeszweck des § 35 BBauG 1960, den Außenbereich möglichst von wesensfremden und unnötigen Bauvorhaben freizuhalten.[124] Ihrer Ansicht nach handle es sich bei Landwirtschaft i. S. d. § 146 BBauG 1960 um eine Betätigung, die auf unmittelbare Bodenertragsnutzung angelegt sei[125], in der Regel auf eigener Futterungsgrundlage beruhe[126] und die den Boden planmäßig und eigenverantwortlich bewirtschafte.[127] Wurden daher die Tiere mit angeliefertem Futter statt mit Futter von den betriebseigenen Feldern und Weiden versorgt, unterfiel ein Massentierhaltungsbetrieb trotz seiner Nähe zur landwirtschaftlichen Produktionsweise nicht der Landwirtschaft. Mangels Kennzeichnung durch eine unmittelbare Bodenertragsnutzung wurden damals die Imkerei[128] und die Binnenfischerei[129] nicht als

122 Wortlaut des § 146 BBauG 1960: „Landwirtschaft im Sinne dieses Gesetzes ist insbesondere der Ackerbau, die Wiesen- und Weidewirtschaft, der Erwerbsgartenbau, der Erwerbsobstbau und der Weinbau".
Bei dieser Begriffsbestimmung orientierte sich der damalige Gesetzgeber an der Formulierung in § 1 Abs. 2 des damals ebenso in Beratung befindlichen Entwurfs eines Grundstücksverkehrsgesetzes „Landwirtschaft im Sinne dieses Gesetzes ist die Bodenbewirtschaftung und die mit der Bodennutzung verbundene Tierhaltung, um pflanzliche und tierische Erzeugnisse zu gewinnen, besonders der Ackerbau, die Wiesen- und Weidewirtschaft, der Erwerbsgartenbau, der Erwerbsobstbau und der Weinbau, sowie die Fischerei in Binnengewässern.", vgl. dazu *Bundesregierung*, Entwurf eines Grundstücksverkehrsgesetzes, BT-Drs. 3/119 vom 07.01.1958, S. 2.

123 Damit begründete der Ausschuss für Wohnungswesen, Bau- und Bodenrecht seinen Vorschlag auf Aufnahme der Definition des Begriffs der Landwirtschaft in das Bundesbaugesetz, vgl. *Ausschuss für Wohnungswesen, Bau- und Bodenrecht,* Schriftlicher Bericht zum Regierungsentwurf, BT-Drs. 3/1794, S. 28, da der Regierungsentwurf des Bundesbaugesetzes noch keine Begriffsbestimmung vorsah, vgl. *Söfker*, in: Ernst/Zinkahn/Bielenberg/Krautzberger, Band IV, § 201, Rdnr. 1.

124 *BVerwG*, Urt. vom 29.04.1975, BauR 1975, 397 (398).

125 *BVerwG*, Urt. vom 14.05.1969, E 34, 1 (1).

126 *BVerwG*, Urt. vom 26.11.1969, RdL 1970, 99 (99).

127 *BVerwG*, Urt. vom 13.12.1974, DVBl. 1975, 504 (505).

128 *BVerwG*, Beschl. vom 15.09.1970, BRS 23, Nr. 76.

129 *BVerwG*, Urt. vom 04.11.1977, BauR 1978, 118 (119).

Landwirtschaft angesehen. Ein landwirtschaftlicher „Betrieb“ i. S. d. § 35 Abs. 1 Nr. 1 BBauG 1960 lag nach der Rechtsprechung nur vor, wenn die Landwirtschaft nachhaltig betrieben werde. Das Erfordernis der Dauerhaftigkeit des landwirtschaftlichen Betriebes gründete in der Überlegung, dass der Außenbereich nur bei ernsthafter und beständiger landwirtschaftlicher Betätigung in Anspruch genommen werden dürfe. Daraus resultiere auch, dass die landwirtschaftliche Betätigung nicht allein auf Pachtland vorgenommen werden könne.[130]

Des Weiteren wurden im Bundesbaugesetz 1960 Landarbeiterstellen nach § 35 Abs. 1 Nr. 2 BBauG 1960, Anlagen des Fernmeldewesens, der öffentlichen Versorgung mit Elektrizität, Gas, Wärme und Wasser, der Abwasserwirtschaft, ortgebundene gewerbliche Betriebe gemäß § 35 Abs. 1 Nr. 3 BBauG 1960 sowie Vorhaben nach § 35 Abs. 1 Nr. 4 BBauG 1960, die wegen ihrer nachteiligen Wirkungen auf die Umgebung oder wegen ihrer besonderen Zweckbestimmung nur im Außenbereich ausgeführt werden sollen, privilegiert.

Für die privilegierten Vorhaben kamen als weitere Zulässigkeitsvoraussetzungen hinzu, dass sie öffentlichen Belangen nicht entgegenstehen durften und die ausreichende Erschließung gesichert sein musste, § 35 Abs. 1 Hs. 1 BBauG 1960.[131]

b) Die sonstigen Vorhaben nach § 35 Abs. 2 BBauG 1960

Bei den sonstigen Vorhaben nach § 35 Abs. 2 BBauG 1960 handelte es sich um alle anderen Außenbereichsvorhaben, die nicht unter die Privilegierung des § 35 Abs. 1 BBauG 1960 fielen. Diese Vorhaben waren schon dann unzulässig, wenn durch ihre Ausführung oder Benutzung öffentliche Belange lediglich beeinträchtigt wurden.[132] Eine Beeinträchtigung öffentlicher Belange lag bereits dann vor, wenn einer der in § 35 Abs. 3 BBauG 1960 aufgeführten Belange oder ein sonstiger für die Bebauung des Außenbereichs erheblicher Gesichtspunkt nicht unwesentlich berührt wurden.[133] Beeinträchtigten Vorhaben öffentliche Belange nicht, so bestand nach der Rechtsprechung des Bundesverwaltungsgerichts –

---

130 *BVerwG*, Urt. vom 03.11.1972, E 41, 138 (143 f.).

131 Diese beiden weiteren Zulässigkeitsvoraussetzungen bei privilegierten Vorhaben (kein Entgegenstehen öffentlicher Belange; gesicherte Erschließung) sind bis heute im Grundsatz unverändert geblieben.

132 Nach *BVerwG*, Urt. vom 27.01.1967, E 26, 111 (117 f.) behielten Grundstücke, die bereits vor Geltung des Bundesbaugesetzes 1960 bebaubar waren, trotz der geänderten Rechtslage ihren jeweiligen Bebauungsanspruch, wenn dieser verfassungsrechtlich nach Art. 14 Abs. 1 GG in Form einer eigentumskräftig verfestigten Anspruchsposition geschützt war. Dies erforderte, dass ein Anspruch auf Zulassung der Bebauung zuvor entstanden war, nicht ohne Entschädigung entzogen werden konnte und das Grundstück ordnungsgemäß erschlossen war.

133 *Rieger*, in: Schrödter, § 35, Rdnr. 54.

trotz der Formulierung in § 35 Abs. 2 BBauG 1960[134] – ein Rechtsanspruch auf Zulassung. Die Entscheidung hierüber liege nicht im Ermessen der Verwaltung, da dies nicht mit der vom Gesetzgeber vorzunehmenden Inhalts- und Schrankenbestimmung des Eigentums nach Art. 14 Abs. 1 S. 2 GG zu vereinbaren sei.[135]

c) Die Beeinträchtigung öffentlicher Belange nach § 35 Abs. 3 BBauG 1960

Das Bundesbaugesetz 1960 gab in § 35 Abs. 3 S. 1 eine beispielhafte und damit nicht abschließende Aufzählung von möglicherweise beeinträchtigten[136] öffentlichen Belangen vor wie unwirtschaftliche Aufwendungen für Straßen, andere Verkehrseinrichtungen und Versorgungs- und Abwasseranlagen, die durch das Vorhaben zur Sicherheit, Gesundheit oder für sonstige Aufgaben erforderlich sind; Gefährdung der Wasserwirtschaft; Verunstaltung des Ortsbildes bzw. Beeinträchtigung der natürlichen Eigenart der Landschaft; mögliche Entstehung von Splittersiedlungen. Die dadurch bedingte Einschränkung des Bauens im Außenbereich – sowohl bei Neubauten als auch bei bloßen Nutzungsänderungen[137] – stellte nach Ansicht des Bundesverwaltungsgerichts keine Enteignung dar; vielmehr sei sie als zulässige Inhalts- und Schrankenbestimmung nach Art. 14 Abs. 1 S. 2 GG anzusehen.[138]

Hinsichtlich des Bestandschutzes wurden vom Bundesverwaltungsgericht sehr strenge Maßstäbe gesetzt. Vom Bestandsschutz umfasst waren aufgrund der Eigentumsgarantie zwar der vorhandene bauliche Bestand, die ausgeübte Nutzung sowie die dafür notwendigen Unterhaltungs- und Modernisierungsmaßnahmen[139], jedoch nicht Neubaumaßnahmen[140], Ersatzbauten[141], wesentliche Erweiterungen der vorhandenen Gebäudesubstanz oder planungsrechtlich relevante Nutzungsänderungen.[142] Eine Ausnahme gab es lediglich für die Fälle des Wiederaufbaus einer durch Brand oder ähnlichen Ereignisses zerstörten baulichen

134 Auszug aus Wortlaut § 35 Abs. 2 BBauG 1960: „... können im Einzelfall ..."

135 *BVerwG*, Urt. vom 29.04.1964, E 18, 247 (250 f.).

136 Ungeachtet des Wortlautes „Beeinträchtigung" öffentlicher Belange in § 35 Abs. 3 BBauG 1960 konnten und können noch heute diese beispielhaft aufgezählten öffentlichen Belange grundsätzlich auch einem privilegierten Vorhaben entgegengehalten werden.

137 Bei Nutzungsänderungen stellte sich die Frage der planungsrechtlichen Zulässigkeit neu, wenn die in § 35 BBauG 1960 benannten öffentlichen Belange erstmals stärker als bisher betroffen wurden.

138 *E.-M. Ehebrecht-Stüer*, Außenbereichsbebauung, S. 28 f.

139 *BVerwG*, Urt. vom 27.03.1969, BauR 1970, 95 (96).

140 *BVerwG*, Urt. vom 30.04.1969, BRS 22, Nr. 86.

141 *BVerwG*, Urt. vom 16.02.1973, MDR 1973, 704 (704).

142 *BVerwG*, Urt. vom 23.01.1981, ZfBR 1981, 95 (96).

Anlage aufgrund der eigentumsverfestigten Anspruchsposition.[143] § 35 Abs. 3 S. 2 BBauG 1960, wonach auf Maßnahmen der Agrarstruktur besonders Rücksicht zu nehmen ist, brachte für landwirtschaftsfremde Nutzungsänderungen landwirtschaftlicher Baulichkeiten im Hinblick auf § 35 Abs. 3 S. 1 BBauG 1960 keine Erleichterung.[144]

G. Die Bundesbaugesetz-Novelle 1976

I. Gründe für die Änderung des Bundesbaugesetzes

Das Bundesbaugesetz 1960 wurde durch das Gesetz zur Änderung des Bundesbaugesetzes vom 18.08.1976[145] erstmals grundlegend geändert und am 01.01.1977 neu bekannt gemacht.[146] Die Gründe für die Änderungen in der Außenbereichsvorschrift waren vielfältig. Die bisher geltende Außenbereichsvorschrift in Kombination mit deren restriktiven Auslegung konnte dem wirtschaftlichen und strukturellen Wandel in der Landwirtschaft nicht mehr ausreichend Rechung tragen. Von den Vertretern der Landwirtschaft wurde vor allem die bisherige Auslegung des Landwirtschaftsbegriffs als zu eng bemängelt.[147] Ebenso gab es Schwierigkeiten bei der beabsichtigten Errichtung eines Wohngebäudes für den weichenden Landwirt nach Hofübergabe, sog. Altenteilerhaus. An sich war die Errichtung eines Altenteilerhauses zwar nach der damaligen Rechtsprechung gemäß § 35 Abs. 1 Nr. 1 BBauG 1960 privilegiert, jedoch entfiel der Privilegierungstatbestand, wenn die Hofstelle nicht mehr bewirtschaftet wurde – unabhängig davon, ob sich der Landwirt im Übergabevertrag die Errichtung eines Altenteilerhauses vorbehalten hatte. Diese Problematik führte dazu, dass Landwirte ihre Betriebe erst nach Errichtung von Altenteilerhäusern übergaben und damit die landwirtschaftlichen Betriebe erst mit enormer zeitlicher Verzögerung den Nachfolgern übergeben wurden.[148] Des Weiteren standen die strenge

---

143 *BVerwG*, Urt. vom 18.10.1974, DVBl. 1975, 501 (501).

144 *BVerwG*, Urt. vom 15.11.1974, BayVBl. 1975, 453 (453).

145 Gesetz zur Änderung des Bundesbaugesetzes vom 18.08.1976, BGBl. 1976 I S. 2221.

146 Bekanntmachung der Neufassung des Bundesbaugesetze, BGBl. 1976 I S. 2256. Berichtigung des Gesetzes zur Änderung des Bundesbaugesetzes sowie der Bekanntmachung der Neufassung des Bundesbaugesetzes und des Städtebauförderungsgesetzes am 23.12.1976, BGBl. 1976 I S. 3617.

147 *E.-M. Ehebrecht-Stüer*, Entwicklung des Städtebaurechts, in: FS Hoppe, S. 56.

148 *Bundesregierung*, Entwurf eines Gesetzes zur Änderung des Bundesbaugesetzes, BT-Drs. 7/2496 vom 22.08.1974, S. 49; *Ausschuss für Raumordnung, Bauwesen und Städtebau*, Bericht und Antrag zum Regierungsentwurf, BT-Drs. 7/4793 vom 23.02.1976, S. 13.

gesetzliche Außenbereichsregelung und die restriktive Rechtsprechung in einem Missverhältnis zu der bis dahin entstandenen Siedlungsstruktur mit zahlreichen Ortschaften und einzelnen Gebäuden im Außenbereich. Aufgrund der strikten Unterscheidung von privilegierten und sonstigen Vorhaben und deren strengen Zulässigkeitsvoraussetzungen konnten sich mancherlei Außenbereichsvorhaben lediglich auf Bestandsschutz berufen. Die enge Fassung des Bestandsschutzes allerdings begrenzte wiederum die Möglichkeit einer baulichen Entwicklung der Außenbereichsgebäude.[149] Aber auch bei Nutzungsänderungen stieß man auf Probleme. Jene waren nach dem bisherigen Recht nur bei privilegierten Vorhaben möglich, wohingegen Änderungen von privilegierten in nicht privilegierte Nutzungen generell ausgeschlossen waren.[150]

II. Die Änderungen der Außenbereichsvorschrift durch das Bundesbaugesetz 1976

1. Änderung in § 35 Abs. 1 Nr. 1 BBauG 1976 durch Ausdehnung des Landwirtschaftsbegriffs nach § 146 BBauG 1976

Der Begriff der Landwirtschaft wurde in § 146 BBauG 1976 um die „berufsmäßige Imkerei“ und die „berufsmäßige Binnenfischerei“ ergänzt.[151] Mit der Erweiterung des zu eng angelegten Landwirtschaftsbegriffs sollte eine inhaltliche Annäherung an den Landwirtschaftsbegriff in § 1 Abs. 2 GrdstVG sowie ein Ausschluss der hobbymäßig betriebenen Imkerei und Binnenfischerei erreicht werden.[152] Sowohl die Imkerei als auch die Binnenfischerei kennzeichneten sich zwar nicht durch das Merkmal der Bodenertragsnutzung, jedoch war dies für den Gesetzgeber irrelevant, da er beabsichtigte, den Berufsimkern und den Berufsbinnenfischern die Privilegierung nach § 35 Abs. 1 Nr. 1 BBauG 1976 zukommen zu lassen. Daher verblieb es für die übrigen Formen der Landwirtschaft bei

149 *Söfker*, in: Ernst/Zinkahn/Bielenberg/Krautzberger, Band II, § 35, Rdnr. 4.

150 *E.-M. Ehebrecht-Stüer*, Der Außenbereichsschutz, S. 26.

151 Diese Ergänzung des Landwirtschaftsbegriffs geht zurück auf eine Empfehlung des Ausschusses für Ernährung, Landwirtschaft und Forsten, vgl. *Ausschuss für Raumordnung, Bauwesen und Städtebau,* Bericht und Antrag zum Regierungsentwurf, BT-Drs. 7/4793, S. 54. § 146 BBauG 1976 lautete daher schließlich: „Landwirtschaft im Sinne dieses Gesetzes ist insbesondere der Ackerbau, die Wiesen- und Weidewirtschaft, der Erwerbsgartenbau, der Erwerbsobstbau, der Weinbau, die berufsmäßige Imkerei und die berufsmäßige Binnenfischerei“.

152 *BVerwG*, Beschl. vom 23.12.1983, UPR 1984, 163 (163).

den ursprünglichen Anforderungen der unmittelbaren Bodenertragsnutzung und der planmäßigen Eigenbewirtschaftung.[153]

2. Privilegierung unechter Altenteilerhäuser in § 35 Abs. 1 Nr. 2 BBauG 1976

Der Privilegierungstatbestand des § 35 Abs. 1 BBauG 1960 wurde um die Privilegierung unechter Altenteilerhäuser in § 35 Abs. 1 Nr. 2 BBauG 1976 erweitert. Im Einzelnen bedeutete dies, dass die Errichtung eines Altenteilerhauses im Zusammenhang mit der Betriebsübergabe im Wege der vorweggenommenen Erbfolge nun auch noch nach Hofübergabe zulässig war, wenn der landwirtschaftliche Betrieb zwischenzeitlich aufgegeben worden ist. Mit dieser Regelung sollte dem Altlandwirt eine Privilegierung seines Wohnhauses auch dann erhalten bleiben, wenn sein Hof nach Übergabe aber noch vor Errichtung eines Altenteilerhauses aufgegeben wurde.[154] Voraussetzungen hierfür waren, dass vor der Hofübergabe die Errichtung eines Altenteilerhauses nach § 35 Abs. 1 Nr. 1 BBauG 1976 zulässig gewesen wäre (§ 35 Abs. 1 Nr. 2a BBauG 1976) und die Errichtung eines Altenteilerhauses im Übergabevertrag vereinbart worden war (§ 35 Abs. 1 Nr. 2b BBauG 1976). Eine Zersiedlung der Landschaft war dadurch nicht zu befürchten, da die Privilegierung für die Errichtung eines Altenteilerhauses nach § 35 Abs. 1 Nr. 1 BBauG 1976 bereits vor Aufgabe der Landwirtschaft rechtmäßig hätte genutzt werden können. Zudem setzte § 35 Abs. 1 Nr. 2c BBauG 1976 weiter voraus, dass das Altenteilerhaus in unmittelbarer Nähe der Hofstelle werden musste. § 35 Abs. 1 Nr. 2d BBauG 1976 forderte zusätzlich eine rechtliche Sicherheit dafür, dass die Fläche, auf dem das Altenteilerhaus errichtet wurde, nur zusammen mit dem Hofgrundstück veräußert werden konnte. Damit sollte gewährleistet werden, dass das Altenteilerhaus immer Bestandteil des dazugehörigen Hofgrundstücks blieb, auf Dauer seinen ursprünglichen Nutzungszweck behielt und ein Missbrauch der Privilegierung unterblieb.[155] Zur Absicherung dessen bestand nach dem neuen Absatz 7 Satz 2 des § 35 BBauG 1976 für die zuständige Behörde die Möglichkeit, die Veräußerung des Grundstücks nur mit ihrer Genehmigung anzuordnen, was auf ihr Verlangen durch Eintragung ins Grundbuch erfolgte, § 35 Abs. 7 S. 3 BBauG 1976. Mit diesem neuen Privilegierungstatbestand, der die Errichtung von Altenteilerhäusern über den allgemeinen landwirtschaftlichen Privilegierungstatbestand hinaus verlängert, wurde den Schwierigkeiten im Sonderfall der Generationenfolge bei land-

---

153 *BVerwG*, Urt. vom 04.11.1977, BRS 32, Nr. 64; a. A. war zunächst der *BayVGH*, Urt. vom 14.09.1977, BRS 32, Nr. 42.

154 *Söfker*, in: Ernst/Zinkahn/Bielenberg/Krautzberger, Band II, § 35, Rdnr. 4.

155 *Ausschuss für Raumordnung, Bauwesen und Städtebau*, Bericht und Antrag zum Regierungsentwurf, BT-Drs. 7/4793, S. 13.

wirtschaftlichen Betrieben im Zusammenhang mit der Betriebsaufgabe im Rahmen des Strukturwandels in der Landwirtschaft Genüge getan.

3. *Erweiterung der beeinträchtigten öffentlichen Belange in § 35 Abs. 3 BBauG 1976*

Der Katalog der möglicherweise beeinträchtigten öffentlichen Belange wurde durch § 35 Abs. 3 BBauG 1976 enorm erweitert, ohne jedoch eine abschließende Aufzählung geben zu wollen. Als Beeinträchtigung öffentlicher Belange wurde zusätzlich benannt, wenn das Vorhaben den Zielen der Raumordnung und Landesplanung oder den Darstellungen des Flächennutzungsplanes[156] widerspricht, schädliche Umwelteinwirkungen hervorrufen kann oder ihnen ausgesetzt wird, unwirtschaftliche Aufwendungen für Anlagen der Abfallbeseitigung erfordert, das Landschaftsbild verunstaltet[157], die Belange des Natur- und Landschaftsschutzes beeinträchtigt,[158] die Aufgabe der Landschaft als Erholungsgebiet beeinträchtigt oder die Verfestigung oder Erweiterung einer Splittersiedlung[159] befürchten lässt. Damit sollten die Entwicklung im Außenbereich stärker in die

156 Bis zur Novelle des Bundesbaugesetzes im Jahre 1976 hatten nach der höchstrichterlichen Rechtsprechung die Darstellungen des Flächennutzungsplans nicht unmittelbar die Stellung als öffentlicher Belang, vgl. *BVerwG*, Urt. vom 15.03.1967, E 26, 287 (287). Lediglich als „Unterstützung und einleuchtende Fortschreibung bestimmter tatsächlicher Gegebenheiten" konnten sie im Rahmen der Zulässigkeitsprüfung bedeutsam sein; vgl. *BVerwG*, Urt. vom 28.02.1975, DVBl. 1975, 516 (519). Die mit der Novelle sodann erfolgt Aufnahme als öffentlicher Belang lag darin begründet, dass der Flächennutzungsplan als vorbereitender Bauleitplan Grundlage einer geordneten städtebaulichen Entwicklung einer Gemeinde ist und deshalb eine eigenständige Bedeutung für die Zulässigkeit von Außenbereichsvorhaben haben sollte. Folglich konnten auch dessen planerischen Zielsetzungen unmittelbar relevant sein; vgl. *Söfker*, in: Ernst/Zinkahn/Bielenberg/Krautzberger, Band II, § 35, Rdnr. 79.

157 Die inhaltliche Substanz des möglicherweise beeinträchtigten öffentlichen Belangs „das Landschaftsbild verunstaltet" leitete die Rechtsprechung bereits zuvor aus „die natürliche Eigenart der Landschaft beeinträchtigt" ab. Danach war anerkannt, dass der Schutz des Landschaftsbildes als optisch-ästhetischer Schutz einen öffentlicher Belang darstellte; vgl. hierzu *F. Weyreuther*, Bauen im Außenbereich, S. 487.

158 Der Belang „Naturschutz und Landschaftspflege" wurde eigens in den Katalog der öffentlichen Belange aufgenommen, um die natürliche Eigenart der Landschaft zu erhalten und einer weiteren Zersiedlung der Landschaft entgegenzuwirken; vgl. *Ausschuss für Raumordnung, Bauwesen und Städtebau*, Bericht und Antrag zum Regierungsentwurf, BT-Drs. 7/4793, S. 12.

159 Zwar wurde bisher in § 35 Abs. 3 S. 1 BBauG 1960 nur die „Entstehung" einer Splittersiedlung genannt, jedoch legte die Rechtsprechung die ursprüngliche enge Fassung auf „Verfestigung" und „Erweiterung" einer Splittersiedlung ergänzend aus; vgl. dazu *BVerwG*, Urt. vom 27.01.1967, VerwRspr 19, 312 (312). Dem trug die Fassung in § 35 Abs. 3 S. 1 BBauG 1976 schließlich Rechnung, ohne dass damit eine sachliche Änderung einherging.

Raumordnung und Flächennutzungsplanung eingeordnet und der Umweltschutz sowie die Erholungsfunktion des Außenbereichs hervorgehoben werden.[160]

4. Einführungen von Sondervorschriften in § 35 Abs. 4 – 7 BBauG 1976

Die wesentliche Neuerung durch die Bundesbaugesetz-Novelle 1976 war jedoch die Gewährung von Genehmigungsmöglichkeiten von Vorhaben im Zusammenhang mit vorhandenen baulichen Anlagen im Außenbereich, die bis dahin nicht genehmigungsfähig waren.[161]. Dies geschah durch die Einführung der Teilprivilegierungsregelungen in § 35 Abs. 4 bis 7 BBauG 1976, mit denen sonstige Vorhaben nun begünstigt wurden.[162]

a) Die Teilprivilegierung nach § 35 Abs. 4 BBauG 1976

Mit Hilfe der neuartigen Teilprivilegierung in § 35 Abs. 4 BBauG 1976 wurde nun die Begünstigung geschaffen, dass der beabsichtigten Änderung der bisherigen Nutzung ohne wesentliche Änderung einer baulichen Anlage im Sinne des § 35 Abs. 1 Nr. 1 bis 3 bestimmte öffentliche Belange – Darstellungen des Flächennutzungsplans bzw. eines Landschaftsplans, die natürliche Eigenart der Landschaft sowie die Entstehung, Verfestigung oder Erweiterung einer Splittersiedlung – nicht entgegengehalten werden konnten.[163] Dies bedeutete, dass die in § 35 Abs. 4 BBauG 1976 genannten öffentlichen Belange, die ohne die Neuregelung der Zulässigkeit solcher Vorhaben hätten entgegenstehen können, ausgeblendet wurden, was keine automatische Zulässigkeit der Vorhaben, sondern lediglich deren erleichterte Zulassung ermöglichte. Die in Absatz 4 des § 35 BBauG 1976 einzeln bezeichneten Belange sollten bei der Nutzungsänderung unbeachtlich sein, wohingegen eine Beeinträchtigung anderer öffentlicher Belange als die dort aufgeführten dadurch nicht ausgeschlossen sein sollte.[164] Damit konnten bauliche Anlagen nach Aufgabe der landwirtschaftlichen Nutzung in

---

160 *Bundesregierung,* Entwurf eines Gesetzes zur Änderung des Bundesbaugesetzes, BT-Drs. 7/2496, S. 49

161 Vgl. zur näheren Begründung: *Barleben*, BauR 1979, 289 (289 f.).

162 Wie bereits erwähnt, reagierte der Gesetzgeber damit vor allem auf die engen Grenzen des Bestandsschutzes, der sich grundsätzlich nur „auf das tatsächlich Vorhandene“ erstreckte; vgl. *F. Weyreuther*, Bauen im Außenbereich, S. 459; *BVerwG* , Urt. vom 16.02.1973, E 42, 8 (13).

163 *Söfker*, in: Ernst/Zinkahn/Bielenberg/Krautzberger, § 35, Rdnr. 131.

164 *Lau/Oebbecke*, BauR 1977, 384 (386); *Bundesregierung*, Entwurf eines Gesetzes zur Änderung des Bundesbaugesetzes, BT-Drs. 7/2496, S. 49; *Ausschuss für Raumordnung, Bauwesen und Städtebau*, Bericht und Antrag zum Regierungsentwurf, BT-Drs. 7/4793, S. 35.

bestimmtem Rahmen einer neuen Folgenutzung zugeführt werden.[165] Die Rechtsprechung setzte allerdings voraus, dass es sich bei der Änderung der bisherigen Nutzung i. S. v. § 35 Abs. 4 BBauG 1976 um eine noch andauernde privilegierte Nutzung handelte, die durch eine neue Nutzung ersetzt werden sollte, wobei dem Eigentümer für die Zeit der Durchführung der Nutzungsänderung eine Übergangszeit eingeräumt wurde.[166] Daher unterfielen tatsächlich privilegiert genutzte Gebäude i. S. v. § 35 Abs. 1 Nr. 1 bis 3 BBauG 1976 nicht der erleichterten Nutzungsänderungsmöglichkeit nach § 35 Abs. 4 BBauG 1976.[167] Um die restlichen, nicht ausgeschlossenen öffentliche Belange nicht zu sehr zu belasten, durfte die Nutzungsänderung nur „ohne wesentliche Änderungen einer baulichen Anlage“ erfolgen. Darunter fielen lediglich bauliche Änderungen mit begleitendem Charakter, die sich der vordergründigen Nutzungsänderung unterordneten.[168] „Beabsichtigt“ i. S. v. § 35 Abs. 4 BBauG 1976 war eine Nutzungsänderung, wenn im Zeitpunkt der Antragstellung die neue Nutzung noch nicht aufgenommen wurde.[169]

Mit der Erleichterung der Nutzungsänderung landwirtschaftlich genutzter baulicher Anlagen versuchte man dem Umstrukturierungswandel in der Landwirtschaft Rechnung zu tragen, indem nicht mehr benötigte landwirtschaftliche Anlagen in solche andere Nutzung umgebaut werden konnten. Da eine Vielzahl von Höfen landwirtschaftlich nicht mehr genutzt wurden, hätte ohne Ermöglichung einer Nutzungsänderung, deren Verfall gedroht. Dies wäre jedoch weder für die Außenbereichsgestaltung noch für die Belange des Umweltschutzes förderlich gewesen. Es war auch nicht zu befürchten, dass die Landschaft durch die neue Teilprivilegierung zersiedelt werden würde, da nur bereits vorhandene Gebäude umgenutzt werden durften, wohingegen Neubauten von der erleichterten Zulässigkeit nicht mit umfasst waren.[170]

---

165 Bei einer Zweckentfremdung baulicher Anlagen, insbesondere wenn anstelle der bisherigen privilegierten Nutzung eine nicht privilegierte Nutzung tritt, spricht man von einer Entprivilegierung; vgl. *F. Weyreuther*, Bauen im Außenbereich, S. 163.

166 *BVerwG*, Urt. vom 18.08.1982, UPR 1983, 96 (96).

167 *BVerwG*, Urt. vom 29.10.1982, BauR 1983, 138 (139).

168 Nach der ständigen Rechtsprechung des Bundesverwaltungsgerichts war eine wesentliche Änderung schon dann anzunehmen, wenn sich die bauliche Änderung in ihren Auswirkungen auf die in der Teilprivilegierungsvorschrift genannten öffentlichen Belange nicht unter dem unterordnete, was die Nutzungsänderung mit sich brachte, sondern darüber hinaus ihrerseits die öffentlichen Belange rechtserheblich berührte; vgl. *BVerwG*, Urt. vom 24.10.1980, E 61, 112 (114); *dergl.*, Urt. vom 23.01.1981, E 61, 290 (292); *dergl.*, Urt. vom 12.03.1982, NuR 1983, 21 (21); *dergl.*, Urt. vom 07.02.1986, DVBl. 1986, 679 (680).

169 *BVerwG*, Urt. vom 24.10.1980, NuR 1981, 169 (169).

170 *Bundesregierung*, Entwurf eines Gesetzes zur Änderung des Bundesbaugesetzes; BT-Drs. 7/2496, S. 49.

b) Die teilprivilegierten Vorhaben in § 35 Abs. 5 BBauG 1976

§ 35 Abs. 5 BBauG 1976 enthielt einen Katalog von Vorhaben im Zusammenhang mit vorhandenen baulichen nichtprivilegierten Anlagen im Außenbereich, bei denen entsprechend Absatz 4 des § 35 BBauG 1976 bestimmter öffentliche Belange für unbeachtlich erklärt wurden, sog. teilprivilegierte Vorhaben.

Im Einzelnen zählte hierzu gemäß § 35 Abs. 5 S. 1 Nr. 1 BBauG 1976 die Neuerrichtung eines vom Eigentümer über längere Zeit selbst genutzten Wohngebäudes, das nach § 35 Abs. 1 Nr. 1 bis 3 BBauG 1976 privilegiert gewesen ist, durch wirtschaftlich vertretbare Modernisierungsmaßnahmen nicht renoviert werden konnte und deshalb an gleicher Stelle errichtet und vom Eigentümer selbst oder seiner Familie genutzt wurde. Dadurch kam es zu einer erleichterten Zulässigkeit für Ersatzbauten von ehemals im Zusammenhang mit einem landwirtschaftlichen Betrieb zu Wohnzwecken dienenden Gebäuden, welche nicht mehr den Anforderungen an gesunde Wohnverhältnisse entsprachen. Diese Neuregelung war erforderlich, da nach dem bis dahin geltenden Recht dem Abriss privilegierter Vorhaben die Entprivilegierung folgte und die Wiedererrichtung sodann mangels Privilegierung unzulässig war. Die unterschiedliche Behandlung bei Wohngebäuden durch die Zulässigkeit von Modernisierungsmaßnahmen aufgrund Bestandsschutz einerseits und der Unzulässigkeit von Abbruchs- und Neuerrichtungsmaßnahmen andererseits war jedoch nicht gerechtfertigt und daher so nicht länger hinnehmbar. Dadurch, dass die Teilprivilegierung nicht alle aufgezählten Belange ausschaltete, wurde gewährleistet, dass die übrigen öffentlichen Belange – wie beispielsweise den Landschaftsschutz und die Erholungsfunktion des Außenbereichs – beachtenswert waren und durch das Wohngebäude nicht beeinträchtigt werden durften.[171]

Als weitere Teilprivilegierung wurde die Wiedererrichtung eines durch Brand, Naturereignisse oder sonstige außergewöhnliche Ereignisse zerstörten Gebäudes als vergleichbares neues Gebäude an gleicher Stelle in § 35 Abs. 5 S. 1 Nr. 2 BBauG 1976 normiert.[172] „An gleicher Stelle" wurde dabei ein Gebäude errichtet, wenn es am bisherigen Standort gebaut wurde.[173] Ein „vergleichbares neues Gebäude" lag vor, wenn es im Bauvolumen vergleichbar war. Dies war nicht der Fall bei wesentlicher Abweichung des neuen vom zerstörten

---

171 *W. Hoppe*, in: Ernst/Hoppe, Das öffentliche Bau- und Bodenrecht (1. Auflage), Rdnr. 405; *E.-M. Ehebrecht-Stüer*, Außenbereichsbebauung, S. 39.

172 Der Wiederaufbau einer durch Brand oder ähnliche Ereignisse zerstörten baulichen Anlage war bereits zuvor nach der Rechtsprechung des Bundesverwaltungsgerichts ausnahmsweise möglich bei einer eigentumsverfestigten Anspruchsposition. Mit der Novelle 1976 wurden derartige Vorhaben nun als Teilprivilegierung gesetzlich normiert und erleichtert zugelassen.

173 *BVerwG*, Urt. vom 23.01.1981, NJW 1981, 2828 (2828).

Gebäude im Hinblick auf seine Funktion bzw. Zweckbestimmung.[174] Sinn und Zweck dieser neuartigen Teilprivilegierung war wiederum den Bestandsschutz in bestimmten Fällen der Gebäudezerstörung zu erweitern.[175] Begründet wurde die Teilprivilegierung in § 35 Abs. 5 S. 1 Nr. 2 BBauG 1976 mit einem Erst-Recht-Schluss zu § 35 Abs. 5 S. 1 Nr. 1 BBauG 1976.[176] Um dem ausreichend gerecht zu werden, war § 35 Abs. 5 S. 1 Nr. 2 BBauG 1976 auch auf bereits im Zeitpunkt des Inkrafttretens der BauGB-Novelle 1976 zerstörte Gebäude anwendbar.[177]

In § 35 Abs. 5 S. 2 BBauG 1976 wurde noch besonders geregelt, dass in den beiden Fällen der Teilprivilegierung nach § 35 Abs. 5 S. 1 Nr. 1 und 2 BBauG 1976 geringfügige Erweiterungen des neuen Wohngebäudes gegenüber dem beseitigten oder zerstörten Gebäude sowie geringfügige Abweichungen vom bisherigen Standort des Gebäudes zugelassen sind.[178] Letzteres entschärft somit das Erfordernis „an gleicher Stelle“[179]. Dieser Regelung lagen praktische Überlegungen zugrunde, da eine vollständig Übernahme der bisherigen baulichen Gegebenheiten bezüglich Größe und Standort bei Neuerrichtung des Gebäudes meist nicht möglich oder nicht zweckmäßig war.[180]

Zuletzt wurde in § 35 Abs. 5 S. 1 Nr. 3 BBauG 1976 die (Nutzungs-)Änderung von erhaltenswerten und die Kulturlandschaft prägenden Gebäuden teilprivilegiert, wenn das Vorhaben einer zweckmäßigen Verwendung der Gebäude und der Erhaltung des Gestaltwerts diente. Dies galt auch bei bereits aufgegebenen Gebäuden und unabhängig von einer Privilegierung.[181]

c) Die Teilprivilegierung nach § 35 Abs. 6 BBauG 1976

In § 35 Abs. 6 BBauG 1976 wurden ausdrücklich geringfügige Erweiterungen im Rahmen von Modernisierungsmaßnahmen für die im Außenbereich befindlichen, nicht (mehr) privilegierten Wohngebäude und Gebäude der Fremdenbe-

---

174 *BVerwG*, Urt. vom 23.05.1980, BauR 1980, 553 (553).

175 *F. Weyreuther*, Bauen im Außenbereich, S. 217.

176 *Ausschuss für Raumordnung, Bauwesen und Städtebau*, Bericht und Antrag zum Regierungsentwurf, BT-Drs. 7/4793, S. 35: „Denn wenn schon derjenige, der freiwillig sein Gebäude abreißt, in Zukunft an der alten Stelle ein neues errichten darf, so muß dies um so mehr für denjenigen gelten, dessen Gebäude gegen seinen Willen zerstört worden wird“.

177 *BVerwG*, Urt. vom 08.06.1979; DVBl. 1979, 626 (626).

178 Dies hing davon ab, ob die in § 35 Abs. 4 BBauG 1976 genannten Belange durch die Standortverschiebung zusätzlich mehr als geringfügig betroffen wurden; vgl. *BVerwG*, Urt. vom 23.01.1981, NJW 1981, 2828 (2828).

179 *F. Weyreuther*, Bauen im Außenbereich, S. 219.

180 *Söfker*, in: Ernst/Zinkahn/Bielenberg/Krautzberger, Band II, § 35, Rdnr. 164.

181 *W. Hoppe*, in: Ernst/Hoppe, Das öffentliche Bau- und Bodenrecht (1. Auflage), Rdnr. 406.

herbergung entsprechend Absatz 4 begünstigt, so dass die dort genannten Belange dem Vorhaben nicht entgegengehalten werden konnten.[182]

d) Die Regelung in § 35 Abs. 7 BBauG 1976

Mit § 35 Abs. 7 S. 1 BBauG 1976 sollte in den Fällen der begünstigten Vorhaben nach § 35 Abs. 1 Nr. 2, Abs. 4 bis 6 BBauG 1976 die vorgesehene Zweckbestimmung nach Durchführung des Vorhabens sichergestellt werden. Für Vorhaben nach § 35 Abs. 1 Nr. 2d BBauG 1976 wurde in § 35 Abs. 7 S. 2, 3 BBauG 1976 eine spezielle Sicherungsmöglichkeit gegeben. Im Hinblick auf die Erweiterung der Zulässigkeit von nichtprivilegierten Außenbereichsvorhaben sowie bei Veräußerung der Altenteilerhäuser sollten mit diesen zusätzlichen Sicherungsmaßnahmen für die Genehmigungsbehörde Missbräuche zum Schutz des Außenbereichs vermieden werden.[183]

H. Das Bundesbaugesetz aus dem Jahre 1979

I. Anlass und Vorbereitungen für die Beschleunigungsnovelle 1979

Mit dem Initiativentwurf der damaligen CDU/CSU-Oppositionsfraktion[184] wurden Änderungsvorschläge für § 35 BBauG 1976 angedacht, die auf eine Bauerleichterung im Außenbereich unter gleichzeitiger Vereinbarung mit einer geordneten städtebaulichen Entwicklung abzielten.[185] Der Katalog der beeinträchtigten öffentlichen Belange in § 35 Abs. 3 BBauG sollte abschließend festgelegt werden, und nicht nur eine beispielhaft Aufzählung enthalten.[186] Weiterhin sollte zur erleichterten Schließung von Baulücken im Außenbereich nicht mehr die Verfestigung einer Splittersiedlung, sondern nur noch die Entstehung und Erweiterung einer Splittersiedlung als Beeinträchtigung öffentlicher Belange gelten. Dies sei erforderlich, da zahlreiche privilegierte Außenbereichsvorhaben mit der Begründung der Verfestigung einer Splittersiedlung in der Vergangenheit abgelehnt

182 *W. Hoppe*, in: Ernst/Hoppe, Das öffentliche Bau- und Bodenrecht (1. Auflage), Rdnr. 405.

183 *Ausschuss für Raumordnung, Bauwesen und Städtebau*, Bericht und Antrag zum Regierungsentwurf, BT-Drs. 7/4793, S. 35 f.

184 CDU/CSU-Fraktion, Entwurf eines Gesetzes zur Änderung des Bundesbaugesetzes vom 04.07.1978, BT-Drs. 8/1970.

185 *CDU/CSU-Fraktion*, Entwurf eines Gesetzes zur Änderung des Bundesbaugesetzes, BT-Drs. 8/1970, S.1.

186 *CDU/CSU-Fraktion*, Entwurf eines Gesetzes zur Änderung des Bundesbaugesetzes, BT-Drs. 8/1970, S. 6.

wurden.[187] Bezüglich § 35 Abs. 5 S. 1 Nr. 1 BBauG 1976 wurde vorgeschlagen, die bauliche Erweiterung von zulässigerweise im Außenbereich errichteten und seit längerer Zeit vom Eigentümer eigengenutzte Wohngebäude zuzulassen, wenn die Erweiterung die angemessene Wohnraumversorgung des Eigentümers und seiner zum Haushalt gehörenden Familie bezweckte. Auch sollten im Außenbereich zulässigerweise errichtete Gewerbebetriebe baulich erweitert werden können, wenn diese Erweiterung für die Sicherung der Fortführung des Betriebes erforderlich war.[188] Letztlich sah der Gesetzesentwurf noch die Abwägung von durch das Vorhaben beeinträchtigten öffentlichen Belangen mit solchen, die für die Durchführung des Vorhabens erforderlich sind, vor, da nach bis dahin geltendem Recht die Zulässigkeit eines nicht privilegierten Außenbereichsvorhabens schon dann zu verneinen war, wenn auch nur irgendein öffentlicher Belang durch das Vorhaben beeinträchtigt wurde ohne eventuell andere öffentliche Belange, die für das Vorhaben sprachen, zu berücksichtigen. Diese Abwägung sollte in einem neuen Absatz 7 von § 35 BBauG 1979 normiert werden. Im Einzelnen sollte dies dazu führen, dass bei der Beurteilung der Zulässigkeit eines Außenbereichsvorhabens die öffentlichen Belange gegeneinander abzuwägen sind und deshalb Außenbereichsvorhaben trotz einzelner entgegenstehender oder beeinträchtigter öffentlicher Belang aufgrund anderer öffentlicher Belange, welche die Durchführung des Vorhabens erfordern und deswegen übergeordnet sind, zugelassen werden konnten.[189]

Der Gesetzesentwurf der damaligen Bundesregierung[190] befasste sich noch nicht mit den vorgeschlagenen Änderungen der Außenbereichsvorschrift. Begründet wurde dies damit, dass auf Schwierigkeiten in der Praxis mit der neuen Außenbereichsvorschrift nicht unverzüglich mit einer neuen Gesetzesänderung reagiert werden sollte und zudem angesichts der kurzen Zeit auch noch keine hinreichenden Erfahrungen mit dem Vollzug des durch die Bundesbaugesetz-Novelle 1976 geänderten und teilweise neu gefassten § 35 BBauG 1976 vorlägen. Daher könnten auch keine Vorschläge zu dessen Änderung eingebracht werden.[191] Erst der Bundesrat griff in seiner Stellungnahme die Vorschläge der CDU/CSU-Bundestagsfraktion hinsichtlich der Änderungen in der Außenbe-

187 *CDU/CSU-Fraktion*, Entwurf eines Gesetzes zur Änderung des Bundesbaugesetzes, BT-Drs. 8/1970, S. 2, 6.

188 *Söfker*, in: Ernst/Zinkahn/Bielenberg/Krautzberger, Band II, § 35, Rdnr. 5.

189 *CDU/CSU-Fraktion*, Entwurf eines Gesetzes zur Änderung des Bundesbaugesetzes, BT-Drs. 8/1970, S. 2, 6.

190 *Bundesregierung*, Entwurf eines Gesetzes zur Beschleunigung von Verfahren und zur Erleichterung von Investitionsvorhaben im Städtebaurecht, BT-Drs. 8/2451 vom 29.12.1978.

191 *Bundesregierung*, Entwurf eines Gesetzes zur Beschleunigung von Verfahren und zur Erleichterung von Investitionsvorhaben im Städtebaurecht, BT-Drs. 8/2451, S. 15.

reichsvorschrift mit Ausnahme der Abwägungsklausel auf.[192] In der anschließenden Gegenäußerung der Bundesregierung wollte diese nach wie vor keine Änderungen der Außenbereichsvorschrift vornehmen, da die Öffnung des Außenbereichs für eine Erweiterung der baulichen Nutzung in der Öffentlichkeit umstritten war.[193] Erst auf Druck der CDU/CSU-Opposition, die ihre Zustimmung zum Gesamtkonzept der Beschleunigungsnovelle von den Änderungen in § 35 BBauG 1976 abhängig machte, kam es zu einer Einigung.[194] Aufgrund der Beschlussempfehlung des federführenden Bundestagsausschusses für Raumordnung, Bauwesen und Städtebau[195] war sodann der Leitgedanke, keine neuen Baurechte im Außenbereich zu schaffen, sondern lediglich bauliche Erweiterungen von bereits vorhandenen Beständen zuzulassen. Dies resultierte aus der Erkenntnis, dass die bisherige Nichteinbeziehung von Wohn- und Gewerbenutzung in die Teilprivilegierungen zur Unterversorgung mit angemessenem Wohnraum für den Eigentümer und zu einer nicht möglichen baulichen Erweiterung von Gewerbegebieten aufgrund zu engen Bestandsschutzgrenzen führte.[196] Das Gesetz zur Beschleunigung von Verfahren und zur Erleichterung von Investitionsvorhaben im Städtebaurecht vom 06.07.1979 (sog. Beschleunigungsnovelle)[197] trat schließlich am 01.08.1979 in Kraft. Es beinhaltete in der Außenbereichsvorschrift eine Erweiterung der in § 35 BBauG 1976 erstmals normierten Teilprivilegierungen und war unmittelbarer Vorläufer des späteren Baugesetzbuches.

II. Die Änderungen durch § 35 BBauG 1979

Die Absätze 1, 2, 3 und 4 des § 35 BBauG 1976 wurden unverändert in das Bundesbaugesetz 1979 übernommen, wohingegen die Teilprivilegierungsregelungen des Bundesbaugesetzes 1976 mit den Begünstigungen für nichtprivilegierte Wohngebäude und gewerbliche Betriebe ausgedehnt wurden. Mit der Normierung dieser speziellen Tatbestände beabsichtigte der Gesetzgeber die engen Grenzen der Rechtsprechung zum Bestandsschutz aufzubrechen.[198]

---

192 *Bundesrat*, Stellungnahme zum Regierungsentwurf, BT-Drs. 8/2451, S. 43 f.

193 *Bundesregierung*, Gegenäußerung zur Stellungnahme, BT-Drs. 8/2451, S. 51.

194 *E.-M. Ehebrecht-Stüer*, Der Außenbereichsschutz, S. 36.

195 *Ausschuss für Raumordnung, Bauwesen und Städtebau*, Beschlussempfehlung und Bericht zum Regierungsentwurf, BT-Drs. 8/2885 vom 21.05.1979.

196 *Ausschuss für Raumordnung, Bauwesen und Städtebau*, Beschlussempfehlung und Bericht zum Regierungsentwurf, BT-Drs. 8/2885, S. 37, 43.

197 Gesetz zur Beschleunigung von Verfahren und zur Erleichterung von Investitionsvorhaben im Städtebaurecht vom 06.07.1979, BGBl.1979 I S. 949.

198 *Roeser*, in: Berliner Kommentar, Band I, § 35, Rdnr. 3.

1. Die neuen Teilprivilegierungen für bauliche Erweiterungen von Wohngebäuden in § 35 Abs. 5 S. 1 Nr. 4a und b BBauG 1979

Mit § 35 Abs. 5 S. 1 Nr. 4a BBauG 1979 wurde nunmehr die bauliche Erweiterung eines zulässigerweise errichteten Wohngebäudes, das vom Eigentümer längere Zeit genutzt worden ist und der angemessenen Wohnraumversorgung des Eigentümers als auch seiner zum Haushalt gehörenden Familienangehörigen mit Wohnraum dienen sollte, erleichtert zugelassen. Die Beschränkung der Teilprivilegierung auf vom Eigentümer selbst genutzte Wohngebäude erfolgte, um keine neuen Baurechte zu eröffnen und zu verhindern, dass mängelbehaftete Wohngebäude von Dritten aus spekulativen Zwecken aufgekauft, renoviert und sodann weiterveräußert würden. Andererseits sollte dem Eigentümer im Einzelfall die Härte und Schwierigkeiten bei Wohngebäuden im Außenbereich, die sich daraus ergaben, dass dem Eigentümer und seiner Familie kein ausreichender Wohnraum zur Verfügung stand, genommen werden. Die Begünstigung der Erweiterung über den Bestandsschutz war auch sachgerecht, da sich das Maß der zugelassenen baulichen Erweiterung nach den individuellen Bedürfnissen richtete, worunter jedoch nicht die Errichtung einer zweiten Wohnung fiel[199]. Die Erweiterungsmöglichkeit auch auf den Kreis der zum Haushalt des Eigentümers gehörenden Familienangehörigen, der sich nach § 8 2. WoBauG bestimmte, geschah im Hinblick auf den Generationenwechsel.[200]

Der neu geschaffene § 35 Abs. 5 S. 1 Nr. 4b BBauG 1979 entsprach im wesentlichen dem dadurch ersetzten § 35 Abs. 6 BBauG 1976, wobei im Gegensatz zu diesem bei der Begünstigung von Modernisierungsmaßnahmen des Wohngebäudes nicht mehr auf die Geringfügigkeit der Erweiterung abgestellt wurde. Vielmehr war nun die bauliche Erweiterung eines zulässigerweise errichteten Wohngebäudes begünstigt, wenn der Gebrauchswert der Wohnungen durch Modernisierung verbessert wurde und die im Zusammenhang mit der Modernisierung beabsichtigte Erweiterung geringfügig oder durch die Modernisierung erforderlich waren. Der zulässige Umfang der Modernisierung wurde also durch

199 In diesem Sinne entschied auch die Rechtsprechung, wonach von dieser neuen Teilprivilegierung die Erweiterung eines eigengenutzten Wohngebäudes, in der sich zusätzlich eine oder mehrere Mietwohnungen befanden, ebenso wenig erfasst war wie die Herstellung zusätzlicher, selbständiger Wohnungen; vgl. *BVerwG*, Urt. vom 18.08.1982, UPR 1983, 96 (96).

200 *W. Hoppe*, in: Ernst/Hoppe, Das öffentliche Bau- und Bodenrecht, Rdnr. 406 b (2. Auflage); *Söfker*, in: Ernst/Zinkahn/Bielenberg/Krautzberger, Band II, § 35, Rdnr. 5; *Ausschuss für Raumordnung, Bauwesen und Städtebau*, Beschlussempfehlung und Bericht zum Regierungsentwurf, BT-Drs. 8/2885, S. 42.

das von der Modernisierung geforderte Maß bestimmt bzw. erwies sich ohnehin als nur geringfügig.[201]

Durch die Hereinnahme des § 35 Abs. 6 BBauG 1976 in § 35 Abs. 5 S. 1 Nr. 4b BBauG 1979 wurde § 35 Abs. 7 BBauG 1976 ohne inhaltliche Änderung neuer Absatz 6 in § 35 BBauG 1979.

2. *Die neue Begünstigung nach § 35 Abs. 5 S. 1 Nr. 5 BBauG 1979 bei baulicher Erweiterung von Gewerbebetrieben*

Eine für den Außenbereich bedeutsame Neuerung war die Teilprivilegierung in § 35 Abs. 5 S. 1 Nr. 5 BBauG 1979. Danach wurden angemessene bauliche Erweiterungen eines zulässigerweise errichteten Gewerbebetriebes begünstigt, wenn die Erweiterung notwendig war, um die Fortführung des Betriebes zu sichern. Zur Fortführung des Betriebes waren nur solche baulichen Erweiterungen erforderlich, die zur Erzielung eines angemessenen Gewinns notwendig waren. Unter den Begriff der gewerblichen Betriebe fielen diejenigen, die nicht bereits nach § 35 Abs. 1 BBauG 1979 privilegiert waren.[202] Sinn und Zweck dieser Neuerung war auch hier die Teilprivilegierung auf die Fälle zu erweitern, die nach den bisherigen Bestandsschutzgrundsätzen – Wahrung und Erhaltung des vorhandenen Bestandes und geringfügige Erweiterungen – nicht erfasst wurden. Die Erweiterung von Gewerbebetrieben wurde damit gerechtfertigt, dass sich die Situation für gewerbliche Betriebe im Außenbereich grundsätzlich von der in tatsächlichen und rechtlichen Baugebieten unterschied. Zudem wurde die Zulässigkeit der Erweiterung von Gewerbebetrieben nur erleichtert, indem die in § 35 Abs. 4 BBauG 1979 bestimmten öffentliche Belange einem erweiterten Vorhaben nicht entgegengehalten werden konnten. Die nicht ausgeblendeten beein-

---

201 *Bröll*, BayVBl. 1979, 550 (553); *Ausschuss für Raumordnung, Bauwesen und Städtebau*, Beschlussempfehlung und Bericht zum Regierungsentwurf, BT-Drs. 8/2885, S. 42 f.

202 *Söfker*, in: Ernst/Zinkahn/Bielenberg/Krautzberger, Band II, § 35, Rdnr. 5; *Lau*, BauR 1981, 420 (420, 424). Die Erweiterung eines landwirtschaftlichen Betriebsteils i. S. v. § 35 Abs. 1 Nr. 1 BBauG 1979 um einen landwirtschafsfremden Betriebsteil konnte an dieser Privilegierung teilnehmen, so dass darauf die neue Teilprivilegierung nicht anwendbar war; vgl. *BVerwG*, Urt. vom 19.04.1986, NVwZ 1986, 201 (201). Die vom Bundesrat vorgeschlagene Begrenzung der Erweiterungsmöglichkeit gewerblicher Betriebe lediglich auf solche handwerklicher oder landwirtschaftlicher Art, wurde nicht übernommen. Begründet wurde dies mit daraus resultierenden Abgrenzungsschwierigkeiten und Problemen wegen des Gleichbehandlungsgrundsatzes gleicher Tatbestände; vgl. *Ausschuss für Raumordnung, Bauwesen und Städtebau*, Beschlussempfehlung und Bericht zum Regierungsentwurf, BT-Drs. 8/2885, S. 37 f.

trächtigten öffentliche Belange hingegen grenzten die Möglichkeiten für eine unbeschränkte Erweiterung ausreichend ein.[203]

I. Das Baugesetzbuch 1986

I. Gründe und Eckdaten für das Baugesetzbuch 1986

Aufgrund der schon seit längerem anhaltenden Bestrebungen, das Städtebaurecht durch die Zusammenfassung von Bundesbaugesetz 1979 und Städtebauförderungsgesetz 1971 neu zu formieren, erfolgte das Gesetzgebungsverfahren zu einem Gesetz über das Baugesetzbuch. Das Gesetz über das Baugesetzbuch wurde sodann am 08.12.1986 verkündet[204], am 12.12.1986 bekannt gemacht[205] und trat am 01.07.1987 in Kraft.[206] Aus dem Bundesbaugesetz wurde damit das Baugesetzbuch, welches bis heute diesen Namen trägt. Im Hinblick auf die Außenbereichsvorschrift brachte das Baugesetzbuch 1986 jedoch keine wesentlichen Änderungen. Zielsetzung des § 35 BauGB 1986 war vorrangig aus Gründen der Rechtsvereinfachung die teilweise Neufassung der Regelungen und engerer Grenzziehung der begünstigten Vorhaben im Außenbereich unter Wahrung des unverzichtbaren Außenbereichsschutzes. Dabei sollte insbesondere das familien- und sozialpolitisch erwünschte Zusammenlaben der Generationen einer Familie unter einem Dach durch Zulassung einer zweiten Wohnung ermöglicht werden.[207]

II. Änderungen der Außenbereichsvorschrift

1. Die Änderung in § 35 Abs. 1 Nr. 1 BBauG 1986 durch Erweiterung des Landwirtschaftsbegriffs

Der Begriff der Landwirtschaft, der bis dahin in § 146 BBauG 1976/1979 normiert war, wurde im Baugesetzbuch 1986 mit § 201[208] legaldefiniert. Trotz Kri-

203 *Ausschuss für Raumordnung, Bauwesen und Städtebau*, Beschlussempfehlung und Bericht zum Regierungsentwurf, BT-Drs. 8/2885, S. 42.

204 Gesetz über das Baugesetzbuch vom 08.12.1986, BGBl. 1986 I S. 2191.

205 Bekanntmachung des Baugesetzbuchs am 12.12.1986, BGBl. 1986 I S. 2253.

206 *M. Krautzberger*, in: Krautzberger/Söfker, Baugesetzbuch, Rdnr. 3.

207 *Bundesregierung*, Entwurf eines Gesetzes über das Baugesetzbuch, BT-Drs. 10/4630 vom 10.01.1986, S. 57.

208 Seit dem Baugesetzbuch 1986 ist die Definition der Landwirtschaft in § 201geregelt.

tik[209] erweiterte der Gesetzgeber dabei den Landwirtschaftsbegriff inhaltlich um die „Pensionstierhaltung auf überwiegend eigener Futtergrundlage" und ersetzte den Begriff „Erwerbsgartenbau" durch „gartenbauliche Erzeugung".[210] Mit der punktuellen Ergänzung der Wiesen- und Weidewirtschaft um die „Pensionstierhaltung auf überwiegend eigener Futtergrundlage" bezweckte der Gesetzgeber keine Gesetzesänderung, sondern wollte lediglich den Begriff der Weidewirtschaft klarstellen. Diese Klarstellung war aufgrund der Entwicklungen im landwirtschaftlichen Bereich[211] und der bisherigen Nichtanerkennung von Pensionspferdehaltung als Landwirtschaft mangels des Merkmals der unmittelbaren Bodenertragsnutzung[212] erforderlich geworden. Die Ersetzung des Begriffs „Erwerbsgartenbau" durch „gartenbauliche Erzeugung" geschah, um den Landwirtschaftsbegriff insofern an den neu gefassten Begriff der Landwirtschaft in § 585 Abs. 1 BGB[213] anzupassen.[214]

2. Aufnahme der Kernenergie als privilegiertes Vorhaben

Mit § 35 Abs. 1 Nr. 6 BauGB 1986 wurde der Katalog der privilegierten Vorhaben durch Vorhaben, die „der Erforschung, Entwicklung und Nutzung der Kernenergie zu friedlichen Zwecken oder der Entsorgung radioaktiver Abfälle dienen", erweitert. Die Aufnahme von Kernenergieanlagen als privilegierte Vorhaben[215] diente lediglich der Klarstellung, da bereits in der Vergangenheit die

209 Die damalige SPD-Fraktion war der Ansicht, dass die getroffene Ausdehnung des Landwirtschaftsbegriffes zu einer außenbereichsfremden Nutzung führen würde. Die damit verbundene erhöhte Bauaktivität sei mit dem Außenbereichsschutz jedoch nicht zu vereinbaren; vgl. *Ausschuss für Raumordnung, Bauwesen und Städtebaurecht*, Beschlussempfehlung und Bericht zum Regierungsentwurf, BT-Drs. 10/6166 vom 15.10.1986, S. 132.

210 Wortlaut des § 201 BauGB 1986: „Landwirtschaft im Sinne dieses Gesetzbuchs ist insbesondere der Ackerbau, die Wiesen- und Weidewirtschaft einschließlich Pensionstierhaltung auf überwiegend eigener Futtergrundlage, die gartenbauliche Erzeugung, der Erwerbsobstbau, der Weinbau, die berufsmäßige Imkerei und die berufsmäßige Binnenfischerei."

211 *Bundesregierung*, Entwurf eines Gesetzes über das Baugesetzbuch, BT-Drs. 10/4630, S. 153.

212 Vgl. *BVerwG*, Urt. vom 19.04.1985, NuR 1985, 324 (324).

213 Der Landwirtschaftsbegriff in § 585 Abs. 1 BGB wurde durch das Gesetz zur Neuordnung des landwirtschaftlichen Pachtrechts vom 08.11.1985 (BGBl. 1985 I S. 2065) geändert.

214 *Schrödter*, in: Schrödter, § 201, Rdnr. 1.

215 Der Regierungsentwurf sah diese Neuprivilegierung noch nicht vor. Sie ist erst auf den Vorschlag des Bundesrates in seiner Stellungnahme zurückzuführen; vgl. *Bundesrat*, Stellungnahme zum Regierungsentwurf, BT-Drs. 10/5027, S. 9. Die SPD-Fraktion sprach sich gegen die Privilegierung der Kernenergievorhaben aus. Ihrer Auffassung nach müsste die Zulässigkeit der Vorhaben der Kernenergie wegen des Außenbereichsschutzes weiterhin der Bauleitplanung mit Bürgerbeteiligung vorbehalten bleiben; vgl. *Ausschuss für Raumordnung, Bau-*

höchstrichterliche Rechtsprechung Kernkraftwerke als privilegiert i. S. v. § 35 Abs. 1 Nr. 5 BBauG 1979 angesehen hatte[216]. Um dem besser Rechnung tragen zu können, sollte durch § 35 Abs. 1 Nr. 6 BauGB 1986 klargestellt werden, dass kerntechnische Anlagen zu den privilegierten Vorhaben im Außenbereich gehören.[217]

3. Änderungen des Katalogs der öffentlichen Belange

In § 35 Abs. 3 S. 1 BauGB 1986 wurden der öffentliche Belang „Abwasserbeseitigung“ durch „Abfallentsorgung“[218] und die Begriffe „Natur- und Landschaftsschutz“ durch „Naturschutz und Landschaftspflege“ ersetzt sowie „die Belange ... des Denkmalschutzes“ in den Katalog nach § 35 Abs. 3 S. 1 BauGB 1986 aufgenommen. Dadurch legte der Gesetzgeber nun erstmals besonderes Augenmerk auf den Denkmalschutz als öffentlicher Belang.[219]

4. Berücksichtigung der Ziele der Raumordnung und Landesplanung durch den neu angefügten § 35 Abs. 3 S. 3 BauGB 1986

Die Bedeutung der Ziele der Raumordnung und Landesplanung wurde, unter gleichzeitiger Streichung der Ziele der Raumordnung und Landesplanung als öffentlicher Belang in § 35 Abs. 3 S. 1 BBauG 1979, mit § 35 Abs. 3 S. 3 BauGB 1986 neu geregelt. Nach § 35 Abs. 3 S. 3 Hs. 1 BauGB 1986 durften privilegierte und sonstige raumbedeutsame Vorhaben nach § 35 Abs. 1 und 2 BauGB 1986 den Zielen der Raumordnung und Landesplanung nicht widersprechen (sog. negative Wirkung bzw. Zielbindungsklausel). Mit dieser Änderung sollte ausdrücklich klargestellt werden, dass bei raumbedeutsamen Außenbereichsvorhaben i. S. v. § 35 Abs. 1 und 2 BauGB 1986 verbindliche Ziele der Raumordnung und Landesplanung beachtet werden müssen. Die Rechtsprechung hatte bereits in der Vergangenheit entsprechend der Bedeutung der Ziele der Raumordnung und Landesplanung sowohl für privilegierte als auch für sons-

---

wesen und Städtebau, Beschlussempfehlung und Bericht zum Regierungsentwurf, BT-Drs. 10/6166, S. 132.

216 *BVerwG*, Urt. vom 19.12.1985, E 72, 300 (326).

217 *Bundesregierung*, Gegenäußerung zur Stellungnahme, BT-Drs. 10/5111, S. 6; *Ausschuss für Raumordnung, Bauwesen und Städtebau*, Beschlussempfehlung und Bericht zum Regierungsentwurf, BT-Drs. 10/6166, S. 132, 155.

218 Dabei handelte es sich lediglich um eine redaktionelle Anpassung an die Begriffsbestimmung des Abfallgesetzes vom 27.08.1986, BGBl. 1986 I S. 1410.

219 *Söfker*, in: Ernst/Zinkahn/Bielenberg/Krautzberger, Band II, § 35 Rdnr. 6; *Bundesregierung*, Entwurf eines Gesetzes über das Baugesetzbuch, BT-Drs. 10/4630, S. 89.

tige Vorhaben entschieden[220], so dass die gesetzliche Klarstellung der Verstärkung der Rechtssicherheit dienen sollte. Weiterhin sollte mit dieser Fassung klargestellt werden, dass die Wirkungen raumordnerischer Ziele auf raumbedeutsame Vorhaben im Sinne des Raumordnungsgesetzes beschränkt sind, also nur Fälle mit überörtlicher Auswirkung betreffen.[221]

Gemäß § 35 Abs. 3 S. 3 Hs. 2 BauGB 1986 konnten raumbedeutsamen Vorhaben nach § 35 Abs. 1 BauGB 1986 öffentliche Belange insoweit nicht entgegenstehen, als die Belange bereits bei Darstellung dieser Vorhaben als Ziele der Raumordnung und Landesplanung in den Raumordnungsplänen i. S. d. § 5 ROG abgewogen worden sind (sog. positive Wirkung bzw. Abwägungsabschichtungsklausel). Dies bedeutete, dass nur die öffentlichen Belange, die bei der Aufstellung der Ziele nicht berücksichtigt worden sind, noch als entgegenstehende öffentliche Belange bei der Frage der Zulässigkeit privilegierter Vorhaben geltend gemacht werden konnten. Begründet wurde dies damit, dass die in den Raumordnungsplänen für bestimmte Vorhaben im Außenbereich erfolgte Prüfung und Abwägung überörtlich bedeutsamer Standortfragen berücksichtigt werden müssten und dies zugleich der Verwaltungsvereinfachung diene, da die Ergebnisse der landesplanerischen Prüfung für das weitere Genehmigungsverfahren genutzt werden könnten.[222]

5. Die Neufassung des Katalogs der begünstigten Vorhaben

Die Teilprivilegierungen in den Absätzen 4 und 5 des § 35 BBauG 1976/1979 wurden in einem neuen § 35 Abs. 4 BauGB 1986 zusammengefasst.[223] Dies ge-

---

220 *BVerwG*, Urt. vom 20.01.1984, E 68, 311 (311, 313), *BVerwG*, Urt. vom 20.01.1984, E 68, 319 (319, 321). Bis zu der erst genannten Entscheidung ging die allgemeine Auffassung noch davon aus, dass die Ziele der Raumordnung und Landesplanung als öffentlicher Belang nur den sonstigen Vorhaben nach § 35 Abs. 2 BBauG 1979, den privilegierten Vorhaben nach § 35 Abs. 1 BBauG 1979 hingegen nicht entgegengehalten werden konnten; vgl. *Weidemann*, NVwZ 1983, 441 (441, 445 f.); vgl. auch *BVerwG*, Urt. vom 25.10.1967, E 28, 148 (148); zum Ganzen siehe auch *W. Hoppe*, Die rechtliche Wirkung von Zielen der Raumordnung und Landesplanung, in: FS Weyreuther, S. 92, 94. Andere hingegen sind bereits zuvor richtigerweise davon ausgegangen, dass der Katalog der öffentlichen Belange, mithin auch die Ziele der Raumordnung und Landesplanung, nicht nur bei sonstigen, sondern auch bei privilegierten Vorhaben beachtlich ist; vgl. *F. Weyreuther*, Bauen im Außenbereich, S. 159 ff.

221 *Bundesrat*, Stellungnahme zum Regierungsentwurf, BT-Drs. 10/5027, S. 9.

222 *Ausschuss für Raumordnung, Bauwesen und Städtebau*, Beschlussempfehlung und Bericht zum Regierungsentwurf, BT-Drs. 10/6166, S. 132 f.; *W. Hoppe*, Die rechtlichen Wirkungen von Zielen der Raumordnung und Landesplanung, in: FS Weyreuther, S. 95.

223 Seitdem befinden sich die Fälle der Teilprivilegierung in Absatz 4 der Außenbereichsvorschrift.

schah aus Gründen der Rechtsvereinfachung sowie zur Klärung von Rechtsfragen unter Berücksichtigung der höchstrichterlichen Rechtsprechung.[224]

a) § 35 Abs. 4 S. 1 Nr. 1 BauGB 1986 – Nutzungsänderung baulicher Anlagen

§ 35 Abs. 4 S. 1 Nr. 1 BauGB 1986 erleichterte die Zulässigkeit unwesentlicher Änderungen der bisherigen Nutzung baulicher Anlagen i. S. d. § 35 Abs. 1 Nr. 1 bis 3 BauGB 1986. Inhaltlich gab es zu der Vorgängervorschrift § 35 Abs. 4 BBauG 1976/1979 keine Neuerungen. Es handelte sich hierbei lediglich um eine redaktionelle Änderung.

b) § 35 Abs. 4 S. 1 Nr. 2 BauGB 1986 – Neuerrichtung abgängiger Wohngebäude

§ 35 Abs. 4 S. 1 Nr. 2 BauGB 1986 wurde aus der Vorgängervorschrift § 35 Abs. 5 S. 1 Nr. 1 BBauG 1976/1979 entwickelt. Im Gegensatz zur bisherigen Fassung wurde nun für die Zulässigkeit der Neuerrichtung eines gleichartigen, zulässigerweise errichteten, vom Eigentümer selbst genutzten Wohngebäudes an gleicher Stelle nicht mehr vorausgesetzt, dass das Wohngebäude einmal als Teil einer landwirtschaftlichen Nutzung nach § 35 Abs. 1 bis 3 BauGB 1986 privilegiert war. Damit wurden auch andere zulässigerweise errichteten Wohngebäude, die zuvor keinem landwirtschaftlichen Zweck gedient haben, erleichtert zugelassen. Mit dieser Gleichstellung sollte eine Gesetzeslücke geschlossen werden. Der Außenbereichsschutz wurde dadurch nicht beschnitten, da sich bei der Neuerrichtung wie bisher an dem vorhandenen baulichen Bestand orientiert werden musste. Zudem wurde auf das Erfordernis verzichtet, dass die Baumaßnahme erst „beabsichtigt", also die Nutzungsänderung nicht bereits durchgeführt worden ist.[225]

c) § 35 Abs. 4 S. 1 Nr. 3 BauGB 1986 – Ersatzbau zerstörter Gebäude

§ 35 Abs. 4 S. 1 Nr. 3 BauGB 1986, der die erleichterte Errichtung eines Ersatzbaus bei Zerstörung durch Brand oder andere außergewöhnliche Ereignisse zuließ, entsprach dem bisherigen § 35 Abs. 5 S. 1 Nr. 2 BBauG 1976/1979. Ledig-

224 *Bundesregierung*, Entwurf eines Gesetzes über das Baugesetzbuch, BT-Drs. 10/4630, S. 90.

225 *Bielenberg/Mainczky/Otte/Söfker*, DVBl. 1985, 1097 (1103); *Bundesregierung*, Entwurf eines Gesetzes über das Baugesetzbuch, BT-Drs. 10/4630, S. 90; *BVerwG*, Urt. vom 07.02.1986, UPR 1986, 268 (268).

lich das Erfordernis der Beabsichtigung der Baumaßnahme wurde auch hier gestrichen.[226]

d) § 35 Abs. 4 S. 1 Nr. 4 BauGB 1986 – Änderung kulturell prägender Gebäude

§ 35 Abs. 4 S. 1 Nr. 4 BauGB 1986, wonach die Änderung oder Nutzungsänderung von erhaltenswerten, das Bild der Kulturlandschaft prägenden Gebäuden begünstigt ist, ersetzte ohne inhaltliche Änderung § 35 Abs. 5 S. 1 Nr. 3 BBauG 1976/1979.

e) § 35 Abs. 4 S. 1 Nr. 5 BauGB 1986 – Erweiterung von Wohngebäuden

Gemäß § 35 Abs. 4 S. 1 Nr. 5 BauGB 1986 war die Erweiterung von Wohngebäuden teilprivilegiert, wenn sie im Verhältnis zum vorhandenen Wohngebäude unter Berücksichtigung der Wohnbedürfnisse angemessen ist.[227] Diese Änderung war notwendig geworden, um den Erfordernissen der Bevölkerung in Regionen mit bestehenden kleineren Wohngebäuden Rechnung zu tragen. In Abweichung vom ehemaligen § 35 Abs. 5 S. 1 Nr. 4 BBauG 1979 sollte die Erweiterung von Wohngebäuden nicht mehr daran gebunden sein, dass sie der angemessenen Wohnraumversorgung der Familie des Eigentümers dient. Die ehemals in § 35 Abs. 5 S. 1 Nr. 4b BBauG 1979 geregelte Erweiterung im Zusammenhang mit Modernisierungsmaßnahmen wurde von § 35 Abs. 4 S. 1 Nr. 5 BauGB 1986 ebenfalls mit umfasst.[228]

f) § 35 Abs. 4 S. 1 Nr. 6 BauGB 1986 – Erweiterung von Gewerbebetrieben

§ 35 Abs. 6 S. 1 Nr. 6 BauGB 1986 griff die bisher in § 35 Abs. 5 S. 1 Nr. 5 BBauG 1979 enthaltene Erweiterung zugunsten von Gewerbebetrieben im Außenbereich auf und erleichterte den Unternehmen ihre Investitionsentscheidung

---

226 *Söfker*, in: Ernst/Zinkahn/Bielenberg/Krautzberger, Band II, § 35, Rdnr. 6.

227 Der Regierungsentwurf sah als Voraussetzung für die Erweiterung von Wohngebäude noch vor, dass sie im Verhältnis zum vorhandenen Wohngebäude untergeordnet sein musste; vgl. *Bundesregierung*, Entwurf eines Gesetzes über das Baugesetzbuch, BT-Drs. 10/4630, S. 90. Mit der Begründung des Bundesrates, diese Formulierung stelle gegenüber den Änderungen durch das Bundesbaugesetzes 1979 eine Verschlechterung da, da wiederum auf die Relation von Bestand und Erweiterung abgestellt würde, wurde die Angemessenheit als Kriterium gesetzlich normiert; vgl. *Bundesrat*, Stellungnahme zum Regierungsentwurf, BT-Drs. 10/5027, S. 9 f.

228 *Ausschuss für Raumordnung, Bauwesen und Städtebau*, Beschlussempfehlung und Bericht zum Regierungsentwurf, BT-Drs. 10/6166, S. 132; *Bundesregierung*, Entwurf eines Gesetzes über das Baugesetzbuch, BT-Drs. 10/4630, S. 90.

in den Außenbereich. Voraussetzung für die Teilprivilegierung war nun, dass die Erweiterung im Verhältnis zum vorhandenen Gebäude und Betrieb angemessen ist. Nicht mehr vorausgesetzt wurde hingegen die Notwendigkeit der Erweiterung zur Sicherung der Fortführung des Betriebes, da der Nachweis darüber vom Bauherrn nur schwierig zu erbringen und für die Genehmigungsbehörden nicht oder nur unter erheblichem Aufwand nachzuvollziehen war. Abgesehen von diesen praktikablen Gründen war die Änderung auch sachgerecht, da mehrmalige Erweiterungen des Betriebes unangemessen gewesen wären und Missbräuchen effektiver vorgebeugt werden konnte. Zudem sollte durch die Neufassung der Begriff der „Angemessenheit" konkretisiert werden.[229]

g) § 35 Abs. 4 S. 2 BauGB 1986 – Zulässigkeit geringfügiger Abweichungen

Entsprechend der Regelung in § 35 Abs. 5 S. 2 BBauG 1976/1979 ließ auch § 35 Abs. 4 S. 2 BauGB 1986 bei Ersatzbauten nach § 35 Abs. 4 S. 1 Nr. 2 und 3 BauGB 1986 geringfügige Erweiterungen sowie geringfügige Standortabweichungen des neuen Gebäudes gegenüber dem bisherigen zu.

h) § 35 Abs. 4 S. 3 BauGB 1986 – Erleichterte Erweiterung auf zwei Wohnungen

Mit § 35 Abs. 4 S. 3 BauGB 1986 wurde die Einrichtung einer zweiten Wohnung im Rahmen von Nutzungsänderungen landwirtschaftlicher Gebäude nach § 35 Abs. 4 S. 1 Nr. 1 BauGB 1986 bzw. die Erweiterung von Wohngebäuden gemäß § 35 Abs. 4 S. 1 Nr. 5 BauGB 1986 zum Zwecke der Nutzung durch den Eigentümer oder seiner Familie ermöglicht. Letztlich durften jedoch maximal zwei Wohnungen in einem Wohngebäude bestehen. Zudem war erforderlich, dass die Voraussetzungen der Teilprivilegierungen (§ 35 Abs. 4 S. 1 Nr. 1 bzw. Nr. 5 BauGB 1986) jeweils vorlagen.[230]

6. Die Verpflichtung zum schonenden Bauen im Außenbereich nach § 35 Abs. 5 BauGB 1986

In § 35 Abs. 5 BauGB 1986 wurde neu die Verpflichtung aufgenommen, die nach § 35 Abs. 1 bis 4 BauGB 1986 zulässigen Vorhaben in einer flächensparenden und den Außenbereich schonenden Weise auszuführen. Das Gebot

---

229 *Bundesregierung*, Entwurf eines Gesetzes über das Baugesetzbuch, BT-Drs. 10/4630, S. 90; *Ausschuss für Raumordnung, Bauwesen und Städtebau*, Beschlussempfehlung und Bericht zum Regierungsentwurf, BT-Drs. 10/6166, S. 132; *Bielenberg/Mainczky/Otte/Söfker*, DVBl. 1985, 1097 (1103); *Hoppe*, DVBl. 1990, 1009 (1009).

230 *Bundesregierung*, Entwurf eines Gesetzes über das Baugesetzbuch, BT-Drs. 10/4630, S. 90.

größtmöglicher Schonung des Außenbereichs, welches zuvor schon vom Bundesverwaltungsgericht[231] anerkannt worden ist, wurde damit also gesetzlich normiert. Es sollte damit jedoch keine neue Zulässigkeitsvoraussetzung geschaffen, sondern vielmehr eine Rechtsgrundlage eingeführt werden, die zu einer den Außenbereichsschutz gewährleistende Bauausführung verpflichtete.[232]

J. Änderungen durch das Wohnungsbau-Erleichterungsgesetz i. V. m. dem Maßnahmegesetz zum Baugesetzbuch von 1990

I. Eckdaten des Maßnahmegesetzes zum Baugesetzbuch von 1990

Bereits drei Jahre nach Verabschiedung des Baugesetzbuchs 1986 brachte die damalige CDU/CSU- und FDP-Fraktion einen Gesetzesentwurf[233] ein, mit dem Ziel, die Planung und Bereitstellung von Baugrundstücken sowie die Genehmigung von Wohnbauten zu erleichtern und zu beschleunigen.[234] Dies war erforderlich geworden, da sich der Wohnungsmarkt seit Ende der 80er Jahre – bedingt durch die gestiegene Nachfrage – in einer Engpasssituation befand. Gründe für die Knappheit an Wohnraum waren die gute Wirtschaftsentwicklung, welche einer breiten Bevölkerungsschicht seit Jahren ein höheres Realeinkommen bescherte, die wachsende Zahl an Einpersonenhaushalten aufgrund von Haushaltsgründungen geburtenstarker Jahrgänge sowie der unerwartet starke Zustrom von Aus- und Übersiedlern in das Bundesgebiet. Man sah daher als Maßnahmenpaket die Einführung zeitlich befristeter Erleichterungen des Planungs- und Baurechts vor, um in Kürze das fehlende Wohnbauland ausweisen und die Wohnbauvorhaben im Rahmen einer geordneten städtebaulichen Entwicklung erleichtert zulassen zu können. Dies sollte durch eine Beschleunigung der Bauleitplanverfahren und Erweiterung der planungsrechtlichen Zulässigkeit im beplanten Bereich, nicht beplanten Innenbereich sowie im Außenbereich realisiert werden.[235] Gegen die Lockerung der Zulässigkeitsvoraussetzungen für

---

231 *BVerwG*, Urt. vom 03.11.1972, E 41, 138 (138, 141).

232 *Hoppe*, DVBl. 1990, 1009 (1011); *Bielenberg/Mainczyk/Otte/Söfker*, DVBl. 1985, 1097 (1103).

233 *CDU/CSU- und FDP-Fraktion*, Entwurf eines Wohnungsbau-Erleichterungsgesetzes, BT-Drs. 11/5972 vom 05.12.1989. Einen dementsprechenden Gesetzesentwurf brachte sodann die Bundesregierung ins Parlament ein, vgl. *Bundesregierung*, Entwurf eines Wohnungsbau-Erleichterungsgesetzes, BT-Drs. 11/6508 vom 19.02.1990.

234 *Moench*, NVwZ 1990, 918 (918).

235 *CDU/CSU- und FDP-Fraktion*, Entwurf eines Wohnungsbau-Erleichterungsgesetzes, BT-Drs. 11/5972, S. 9.

Wohnbauvorhaben im Außenbereich sprach sich die Oppositionsfraktionen von SPD und DIE GRÜNEN aus und stimmten daher dem Gesetzesentwurf nicht zu. Sie begründeten ihre Entscheidung damit, dass die stärkere Öffnung des Außenbereichs zu Wohnzwecken mit den Anforderungen an eine geordnete städtebauliche Entwicklung, an den Umweltschutz und an die Infrastruktur nicht zu vereinbaren sei. Des Weiteren waren sie der Ansicht, dass der erweitere Wohnraum im Außenbereich durch Personen genutzt werde, welche im Außenbereich lediglich Zweit- oder Ferienwohnungen errichten wollten, und nicht auf eine erweiterte Bebauungsmöglichkeit angewiesen seine. Die Mehrheit des federführenden Ausschusses begrüßte hingegen die erweiterte Bebaubarkeit des Außenbereichs, da dieser unter Berücksichtigung des Strukturwandels in der Landwirtschaft und zur Stärkung des ländlichen Raums auch zur Verbesserung der Wohnraumversorgung beizutragen habe und auf ihn auch ein verstärkter Nachfragedruck zukomme.[236] Am 01.06.1990 trat nach Durchführung eines Vermittlungsverfahrens[237] sodann das Wohnungsbau-Erleichterungsgesetz vom 17.05.1990, welches in Art. 2 WoBauErlG das Maßnahmegesetz zum Baugesetzbuch enthielt, in Kraft.[238] Mit dem bis 31.05.1995 befristeten Maßnahmegesetz zum Baugesetzbuch (BauGB-MaßnahmeG) begründete der Gesetzgeber erstmals ein Zulässigkeitsregelungswerk neben dem Baugesetzbuch, welches dadurch in bestimmten Anwendungsfällen entsprechend ergänzt bzw. geändert wurde.[239]

Nach dem Fall der Mauer am 09.11.1989 wurden mit der Bauplanungs- und Zulassungsverordnung vom 20.06.1990[240] wesentliche Teile des Städtebaurechts der Bundesrepublik Deutschland für den damals noch anderen Teil Deutschlands übernommen. Die Bauplanungs- und Zulassungsverordnung enthielt in Anlehnung an das Baugesetzbuch 1986 dessen wesentlichen Vorschriften – u. a. zur

---

236 *Ausschluss für Raumordnung, Bauwesen und Städtebau*, Beschlussempfehlung und Bericht zu den Gesetzesentwürfen der CDU/CSU- und FDP-Fraktion sowie der Bundesregierung, BT-Drs. 11/6636, S. 26.

237 *Vermittlungsausschuss*, Beschlussempfehlung zu dem Wohnungsbau-Erleichterungsgesetz, BT-Drs. 11/7018. Dieser wurde vom Bundesrat wegen Unstimmigkeiten bei der Außenbereichsregelung angerufen, vgl. *Bundesrat*, Anrufung des Vermittlungsausschusses, BT-Drs. 11/6902.

238 Gesetz zur Erleichterung des Wohnungsbaus im Planungs- und Baurecht sowie zur Änderung mietrechtlicher Vorschriften – Wohnungsbau-Erleichterungsgesetz – WoBauErlG – vom 17.05.1990, BGBl. 1990 I S. 926.

239 Vgl. Wortlaut von Art. 1 WoBauErlG: „Bis zum 31. Mai 1995 gelten im Rahmen ihres Anwendungsbereichs die besonderen Vorschriften des Ersten Teils des Artikels 2 dieses Gesetzes anstelle der Vorschriften des Baugesetzbuch oder ergänzend dazu."

240 Verordnung zur Sicherung einer geordneten städtebaulichen Entwicklung und der Investitionen in den Gemeinden der Deutschen Demokratischen Republik (Bauplanungs- und Zulassungsverordnung) vom 20.06.1990, GBl. 1990 I Nr. 45 S. 739.

Bauleitplanung sowie zur Zulässigkeit von Vorhaben.[241] Mit dem Beitritt der DDR zur Bundesrepublik Deutschland am 03.10.1990 galt das BauGB 1986 schließlich auch im sog. Beitrittsgebiet.[242] Für jenes wurde allerdings aufgrund des Einigungsvertrages mit § 246a BauGB 1990[243] eine bis zum 31.12.1997 befristete Sonderregelung eingefügt, die dem erforderlichen Neuaufbau des Städtebaurechts in den Gebieten der ehemaligen DDR Rechnung tragen sollte.[244]

II. Änderungen der Regeln über das Bauen im Außenbereich

Mit § 4 Abs. 3 und 4 BauGB-MaßnahmeG 1990 wurde die planungsrechtliche Zulässigkeit von begünstigten Außenbereichsvorhaben i. S. v. § 35 Abs. 4 BauGB 1986 um zwei Tatbestände erweitert. Zum einen wurde ohne formale Änderung des § 35 Abs. 4 S. 1 Nr. 1 BauGB 1986 dessen Anwendungsbereich durch § 4 Abs. 3 BauGB-MaßnahmeG 1990 inhaltlich erweitert, um den erleichterten Umbau bzw. die erleichterte Umnutzung von ehemals für land- oder forstwirtschaftliche Zwecke privilegierten baulichen Anlagen zu Wohnzwecken mit bis zu drei Wohnungen je Hofstelle gemäß § 4 Abs. 3 BauGB-MaßnahmeG 1990, auch wenn damit eine wesentliche Änderung verbunden war. Zum anderen wurde mit § 4 Abs. 4 BauGB-MaßnahmeG 1990 erstmals den Gemeinden die Möglichkeit gegeben Satzungen zu erlassen, wonach in bestimmten bebauten Bereichen im Außenbereich Wohnbauvorhaben bestimmte öffentliche Belange nicht entgegengehalten werden konnten.[245] Eine Auflockerungstendenz des Außenbereichs ging damit nicht einher, da durch die neuen Regelungen in § 4 Abs. 3 und 4 BauGB-MaßnahmeG 1990 anderer öffentlichen Belange nach § 35 Abs. 3 BauGB 1986 wie die Vermeidung schädlicher Umwelteinwirkungen nicht ausgeschlossen wurden. Zudem hatten landwirtschaftliche Vorhaben

---

241 § 20 BauZVO enthielt eine dem § 35 BauGB 1986 entsprechende Vorschrift; vgl. *Söfker*, in: Ernst/Zinkahn/Bielenberg/Krautzberger, Band II, § 35, Rdnr. 17.

242 Zu dem sog. Beitrittsgebiet gehörten die neuen Länder (Brandenburg, Mecklenburg-Vorpommern, Sachsen, Sachen-Anhalt, Thüringen) sowie das frühere Ost-Berlin, vgl. Art. 1 Abs. 1 sowie Art. 3 des Einigungsvertrages vom 31.08.1990, BGBl. 1990 II S. 890.

243 Anlage 1, Kapitel XIV, Abschnitt 1 Nr. 1 und Abschnitt II Nr. 1 des Einigungsvertrages vom 31.08.1990 i. V. m. Art. 1 des Gesetzes vom 23.09.1990, BGBl. 1990 II S. 885, 1122. Wortlaut von Anlage 1, Kapitel XIV, Abschnitt 1 Nr. 1: „Von dem Inkrafttreten des Bundesrechts gemäß Artikel 8 des Vertrages sind ausgenommen: Maßnahmengesetz zum Baugesetzbuch vom 17. Mai 1990 (BGBl. 1990 I S. 926), soweit nicht Vorschriften dieses Gesetzes in § 246a des Baugesetzbuchs für anwendbar erklärt werden."

244 *Krautzberger*, in: Battis/Krautzberger/Löhr, Einl., Rdnr. 35 f.

245 Dieses Satzungsrecht hatte bislang kein Vorbild im Bauplanungsrecht; vgl. *Stollmann*, NVwZ 1994, 43 (43).

i. S. v. § 35 Abs. 1 Nr. 1 BauGB 1986 nach wie vor Vorrang vor lediglich teilprivilegierten Wohnnutzungen, so dass landwirtschaftliche Betriebe nicht durch eine zunehmende Wohnnutzung im Außenbereich verdrängt wurden.[246]

Im Beitrittsgebiet fanden nur Teile des § 4 BauGB-MaßnahmeG 1990 Anwendung, § 246a Abs. 1 S. 1 Nr. 8 BauGB 1990.[247] Danach konnten die Gemeinden ab dem 03.10.1990 gemäß § 4 Abs. 4 BauGB-MaßnahmeG 1990 Außenbereichssatzungen erlassen, wohingegen die Begünstigung gemäß § 4 Abs. 3 BauGB-MaßnahmeG 1990 nicht anwendbar war.[248]

1. Erleichterte Nutzungsänderung aufgegebener land- bzw. forstwirtschaftlicher Gebäude zu Wohnzwecken, § 4 Abs. 3 BauGB-MaßnahmeG 1990

§ 4 Abs. 3 BauGB-MaßnahmeG 1990 erleichterte die Nutzung aufgegebener[249] land- oder forstwirtschaftlich Betriebsgebäude i. S. v. § 35 Abs. 1 Nr. 1 bis 3 BauGB 1986, indem Nutzungsänderungen zu Wohnzwecken nun auch bei wesentlichen baulichen Änderungen zulässig waren[250] und die zulässig zu errichtenden Wohnungen auf die Anzahl von drei[251] je Hofstelle[252] erhöht wurde. Nach

246 *Ausschuss für Raumordnung, Bauwesen und Städtebau*, Beschlussempfehlung und Bericht zu den Gesetzesentwürfen der CDU/CSU- und FDP-Fraktion sowie der Bundesregierung, BT-Drs. 11/6636, S. 26.

247 Wortlaut des § 246a Abs. 1 S. 1 Nr. 8 BauGB 1990: „Bis zum 31. Dezember 1997 gelten in dem in Artikel 3 des Einigungsvertrages genannten Gebiete die folgenden Maßgaben: (Zulässigkeit von Vorhaben) Die § 4 Abs. 2 Satz 1, Abs. 4 und 5, § 9 Abs. 3 und § 10 Abs. 3 Satz 1 des Maßnahmengesetzes zum Baugesetzbuch sind anzuwenden."

248 *Söfker*, in: Ernst/Zinkahn/Bielenberg/Krautzberger, Band II, § 35, Rdnr. 17.

249 Unerheblich ist, ob das Gebäude selbst noch landwirtschaftlich privilegiert genutzt wurde oder die landwirtschaftlich privilegierte Nutzung bereits aufgegeben worden ist. In letzterem Fall wurde jedoch darauf abgestellt, ob die aufgegebene landwirtschaftliche Nutzung noch nachprägende Wirkung hat; vgl. *P. Runkel*, in: Portz/Runkel, Baurecht für die kommunale Praxis, Rdnr. 275.

250 Damit wurde also auf das Erfordernis „ohne wesentliche Änderung" i. S. v. § 35 Abs. 4 S. 1 Nr. 1 BauGB 1986 verzichtet.

251 Nach dem bisherigen § 35 Abs. 4 S. 3 BauGB 1986 waren höchstens zwei Wohnungen zulässig. Der Regierungsentwurf sah noch die Einrichtung mehrerer Wohnungen vor; vgl. *Bundesregierung*, Entwurf eines Wohnungsbau-Erleichterungsgesetzes, BT-Drs. 11/6508, S. 5, 11. Der Bundesrat hingegen hielt eine flächendeckende Zulassung im Außenbereich von mehr als drei Wohnungen im Zusammenhang mit Nutzungsänderungen im Hinblick auf eine nicht erwünschte Zersiedlung des Außenbereichs für nicht vertretbar; vgl. *Bundesrat*, Stellungnahme zum Regierungsentwurf, BT-Drs. 11/6508, S. 23. Mit Rücksicht auf die Wahrung der Außenbereichsbelange sprach sich der federführende Ausschuss für eine Begrenzung auf höchstens vier Wohnungen aus; vgl. *Ausschuss für Raumordnung, Bauwesen und Städtebau*, Beschlussfassung und Bericht zu den Gesetzesentwürfen der CDU/CSU- und FDP-Fraktion sowie der Bundesregierung, BT-Drs. 11/6636, S. 8, 26. Daraufhin rief der Bundesrat den Vermittlungs-

§ 4 Abs. 3 S. 1 BauGB-MaßnahmeG 1990 waren daher nun auch durchgreifende Baumaßnahmen an einem Gebäude der Hofstelle möglich, wenn ein räumlich funktionaler Zusammenhang mit dessen am 01.05.1990 vorhandenen Bestand gegeben war und die äußere Gestalt des Gebäudes im wesentlichen gewahrt blieb. Der Wegfall des Verbots der wesentlichen baulichen Änderung hatte zur Folge, dass nun auch in landwirtschaftlichen Nebengebäuden wie Scheunen und Stallungen Wohnungen eingebaut werden konnten. Die Neuerung, dass sich die Höchstzahl der Wohnungen nun auf die ganze Hofstelle bezog, führte zu der Möglichkeit, auch in baulich von bestehenden Wohngebäuden abgetrennten Gebäuden der Hofstelle Wohnungen zu errichten. Eingeschränkt wurde dies allein durch den erforderlichen räumlich-funktionalen Zusammenhang der nutzungsgeänderten Gebäude mit den bereits vorhandenen Gebäuden.[253] Mit der Anforderung der Wahrung des äußeren Erscheinungsbildes sollte die optische Bausubstanz des Gebäudes auch bei Nutzungsänderung im Wesentlichen erhalten bleiben.[254] In § 4 Abs. 3 S. 2 BauGB-MaßnahmeG 1990 wurde festgelegt, dass im Fall des § 4 Abs. 3 S. 1 BauGB-MaßnahmeG 1990 sowie im Fall des § 35 Abs. 4 S. 1 Nr. 1 BauGB 1986 höchstens die Errichtung von drei Wohnungen je Hofstelle zulässig ist. Jedoch ging man teilweise davon aus, dass dabei noch privilegiert genutzte Wohnungen i. S. v. § 35 Abs. 1 Nr. 1 bis 3 BauGB 1986 sowie Wohnungen, die bereits aufgrund von früheren Nutzungsänderungen nach § 35 Abs. 4 S. 1 Nr. 1 BauGB 1986 vorhanden waren, angerechnet werden mussten.[255] Weiterhin galt die Begünstigung nun unabhängig davon, ob die Erweite-

sausschuss an und beharrte auf eine Begünstigung von maximal drei Wohnungen mit der Begründung, dass der Einbau von vier Wohnungen ohne Eigenbindung für die bereits ansässige Bevölkerung zum Zuzug ortsfremder Personen führe, wodurch wiederum der Konflikt mit der Landwirtschaft verstärkt werde. Zudem verschlechtere die Zulassung einer größeren Anzahl von Wohnungen die Grundwassersituation, da im Außenbereich regelmäßig keine zentrale Abwasserbeseitigung vorhanden sei; vgl. *Bundesrat*, Anrufung des Vermittlungsausschusses, BT-Drs. 11/6902. Im Vermittlungsausschuss einigten sie sich sodann auf die Zulassung von höchstens drei Wohnungen; vgl. *Vermittlungsausschuss*, Beschlussempfehlung zu dem Wohnungsbau-Erleichterungsgesetzes, BT-Drs. 11/7018, S. 2.

252 Nach bisherigem Recht konnte die zweite Wohneinheit nur in einem vorhandenen Wohngebäude eingerichtet werden, vgl. § 35 Abs. 4 S. 3 BauGB 1986.

253 Mit dem Kriterium „räumlich-funktionalen Zusammenhang" wurde ein entsprechender unmittelbarer räumlicher Zusammenhang des Wohngebäudes mit den vorhandenen Gebäuden gefordert; vgl. *Ausschuss für Raumordnung, Bauwesen und Städtebau*, Beschlussempfehlung und Bericht zu den Gesetzesentwürfen der CDU/CSU- und FDP-Fraktion sowie der Bundesregierung, BT-Drs. 11/6636, S. 30.

254 *Söfker*, Ernst/Zinkahn/Bielenberg/Krautzberger, Band II, § 35, Rdnr. 141.

255 *P. Runkel*, in: Portz/ Runkel, Baurecht für die kommunale Praxis, Rdnr. 276. Dies bedeutete beispielsweise in den Fällen, in denen neben der Wohnung des Landwirts auch bereits eine

rung allein den Wohnzwecken des Eigentümers und seiner Familie diente[256] oder ob es über deren Bedarf hinaus auch zu Vermietungen der Wohnungen kam. Diese neue Rechtslage ermöglichte die Errichtung von Wohnungen ohne auf die Wohnbedürfnisse des Eigentümers und seiner Familie abzustellen, und schuf damit zusätzlichen Wohnraum. Diese weiteren Wohnungen waren zuzulassen, wenn die erforderlichen Anlagen der Versorgung und Entsorgung vorhanden oder gesichert waren. Die Zulassung weiterer Wohnungen stand folglich nicht im Ermessen der zuständigen Behörde[257].[258] § 4 Abs. 3 BauGB-MaßnahmeG 1990 sollte jedoch nicht an die Stelle des § 35 Abs. 4 S. 1 Nr. 1 BauGB 1986 treten. § 4 Abs. 3 S. 1 BauGB-MaßnahmeG 1990 regelte vielmehr das Verhältnis zu § 35 Abs. 4 S. 1 Nr. 1 BauGB 1986 derart, dass im Fall der Nutzungsänderung ehemals land- oder forstwirtschaftlichen Zwecken dienender Gebäude die Nutzungsänderung i. S. v. § 35 Abs. 4 S. 1 Nr. 1 BauGB 1986 auch dann möglich war, wenn damit eine wesentliche Änderung einherging.[259] Lediglich § 4 Abs. 3 S. 2 BauGB-MaßnahmeG 1990 bestimmte, dass auch in Fällen nach § 35 Abs. 4 S. 1 Nr. 1 BauGB 1986 die Drei-Wohnungsregelung gemäß § 4 Abs. 3 S. 2 BauGB-MaßnahmeG 1990 galt – anstelle der Zwei-Wohnungsregelung des § 35 Abs. 4 S. 3 BauGB 1986, dessen Unanwendbarkeit § 4 Abs. 3 S. 3 BauGB-MaßnahmeG 1990 ausdrücklich anordnete.

2. Die Außenbereichssatzung gemäß § 4 Abs. 4 BauGB-MaßnahmeG 1990

Gemäß § 4 Abs. 4 BauGB-MaßnahmeG 1990 konnten die Gemeinden nunmehr kleinere bebaute Bereiche und Siedlungsansätze im Außenbereich durch Erlass einer sog. Außenbereichssatzung zu einem grundsätzlich bebaubaren Gebiet bestimmen. Der Zweck der Außenbereichssatzung bestand darin, für bestimmte Vorhaben in bestimmten Gebieten im Außenbereich, die nicht durch Bebauungsplan ausgewiesenes Baugebiet bzw. nicht im Zusammenhang bebaute Ortsteile waren, erleichterte Zulässigkeitsvoraussetzungen zu schaffen, um so insbesondere in ländlichen Gebieten die Engpasssituation auf dem Wohnungs-

---

Altenteilerwohnung vorhanden war, dass sodann nur noch eine weitere Wohnung zulässigerweise begünstigt errichtet werden konnte.

256 In § 35 Abs. 4 S. 3 BauGB 1986 setzte die Einrichtung einer zweiten Wohnung noch die Selbstnutzung durch den Eigentümer bzw. seiner Familie voraus.

257 So noch in der Fassung des federführenden Ausschusses; vgl. *Ausschuss für Raumordnung, Bauwesen und Städtebau*, Beschlussempfehlung und Bericht zu den Gesetzesentwürfen der CDU/CSU- und FDP-Fraktion sowie der Bundesregierung, BT-Drs. 11/6636, S. 8.

258 *König*, BayVBl. 1990, S. 650 (650 f.); *Gaentzsch*, Baugesetzbuch Kommentar, § 35, Rdnr. 58.

259 *Ausschuss für Raumordnung, Bauwesen und Städtebau*, Beschlussempfehlung und Bericht zu den Gesetzesentwürfen der CDU/CSU- und FDP-Fraktion sowie der Bundesregierung, BT-Drs. 11/6636, S. 30.

markt zu beseitigen. Damit sollte die Lücke zwischen den in § 35 Abs. 4 BauGB 1986 begünstigten Vorhaben und den Satzungen nach § 34 Abs. 4 BauGB 1986[260] geschlossen werden.[261]

Die Begünstigung lag darin, dass Wohnzwecken dienende Vorhaben i. S. d. § 35 Abs. 2 BauGB 1986[262] in bebauten Bereichen im Außenbereich, die nicht überwiegend landwirtschaftlich geprägt waren und in denen eine Wohnbebauung von einigem Gewicht[263] vorhanden war, nicht entgegengehalten werden konnte, dass sie den Darstellungen des Flächennutzungsplans über Flächen für die Landwirtschaft bzw. Wald widersprachen oder die Entstehung bzw. Verfestigung einer Splittersiedlung befürchten ließen, § 4 Abs. 4 S. 1 BauGB-

---

260 Zwar enthielt bereits § 34 Abs. 4 S. 1 Nr. 2 BauGB 1986 beschränkte Erweiterungsmöglichkeiten des gemeindlichen Satzungsrechts in den Außenbereich hinein, jedoch war die danach gegebene Möglichkeit Außenbereichsflächen einzubeziehen sehr begrenzt. Vor allem aber war es nicht möglich eigenständig Außenbereichsflächen entgegen einem Flächennutzungsplan zum Innenbereich zu erklären; vgl. Wortlaut des § 34 Abs. 4 S. 1 Nr. 2 BauGB 1986: „Die Gemeinde kann durch Satzung für bebaute Bereiche im Außenbereich als im Zusammenhang bebaute Ortsteile festlegen, wenn die Fläche im Flächennutzungsplan als Baufläche dargestellt ist.“ Der Regierungsentwurf sah somit § 4 Abs. 4 BauGB-MaßnahmeG 1990 als Fortentwicklung der sog. Entwicklungssatzung nach § 34 Abs. 4 S. 1 Nr. 2 BauGB 1986 an; vgl. *Bundesregierung*, Entwurf eines Wohnungsbau-Erleichterungsgesetzes, BT-Drs. 11/6508, S. 11, 15. Schon zuvor gab es für die Gemeinden die Möglichkeit, durch Erlass von Innenbereichssatzungen die Grenze zwischen Innen- und Außenbereich zu ziehen. Im Bundesbaugesetz 1976 waren dies die sog. Abgrenzungs- und Abrundungssatzungen; vgl. Wortlaut des § 34 Abs. 2 S. 1 und 2 BBauG 1976: „Die Gemeinden können die Grenzen für die im Zusammenhang bebauten Ortsteile oder Teile davon durch Satzung festlegen. In den Geltungsbereich der Satzung können auch Grundstücke einbezogen werden, durch die der im Zusammenhang bebaute Ortsteil abgerundet wird, wenn dies mit einer geordneten städtebaulichen Entwicklung vereinbar ist und wenn auf solchen Grundstücken die zulässige Nutzung nach den Absätzen 1 und 3 Satz 1 bestimmt werden kann“. Mit der Beschleunigungsnovelle im Jahre 1979 wurde dem noch die sog. Entwicklungssatzung hinzugefügt; vgl. Wortlaut des § 34 Abs. 2a S. 1 BBauG 1979: „Die Gemeinden können Gebiete mit besondere Wohnsiedlungsstruktur, insbesondere mit historisch entstandener Streu- und Bandbebauung durch Satzung als im Zusammenhang bebaute Ortsteile festlegen, wenn entweder die Zuordnung zu den im Zusammenhang bebauten Ortsteilen zweifelhaft ist oder die vorhandene Bebauung nicht alle Voraussetzungen eines im Zusammenhang bebauten Ortsteils erfüllt, die Gemeinde jedoch beabsichtigt, ihn zu einem solchen zu entwickeln“.

261 *Bundesregierung*, Entwurf eines Wohnungsbau-Erleichterungsgesetzes, BT-Drs. 11/6508, S. 11; *Söfker*, in: Ernst/Zinkahn/Bielenberg/Krautzberger, Band II, § 35, Rdnr. 168.

262 Da sich die Außenbereichssatzung nach § 4 Abs. 4 S. 1 BauGB-MaßnahmeG 1990 nur auf sonstige Vorhaben i. S. v. § 35 Abs. 2 BauGB 1986 bezog, gab es keine Änderungen für die in § 35 Abs. 1 BauGB 1986 benannten privilegierten Vorhaben.

263 Dies war in dem Sinne zu verstehen, dass die Wohnnutzung in den bebauten Außenbereichsgebieten bereits ein städtebauliches Gewicht haben musste; vgl. *Degenhart*, DVBl. 1993, 177 (177).

MaßnahmeG 1990.[264] Alle anderen öffentlichen Belange nach § 35 Abs. 3 BauGB waren hingegen zu beachten. Für zulässig erklärt werden konnten auch Vorhaben für kleinere Handwerks- und Gewerbebetriebe gemäß § 4 Abs. 4 S. 2 BauGB-MaßnahmeG 1990. Darunter waren aber nur solche zu verstehen, die das Wohnen nicht störten, da Zielsetzung der Satzungsermächtigung vornehmlich die Erleichterung der Wohnbebauung im Außenbereich war. Zudem war es möglich, in der Satzung nähere Bestimmungen über die Zulässigkeit zu regeln, § 4 Abs. 4 S. 3 BauGB-MaßnahmeG 1990.[265] Weiter Voraussetzungen für den Erlass von Außenbereichssatzungen waren diejenigen nach § 34 Abs. 4 S. 2, Abs. 5 BauGB 1986 – Vereinbarkeit mit einer geordneten städtebaulichen Entwicklung[266], Beteiligung der Betroffenen sowie Durchführung des Anzeigeverfahrens und Bekanntmachung –, auf die § 4 Abs. 4 S. 4 BauGB-MaßnahmeG 1990 verwies.

Durch die Möglichkeit für Gemeinden, Vorhaben in bestimmten Bereichen im Außenbereich durch eine Außenbereichssatzung erleichtert zuzulassen, indem bestimmte, sonst entgegenstehende öffentlichen Belange ausgenommen wurden, konnten die städtebaulichen Konfliktsituationen, wie sie in Übergangsgebieten zwischen Innen- und Außenbereich typischerweise auftraten, planerisch bewältigt werden – wenngleich durch die Satzung selbst kein eigenes Baurecht ge-

---

264 Bei dieser Regelung, die einerseits eine schwächere Privilegierungsform darstellte, indem statt einer vom Gesetzgeber getroffenen Regelung, Vorhaben nur durch eine gemeindliche Satzung begünstigt werden konnten, aber andererseits trotzdem in die Teilprivilegierung von Außenbereichsvorhaben eingebunden wurden, handelte es sich um eine Kompromisslösung. Dies beruhte darauf, dass der Regierungsentwurf zunächst eine gesetzgeberische Satzungsregelung vorsah, die Baurecht begründete, auf Anraten des federführenden Ausschusses jedoch eine gemeindliche Satzungsmöglichkeit, die unter bestimmten Voraussetzungen in dem betroffenen Gebiet Vorhaben begünstigt, beschlossen wurde. Begründet wurde dies damit, dass auf diese Weise die Vorstellungen der Gemeinden über die Entwicklung ihres Gebietes sowie die Außenbereichsbelange besser berücksichtigt werden könnten. Die Oppositionsfraktionen der SPD und DER GRÜNEN hingegen lehnten eine Außenbereichssatzung generell ab, da die Zuführung von Außenbereichsflächen zur Bebauung nur durch ein geordnetes Bauleitplanverfahren geschehen dürfe; vgl. *Ausschuss für Raumordnung, Bauwesen und Städtebau*, Beschlussempfehlung und Bericht zu den Gesetzesentwürfen der CDU/CSU- und FDP-Fraktion sowie der Bundesregierung, BT-Drs. 11/6636, S. 8, 26.

265 Beispielsweise die Festsetzung der Zulässigkeitsbeschränkung auf bestimmte Vorhaben; so der *Ausschuss für Raumordnung, Bauwesen und Städtebau*, Beschlussempfehlung und Bericht zu den Gesetzesentwürfen der CDU/CSU- und FDP-Fraktion sowie der Bundesregierung, BT-Drs. 11/6636, S. 30.

266 Unter diesem Punkt galt es Problempunkte wie erforderliche Anlagen der Ver- und Entsorgung und Vermeidung von Konflikten zwischen Landwirtschaft und Wohnen sowie sonstige Belange der städtebaulichen Entwicklung zu überprüfen; vgl. *Ausschuss für Raumordnung, Bauwesen und Städtebau*, Beschlussempfehlung und Bericht zu den Gesetzesentwürfen der CDU/CSU- und FDP-Fraktion sowie der Bundesregierung, BT-Drs. 11/6636, S. 30.

schaffen wurde.[267] Mit der Anordnung in § 4 Abs. 4 S. 5 BauGB-MaßnahmeG 1990, dass von der Satzung die Anwendung des § 4 Abs. 3 BauGB-MaßnahmeG 1990 und des § 35 Abs. 4 BauGB 1986 unberührt blieb, wurde klargestellt, dass auch innerhalb des Satzungsgebiets die in den genannten Vorschriften bezeichneten Vorhaben begünstigt waren. Der Erlass einer Außenbereichssatzung sollte folglich nichts an der Zuordnung des Satzungsgebiets zum Außenbereich i. S. v. § 35 BauGB 1986 ändern. Deshalb hatte die Regelung der Außenbereichssatzung keine ausschließende, sondern alleinig eine die Zulässigkeit von Vorhaben unterstützende Wirkung.[268]

K. Modifizierungen durch das Investitionserleichterungs- und Wohnbaulandgesetz 1993

I. Anlässe und Zielsetzungen des Investitionserleichterungs- und Wohnbaulandgesetzes 1993

Ein Anlass für das Gesetz zur Erleichterung von Investitionen und der Ausweisung und Bereitstellung von Wohnbauland (Inv-WoBaulG) vom 22.04.1993[269], welches am 01.05.1993 in Kraft trat, waren die städtebaulichen Probleme in der gesamten Bundesrepublik infolge der Wiedervereinigung. Zum einen mangelte es vor allem in Ballungsräumen und in angrenzenden Regionen aufgrund einer gestiegenen Wohnungsnachfrage unter einem gleichzeitig knapper werdenden Angebot von Wohnraum an ausgewiesenem und verfügbarem Bauland zu Wohnzwecken für die Bevölkerung. Zum anderen galt es vornehmlich in den neuen Ländern durch Erleichterung und Beschleunigung von Investitionen den Wirtschaftsunternehmen einen Anreiz zu geben, sich für die neuen Länder als Standort zu entscheiden. Aber auch in den alten Bundesländern mussten die Voraussetzungen für einen wirtschaftlichen Aufschwung herbeigeführt und wettbewerbsfähige Arbeitsplätze geschaffen werden.[270] Mit diesem Gesetz wur-

267 *Degenhart*, DVBl. 1993, 177 (177, 179).

268 *Söfker*, in: Ernst/Zinkahn/Bielenberg/Krautzberger, Band II, § 35, Rdnr. 175.

269 Gesetz zur Erleichterung von Investitionen und der Ausweisung und Bereitstellung von Wohnbauland (Investitionserleichterungs- und Wohnbaulandgesetz) vom 22.04.1993, BGBl. 1993 I S. 466.

270 *Fraktionen der CDU/CSU und FDP*, Entwurf eines Investitionserleichterungs- und Wohnbaulandgesetzes, BT-Drs. 12/3944, S. 1; *Bundesregierung*, Entwurf eines Investitionserleichterungs- und Wohnbaulandgesetzes, BT-Drs. 12/4047, S. 1. Der Entwurf der Koalitionsfraktionen wurde von der Bundesregierung als Gesetzesinitiative wortgleich eingebracht; vgl. *Gaentzsch*, Baurecht '93, Einf., Rdnr. 2. Er ging maßgeblich zurück auf Vorschläge der Bund-

den daher zwei Zielsetzungen verfolgt: eine Investitionserleichterung für die Wirtschaft mit deren gewerblichen und industriellen Vorhaben sowie eine erleichterte Wohnnutzung. Diese Ziele sollten erreicht werden durch Vereinfachung und Beschleunigung von Planungs- und Genehmigungsverfahren, insbesondere einer Vereinfachung des Verfahrens zur Aufstellung von Bauleitplänen, sowie durch Verbesserung der rechtlichen Rahmenbedingungen für eine bedarfsgerechte Ausweisung von Wohnbauland und die Mobilisierung bestehender Baurechte. Aufgrund dessen wurde das Städtebaurecht erneut und umfangreich geändert, wobei die Änderungen sowohl das Baugesetzbuch 1986 als auch das Maßnahmengesetz zum Baugesetzbuch 1990[271] betrafen.[272]

Ein weiterer Grund für gesetzgeberischen Handlungsbedarf bestand darin, dass es im vereinigten Deutschland zwei Sonderregelungen zum Baugesetzbuch 1986 mit unterschiedlichen räumlichen und zeitlichen Geltungsbereich gab; in den alten Bundesländern galt das bis zum 31.05.1995 befristete Maßnahmegesetz zum Baugesetzbuch 1990, wohingegen in den neuen Bundesländern die Überleitungsregelung § 246a BauGB 1990, deren Geltung bis zum 31.12.1993 befristet war, anzuwenden war. Mit dem Investitionserleichterungs- und Wohnbaulandgesetz sollten daher zunächst Anwendbarkeit und Geltungsdauer dieser beiden besonderen Rechtsgrundlagen harmonisiert werden mit dem Ziel, nach Ablauf der Fristen zu einem einheitlichen Städtebaurecht im Baugesetzbuch zurückzukehren. Infolgedessen wurde in § 20 BauGB-MaßnahmeG 1993[273] die Geltungsdauer des Maßnahmegesetzes zum Baugesetzbuch 1993 bis zum 31.12.1997 verlängert und gemäß § 19 Abs. 1 S. 1 BauGB-MaßnahmeG 1993[274] dessen Geltung ab 01.05.1993 auf die neuen Länder uneingeschränkt erstreckt.[275]

Länder-Kommission Wohnbauland, die diese bereits am 03.07.1991 vorgelegt hatte; vgl. hierzu *Lüers*, BBauBl. 1991, 646 (646 ff.).

271 Bekanntmachung der Neufassung des Maßnahmegesetzes zum Baugesetzbuch am 28.04.1993, BGBl. 1993 I, S. 622.

272 *Lüers*, ZfBR 1993, 106 (106); *Krautzberger*, UPR 1993, 201 (201).

273 Wortlaut des § 20 BauGB-MaßnahmeG 1993: „Bis zum 31. Dezember 1997 gelten im Rahmen ihres Anwendungsbereichs die besonderen Vorschriften des Ersten Teils dieses Gesetzes anstelle der Vorschriften des Baugesetzbuchs oder ergänzend dazu“. Die Befristung des Maßnahmengesetzes war nun also nicht mehr in Art. 1 WoBauErlG, sondern in § 20 BauGB-MaßnahmeG 1993 geregelt.

274 Wortlaut des § 19 Abs. 1 BauGB-MaßnahmeG 1993: „Abweichend von Anlage I Kapitel XIV Abschnitt I Nr. 1 des Einigungsvertrages vom 31. August 1990 in Verbindung mit Artikel 1 des Gesetzes vom 23. September 1990 (BGBl. 1990 II S. 885, 1122) tritt dieses Gesetz am 1. Mai 1993 in dem in Artikel 3 des Einigungsvertrages genannten Gebiet in Kraft“.

275 *Busse*, BayVBl. 1993, 193 (193); *Koch*, BBauBl. 1993, 410 (410).

II. Modifizierung der Vorschriften über das Bauen im Außenbereich durch das Maßnahmegesetz zum Baugesetzbuch 1993

Mit den Änderungen in § 4 BauGB-MaßnahmeG 1993 wurde die bauliche Nutzbarkeit des Außenbereichs vor allem für Vorhaben zur Wohnungsnutzung erweitert.

1. Änderungen durch § 4 Abs. 3 BauGB-MaßnahmeG 1993

Durch die Korrektur des § 35 Abs. 4 S. 1 Nr. 1 und 2 BauGB 1986 bei Vorhaben zu Wohnzwecken mit § 4 Abs. 3 BauGB-MaßnahmeG 1993 kam es zu der Kuriosität, dass für teilprivilegierte Vorhaben im Außenbereich zwei verschiedene Fassungen galten. Bei Nutzungen zu Wohnzwecken war gemäß § 4 Abs. 3 BauGB-MaßnahmeG 1993 die dort festgelegte Fassung für die Beurteilung der Zulässigkeit anzuwenden, bei Nutzungen zu allen andere Zwecken hingegen § 35 Abs. 4 BauGB 1986. Dem Katalog des § 35 Abs. 4 BauGB 1986 wurde somit für Vorhaben der Wohnnutzung mit § 4 Abs. 3 BauGB-MaßnahmeG 1993 eine eigenständige Fassung zur Seite gestellt[276], die bei Wohnzwecken dienende Vorhaben anstelle des § 35 Abs. 4 BauGB 1986 anzuwenden war.[277] Im Verhältnis zu der bereits modifizierten Teilprivilegierung in § 4 Abs. 3 BauGB-MaßnahmeG 1990 kam es durch § 4 Abs. 3 BauGB-MaßnahmeG 1993 nur in zwei Tatbeständen zu Modifizierungen; ansonsten wurden die bisherigen Regelungen beibehalten.[278]

a) § 4 Abs. 3 BauGB-MaßnahmeG 1993 i. V. m. der dortigen Fassung des § 35 Abs. 4 S. 1 Nr. 1 BauGB – Nachfolgenutzung ehemals landwirtschaftlicher Gebäude

Zunächst wurde gemäß § 4 Abs. 3 BauGB-MaßnahmeG 1993 für die darin normierte Fassung des § 35 Abs. 4 S. 1 Nr. 1 BauGB eine Frist festgelegt, nach der die Zeitspanne zwischen der Aufgabe der bisherigen privilegierten Nutzung i. S. v. § 35 Abs. 1 Nr. 1 bis 3 BauGB und der Nutzungsänderung nicht mehr als fünf Jahre betragen durfte, um den Begünstigungstatbestand des § 35 Abs. 4 S. 1

---

276 Zur besseren Verständlichkeit ist die Vorschrift über begünstigte Vorhaben im Außenbereich nach § 35 Abs. 4 BauGB 1986 mit allen Voraussetzungen für Vorhaben zu Wohnzwecken in § 4 Abs. 3 BauGB-MaßnahmeG 1993 als Volltext aufgenommen worden; vgl. *Krautzberger/Runkel*, DVBl. 1993, 453 (458).

277 Vgl. § 20 BauGB-MaßnahmeG 1993.

278 *Roeser*, in: Berliner Kommentar, § 35, Rdnr. 4; *Koch*, BBauBl. 1993, 410 (412); *Lüers*, ZfBR 1993, 106 (112).

Nr. 1 BauGB gemäß § 4 Abs. 3 BauGB-MaßnahmeG 1993 zur Anwendung kommen zu lassen. Mit dieser gesetzlichen Bestimmung sollte den Landwirten Gelegenheit gegeben werden, die Verwertung der Gebäudesubstanz ihrer Hofstelle in den Grenzen des § 4 Abs. 3 BauGB i. V. m. § 35 Abs. 4 S. 1 Nr. 1 BauGB auch auf mehrere Jahre verteilt vornehmen zu können.[279] Dies stellte eine Erleichterung dar, da nach bisheriger Rechtsprechung teilweise bei der Aufgabe der bisherigen Nutzung auf eine „nachprägende Wirkung" abgestellt wurde, für die jedoch ein Zeitraum von nicht mehr als zwei Jahren galt.[280]

Weiter wurde bei der begünstigten Umnutzung einer bisher landwirtschaftlichen Zwecken dienenden baulichen Anlage nach § 35 Abs. 1 Nr. 1 bis 3 BauGB 1986 in § 35 Abs. 4 S. 1 Nr. 1 BauGB gemäß § 4 Abs. 3 BauGB-MaßnahmeG 1993 die Zulässigkeit von höchstens drei weiteren Wohnungen je Hofstelle neben den privilegierten Wohnungen i. S. v. § 35 Abs. 1 Nr. 1 bis 3 BauGB 1986 festgelegt. Damit sollte klargestellt werden, dass privilegierte Wohnungen nicht zu den durch die Nutzungsänderung entstehenden höchstzulässigen drei Wohnungen hinzugerechnet werden durften. Um nicht angerechnet zu werden, mussten die privilegierten Wohnungen im Zeitpunkt der Umnutzung des Gebäudes aber noch tatsächlich privilegiert sein.[281] Diese Klarstellung war erforderlich, um die bisher unterschiedlichen Handhabungen durch die Bundesländer bei der Anrechung der weiter privilegiert genutzten Wohnungen für die Höchstzahl der begünstigten Wohnungen[282], auszuräumen. Eine Anrechnung von bisherigen Wohnungen sollte aber, wie bisher, dann nicht stattfinden, wenn eine privilegierte Nutzung wegen vollständige Aufgabe des landwirtschaftlichen Hofes unter

---

279 *Busse*, BayVBl. 1993, 193 (200); *Fraktionen der CDU/CSU und FDP*, Entwurf eines Investitionserleichterungs- und Wohnbaulandgesetzes, BT-Drs. 12/3944, S. 42.

280 *Lüers*, ZfBR 1993, 106 (112); *Fraktionen der CDU/CSU und FDP*, Entwurf eines Investitionserleichterungs- und Wohnbaulandgesetzes, BT-Drs. 12/3944, S. 25. Der Bundesrat hatte diese gesetzliche Bestimmung abgelehnt mit der Begründung, dass sich der erhöhte Wohnbaubedarf der Bevölkerung lediglich auf Verdichtungsräume konzentriere und die vorgesehene Erleichterung, die primär im ländlichen Raum greife, diesen, obwohl er bereits überwiegend ausreichend mit Wohnraum versorgt ist, weiter zersiedle; vgl. *Bundesrat*, Stellungnahme zum Regierungsentwurf, BT-Drs. 12/4208, S. 8. Dagegen wandte sich die Bundesregierung mit dem Hinweis auf ein praktisches Bedürfnis für eine gesetzliche Regelung der nachprägenden Wirkung von bisher privilegierter Nutzung als Voraussetzung für eine teilprivilegierte Nutzungsänderung nach § 35 Abs. 1 S. 1 Nr. 1 BauGB gemäß § 4 Abs. 3 BauGB-MaßnahmeG 1993; vgl. *Bundesregierung*, Gegenäußerung zur Stellungnahme, BT-Drs. 12/4208, S. 23.

281 Es genüge für eine tatsächlich privilegierte Nutzung bei der Umstellung des Betriebes von Vollerwerbs- auf Nebenerwerbslandwirtschaft, dass die Wohnung durch den Nebenerwerbslandwirt noch genutzt werde.

282 Im Hinblick auf die bisherige Fassung des § 4 Abs. 3 S. 2 BauGB-MaßnahmeG 1990 bestand Streit über dessen Auslegung – teilweise wurde von der Einbeziehung bereits vorhandener privilegierter Wohnungen ausgegangen.

gleichzeitigem Bestandsschutz für dessen bisherigen Wohnungen nicht mehr gegeben war. Dies bedeutete, dass in diesem Falle insgesamt nur drei Wohnungen teilprivilegiert waren.[283]

b) § 4 Abs. 3 BauGB-MaßnahmeG 1993 i. V. m. der danach anzuwenden Fassung des § 35 Abs. 4 S. 1 Nr. 2 BauGB – Neuerrichtung abgängiger Wohngebäude bei baulichen Missständen

Nach § 35 Abs. 4 S. 1 Nr. 2 BauGB gemäß § 4 Abs. 3 BauGB-MaßnahmeG konnten nun vom Eigentümer bzw. seiner Familie eigengenutzte Wohngebäude bereits dann zulässigerweise neu errichtet werden, wenn das Gebäude Missstände oder Mängel aufwies. Es bedurfte damit keiner vorherigen Überprüfung des Mängelumfangs mehr. Durch das Abstellen auf vorhandene Missstände oder Mängel war § 35 Abs. 4 S. 1 Nr. 2 BauGB nach § 4 Abs. 3 BauGB-MaßnahmeG 1993 weiter gefasst als die bisherige Regelung nach § 35 Abs. 4 S. 1 Nr. 2 BauGB 1986, die für eine Anwendbarkeit der Begünstigung wirtschaftlich unvertretbare Modernisierungsmaßnahmen zur Anpassung des Wohngebäudes an die allgemeinen Anforderungen gesunder Wohnverhältnisse voraussetzte. Mit der geänderten Vorschrift verzichtete der Gesetzgeber auf eine Wirtschaftlichkeitsberechnung der durchzuführenden Modernisierungsmaßnahmen.[284]

Des Weiteren wurde der Kreis der Berechtigten, die eine Neuerrichtung eines abgängigen Wohngebäudes im Außenbereich vornehmen durften, auf den Erben erweitert. Erforderlich hierfür war, dass der Eigentümer das Wohngebäude im Wege der Erbfolge von einem Voreigentümer, der es längere Zeit eigengenutzt hatte, erworben hat und das neu errichtete Wohngebäude sodann für den Eigenbedarf des neuen Eigentümers oder seiner Familie genutzt wurde. Nicht mehr notwendig war folglich, dass der Erbe das modernisierungsbedürftige Wohnge-

283 *Krautzberger/Runkel*, DVBl. 1993, 453 (459); *Fraktionen der CDU/CSU und FDP*, Entwurf eines Investitionserleichterungs- und Wohnbaulandgesetzes, BT-Drs. 12/3944, S. 25. Im Gesetzgebungsverfahren sprach sich der Bundesrat gegen eine gesetzliche Regelung über die höchstzulässige Zahl begünstigter Wohnungen aus. Er begründete dies damit, dass der Außenbereich nach dem gesetzgeberischen Willen seit jeher als Produktions- und Lebensraum für Landwirte angedacht gewesen und daher für die Deckung dringenden Wohnbedarfs ungeeignet sei. Deshalb seien grundsätzlich alle Regelungen abzulehnen, die den Außenbereich für eine nicht an landwirtschaftlich Nutzung gebundene Wohnbebauung eröffne; vgl. *Bundesrat*, Stellungnahme zum Regierungsentwurf, BT-Drs. 12/4208, S. 8. Die Bundesregierung hingegen beharrte auf ihrem Standpunkt, da die bisherige unterschiedliche Auslegung des § 4 Abs. 3 S. 2 BauGB-MaßnahmeG 1990 durch die Länder eine klarstellende Regelung durch den Bundesgesetzgeber notwendig mache; vgl. *Bundesregierung*, Gegenäußerung zur Stellungnahme, BT-Drs. 12/4208, S. 23.

284 *Koch*, BBauBl. 1993, 410 (412).

bäude zunächst selbst über einen längeren Zeitraum nutzte. Ausschlaggebend für die Änderung war, dass durch die bisherige Regelung in § 35 Abs. 4 S. 1 Nr. 2 BauGB 1986 dessen Anwendbarkeit erschwert war, und mit der neuen Regelung dieses Erschwernis beseitigt werden sollte.[285]

2. Verlängerung der Anwendbarkeit von Außenbereichssatzungen nach § 4 Abs. 4 BauGB-MaßnahmeG 1993

Durch das Investitionserleichterungs- und Wohnbaulandgesetz wurde auch die Anwendungsfrist des § 4 Abs. 4 BauGB-MaßnahmeG 1993, der die Möglichkeit zum Erlass einer Außenbereichssatzung gab, gemäß § 20 BauGB-MaßnahmeG 1993 auf den 31.12.1997 verlängert. Eine inhaltliche Änderung erfolgte jedoch nicht.[286]

---

285 *Busse*, BayVBl. 1993, 193 (200); *Fraktionen der CDU/CSU und FDP*, Entwurf eines Investitionserleichterungs- und Wohnbaulandgesetzes, BT-Drs. 12/3944, S. 42; *Bundesregierung*, Gegenäußerung zur Stellungnahme, BT-Drs. 12/4208, S. 23.

286 Anzumerken ist im Rahmen der Außenbereichssatzung noch, dass Außenbereichsflächen nun auch erweitert durch Innenbereichsatzungen einbezogen werden konnten; vgl. Wortlaut des neu eingefügten § 4 Abs. 2a BauGB-MaßnahmeG 1993: „Die Gemeinde kann durch Satzung über § 34 IV 1 Nr. 3 BauGB hinaus Außenbereichsflächen in die Gebiete nach § 34 IV 1 Nr. 1 oder 2 BauGB einbeziehen, wenn 1. die einbezogenen Flächen durch eine überwiegende Wohnnutzung des angrenzenden Bereichs geprägt sind, 2. die Einbeziehung ausschließlich zugunsten Wohnzwecken dienender Vorhaben erfolgt und 3. für die einbezogenen Flächen nach § 34 IV 3 BauGB festgesetzt wird, dass ausschließlich Wohngebäude zulässig sind". Damit wurde den Gemeinden das Instrument an die Hand gegeben, im Zusammenhang mit einer Klarstellungs- bzw. Entwicklungssatzung i. S. v. § 34 Abs. 4 S. 1 Nr. 1 bzw. 2 BauGB 1986 einzelne Außenbereichsflächen zu Wohnzwecken einzubeziehen. Mehrere Außenbereichsflächen am Ortsrand konnten somit zu Bauflächen bestimmt werden, wenn es sich bei den Anschlussflächen um einen Innenbereich oder zu erwartenden Innenbereich handelte und dieses Gebiet durch die Einbeziehung nicht nur abgerundet, sondern sinnvoll ergänzt werden konnte. Damit waren nun auch Abrundungssatzungen zur Baulandbeschaffung, und nicht mehr nur zur Begradigung und Vereinfachung der Grenzlinie zwischen Innen- und Außenbereich möglich, wie dies noch nach dem Wortlaut des § 34 Abs. 4 S. 1 Nr. 3 BauGB 1986 „Die Gemeinde kann durch Satzung einzelne Außenbereichsgrundstücke zur Abrundung der Gebiete nach den Nummern 1 und 2 einbeziehen" der Fall war und auch von der Rechtsprechung so entschieden worden war; vgl. *Gaßner/Würfel*, BayVBl. 1996, 321 (321), *Gaentzsch*, Baurecht '93, § 34, Rdnr. 2; *BVerwG*, Urt. vom 18.05.1990, BauR 1990, 451 (451).

L. Das Änderungsgesetz zum Baugesetzbuch von 1996

I. Zielsetzung und Gründe für das Änderungsgesetz 1996

Die Windenergie-Novelle 1996[287] verfolgte das Ziel, die Errichtung von Anlagen im Außenbereich zur Erzeugung erneuerbare Energien zu privilegieren, da die regenerative Energieerzeugung zunehmend als wirtschaftlich und energiepolitisch sinnvoll erachtet wurde. Dies beruhte auf den Erkenntnissen aus den vorherigen Jahren, wonach Schäden und CO_2-Belastung durch die Nutzung fossiler Energieträger entstanden waren. Mit Hilfe regenerativer Energien sollte einerseits Energie eingespart und andererseits durch Reduzierung von CO_2-Emissionen ein Beitrag zum Schutz der Erdatmosphäre und des Klimas geleistet werden. Um eine umwelt- und ressourcenschonende Energieversorgung durch erneuerbare Energien verstärkt zur Anwendung bringen zu lassen, sollten infolgedessen Investitionen für Anlagen der regenerativen Energieerzeugung forciert werden.[288] Zur Erreichung dieser Zielsetzung dienten mehrere Gesetzesentwürfe, allerdings mit unterschiedlicher Ausgestaltung: während der Gesetzesentwurf der Fraktionen der CDU/CSU und FDP[289] sowie der Fraktion der SPD[290] zusätzlich zu Windenergieanlagen sonstige erneuerbare Energien in die eigenständige Privilegierung mit einbezog, beschränkte der Gesetzesentwurf des Bundesrates[291] die Privilegierung im Außenbereich auf Vorhaben der Windenergie. Entsprechend der Empfehlung der Expertenkommission[292] sprach sich auch der Ausschuss für Raumordnung, Bauwesen und Städtebau gegen die generelle Privilegierung aller erneuerbarer Energien aus, weil eine Privilegierung erneuerba-

287 Gesetz zur Änderung des Baugesetzbuchs vom 30.07.1996, BGBl. 1996 I S. 1189. Es trat am 01.01.1997 in Kraft; vgl. Art. 2 des Gesetzes zur Änderung des Baugesetzbuchs, BGBl. 1996 I S. 1189.

288 Dies sahen alle Gesetzesentwürfe so einheitlich vor; vgl. *Fraktionen der CDU/CSU und FDP*, Entwurf eines Gesetzes zur Änderung des Baugesetzbuchs, BT-Drs. 13/1733, S. 3; *Fraktion der SPD*, Entwurf eines Gesetzes zur Änderung des Baugesetzbuches, BT-Drs. 13/1736, S. 3; *Bundestag*, Entwurf eines Gesetzes zur Änderung des Baugesetzbuchs, BT-Drs. 13/2208, S. 5.

289 *Fraktionen der CDU/CSU und der FDP*, Entwurf eines Gesetzes zur Änderung des Baugesetzbuchs, BT-Drs. 13/1733, S. 2.

290 *Fraktion der SPD*, Entwurf eines Gesetzes zur Änderung des Baugesetzbuches, BT-Drs. 13/1736, S. 2.

291 *Bundesrat*, Entwurf eines Gesetzes zur Änderung des Baugesetzbuchs, BT-Drs. 13/2208, S. 4.

292 Die einberufene Expertenkommission (sog. Schlichter-Kommission), schlug in ihrem Bericht zur Novellierung des Baugesetzbuchs vom 28.10.1995 im Interesse einer verstärkten Nutzung von Windenergie vor, Windkraftanlagen eigenständig zu privilegieren. Mit der Begründung, dass eine Privilegierung nachwachsender Rohstoffe (wie beispielsweise Raps, Kartoffeln, Zuckerrüben) nicht geboten sei, sprach sie sich aber gegen eine allgemeine Privilegierung regenerativer Energien aus; vgl. *Stüer*, DVBl. 1996, 177 (180).

rer Energien begrifflich zu ungenau sei, zum Schutze des Außenbereichs aber eine klare Abgrenzung von Nöten wäre, und außer der Wind- und Wasserenergie sonstige erneuerbare Energien nicht auf den Außenbereich als Standort angewiesen seien.[293]

Zur Realisierung der schonenden Energiegewinnung waren also Windkraftanlagen wegen der günstigeren Windverhältnisse auf einen Standort im Außenbereich angewiesen[294], allerdings gab es aufgrund eines Urteils des Bundesverwaltungsgerichts[295] rechtliche Probleme bei der Genehmigung von Anlagen zur Erzeugung von Windenergie im Außenbereich[296], da danach Windenergieanlagen nicht als privilegierte Vorhaben i. S. v. § 35 Abs. 1 BauGB 1986 einzustufen waren, weder nach § 35 Abs. 1 Nr. 1 BauGB 1986[297] noch nach § 35 Abs. 1 Nr. 4 BauGB 1986[298] oder gemäß § 35 Abs. 1 Nr. 5 BauGB 1986.[299] Infolgedes-

293 *Ausschuss für Raumordnung, Bauwesen und Städtebau*, Beschlussempfehlung und Bericht zu den Gesetzesentwürfen der CDU/CSU-, FDP- und SPD-Fraktionen sowie des Bundesrates, BT-Drs. 13/4978, S. 6.

294 *Wagner*, UPR 1996, 370 (370).

295 *BVerwG*, Urt. vom 16.06.1994, E 96, 95.

296 *Ausschuss für Raumordnung, Bauwesen und Städtebau*, Beschlussempfehlung und Bericht zu den Gesetzesentwürfen der CDU/CSU-, FDP- und SPD-Fraktionen sowie des Bundesrates, BT-Drs. 13/4978, S. 1.

297 Nach der höchstrichterlichen Rechtsprechung griff § 35 Abs. 1 Nr. 1 BauGB 1986 tatbestandlich nicht ein, da ein Vorhaben nur dann dem landwirtschaftlichen Betrieb diene, wenn es dem Betrieb unmittelbar zu- und untergeordnet sei und durch diese Zu- und Unterordnung auch äußerlich erkennbar geprägt werde. Windenergieanlagen, deren Strom teilweise der Versorgung eines landwirtschaftlichen Betriebes diene, überwiegend aber in das öffentliche Netz eingespeist werden solle, würden folglich nach ihrer Zweckbestimmung nicht überwiegend im Rahmen der landwirtschaftlichen Betriebsführung genutzt werden. Lediglich als Nebenanlagen eines bereits privilegierten landwirtschaftlichen Betriebes könnten Windenergieanlagen privilegiert sein, wenn sie der Energieerzeugung des landwirtschaftlichen Betriebes dienen, da sie dann als nichtlandwirtschaftlicher Betriebszweig von der Privilegierung durch einen Bezug zur Erzeugung und zum Absatz landwirtschaftlicher Güter mitgezogen würden; vgl. *BVerwG*, Urt. vom 16.06.1994, E 96, 95 (95 ff.); *dergl.*, Urt. vom 18.02.1983, NuR 1983, 310 (311).

298 Ebenso wenig ergab sich aus dem Urteil des Bundesverwaltungsgerichts eine Privilegierung von Windkraftanlagen gemäß § 35 Abs. 1 Nr. 4 BauGB 1986. Zwar handle es sich bei Windenergieanlagen, deren Strom auch in das öffentliche Netz eingespeist werden solle, um Vorhaben, die i. S. v. § 35 Abs. 1 Nr. 4 BauGB 1986 der öffentlichen Versorgung mit Elektrizität dienen würden, dennoch sei die Zulässigkeit von Energieversorgungsanlagen an ähnliche Voraussetzungen zu knüpfen wie sie für die in der Vorschrift ebenfalls genannten ortsgebundenen gewerblichen Betriebe gelten würden. Ortsgebunden sei ein gewerblicher Betrieb dann, wenn das betreffende Gewerbe nach seinem Wesen und nach seinem Gegenstand und nicht etwa nur aus Gründen der Rentabilität auf die geografische oder geologische Eigenart der fraglichen Stelle angewiesen sei. Entsprechend müssten auch Anlagen der öffentlichen Energieversorgung für ihre Privilegierung nach § 35 Abs. 1 Nr. 4 BauGB 1986 einen spezifischen Standortbezug aufweisen. Daran fehle es jedoch, wenn der Standort zwar vergleichsweise La-

sen richtete sich die Zulässigkeit von Windenergieanlagen überwiegend nach § 35 Abs. 2 BauGB 1986, wo sie als sonstige Vorhaben nur dann zugelassen wurden, wenn ihre Errichtung oder Benutzung öffentliche Belange nicht beeinträchtigte, was aber lediglich in Einzelfällen zutraf.[300] Mit den bisherigen Zulässigkeitsregelungen in der Außenbereichsvorschrift konnte folglich der aus klimaschutz-, energie- und umweltpolitischen Gründen notwendige Ausbau von Windkraftanlagen zur vermehrten Gewinnung und Nutzung dieser erneuerbaren Energie nicht erreicht werden. Es war daher Sache des Gesetzgebers die Regelungslücke zu schließen und die bauplanungsrechtlichen Rahmenbedingungen für Windkraftanlagen zu schaffen und sicherzustellen. Die erfolgte Gesetzesänderung im Hinblick auf den neu geschaffenen Privilegierungstatbestand für Windenergieanlagen war damit eine notwendige Korrektur.

Als Folge einer erleichterten Zulässigkeit von Windkraftanlagen wurde jedoch ein enormer Anstieg von Baugesuchen befürchtet. Um nach wie vor den gebotenen Außenbereichsschutz zu gewährleisten und anstelle einer Zersiedelung der Landschaft eine Bündelung der Anlagen in Form von Windparks zu erreichen, waren weiter Gesetzesänderungen zur planerischen, und damit besseren Steuerungsmöglichkeiten solcher Anlagen erforderlich.[301]

II. Neuerungen für Außenbereichsvorhaben durch das Baugesetzbuch 1996

Das Konzept zur erleichterten Zulässigkeit und besseren Steuerungsmöglichkeit von Wind- und Wasserenergieanlagen basierte im Wesentlichen auf drei Eckpfeilern – der Privilegierung solcher Anlagen, der Möglichkeit entgegenstehende öffentliche Belange zur Konzentration der privilegierten Vorhaben auf bestimmte Standorte zu erweitern sowie die befristete Zurückstellungsmöglichkeit bezüglich der Entscheidung über die Zulässigkeit derartiger Vorhaben.

---

gevorteile biete, „... das Vorhaben aber nicht damit steht oder fällt, ob es hier und so und nirgendwo anders ausgeführt werden kann"; vgl. *BVerwG*, Urt. vom 16.06.1994, E 96, 95 (97 f.).

299 Das Bundesverwaltungsgerichts sprach Windenergieanlagen auch eine Privilegierung nach § 35 Abs. 1 Nr. 5 BauGB 1986 wegen besondere Standortanforderung ab. Diese Privilegierung stelle lediglich einen Auffangtatbestand für solche Vorhaben dar, die nicht bereits von den Nummern 1, 4 und 6 des § 35 Abs. 1 BauGB 1986 erfasst würden aber zur Erreichung des verfolgten Zwecks auf einen Standort im Außenbereich angewiesen seien. Dies bedeute, dass es für die jeweiligen Vorhaben der Windenergienutzung an einer Innenbereichsadäquanz fehlen müsse; vgl. *BVerwG*, Urt. vom 16.06.1994, E 96, 95 (103, 106).

300 *BVerwG*, Urt. vom 16.06.1994, E 96, 95 (107).

301 *Dolde*, NVwZ 1996, 209 (210); *W. Erbguth/J. Wagner*, Bauplanungsrecht (2. Auflage), Rdnr. 417; *Wagner*, UPR 1996, 370 (376).

1. Aufnahme von Anlagen der Wind- und Wasserenergie in den Privilegierungstatbestand, § 35 Abs. 1 Nr. 7 BauGB 1996

Im Hinblick auf die Zulässigkeit der Errichtung von Vorhaben, die der Erforschung, Entwicklung oder Nutzung der Wind- oder Wasserenergie dienen, wurden jene durch den neu eingefügten § 35 Abs. 1 Nr. 7 BauGB 1996 den privilegierten Vorhaben hinzugefügt. Mit der Ergänzung des Katalogs der Privilegierungstatbestände zog der Gesetzgeber die Konsequenz aus der höchstrichterlichen Rechtsprechung im Hinblick auf die Anlagen der Windenergie. Bei dieser Gelegenheit wurden ebenso Anlagen der Wasserenergie in das Regelungswerk mit einbezogen.[302] Unter den Bereich der Windenergie fielen nicht nur die Windenergieanlagen zur Nutzung, sondern ebenfalls die Anlagen zur Erforschung und Entwicklung der Windenergie, wie beispielsweise (nur vorübergehend errichtete) Prototypanlagen. Unter Anlagen der Wasserenergie verstand man Anlagen der Energiegewinnung durch Wasserkraft, einschließlich der dafür erforderlichen Anlagen zum Stauen des Wassers sowie Wasserleitungsrohre für die Generatoren.[303]

2. Planvorbehalt zugunsten der Gemeinden und der Landesplanung nach § 35 Abs. 3 S. 3 BauGB 1996

In Ergänzung zur neuen Privilegierung von Wind- und Wasserenergieanlagen und zur Verstärkung der Steuerungsmöglichkeiten, um einen unkontrollierten Wuchs von Windkraftanlagen im Außenbereich zu vermeiden, wurde für die Gemeinden und für die zuständigen Stellen der Raumordnung und Landesplanung mit § 35 Abs. 3 S. 3 BauGB 1996 ein Darstellungsprivileg eingeführt.[304]

302 Was die Anlagen zur Nutzung der Wasserenergie anbelangt, so erfüllten diese schon begriffsnotwendig das Kriterium der Ortsgebundenheit i. S. v. § 35 Abs. 1 Nr. 4 BauGB 1986, so dass für deren explizite Aufnahme in den Privilegierungstatbestand an sich kein sachliches Bedürfnis gegeben war; vgl. *Krautzberger*, NVwZ 1996, 847 (848). Man wollte damit aber eine klare gesetzliche Grundlage für Anlagen der öffentlichen Versorgung mit Elektrizität durch Wasserkraft schaffen, da administrative Schwierigkeiten für Wasserkraftanlagen bestanden (vgl. *Ausschuss für Raumordnung, Bauwesen und Städtebau*, Beschlussempfehlung und Bericht zu den Gesetzesentwürfen der CDU/CSU-, FDP- und SPD-Fraktionen sowie des Bundesrates, BT-Drs. 13/4978, S. 6) und eine privilegierte Zulässigkeit von Wasserkraftanlagen gemäß § 35 Abs. 1 Nr. 4 BauGB 1986 nach den Maßstäben der höchstrichterlichen Rechtsprechung trotz deren grundsätzlichen Angewiesenheit auf bestimmte Standorte im Außenbereich fraglich sein konnte; vgl. *Söfker*, in: Ernst/Zinkahn/Bielenberg/Krautzberger, Band II, § 35, Rdnr. 53.

303 *Söfker*, in: Ernst/Zinkahn/Bielenberg/Krautzberger, Band II, § 35, Rdnr. 58.

304 In diesem Gesetzgebungsverfahren ging der Ansatz zu einem umfassenden Planvorbehalt schon auf die Expertenkommission zurück (vgl. *Stüer*, DVBl. 1996, 177 (180)) und wurde von

Danach standen öffentliche Belange in der Regel auch dann einem Vorhaben nach § 35 Abs. 1 Nr. 4 bis 7 BauGB 1996 entgegen, soweit hierfür durch Darstellungen im Flächennutzungs- oder Regionalplan eine Ausweisung an anderer Stelle erfolgt ist. Die Regelung[305] zielte darauf ab, durch konkrete positive Standortzuweisungen privilegierte Nutzungen an einer oder mehreren Stellen im Plangebiet den übrigen Planungsraum von den gesetzlich privilegierten Anlagen für die gemeindliche bzw. regionale Planung freizuhalten. Mit einer privilegierte Vorhaben unterstützenden Planung konnten somit zugleich negative Aussagen für den restlichen Bereich des von Planung betroffenen Gebiets verbunden werden. Die Vermutung, dass mit einer unterstützenden Darstellung zugleich ein Ausschluss an anderer Stelle erzielt werden sollte, war jedoch widerlegbar, wenn sich aus den Umständen ergab, dass sich der jeweilige Planungsträger nicht mit der Zulässigkeitsfrage von Wind- bzw. Wasserkraftanlagen außerhalb der dargestellten Flächen auseinandergesetzt hat. Andererseits konnte aus der Tatsache, dass der Planungsträger keine besonderen Flächen für Wind- und Wasserenergieanlagen in den Plänen darstellte, nicht geschlossen werden, dass im gesamten betroffenen Außenbereich diesen Anlagen öffentliche Belange entgegenstehen.[306]

---

den Entwürfen der SPD-Fraktion und des Bundesrates aufgenommen; vgl. *Fraktion der SPD*, Entwurf eines Gesetzes zur Änderung des Baugesetzbuches, BT-Drs. 13/1736, S. 2 f. sowie *Bundesrat*, Entwurf eines Gesetzes zur Änderung des Baugesetzbuchs, BT-Drs. 13/2208, S. 4 f. Im Gesetzgebungsverfahren zum Baugesetzbuch 1986 hielt bereits die Fraktion der SPD Regelungen für erforderlich, nach denen durch Darstellungen im Flächennutzungsplan die im Außenbereich zulässigen Nutzungen je nach den örtlichen Erfordernissen eingeschränkt werden können. Dieser Vorschlag wurde jedoch mehrheitlich abgelehnt; vgl. *Ausschuss für Raumordnung, Bauwesen und Städtebau*, Beschlussempfehlung und Bericht zu den Gesetzesentwürfen der CDU/CSU-, FDP- und SPD-Fraktionen sowie des Bundesrates, BT-Drs. 10/6166, S. 132.

305 Mit dieser Regelung griff der Gesetzgeber die Rechtsprechung des Bundesverwaltungsgerichts zu den „Abgrabungskonzentrationszonen" auf; vgl. *Bundesrat*, Entwurf eines Gesetzes zur Änderung des Baugesetzbuchs, BT-Drs. 13/2208, S. 5 sowie *Ausschuss für Raumordnung, Bauwesen und Städtebau*, Beschlussempfehlung und Bericht zu den Gesetzesentwürfen der CDU/CSU-, FDP- und SPD-Fraktionen sowie des Bundesrates, BT-Drs. 13/4978, S. 7. Danach erhielten Darstellungen im Flächennutzungsplan für Abgrabungen zugleich eine Ausschlussfunktion für den übrigen Außenbereich, wenn sich aus dem Erläuterungsbericht ergab, dass die Abgrabungen nur an den dargestellten Flächen stattfinden sollten. Abgrabungen außerhalb der dargestellten Flächen standen öffentliche Belange dann entgegen, da es ein legitimes Ziel der Flächennutzungsplanung sein konnte, den Abbau von Kies und Sand auf dafür geeignete Flächen zu konzentrieren; vgl. *BVerwG*, Urt. vom 22.05.1987, E 77, 300 (303 ff.); *dergl.*, Urt. vom 04.05.1988, E 79, 318 (323 f.).

306 *Ausschuss für Raumordnung, Bauwesen und Städtebau*, Beschlussempfehlung und Bericht zu den Gesetzesentwürfen der CDU/CSU-, FDP- und SPD-Fraktionen sowie des Bundesrates, BT-Drs. 13/4978, S. 7; *Lüers*, ZfBR 1996, 297 (299 f.).

3. *Aussetzungsmöglichkeit bei Windenergieanlagen gemäß § 245b BauGB 1996*

Zum Interessensausgleich zwischen der neuen Privilegierung von Windkraftanlagen im Außenbereich und der Steuerungsmöglichkeit mit Hilfe des Planvorbehalts im Hinblick auf die für eine Änderung der vorhandenen Flächennutzungs- und Regionalpläne erforderliche Zeit hat der Gesetzgeber mit § 245b BauGB 1996[307] eine Übergangsregelung geschaffen[308]. Nach § 245b S. 1 BauGB 1996 konnte die Gemeinde durch entsprechenden Antrag bei der Baugenehmigungsbehörde erreichen, dass Entscheidungen über die Zulässigkeit von Windenergieanlagen i. S. v. § 35 Abs. 1 Nr. 7 BauGB 1996 bis längstens 31.12.1998 ausgesetzt wurden. Voraussetzung hierfür war, dass die Gemeinde beschlossen hat den Flächennutzungsplan aufzustellen, zu ändern oder zu ergänzen und im Rahmen dessen erklärt hat zu überprüfen, ob im Flächennutzungsplan Darstellungen zu Windenergieanlagen i. S. v. § 35 Abs. 3 S. 4 BauGB 1996 in Betracht kommen. Ein entsprechendes Recht für die Landesplanungsbehörden wurde in § 245b S. 2 BauGB 1996 eingeräumt. Danach mussten Genehmigungsanträge zurückgestellt werden, wenn die Landesplanungsbehörde eine Aufstellung von Zielen der Raumordnung und Landesplanung zur Planung von Windenergieanlagen eingeleitet hat. Die Überleitungsvorschrift bezog sich lediglich auf Windenergieanlagen i. S. d. § 35 Abs. 1 Nr. 7 BauGB 1996 und nicht auf die dort ebenfalls erwähnten Anlagen der Wasserenergie, da für letztere kein Übergangsregelungsbedürfnis bestand.[309]

---

307 Wortlaut des § 245b BauGB 1996: „Auf Antrag der Gemeinde hat die Baugenehmigungsbehörde die Entscheidung über die Zulässigkeit von Windenergieanlagen i. S. des § 35 I Nr. 7 bis längstens zum 31.12.1998 auszusetzen, wenn die Gemeinde beschlossen hat, einen Flächennutzungsplan aufzustellen, zu ändern oder zu ergänzen und beabsichtigt zu prüfen, ob Darstellungen zu Windenergieanlagen im Sinne des § 35 III 4 in Betracht kommen. Satz 1 gilt entsprechend für einen Antrag der für Raumordnung zuständigen Landesbehörde, wenn diese die Aufstellung, Änderung oder Ergänzung von Zielen der Raumordnung und Landesplanung zu Windenergieanlagen eingeleitet hat“.

308 Eine Übergangszeit, um den Gemeinden einen angemessenen Planungsvorlauf für die Steuerungsmöglichkeit einzuräumen, sah lediglich der Entwurf des Bundesrates vor; vgl. *Bundesrat*, Entwurf eines Gesetzes zur Änderung des Baugesetzbuchs, BT-Drs. 13/2208, S. 4 f.

309 *Krautzberger*, NVwZ 1996, 847 (848 f.)

M. Erweiterungen durch das Bau- und Raumordnungsgesetz 1998

I. Anlass und Gesetzgebungsverfahren des Bau- und Raumordnungsgesetzes 1998

Das Städtebaurecht zu dieser Zeit beruhte auf verschiedenen gesetzlichen Grundlagen – dem Baugesetzbuch 1986, dem Investitionserleichterungs- und Wohnbaulandgesetz zusammen mit dem Maßnahmengesetz zum Baugesetzbuch 1993 sowie der Novelle zum Baugesetzbuch 1996. Aufgrund der zeitlich befristeten Geltung des Maßnahmengesetzes zum Baugesetzbuch 1993 sowie der Sonderregelungen in der Überleitungsvorschrift § 246a BauGB 1990 für die neuen Länder bis zum 31.12.1997 wurde die Integration des Maßnahmengesetzes des Baugesetzbuches in das Baugesetzbuch sowie die Aufgabe des Sonderrechts für die neuen Länder erforderlich.[310] Im Zuge dieser Zusammenführung zur Vereinheitlichung des Städtebaurechts in Deutschland sollte dem städtebaulich und planungsrechtlich entstandenen Reformbedarf im Hinblick auf eine Vereinfachung des Planungsprozesses und einen verstärkten Umweltschutz durch entsprechende Änderungen Rechnung getragen werden.[311]

Zur Vorbereitung des Bau- und Raumordnungsgesetzes berief der Bundesminister für Raumordnung, Bauwesen und Städtebau im Jahre 1995 eine Expertenkommission zur Novellierung des Baugesetzbuchs unter Vorsitz von Prof. Dr. Schlichter, die ihren Bericht vom 28.10.1995 am 29.11.1995 dem Bundesminister vorlegte. Zusammen mit einem Bericht zu den Ergebnissen der Rechtstatsachen- und Wirkungsforschung[312] unterrichtete die Bundesregierung hiervon den Deutschen Bundestag. Auf diese Grundlage – allerdings mit einigen Änderungen

---

310 Bereits bei der Verabschiedung des Investitionserleichterungs- und Wohnbaulandgesetz im Jahre 1993 hat der Bundestag seinen Willen bekundet, „nach Auslaufen des Maßnahmengesetzes zum Baugesetzbuch und der Überleitungsvorschriften für die neuen Länder das Städtebaurecht des Bundes wieder einheitlich im Baugesetzbuch zusammenzuführen". Er forderte daher die Bundesregierung auf, „dem Deutschen Bundestag rechtzeitig vor Auslaufen des Maßnahmengesetzes und der Überleitungsregelungen über deren Wirkung – ... – zu berichten und hierzu seine Rechtstatsachen- und Wirkungsforschung zu verstärken."; vgl. *Deutscher Bundestag*, Beschluss zum Investitionserleichterungs- und Wohnbaulandgesetz, BR-Drs. 82/93, S. 3.

311 *Stüer*, DVBl. 1997, 1201 (1201); *M. Krautzberger*, in: Krautzberger/Söfker, Baugesetzbuch, Rdnr. 7.

312 *Bundesregierung*, Bericht zu den Ergebnissen der Rechtstatsachen- und Wirkungsforschung, BT-Drs. 13/5489.

– basierte sodann der Gesetzesentwurf der Bundesregierung vom 27.08.1996.[313] Hierzu gab der Bundesrat am 08.11.1996 seine Stellungnahme ab[314], zu der sich am 04.12.1996 daraufhin die Bundesregierung äußerte.[315] Sodann gab der federführende Bundestagsausschuss für Raumordnung, Bauwesen und Städtebaurecht seine Beschlussempfehlung[316] sowie Bericht[317] zum Regierungsentwurf, woraufhin der Bundesrat am 06.06.1997 aufgrund von Bedenken den Vermittlungsausschuss anrief.[318] Dem vom Vermittlungsausschuss erarbeiteten und am 25.06.1997 beschlossenen Ergebnis[319] stimmte der Bundestag am 26.06.1996 sowie der Bundesrat am 04.07.1997 zu. Folglich trat das Bau- und Raumordnungsgesetz[320] zum 01.01.1998 in Kraft. Zugleich wurden sowohl das Maßnahmengesetz zum Baugesetzbuch 1993 als auch die Sondervorschrift § 246a BauGB 1990 aufgehoben.[321]

II. Neufassung des Außenbereichsparagraphen durch das Bau- und Raumordnungsgesetz 1998

Mit der Neufassung der Außenbereichsvorschrift, die eine grundlegende Umwelt- und Naturschutznorm ist[322], wurde ein verbesserter Beitrag zum Umweltschutz geleistet. Durch die erfolgte Integration des befristeten Maßnahmengeset-

313 *Bundesregierung*, Entwurf eines Bau- und Raumordnungsgesetzes 1998, BT-Drs. 13/6392, S. 1 ff.

314 *Bundesrat*, Stellungnahme zum Regierungsentwurf, BT-Drs. 13/6392, S. 98 ff.

315 *Bundesregierung*, Gegenäußerung zur Stellungnahme, BT-Drs. 13/6392, S. 130 ff.

316 *Ausschuss für Raumordnung, Bauwesen und Städtebau*, Beschlussempfehlung zum Regierungsentwurf, BT-Drs. 13/7588.

317 *Ausschuss für Raumordnung, Bauwesen und Städtebau*, Bericht zum Regierungsentwurf, BT-Drs. 13/7589.

318 *Bundesrat*, Anrufung des Vermittlungsausschusses, BT-Drs. 13/7886.

319 *Vermittlungsausschuss*, Beschlussempfehlung zum Bau- und Raumordnungsgesetz 1998, BT-Drs. 13/8019.

320 Gesetz zur Änderung des Baugesetzbuchs und zur Neuregelung des Rechts der Raumordnung (Bau- und Raumordnungsgesetz 1998) vom 18.08.1997, BGBl. 1997 I S. 2081. Das Baugesetzbuch wurde in der ab 01.01.1998 geltenden Fassung am 03.09.1997 neu bekannt gemacht; vgl. BGBl. 1997 I S. 2141. Berichtigung der Bekanntmachung der Neufassung des Baugesetzbuchs vom 16.01.1998, BGBl. 1998 I S. 137.

321 *M. Krautzberger*, in: Krautzberger/Söfker, Baugesetzbuch, Rdnr. 7 f.; *dergl.*, in: Battis/ Krautzberger/Löhr, Einl., Rdnr. 44.

322 *Bundesregierung*, Bericht zu den Ergebnissen der Rechtstatsachen- und Wirkungsforschung, BT-Drs. 13/5489, S. 3.

zes zum Baugesetzbuch 1993 in das Baugesetzbuch 1998 als Dauerrecht konnte der Planungsprozess vereinfacht und Einheitlichkeit erreicht werden.[323]

1. Definition des Außenbereichs

Mit dem Bau- und Raumplanungsgesetz 1998 wurde die Legaldefinition des Außenbereichs, welche in früheren Fassungen des Baugesetzbuches gesetzlich negativ definiert war, gestrichen. Eine Änderung des Begriffs des Außenbereichs ging damit jedoch nicht einher, da unter dem Begriff des Außenbereichs nach wie vor diejenigen Gebiete zu verstehen waren, die weder innerhalb des räumlichen Geltungsbereichs eines Bebauungsplans i. S. d. § 30 Abs. 1 oder 2 BauGB 1998 noch innerhalb der im Zusammenhang bebauten Ortsteile (§ 34 BauGB 1998) lagen.[324]

2. Änderungen im Privilegierungstatbestand § 35 Abs. 1 BauGB 1998

Die bisherigen Privilegierungsfälle nach den Nummern 2 und 3 des § 35 Abs. 1 BauGB 1986 wurden im Zuge des Bau- und Raumordnungsgesetzes 1998 durch andere Privilegierungen ersetzt. Als Folgeänderung wurden die übrigen Privilegierungen nach § 35 Abs. 1 Nr. 4 bis 7 BauGB 1986 in § 35 Abs. 1 Nr. 3 bis 6 BauGB 1998 geregelt.

a) Privilegierung gartenbaulicher Betriebe gemäß § 35 Abs. 1 Nr. 2 BauGB 1998

Der Privilegierungsfall in Nummer 2 des § 35 Abs. 1 BauGB 1998 erhielt einen neuen Inhalt. Anstelle des bisher privilegierten Wohnhauses für ehemalige Landwirte nach Hofübergabe und späterer Betriebsaufgabe ist die Privilegierung von Betrieben für gartenbauliche Erzeugnisse getreten.[325] Grund für die Aufhebung der Privilegierung sog. nachgezogener Altenteilerhäuser war die geringe Praxisrelevanz, da damit nur der Fall erfasst wurde, dass das Altenteil nach Übergabe des Hofes errichtet werden sollte und der Hof in diesem Zeitpunkt bereits aufgegeben worden war. Sinn und Zweck dieser früheren Privilegierung bestand darin, Schwierigkeiten zu vermeiden, die bei durch den Strukturwandel in der Landwirtschaft bedingten Betriebsaufgabe dem scheidenden Landwirt entstanden. Aufgrund der sehr begrenzten Anwendbarkeit dieser Privilegierung sah

323 *Stüer*, DVBl. 1997, 1201 (1202); *Bundesregierung*, Entwurf eines Bau- und Raumordnungsgesetzes 1998, BT-Drs. 13/6392, S. 57.

324 *C. Bönker*, in: Hoppe/Bönker/Grotefels, Öffentliches Baurecht (3. Auflage), § 7, Rdnr. 180 f.

325 *Roeser*, in: Berliner Kommentar, Band I, § 35, Rdnr. 4.

man für diese Regelung keinen Bedarf mehr.[326] Um den Belangen der Landwirte Rechnung zu tragen, erschien die Privilegierungsregelung gemäß § 35 Abs. 1 Nr. 1 BauGB 1986 ausreichend, nach der bei Fortführung des Hofes die dem landwirtschaftlichen Betrieb dienende Errichtung eines Altenteils privilegiert war, wenn der Hof bereits zuvor auf den Hofserben übergegangen ist. Auf die Sondervorschrift bei unechten Altenteilerhäusern wurde daher verzichtet.[327]

Mit dem neuen eigenen Privilegierungstatbestand § 35 Abs. 1 Nr. 2 BauGB 1998 für Vorhaben, die einem Betrieb der gartenbaulichen Erzeugung dienen[328], wurde das sich aus der bisherigen Privilegierung von landwirtschaftlichen Betrieben nach § 35 Abs. 1 Nr. 1 BauGB 1986 ergebende einschränkende Erfordernis der Inanspruchnahme lediglich eines untergeordneten Teils der Betriebsfläche beseitigt. Zwar gehörten die Betriebe der gartenbaulichen Erzeugung schon bisher zur Landwirtschaft nach § 201 BauGB 1986, jedoch waren Betriebe der gartenbaulichen Erzeugung als Teil der Landwirtschaft gemäß § 35 Abs. 1 Nr. 1 BauGB 1986 lediglich dann genehmigungsfähig, wenn das Vorhaben nur einen untergeordneten Teil der Betriebsfläche einnahm. Die Entwicklung im Bereich der gartenbaulichen Erzeugung war jedoch geprägt von einer weitgehenden Inanspruchnahme vorhandener Flächen aufgrund zunehmender Freilandbetriebe, Gärtnereien und Gewächshäusern. Dem konnte allein durch die neue, erweiterte Privilegierungsmöglichkeit Rechnung getragen, da mit dieser Entwicklung eine Begrenzung auf einen untergeordneten Teil der Betriebsfläche nicht länger zu vereinbaren war.[329]

---

326 *Söfker*, in: Ernst/Zinkahn/Bielenberg/Krautzberger, Band II, § 35, Rdnr. 45; *Bundesregierung*, Entwurf eines Bau- und Raumordnungsgesetzes 1998, BT-Drs. 13/6392, S. 58.

327 *E.-M. Ehebrecht-Stüer*, in: Stüer, Handbuch des Bau- und Fachplanungsrechts, Rdnr. 1516. Dies sah so bereits die Expertenkommission; vgl. *Bundesregierung*, Bericht zu den Ergebnissen der Rechtstatsachen- und Wirkungsforschung, BT-Drs. 13/5489, S. 3 f.

328 Der Regierungsentwurf sah hierzu noch die Fassung „der gartenbaulichen Erzeugung dient und mehr als einen untergeordneten Teil der Betriebsfläche einnimmt" vor; vgl. *Bundesregierung*, Entwurf eines Bau- und Raumordnungsgesetzes 1998, BT-Drs. 13/6392, S. 10. Auf Vorschlag des Bundesrates wurde schließlich die Fassung „einem Betrieb der gartenbaulichen Erzeugung dient" gesetzlich normiert, da die Formulierung im Regierungsentwurf überflüssig und zudem missverständlich gewesen sei; vgl. *Bundesrat*, Stellungnahme zum Regierungsentwurf, BT-Drs. 13/6392, S. 110.

329 *G. Schmidt-Eichstaedt*, Städtebaurecht (3. Auflage), S. 263; *E. M. Ehebrecht-Stüer*, Außenbereichsbebauung, S. 143; *Söfker*, in: Ernst/Zinkahn/Bielenberg/Krautzberger, Band II, § 35, Rdnr. 49.

b) Streichung der Privilegierung von Landarbeiterstellen gemäß § 35 Abs. 1 S. 1 Nr. 3 BauGB 1986 verbunden mit der redaktionellen Änderung des § 35 Abs. 1 Nr. 3 BauGB 1998

Die bisher in Nummer 3 des § 35 Abs. 1 BauGB 1986 privilegierten Landarbeiterstellen wurden im Zuge des Bau- und Raumordnungsgesetzes 1998 aus dem Gesetz herausgenommen. Die Regelung stammte noch aus den Zeiten, in denen die Saisonarbeiter in der Landwirtschaft im Außenbereich Unterkunft finden mussten, um ihrer Arbeit nachgehen zu können. Aufgrund der gestiegenen allgemeinen Mobilität waren die Landarbeiter allerdings nicht mehr auf einen bestimmten Standort im Außenbereich angewiesen. Angesichts dieses Wandels in der Landwirtschaft hatte die eigene Privilegierung von Landarbeiterstellen keine Bedeutung in der Praxis mehr. Vielmehr bestand nach bisherigen Erfahrungswerten die Gefahr, dass diese Privilegierung nur noch als Einfallstor zu Umgehungen missbraucht wurde, da zweifelhafte Anträge für solche Vorhaben gestellt wurden, deren Zweckbestimmung nicht unproblematisch und nicht gesichert für die Zukunft festgestellt werden konnte. Zudem wurde den landwirtschaftlichen Interessen mit der Privilegierung nach § 35 Abs. 1 Nr. 1 BauGB 1986 ausreichend Genüge getan, so dass es keiner zusätzlichen Privilegierung von Landarbeiterstellen mehr bedurfte. Landarbeiterstellen waren daher nunmehr als sonstige Vorhaben nach § 35 Abs. 2 BauGB 1998 zu behandeln.[330] Aufgrund des Wegfalls der bisherigen Privilegierung in Nummer 3 des § 35 Abs. 1 BauGB 1986 ist § 35 Abs. 1 Nr. 4 BauGB 1986 zu § 35 Abs. 1 Nr. 3 BauGB 1998 aufgerückt. Dabei wurde der Begriff des „Fernmeldewesens" wegen der Änderung des Art. 73 Nr. 7 GG[331] ohne inhaltliche Änderung durch „Telekommunikationsdienstleistungen" ersetzt.[332]

3. Klarstellung in § 35 Abs. 2 BauGB 1998

Als weitere Zulassungsvoraussetzung für sonstige Vorhaben wurde in § 35 Abs. 2 BauGB 1998 die Sicherung der Erschließung in den Gesetzestext angefügt. Eine Neuerung der Rechtslage ging damit nicht einher, da dieses Erforder-

---

330 *E.-M. Ehebrecht-Stüer*, in: Stüer, Handbuch des Bau- und Fachplanungsrechts, Rdnr. 1518; *G. Schmidt-Eichstaedt*, Städtebaurecht (3. Auflage), S. 263; *Bundesregierung*, Bericht zu den Ergebnissen der Rechtstatsachen- und Wirkungsforschung, BT-Drs. 13/5489, S. 3; *dergl.*, Entwurf eines Bau- und Raumordnungsgesetzes 1998, BT-Drs. 13/6392, S. 58; *Söfker*, in: Ernst/Zinkahn/Bielenberg/Krautzberger, Band II, § 35, Rdnr. 40.

331 Vgl. Art. 2 Abs. 6 des Begleitgesetzes zum Telekommunikationsgesetz (BegleitG), BGBl. 1997 I S. 3108 (3113).

332 *Roeser*, in: Berliner Kommentar, Band I, § 35, Rdnr. 34.

nis bereits zuvor allgemeine Meinung war.[333] Mit dieser Ergänzung wurde der Forderung der Rechtsprechung, das bisher nicht explizit geregelte Tatbestandsmerkmal einer gesicherten Erschließung ausdrücklich klarzustellen, nachgekommen.[334]

4. Änderungen in § 35 Abs. 3 BauGB 1998

Absatz 3 der Außenbereichsvorschrift ist in seinem materiellen Regelungsgehalt um die öffentlichen Belange der Darstellungen eines Landschaftsplans oder sonstiger Fachpläne, des Bodenschutzes und des Erholungswerts der Landschaft erweitert sowie im übrigen sprachlich teilweise neu gefasst worden. Zudem wurde der Katalog der öffentlichen Belange erstmals durchnummeriert.[335]

a) Aufnahme von Darstellungen eines Landschaftsplanes oder sonstigen Plans als öffentlicher Belang in § 35 Abs. 3 S. 1 Nr. 2 BauGB 1998

Eine Neuerung stellte die Aufnahme der Darstellungen eines Landschaftsplans sowie eines sonstigen Plans, insbesondere des Wasser-, Abfall- oder Immissionsschutzrechts, als Prüfbelange dar.[336] Mit der Erwähnung der Landschaftsbelange sollte eine Harmonisierung mit § 35 Abs. 4 S. 1 BauGB 1986 erreicht werden, da den dort bezeichneten begünstigten Vorhaben Darstellungen des

---

333 Vgl. *BVerwG*, Urt. vom 07.02.1986, E 74, 19 (24).

334 *Schlichter/Stich*, Berliner Schwerpunkte-Kommentar zum BauGB 1998, § 35, Rdnr. 23; *Bundesregierung*, Entwurf eines Bau- und Raumordnungsgesetzes 1998, BT-Drs. 13/6392, S. 58.

335 Damit sollte eine bessere Zitierfähigkeit der zuvor in Spiegelstrichen benannten öffentlichen Belangen erreicht werden; vgl. *Bundesregierung*, Entwurf eines Bau- und Raumordungsgesetzes 1998, BT-Drs. 13/6392, S. 58.

336 Gegen diese Neuerung sprach sich im Gesetzgebungsverfahren der Bundesrat aus. Zum einen gab er zu Bedenken, dass es dadurch zu Restriktionen bei der Genehmigung von Rohstoffabbauvorhaben kommen könnte und zum anderen war er der Ansicht, dass die ausdrückliche Aufnahme nicht erforderlich sei, da der Landschaftsplan oftmals bereits im Flächennutzungsplan integriert sei. Zudem wäre die Benennung der sonstigen Pläne nicht hinreichend konkretisiert worden; vgl. *Bundesrat*, Stellungnahme zum Regierungsentwurf, BT-Drs. 13/6392, S. 111. Dem entgegnete die Bundesregierung, dass diese Planungen wichtiges von den zuständigen Behörden gebündeltes und aufbereitetes Abwägungs- und Informationsmaterial beinhalteten würden; vgl. *Bundesregierung*, Gegenäußerung zur Stellungnahme, BT-Drs. 13/6392, S. 135. Dementsprechend wurde dieser öffentliche Belang in den Katalog des § 35 Abs. 3 S. 1 BauGB 1998 aufgenommen – parallel zu § 1a Abs. 2 Nr. 1 BauGB 1998; vgl. Wortlaut von § 1a Abs. 2 Nr. 1 BauGB 1998: „In der Abwägung nach § 1 Abs. 6 sind auch zu berücksichtigen die Darstellungen von Landschaftsplänen und sonstigen Plänen insbesondere des Wasser-, Abfall- und Immissionsschutzrechts".

Landschaftsplans nicht entgegengehalten werden konnten.[337] Im Umkehrschluss zu § 35 Abs. 4 S. 1 BauGB 1986 ergibt sich, dass die Darstellungen eines Landschaftsplans bislang bereits als öffentlicher Belang eingestuft waren. Mit der nunmehr ausdrücklichen gesetzlichen Regelung wurde klargestellt, dass die entsprechende Darstellung einer Außenbereichsfläche im Landschaftsplan[338] zu einer Beeinträchtigung öffentlicher Belange und folglich zur Unzulässigkeit des Vorhabens im Außenbereich führen konnte. Gleiches galt im Fall von Darstellungen in anderen Fachplänen[339], wenn diese zumindest eine mittelbare Rechtswirkung dem Bürger gegenüber entfalten konnten und in einem förmlichen Verfahren mit entsprechender Verbindlichkeit aufgestellt wurden.[340]

b) Ergänzungen in § 35 Abs. 3 S. 1 Nr. 5 BauGB 1998

Zusätzlich wurde in § 35 Abs. 3 S. 1 Nr. 5 BauGB 1998 der öffentliche Belang des Bodenschutzes[341] aufgenommen, um schädlichen Bodenveränderungen vorzubeugen. Dazu gehörte die Erhaltung bzw. Wiederherstellung der in § 2 Abs. 2 des Entwurfs des Bundes-Bodenschutzgesetzes genannten Bodenfunktionen, insbesondere durch eine flächensparende Bebauung. Außerdem wurde der Belang des Erholungswerts der Landschaft eingefügt.[342]

c) Änderungen in § 35 Abs. 3 S. 1 Nr. 6 BauGB 1998

Unter Streichung des § 35 Abs. 3 S. 2 BauGB 1986 wurden „Maßnahmen zur Verbesserung der Agrarstruktur" als öffentlicher Belang in den Katalog des § 35 Abs. 3 S. 1 BauGB 1998 unter Nummer 6 übernommen.[343]

---

337 *Bundesregierung*, Entwurf eines Bau- und Raumordnungsgesetzes 1998, BT-Drs. 13/6392, S. 58.

338 Beispielsweise nach § 6 BNatSchG, vgl. *Söfker*, in: Ernst/Zinkahn/Bielenberg/Krautzberger, Band II, § 35, Rdnr. 83.

339 Wie wasserwirtschaftliche Pläne nach §§ 36, 36b WHG, Abfallwirtschaftspläne nach § 29 Kreislaufwirtschafts- und AbfallG, Luftreinhaltepläne nach § 47 BImSchG und Lärmminderungspläne nach § 47a BImSchG, vgl. *Söfker*, in: Ernst/Zinkahn/Bielenberg/Krautzberger, Band II, § 35, Rdnr. 84 ff.

340 *E.-M. Ehebrecht-Stüer*, Außenbereichsbebauung, S. 203.

341 Parallel zu § 1a Abs. 1 BauGB 1998; vgl. Wortlaut von § 1a Abs. 1 BauGB 1998: „Mit Grund und Boden soll sparsam und schonend umgegangen werden, dabei sind Bodenversiegelungen auf das notwendige Maß zu begrenzen".

342 *Bundesregierung*, Entwurf eines Bau- und Raumordnungsgesetzes 1998, BT-Drs. 13/6392, S. 10, 58.

343 In § 35 Abs. 3 S. 1 Nr. 6 BauGB 1998 wurde ebenso der Belang „Gefährdung der Wasserwirtschaft" auf Vorschlag des Bundesrates aufgenommen (vgl. *Bundesrat*, Stellungnahme zum Regierungsentwurf, BT -Drs. 13/6392, S. 135), nachdem dieser im Regierungsentwurf nicht

d) Anpassungen in § 35 Abs. 3 S. 2 BauGB 1998

In § 35 Abs. 3 S. 2 BauGB 1998 (ehemals § 35 Abs. 3 S. 3 BauGB 1986) erfolgten mit dem Wegfall des Begriffs der Landesplanung bei der Bezeichnung der Ziele der Raumordnung und durch das Ersetzen von „Programmen und Plänen im Sinne des § 5 ROG" durch „Plänen im Sinne der §§ 8 oder 9 des Raumordnungsgesetzes" lediglich redaktionelle Änderungen infolge der Begriffsbestimmungen des ebenfalls am 01.01.1998 in Kraft getretenen Raumordnungsgesetzes.[344]

e) Ausdehnung der Konzentrationsklausel durch § 35 Abs. 3 S. 3 BauGB 1998

Die Konzentrationsklausel nach § 35 Abs. 3 S. 3 BauGB 1996, die für Vorhaben nach § 35 Abs.1 Nr. 4 bis 7 BauGB 1998 galt, wurde mit § 35 Abs. 3 S. 3 BauGB 1998 auf Vorhaben nach § 35 Abs.1 Nr. 2 bis 6 BauGB 1998, d. h. auf alle privilegierten Vorhaben außer den land- und forstwirtschaftlichen Betrieben, erweitert. Danach war nun die Zulässigkeit der Privilegierung von Vorhaben nach § 35 Abs. 1 Nr. 2 bis 6 BauGB 1998 unter den Vorbehalt gestellt, dass nicht an anderer Stelle eine Ausweisung durch Darstellung im Flächennutzungsplan oder im Raumordnungsplan erfolgt ist. Unter Berücksichtigung der durch das Bau- und Raumordnungsgesetz 1998 aufgehobenen Privilegierungstatbestände wurde letztlich die Anwendbarkeit des Planvorbehalts in § 35 Abs. 3 S. 3 BauGB 1998 lediglich auf Vorhaben, die einem Betrieb der gartenbaulichen Erzeugung dienen, erstreckt.[345] Dies geschah im Hinblick auf eine drohende Massierung von Gartenbaubetrieben i. S. v. § 35 Abs. 1 Nr. 2 BauGB 1998. Im Falle erheblicher städtebaulicher Auswirkungen konnten die Gemeinden mit Hilfe dieses planerischen Steuerungsinstruments die Vorhaben zur gartenbaulichen Erzeugung an geeigneten Stellen im Gemeindegebiet konzentrieren. Des Weiteren fiel hier ebenfalls der Begriff der Landesplanung bei der Bezeichnung der Ziele nach dem Raumordnungsgesetz weg.[346]

---

mehr enthalten war; vgl. *Bundesregierung*, Entwurf eines Bau- und Raumordnungsgesetzes 1998, BT-Drs. 13/6392, S. 10 f.

344 *Bundesregierung*, Entwurf eines Bau- und Raumordnungsgesetzes 1998, BT-Drs. 13/6392, S. 58.

345 Angesichts der unterschiedlichen Anwendbarkeit des sog. Darstellungsprivilegs nach § 35 Abs. 3 S. 3 BauGB 1998 blieb die Differenzierung zwischen Betrieben der gartenbaulichen Erzeugung als landwirtschaftlicher Betrieb i. S. v. § 35 Abs. 1 Nr. 1 BauGB 1998 bei Inanspruchnahme eines nur untergeordneten Teils der Betriebsfläche und Betrieben nach § 35 Abs. 1 Nr. 2 BauGB 1998 weiterhin von Bedeutung.

346 *G. Schmidt-Eichstaedt*, Städtebaurecht (3. Auflage), S. 264; *Bundesregierung*, Entwurf eines Bau- und Raumordnungsgesetzes 1998, BT-Drs. 13/6392, S. 58.

5. Änderungen der Teilprivilegierungsregelungen für Außenbereichsvorhaben nach § 35 Abs. 4 BauGB 1998

Die Vorschriften über die teilprivilegierten Vorhaben wurden in § 35 Abs. 4 BauGB 1998 teils redaktionell, teils materiell neu gefasst. Materielle Änderungen fanden insbesondere im Zuge der Übernahme der bis dahin in § 4 Abs. 3 BauGB-MaßnahmeG 1993 enthaltenen Begünstigungstatbestände, welche mit Ablauf des 31.12.1997 außer Kraft getreten sind, statt. Mit der Integration der Sondervorschriften für Vorhaben zu Wohnzwecken nach § 4 Abs. 3 BauGB-MaßnahmeG 1993 in § 35 Abs. 4 BauGB 1998 als Dauerrecht erhielt die Teilprivilegierung eine wünschenswerte einheitliche rechtliche Grundlage, was der Rechtsvereinfachung dienen sollte.[347]

a) § 35 Abs. 4 S. 1 BauGB 1998 – Teilprivilegierungen

Der Einleitungssatz des § 35 Abs. 4 S. 1 BauGB 1998 wurde sprachlich um das Erfordernis, dass begünstigte Vorhaben im übrigen außenbereichsverträglich im Sinne des § 35 Abs. 3 BauGB 1998 sein müssen, neu gefasst.[348] Es handelte sich hierbei aber um keine inhaltliche Neuerung, sondern vielmehr um eine bloße Klarstellung. Mit dem Verweis auf die im übrigen erforderliche Außenbereichsverträglichkeit sollte zum Ausdruck gebracht werden, dass die Begünstigung nur darin besteht, dass die einzelnen in § 35 Abs. 4 S. 1 BauGB 1998 genannten Belange dem Vorhaben nicht entgegengehalten werden können. Alle übrigen öffentliche Belange i. S. v. § 35 Abs. 3 BauGB 1998 hingegen wurden auch bei einem teilprivilegierten Vorhaben nicht für unbeachtlich erklärt.[349]

b) Neuerungen in § 35 Abs. 4 S. 1 Nr. 1 BauGB 1998 für begünstigte Änderungen landwirtschaftlich genutzter Gebäude

Im Zuge der Integration des Begünstigungstatbestandes § 35 Abs. 4 S. 1 Nr. 1 BauGB gemäß § 4 Abs. 3 BauGB-MaßnahmeG 1993 für Änderungen der bishe-

---

347 *Roeser*, in: Berliner Kommentar, Band I, § 35, Rdnr. 4; *Dolde*, NVwZ 1996, 209 (210); *Bundesregierung*, Bericht zu den Ergebnissen der Rechtstatsachen- und Wirkungsforschung, BT-Drs. 13/5489, S. 3, 5; *dergl.*, Entwurf eines Bau- und Raumordnungsgesetzes 1998, BT-Drs. 13/6392, S. 59.

348 Dies ging letztlich auf die Beschlussempfehlung des Vermittlungsausschusses zurück; vgl. *Vermittlungsausschuss*, Beschlussempfehlung zum Bau- und Raumordnungsgesetz 1998, BT-Drs. 13/8019, S. 4.

349 *G. Schmidt-Eichstaedt*, Städtebaurecht (3. Auflage), S. 264.

rigen Nutzung landwirtschaftlicher Gebäude im Außenbereich durch das Bau- und Raumordnungsgesetz 1998 in § 35 Abs. 4 S. 1 Nr. 1 BauGB 1998 wurden die Voraussetzungen für die erleichterte Nutzungsänderung systematisch und teilweise inhaltlich neu gefasst.[350]

Zunächst wurde in § 35 Abs. 4 S. 1 Nr. 1 BauGB 1998 festgelegt, dass es sich für eine Begünstigung um ein ehemals landwirtschaftliches Gebäude i. S. v. § 35 Abs. 1 Nr. 1 BauGB 1998 handeln musste, und nicht mehr – wie bisher – um eine bauliche Anlage i. S. v. § 35 Abs. 1 Nr. 1 bis 3 BauGB 1986.[351] Im Gegensatz zu § 35 Abs. 4 S. 1 Nr. 1 BauGB in der Fassung des § 4 Abs. 3 BauGB-MaßnahmeG 1993[352], kam es auch nicht mehr auf den künftigen Nutzungszweck an. Dies bedeute, dass die vormals nur zugunsten des Wohnungsbaus bestehende erweiterte Teilprivilegierung nun auch auf andere, und damit auch auf gewerbliche Nutzungen erstreckt werden konnte.[353] Die Voraussetzung „ohne wesentliche Änderung" nach § 35 Abs. 4 S. 1 Nr. 1 BauGB 1986 wurde durch bestandsbezogene Merkmale ersetzt[354], um den Einbau von Wohnungen auch in Stallungen und Scheunen – unter Einhaltung gewisser Grenzen – zu erleichtern. Die insgesamt sieben Voraussetzungen der Begünstigung wurden sodann – durch Buchstaben voneinander getrennt – aufgeführt. Die Buchstaben a und b des § 35 Abs. 4 S. 1 Nr. 1 BauGB 1998 enthielten die beiden bestandsbezogenen Voraussetzungen, wonach das Vorhaben einer zweckmäßigen Verwendung erhaltenswerter Bausubstanz dienen und die äußere Gestalt des Gebäudes im wesentlichen gewahrt bleiben musste.[355] Das erste Erfordernis entsprach dem Grundge-

350 *Schlichter/Stich*, Berliner Schwerpunkte-Kommentar zum BauGB 1998, § 35, Rdnr. 37.

351 *G. Schmidt-Eichstaedt*, Städtebaurecht (3. Auflage), S. 264. Die früher noch privilegierten unechten Altenteilerhäuser nach § 35 Abs. 1 Nr. 2 BauGB 1986 sowie die Landarbeiterstellen i. S. v. § 35 Abs. 1 Nr. 3 BauGB 1986 nahmen aufgrund deren Streichung nicht mehr an der Teilprivilegierung teil. Da die neuprivilegierten Betriebe der gartenbaulichen Erzeugung nach § 35 Abs. 1 Nr. 2 BauGB 1998 nicht begünstigt sein sollten, bezog sich § 35 Abs. 4 S. 1 Nr. 1 BauGB 1998 fortan ausschließlich auf Gebäude i. S. v. § 35 Abs. 1 Nr. 1 BauGB 1998.

352 Nach § 35 Abs. 4 S. 1 Nr. 1 BauGB des § 4 Abs. 3 BauGB-MaßnahmeG 1993 war die Nutzungsänderung ehemals landwirtschaftlicher Gebäude lediglich zu Zwecken der Wohnnutzung gestattet.

353 *E.-M. Ehebrecht-Stüer*, in: Stüer, Handbuch des Bau- und Fachplanungsrechts, Rdnr. 1587.

354 Bereits § 4 Abs. 3 BauGB-MaßnahmeG 1990 sowie § 35 Abs. 4 S. 1 Nr. 1 BauGB in der Fassung des § 4 Abs. 3 BauGB-MaßnahmeG 1993 erlaubten wesentliche Änderungen zu Wohnzwecken, enthielten zur Eingrenzung allerdings bestandsbezogene Merkmale.

355 Das Entfallen der Voraussetzung „ohne wesentliche Änderung" und die dafür neuen Anforderungen in § 35 Abs. 4 S. 1 Nr. 1a und b BauGB 1998 waren der Hauptgrund für die Anrufung des Vermittlungsausschusses durch den Bundesrat. Dieser befürchtete eine ausufernde Umnutzung in gewerbliche Betriebe und forderte daher aus Gründen des Außenbereichsschutzes eine Begrenzung auf Kleingewerbe bzw. vom landwirtschaftlichen Betrieb abhängige Gewerbe; vgl. *Bundesrat*, Anrufung des Vermittlungsausschusses, BT-Drs. 13/7886, S. 10. Diesem

danken und dem Anliegen, dass vorhandene Bausubstanz im Außenbereich, die nicht mehr für landwirtschaftliche Zwecke erforderlich, jedoch bautechnisch erhaltenswert war und andernfalls zu verfallen drohte, für anderweitige Zwecke genutzt werden konnte. Mit der zweiten Anforderung verfolgte man das bereits in § 35 Abs. 4 S. 1 Nr. 1 BauGB, § 4 Abs. 3 BauGB-MaßnahmeG 1993 gefasste Ziel, die äußere Erscheinung der überkommenen landwirtschaftlichen Struktur zu erhalten. Zudem sollte damit die gewerbliche Nutzung ehemals landwirtschaftlicher Gebäude nicht aus dem Rahmen fallen.[356]

Nach § 35 Abs. 4 S. 1 Nr. 1c BauGB 1998 verlängerte sich die Frist zwischen Aufgabe der privilegierten Nutzung und der Nutzungsänderung von fünf Jahren nach § 35 Abs. 4 S. 1 Nr. 1 BauGB in der Fassung des § 4 Abs. 3 BauGB-MaßnahmeG 1993 auf sieben Jahre.[357] Den Ländern war es nach § 245b Abs. 2 BauGB 1998[358] jedoch möglich zu bestimmen, dass diese Frist bis zum 31.12.2004 nicht angewendet wurde, womit den Verhältnissen in den neuen Ländern Rechnung getragen wurde, da für diese die Siebenjahresfrist für die erleichterte Umnutzung landwirtschaftlicher Gebäude als nicht ausreichen angesehen wurde.[359] § 35 Abs. 4 S. 1 Nr. 1d BauGB 1998 setzte weiterhin voraus, dass das Gebäude vor dem 27.08.1996 zulässigerweise errichtet worden war[360]. Dies

---

Anliegen kam der Vermittlungsausschuss allerdings nicht nach; vgl. *Vermittlungsausschuss*, Beschlussempfehlung zum Bau- und Raumordnungsgesetz 1998, BT-Drs. 13/8019, S. 4.

356 *Söfker*, in: Ernst/Zinkahn/Bielenberg/Krautzberger, Band II, § 35, Rdnr. 140 f.

357 Der Regierungsentwurf sah zunächst noch Frist von fünf Jahren vor, vgl. *Bundesregierung*, Entwurf eines Bau- und Raumordnungsgesetzes 1998, BT-Drs. 13/6392, S. 11. In seiner Stellungsnahme sprach sich der Bundesrat hingegen für die Siebensjahresfrist aus, da die Erfahrungen in der Praxis zeigten, dass der Zeitraum von fünf Jahren oftmals zu kurz war für die Entscheidungsfindung des Eigentümers; vgl. *Bundesrat*, Stellungnahme zum Regierungsentwurf, BT-Drs. 13/6392, S. 112. Dieser Verlängerung der Änderungsfrist stimmte die Bundesregierung in ihrer Gegenäußerung zu (vgl. *Bundesregierung*, Gegenäußerung zur Stellungnahme, BT-Drs. 13/6392, S. 135), die sodann durch den federführenden Bundestagsauschuss für Raumordnung, Bauwesen und Städtebau in den Regierungsentwurf übernommen wurde; vgl. *Ausschuss für Raumordnung, Bauwesen und Städtebau*, Beschlussempfehlung zum Regierungsentwurf, BT-Drs. 13/7588, S. 32.

358 Wortlaut des § 245b Abs. 2 BauGB 1998: „Die Länder können bestimmen, dass die Frist nach § 35 Abs. 4 S. 1 Nr. 1 Buchstabe c bis zum 31.12.2004 nicht anzuwenden ist".

359 *Schlichter/Stich*, Berliner Schwerpunkte-Kommentar zum BauGB 1998, § 35, Rdnr. 41; *W. Söfker*, in: Krautzberger/Söfker, Baugesetzbuch, Rdnr. 392.

360 Diese Anforderung wurde aus § 35 Abs. 4 S. 1 Nr. 1 BauGB gemäß § 4 Abs. 3 BauGB-MaßnahmeG 1993 übernommen, in dem das Vorhandensein des Baubestandes zum 01.05.1990 gefordert wurde. Für eine Beibehaltung dieses Datums sprach sich der Bundesrat aus (vgl. *Bundesrat*, Stellungnahme zum Regierungsentwurf, BT-Drs. 13/6392, S. 112), dem die Bundesregierung entgegnete, dass die neue Stichtagsregelung genüge, um künftige Antragstellungen noch vor Inkrafttreten des Bau- und Raumordnungsgesetzes 1998 auszuschließen; vgl. *Bundesregierung*, Gegenäußerung zur Stellungnahme, BT-Drs. 13/6392, S. 135.

bedeutete, dass die Bausubstanz zum Stichtag bereits vorhanden, sowie formell oder materiell rechtsmäßig errichtet sein musste. Der Stichtag wurde zum einen im Hinblick auf die bereits begünstigt vorhandene Bausubstanz festgelegt, zum anderen sollte damit ausgeschlossen werden, dass die Teilprivilegierung auch für neue, ab dem genannten Zeitpunkt entstandene Vorhaben i. S. v. § 35 Abs. 1 Nr. 1 BauGB 1998 genutzt werden konnte.[361] Nach § 35 Abs. 4 S. 1 Nr. 1e BauGB 1998 musste das Gebäude im räumlich-funktionalen Zusammenhang[362] mit der Hofstelle des land- oder forstwirtschaftlichen Betriebes stehen. Damit wollte man sicherstellen, dass nur Gebäudesubstanz in räumlich-funktionaler Zuordnung zur Hofstelle erleichtert umgenutzt werden konnte und es daher nicht zum Umbau vereinzelt in der Landschaft befindlichen Scheunen kam. Letztlich sollte so die Siedlungsentwicklung im Außenbereich gebündelt und damit dem Bodenschutz ausreichend Rechnung getragen werden.[363] Die Anzahl der zulässigerweise zu errichtenden Wohnungen wurde in § 35 Abs. 4 S. 1 Nr. 1f BauGB 1998 klargestellt.[364] Danach konnten neben den auf der Hofstelle schon bisher privilegierten Wohnungen für den Landwirt oder auch den Altbauern höchstens noch drei weitere begünstigte, mithin insgesamt maximal fünf Wohnungen je Hofstelle entstehen.[365] Neu war die Forderung in § 35 Abs. 4 S. 1 Nr. 1g BauGB

---

361 *Bundesregierung*, Entwurf eines Bau- und Raumordnungsgesetzes 1998, BT-Drs. 13/6392, S. 59; *Söfker*, in: Ernst/Zinkahn/Bielenberg/Krautzberger, Band II, § 35, Rdnr. 143.

362 § 35 Abs. 4 S. 1 Nr. 1 BauGB des § 4 Abs. 3 BauGB-MaßnahmeG 1993 forderte schon einen räumlich-funktionalen Zusammenhang mit dem land- oder forstwirtschaftlichen Wohngebäude.

363 *G. Schmidt-Eichstaedt*, Städtebaurecht (3. Auflage), S. 264; *Bundesregierung*, Entwurf eines Bau- und Raumordnungsgesetzes 1998, BT-Drs. 13/6392, S. 59.

364 Die Regelung in § 35 Abs. 4 S. 3 BauGB 1986, die noch eine Begrenzung auf höchstens zwei Wohnungen je Wohngebäude enthielt, wurde bereits durch § 4 Abs. 3 S. 2 und 3 BauGB-MaßnahmeG 1993 sowie § 35 Abs. 4 S. 1 Nr. 1 BauGB in der Fassung des § 4 Abs. 3 BauGB-MaßnahmeG 1993 abgeändert, da diese Vorgängerregelungen zu § 35 Abs. 4 S. 1 Nr. 1f BauGB 1998 die Errichtung von drei Wohnungen je Hofstelle begünstigt zuließen.

365 *G. Schmidt-Eichstaedt*, Städtebaurecht (3. Auflage), S. 264. Der Regierungsentwurf hingegen sah noch die Aufhebung der bisherigen Beschränkung von Wohnungen vor, mit der Begründung der einheitlich vorgesehene Teilprivilegierungstatbestände begrenze schon durch seine Anforderungen die Zahl der Wohnungen; vgl. *Bundesregierung*, Entwurf eines Bau- und Raumordnungsgesetzes 1998, BT-Drs. 13/6392, S. 59. Zur Sicherstellung des Außenbereichsschutzes beharrte jedoch der Bundesrat auf die Beibehaltung der dafür notwendigen Beschränkung zusätzlicher Wohnungen (vgl. *Bundesrat*, Stellungnahme zum Regierungsentwurf, BT-Drs. 13/6392, S. 112), dem die Bundesregierung (vgl. *Bundesregierung*, Gegenäußerung zur Stellungnahme, BT-Drs. 13/6392, S. 135 f) sowie der federführende Ausschuss (vgl. *Ausschuss für Raumordnung, Bauwesen und Städtebau*, Beschlussempfehlung zum Regierungsentwurf, BT-Drs. 13/7588, S. 32) widersprach. Der daraufhin vom Bundesrat angerufenen Vermittlungsausschuss (vgl. *Bundesrat*, Anrufung des Vermittlungsausschusses, BT-Drs. 13/7886, S. 10) entschied im Sinne des Bundesrates auf eine Begrenzung der erleichtert zuläs-

1998 an den Grundstückseigentümer, die Verpflichtung zu übernehmen, keine Neubebauung als Ersatz für die aufgegebene Nutzung vorzunehmen.[366] Hierdurch sollte der Missbrauchsfall, dass zunächst von den Vorteilen der Teilprivilegierung Gebrauch gemacht und anschließend ein privilegiertes Vorhaben errichtet wird, vermieden werden. Dies hätte sich derart ergeben können, wenn durch die Nutzungsänderung eines bisher land- oder forstwirtschaftlich genutzten Gebäudes oder eines Teils davon ein erneuter Bedarf für Vorhaben geltend gemacht worden wäre, der an sich im Rahmen des verbliebenen Voll- oder Nebenerwerbsbetriebs nach § 35 Abs. 1 Nr. 1 BauGB 1998 zu beurteilen gewesen wäre.[367] Eine Ausnahme galt allerdings für den Fall, dass der Ersatzbau im Interesse der Fortentwicklung des Betriebs i. S. v. § 35 Abs. 1 Nr. 1 BauGB 1998 erforderlich wurde. Damit war ein vollständiger Ausschluss weiterer baulicher Entwicklungen nicht gegeben; lediglich bauliche Erweiterungen, die nicht für sich nach § 35 Abs. 1 Nr. 1 BauGB 1998 privilegiert waren, wurden durch die Verpflichtungserklärung ausgeschlossen.[368]

Es kann abschließend festgehalten werden, dass der Gesetzgeber mit der neu gefassten Teilprivilegierung in § 35 Abs. 4 S. 1 Nr. 1 BauGB 1998, die aus § 35 Abs. 4 S. 1 Nr. 1 BauGB 1986 und § 4 Abs. 3 S. 1 Nr. 1 BauGB-MaßnahmeG 1993 entwickelt wurde, weiterhin dem Strukturwandel in der Landwirtschaft Rechnung tragen wollte, indem den Landwirten der Wechsel von einer bisher

---

sigen Wohnungen; vgl. *Vermittlungsausschuss*, Beschlussempfehlung zum Bau- und Raumordnungsgesetz 1998, BT-Drs. 13/8019, S. 4.

366 Gegen die im Regierungsentwurf enthaltende Regelung der Verpflichtungsübernahme (vgl. *Bundesregierung*, Entwurf eines Bau- und Raumordnungsgesetzes 1998, BT-Drs. 13/6392, S. 59) wandte sich der Bundesrat mit der Forderung nach einem unmittelbar geltendem gesetzlichen Verbot anstatt einer Verpflichtungserklärung; ansonsten würde ein Verbot erst nach dem Tätigwerden der Bauaufsichtbehörde ausgesprochen; vgl. *Bundesrat*, Stellungnahme zum Regierungsentwurf, BT-Drs. 13/6392, S. 112. Da die Bundesregierung sich jedoch gegen den Vorschlag des Bundesrates aussprach (vgl. *Bundesregierung*, Gegenäußerung zur Stellungnahme, BT-Drs. 13/6392, S. 136) und auch der federführende Ausschuss dies so vorsah (vgl. *Ausschuss für Raumordnung, Bauwesen und Städtebau*, Beschlussempfehlung zum Regierungsentwurf, BT-Drs. 13/7588, S. 32), kam es zur Anrufung des Vermittlungsausschusses durch den Bundesrat; vgl. *Bundesrat*, Anrufung des Vermittlungsausschusses, BT-Drs. 13/7886, S. 10. Das Ergebnis des Vermittlungsausschusses stimmte allerdings mit dem Regierungsentwurf überein; vgl. *Vermittlungsausschuss*, Beschlussempfehlung zum Bau- und Raumordnungsgesetz 1998, BT-Drs. 13/8019, S. 4.

367 Beispielsweise konnte so verhindert werden, dass ein Stallgebäude bzw. eine Scheune begünstigt nach § 35 Abs. 4 S. 1 Nr. 1 BauGB 1998 zu Wohnzwecken umgebaut wurde und im Anschluss daran die Neuerrichtung eines nach § 35 Abs. 1 Nr. 1 BauGB 1998 privilegierten Stallgebäudes erfolgte; vgl. *Söfker*, in: Ernst/Zinkahn/Bielenberg/Krautzberger, Band II, § 35, Rdnr. 146.

368 *E.-M. Ehebrecht-Stüer*, Außenbereichsbebauung, S. 228.

privilegierten Nutzung in eine nicht privilegierte Nutzung durch Änderung landwirtschaftlicher Gebäude zu anderen Weiternutzungen erleichtert werden sollte. Zusätzlich zu einer Wohnbebauung sollte nun aber auch die gewerbliche Nutzungsmöglichkeit des Außenbereichs verstärkt werden.[369]

c) Ersatzbau für mängelbehaftete Wohngebäude gemäß § 35 Abs. 4 S. 1 Nr. 2 BauGB 1998

Im Zuge des Bau- und Raumordnungsgesetzes 1998 wurde der zeitlich befristete Begünstigungstatbestand § 35 Abs. 4 S. 1 Nr. 2 BauGB in der Fassung des § 4 Abs. 3 BauGB-MaßnahmeG 1993 durch § 35 Abs. 4 S. 1 Nr. 2 BauGB 1998 inhaltlich gänzlich übernommen, der damit endgültig § 35 Abs. 4 S. 1 Nr. 2 BauGB 1986 ablöste. Lediglich bei der redaktionellen Ausrichtung kam es zu Änderungen, indem für die Neuerrichtung eines gleichartigen Wohngebäudes die Zulässigkeitsvoraussetzungen durch vier Buchstaben gekennzeichnet, und somit klarer gefasst wurden.[370]

d) Erweiterung von Wohngebäuden nach § 35 Abs. 4 S. 1 Nr. 5 BauGB 1998

Der Privilegierungstatbestand für die Erweiterung von Wohngebäuden im Außenbereich wurde durch das Bau- und Raumordnungsgesetz 1998 lediglich systematisch neu gefasst. In § 35 Abs. 4 S. 1 Nr. 5 BauGB 1998 wurden sowohl die bisherigen Voraussetzungen nach § 35 Abs. 4 S. 1 Nr. 5 BauGB 1986 als auch die Anforderungen nach § 35 Abs. 4 S. 3 BauGB 1986 zusammenfassend[371] und durch Buchstaben voneinander geschieden normiert. Inhaltliche Änderungen gingen damit nicht einher.

6. Ausführungs- und Sicherungsmaßnahmen in § 35 Abs. 5 BauGB 1998

§ 35 Abs. 5 BauGB 1986, der das Gebot der schonenden und flächensparenden Bauausführung im Außenbereich normierte, wurde mit § 35 Abs. 5 S. 1 BauGB 1998 um das Erfordernis der Begrenzung der Bodenversiegelung auf das notwendige Maß fortentwickelt. Im Hinblick auf die Zielsetzung des damals im Entwurf befindlichen, am 01.03.1999 sodann in Kraft getretenen Bundes-

369 *Bundesregierung*, Entwurf eines Bau- und Raumordnungsgesetzes 1998, BT-Drs. 13/6392, S. 59; *dergl.*, Bericht zu den Ergebnissen der Rechtstatsachen- und Wirkungsforschung, BT-Drs. 13/5489, S. 11; *Stüer*, DVBl. 1997, 1201 (1204).

370 *G. Schmidt-Eichstaedt*, Städtebaurecht (3. Auflage), S. 265.

371 Die entsprach in etwa auch der Regelung in § 35 Abs. 4 S. 1 Nr. 5 BauGB gemäß § 4 Abs. 3 BauGB-MaßnahmeG 1993.

Bodenschutzgesetzes, die Bodenfunktionen zu erhalten bzw. durch die Entsiegelung des Bodens wiederherzustellen, sollte damit eine überflüssige Bodenversiegelung vermieden werden.[372] § 35 Abs. 5 S. 2 BauGB 1998 enthielt eine ergänzende Sicherungsregelung zur Neufassung des § 35 Abs. 4 S. 1 Nr. 1g BauGB 1998. Danach sollte die Einhaltung der Verpflichtung zur Unterlassung von Ersatzbauten durch Baulast oder in sonstiger Weise gewährleistet werden.[373] In Satz 3 des § 35 Abs. 5 BauGB 1998 wurde die in § 35 Abs. 6 S. 1 BauGB 1986 enthalten gewesene Regelung zur Sicherstellung der Nutzung der begünstigten Vorhaben nach § 35 Abs. 4 S. 1 BauGB 1998 in der vorgesehenen Art sprachlich vereinfacht sowie an die Streichung der Privilegierung nach § 35 Abs. 1 Nr. 2 BauGB 1986 angepasst.[374]

7. Die Außenbereichssatzung nach § 35 Abs. 6 BauGB 1998

Die Außenbereichssatzung wurde durch das Bau- und Raumordnungsgesetz 1998 erstmals mit § 35 Abs. 6 BauGB 1998 im Baugesetzbuch normiert.[375]

---

372 *Schlichter/Stich*, Berliner Schwerpunkte-Kommentar zum BauGB 1998, § 35, Rdnr. 53; *Bundesregierung*, Entwurf eines Bau- und Raumordnungsgesetzes 1998, BT-Drs. 13/6392, S. 59.

373 *Söfker*, in: Ernst/Zinkahn/Bielenberg/Krautzberger, Band II, § 35, Rdnr. 10.

374 *Schlichter/Stich*, Berliner Schwerpunkte-Kommentar zum BauGB 1998, § 35, Rdnr. 54; *Söfker*, in: Ernst/Zinkahn/Bielenberg/Krautzberger, Band II, § 35, Rdnr. 167.

375 Bei den Vorbereitungen zum Gesetzgebungsverfahren hielt die Expertenkommission die Außenbereichssatzung nach § 4 Abs. 4 BauGB-MaßnahmeG 1993 für entbehrlich und wandte sich daher gegen eine Übernahme der Außenbereichsatzungsregelung in das Bau- und Raumordnungsgesetz 1998; Bundesregierung, Bericht zu den Ergebnissen der Rechtstatsachen- und Wirkungsforschung, BT-Drs. 13/5489, S. 5; vgl. dazu auch *Bönker*, UPR 1995, 55 (56); *Stüer*, DVBl. 1996, 177 (183); *Dolde*, NVwZ 1996, 209 (210 f.). Die Stimmen in der Literatur hingegen sprachen sich für die Beibehaltung der Außenbereichssatzung aus, da mit diesem Instrument nach wie vor insbesondere in von Streusiedlung geprägten Bereichen ein städtebaulich angemessener Ausgleich zum Schutz vor Zersiedlung des Außenbereichs gefunden werden könne; vgl. *Gaßner/Würfel*, BayVBl. 1996, 321 (325); *Stüer*, DVBl. 1995, 121 (129 f.). Der Regierungsentwurf sah ebenso die Übernahme der Außenbereichssatzung aus § 4 Abs. 4 BauGB-MaßnahmeG 1993 in das Bau- und Raumordnungsgesetz 1998 mit kleinen redaktionellen Änderungen vor; vgl. *Bundesregierung*, Entwurf eines Bau- und Raumordnungsgesetzes 1998, BT-Drs. 13/6392, S. 59. Der Bundesrat hingegen lehnte in seiner Stellungnahme eine Regelung zur Außenbereichssatzung mit der Begründung ab, dass es städtebaulich nicht sinnvoll sei, neue Wohnungen in peripheren Außenbereichsanlagen ohne Infrastruktur vorzusehen; vgl. *Bundesrat*, Stellungnahme zum Regierungsentwurf, BT-Drs. 13/6392, S. 112. Die Bundesregierung widersprach dem unter Hinweis darauf, dass keine Gesichtspunkte erkennbar seien, die eine andere Beurteilung der Erforderlichkeit der Außenbereichssatzung rechtfertigen als bei ihrer Einführung im Jahre 1990; vgl. *Bundesregierung*, Gegenäußerung zur Stellungnahme, BT-Drs. 13/6392, S. 136. Daraufhin übernahm der federführende Bundestagsausschuss für Raumordnung, Bauwesen und Städtebaurecht den Vorschlag der Bundesregierung,

Zuvor war weder im Bundesbaugesetz noch im Baugesetzbuch eine Vorschrift über eine Außenbereichssatzung zu finden. Die Vorgängerregelung der Außenbereichssatzung befand sich vielmehr zunächst im Maßnahmengesetz zum Baugesetzbuch 1990 in § 4 Abs. 4 und sodann an gleicher Stelle sowie mit identischen Voraussetzungen im Maßnahmengesetz zum Baugesetzbuch 1993. Deren Regelungsgehalt zur Außenbereichssatzung wurde in Bezug auf die materiellen und teilweise auch auf die formellen Voraussetzungen im Kern unverändert in § 35 Abs. 6 S. 1 bis 4[376], 5[377] und 7[378] BauGB 1998 übernommen. Hinsichtlich der verfahrensrechtlichen Vorschriften wurde mit dem Satz 6 des § 35 Abs. 6 BauGB 1998 jedoch eine Neuerung vorgenommen. Danach bedurfte die Satzung nun gemäß § 35 Abs. 6 S. 6 BauGB 1998 der Genehmigung[379] der höheren Ver-

---

da die Außenbereichssatzung ein sinnvolles Instrument zur maßvollen Weiterentwicklung bestehender Siedlungsansätze im Außenbereich; vgl. *Ausschuss für Raumordnung, Bauwesen und Städtebau*, Bericht zum Regierungsentwurf, BT-Drs. 13/7589, S. 20. Der Bundesrat lehnte unter Anrufung des Vermittlungsausschusses erneut die Übernahme der Außenbereichssatzung aus dem Maßnahmengesetz zum Baugesetzbuch 1993 ab; vgl. *Bundesrat*, Anrufung des Vermittlungsausschusses, BT-Drs. 13/7886, S. 11. Auf Vorschlag des Vermittlungsausschusses wurde sodann allerdings die Außenbereichssatzung in § 35 Abs. 6 BauGB 1998 aufgenommen; vgl. *Vermittlungsausschuss*, Beschlussempfehlung zum Bau- und Raumordnungsgesetz 1998, BT-Drs. 13/8019, S. 5.

376 Zwar war Satz 4 des § 35 Abs. 6 BauGB 1998 nicht mit dem Wortlaut des § 4 Abs. 4 S. 4 BauGB-MaßnahmeG 1990/1993 identisch, entsprach jedoch dessen Sinn und Zweck. § 4 Abs. 4 S. 4 BauGB-MaßnahmeG 1990/1993 verwies auf § 34 Abs. 4 S. 2 BauGB 1986, der – wie sodann § 35 Abs. 6 S. 4 BauGB 1998 – die Vereinbarkeit der Satzung mit einer geordneten städtebaulichen Entwicklung forderte.

377 Nach § 35 Abs. 6 S. 5 BauGB 1998 war bei der Aufstellung der Außenbereichssatzung das vereinfachte Verfahren nach § 13 Nr. 2 und 3 BauGB 1998 entsprechend anzuwenden, was bedeutete, dass den betroffenen Bürgern und den berührten Träger öffentlicher Belange Gelegenheit zur Stellungnahme zu geben war. Dies sah ähnlich bereits § 34 Abs. 5 S. 1 BauGB 1986 vor, auf den § 4 Abs. 4 S. 4 BauGB-MaßnahmeG 1990/1993 verwies. Durch die Bezugnahme in § 35 Abs. 6 S. 5 BauGB 1998 auf die Verfahrensvorschriften in § 13 Nr. 2 und 3 BauGB 1998 wurde nunmehr zur Vereinfachung das Aufstellungsverfahren für Außenbereichssatzungen den Innenbereichssatzungen angenähert; vgl. *Bundesregierung*, Entwurf eines Bau- und Raumordnungsgesetzes 1998, BT-Drs. 13/6392, S. 59.

378 § 35 Abs. 6 S. 7 BauGB 1998 enthielt – unter der erforderlichen Anpassung aufgrund der Integration des § 4 BauGB-MaßnahmeG 1993 in das Baugesetzbuch 1998 – die gleiche Regelung wie § 4 Abs. 4 S. 5 BauGB-MaßnahmeG 1990/1993.

379 Nach § 4 Abs. 4 S. 4 BauGB-MaßnahmeG 1990/1993 unter entsprechender Anwendung von § 34 Abs. 5 S. 2, § 22 Abs. 3 BauGB 1986 bedurfte die Außenbereichssatzung grundsätzlich nur der Anzeige an die höhere Verwaltungsbehörde. Eine Genehmigungspflicht bestand ausnahmsweise lediglich im sog. Beitrittsgebiet gemäß § 246a Abs. 1 Nr. 4 BauGB 1993; vgl. *Söfker*, in: Ernst/Zinkahn/Bielenberg/Krautzberger, Band II, § 35, Rdnr. 177. Bereits die Kommission empfahl, Sondervorschriften für die neuen Länder auslaufen zu lassen. Im Zuge dessen sollte nun auch in den alten Bundesländer eine Genehmigungspflicht für Außenbe-

waltungsbehörde, wobei die Vorschriften über die Genehmigung bzw. Bekanntmachung nach § 6 Abs. 2 und 4 bzw. § 10 Abs. 3 BauGB 1998 entsprechend anzuwenden waren.[380]

N. Die Baugesetzbuch-Novelle 2001

Am 03.08.2001 ist das Gesetz zur Umsetzung der UVP-Änderungsrichtlinie[381], der IVU-Richtlinie[382] und weiterer EG-Richtlinien zum Umweltschutz (UVP-Änderungsgesetz) vom 27.07.2001[383] in Kraft getreten.[384] Gemäß Art. 12 UVP-Änderungsgesetz wurden Änderungen im Baugesetzbuch vorgenommen, die im wesentlichen umweltbezogene Vorschriften des Bauplanungsrechts betrafen; Neuerungen in der Außenbereichsvorschrift gingen damit nicht einher. Im Einzelnen wurden dabei für die Genehmigung konkreter umweltrelevanter Projekte die rechtlichen Anforderungen der Umweltverträglichkeitsprüfung in das Baugesetzbuch integriert.[385] Dies geschah im Vorgriff auf die Plan-UP-Richtlinie, die die Umweltverträglichkeitsprüfung schließlich schon für Pläne und Programme mit rahmensetzenden Vorgaben für Zulassungsentscheidungen forderte. Das UVP-Änderungsgesetz 2001 kann daher als Vorläuferregelung für eine umfassende Integration des europäischen Rechts im Hinblick auf die Verzahnung von Bebauungsplanung und Umweltverträglichkeitsprüfung angesehen werden.[386]

---

reichssatzungen eingeführt werden; vgl. Unterrichtung durch die Bundesregierung, Bericht zu den Ergebnissen der Rechtstatsachen- und Wirkungsforschung, BT-Drs. 13/5489, S. 5.

380 *T. Tyczewski*, in: Hoppenberg/de Witt, Handbuch des öffentlichen Baurechts, Band 1, Kapitel A III, Rdnr. 170, 176.

381 Es handelt sich hierbei um die Richtlinie 97/11/EG des Rates vom 03.03.1997 zur Änderung der Richtlinie 85/337/EWG über die Umweltverträglichkeitsprüfung bei bestimmten öffentlichen und privaten Projekten, ABl. EG Nr. L 73/5. Die Richtlinie 85/337/EWG des Rates vom 05.07.1985 über die Umweltverträglichkeitsprüfung bei bestimmten öffentlichen und privaten Projekten, ABl. EG Nr. L 175/40, wurde seinerzeit mit dem Gesetz über die Umweltverträglichkeitsprüfung vom 12.02.1990, BGBl. 1990 I S. 205 umgesetzt.

382 Richtlinie 96/61/EG des Rates vom 24.09.1996 über die integrierte Vermeidung und Verminderung der Umweltverschmutzung, Abl. EG Nr. L 257/26.

383 BGBl. 2001 I S. 1950 (2013 ff.).

384 Vgl. hierzu *W. Hoppe*, in: Hoppe/Bönker/Grotefels, Öffentliches Baurecht (3. Auflage), § 1, Rdnr. 21; *Reidt*, NordÖR 2003, 177 (177).

385 *Pietzecker/Fiedler*, DVBl. 2002, 929 (929), *Hendler*, NuR 2003, 2 (2); *B. Stüer*, Städtebaurecht 2001, S. 7; *Krautzberger/Stüer*, DVBl. 2004, 914 (915).

386 *M. Krautzberger*, in: Krautzberger/Söfker, Baugesetzbuch, Rdnr. 9; *dergl.*, in: Battis/Krautzberger/Löhr, Einl., Rdnr. 52; *dergl.*, UPR 2004, 41 (41).

O. Zusammenfassung der historischen Entwicklung

Die natürliche Begrenzung auf den vorhandenen Grund und Boden erforderte schon seit jeher eine gewisse Reglementierung des Bauens. Gesetzliche Baubeschränkungen außerhalb des beplanten Innenbereichs und außerhalb im Zusammenhang bebauter Ortteile gab es bereits früher. Ein eigenständiges Recht der städtebaulichen Planung war aber zunächst noch nicht ausgebildet. Das Städtebaurecht wurde nach den Vorgängerregelungen in der Bauregelungsverordnung (1933) und den Aufbaugesetzen der Länder (um 1950) erstmals mit dem Bundesbaugesetz 1960 kodifiziert. Damit hat das moderne Städtebaurecht seine heutige Gestalt erhalten, modifiziert durch zahlreiche Reformen zwecks Anpassung an neue Entwicklungen. Nach den Bundesbaugesetz-Novellen 1976 und 1979 wurde das Bundesbaugesetz in das Baugesetzbuch 1986 übergeführt. Im Jahr 1990 wurden neben diesem Baugesetzbuch mit dem Baugesetzbuch-Maßnahmengesetz und den Sonderregelungen aus Anlass der deutschen Einheit städtebauliche Sonderregelungen erlassen, die mit dem Investitionserleichterungs- und Wohnbaulandgesetz 1993 zum Teil in das Baugesetzbuch 1986 integriert wurden. Nach der Windenergie-Novelle zum Baugesetzbuch 1996 wurde mit dem Bau- und Raumordnungsgesetz 1998 schließlich wieder ein einheitliches Städtebaurecht geschaffen. Durch die UVPG-Novelle 2001 erfolgte sodann ein erster Schritt zur Umsetzung europarechtlicher Vorgaben in das Baugesetzbuch.

Seit dem Bundesbaugesetz 1960 ist die Regelung über die Zulässigkeit von Vorhaben im Außenbereich in § 35 BauGB statuiert. Die Ursprungsfassung der Außenbereichsvorschrift unterschied zwischen privilegierten Vorhaben, denen keine öffentlichen Belange entgegenstehen dürfen, und sonstigen Vorhaben, die schon keine öffentlichen Belange beeinträchtigen dürfen; im Anschluss daran gab die Außenbereichsregelung eine beispielhafte Aufzählung möglicherweise beeinträchtiger öffentlicher Belange. Diese Grundkonzeption des Außenbereichsparagraphen ist bis heute beibehalten worden. Der Überblick über die historische Entwicklung der Außenbereichsvorschrift zeigt aber, dass der zunächst nur aus drei Absätzen bestehende § 35 BauGB1960 mehr und mehr um neue Absätze erweitert wurde. Im Katalog der privilegierten Vorhaben blieb stets die Privilegierung nach § 35 Abs. 1 Nr. 1 unverändert, wobei jedoch der Begriff der Landwirtschaft in § 201 ausgedehnt wurde. Die Privilegierung der nachgezogenen Altenteilerhäuser, aufgenommen in § 35 Abs. 1 Nr. 2 durch die BBauG-Novelle 1976, entfiel durch das Baugesetzbuch 1998 zugunsten der Privilegierung von Betrieben der gartenbaulichen Erzeugung; ebenso die Privilegierung von Landarbeiterstellen. Die Privilegierung von Vorhaben, die der öffentlichen Ver- und Entsorgung oder einem ortsgebundenen gewerblichen Betrieb dienen, sowie Vorhaben, die wegen ihrer besonderen Anforderungen an die Umgebung, ihrer Auswirkungen auf die Umgebung oder ihrer besonderen Zweckbestimmung nur im Außenbereich ausgeführt werden sollen, blieben unverändert. Das Baugesetzbuch 1986 nahm erstmals die Privilegierung kerntechnischer Anlagen auf und aufgrund des Änderungsgesetzes 1996 wurden sodann Anlagen zur Erforschung, Entwicklung oder Nutzung der Wind- oder Wasserenergie privilegiert. Ebenso wurde der Katalog der beeinträchtigten öffentlichen Belange in § 35 Abs. 3 BauGB 1960 in den folgenden Novellen um weitere ausdrücklich benannte öffentliche Belange ergänzt. Des Weiteren wurde mit dem Baugesetzbuch 1976 die Rechtsfigur der Teilprivilegierung von Vorhaben eingeführt für die Folgenutzung ehemals landwirtschaftlicher Gebäude und für Ersatzbauten von nicht mehr durch wirtschaftlich vertretbare Modernisierungsmaßnahmen an die allgemeinen Anforderungen an gesunde Wohnverhältnisse anzupassenden oder durch Naturereignisse zerstörten Gebäudesubstanzen. Diese Teilprivilegierungsfälle, in denen sonstigen Vorhaben bestimmte öffentliche Belange nicht entgegengehalten werden konnten, wurden in den folgenden Gesetzesänderungen zugunsten der Wohn- und Gewerbenutzung kontinuierlich ausgedehnt, wobei die Kompliziertheit der Rechtsanwendung durch das BauGB-MaßnahmeG 1993 mit der einheitlichen Regelung in § 35 Abs. 4 BauGB 1998 aufgegeben wurde. Das Gebot der schonenden und flächensparenden Bauausführung im Außenbereich nach § 35 Abs. 5 BauGB 1986 wurde mit § 35 Abs. 5 S. 1 BauGB 1998 um das Erfordernis der Begrenzung der Bodenversiegelung auf das notwendige Maß fortentwickelt. Zudem wurde mit § 4 Abs. 4 BauGB-MaßnahmeG 1990/1993 und schließlich mit § 35 Abs. 6 BauGB 1998 die Möglichkeit zum Erlass von Außenbereichssatzungen eingeräumt, wonach für die davon erfassten sonstigen Vorhaben bestimmte öffentliche Belange ausgeräumt werden.

Die durch die zahlreichen Änderungen der Außenbereichsvorschrift stetig erleichterte Zulassung von Außenbereichsvorhaben führte zu einer steigenden Öffnung des Außenbereichs für Bebauungen. Vor allem durch die Zulassung teilprivilegierte Vorhaben wurde das Prinzip der Einheit von Substanz und Funktion – Wegfall des planungsrechtlichen Bestandsschutzes bei Aufgabe der privilegierten Nutzung – aufgelockert, was im Hinblick auf die bodenschützende Vorschrift des 35 Abs. 5 S. 1 BauGB 1998 grundsätzlich nicht unproblematisch war; andererseits sollte die vorhandene bauliche Substanz auch nicht dem Verfall preisgegeben werden. Letztlich erwies sich die Außenbereichsvorschrift im Konflikt der unterschiedlichen Raumansprüche nichtsdestotrotz als ein wichtiges Instrument des städtebaulichen Umweltschutzes, da der Grundsatz der nur ausnahmsweise baulichen Nutzung eines Grundstücks im Außenbereich, obgleich der Erweiterungen des Außenbereichsparagraphen noch volle Gültigkeit besaß.

3. Kapitel: Novellierung der Außenbereichsregelung im Baugesetzbuch durch das „Europarechtsanpassungsgesetz Bau"

Bereits in der Koalitionsvereinbarung aus dem Jahre 2002 wurde für den Bereich der Landwirtschaft festgelegt, dass bei einer Novellierung des Baurechts die Errichtung von Vorhaben zur Herstellung und Nutzung der Energie von aus Biomasse erzeugtem Gas im Außenbereich erleichtert werden soll. Zudem sollte auf eine nachhaltige Landwirtschaft mit flächengebundener Tierhaltung unter gleichzeitiger sachgerechter planerischer Steuerung von Intensivtierhaltungen hingewirkt werden. Im Hinblick darauf wollte der Gesetzgeber mit dem Europarechtsanpassungsgesetz eine „Paketlösung" treffen. Da aus heutiger Sicht die Anforderungen an eine räumliche Planung in den letzten Jahren und Jahrzehnten vielschichtiger geworden sind und um den Entwicklungen künftig besser Rechnung tragen zu können, sollten dabei weitere Steuerungsmöglichkeiten für besondere städtebauliche Situationen, wie etwa bei der erhöhten Inanspruchnahme des Außenbereichs durch vom Gesetzgeber privilegierte Vorhaben, eingeführt werden.[387]

A. § 35 Abs. 1 Nr. 1 i. V. m. § 201 BauGB 2004 – Änderung des Landwirtschaftsbegriffs

Der Privilegierungstatbestand nach § 35 Abs. 1 Nr. 1 BauGB setzt das Bestehen eines landwirtschaftlichen Betriebs voraus. Da § 201 BauGB bestimmt, was unter Landwirtschaft zu verstehen ist, hat die geänderte Legaldefinition des Landwirtschaftsbegriffs auch Auswirkungen auf den Privilegierungstatbestand § 35 Abs. 1 Nr. 1 BauGB.

I. Vorschlag der Unabhängigen Expertenkommission

Seit der Definition der Landwirtschaft in § 146 BBauG 1960 wurde der Landwirtschaftsbegriff von der Rechtsprechung eng ausgelegt. Wesensmerkmal der

387 *Krautzberger/Stüer*, BauR 2003, 1301 (1306); *Krautzberger/Schliepkorte*, UPR 2003, 92 (96); *H.-D. Upmeier/C. Brandenburg*, Neues Baugesetzbuch 2004, Einf., S. 1 f.

Landwirtschaft ist grundsätzlich eine unmittelbare Bodenertragsnutzung, bei der der Boden zum Zwecke der Nutzung des Ertrags planmäßig und eigenverantwortliche bewirtschaftet wird. Unter Berücksichtigung des Grundsatzes der unmittelbaren Bodenertragsnutzung erfüllte eine Pensionstierhaltung nach § 201 BauGB 1986 nur dann den Begriff der Landwirtschaft, wenn die Nutztiere auf überwiegend eigener Futtergrundlage ernährt wurden. Die Rechtsprechung entnahm dieser gesetzlichen Vorgabe, dass über 50 % des Tierfutters auf den zum landwirtschaftlichen Betrieb gehörenden landwirtschaftlichen Flächen selbst erzeugt und tatsächlich auch an die eigenen Tiere verfüttert werden mussten (sog. konkrete Betrachtungsweise). Es genügte nicht, wenn lediglich ausreichend landwirtschaftlich genutzte Fläche für die Futtererzeugung vorhanden war; erfolgte die Fütterung ganz oder überwiegend mit gekauftem Futter, lag eine gewerbliche Tierhaltung vor.[388]

Nach Auffassung der Unabhängigen Expertenkommission entspreche diese bisherige Betrachtungsweise jedoch nicht mehr den geänderten Wirtschaftsmethoden in der modernen Landwirtschaft, da selbst kleinere und mittlere bäuerliche Familienbetriebe fast ausschließlich gekauftes und speziell auf die Art und das Alter der Tiere abgestimmtes Mischfutter verfütterten.[389] Zudem bewirke die konkrete Betrachtungsweise, dass bei einer Umstellung der Fütterung von selbst erzeugtem auf gekauftes Futter eine bodenrechtlich relevante Nutzungsänderung vorliege und aus der privilegierten landwirtschaftlichen Nutzung eine nicht zugelassene und auch nicht zulassungsfähige gewerbliche Nutzung werde.[390] Auch stelle die tägliche Fütterungspraxis als bloße Betriebshandlung kein dauerhaftes und bodenrechtlich relevantes Abgrenzungskriterium für die landwirtschaftliche Tierhaltung dar. Die folglich als lebensfremd einzustufende konkrete Betrachtungsweise könne weder der Öffentlichkeit noch der Politik gegenüber verständlich gemacht werden und werde auch in der Verwaltungspraxis nicht mehr verwendet. Da die Rechtsprechung aber an das Gesetz gebunden sei, sei sie nicht in der Lage, dem Strukturwandel in der Landwirtschaft durch Weiterentwicklung des Landwirtschaftsbegriffs gerecht zu werden,[391] weshalb es einer Gesetzesänderung bedürfe.[392]

Die Unabhängige Expertenkommission schlug in ihrem Bericht daher eine Änderung des Begriffs der Landwirtschaft vor. Landwirtschaft i. S. v. § 201 BauGB 2004 solle danach bereits dann vorliegen, wenn bei der Aufzucht und

388 *Battis*, in: Battis/Krautzberger/Löhr, § 201 BauGB, Rdnr. 2; *Gierke*, Institut für Städtebau 2004, 1 (15).

389 *Unabhängige Expertenkommission*, Bericht zur Novellierung des Baugesetzbuchs, Rdnr. 229.

390 *Stüer/Upmeier*, ZfBR 2003, 114 (120).

391 *BVerwG*, Urt. vom 06.01.1997, NVwZ-RR 1997, 590 (590).

392 *Gierke*, FuB 2003, 16 (34).

dem Halten von Nutztieren das Futter überwiegend auf der Grundlage des Ertrages der zum Betrieb gehörenden Flächen tatsächlich erfolgen kann (sog. abstrakte Betrachtungsweise).[393]

II. Gesetzesentwurf der Bundesregierung

Den Vorschlag der Unabhängigen Expertenkommission aufgreifend, sah der Entwurf der Bundesregierung zum Europarechtsanpassungsgesetz Bau (Regierungsentwurf) vor, im bisherigen § 201 BauGB die Wörter „einschließlich Pensionstierhaltung auf überwiegend eigener Futtergrundlage" durch die Wörter „einschließlich Tierhaltung, soweit das Futter überwiegend auf den zum landwirtschaftlichen Betrieb gehörenden, landwirtschaftlich genutzten Flächen erzeugt werden kann" zu ersetzen.[394] Nach der Begründung des Regierungsentwurfs sollte angesichts des Strukturwandels in der modernen Landwirtschaft – veränderte landwirtschaftliche Produktionsbedingungen – der Landwirtschaftsbegriff von der konkreten auf eine abstrakte Betrachtungsweise umgestellt werden, denn unter Berücksichtigung auch der Tatsache, dass in flächenbezogenen Tierhaltungen das erzeugte Futter häufig vor Verfütterung an die Tiere verarbeitet wird, kann es für den baurechtlichen Begriff der Landwirtschaft nicht mehr auf die unmittelbare Verfütterung des erzeugten Futters an die Tiere ankommen. Vielmehr müsse es genügen, wenn ausreichend landwirtschaftlich genutzte Flächen des landwirtschaftlichen Betriebs zur überwiegenden Futtererzeugung an sich vorhanden seien.[395] Der bisher gesondert aufgeführte Begriff der Pensionstierhaltung könne entfallen, da der umfassende Begriff der Tierhaltung diesen bereits einschließe.[396]

III. Stellungnahme des Bundesrates

In seiner Stellungnahme schlug der Bundesrat vor, den Landwirtschaftsbegriff an die Bewirtschaftung landwirtschaftlicher Flächen zu knüpfen. Andernfalls

---

393 *Dolde*, NVwZ 2003, 297 (303).

394 *Bundesregierung*, Entwurf eines Europarechtsanpassungsgesetzes Bau, BT-Drs. 15/2250, S. 21.

395 *Roeser*, in: Berliner Kommentar, Band I, § 201, Rdnr. 3; *Bundesregierung*, Entwurf eines Europarechtsanpassungsgesetzes Bau, BT-Drs. 15/2250, S. 62; *Nebelsieck/Schmidt*, NordÖR 2004, 93 (96); *W. Söfker*, in: Spannowsky/Krämer, BauGB-Novelle 2004, 87 (91 f.).

396 *Bundesregierung*, Entwurf eines Europarechtsanpassungsgesetzes Bau, BT-Drs. 15/2250, S. 62; *Kirchmeier*, in: Ferner/Kröninger, § 201, Rdnr. 7.

bliebe offen, ob es sich bei den landwirtschaftlichen Flächen des Betriebs um Eigentums- oder Pachtflächen handeln muss. Eine abschließende Klärung sei jedoch von Nöten, da schon in der bisherigen Rechtsprechung die Frage nach dem möglichen Anteil und der erforderlichen Dauer von Pacht- neben Eigentumsflächen für die Bejahung landwirtschaftlicher Fläche unterschiedlich beantwortet werde.[397] Mit der vom Bundesrat vorgeschlagenen Änderung solle stärker verdeutlicht werden, dass sowohl Eigentums- als auch Pachtflächen ohne jede Einschränkung als Grundlage der möglichen Futtererzeugung dienen können, um dem weiter anhaltenden Strukturwandel in der Landwirtschaft sowie den besonderen Gegebenheiten in den neuen Bundesländern, bei denen der Pachtanteil der landwirtschaftlichen Betriebe sehr hoch liegt, Rechnung zu tragen.[398]

IV. Gegenäußerung der Bundesregierung

Die Bundesregierung stimmte dem Anliegen des Bundesrates wegen der Gefahr von Missbrauchfällen nicht zu. Für die Annahme eines landwirtschaftlichen Betriebes genüge das Vorliegen der Bewirtschaftung allein im Zeitpunkt der Genehmigung, während die ständige Rechtsprechung des Bundesverwaltungsgerichts eine nachhaltige, d. h. auf Dauer angelegte landwirtschaftliche Betriebstätigkeit im Außenbereich fordere.[399] Dafür sei es aber notwendig, dass die Landwirtschaft auf Flächen betrieben werde, die überwiegend im Eigentum des Landwirts stünden oder zumindest (überwiegend) langfristig gepachtet würden.[400]

V. Stellungnahmen der Planspielstädte

Die Änderung des Landwirtschaftsbegriffs in der Fassung des Regierungsentwurfs wurde von der Mehrzahl der Planspielstädte (Städte Freising, Bocholt und Parchim sowie Landkreis Parchim) begrüßt.[401] Mit der abstrakten Beurteilungsgrundlage beim Landwirtschaftsbegriff werde die Strukturveränderungen bei viehintensiveren landwirtschaftlichen Betrieben bezogen auf das Verhältnis Flä-

397 *Schrödter*, in: Schrödter, § 201, Rdnr. 5 m. w. N.

398 *Bundesrat*, Stellungnahme zum Regierungsentwurf, BT-Drs. 15/2250, S. 87.

399 *BVerwG*, Urt. vom 03.11.1972, E 41, 138 (143 f.); *dergl.*, Urt. vom 13.04.1983, DÖV 1983, 816 (816).

400 *Bundesregierung*, Gegenäußerung zur Stellungnahme, BT-Drs. 15/2250, S. 95.

401 *Lau*, Institut für Städtebau 2004, 1 (7).

che/Tiere berücksichtigt. Da Landwirte dann auch nicht mehr zwingend Futtermittel zur Verfütterung an die Tiere anbauen müssten, könnten sie sich durch den Anbau verschiedener Fruchtfolgen – auch in Bezug auf nachwachsende Rohstoffe – den Marktgegebenheiten besser anpassen. Der Einstieg eines landwirtschaftlichen Betriebs in die Direktvermarktung würde ebenso erleichtert, da hierfür die bestehende Betriebsstruktur nicht unmittelbar verändert werden müsste. Die abstrakte Betrachtungsweise sei auch ausreichend, um den tatsächlichen landwirtschaftlichen Betrieb von einer rein gewerblichen Tätigkeit abzugrenzen und könnte sogar zu Erleichterungen bei betrieblich notwendigen Umstrukturierungen führen.[402]

Die Stadt und der Landkreis Cloppenburg lehnten hingegen den vorgesehenen abstrakten Landwirtschaftsbegriff ab, denn mit der einhergehenden Ausweitung des Landwirtschaftsbegriffs bestünde die Gefahr eines enormen Anstiegs landwirtschaftlich privilegierter Tierhaltung, mit der gemeindliche Steuerungsversuche, wie sie bei gewerblicher Tierhaltung möglich seien, umgangen werden könnten. Um dies zu verhindern, schlug die Stadt und der Landkreis Cloppenburg das Erfordernis eines engen räumlichen Zusammenhangs zwischen der Hofstelle und den zugehörigen landwirtschaftlichen Flächen vor.[403]

VI. Empfehlungen der Ausschüsse

Wie bereits zuvor der Bundesrat, monierte auch der Agrarausschuss die vom Bundestag geplante Änderung des Landwirtschaftsbegriffs im Hinblick auf die ungeklärte Frage Eigentums-/Pachtfläche. Die Futtererzeugung sollte sowohl auf Eigentums- als auch auf Pachtflächen möglich sein, da der bundesweite Pachtflächenanteil bereits im Jahr 2001 bei 63,9 Prozent der landwirtschaftlich genutzten Fläche läge (in den neuen Bundesländern bei 81,1 Prozent; in den alten Bundesländern bei 52 Prozent). Die von der Bundesregierung angeführte Rechtsprechung des Bundesverwaltungsgerichts stamme noch aus einer Zeit, zu der der Pachtflächenanteil unter 1/3 lag (1971 bei 28,7 Prozent; 1983 bei 32,9 Prozent), und werde daher den tatsächlichen Verhältnissen nicht mehr gerecht.[404]

Diesem Anliegen widersprach der Ausschuss für Städtebau, Wohnungswesen und Raumordnung. Der Begriff der Landwirtschaft erfasse schon bisher die Be-

402 *Deutsches Institut für Urbanistik/Forschungsgruppe Stadt+Dorf*, Bericht über Planspiel BauGB-Novelle 2004, S. 69.

403 *Bunzel*, ZfBR 2004, 328 (335); *Deutsches Institut für Urbanistik/Forschungsgruppe Stadt+Dorf*, Bericht über Planspiel BauGB-Novelle 2004, S. 69 f; *Gierke*, Institut für Städtebau 2004, 1 (16).

404 *Agrarausschuss*, Empfehlungen der Ausschüsse, BR-Drs. 395/1/04, S. 10.

wirtschaftung von Pachtflächen bei Dauerhaftigkeit, wie dies in der Vergangenheit aber auch in jüngere Rechtsprechung vom Bundesverwaltungsgericht[405] entschieden wurde.[406]

VII. Der Landwirtschaftsbegriff gemäß § 201 BauGB 2004

Landwirtschaft wird in § 201 BauGB 2004 nunmehr definiert als „Landwirtschaft im Sinne dieses Gesetzbuchs ist insbesondere der Ackerbau, die Wiesen- und Weidewirtschaft einschließlich Tierhaltung, soweit das Futter überwiegend auf den zum landwirtschaftlichen Betrieb gehörenden, landwirtschaftlich genutzten Flächen erzeugt werden kann".

Durch das Europarechtsanpassungsgesetz Bau wurde mithin der Begriff der Landwirtschaft in Bezug auf die Tierhaltung entsprechend der im Gesetzesentwurf der Bundesregierung enthaltenen Fassung geändert, indem in § 201 BauGB 2004 die Aufzählung „Wiesen- und Weidewirtschaft" unter Wegfall der bisherigen Formulierung „einschließlich Pensionstierhaltung auf überwiegend eigener Futtergrundlage" um „einschließlich Tierhaltung, soweit das Futter überwiegend auf den zum landwirtschaftlichen Betrieb gehörenden, landwirtschaftlich genutzten Flächen erzeugt werden kann" ergänzt wurde.

Die bisherige Begrenzung auf Pensionstierhaltung konnte aufgegeben werden, da der in § 201 BauGB 2004 festgeschriebene allgemeine Begriff der Tierhaltung auch die Pensionstierhaltung im Sinn von Pflege, Verwahrung und Fütterung von fremden Tieren auf betriebszugehörigen Flächen mitumfasst. Da nach bisheriger Rechtsprechung bereits nicht zweifelhaft war, dass Tierhaltung sowie Tierzucht unter bestimmten Voraussetzungen als Landwirtschaft anzusehen sind[407], erfolgte insofern letztlich lediglich eine gesetzliche Klarstellung, ohne dass damit eine sachliche Änderung der bisherigen Rechtslage einherging.[408]

Durch das Ersetzen der Wörter „einschließlich Pensionstierhaltung auf überwiegend eigener Futtergrundlage" durch „einschließlich Tierhaltung, soweit das Futter überwiegend auf den zum landwirtschaftlichen Betrieb gehörenden, landwirtschaftlich genutzten Flächen erzeugt werden kann", ist Voraussetzung für

---

405 *BVerwG*, Beschl. vom 19.07.1994, Buchholz, 406.11, § 35 BauGB Nr. 301; *dergl.*, Beschl. vom 19.05.1995, Buchholz, 406.11, § 35 BauGB, Nr. 310.

406 *Ausschuss für Städtebau, Wohnungswesen und Raumordnung*, Empfehlungen der Ausschüsse, BR-Drs. 395/1/04, S. 11.

407 Vgl. *BVerwG*, Beschl. vom 01.12.1995, BRS 57 Nr. 100.

408 *Vogel*, in: Brügelmann, Band 5, § 201, Rdnr. 7; *Söfker*, in: Ernst/Zinkahn/Bielenberg/Krautzberger, Band IV, § 201, Rdnr. 4, 18; *Wagner/Engel*, BayVBl. 2005, 33 (43); *Berkemann*, in: Berkemann/Halama, § 201, Rdnr. 6.

die Beurteilung der Tierhaltung als Landwirtschaft, dass das Futter überwiegend auf den zum landwirtschaftlichen Betrieb gehörenden, landwirtschaftlich genutzten Flächen erzeugt werden kann.

Nunmehr ist also erforderlich, dass die Tiere überwiegend, d. h. zu mehr als der Hälfte durch Futter ernährt werden könnten, welches auf den landwirtschaftlichen Eigenflächen erzeugt werden könnte. Nach dieser neuen abstrakten Betrachtungsweise genügt es mithin, wenn im landwirtschaftlichen Betrieb die theoretische Möglichkeit besteht, den überwiegenden Anteil des notwendigen Tierfutters auf zum landwirtschaftlichen Betrieb gehörenden Flächen zu produzieren. Dies bedeutet, dass das verfütterte Tierfutter nicht überwiegend aus den dem jeweiligen Betrieb zugeordneten Flächen stammen muss und dass im Betrieb erzeugtes Futter nicht an die im Betrieb gehaltenen eigenen Tiere verfüttert werden muss.[409]

Die jüngere Rechtsprechung hat den geänderten Landwirtschaftsbegriff bereits umgesetzt. Es genüge, dass das erforderliche Futter überwiegend auf den Betriebsflächen erzeugt werden kann; es sei aber nicht erforderlich, dass das selbst erzeugte Futter in dem Betrieb auch verwendet werde.[410]

Trotz des eindeutigen Wortlauts des geänderten Landwirtschaftsbegriffs zur Tierhaltung wird in der Literatur vereinzelt an der konkreten Betrachtungsweise festgehalten. Der Gesetzeswortlaut, der lediglich fordere, dass das Futter überwiegend auf den zum landwirtschaftlichen Betrieb gehörenden, landwirtschaftlich genutzten Flächen erzeugt werden kann, sei irreführend, da eine Potentialität damit nicht gemeint sein sollte. Vielmehr sei er derart auszulegen, dass § 201 BauGB 2004 an der Voraussetzung der unmittelbaren Bodenertragsnutzung festhalte und nun lediglich zulasse, dass das im Betrieb erzeugte Produkt vor Verfütterung tiergerecht verarbeitet werde.[411] Dem ist entgegenzuhalten, dass es bei einer tiergerechten Verarbeitung des Futters zu einer Vermischung mit anderen landwirtschaftlichen Erzeugnissen kommt, was dazu führt, dass die Herkunft des Futters bei Verfütterung nicht mehr erkennbar ist. Letztlich würde dies nur bedeuten, dass das notwendig im Eigenbetrieb gewonnene Futter beim Verarbeiten gegen anderes Futter ausgetauscht werden darf. Hiergegen spreche der eindeutige Gesetzeswortlaut. Zudem habe der Gesetzgeber mit der Änderung des landwirtschaftlichen Begriffs zur Tierhaltung Wert darauf gelegt, dass die Me-

---

409 *Dombert*, AUR 2004, 393 (394).

410 *BayVGH*, Beschl. vom 04.01.2005, ZfBR 2004, 384 (384 f.); *dergl.*, Beschl. vom 26.09.2005, Az.: 1 ZB 05.501, juris, Rdnr. 18; *dergl.*, Beschl. vom 06.09.2006, Az.: 1 ZB 05.615, juris, Rdnr. 14.

411 *Berkemann*, in: Berkemann/Halama, § 201, Rdnr. 9, der sich fälschlicherweise für seine Begründung auf die Fundstelle in EAG Bau – Mustererlass 2004, Nr. 4.3.1.1 bezieht, da diese dessen Ansicht m. E. nicht trägt.

thoden in der Landwirtschaft, mit denen statt der Erzeugung eigenen Futters der Ankauf aus Kosten- und Zeitgründen bevorzugt wird, ermöglicht würden.[412]

Des Weiteren ist erforderlich, dass die für die Beurteilung der Tierhaltungsanlagen maßgeblichen Flächen zum landwirtschaftlichen Betrieb gehören. Für die Zugehörigkeit der Flächen zum Betrieb ist entscheidend, dass die Landwirtschaft nachhaltig betrieben wird. Dies ist der Fall, wenn die Flächen dauerhaft als Futtergrundlage zur Verfügung stehen.

Nach der bisherigen Rechtsprechung[413], der sowohl die Bundesregierung[414] als auch die Fachkommission Städtebau[415] folgen, müssten landwirtschaftlich betriebene Flächen hierfür überwiegend im Eigentum des Betriebsinhabers stehen bzw. zumindest langfristig gepachtet sein; eine landwirtschaftliche Betätigung allein auf Grundlage von Pachtland sei nicht nach § 35 Abs. 1 Nr. 1 BauGB privilegiert. Eine andere Beurteilung ergibt sich durch die Neufassung der Definition des Landwirtschaftsbegriffs auch nach der neueren Rechtsprechung nicht. Die Anforderung des § 201 BGB 2004 für Tierhaltungsbetriebe, dass das Futter überwiegend auf den zum landwirtschaftlichen Betrieb gehörenden, landwirtschaftlich genutzten Flächen erzeugt werden muss, bezieht sich nicht auf das Verhältnis von Eigentums- zu Pachtflächen, sondern auf die Frage, in welchem Umfang das für die Tierhaltung benötigte Futter auf eigenen Flächen erzeugt werden muss, um von Landwirtschaft sprechen zu können. „Zum landwirtschaftlichen Betrieb gehörende Flächen" i. S. d. § 201 BauGB 2004 und „eigene" Flächen i. S. v. § 201 BauGB a. F. sind jeweils Eigentums- und Pachtflächen. Die Neufassung stellt lediglich klar, dass es genügt, wenn das erforderliche Futter überwiegend auf den Betriebsflächen erzeugt werden kann, dass es aber nicht notwendig ist, das selbst erzeugte Futter in dem Betrieb zu verwenden[416]

In der Literatur wird dies überwiegend ähnlich gesehen. Erforderlich sei eine dauerhafte zivilrechtliche Nutzungsmöglichkeit der Flächen, was sowohl eine dingliche als auch schuldrechtliche gesicherte Zuordnung gleichermaßen einschließe. Das Eigentum des Betriebsinhabers an den bewirtschafteten Flächen sei daher nicht zwingend Voraussetzung. Neben Flächen im Eigentum des

---

412 *Schmidt-Eichstaedt*, ZfBR 2005, 751 (760 f.); *Battis*, in: Battis/Krautzberger/Löhr, § 201, Rdnr. 4.

413 Vgl. *BVerwG*, Urt. vom 03.11.1972, E 41, 138 (143 f.); *dergl.*, Urt. vom 13.04.1983, DÖV 1983, 816 (816).

414 *Bundesregierung*, Gegenäußerung zur Stellungnahme, BT-Drs. 15/2250, S. 95.

415 *Fachkommission Städtebau*, EAG Bau-Mustererlass, in: Ernst/Zinkahn/Bielenberg/Krautzberger, Band V, Teil J., Nr. 4.3.1.1.

416 *VG München*, Urt. vom 15.01.2008, Az.: M 1 K 07.3709, juris; *BayVGH*, Urt. v. 18.06.2007, Az.: 26 B 04.1772, juris; *BayVGH*, Beschl. vom 06.09.2006, Az.: 1 ZB 05.615.

Landwirts kämen daher auch Flächen im Eigentum eines Familienangehörigen in Betracht, sowie gepachtete Flächen, die nachhaltig als Futtergrundlage zur Verfügung stehen könnten, was einen auf einen längeren Zeitraum abgeschlossenen Pachtvertrag bedinge.[417]

Teilweise wird im Schrifttum aus der Neuregelung des landwirtschaftlichen Begriffs der Schluss gezogen, dass auch gepachtete Flächen im wesentlich stärkerem Maße als bisher Grundlage für die Futtererzeugung sein können, wenn sie dem landwirtschaftlichen Betrieb zugeordnet sind und landwirtschaftlich genutzt werden können.[418] Dem kann jedoch mit der jüngeren Rechtsprechung entgegengehalten werden, dass mit der Neufassung des Landwirtschaftsbegriffs nicht die Anforderungen an die Dauerhaftigkeit eines landwirtschaftlichen Betriebs berührt wurden. Die neue Voraussetzung für Tierhaltungsbetriebe, dass das Futter überwiegend auf den zum landwirtschaftlichen Betrieb gehörenden, landwirtschaftlich genutzten Flächen erzeugt können werden muss, betreffe nicht die Frage, in welchem Umfang die erforderlichen Betriebsflächen im Eigentum des Betriebsinhabers stehen müssten und in welchem Umfang es sich um Pachtfläche handeln dürfte – also das Verhältnis von Eigentums- zu Pachtfläche –, sondern ändere nur das Verhältnis von selbst erzeugtem zu gekauftem Futter.[419]

Mit Einführung des Merkmals „Betrieb“ im Zuge der geänderten Definition des Landwirtschaftsbegriffs wollte der Gesetzgeber zum Ausdruck bringen, dass Tierhaltung nur in einem Betrieb und nicht auch in nichtbetrieblichen Wirtschaftsarten vorkommen soll.[420]

Weiterhin müssen für eine Bejahung der Tierhaltung als Landwirtschaft die zum Betrieb gehörenden Flächen landwirtschaftlich genutzt werden. Dies bedeutet, dass auf den vorhandenen Betriebsflächen eine landwirtschaftliche Nutzung auch tatsächlich stattzufinden hat.[421]

---

417 *Söfker*, in: Ernst/Zinkahn/Bielenberg/Krautzberger, Band II, § 35, Rdnr. 27, 30; *Wagner/Engel*, BayVBl. 2005, 33 (43); *Loibl/Rechel*, UPR 2008, 134 (135).

418 *J. Berkemann*, in: Berkemann/Bunzel/Halama/Schmidt-Eichstaedt/Schrödter, BauGB 2004 – Nachgefragt, S. 284 f.; *dergl.*, in: Berkemann/Halama, § 201, Rdnr. 7, der sich jedoch insofern selbst wiederspricht, als er in Rdnr. 9 trotz der Neufassung daran festhält, dass das Futter tatsächlich überwiegend auf den landwirtschaftlich genutzten Flächen erzeugt worden sein muss.

419 *BayVGH*, Beschl. vom 26.09.2005, Az.: 1 ZB 05.501, juris, Rdnr. 19; *dergl.*, Beschl. vom 06.09.2006, Az.: 1 ZB 05.615, juris, Rdnr. 14, 17; so auch *Jäde*, in: Jäde/Dirnberger/Weiß, § 201, Rdnr. 4.

420 *Kirchmeier*, in: Ferner/Kröninger, § 201, Rdnr. 2; *Söfker*, in: Ernst/Zinkahn/Bielenberg/Krautzberger, Band IV, § 201, Rdnr. 16.

421 *Söfker*, in : Ernst/Zinkahn/Bielenberg/Krautzberger, Band IV, § 201, Rdnr. 17.

VIII. Zusammenfassung

Schon nach der bisherigen Rechtslage war für den baurechtlichen Begriff der Landwirtschaft eine Beziehung zwischen Tierhaltung und Tierfutter im Sinne eines bestimmten quantitativen Verhältnisses des im Betrieb erzeugten Futters zur Tierhaltung erforderlich. Diese Voraussetzung gilt nach der Novelle zum Baugesetzbuch 2004 weiterhin. Allerdings konnten vor der Änderung des Landwirtschaftsbegriffs Tierhaltung bzw. Tierzucht nur dann als Landwirtschaft beurteilt werden, wenn diese auf überwiegend eigener Futtergrundlage erfolgten. Daraus folgerte die Rechtsprechung, dass nicht nur das Futter für die Tiere zu mehr als der Hälfte auf den zum landwirtschaftlichen Betrieb gehörenden Flächen erzeugt, sondern auch tatsächlich verfüttert werden musste. Diese konkrete Betrachtungsweise entsprach aber nicht mehr den heutigen Abläufen in der Landwirtschaft, da erzeugtes Futter vor Verfütterung häufig außerhalb des landwirtschaftlichen Betriebs verarbeitet wurde. Trotz des Strukturwandels in der Landwirtschaft sah sich die Rechtsprechung aufgrund des eindeutigen Wortlauts des bisherigen § 201 BauGB nicht dazu in der Lage, vom bisherigen Erfordernis, dass das verwendete Futter zu 50 % aus eigener Futtergrundlage entnommen werden muss, abzuweichen. Daher war es nach Ansicht des Gesetzgebers notwendig geworden, durch Änderung des gesetzlich definierten Landwirtschaftsbegriffs von der bisherigen konkreten auf eine erweiternde Betrachtungsweise umzustellen. Der erforderliche Flächenbezug zur Tierhaltung ist daher nur noch abstrakt zu verstehen. Es ist nunmehr lediglich darauf abzustellen, dass zum landwirtschaftlichen Betrieb genügend Flächen gehören, auf denen der überwiegende Futteranteil der notwendigen Futtermenge gewonnen werden könnte; das Tierfutter muss nicht mehr unbedingt zu mehr als der Hälfte aus den dem jeweiligen Betrieb zugeordneten Flächen tatsächlich stammen. Da es nicht mehr auf Tierfutter aus eigener Produktion ankommt, ist es auch nicht mehr erforderlich, dass das selbst erzeugte Futter tatsächlich an die gehaltenen Tiere des Betriebs verfüttert wird. Nach der neuen Rechtslage ist es für die Bejahung des Landwirtschaftsbegriffs nach § 201 BauGB 2004 folglich irrelevant, ob im Betrieb tatsächlich Futter produziert wird, ob im Betrieb gewonnenes Futter unmittelbar in der Tierhaltung des Betriebs oder außerhalb des Betriebs Verwendung findet oder ob das selbst erzeugte Futter innerhalb oder außerhalb des Betriebs verarbeitet wird.[422]

An der bisherigen Beurteilung des Verhältnisses von Eigentums- zu Pachtflächen zur Gewährleistung einer nachhaltig im Sinne von dauerhaft betriebenen

422 *Söfker*, in: Ernst/Zinkahn/Bielenberg/Krautzberger, Band II, § 35, Rdnr. 27, § 201, Rdnr. 17; *Schrödter*, in: Schrödter, § 201, Rdnr. 9.

landwirtschaftlichen Tierhaltung änderte sich durch die Neufassung in § 201 BauGB 2004 nichts.[423]

Abschließend kann festgehalten werden, dass aufgrund der durch das Europarechtsanpassungsgesetz Bau eingeführten abstrakten Betrachtungsweise der Landwirt, der sich im Genehmigungsverfahren für eine Tierhaltungsanlage auf die Privilegierung des § 35 Abs. 1 Nr. 1 BauGB 2004 beruft, nunmehr lediglich nachweisen muss, dass er das für die geplante Tierhaltung benötigte Futter auf den zu seinem landwirtschaftlichen Betrieb gehörenden und landwirtschaftlich genutzten Flächen zu mehr als 50 % erzeugen könnte, wobei das Verhältnis zum geplanten Tierbestand auf der Grundlage von Erfahrungen und Richtlinien zu bestimmen ist, die in der Praxis von den Fachbehörden der Landwirtschaft in Zusammenarbeit mit den Genehmigungsbehörden entwickelt wurden.[424] Liegt die vorausgesetzte Beziehung zwischen Tierhaltung und erzeugtem Futter nicht vor, handelt es sich nicht um eine landwirtschaftliche Tierhaltung i. S. v. § 201 BauGB 2004, sondern um eine Tierhaltung gewerblicher Art.

Aufgrund der unmittelbaren Geltung der Legaldefinition „Landwirtschaft“ erfuhr die Privilegierung von einem landwirtschaftlichen Betrieb dienenden Vorhaben durch die Änderung des Begriffs der Landwirtschaft nach § 201 BauGB 2004 indirekt eine Neuerung.

IX. Beurteilung

Fraglich ist, ob mit der geänderten Definition der Landwirtschaft die Intention des Gesetzgebers, Tierhaltungsfälle sachgerechter beurteilen zu können, erreicht werden kann. Die bisherige konkrete Betrachtungsweise hatte zur Folge, dass Intensivtierhaltungen, die meist in erheblichem Umfang auf fremden Flächen angebautes Futter zufüttern mussten, nicht der Landwirtschaft i. S. d. bisherigen § 201 BauGB zugerechnet wurden und folglich auch nicht nach § 35 Abs. 1 Nr. 1 BauGB privilegiert waren. Tierhaltungen, bei denen die Tiernahrung nicht überwiegend auf den betriebseigenen Feldern zu finden war und die Tiere daher mit gekauftem Futter versorgt werden mussten, lag somit eine gewerbliche Tierhaltung vor. Eine solche Tierhaltung war aber bisher als gewerblicher Betrieb wegen seiner besonderen nachteiligen Auswirkungen auf die Umgebung nur nach § 35 Abs. 1 Nr. 4 BauGB privilegiert zulässig und hatte daher gegenüber

423 *BayVGH*, Beschl. vom 06.09.2006, Az.: 1 ZB 05.615, juris, Rdnr. 14, 17; *dergl.*, Beschl. vom 26.09.2005, Az.: 1 ZB 05.501, juris, Rdnr. 19, 22; *dergl.*, Beschl. vom 04.012005, ZfBR 1005, 384 (384).

424 *Schrödter*, in: Schrödter, § 201, Rdnr. 9a.

den öffentlichen Belangen nach § 35 Abs. 3 S. 1 BauGB ein geringeres Gewicht als landwirtschaftliche Tierhaltung gemäß § 35 Abs. 1 Nr. 1 BauGB.[425]

Kritische Stimmen in der Literatur befürchten nun, dass mit der Erweiterung des Landwirtschaftsbegriffs durch die abstrakte Betrachtungsweise künftig auch gewerbliche Betriebe der Intensivtierhaltung unter den Landwirtschaftsbegriff fallen und infolgedessen als Nutzungsform im Außenbereich nach § 35 Abs. 1 Nr. 1 BauGB zulässig sein werden, und halten dies nicht nur aus ökologischen Gründen für nicht unproblematisch. Um eine erweitere Zuordnung von Massentierhaltungen zur Landwirtschaft und damit eine Industrialisierung in diesem Bereich zu vermeiden, und schlagen daher vor, den bisherigen Planvorbehalt nach § 35 Abs. 3 S. 3 BauGB auf privilegierte Vorhaben nach § 35 Abs. 1 Nr. 1 BauGB auszudehnen. Damit wären die Gemeinden in der Lage, im Flächennutzungsplan durch eine positive Darstellung Flächen für die Massentierhaltung in einem bestimmten Teil des Gemeindegebietes zu konzentrieren und zugleich Anlagen außerhalb dieser Flächen auszuschließen. In der Praxis würde dies aber lediglich eine Steuerungsmöglichkeit für Tierhaltungsanlagen bedeuten, da bei den anderen Nutzungen nach § 35 Abs. 1 Nr. 1 BauGB, wie dem Ackerbau oder der Forstwirtschaft, kein planungsrechtliches Bedürfnis für einen Ausschluss im Gemeindegebiet bestehen dürfte.[426]

Den Bedenken kann jedoch entgegengehalten werden, dass auch nach der Änderung des Landwirtschaftsbegriffs eine Privilegierung industrieller Tierhaltung nach § 35 Abs. 1 Nr. 1 BauGB 2004 unwahrscheinlich ist, da, um eine Anlagen der Intensiv- bzw. Massentierhaltung als Landwirtschaft i. S. v. § 201 BauGB 2004 einordnen zu können, erforderlich ist, dass die überwiegende Futtererzeugung auf den zum Betrieb gehörenden landwirtschaftlich genutzten Flächen möglich ist. Stehen einem Betrieb nicht genügend Eigenflächen zur abstrakten Erzeugung von Futter zur Verfügung, ist dieser folglich auch nicht gemäß § 35 Abs. 1 Nr. 1 i. V. m. § 201 BauGB 2004 privilegiert zulässig. Bei Massentierhaltung wäre daher eine dem Tierhaltungsbestand entsprechend große zum Betrieb gehörende landwirtschaftlich genutzte Fläche notwendig, auf der das Tierfutter überwiegend erzeugt werden kann. Da es an einer derart umfangreichen Flächeninanspruchnahme in der Praxis wohl weiterhin regelmäßig scheitern dürfte, ist die Gefahr einer Zunahme von Intensivtierhaltungen im landwirtschaftlichen Bereich eher gering einzuschätzen. Zudem rechtfertigt die Änderung des Landwirtschaftsbegriffs keine Erfassung der Massentierhaltung, da

425 *Gierke*, Institut für Städtebau 2004, 1 (15); *Schrödter*, in: Schrödter, § 201, Rdnr. 13.

426 *Stüer/Stüer*, NuR 2004, 341 (347); *Nebelsieck/Schmidt*, NordÖR 2004, 93 (99); *Stüer/Upmeier*, ZfBR 2003, 114 (121).

diese gegenüber dem landwirtschaftlichen Betrieb eigenständig prägend ist, und somit nur nach § 35 Abs. 1 Nr. 4 BauGB 2004 privilegiert ist.[427]

Die geänderte Definition der Landwirtschaft ist in der Gesamtschau grundsätzlich positiv zu bewerten. Die bisher einengende konkrete Betrachtungsweise war mit Rücksicht auf die betriebswirtschaftlichen Erfordernisse in der Landwirtschaft, nach denen mehrheitlich das erzeugte Futter vor Verfütterung an die Tiere verarbeitet oder speziell auf Art und Alter der Tiere abgestimmtes und gegebenenfalls kostengünstigeres Futter gekauft und an die Tiere verabreicht wird, schon seit längerem nicht mehr sachgerecht. Mit der eingeführten abstrakten Betrachtungsweise erfolgte richtigerweise die Anpassung an die geänderten landwirtschaftlichen Produktionsbedingungen insofern, als dass es nun genügt, wenn zum landwirtschaftlichen Betrieb genügend Flächen gehören, auf denen der überwiegende Futteranteil theoretisch erzeugt werden kann. Diese Änderung, dass das Futter, welches die Tiere erhalten, nicht mehr überwiegend aus eigener Produktion stammen muss, gereicht insbesondere der modernen bäuerlichen Landwirtschaft zum Vorteil, für die die Stallhaltung von Nutztieren bedeutsam ist. Zudem führt die Neuerung, dass der Landwirt sich darauf beschränken kann, zugekauftes Futter an seine Tiere zu verfüttern, zu dem positiven Effekt, dass der Landwirt nun sein angebautes Futter verkaufen und seine landwirtschaftliche Nutzung auf die Erzeugung von Vorprodukten des Tierfutters oder auch auf den Anbau anderer Produkte, wie beispielsweise Gemüse, beziehen kann.[428]. Durch die abstrakte Betrachtungsweise stellt der Gesetzgeber ausreichend sicher, dass neben der reinen Tierhaltung die landwirtschaftlichen Flächen auf die grundsätzliche Möglichkeit der Futtergewinnung angelegt werden.[429]

Probleme können sich durch die Neuerung allerdings für die Landwirte ergeben, die über mehrere Höfe mit dazugehörigen landwirtschaftlichen Flächen an weit voneinander entfernten Orten verfügen. Bereits im Planspiel forderten die Stadt und der Landkreis Cloppenburg eine ausdrückliche Klärung der Frage, ob auch weit entfernt gelegene Flächen des Landwirts dem Betrieb zugerechnet werden können. Um eine Steigerung der landwirtschaftlich privilegierten Tierhaltung zu vermeiden, sollte der Begriff „Betrieb“ eingeschränkt interpretiert werden. Dies bedeutet, einen räumlichen Zusammenhang zwischen der Hofstelle und den zugehörigen landwirtschaftlichen Flächen zu fordern. Bei mehreren weit auseinander liegenden Höfen lägen dann mehrere Betriebe vor, deren land-

427 *Söfker*, in: Ernst/Zinkahn/Bielenberg/Krautzberger, Band II, § 35, Rdnr. 27. Ausführlich zur Steuerung der Ansiedlung gewerblicher Tierhaltungsbetriebe im Außenbereich vgl. *Söfker*, NVwZ 2008, 1273 ff.

428 *C.-D. Bracher*, in: Gelzer/Bracher/Reidt, Bauplanungsrecht, Rdnr. 2107; *Otto*, Kommunalpraxis 2004, 228 (232).

429 *Roeser*, in: Berliner Kommentar, Band I, § 201, Rdnr. 5.

wirtschaftliche Flächen nicht jeweils dem anderen Betrieb zugerechnet werden könnten.

B. § 35 Abs. 1 Nr. 6 BauGB 2004 – Privilegierung von Biomasseanlagen

I. Sinn und Zweck der eigenständigen Privilegierung von Biomasseanlagen

Anlass für die Privilegierung von Biomasseanlagen in § 35 Abs. 1 Nr. 6 BauGB 2004 war, zur energiepolitisch gewünschten Nutzung erneuerbarer Energien für die Stromversorgung beizutragen sowie die wachsende Bedeutung dieser regenerativen Energien hervorzuheben und zu forcieren.

Im Protokoll von Kyoto[430] haben sich die Industrieländer dazu verpflichtet, ihre Emissionen der sechs im Protokoll genannten Treibhausgase, wie CO_2 und CH_4, bis zur Zielperiode 2008 – 2012 gegenüber dem Jahre 1990 im Durchschnitt um 5,2 % zu senken, wobei Europa die Senkung der genannten Treibhausgase um 8 % und Deutschland sogar um 21 % betreiben will.[431]

Mit der Richtlinie 2000/77EG[432] wurden die EU-Mitgliedsstaaten dazu aufgefordert, den Anteil des Verbrauchs an Strom aus erneuerbaren Energiequellen in den nächsten 10 Jahren zu steigern, wobei für Deutschland bis zum Jahr 2010 ein Anteil von 12,5 % des Gesamtstromverbrauchs aus erneuerbaren Energiequellen bestimmt wurde. Demzufolge normierte der deutsche Gesetzgeber in § 1 Abs. 2 EEG[433] das Ziel, den Anteil erneuerbarer Energien an der Stromversorgung[434] bis zum Jahr 2010 auf mindestens 12,5 % und bis zum Jahre 2020 auf mindestens 20 % zu erhöhen.[435]

Um das im novellierten Erneuerbare-Energien-Gesetz aufgestellte Ziel umsetzen zu können, war es Aufgabe des Gesetzgebers, die hierfür erforderlichen Um-

---

430 Kyoto-Protokoll vom 11.12.1997 (UN Doc. PCC7CP/1997 L.Add.1), beschlossen auf der dritten Vertragsparteienkonferenz in Japan, zum Rahmenübereinkommen der Vereinten Nationen vom 09.05.1992 über Klimaveränderungen, BGBl. II 1993, S. 1783. Die Bundesrepublik Deutschland hat als Signaturstaat das Protokoll durch Vertragsgesetz vom 27.04.2002, BGBl. II 2002, S. 966 zustimmend ratifiziert.

431 *Gierke*, Institut für Städtebau 2004, 1 (16); *Hegner*, BBauBl. 2003, 29 (29).

432 Richtlinie 2001/77EG zur Förderung der Stromerzeugung aus erneuerbaren Energiequellen im Elektrizitätsbinnenmark vom 27.09.2001, Abl. EG Nr. L 283 S. 33.

433 Gesetz zur Neuregelung des Rechts der Erneuerbaren Energien im Strombereich (Erneuerbare-Energien-Gesetz – EEG) novelliert am 21.07.2004, BGBl. I 2004, S. 1918.

434 Der Anteil der erneuerbaren Energien an der Stromerzeugung lag in Deutschland im Jahre 2004 bei 8 %; vgl. *M. Odenwald*, Focus, 2004, Ausgabe Nr. 33, 70 (71).

435 *Ekardt/Kruschinski*, ZNER 2008, 7 (7); *Hinsch*, ZUR 2007, 401 (401).

feldbedingungen zu gewährleisten. Neben der finanziellen sowie sonstigen Förderung von aus Biomasse erzeugtem Strom, die in § 8 EEG durch Anhebung der bisher wirtschaftlich nicht rentablen Vergütungssätze bzw. in § 4 Abs. 1 S. 1 EEG durch eine vorrangige Abnahme- und Übertragungspflicht für regenerativ erzeugten Strom ihren Niederschlag gefunden hat, mussten die notwendigen Kapazitäten zur Produktion von Strom aus erneuerbaren Energien durch attraktive Standortbedingungen für die Errichtung von Biomasseanlagen ohne langwierige und umfangreiche Genehmigungsverfahren geschaffen werden.

Die nach bisheriger Rechtslage bestehenden Unsicherheiten bei der Zulässigkeit von Biomasseanlagen im Außenbereich resultierten daraus, dass solche Anlagen nur als dienende Nutzung bzw. als mitgezogene Nebennutzung eines landwirtschaftlichen Betriebs nach § 35 Abs. 1 Nr. 1 BauGB 1998 unter strengen Beurteilungsmaßstäben an dessen Privilegierung teilnahmen. Der Strukturwandel in der Landwirtschaft hatte in der Vergangenheit allerdings dazu geführt, dass Biomasseanlagen vielfach von anderen landwirtschaftlichen Betrieben mit nicht unerheblichen Mengen an Biomasse beschickt wurden, und dass das in der Anlage gewonnen Biogas regelmäßig nur zu einem geringen Anteil dem landwirtschaftlichen Betrieb selbst zugute kam, sondern vielmehr von den Betreibern in das öffentliche Versorgungsnetz aufgrund der Vergütung nach dem Erneuerbare-Energien-Gesetz eingespeist wurde. Durch die Entwicklung des Betriebs von Biomasseanlagen zu einer erheblichen gewerblichen Einkommensquelle,[436] war ihre Bewertung als bloße dienende Nutzung größtenteils nicht mehr möglich. Ebenso konnte kaum noch eine Einstufung als mitgezogene Nutzung im Sinn einer bodenrechtlichen Nebensache erfolgen, da zur rentablen Auslastung von modernen, zumeist größeren Biomasseanlagen, aber auch zum rentablen Betrieb von Biomasseanlagen kleinerer landwirtschaftlicher Betriebe, die Verwendung fremderzeugter organischer Stoffe zu größeren Teilen erforderlich war, als dies die Zulässigkeit hergab. Der Gesetzgeber erkannte, dass die mittelbare Privilegierung von Biomasseanlagen nach § 35 Abs. 1 Nr. 1 BauGB mit Rücksicht auf die Interessen der Landwirtschaft sowie aus energiepolitischen Erwägungen nicht mehr ausreichte. Im Zuge der Aufwertung alternativer Energien und zur bauplanungsrechtlichen Absicherung der Zielsetzung des Erneuerbare-Energien-Gesetzes sollten daher Vorhaben zur energetischen Nutzung von Biomasse eigenständig privilegiert werden. Sinn und Zweck der Neuprivilegierung war also, zu einer effizienten Energienutzung, zur Ressourcenschonung und zum Klima-

436 Nach Auskunft des Bauernverbandes betrug allein im Jahr 2003 der Umsatz mit Bioenergie bereits 2,85 Milliarden Euro; vgl. dazu *Hentschke/Urbisch*, AUR 2005, 41 (42).

schutz beigetragen und den Strukturwandel in der Landwirtschaft zu unterstützen.[437]

II. Ansicht der Unabhängigen Expertenkommission

Die Unabhängige Expertenkommission begrüßte in ihrem Bericht die stark wachsende Verwendung von Biomasse für die Energieversorgung und sprach ihr unter dem Aspekt des Klimaschutzes, der Ressourcenschonung und der effizienten Energienutzung eine wachsende Bedeutung für die Energieversorgung zu, lehnte jedoch eine eigenständige Privilegierung von Biomasseanlagen im Außenbereich schon aus dem Grund ab, dass das bisherige Baurecht mit seinen vielfältigen Zulassungsmöglichkeiten für Biomasseanlagen bereits eine ausreichende Rechtsgrundlage für die rasch fortschreitende Errichtung und Inbetriebnahme derartiger Anlagen gebe: im Geltungsbereich eines Bebauungsplans in Dorfgebieten nach § 5 Abs. 2 Nr. 1 BauNVO im Rahmen eines land- oder forstwirtschaftlichen Betriebs bzw. als sonstiger Gewerbebetrieb gemäß § 5 Abs. 2 Nr. 6 BauNVO, in Mischgebieten als sonstiger Gewerbebetrieb i. S. v. § 6 Abs. 2 Nr. 4 BauNVO, in Kerngebieten nach § 7 Abs. 2 Nr. 3 BauNVO als sonstiger nicht wesentlich störender Gewerbebetrieb, in Gewerbegebieten gemäß § 8 Abs. 2 Nr. 1 BauNVO als Gewerbebetrieb aller Art sowie als Gewerbebetrieb aller Art in Industriegebieten gemäß § 9 Abs. 2 Nr. 1 BauNVO; im unbeplanten Innenbereich, wenn sich die Biomasseanlage in die Eigenart der näheren Umgebung einfügt, § 34 Abs. 1 BauGB 1998, oder wenn ihre Umgebung einem der oben genannten Baugebiete nach der Baunutzungsverordnung entspricht, § 34 Abs. 2 BauGB 1998, was vor allem bei faktischen Gewerbegebieten von Bedeutung; bei Biomasseanlagen als Bestandteil von Deponien aufgrund eines durchzuführenden Planfeststellungsverfahrens nach dem Abfallrecht gemäß § 38 BauGB 1998; im Außenbereich nach § 35 Abs. 1 Nr. 1 BauGB 1998 als mitgezogene Nutzung wegen der dienenden Funktion der Biomasseanlage, wenn diese in einem engen Sachzusammenhang mit dem landwirtschaftlichen Betrieb steht, was die Bewirtschaftung eines landwirtschaftlichen Betriebs und die Erzeugung der zu verwertenden Biomasse überwiegend im eigenen landwirtschaftlichen Betrieb oder die Verwertung der erzeugten Energie überwiegend im eigenen landwirtschaftliche Betrieb erfordere. Vor dem Hintergrund der Außenbereichsvor-

---

437 *Hentschke/Urbisch*, AUR 2005, 41 (42 f.); *Fillgert*, Agrarrecht 2002, 341 (342); *Roeser*, in: Berliner Kommentar, Band II, § 35, Rdnr. 4a; *Krautzberger*, in: Battis/Krautzberger/Löhr, § 35, Rdnr. 38 f.; *Ferner*, in: Ferner/Kröninger, § 35, Rdnr. 22; *Rieger*, in: Schrödter, § 35, Rdnr. 51; *Schrödter*, NST-N 2004, 197 (215); *Berkemann*, in: Berkemann/Halama, § 35, Rdnr. 6.

schrift als grundlegende Umwelt- und Naturschutznorm gebe es daher für eine weitergehende Privilegierung von Biomasseanlagen keine bodenrechtliche Rechtfertigung.[438]

Zudem könne eine generelle Privilegierung selbständiger Biogasanlagen zu Problemen bei der Infrastruktur führen, wenn große Mengen Biomasse angeliefert werden müssen. Die für Biogasanlagen erforderlichen Infrastrukturkomplexe, wie Erschließung – auch hinsichtlich der Aufnahme eines höheren Verkehrsaufkommens – und Anbindung an das Stromnetz zur Energieeinspeisung, könnten durch die derzeitige Zuweisung solcher Anlagen vorrangig in Dorf- und Gewerbegebieten planerisch effizienter bewältigt und damit gewährleistet werden als im unbeplanten Außenbereich. Selbst wenn Biogasanlagen im funktionalen Zusammenhang mit mehreren kooperierenden landwirtschaftlichen Betrieben stünden, seien sie im Außenbereich nicht zusätzlich zu privilegieren, da auch in diesem Fall die Infrastrukturerfordernisse identisch blieben.

Weiter gab die Unabhängige Expertenkommission zu bedenken, dass eine eigenständige Privilegierung von Biogasanlagen im Wertungswiderspruch zu den von ihr vorgeschlagenen bauplanungsrechtlichen Steuerungsmittel für Intensivtierhaltungsanlagen stünde. Auch würden hauptsächlich Anlagen der Intensivtierhaltung von einer großen Biomasseanlage im Außenbereich, welche durch eine neue Privilegierung ermöglicht werden würde, profitieren, da sie dadurch ihren zu verzeichnenden hohen Stromverbrauch bewältigen und sich noch um einen zusätzlichen Betriebsteil vergrößern könnten.[439]

III. Gesetzesentwurf des Bundesministeriums für Verkehr, Bau- und Wohnungswesen

Der Entwurf des Bundesministeriums für verkehr-, Bau. Und Wohnungswesen zum Europarechtsanpassungsgesetz Bau (Referentenentwurf) sah die Aufnahme von Vorhaben zur Herstellung und Nutzung der Energie von aus Biomasse erzeugtem Gas im räumlich-funktionalen Zusammenhang mit der Hofstelle eines landwirtschaftlichen Betriebs für eine Anlage je Hofstelle mit einer Leistung bis zu 2 Megawatt (MW) in den Katalog der privilegierten Vorhaben nach § 35 Abs. 1 Nr. 6 BauGB-RefE vor, soweit die Biomasse überwiegend aus demselben

438 *Dolde*, NVwZ 2003, 297 (304); *Unabhängige Expertenkommission*, Bericht zur Novellierung des Baugesetzbuchs, Rdnr. 249 ff.; *Reidt*, NordÖR 2003, 177 (184).

439 *Unabhängige Expertenkommission*, Bericht zur Novellierung des Baugesetzbuchs, Rdnr. 255 f.; *Stüer/Upmeier*, ZfBR 2003, 114 (121).

landwirtschaftlichen Betrieb oder überwiegend aus demselben und aus nahe liegenden land- oder forstwirtschaftlichen Betrieben stammt.[440]

Mit Hilfe der beabsichtigten Privilegierung von Herstellung und Nutzung von aus Biomasse erzeugtem Gas im Zusammenhang mit landwirtschaftlichen Betrieben solle, unter Berücksichtigung des Gebots des Außenbereichsschutzes, der Strukturwandel in der Landwirtschaft unterstützt und gefördert werden. Die bisher mögliche Teilhabe von Biogasanlagen an der Privilegierung des § 35 Abs. 1 Nr. 1 BauGB 1998 als untergeordneter Teil eines landwirtschaftlichen Betriebs aufgrund ihrer dienenden Funktion bzw. als mitgezogene Nebenbenutzung, auf welche die Unabhängige Expertenkommission verwies, trage den praktischen Bedürfnissen nicht ausreichend Rechnung, da zum rentablen Betrieb von Biomasseanlagen die Verwendung von Fremdstoffen zur Gaserzeugung sowie eine Stromeinspeisung in das öffentliche Versorgungsnetz häufig zu größeren Teilen erforderlich sei, als dies nach bisheriger Rechtslage – Energiegewinnung aus selbst erzeugter Biomasse bzw. für den überwiegenden Eigenbedarf – zulässig ist. Insbesondere gelte dies für kleinere landwirtschaftliche Betriebe, bei denen im Verhältnis zum Umfang der von ihnen betriebenen Landwirtschaft und ihres eigenen Strombedarfs nur kleinere und damit weniger rentable Vorhaben zur Nutzung von Biomasse im Rahmen von § 35 Abs. 1 Nr. 1 BauGB 1998 genehmigungsfähig seien. Daher solle mit der vorgeschlagenen Privilegierungserweiterung i. S. v. § 35 Abs. 1 Nr. 6 BauGB-RefE explizit auch bei Kooperation mehrerer nahe liegender land- oder forstwirtschaftlicher Betriebe die Nutzung von Biogas im räumlich-funktionalen Zusammenhang mit der Hofstelle des landwirtschaftlichen Betriebs zulässig sein. Die Beschränkung auf nahe liegende Betriebe erfolge aus ökologischen und volkswirtschaftlichen Gründen zur Vermeidung eines überregionalen Transports des Rohmaterials. Ausreichender Außenbereichsschutz werde durch die geplante Erweiterung planungsrechtlicher Steuerungsinstrumente gewährleistet, indem durch steuernde Planung die Ansiedlung von Biogasanlagen im Sinne einer Zersiedlung des Außenbereichs verhindert werde.[441]

---

440 *Bundesministerium für Verkehr, Bau- und Wohnungswesen*, Entwurf eines Europarechtsanpassungsgesetzes Bau, www.bmvbw.de, S. 18; *Krautzberger/Stüer*, BauR 2003, 1301 (1306); *H. Janning*, in: Spannowsky/Krämer, BauGB-Novelle 2004, 11 (28).

441 *H.-D.Upmeier/C. Brandenburg*, Neues Baugesetzbuch 2004, § 35, S. 80 f.; *Bundesministerium für Verkehr, Bau- und Wohnungswesen*, Entwurf eines Europarechtsanpassungsgesetzes Bau, www.bmvbw.de, Begründung Besonderer Teil, S. 50 ff.

IV. Kritik seitens Biogas-Verbänden

Die im Referentenentwurf vorgesehene Privilegierung der Herstellung und Nutzung der Energie von aus Biomasse erzeugtem Gas stieß beim Bundesverband BioEnergie sowie dem Fachverband Biogas e. V. auf heftigen Widerstand. Damit sei eine unberechtigte Einschränkung verbunden, weil kein Grund ersichtlich sei, weshalb eine bestimmte technische Erzeugungsart bevorzugt werden sollte, da es auch andere land- und forstwirtschaftliche Biogasenergieanlagen gebe, beispielsweise Blockheizkraftwerke auf der Basis von Rapsöl und Biodiesel, Stroh- und Getreidefeuerungsanlagen sowie Holzfeuerungsanlagen, die in der Lage seien, Energie klimaneutral bereitzustellen. Folglich müsse jede Form der energetischen Nutzung von Biomasse privilegiert werden.

Aufgrund der vielfältigen Nutzungsformen der Bioenergie im land- und forstwirtschaftlichen Bereich sei es zunehmend sinnvoll geworden, mehrere Anlagen wie eben Biogasanlagen, Getreidefeuerungsanlagen und Holzfeuerungsanlagen zu betreiben. Daher sei auch die Beschränkung auf nur eine Anlage je Hofstelle als eindeutig zu wenig anzusehen. Fraglich sei auch, ob die Voraussetzungen des räumlichen Zusammenhangs überhaupt erforderlich sei, da an den optimalen Standort einer Bioenergieanlage spezifische logistische Anforderungen zu stellen seine, die nicht notwendigerweise an die Hofstelle eines land- oder forstwirtschaftlichen Betrieb gekoppelt seien. Statt einer zwangsläufigen Orientierung nach der Hofstelle, empfehle es sich oftmals aus ökonomischen Gründen, den Standort nach der logistischen Verfügbarkeit der spezifischen Biomassen und der vorhandenen Energieinfrastruktur auszurichten. Zudem sei die vorgesehene Beschränkung auf 2,0 MW an elektrischer Leistung je Anlage zu eng. Angesichts der sich abzeichnenden künftigen Marktentwicklung und technisch bedingter Kostendegression für mittlere und größere Vorhaben der Biogasgewinnung seien Anlagen oberhalb der 2,0 MW-Grenze bis zu 5,0 MW notwendig.[442]

V. Die Privilegierungsregelung von Biomasseanlagen nach dem Gesetzesentwurf der Bundesregierung

Die Bundesregierung übernahm in ihrem Gesetzesentwurf zum Europarechtsanpassungsgesetz Bau den Vorschlag des Bundesministeriums für Verkehr, Bau-

442 *Bundesverband Bioenergie e.V.*, www.bioenergie.de/downloads/Positionspapiere/BBE-POSI TION180603,DOC; *Fachverband Biogas e.V.*, www.godis.de/fvb_datenbank/file/notmember/ fach/StN_%20EAG%20Bau_Jul03.pdf.

und Wohnungswesens zur eigenständigen Privilegierung von Biomasseanlagen, allerdings ohne die Beschränkung der zulässigen Anlagenleistung auf höchstens 2,0 MW. Zusätzlich solle die Privilegierung nur für solche Anlagen gelten, die „im Rahmen eines landwirtschaftlichen Betriebes nach Nummer 1“ dienen.[443] Die Begründung der Bundesregierung entsprach im Wesentlichen der des Bundesministeriums für Verkehr, Bau- und Wohnungswesen. Zudem solle die vorgeschlagene Regelung in § 35 Abs. 1 Nr. 6 BauGB-RegE gegenüber der bisher möglichen Privilegierung nach § 35 Abs. 1 Nr. 1 BauGB 1998 die speziellere Vorschrift und insofern abschließend sein.[444]

VI. Stellungnahme des Bundesrates zum Regierungsentwurf

Der Bundesrat befürwortete in seiner Stellungnahme die beabsichtigte eigenständige Privilegierung zur Förderung der Biogaserzeugung in der Land- und Forstwirtschaft an sich, unterbreitete allerdings zur Regelung in § 35 Abs. 1 Nr. 6 BauGB-RegE einige Änderungsvorschläge. Der Anwendungsbereich der erleichterten Zulässigkeit solle auf die „energetische Nutzung von Biomasse im Rahmen eines Betriebes nach Nummer 1 oder Nummer 2 oder eines tierhaltenden Betriebes im Sinne von Nummer 4“ ausgeweitet werden. Die Privilegierung von Biogasanlagen könne nicht auf landwirtschaftliche Betriebe begrenzt werden, sondern müsse auf forstwirtschaftliche Betriebe sowie gartenbauliche Anlagen als Nebenbetrieb zu land- oder forstwirtschaftlichen Nutzungen, die ebenfalls unter § 35 Abs. 1 Nr. 1 BauGB fallen, erstreckt werden; auch seien Betriebe die der gartenbaulichen Erzeugung dienen i. S. v. § 35 Abs. 1 Nr. 2 BauGB in die beabsichtigte Privilegierung aufzunehmen, da aufgrund der künftigen Entwicklung im Bereich der Stromerzeugung aus Biogas ein Bedarf für pflanzliche Biomasse zu erwarten sei. Städtebauliche Probleme würden damit nicht einhergehen, weil die geplante Privilegierung die weiteren Tatbestandsvoraussetzungen, insbesondere die des räumlich-funktionalen Zusammenhangs, gleichfalls für Betriebe des Gartenbaus sowie der Forstwirtschaft verlange. Zusätzlich sollen auch Tierhaltungsbetriebe an der künftigen Privilegierung teilhaben, weil Biomasseanlagen zu Emissionsminderung bei Tierhaltungsanlagen führten. Eine weitere Ausbreitung der Intensivtierhaltung oder eine Gefahr der Splittersied-

443 *Bundesregierung*, Entwurf eines Europarechtsanpassungsgesetzes Bau, BT-Drs. 15/2250, S. 16; *Jung*, BBauBl. 2003, 14 (16); *Krautzberger*, UPR 2004, 41 (48).

444 *Bundesregierung*, Entwurf eines Europarechtsanpassungsgesetzes Bau, BT-Drs. 15/2250, S. 55.

lung habe dies nicht zur Folge, da die Privilegierung nur bereits bestehende Anlagen erfasse.[445]

Des Weiteren sei es zur wirksamen Gestaltung der beabsichtigten Privilegierung erforderlich, das Privileg auch auf den „Anschluss solcher Anlage an das öffentliche Versorgungsnetz", also auf die öffentliche Strom- und Gasversorgung zu erstrecken, da andernfalls Rechtsunsicherheiten im Hinblick darauf entstünden, ob solche Anschlüsse der Erschließung oder der Versorgung mit Elektrizität nach § 35 Abs. 1 Nr. 3 BauGB dienen.

Mit der erweiterten Privilegierungsvoraussetzung des Betreibens nur einer Anlage je Hofstelle „oder Betriebsstandort" solle gewährleisten werden, dass auch in einem über mehrere Standorte verfügenden Unternehmen an jedem Betriebsstandort Biogasanlagen errichtet werden können, um regionale Energieerzeugung zu ermöglichen und zugleich Gülletransporte zu verhindern.[446]

VII. Gegenäußerung der Bundesregierung

Die Bundesregierung gab in ihrer Gegenäußerung zu bedenken, dass die Vorschläge in der Stellungnahme des Bundesrates zu einer erheblichen Ausweitung der im Außenbereich zulässigen Vorhaben führe. Letztlich verwies sie aber auf eine Prüfung im weiteren Gesetzgebungsverfahren unter Berücksichtigung der Planspielergebnisse.[447]

VIII. Planspielergebnisse

Nach Einschätzung der meisten Planspielstädte und -landkreise bestehe bei Vorhaben zur Herstellung und Nutzung von Energie aus Biomasse ein Steuerungsbedürfnis. Für die Zulässigkeit von Biomasseanlagen mit einer Feuerungswärmeleistung von mehr als 0,5 MW sei die Aufstellung eines Bebauungsplans mit Festsetzen entsprechender Gebietskategorien grundsätzlich erforderlich, weil solche Anlagen sich nach ihrem äußeren Erscheinungsbild als industrielle Anlagen mit einem landwirtschaftlichen Betriebsteil darstellten und damit potentiell schädliche Auswirkungen auf den Außenbereich – auch im Hinblick auf das Landschaftsbild – haben. Anlagen bis zu einer Feuerungswärmeleistung von 0,5 MW, die einem landwirtschaftlichen Betrieb i. S. v. § 35 Abs. 1 Nr. 1

445 *H.-D. Upmeier/C. Brandenburg*, Neues Baugesetzbuch 2004, § 35, S. 80 f.; *Bundesrat*, Stellungnahme zum Regierungsentwurf, BT-Drs. 15/2250, S. 81.

446 *Bundesrat*, Stellungnahme zum Regierungsentwurf, BT-Drs. 15/2250, S. 81.

447 *Bundesregierung*, Gegenäußerung zur Stellungnahme, BT-Drs. 15/2250, 93.

BauGB bzw. einer gewerblichen Tierhaltung nach § 35 Abs. 1 Nr. 4 BauGB dienten, seien hingegen vom Steuerungsbedürfnis per Bebauungsplan auszunehmen, da sie für den Landwirt zeitlich beherrschbar[448] seien und zugleich wirtschaftlich betrieben[449] werden könnten.[450]

Weiter müsse deutlich gemacht werden, dass unter „Hofstelle“ auch Betriebsstandorte von nach § 35 Abs. 1 Nr. 1 BauGB privilegierten landwirtschaftlichen Unternehmen fallen. Danach solle also für jeden Betriebsstandort eines landwirtschaftlichen Betriebes der Begriff Hofstelle gesondert gelten, da es große landwirtschaftliche Betriebe mit weit auseinander liegenden Betriebsstandorten gebe.[451]

IX. Beschlussempfehlung des Ausschusses für Verkehr, Bau- und Wohnungswesen

Der Ausschuss für Verkehr, Bau- und Wohnungswesen folgte in seiner Beschlussempfehlung den Änderungsvorschlägen der Stellungnahme des Bundesrates. Zum Schutz des Außenbereichs solle jedoch die beabsichtigte Privilegierung auf solche Biogasanlagen beschränkt werden, deren installierte elektrische

448 Nach Aussage von Anlagebetreibern betrage der Zeitaufwand für den ordnungsgemäßen Betrieb von Biogasanlagen ein Vielfaches mehr als bislang angenommen. Aus Zeitmangel komme es daher bei Anlagen mit einer Größe von über 0,5 MW zu Bedienungsfehlern und damit zu Störfehlern. Bei Anlagen bis zu dieser Größenordnung hingegen, stammten die Inputstoffe zu großen Teilen aus dem landwirtschaftlichen Betrieb selbst, weshalb es nur einer geringen Zuführung weiterer Co-Substarte bedürfe.

449 Die Praxis zeige für die Ermittlung der Wirtschaftlichkeit von Biogasanlagen, dass die dafür entstehenden Baukosten bezogen auf die installierte Leistung mit zunehmender Anlagengröße sinken würden, da unabhängig von dem Ausmaß der Anlage Kosten für die Sicherheits-, Mess- und Automatisierungstechnik sowie für den Arbeitsaufwand anfielen. Bei Anlagen mit 200 kW entstünden Baukosten von 500.000 bis 750.000 EUR, bei 500 kW-Anlagen 800.000 bis 1.000.000 EUR. Diese hohen Investitionen seien mit Gülle und Silomais nicht zu refinanzieren, so dass zur Rentabilität eine Mitvergärung von Bioabfällen und der zusätzliche Einsatz von Co-Substraten – zulässig aufgrund der geplanten Regelung, dass die Biomasse nur überwiegend, also nicht zur Gänze aus land- oder forstwirtschaftlichen Betrieben stammen muss – erforderlich sei. Anlagen mit einer Leistung von bis zu 0,15 MW (150 kW) seien folglich wirtschaftlich nicht sinnvoll.

450 *Lau*, Institut für Städtebau 2004, 1 (7); *Bunzel*, ZfBR 2004, 328 (334); *Deutsches Institut für Urbanistik/Forschungsgruppe Stadt+Dorf*, Bericht über Planspiel BauGB-Novelle 2004, S. 65 ff.

451 *Bunzel*, ZfBR 2004, 328 (334); *Deutsches Institut für Urbanistik/Forschungsgruppe Stadt+Dorf*, Bericht über Planspiel BauGB-Novelle 2004, S. 67.

Leistung 0,5 MW nicht überschreite.[452] Diese Empfehlung berücksichtigt die Ergebnisse der Planspielstädte und -landkreise, wonach eine Beschränkung bis zu 0,5 MW Feuerungswärmeleistung für erforderlich gehalten wurde, und nicht einen Grenzwert für installierte elektrische Energie festgesetzt werden sollte.

X. Empfehlungen des Agrarausschusses

Der Agrarausschuss riet, eine Begrenzung der Zulässigkeit privilegierter Vorhaben für die Energiegewinnung aus Biomasse auf eine Feuerwärmeleistung von 0,5 MW nicht festzulegen, da die aktuellen und künftigen tatsächlichen wirtschaftlichen Verhältnisse dadurch nicht berücksichtigt werden würden. Nach dem derzeitigen Stand der technischen Entwicklung bei landwirtschaftlichen Einzelbetrieben sowie bei Kooperationen benachbarter Betriebe gelte es, Anlagen mit einer wesentlich größeren Leistung zu errichten, um eine rentable Bewirtschaftung zu sichern. Eine Begrenzung der installierten elektrischen Leistung auf 0,5 MW wirke der gewünschten Privilegierung von Biogasanlagen entgegen.[453]

XI. Vom Gesetzgeber beschlossene Privilegierung von Biomasseanlagen

Nach § 35 Abs. 1 Nr. 6 BauGB 2004 ist ein Vorhaben, welches der energetischen Nutzung von Biomasse im Rahmen eines land- oder forstwirtschaftlichen, eines gartenbaulichen oder eines tierhaltenden Betriebes i. S. d. § 35 Abs. 1 Nr. 1, 2 bzw. 4 BauGB 2004 sowie dem Anschluss solcher Anlagen an das öffentliche Versorgungsnetz dient, privilegiert zulässig, wenn es in einem räumlich-funktionalen Zusammenhang mit dem Betrieb steht (§ 35 Abs. 1 Nr. 6a BauGB 2004), die Biomasse überwiegend aus dem Betrieb oder überwiegend aus diesem und aus nahe gelegenen Betrieben der genannten Arten stammt (§ 35 Abs. 1 Nr. 6b BauGB 2004), je Hofstelle oder Betriebsstandort nur eine Anlage betrieben wird (§ 35 Abs. 1 Nr. 6c BauGB 2004) und die installierte elektrische Leistung der Anlage 0,5 MW nicht überschreitet (§ 35 Abs. 1 Nr. 6d BauGB 2004).

452 *Ausschuss für Verkehr, Bau- und Wohnungswesen*, Beschlussempfehlung und Bericht zum Regierungsentwurf, BT-Drs. 15/2996, S. 31, 67.

453 *Agrarausschuss*, Empfehlungen der Ausschüsse, BR-Drs. 395/1/04, S. 2 f.

1. Tatbestand des § 35 Abs. 1 Nr. 6 BauGB 2004

a) Energetische Nutzung von Biomasse und Anschluss an das öffentliche Versorgungsnetz, § 35 Abs. 1 Nr. 6 BauGB 2004

aa) Definition von Biomasse

Weder in der Neuprivilegierung nach § 35 Abs. 1 Nr. 6 BauGB 2004 noch an anderer Stelle des Baugesetzbuchs findet sich eine Definition des Begriffs „Biomasse“.

Erste Anhaltspunkte für die Begrifflichkeit von Biomasse ergeben sich aus dem Wort „Biomasse“ selbst, der Geeignetheit der Biomasse für die Energiegewinnung und aus dem in § 35 Abs. 1 Nr. 6 BauGB 2004 hergestellten Zusammenhang mit den dort genannten Betrieben. „Biomasse“ sind daher alle durch biologische Vorgänge im Rahmen der land- bzw. forstwirtschaftlichen, sowie der gartenbaulichen Betätigung oder bei der gewerblichen Tierhaltung entstandenen Stoffe, welche gezielt für ihre energetische Nutzung erzeugt werden, bei der Erzeugung der land- und forstwirtschaftlichen Produkte sowie der Tierhaltung anfallen oder aus Abfällen im Sinn des Kreislaufwirtschafts- und Abfallbeseitigungsgesetzes bestehen.[454]

Aus dem energiepolitischen Gesamtzusammenhang – § 35 Abs. 1 Nr. 6 BauGB 2004 dient mit der Privilegierung auch von Vorhaben zum Anschluss an das öffentliche Versorgungsnetz der bauplanungsrechtlichen Absicherung der Zielsetzung i. S. v. § 1 Abs. 2 EEG, den Anteil an erneuerbareren Energien an der Stromversorgung zu erhöhen – ist zur Begriffsbestimmung von „Biomasse“ auch ein Rückgriff auf das Erneuerbare-Energien-Gesetz möglich. Dieses Gesetz enthält zwar selbst ebenso wenig eine Definition des Begriffs „Biomasse“,[455] je-

---

454 *Söfker*, in: Ernst/Zinkahn/Bielenberg/Krautzberger, Band II, § 35, Rdnr. 59a.

455 § 3 Abs. 1 EEG 2004 bestimmt nur allgemein den Begriff der „Erneuerbaren Energien“, wozu auch die Energie aus Biomasse zählt. Nach der Vorgängerregelung § 2 Abs. 1 EEG 2000 fielen unter den Begriff „Biomasse“ Brennstoffe in festem, flüssigem oder gasförmigen Aggregatzustand, deren Ursprung aktuell geerntetes Pflanzengut einschließlich Resthölzern und Ernterückständen ist, Holzabfälle sowie organische Abfälle aus der Nahrungsmittelerzeugung der Tierhaltung; vgl. *M. Lippert*, Energiewirtschaftsrecht, S. 335. Diese Begriffsbestimmung war jedoch im Zusammenhang mit der Anwendung des bisherigen Erneuerbare-Energien-Gesetz, insbesondere in Abgrenzung zum Abfallrecht wie der Verordnung über die Verwertung von Bioabfällen auf landwirtschaftlich, forstwirtschaftlich und gärtnerisch genutzten Böden (Bioabfallverordnung – BioAbfV) vom 21.09.1998, BGBl. I 1998, S. 2955 – umstritten und zudem nicht abschließend; vgl. *Hentschke/Urbisch*, AUR 2005, 41 (41); *Berkemann*, in: Berkemann/Halama, § 35, Rdnr. 27.

doch lässt sich eine solche der auf der Grundlage der § 8 Abs. 7 EEG[456] erlassenen Verordnung über die Erzeugung von Strom aus Biomasse[457] entnehmen. Dabei ist unschädlich, dass die Biomasseverordnung lediglich speziell für den Anwendungsbereich des Erneuerbare-Energien-Gesetzes festlegt, welche Stoffe als „Biomasse" gelten[458] und damit nur die Voraussetzungen für den Anspruch auf Stromeinspeisevergütung und nicht die generelle Zulässigkeit der Verwendung bestimmter Stoffe in Biomasseanlagen betrifft, denn die darin enthaltene Begriffbestimmung führt faktisch dazu, dass sich darauf auch der Anwendungsbereich des § 35 Abs. 1 Nr. 6 BauGB 2004 bezieht.[459]

In § 2 Abs. 1 BiomasseV wird „Biomasse" definiert als Energieträger aus Phyto- und Zoomasse, aus Phyto- und Zoomasse resultierende Folge- und Nebenprodukte sowie Rückstände und Abfälle, deren Energiegehalt aus Phyto- und Zoomasse stammt. Eine beispielhafte Aufzählung von Biomasse enthält § 2 Abs. 2 BiomasseV. Danach zählen zur anerkannten Biomasse insbesondere Pflanzen und Pflanzenbestandteile, aus Pflanzenbestandteilen hergestellte Energieträger, deren sämtliche Bestandteile und Zwischenprodukte aus Biomasse im Sinn des Absatzes 1 erzeugt wurden, Abfälle und Nebenprodukte pflanzlicher und tierischer Herkunft aus der Land-, Forst- und Fischwirtschaft[460], Bioabfälle im Sinne von § 2 Nr. 1 der Bioabfallverordnung,[461] aus Biomasse im Sinne des

---

456 Mit der Verordnungsermächtigung in § 8 Abs. 7 EEG beabsichtigte der Gesetzgeber, Ausgangsstoffe und Verfahren für bioenergetische Prozesse, die nach dem Erneuerbare-Energien-Gesetz als förderfähig galten, federführend durch das Bundesministerium für Umwelt, Naturschutz und Reaktorsicherheit definieren zu lassen.

457 Verordnung über die Erzeugung von Strom aus Biomasse (Biomasseverordnung – BiomasseV) vom 21.06.2001, BGBl. I 2001, S. 1234, zuletzt geändert durch Verordnung vom 09.08.2005, BGBl. I 2005, S. 2419.

458 Nach § 1 BiomasseV wird für den Anwendungsbereich des Erneuerbare-Energien-Gesetz geregelt, welche Stoffe als Biomasse anzusehen sind, welche technischen Verfahren zur Stromerzeugung aus Biomasse in den Anwendungsbereich des Gesetzes fallen und welche Umweltanforderungen bei der Erzeugung von Strom aus Biomasse einzuhalten sind.

459 *Söfker*, in: Ernst/Zinkahn/Bielenberg/Krautzberger, Band II, § 35, Rdnr. 59a; *Lampe*, NuR 2006, 152 (153); *Berkemann*, in: Berkemann/Halama, § 35, Rdnr. 26 ff.

460 In Betracht kommen Gülle oder Mist aus der Tierhaltung, Festbrennstoffe (Waldrestholz, Schwachholz, Landschaftspflegeholz, Altholz, Stroh, Getreide geringster Qualität), Grün- und Strauchschnitt, China-Schilf; aus zucker- und stärkehaltigen Acker- und Ölfrüchten – wie etwa Raps – lassen sich Treibstoffe (sog. Biodiesel) herstellen; vgl. *Berkemann*, in: Berkemann/Halama, § 35, Rdnr. 29; *M. Lippert*, Energiewirtschaftsrecht, S. 335.

461 Danach sind Bioabfälle Abfälle tierischer oder pflanzlicher Herkunft zur Verwertung, die durch Mikroorganismen, bodenbürtige Lebewesen oder Enzyme abgebaut werden können Darunter fallen insbesondere die im Anhang 1 Nr. 1 genannten Abfälle – wie etwa Bioabfälle aus Nahrungsverarbeitungsmittelverfahren (Geflügelkot, Gülle), Schlämme aus betriebeigener Abwasserbehandlung, Abfälle aus der Alkoholdestillation, Sägemehl, kompostierbare Kü-

Absatzes 1 durch Vergasung oder Pyrolyse erzeugtes Gas und daraus resultierende Folge- und Nebenprodukte sowie aus Biomasse im Sinne des Absatzes 1 erzeugte Alkohole, deren Bestandteile, Zwischen-, Folge- und Nebenprodukte aus Biomasse erzeugt wurden. Die Definition des Begriffs „Biomasse" in § 2 BiomasseV ist jedoch nicht abschließend. Zudem werden regelmäßig auch andere Stoffe in Biomasseanlagen eingesetzt, die nach § 3 BiomasseV nicht als Biomasse gelten.[462] Als Biomasse nicht anerkannt Stoffe sind nach § 3 BiomasseV fossile Brennstoffe einschließlich der daraus hergestellten Neben- und Folgeprodukte, Torf, gemischte Siedlungsabfälle aus privaten Hauhalten sowie ähnliche Abfälle aus anderer Herkunftsbereichen, Altholz unter bestimmten Bedingungen, Papier, Pappe, Kartons, Klärschlamm, Hafenschlick, Textilien, bestimmte tierische Nebenprodukte, sowie Deponie- und Klärgas. Im Ergebnis gibt es also feste, flüssige sowie gasförmige Bioenergieträger.[463]

bb) Energetische Nutzung von Biomasse

Die neue Regelung privilegiert Vorhaben zur energetischen Nutzung von Biomasse. Mit energetischer Nutzung von Biomasse ist die Herstellung und Verwendung von aus Biomasse erzeugtem Gas gemeint, wobei das Gas sowohl zur Wärmegewinnung als auch zur Erzeugung von Strom verwendet oder zu Benzin umgewandelt werden kann. Die aus Biomasse erzeugbare Wärme oder Elektrizität ist als thermische Energienutzung privilegiert, da unter den Privilegierungstatbestand jede Form der energetischen Nutzung von Biomasse fällt.[464]

---

chen- und Kantinenabfälle, getrennt erfasste Bioabfälle privater Haushalte und des Kleingewerbes, Bioabfälle aus der Holzbe- und -verarbeitung sowie Landschaftspflegeabfälle.

462 *Lampe*, NuR 2006, 152 (153).

463 Feste Energieträger sind insbesondere land- und forstwirtschaftliche Erzeugnisse, speziell angebaute Energiepflanzen – wie schnellwachsende Baumarten, Getreideganzpflanzen –, Waldholz, Getreidestroh, Rest-, Abfall- und Nebenprodukte, Pflanzen und Pflanzenreste anderer Herkunft – etwa Straßenbegleitgrün, Landschaftspflegegut –, gewerbliche Rest- und Abfallstoffe sowie Nebenprodukte – beispielsweise Bauholz, Paletten, Altmöbel, Sägemehl, Reste aus der Ernährungsindustrie –, Papier und Zellstoff. Flüssige Bioenergieträger können sein der sog. Bioalkohol (Ethanol) aus Zuckerrüben, Getreide oder Kartoffeln, Pflanzenöle – beispielsweise aus Raps bzw. Sonnenblumen –, deren Derivate sowie Ester (Rapsölmethylester – sog. Biodiesel). Gasförmige Bioenergieträger sind das durch bakterielle Umsetzungsprozesse organischer Substanzen land-, forst- oder fischwirtschaftlichen Ursprungs – wie Gülle oder Dung – oder aus Rest- und Abfallstoffen erzeugte Bio-, Klär- und Deponiegas; vgl. *Lampe*, NuR 2006, 152 (153); *Hinsch*, ZUR 2007, 401 (401).

464 *Gierke*, Institut für Städtebau, 1 (18); *Rieger*, in: Schrödter, § 35, Rdnr. 51; *Söfker*, in: Ernst/Zinkahn/Bielenberg/Krautzberger, Band II, § 35, Rdnr. 59a; *Kraus*, UPR 2008, 218 (219). Nach *Berkemann*, in: Berkemann/Halama, § 35, Rdnr. 35 f. mache die Begrenzung in § 35 Abs. 1 Nr. 6d BauGB 2004 deutlich, dass der Gesetzgeber vorrangig an die Erzeugung

Zur energetischen Nutzung geeignete Biomassen sind Stoffe, die durch Vergasung und Verbrennung energetische genutzt werden können – wie beispielsweise Gülle, Hölzer, Stroh. Durch bestimmte chemische Vorgänge werden diese in solche Stoffe verwandelt, die unmittelbar der Energieerzeugung dienen.[465]

Konkret bedeutet dies, dass Biogas durch Verrottung von Biomasse in riesigen Tanks gewonnen wird, indem landwirtschaftlichen Abfällen wie Gülle oder Silage sog. Co-Substrate, also organische Substanzen, beigefügt werden. Dieses Vorsubstrat aus Gülle und Pflanzenresten wird sodann in einer Vorgrube gemischt und unter Sauerstoffabschluss von Myriaden spezieller Bakterien zersetzt (Faulbehälter). Durch anschließende Hygienisierung werden fremde Bakterien und andere Keime abgetötet. Biogas ist damit ein Abbauprodukt der Bakterien. Neben geringen Spuren anderer Gase sind seine Hauptbestandteile brennbares Methan zu 50 – 75 % sowie Kohlendioxid zu 25 – 45 %. Indem es schließlich in Blockheizkraftwerken verbrennt, treibt es Motoren an, die über Generatoren Strom erzeugen, welcher auch zur Wärmegewinnung eingesetzt werden kann. Die in Betracht kommende Biomasse wird also einem Vergärungsprozess unterzogen, wodurch aufgrund des hohen Methangehalts energetisch nutzbares Biogas entsteht.[466]

cc) Biomasseanlagen sowie deren Anschluss an das öffentliche Versorgungsnetz

Der Gesetzgeber verwendet den Begriff der „Biogasanlage“ nicht. Ihr Inhalt erschließt sich aus der technisch erforderlichen Anlage, um aus Biomasse eine spezifisch energetische Nutzung erreichen zu können. Bei Biogasanlagen handelt es sich mithin um Vorhaben zur Herstellung und Nutzung der Energie von aus Biomasse erzeugtem Gas. Diese sind in der Regel beheizte und wärmegedämmte Stahlbetonbehälter (Fermenter). Wird das darin erzeugte Gas anschließend zur Elektrizitäts-, Wärme- oder Benzinerzeugung genutzt, umfasst die Privilegierung auch die dazu erforderlichen Anlagen wie solche im Sinne eines ent-

---

von Elektrizität gedacht habe. Angesichts der Zielsetzung der Stromeinspeisung sei unter der energetischen Nutzung faktisch das in § 1 BiomasseV vorgesehene technische Verfahren zu verstehen.

465 *C.-D. Bracher*, in: Gelzer/Bracher/Reidt, Bauplanungsrecht, Rdnr. 2140; *Söfker*, in: Krautzberger/Söfker, Baugesetzbuch, S. 597; *dergl.*, in: Ernst/Zinkahn/Bielenberg/Krautzberger, Band II, § 35, Rdnr. 59a; *Krautzberger*, in: Battis/Krautzberger/Löhr, § 35, Rdnr. 38.

466 *M. Odenwald*, Focus 2004, Ausgabe Nr. 33, 70 (70 f.); *Berkemann*, in: Berkemann/Halama, § 35, Rdnr. 31.

sprechend dimensionierten Elektrizität oder Wärme erzeugenden Kraftwerks oder Anlagen zur Umwandlung von Gas in Benzin.[467]

Da die Neuprivilegierung keine Bestimmung über die Verwendung der gewonnenen Energie enthält, kann diese im Betrieb, in dessen Rahmen sie erzeugt wurde, aber außerhalb dieses Betriebs Verwendung finden, etwa durch Einspeisung in das allgemeine Versorgungsnetz für Elektrizität oder Gas. Daher erfasst die Privilegierung auch die Errichtung von Anlagen, die dem Anschluss von Bioenergiegasanlagen an das öffentliche Versorgungsnetz dienen wie erforderliche Leitungen in das Strom-/Elektrizitätsnetz oder Anschlussleitungen in das Gasnetz für den Weitertransport von Gas oder Benzin. Ein Abhängigkeitsverhältnis insofern, dass die Biogasanlage nur bei Bestehen eines Anschlusses privilegiert ist, besteht nicht, da die Nennung des Anschlusses die Privilegierung lediglich erweitert.[468] Mit „öffentliche" Versorgung ist eine allgemeine gemeint; private Versorgung fällt also nicht darunter. Die Abgrenzung ist nicht nach der Handlungsform vorzunehmen (Versorgungsträger, die ein öffentliches Versorgungsnetz betreiben, sind in der Regel privatrechtlich organisiert), sondern nach der Funktion. Für den Anschluss wird vorausgesetzt, dass das durch die Nutzung der Biomasse entstehende Sekundärprodukt in ein Versorgungsnetz eingespeist werden kann. Hierfür genügt die objektive Anschlussfähigkeit. Unerheblich ist zudem, ob eine betriebswirtschaftlich sinnvolle Verwertung besteht.[469]

b) Nutzung im Rahmen eines Betriebs, § 35 Abs. 1 Nr. 6 BauGB 2004

Nach § 35 Abs. 1 Nr. 6 BauGB 2004 muss die Biomasse im Rahmen eines Betriebs i. S. v. § 35 Abs. 1 Nr. 1 bzw. 2 BauGB 2004 oder soweit Tierhaltung betreibend gemäß § 35 Abs. 1 Nr. 4 BauGB 2004 energetisch genutzt werden.[470]

aa) Betrieb i. S. v. § 35 Abs. 1 Nr. 1, 2 oder 4 (tierhaltend) BauGB 2004

Unter Betrieb i. S. v. § 35 Abs. 1 Nr. 1 BauGB 2004 fällt der land[471]- oder forstwirtschaftliche Betrieb. Nach § 35 Abs. 1 Nr. 2 BauGB 2004 sind Betriebe, die

467 *Krautzberger/Schliepkorte*, UPR 2003, 92 (96); *Söfker*, in: Ernst/Zinkahn/Bielenberg/Krautzberger, Band II, § 35, Rdnr. 59a; *Berkemann*, in: Berkemann/Halama, § 35, Rdnr. 25.

468 *VG Augsburg*, Urt. vom 09.01.2008, Az.. Au 4 K 07.1147, juris; *Söfker*, in: Ernst/Zinkahn/Bielenberg/Krautzberger, Band II, § 35, Rdnr. 59a; *dergl.*, in: Krautzberger/Söfker, Baugesetzbuch, S. 597; *Dombert*, AUR 2004, 393 (394); *C.-D. Bracher*, in: Gelzer/Bracher/Reidt, Bauplanungsrecht, Rdnr. 2140; *Otto*, Kommunalpraxis 2004, 228 (231 f.).

469 *Berkemann*, in: Berkemann/Halama, § 35, Rdnr. 38 f.

470 *Finkelnburg*, NVwZ 2004, 897 (902).

471 Zur Definition von Landwirtschaft siehe § 201 BauGB 2004.

der gartenbaulichen Erzeugung dient, privilegiert. Betriebe i. S. v. § 35 Abs. 1 Nr. 4 BauGB 2004 können nur dann den Rahmen für eine Privilegierung nach § 35 Abs. 1 Nr. 6 BauGB 2004 bilden, wenn sie Tierhaltung betreiben.[472] Damit werden die Tierhaltungsbetriebe erfasst, die nicht mehr zur Landwirtschaft gehören – entweder weil sie keine Landwirtschaft i. S. v. § 201 BauGB 2004 mehr darstellen oder weil eine immissionsschutzrechtliche Genehmigungsbedürftigkeit besteht –, sondern gewerbliche Tierhaltung darstellen, wie Intensiv-Geflügel-, Kälber- oder Schweinemästereien, und die wegen ihrer besonderen Anforderung an die Umgebung, wegen ihrer nachteiligen Wirkung auf die Umgebung oder wegen ihrer besonderen Zweckbestimmung nur im Außenbereich ausgeführt werden sollen.[473] Aus der Aufzählung der Betriebe nach § 35 Abs. 1 Nr. 1, 2 oder 4 (soweit tierhaltend) BauGB 2004 ergibt sich im Umkehrschluss, dass Biomasseanlagen im Rahmen anderer privilegierter Betriebe als den aufgezählten nicht erfasst sind; die Bestimmung ist also in Bezug auf die Betriebsart abschließend.[474]

Der Betrieb muss in dem Zeitpunkt, in dem über die Zulässigkeit der Biogasanlage befunden wird, noch vorhanden und privilegiert sein. Ist der Betrieb zuvor aufgegeben worden, ist eine Privilegierung nach § 35 Abs. 1 Nr. 6 BauGB 2004 ausgeschlossen. Wird der Betrieb allerdings erst nach der erteilten Baugenehmigung aufgegeben und damit entprivilegiert, ist dies für die materielle Rechtsmäßigkeit der genehmigten, evtl. schon errichteten Biomasseanlage unschädlich.[475]

bb) Tatbestandsmerkmal „im Rahmen" eines Betriebs

Mit dem Tatbestandsmerkmal „im Rahmen" eines Betriebs verlangt das Gesetz eine Zuordnung der Biomasseanlage zu dem Basisbetrieb. Damit ist gemeint, dass die energetische Nutzung der Biomasse im Rahmen des Betriebs zu erfolgen hat, in dem die zu nutzende Biomasse erzeugt wird. Dies sind alle Produkte, die in den bezeichneten Betrieben – etwa im Rahmen des Ackerbaus oder der Intensivtierhaltung – anfallen.[476] Aus diesem Merkmal ergibt sich zugleich, dass § 35 Abs. 1 Nr. 6 BauGB 2004 nicht die Biomasseanlage als solche allgemein

---

472 Damit scheiden u. a. Fischmehlfabriken und Düngemittelfabriken aus.

473 *Jäde*, in: Jäde/Dirnberger/Weiß, § 35, Rdnr. 82; *Berkemann*, in: Berkemann/Halama, § 35, Rdnr. 23; *Roeser*, in: Berliner Kommentar, Band I, § 35, Rdnr. 52a.

474 *Söfker*, in: Ernst/Zinkahn/Bielenberg/Krautzberger, Band II, § 35, Rdnr. 59b.

475 *Berkemann*, in: Berkemann/Halama, § 35, Rdnr. 12, 14.

476 *W. Söfker*, in: Krautzberger/Söfker, Baugesetzbuch, S. 597; *dergl.*, in: Ernst/Zinkahn/Bielenberg/Krautzberger, § 35, Rdnr. 59b; *C.-D. Bracher*, in: Gelzer/Bracher/Reidt, Bauplanungsrecht, Rdnr. 2141.

privilegiert, sondern nur im Rahmen eines Betriebs, bei dessen Produktion energetisch verwertbare Biomasse entsteht. Dies bedeutet aber nicht, dass es sich bei der Biomasseanlage um einen mitgezogenen Betriebsteil eines land- oder forstwirtschaftlichen Betriebs handeln muss, wie dies bisher für ihre Privilegierung nach § 35 Abs. 1 Nr. 1 BauGB noch erforderlich war.[477]

Allerdings leitet ein Teil in der Literatur hieraus ab, die Anforderungen an das Tatbestandsmerkmal „im Rahmen“ eines in § 35 Abs. 1 Nr. 6 BauGB 2004 aufgeführten Betriebs mit denen des Tatbestandsmerkmals des „Dienens“ in der Privilegierung nach § 35 Abs. 1 Nr. 1 BauGB 2004 vergleichbar seien. Daher bedürfe es einer bestimmten funktionalen Beziehung der Anlage zum Betrieb im Sinne einer Zu- und Unterordnung, einer Prägung der Anlage durch den Betrieb und einer räumlichen Nähe der Anlage zum Betrieb. Die gezielte Herstellung der Biomasse innerhalb eines Betriebs sei zwar nicht unzulässig, jedoch dürfe sie nicht die alleinige bzw. überwiegende Tätigkeit des Betriebs ausmachen. Die Neuprivilegierung greife folglich nicht, wenn die Herstellung von Biomasse Primärzweck des Betriebes i. S. v. § 35 Abs. 1 Nr. 1, 2 oder 4 BauGB 2004 sei; handle es sich hingegen lediglich um ein verwertungsfähiges Nebenprodukt, wie dies regelmäßig bei Abfallprodukten der Fall sei, sei eine Privilegierung nach § 35 Abs. 1 Nr. 6 BauGB 2004 möglich.[478]

Das Verwaltungsgericht Mainz sah dies ebenso und urteilte, dass eine Biogasanlage nicht unter den Privilegierungstatbestand des § 35 Abs. 1 Nr. 6 BauGB 2004 falle, wenn sie den Schwerpunkt des landwirtschaftlichen Betriebs dergestalt darstelle, dass der Betrieb insgesamt, sowohl in Bezug auf die bewirtschafteten Flächen als auch bezüglich der Betriebsabläufe, ausschließlich auf die Erzeugung von Biomasse ausgerichtet sei, da ein solches Vorhaben nicht i. S. d. § 35 Abs. 1 Nr. 6 BauGB 2004 „im Rahmen“ eines landwirtschaftlichen Betriebs errichtet und betrieben werden soll.[479]

Hierzu wurde im Schrifttum kritisch angemerkt, dass sich eine Gleichsetzung des Tatbestandsmerkmals „im Rahmen“ i. S. d. § 35 Abs. 1 Nr. 6 BauGB 2004 mit dem Begriff des „Dienens“ i. S. v. § 35 Abs. 1 Nr. 1 BauGB aus dem Gesetzestext nicht ableiten lasse. § 35 Abs. 1 Nr. 6 BauGB 2004 beziehe das „Dienen“ des Vorhabens lediglich auf die energetische Nutzung von Biomasse und den Anschluss an das öffentliche Versorgungsnetz. Mit dem Europarechtsanpassungsgesetz Bau sollte der frühere maßgebliche Begriff der dienenden oder mitgezogenen Nutzung gerade nicht fortgeschrieben, sondern erweitert werden, um

477 *Berkemann*, in: Berkemann/Halama, § 35, Rdnr. 8 kritisiert, dass dies die energiepolitische Reichweite der neuen Regelung stark begrenze.

478 *Dürr*, in: Brügelmann, Band 2, § 35, Rdnr. 63; *Bienek/Krautzberger*, UPR 2008, 81 (89 f.).

479 *VG Mainz*, Urt. vom 23.01.2007, Az.: 3 K 194/06.MZ, juris.

das ausdrückliche Ziel der weitergehenden Privilegierung von Biomasseanlagen als nach bisheriger Rechtslage zu erreichen. Ein bisheriges Zulässigkeitsmerkmal des § 35 Abs. 1 Nr. 1 BauGB könne nicht in § 35 Abs. 1 Nr. 6 BauGB 2004 hineininterpretiert werden, denn die neuen konkreten Zulassungsvoraussetzungen ergäben sich aus den Buchstaben a) bis b) des § 35 Abs. 1 Nr. 6 BauGB 2004, weshalb für eine Erweiterung weder Raum noch Notwendigkeit bestehe. So lege die Bezugnahme von § 35 Abs. 1 Nr. 6 BauGB 2004 auf § 35 Abs. 1 Nr. 1, 2 und 4 BauGB lediglich die Art des „Rahmen-Betriebs" fest, ohne jedoch zusätzlich Anforderungen an die Art und Weise der landwirtschaftlichen Betriebsführung zu stellen. Aus diesen Gründen könnten die Begriffe „Dienen" und „Unterordnung" aus der Rechtsprechung von vor ca. 20 Jahren nicht mehr als Maßstab herangezogen werden, zumal es sich seinerzeit überwiegend um Rechtsprechung zur Wohnnutzung im Außenbereich handelte, was mit der Situation von Biomasseanlagen nicht vergleichbar sei. Ferner berücksichtige das Verwaltungsgericht Mainz mit seiner Voraussetzung des untergeordneten Schwerpunkts der Anlage gegenüber dem Betrieb nicht, dass der gegenüber der Anlage wesentlich arbeits- und auch flächenintensivere Anbau von Biomasse als landwirtschaftlicher Schwerpunkt weiterhin erhalten bleibt. Ebenso sei unberücksichtigt geblieben, dass der Gesetzgeber die überwiegende Belieferung der Anlage durch den Betreiber selbst wünschte, was jedoch nach der Wertung des Verwaltungsgerichts Mainz zumindest bei kleinen Betrieben völlig ins Leere gehen würde, obwohl diese durch das Europarechtsanpassungsgesetz Bau in besonderem Maße gefördert werden sollten. Entgegen der Befürchtung des Verwaltungsgerichts Mainz entstehe durch die ausschließliche Belieferung der Biogasanlage auch kein „agrarindustrieller Betrieb", so dass von der Landwirtschaft im herkömmlichen Sinne nichts mehr übrig blieben, denn die gezielte Herstellung von Biomasse sei Voraussetzung der Privilegierung und es handle sich dabei um eine landwirtschaftliche Betätigung im Sinne der landwirtschaftlichen Urproduktion. Es könne damit abschließend festgehalten werden, dass die restriktive Auslegung des Landwirtschaftsbegriffs durch das Verwaltungsgericht Mainz den heutigen, vom Gesetzgeber erkannten Zwängen der Betriebe nicht gerecht werde.[480]

Die obergerichtliche Rechtsprechung teilte die Auffassung des Verwaltungsgerichts Mainz ebenso wenig. Das Oberverwaltungsgericht Rheinland-Pfalz entschied, dass eine Biogasanlage auch dann gemäß § 35 Abs. 1 Nr. 6 BauGB 2004 „im Rahmen" eines landwirtschaftlichen Betriebs betrieben wird, wenn der Landwirt und Betriebsinhaber den landwirtschaftlichen Betrieb vollständig auf

480 *Loibl/Rechel*, UPR 2008, 134 (135); *Mache*, ZNER 2007, 241 (244 f.); *Hinsch*, ZUR 2007, 401 (404); *Lampe*, NuR 2006, 152 (154).

die Erzeugung von Biomasse ausrichtet und beabsichtigt, diese in der geplanten Biogasanlage einzusetzen, denn auch bei der Erzeugung von Biomasse handle es sich um Landwirtschaft i. S. v. § 201 BauGB 2004. Einer darüber hinausgehenden, anderen landwirtschaftlichen Produktion bedürfe es deshalb nicht, um die Voraussetzungen für eine Privilegierung der Biogasanlage gemäß § 35 Abs. 1 Nr. 6 BauGB 2004 zu erfüllen, wonach diese nur „im Rahmen" eines landwirtschaftlichen „Basis-Betriebs im Außenbereich zulässig ist.[481]

Diese Auffassung wurde durch das Bundesverwaltungsgericht bestätigt. Dem einschränkenden Privilegierungsmerkmal „im Rahmen eines Betriebs" kann nicht entnommen werden, dass die Biogasanlage gegenüber dem „klassischen" landwirtschaftlichen Basisbetrieb, an den geknüpft wird, von untergeordneter Bedeutung sein müsse. Auch ein im Außenbereich gelegener landwirtschaftlicher Betrieb, der ausschließlich auf die Produktion von Biomasse ausgerichtet ist, kann geeigneter Anknüpfungspunkt für die Privilegierung einer angeschlossenen Biogasanlage sein, denn die Produktion von Biomasse sei ebenso Landwirtschaft i. S. d. § 201 BauGB 2004. Zudem ergebe sich dies auch aus dem Gesetzeswortlaut – hätte der Gesetzgeber eine Biogasanlage lediglich in dienender Abhängigkeit zu einem Betrieb nach § 35 Abs. 1 Nr. 1, 2 oder 4 privilegieren wollen, hätte er die entsprechende Formulierung verwandt, wie sie andere Privilegierungstatbestände des § 35 Abs. 1 BauGB enthielten. Dieser bewusste Verzicht des Gesetzgebers auf das einschränkende Tatbestandsmerkmal des „Dienens" des Vorhabens darf nicht durch eine einengende Auslegung des gesetzlichen Anknüpfungspunktes „im Rahmen eines Betriebs" überspielt werden. Weiter finden sich auch in den Gesetzesmaterialien keine Anhaltspunkte für eine restriktive Auslegung; vielmehr sollten nach dem eindeutigen Willen des Gesetzgebers die Kriterien einer nur „dienenden Funktion" bzw. „mitgezogenen Nutzung" nicht aufrecht erhalten bleiben, um den Strukturwandel in der Landwirtschaft gerecht zu werden. Dem Gebot der größtmöglichen Schonung des Außenbereichs vor Bebauungen werde durch die zusätzlichen Tatbestandsvoraussetzungen in § 35 Abs. 1 Nr. 6a–d BauGB 2004 Rechnung getragen.[482] Das Merkmal des „Dienens" ist folglich durch die eigenständige Privilegierung von Biogasanlagen obsolet geworden.[483]

Das Verwaltungsgericht Stade sprach sich zwar auch gegen die Anwendung des Begriffs des „Dienens" aus, forderte aber, dass sich die Biogasanlage in den vorgegebenen landwirtschaftlichen Rahmen einfügen müsse, und daher selbst

---

481 *OVG Rheinland-Pfalz*, Urt. vom 22.11.2007, Az.: 1 A 10253/07, juris.

482 *BVerwG*, Urt. vom 11.12.2008, Az.: 7 C 6.08, juris; so auch *VG München*, Urt. vom 08.05.2008, Az.. M 11 K 08.782, juris.

483 *Loibl/Rechel*, UPR 2008, 134 (136).

nicht Hauptsache sei.[484] Diese stellt insofern eine Gegenposition zur Entscheidung des Bundesverwaltungsgerichts dar.[485]

cc) Klärung des Wortes im Rahmen „eines" Betriebs

Die Neuprivilegierung steht unter dem Vorbehalt, dass die energetische Nutzung von Biomasse im Rahmen „eines" Betriebs erfolgt. Wegen dieser gesetzlichen Formulierung stellt sich die Frage, ob die Worte „im Rahmen eines Betriebes" ein eigenständiges Privilegierungskriterium darstellen und ob die Biomassenutzung ausschließlich an einen einzelnen Betrieb gebunden ist. In diesem Zusammenhang ist auch strittig, ob eine Identität zwischen dem Betreiber des privilegierten Betriebs i. S. v. § 35 Abs. 1 Nr. 1, 2 und 4 (tierhaltend) BauGB 2004 und dem der Biomasseanlage bestehen muss.

Die Auffassung, nach der das Tatbestandsmerkmal „im Rahmen eines Betriebs" als eigenes Privilegierungskriterium eine Zuordnung der Biomasseanlage zu einem der in § 35 Abs. 1 Nr. 6 BauGB 2004 genannten Betriebe als dem Basisbetrieb, in dessen Rahmen die Biomasseanlage errichtet werden soll, im Sinne einer „dienenden" Funktion aus § 35 Abs. 1 Nr. 1 BauGB erfordert, sieht als wesentlichen Anhaltspunkt für eine Zuordnung die Identität zwischen dem Inhaber des Basisbetriebs und dem Betreiber der Biogasanlage. Die Zuordnung sei aber nicht bereits deshalb zu verneinen, wenn die zu beurteilende Biomasseanlage nicht im (Allein-) Eigentum des Inhabers des Basisbetriebs stehe, da ein Auseinanderfallen von Betriebs- und Anlageninhaber auch nicht beim anzulehnenden Kriterium der dienenden Funktion hinderlich sei. Die Biomasseanlage könne daher auch in diesem Falle dem Basisbetrieb zugeordnet werden, indem sie sich im Eigentum einer Betreibergesellschaft befinde, welche dauerhaft ausschließlich aus die Anlage beschickenden Gesellschaftern i. S. d. § 35 Abs. 1 Nr. 6b BauGB 2004 bestehe und der Inhaber des Basisbetriebs maßgeblichen Einfluss auf die Gesellschaft habe.[486] Nach einer Stellungnahme auf Landesebene dürfe die Betreibergesellschaft zudem keinen weiteren Zweck als den Betrieb der Biogas-

484 *VG Stade*, Urt. vom 09.12.2008, Az.: 2 A 1457/07, juris.

485 Vgl. auch Anmerkung hierzu von *Kruschinski*, BauR 2009, 1234 (1236).

486 *Fachkommission Städtebau der ARGEBAU*, Stellungnahme vom 22.03.2006, www.umwelt.digital.de/nd/189226/vorschrift.html.; *Ministerium für Städtebau und Wohnen, Kultur und Sport des Landes Nordrhein-Westfalen*, Runderlass vom 30.01.2005, IIA1–901.12, www.umweltdaten.de/publikationen/fpdf-L/3241.pdf; vgl. auch *Krautzberger*, in: Battis/Krautzberger/Löhr, § 35, Rdnr. 38c; *Söfker*, in: Ernst/Zinkahn/Bielenberg/Krautzberger, Band II, § 35, Rdnr. 59b; *Bienek/Krautzberger*, UPR 2008, 81 (90). So auch *Kraus*, UPR 2008, 218 (219), der dieses Erfordernis allerdings ausdrücklich nicht mit der „dienenden Funktion" begründet. *Manten*, ZUR 2008, 576 (577 f.) zeigt Konstellationen zur Gewährleistung eines maßgeblichen Einflusses auf.

anlage verfolgen. Demgemäss sei die Zuordnung zu dem Betrieb nicht begründet, wenn zu den die Anlage nutzenden Betriebsinhabern andere Gesellschafter wie reine Kapitalanleger hinzutreten würde.[487] Eine weitere Äußerung auf Landesebene stellt bei Vorliegen einer Betreibergesellschaft in Form einer möglichen GmbH oder GbR auf die Gewährleistung eines funktionalen Zusammenhangs zum Betrieb ab.[488] Nach einer engeren Auffassung auf Landesebene wurde zunächst sogar eine Personenidentität zwischen dem Eigentümer des Basisbetriebes und dem Betreiber der Biomasseanlage gefordert. Hieran wurde jedoch in der aktuellen Fassung des Runderlasses nicht mehr festgehalten.[489]

Der Auffassung in der Literatur, die diese Ansicht ablehnt, hat sich mittlerweile die höchstrichterliche Rechtsprechung[490] angeschlossen. Sonach stehe eine Bezugnahme auf die Fälle des § 35 Abs. 1 Nr. 1 BauGB 2004 im Widerspruch zum Wortlaut des § 35 Abs. 1 Nr. 6 BauGB 2004, der – im Gegensatz zum Wortlaut des § 35 Abs. 1 Nr. 1 BauGB – gerade nicht fordere, dass das Vorhaben einem landwirtschaftlichen Betrieb dienen müsse, sondern vielmehr, dass das Vorhaben der energetischen Nutzung von Biomasse sowie dem Anschluss an das öffentliche Versorgungsnetz diene. Darüber hinaus sei das Erfordernis einer rechtlichen Zuordnung in dem Sinne, dass die Biomasseanlage im Eigentum des Inhabers des Basisbetriebes oder im Eigentum einer Betreibergesellschaft, auf die der Betriebsinhaber einen maßgeblichen Einfluss habe, nicht vom Wortlaut des § 35 Abs. 1 Nr. 6 BauGB 2004 gedeckt. Um ein derartiges Verständnis der Norm rechtfertigen zu können, hätte der Gesetzeswortlaut derart sprachlich abgefasst werden müssen, dass das Vorhaben der energetischen Nutzung von Biomasse durch den Inhaber einer aufgeführten Betriebsart oder durch eine Gesellschaft bestehend aus Inhabern der genannten Betriebe dient. Da § 35 Abs. 1 Nr. 6 BauGB 2004 gerade nicht dergestalt formuliert wurde, stellten die aufgeführten Äußerungen eine nicht gerechtfertigte Einengung des gesetzlichen

---

487 *Oberste Baubehörde im Bayerischen Staatsministerium des Inneren gegenüber der Regierung von Niederbayern*, Stellungnahme vom 04.08.2005, IIB5–4112.79–003/05, in: *Mantler*, BauR 2007, 50 (52).

488 *Ministerium für Infrastruktur und Raumordnung/Ministerium für Ländliche Entwicklung, Umwelt- und Verbraucherschutz des Landes Brandenburg*, Gemeinsamer Erlass zur bauplanungsrechtlichen Zulässigkeit von Biomasseanlagen nach § 35 Abs. 1 Nr. 6 des Baugesetzbuchs (Biomasseerlass) vom 05.04.2006, veröffentlicht am 10.05.2006, Amtsblatt für Brandenburg, Nr. 18, S. 354 –357.

489 *Niedersächsisches Ministerium für Soziales, Frauen, Familie und Gesundheit/Niedersächsisches Ministerium für den ländlichen Raum, Ernährung, Landwirtschaft und Verbraucherschutz*, Hinweise zu der bauplanungsrechtlichen Zulässigkeit von Biomasseanlagen nach § 35 Abs. 1 Nr. 6 BauGB vom 25.01.2005, www.cdl.niedersachsen.de/b/ob/images/C7872878_L20.pdf.

490 *BVerwG*, Urt. vom 11.12.2008, Az.: 7 C 6.08, juris.

Wortlauts dar.[491] Ebenso wenig durch den Wortlaut der Norm begründet sei die Auffassung, dass ein Vorhaben unter Beteiligung von Nicht-Betriebsinhabern regelmäßig § 35 Abs. 1 Nr. 6 BauGB 2004 nicht erfülle. Darüber hinaus bestehe auch kein sachlicher Grund, Nicht-Mitbetreiber der Anlage von einer Beschickung auszunehmen, da schließlich nicht jeder einzelne Betrieb eine Biomasseanlage betreiben und damit verbundene Immissionen verursachen solle.[492] Gegen die Forderung nach einem funktionalen Zusammenhang zum Betrieb bei einer Betreibergesellschaft spreche, dass dadurch das Tatbestandsmerkmal „im Rahmen eines Betriebs" mit dem „räumlich-funktionalen Zusammenhang" in § 35 Abs. 1 Nr. 6a BauGB 2004 unzulässigerweise vermengt werde. Zudem sei eine eigene Trägerschaft der Gemeinschaftsanlage in Form einer GmbH, Genossenschaft oder GbR, die Eigentümerin der Biomasseanlage sein soll, ausgeschlossen, da nach § 35 Abs. 1 Nr. 6 BauGB 2004 die Biomasseanlage dem Betrieb, in dessen Rahmen sie betrieben wird, unmittelbar rechtlich und räumlich zugeordnet sein müsse.[493] Die Auffassung, die zur Erfüllung des Tatbestandsmerkmals „im Rahmen eines Betriebes" Personenidentität fordert, sei gänzlich sinnentleert, da Personenidentität mit dem Erfordernis „im Rahmen" wegen des gegenseitigen Ausschlusses nicht zu vereinbaren sei. Zudem wäre dann eine Gemeinschaftsanlage nicht denkbar, weil nicht jeder Mitbetreiber zwangsläufig auch Betreiber aller teilnehmenden Betriebe sei.[494]

Vielmehr sei die Nutzung von Biomasse nicht auf einen konkreten Betrieb zu beschränken, sondern überbetrieblich zuzulassen. Das Tatbestandsmerkmal „im Rahmen eines Betriebes" müsse dabei dahingehend ausgelegt werden, dass ein bestimmter Betrieb für die Biomasse nur den Rahmen bilde und damit als Anknüpfungspunkt diene. Eine Identität zwischen dem Betreiber des Betriebs, der den Anknüpfungspunkt für die Biomasseanlage bilde, und dem Betreiber der Biomasseanlage sei nicht erforderlich.[495]

Hierfür spreche schon der Wortlaut „Rahmen" in § 35 Abs. 1 Nr. 6 BauGB 2004, welcher lediglich bestimme, dass die Biomasseanlage zu einem land- bzw. forstwirtschaftlichen, gartenbaulichen oder gewerblich tierhaltenden Betrieb

---

491 *Loibl/Rechel*, UPR 2008, 134 (137); *Manten*, ZUR 2008, 576 (578); *Mantler*, BauR 2007, 50 (53 f.); *Hinsch*, ZUR 2007, 401 (403).

492 *Hentschke/Urbisch*, AUR 2005, 41 (44); *Mantler*, BauR 2007, 50 (52).

493 *J. Berkemann*, in: Berkemann/Bunzel/Halama/Schmidt-Eichstaedt/Schrödter, BauGB 2004 – Nachgefragt, S. 280 f.; *Mantler*, BauR 2007, 50 (52).

494 *Mantler*, BauR 2007, 50 (53); *Hentschke/Urbisch*, AUR 2005, 41 (43).

495 *Landesverwaltungsamt Sachsen-Anhalt*, Stellungnahme zur Beurteilung der bauplanungsrechtlichen Zulässigkeit von Vorhaben, die der energetischen Nutzung von Biomasse dienen vom 24.04.2005, 204.2.1–24241/0/1–5/05, in: *Mantler*, BauR 2007, 50 (53); *Hentschke/Urbisch*, AUR 2005, 41 (43).

i. S. v. § 35 Abs. 1 Nr. 1, 2 oder 4 BauGB 2004 in einer bestimmten Beziehung stehen müsse. Zudem habe der Gesetzgeber mit der Wortwahl in § 35 Abs. 1 Nr. 6 BauGB 2004 nur insofern die Bedeutung des Kriteriums des „Dienens" i. S. v. § 35 Abs. 1 Nr. 1 BauGB 2004[496] aufgenommen, als das Vorhaben durch die Zuordnung zu dem konkreten Betrieb äußerlich erkennbar geprägt sein müsse; auf den Maßstab eines „vernünftigen Landwirts" komme es hingegen nicht an. Daraus folge, dass das Vorhaben zur Biomassenutzung zwar äußerlich erkennbar durch den privilegierten Betrieb geprägt sein, jedoch nicht zwangsläufig vom Betriebsinhaber selbst errichtet werden muss. Da die rechtliche Qualität der Beziehung des Biomassevorhabens zum privilegierten Betrieb somit keine „dienende" sei, könne dem Merkmal „im Rahmen eines Betriebes" keine weitere Aussagekraft entnommen werden als die, dass eine bestimmte Beziehung zwischen dem Vorhaben und dem Betrieb im Sinne eines Anknüpfungspunktes bestehen müsse; die qualitativen Voraussetzungen an diese Beziehung ergäben sich erst aus den folgenden Voraussetzungen gemäß § 35 Abs. 1 Nr. 6a–d BauGB 2004.[497]

Dies werde auch durch die Systematik der neuen Privilegierungsregelung bestätigt. Deren Aufbau zeige durch entsprechende Gliederung sowie entsprechenden Wortlaut, dass die eigentlichen Privilegierungsvoraussetzungen ausschließlich in § 35 Abs. 1 Nr. 6a–d BauGB 2004 normiert seien, da sich diese einzelnen Bestimmungen nicht im Vortext vor dem Doppelpunkt, sondern erst in der anschließenden Aufzählung befänden, woraus geschlossen werden könne, dass das Merkmal „im Rahmen eines Betriebs" kein eigenständiges Privilegierungskriterium und damit keine Zulässigkeitsvoraussetzung sei.[498] Zum anderen spreche die in § 35 Abs. 1 Nr. 6b BauGB 2004 eröffnete Möglichkeit der Anlieferung auch aus nahe gelegenen Betrieben dafür, dass die Nutzung von Biomasse nicht auf einen konkreten Betrieb zu beschränken sei.[499]

Die Zulassung der Nutzung von Biomasse in überörtlichen Kooperationen ergebe sich ebenfalls aus dem Sinn und Zweck der neuen Regelung in § 35 Abs. 1 Nr. 6 BauGB 2004 der Unterstützung des Strukturwandels in der Landwirtschaft zur vermehrten Nutzung von Biomasse. Eine Beschränkung der Privilegierung auf einen Betrieb stünde dem entgegen, da dann die Anwendungsvoraussetzungen so hoch gesetzt würden, dass die Privilegierung nach § 35 Abs. 1 Nr. 6 BauGB 2004 in vielen Fällen nicht zum tragen käme. Nach der Gesetzesbegründung heiße es hierzu ausdrücklich, dass die Neuprivilegierung auch und gerade

---

496 Vgl. insofern *BVerwG*, Urt. vom 03.11.1972, E 41, 138 (138 f.).

497 *Mantler*, BauR 2007, 50 (53 f.); *Manten*, ZUR 2008, 576 (578).

498 *Manten*, ZUR 2008, 576 (578); *Lampe*, NuR 2006, 152 (153).

499 *Hentschke/Urbisch*, AUR 2005, 41 (43); *Mantler*, BauR 2007, 50 (54 f.).

die Zusammenarbeit mehrerer Betrieb erfassen solle. Durch die erleichterte Zulässigkeit sollten also auch Kooperationen gefördert werden, da sich die Errichtung einer ausschließlich auf einen Betrieb bezogenen Biomasseanlage in der Vergangenheit als wenig sinnvoll erwies und erst der Zusammenschluss von mehreren Betrieben eine ökonomische Perspektive biete.[500]

Auf die Inhaberschaft des Betriebs und der Biomasseanlage im Sinne einer Identität bzw. eine maßgebliche Beteiligung des Betriebsinhabers an der Betreibergesellschaft der Biomasseanlage komme es nicht an, da sich dafür aus der Gesetzesbegründung keinerlei Anhaltspunkte ergäben. Zudem seien allein die wirtschaftlichen Vorteile entscheidend, die sich für einen Betrieb durch die Nutzung von Biomasse ergeben könnten, während Faktoren wie Eigentum an der Biomasseanlage, Tragung des wirtschaftlichen Risikos für die Anlage sowie deren technische Betriebsführung für den Betriebsinhaber von untergeordneter Bedeutung seien, zumal diese ohnehin in der Regel mangels entsprechender eigener finanzieller Mittel (unbelastetes) Eigentum an oder zumindest eine tatsächliche weisungsunabhängige Verfügungsgewalt über die Biomasseanlage nicht erreichen könnten, da den zum Bau der Anlagen benötigten Geldgebern als Sicherheit meist entsprechende Grundpfandrechte am Grundstück eingeräumt bzw. Einspeisungsvergütung nach dem Erneuerbare-Energien-Gesetz abgetreten würden und diese oftmals auch vertraglich absichernde dezidierte Vorgaben für die Bewirtschaftung der Anlage zur Minimierung des wirtschaftlichen Risikos aufstellten. Auch würden den zivilrechtlichen Hindernissen in der Praxis oftmals faktische Schranken hinzutreten, da Betriesinhaber nur in Einzelfällen die fachlichen Voraussetzungen zum eigenständigen Betrieb einer Biomasseanlage mit ihren technisch und biologisch komplexen Vorgänge mitbrächten. Vor dem Hintergrund, dass Biomasseanlagen eigentlich nur von entsprechenden Fachleuten ausgeführt werden könnten, reduziere sich die Tätigkeit der Betriebsinhaber auf die Beschickung von Anlagen mit Biomasse und unter Umständen auf kleinere Betreibertätigkeiten, wie etwa Kontroll- und Wartungsarbeiten.[501]

Abschließend kann sonach festgehalten werden, dass das Tatbestandsmerkmal „im Rahmen eines Betriebs“ nach § 35 Abs. 1 Nr. 6 BauGB 2004 nur bedeutet, dass das Vorhaben zur energetischen Nutzung von Biomasse einen der gesetzlich genannten privilegierten Betriebe als Anknüpfungspunkt haben muss, aber an diesen einzelnen Betrieb nicht ausschließlich gebunden ist. Eine rechtliche Zuordnung durch Eigentum- bzw. maßgebliche Anteilsverhältnisse vom Betriebsinhaber an der Biomasseanlage wird vom Gesetz nicht gefordert. Die Bio-

500 *Bundesregierung*, Entwurf eines Europarechtsanpassungsgesetzes Bau, BT-Drs. 15/2250, S. 55; *Hentschke/Urbisch*, AUR 2005, 41 (43); *Mantler*, BauR 2007, 50 (55).

501 *Mantler*, BauR 2007, 50 (56).

masseanlage kann daher auch von einem Dritten betrieben werden, sofern sie in einer bestimmten Beziehung zu einem der genannten privilegierten Betriebe steht, deren erforderliche Qualität sich erst aus § 35 Abs. 1 Nr. 6a bis d BauGB 2004 ergibt.

Mittlerweile hat allerdings die verwaltungsgerichtliche Rechtsprechung entschieden, dass zwar eine Identität der Eigentümer von landwirtschaftlichem Basisbetrieb und Biogasanlage nicht verlangt werden könne, jedoch der den Basisbetrieb führende Landwirt Mehrheitsgesellschafter des Betreibers einer Biogasanlage sein müsse. Hätte der Inhaber des Basisbetriebs nicht mindestens maßgeblichen Einfluss auf die Gesellschaft, würde der Rahmen des landwirtschaftlichen Betriebs, in dem die Biogasanlage betrieben werde, verlassen werden. Dieser maßgebliche Einfluss könne aber dauerhaft nur dadurch sichergestellt werden, dass der Inhaber des Basisbetriebs auch mindestens die Mehrheit der Anteile der Betreibergesellschaft halte; ein bloßes gesellschaftsvertraglich zugesichertes Zustimmungserfordernis bei Beschlüssen der Gesellschaft reiche nicht aus.[502]

c) Räumlich-funktionaler Zusammenhang der Biomasseanlage mit dem Betrieb, § 35 Abs. 1 Nr. 6a BauGB 2004

§ 35 Abs. 1 Nr. 6a BauGB 2004 setzt voraus, dass die bauliche Anlage zur Herstellung und Nutzung von aus Biomasse erzeugter Energie in einem räumlich-funktionalen Zusammenhang mit dem jeweiligen Betrieb steht.

aa) Sinn und Zweck von § 35 Abs. 1 Nr. 6a BauGB 2004

Mit in § 35 Abs. 1 N. 6a BauGB 2004 werden Anforderungen an den Standort der Anlage zur Erzeugung und Verarbeitung von Biogas gestellt. Damit wird gewährleistet, dass im Außenbereich keine Biomasseanlage abgerückt und ohne organisatorischen Zusammenhang mit dem vorhandenen Bestand des Betriebs, der das Biogas erzeugt, errichtet wird. Dadurch soll einer weiteren Zersiedlung des Außenbereichs durch die Errichtung solcher Anlagen in Einzellagen vorbeugend entgegengewirkt werden.[503]

---

502 *VG Stade*, Urt. vom 09.12.2008, Az.: 2 A 1457/07, juris mit Anmerkung hierzu von *Kruschinski*, BauR 2009, 1234 ff; *VG Augsburg*, Urt. vom 09.01.2008, Az.: Au 4 K 07.1147, juris.

503 Dies entspricht dem Sinn und Zweck von § 35 Abs. 4 S. 1 Nr. 1e BauGB 1998/2004, dem die Voraussetzung „im räumlich-funktionalen Zusammenhang mit der Hofstelle" offensichtlich nachgebildet ist; vgl. *Roeser*, in: Berliner Kommentar, Band I, § 35, Rdnr. 52b; *Wagner/En-*

bb) Zusammenhang mit „dem Betrieb"

Ein Zusammenhang der Biomasseanlage muss zu dem Betrieb bestehen, in dessen Rahmen die energetische Nutzung der Biomasse erfolgen soll. Das kann ein Betrieb i. S. v. § 35 Abs. 1 Nr. 1, 2 oder – soweit Tierhaltung betreibend – 4 BauGB 2004 sein.[504]

Es stellt sich die Frage, ob auch in den Fällen ein räumlich-funktionaler Zusammenhang mit der Biomasseanlage bestehen muss, in denen die Anlagen von mehreren Betrieben der genannten Art mit Biomasse beschickt wird. Dies ist zu verneinen, da es sachlich nicht gerechtfertigt ist, einen räumlich-funktionalen Zusammenhang der Biomasseanlage mit all ihren Anlieferungsbetrieben vorauszusetzen, denn bei der Zusammenarbeit mit mehreren Betrieben ist fast zwangsläufig eine gewisse räumliche Distanz vorhanden, so dass, wenn nur eng verbundene Betriebe Biomasse anliefern dürften, eine Kooperation mit einer Biomasseanlage in weitläufigen Gebieten nicht möglich wäre. Als ausreichendes Eingrenzungskriterium genügt es, wenn die Beschickungsbetriebe naheliegend i. S. v. § 35 Abs. 1 Nr. 6b BauGB 2004 sind. Erforderlich ist also auch bei Verarbeitung von Biomasse aus mehreren Betrieben lediglich, dass die Biomasseanlage im räumlich-funktionalen Zusammenhang mit dem rahmenbildenden Betrieb steht.[505]

cc) Zusammenhang in räumlicher Hinsicht

(1) Bezugspunkte für einen räumlichen Zusammenhang

Nach einhelliger Ansicht ist das Kriterium des räumlichen Zusammenhangs jedenfalls dann erfüllt, wenn ein entsprechender Zusammenhang der Biomasseanlage mit der Kernbetriebsstätte des Betriebs i. S. v. § 35 Abs. 1 Nr. 1, 2 bzw. 4 (tierhaltend) BauGB 2004 besteht. Regelmäßiger Bezugspunkt ist damit die Hofstelle bzw. der Betriebsstandort.[506]

---

gel, BayVBl. 2005, 33 (44); *Berkemann*, in: Berkemann/Halama, § 35, Rdnr. 42; *W. Söfker*, in: Spannowsky/Krämer, BauGB-Novelle 2004, 87 (91).

504 *Söfker*, Der Landkreis 2004, 584 (587); *Berkemann*, in: Berkemann/Halama, § 35, Rdnr. 41.

505 *Dürr*, in: Brügelmann, Band 2, § 35, Rdnr. 63; *Hentschke/Urbisch*, AUR 2005, 41 (44); *Söfker*, in: Krautzberger/Söfker, Baugesetzbuch, Rdnr.374; *dergl.*, in: Ernst/Zinkahn/Bielenberg/Krautzberger, Band II, § 35, Rdnr. 59d; *C.-D. Bracher*, in: Gelzer/Bracher/Reidt, Bauplanungsrecht, Rdnr. 2142.

506 *Berkemann*, in: Berkemann/Halama, § 35, Rdnr. 43; *Krautzberger*, in: Battis/Krautzberger/Löhr, § 35, Rdnr. 38b; *VG München*, Urt. vom 08.05.2008, Az.: M 11 K 08.782, juris; *OVG Rheinland-Pfalz*, Urt. vom 08.12.2005, Az.: 1 A 11016/05, juris.

Darüber hinaus können für einen räumlichen Zusammenhang solche Standorte in Betracht kommen, die als Betriebsschwerpunkte erkennbar und durch bauliche Anlagen des Betriebs von einigem Gewicht geprägt sind wie etwa große Stall- und Scheunengebäude sowie große Maschinenhallen. Nicht darunter fallen damit untergeordnete bauliche Anlagen wie Fahrsilos oder landwirtschaftliche Feldscheunen.[507]

Strittig ist, ob als Anknüpfungspunkt für einen räumlichen Zusammenhang auch genügt, wenn die Biomasseanlage lediglich zu Betriebsflächen eine räumliche Nähe aufweist.

Nach einer Ansicht fielen die bewirtschafteten Flächen des Betriebs nicht unter den Begriff „Betrieb", da wegen des Zwecks der Voraussetzung in § 35 Abs. 1 Nr. 6a BauGB 2004 – Verhinderung der Zersiedlung des Außenbereichs –, für die Bestimmung des Betriebs an dessen baulichen Bestand angeknüpft werden müsse. Andernfalls würde der Außenbereichsschutz, jedenfalls soweit Biomasseanlagen betroffen sind, weitestgehend aufgegeben werden, was im eindeutigen Widerspruch zu den Absichten des Gesetzgebers stünde. Daher werde allein durch die räumliche Nähe der Biomasseanlage zu Biomasse erzeugenden Betriebsflächen die Privilegierungsvoraussetzung nach § 35 Abs. 1 Nr. 6a BauGB 2004 nicht erfüllt. Selbst wenn hierfür eine ökonomisch sinnvolle Verwertung der Biomasse an Ort und Stelle spreche, verlange der eindeutige Wortlaut des § 35 Abs. 1 Nr. 6a BauGB 2004 ausdrücklich einen räumlichen Zusammenhang der Biomasseanlage mit dem „Betrieb". Ebenso wenig sei es möglich, Betriebsflächen als Schwerpunkte der betrieblichen Abläufe einzustufen, da aus bauplanungsrechtlicher Sicht nur Betriebsgebäuden eine solche Bedeutung zukomme. Zudem fiele es andernfalls bei Kooperationsanlagen oftmals schwer, die Biomasseanlage einer bestimmten Hofstelle oder einem konkreten Betriebsstandort zuzuordnen, was nach § 35 Abs. 1 Nr. 6c BauGB 2004 aber gerade erforderlich sei.[508]

---

507 *Mantler*, BauR 2007, 50 (57); *Söfker*, in: Ernst/Zinkahn/Bielenberg/Krautzberger, Band II, § 35, Rdnr. 59c; *Krautzberger*, in: Battis/Krautzberger/Löhr, § 35, Rdnr. 38b.

508 *Fachkommission Städtebau der ARGEBAU*, Stellungnahme vom 22.03.2006, www.umwelt.digital.de/nd/189226/vorschrift.html; *Oberste Baubehörde im Bayerischen Staatsministerium des Inneren gegenüber der Regierung von Niederbayern*, Stellungnahme vom 04.08.2005, IIB5–4112.79–003/05, in: *Mantler*, BauR 2007, 50 (57); *Ministerium für Städtebau und Wohnen, Kultur und Sport des Landes Nordrhein-Westfalen*, Runderlass vom 30.01.2005, IIA1–901.12, www.umweltdaten.de puplikationen/fpdf-L/3241.pdf; *Krautzberger*, in: Battis/Krautzberger/Löhr, § 35, Rdnr. 38b; *W. Schrödter*, in: Berkemann/Bunzel/Halama/Schmidt-Eichstaedt/Schrödter, BauGB 2004 – Nachgefragt, S. 278 f.; *Berkemann*, in: Berkemann/Halama, § 35, Rdnr. 44; *Söfker*, in: Ernst/Zinkahn/Bielenberg/Krautzberger, Band II, § 35, Rdnr. 59c; *Kraus*, UPR 2008, 218 (220); *Bienek/Krautzberger*, UPR 2008, 81 (90); *Hentschke/Urbisch*, AUR 2005, 41 (43 f.).

Dem wird entgegengehalten, dass § 35 Abs. 1 Nr. 6c BauGB 2004 nicht zur einschränkenden Auslegung des räumlichen Zusammenhangs in § 35 Abs. 1 Nr. 6a BauGB 2004 herangezogen werden könne, da sich aus seiner Formulierung kein Erfordernis für den Standort der Biomasseanlage ergebe. Die Bestimmung in § 35 Abs. 1 Nr. 6c BauGB 2004 regele lediglich die zahlenmäßige Begrenzung der Biomasseanlagen pro Betrieb, was von der Genehmigungsbehörde unproblematisch überprüft werden könne, ohne dass die Biomasseanlage unmittelbar am Verwaltungsstandort des Betriebs stehen müsse, um sofort äußerlich ersichtlich zu machen, von welcher Hofstelle oder welchem Betriebsstandort sie ihre Privilegierung ableite. Zudem spreche die unterschiedliche Wortwahl in § 35 Abs. 1 Nr. 6c BauGB 2004 – „Hofstelle" und „Betriebsstandort" als Begrifflichkeiten – zu § 35 Abs. 1 Nr. 6a BauGB 2004 – „Betrieb" – dafür, dass nicht notwendigerweise ein räumlicher Zusammenhang zur Hofstelle bzw. zum Betriebsstandort gegeben sein müsse. Entsprechendes ergebe sich aus einem Vergleich des Wortlauts von § 35 Abs. 1 Nr. 6a BauGB 2004 zu § 35 Abs. 4 S. 1 Nr. 1e BauGB 2004, da die Neuprivilegierung auf den räumlich-funktionalen Zusammenhang zu dem „Betrieb" abstelle, während sich § 35 Abs. 4 S. 1 Nr. 1e BauGB insoweit auf die „Hofstelle" beziehe. Bei der Forderung nach einem räumlichen Zusammenhang zu baulichen Anlagen des Betriebs handle es sich um eine über den Wortlaut des § 35 Abs. 1 Nr. 6a BauGB 2004 hinausgehende Einschränkung, da die Bestimmung gerade nicht dergestalt formuliert sei, dass das Vorhaben in einem räumlich-funktionalen Zusammenhang mit dem baulichen Bestand des Betriebs stehen müsse.[509]

Die Formulierung in § 35 Abs. 1 Nr. 6a BauGB 2004 stelle vielmehr zur Konkretisierung des allgemeinen Merkmals „im Rahmen eines Betriebes" in räumlicher Hinsicht einen Zusammenhang mit den privilegierten Betrieben i. S. v. § 35 Abs. 1 Nr. 1, 2 oder 4 (tierhaltend) BauGB 2004 her, zu denen auch Betriebsflächen zählten, da nach ständiger Rechtsprechung des Bundesverwaltungsgerichts das Wesen des Betriebs darin besteht, dass die Produktionsfaktoren Betriebsmittel, menschliche Arbeit und Bodennutzung zu einer organisatorischen Einheit zusammengefasst und plangemäß von einem Betriebsleiter eingesetzt würden.[510] In Bezug auf § 35 Abs. 1 Nr. 6a BauGB 2004 bedeute dies, dass mit einem oder mehreren dieser Betriebsbestandteile ein räumlich-funktionaler Zusammenhang bestehen müsse, wofür auch einzelne ortsfeste Betriebsbestandteile wie Gebäude oder Flächen ausreichten, da ein Zusammenhang mit einer bestimmten Art von Betriebsbestandteilen nicht gefordert werde. Da-

509 *Loibl/Rechel*, UPR 2008, 134 (137); *Mantler*, BauR 2007, 50 (58 f.); *Hinsch*, ZUR 2007, 401 (404); *Lampe*, NuR 2006, 152 (153 f.).

510 *BVerwG*, Urt. vom 11.04.1986, BRS 46 Nr. 75, S. 167 f.

nach könnten also auch Betriebsflächen einen Bezugspunkt für den räumlichen Zusammenhang bilden.[511]

Nach einer vermittelnden Ansicht sei ein räumlicher Zusammenhang auch mit Betriebsflächen möglich, allerdings bedürfe es noch eines funktionalen Zusammenhangs zwischen den Betriebsflächen und der Biomasseanlage, der nur dann gegeben sei, wenn die Biomasseanlage mit den auf den Betriebsflächen erzeugten Substraten zu einem erheblichen Teil beschickt werden könne, was bei auf Anbauflächen anfallenden Rohstoffen für vorrangig mit Energiepflanzen betriebene Biomasseanlagen der Fall sei. Bei sonstiger, unmittelbar auf der Hofstelle oder dem Betriebsstandort anfallender oder dorthin gelieferter und in Anlagen eingesetzter Biomasse sei ein Zusammenhang mit Betriebsflächen folglich zu verneinen.[512] Zu beachten sei allerdings der Grundsatz des schonenden Umgangs mit dem Außenbereich, so dass selbst bei Bejahung des räumlich-funktionalen Zusammenhangs zur Betriebsfläche, die Biomasseanlage nicht isoliert von anderen baulichen Anlagen im Außenbereich errichtet werden sollte, sondern möglichst in deren Nähe. Hierfür genüge nach einer Auffassung bereits ein räumlicher Zusammenhang der Betriebsfläche zu nicht betriebsbezogenen Bauten[513], während nach anderer Auffassung ein Zusammenhang zu einer landwirtschaftlichen Betriebsstruktur wie Gerätehalle, Wohnhaus, Transportfahrzeuge oder Acker- und Erntegeräte vorliegen müsse.[514]

(2) Reichweite des räumlichen Zusammenhangs

Ein räumlicher Zusammenhang liegt bei einer objektiv erkennbaren Zuordnung der Biomasseanlage zum Bezugspunkt vor. Das bauliche Vorhaben darf also

511 *Mantler*, BauR 2007, 50 (58); *Gierke*, Institut für Städtebau 2004, 1 (18). Nach *Hentschke/Urbisch*, AUR 2005, 41 (43) sind Betriebsflächen zwar Teile eines gesamten land- oder forstwirtschaftlichen Betriebs, da ohne sie eine dauerhafte Bewirtschaftung des Betriebs nicht möglich sei und dann kein Betrieb im rechtlichen Sinn vorliege, so dass nach dem Wortlaut ein Einbezug von Betriebsflächen zwar möglich sei, jedoch letztlich Systematik und Teleologie dem entgegen stehe.

512 *Lampe*, NuR 2006, 152 (156); *Niedersächsisches Ministerium für Soziales, Frauen, Familie und Gesundheit/Niedersächsisches Ministerium für den ländlichen Raum, Ernährung, Landwirtschaft und Verbraucherschutz*, Hinweise zu der bauplanungsrechtlichen Zulässigkeit von Biomasseanlagen nach § 35 Abs. 1 Nr. 6 BauGB vom 25.01.2005, www.cdl.niedersachsen.de/b/ob/images/C7872878_L20.pdf.

513 *Lampe*, NuR 2006, 152 (154).

514 *Ministerium für Infrastruktur und Raumordnung/Ministerium für Ländliche Entwicklung, Umwelt- und Verbraucherschutz des Landes Brandenburg*, Gemeinsamer Erlass zur bauplanungsrechtlichen Zulässigkeit von Biomasseanlagen nach § 35 Abs. 1 Nr. 6 des Baugesetzbuchs (Biomasseerlass) vom 05.04.2006, Amtsblatt für Brandenburg, Nr. 18, S. 354–357.

vom Bezugspunkt nicht so weit räumlich abgesetzt sein, dass aufgrund betriebswirtschaftlich vernünftiger Betriebsabläufe und Wirtschaftsweisen ein Zusammenhang nicht mehr erkennbar ist; allein logistische Erwägungen sind dabei allerdings nicht entscheidend. Danach ist eine Privilegierung dann ausgeschlossen, wenn der gewählte Standort für die zu errichtende Anlage vom Bezugspunkt zu weit entfernt ist. Wann dies der Fall ist, kann nicht generell durch eine bestimmte Entfernung in Metern festgelegt werden; vielmehr ist unter Berücksichtigung des Sinn und Zwecks dieser Anforderung eine Betrachtung im Einzelfall bezogen auf die jeweiligen Verhältnisse wie Lage und Größe des Betriebs vorzunehmen. Bei weit verstreut liegenden Betriebsflächen wird kein allzu strenger Maßstab anzulegen und dem Betreiber für die Zuordnung eine Art Auswahlermessen zuzubilligen sein. Je größer der räumliche Abstand ist, desto größer sind die funktionalen Anforderungen, um eine räumlich-funktionalen Zusammenhang zu bejahen.[515] Letztlich wird aber wohl die Rechtsprechung zu klären haben, welche Entfernung nicht überschritten werden darf.[516]

dd) Funktionaler Zusammenhang

Der funktionale Zusammenhang der Biomasseanlage mit dem Betrieb bedeutet einen Zusammenhang im betriebstechnischen Sinne, welcher eine Verknüpfung der Biomasseverwertung mit der tatsächlich bereits vorhandenen Betriebsstruktur erfordert.[517] Ein solcher Zusammenhang ist insbesondere dann anzunehmen, wenn die Biomasseanlage mit Biomasse aus dem Betrieb funktioniert, d. h. beliefert wird, da dann insofern eine Wechselwirkung besteht, als einerseits Biomasse durch den Betrieb bereitgestellt und andererseits der Betrieb mit verarbeiteter Biomasse in Form von elektrischer Energie oder Wärme durch die Biomasseanlage versorgt wird. Die Belieferung darf dabei aber nicht lediglich pro forma erfolgen, sondern muss im Rahmen einer Gesamtbetrachtung einen gewissen, nicht gänzlich unerheblichen Anteil der Beschickung ausmachen, wobei sich ei-

---

515 *Berkemann*, in: Berkemann/Halama, § 35, Rdnr. 43; *Söfker*, in: Ernst/Zinkahn/Bielenberg/Krautzberger, Band II, § 35, Rdnr. 59c; *C.-D. Bracher*, in: Gelzer/Bracher/Reidt, Bauplanungsrecht, Rdnr. 2142; *Dombert*, AUR 2004, 393 (394); *Hinsch*, ZUR 2007, 401 (404).

516 Die bisherige Rechtsprechung zu § 35 Abs. 4 S. 1 Nr. 1e BauGB, die bereits eine Entfernung von 300 Metern als zu weit angesehen hat, vgl. *BVerwG*, Urt. vom 18.05.2001, NVwZ 2001, 1282 (1283 f.), dürfte jedoch im Hinblick auf die besondere Funktion der Biomasseanlage, die auch mehreren benachbarte Betriebe dienen kann, zu eng sein; vgl. *Roeser*, in: Berliner Kommentar, Band I, § 35, Rdnr. 52b; *Gierke*, Institut für Städtebau 2004, 1 (18); *Hinsch*, ZUR 2007, 401 (Fn. 51).

517 *Krautzberger*, in: Battis/Krautzberger/Löhr, § 35, Rdnr. 38b; *Berkemann*, in: Berkemann/Halama, § 35, Rdnr. 43; *Loibl/Rechel*, UPR 2008, 134 (138).

ne starre Untergrenze wohl nicht festlegen lässt.[518] Zur Bejahung eines funktionalen Zusammenhangs genügt aber auch bereits die betriebliche Verwendung von anfallenden Gärresten aus der Biomasseanlage als Düngemittel, da dann der Inhaber des Betriebs seine Betriebsführung mit der Biomasseanlage abstimmen muss. Des Weiteren liegt ein funktionaler Zusammenhang vor, wenn die Betriebsführung mit den Betriebsmitteln des Betriebs erfolgt, beispielsweise bei Beschickung der Biomasseanlage mit Hilfe von Arbeitsgeräten.[519]

d) Herkunft der Biomasse i. S. v. § 35 Abs. 1 Nr. 6b BauGB 2004

§ 35 Abs. 1 Nr. 6b BauGB 2004 bestimmt, dass die in der Biomasseanlage zu verwertende Biomasse überwiegend aus dem Betrieb oder überwiegend aus diesem und aus nahe gelegenen Betrieben i. S. v. § 35 Abs. 1 Nr. 1, 2 oder 4 BauGB 2004, soweit letztere Tierhaltung betreibt, stammen muss. Die Vorschrift enthält damit zwei mögliche Varianten zur zulässigen Herkunft der Biomasse, wobei in der ersten Variante mit „dem Betrieb" derjenige Betrieb gemeint ist, in dessen Rahmen die Biomasseanlage errichtet wird, während in der zweiten Fallmöglichkeit die Biomasse sowohl aus diesem Betrieb als auch aus anderen, in der Nähe befindlichen anliefernden Betrieben stammen kann. Diese Voraussetzung ermöglicht somit die Zusammenarbeit mehrerer Landwirte bzw. Tierhalter.[520]

---

518 *OVG Schleswig-Holstein*, Beschl. vom 08.08.2006, Az.: 1 MB 18/06, juris; *Mantler*, BauR 2007, 50 (59); *Hentschke/Urbisch*, AUR 2005, 41 (44), wobei letzterer allerdings der Ansicht ist, dass für einen funktionalen Zusammenhang an das Merkmals des „Dienens" anzulehnen sei. Nach gegenteiliger Ansicht genüge es hingegen, wenn die Biomasseanlage für den Betrieb von Nutzen sei; ein „Dienen" i. S. v. § 35 Abs. 1 Nr. 1 BauGB 2004 sei nicht erforderlich, da der Gesetzgeber darauf explizit verzichtete – der Begriff des „Dienens" in § 35 Abs. 1 Nr. 6 BauGB 2004 beziehe sich lediglich auf die ebenso privilegierten Anlagen zum Anschluss der Biomasseanlage an das öffentliche Versorgungsnetz, womit ausschließlich das Verhältnis der Biomasseanlage zur Anschlussanlage und gerade nicht zum zugeordneten Betrieb beschrieben werde; vgl. *Lampe*, NuR 2006, 152 (154). Die gleiche Argumentation kann auch *Dürr*, in: Brügelmann, Band 1, § 35, Rdnr. 63 entgegengehalten werden, der der Ansicht ist, dass dem Tatbestandsmerkmal des „räumlich-funktionalen Zusammenhangs" generell keine eigenständige Bedeutung zukomme, da das Tatbestandsmerkmal „im Rahmen" des Betriebs nach § 35 Abs. 1 Nr. 6 BauGB 2004 derart auszulegen sei, dass die Biomasseanlage dem jeweiligen Betrieb i. S. v. § 35 Abs. 1 Nr. 1 BauGB 1998 „dienen" müsse, und daher bereits durch den Begriff des Dienens an dieser Stelle der räumliche und funktionale Zusammenhang festgelegt werde.

519 *Mantler*, BauR 2007, 50 (59).

520 *Söfker*, in: Ernst/Zinkahn/Bielenberg/Krautzberger, Band II, § 35, Rdnr. 59d; *Kraus*, UPR 2008, 218 (220).

aa) Definition des Begriffs „überwiegend“

Das Kriterium „überwiegend“ bedeutet, dass mindestens mehr als die Hälfte der Biomasse aus dem jeweiligen Betrieb, dem die Biomasseanlage zugeordnet ist, oder aus diesem und nahe gelegenen Anlieferungsbetrieben stammen muss.[521] Danach ist zwar eine Verwertung fremder Biomasse zulässig, jedoch kann die Biomasseanlage eben nur mit einem Fremdbiomasseanteil von bis zu 49 % beschickt werden.[522] Da es unbeachtlich ist, wenn ein nicht überwiegender Teil der Biomasse nicht aus den in § 35 Abs. 1 Nr. 6 BauGB 2004 genannten Betrieben stammt, können auch Eingangsstoffe anderweitiger Betriebe wie solche aus der Nahrungsmittelindustrie zugefügt werden.[523]

Zur Berechnung des Eigen- und Fremdanteils bei einer gemischten Biomasse ist nicht auf das Volumen, sondern auf den mutmaßlichen Energieertrag der jeweils eingesetzten und verwerteten Biomasse abzustellen.[524] Es empfiehlt sich, in der Baugenehmigung diese Berechnungsweise festzulegen. Zudem sollte die Baugenehmigung ein Kontrollverfahren über die Zusammensetzung der verwerteten Biomasse vorsehen, mit dem die Herkunft der Biomasse deklariert werden kann.[525]

Bei der Beurteilung, ob der aus dem rahmenbildenden Betrieb und/oder aus den nahe gelegenen anliefernden Betrieben stammende Teil den überwiegenden Teil der Biomasse ausmacht, ist hingegen die Menge bzw. das Volumen bezogen auf die Verwertung in der Biomasseanlage ausschlaggebend. Bei einer zusammengesetzten Biomasse von kooperierenden Betrieben hat eine Gesamtbetrachtung zu erfolgen, wobei der überwiegende Biomasseanteil dabei aus unterschiedlich hohen Anteilen der beteiligten Betriebe zusammengesetzt sein kann, so dass

---

521 Dieses Merkmal entspricht der auch in § 35 Abs. 1 Nr. 1 BauGB 1998/2004 vorausgesetzten und in der Definition der Landwirtschaft nach § 201 BauGB 2004 bestimmten Anforderung, nach der der Begriff der Landwirtschaft eine überwiegende eigene Futtergrundlage voraussetzt; also mehr als die Hälfte der Eigenproduktion; vgl. *Söfker*, in: Ernst/Zinkahn/Bielenberg/Krautzberger, Band II, § 35, Rdnr. 59d.

522 Möglich ist auch, dass 20 % der eingebrachten Biomasse aus dem eigenen Betrieb und 31 % aus nahe gelegenen Betrieben stammen können, vgl. *Loibl/Rechel*, UPR 2008, 134 (138).

523 *Dombert*, AUR 2004, 393 (395); *Hentschke/Urbisch*, AUR 2005, 41 (44); *Roeser*, in: Berliner Kommentar, Band I, § 35, Rdnr. 52c; *Berkemann*, in: Berkemann/Halama, § 35, Rdnr. 47, 55, 60; *W. Söfker*, in: Krautzberger/Söfker, Baugesetzbuch, Rdnr. 374; *J. Meißner*, Baugesetzbuch 2004, S. 22.

524 *C.-D. Bracher*, in: Gelzer/Bracher/Reidt, Bauplanungsrecht, Rdnr. 2143; *Berkemann*, in: Berkemann/Halama, § 35, Rdnr. 60.

525 *J. Berkemann*, in: Berkemann/Bunzel/Halama/Schmidt-Eichstaedt/Schrödter, BauGB 2004 – Nachgefragt, S. 282.

eine Beteiligung kooperierende Betriebe auch mit nur geringer Quote möglich ist.[526]

Nach Ansicht der obergerichtlichen Rechtsprechung sowie der Literatur dürften an den Nachweis, dass die Voraussetzungen des § 35 Abs. 1 Nr. 6b BauGB 2004 vorliegen, keine überzogenen Anforderungen gestellt werden. Die Genehmigungsbehörde habe insoweit lediglich eine Prognose aufzustellen, dass die überwiegende Biomasse aus den genannten Betrieben für die voraussichtliche Betriebsdauer der beabsichtigten Anlage verwendet werde. [527] Hiergegen wendet sich die höchstrichterliche Rechtsprechung. Eine lediglich prognostische Abschätzung der Tatbestandsvoraussetzung des § 35 Abs. 1 Nr. 6b BauGB 2004 sei bundesrechtswidrig, denn eine solche ist dem Wesen einer bauaufsichtlichen Genehmigungsentscheidung fremd und laufe zudem dem beabsichtigten Schutz des Außenbereichs zuwider. Der Antragsteller muss daher nachweisen können, dass die Biomasse überwiegend entweder von eigenen oder aber von eigenen und nahe gelegenen Betriebsflächen der Kooperationspartner stammt und ihr Bezug zumindest mittelfristig gesichert ist.[528]

Die Sicherstellung der überwiegenden Belieferung mit Biomasse kann durch entsprechende Verträge belegt werden.[529] Bei kooperierenden Betrieben werde es zum Nachweis der Voraussetzungen des § 35 Abs. 1 Nr. 6b BauGB 2004 regelmäßig der Vorlage von Kooperationsverträgen bedürfen, aus denen die Lage der Anbaufläche, der Umfang der anzubauenden Biomasse und die Bezugsdauer (Laufzeit) hervorgehen und die eine Entgeltvereinbarung aufweisen. Dies solle sodann durch Auflagen gesichert werden, beispielsweise durch die Auflage, dass jede Änderung der Kooperationsvereinbarung der Genehmigungsbehörde anzuzeigen sei, verbunden mit dem Hinweis, dass die Änderung der Beteiligungsverhältnisse sowohl im Hinblick auf die beteiligten Betriebe als auch bezüglich deren anteilige Zulieferung eine Nutzungsänderung i. S. d. § 29 Abs. 1 BauGB 2004 darstelle; eine Nachtragsbaugenehmigung könne in Aussicht gestellt werden. Sobald die in der Anlage verwertete Biomasse nicht mehr überwiegend aus

---

526 Beispielsweise ist das Kriterium „überwiegend" erfüllt, wenn vier kooperierende Landwirte mit einem Einzelanteil von 12 %, 24 %, 18 % und 6% zusammen 60 % der in der Anlage verwerteten Biomasse erbringen; vgl. *Berkemann*, in: Berkemann/Halama, § 35, Rdnr. 57; *Schmidt-Eichstaedt*, ZfBR 2005, 751 (759).

527 *OVG Rheinland-Pfalz*, Urt. vom 22.11.2007, Az.: 1 A 10253/07, juris; *Krautzberger*, in: Battis/Krautzberger/Löhr, § 35, Rdnr. 38d; *Lampe*, NuR 2006, 152 (154); *Söfker*, in: Ernst/Zinkahn/Bielenberg/Krautzberger, Band II, § 35, Rdnr. 59d; *dergl.*, Der Landkreis 2004, 584 (587).

528 *OVG Rheinland-Pfalz*, Urt. vom 22.11.2007, Az.: 1 A 10253/07, juris.

529 *Krautzberger*, in: Battis/Krautzberger/Löhr, § 35, Rdnr. 38d; *Lampe*, NuR 2006, 152 (154); *Söfker*, in: Ernst/Zinkahn/Bielenberg/Krautzberger, Band II, § 35, Rdnr. 59d; *dergl.*, Der Landkreis 2004, 584 (587).

dem rahmenbildenden Betrieb und den nahe gelegenen Anlieferungsbetrieben stamme, entstehe bei gleichbleibender Menge der zu verwertenden fremden Biomasse ein materiell baurechtswidriger Zustand, weshalb die Bauaufsichtsbehörde dann nach Maßgabe des Bauordnungsrechts zunächst die Nutzungsuntersagung und sodann die Beseitigung der Anlage anordnen könne.[530]

bb) Kooperationsbetriebe

Da die zu verarbeitende Biomasse nicht ausschließlich aus dem rahmenbildenden Betrieb stammen muss, sondern nach der zweiten Alternative in § 35 Abs. 1 Nr. 6b BauGB 2004 auch aus diesem und aus anderen nahe gelegenen Betrieben stammen kann, eröffnet die Neuprivilegierung die Möglichkeit der Kooperation mit mehreren (auch kleineren) Betrieben zur energetischen Nutzung von Biomasse. Eine Anzahl dafür ist gesetzlich nicht festgelegt, jedoch müssen die Anlieferungsbetriebe jeweils – ebenso wie der rahmenbildende Betrieb – die privilegierte Betriebsqualität gemäß § 35 Abs. 1 Nr. 1, 2 bzw. 4 (tierhaltend) BauGB 2004 haben.[531]

Bei Kooperationsbetrieben ist erforderlich, dass auch der Inhaber des rahmenbildenden Betriebs über eigene Biomasse verfügt, die dann zusammen mit der Biomasse der Anlieferungsbetriebe die überwiegend verwendete Biomasse bildet. Die Privilegierung greift sonach nicht, wenn der Betrieb, in dessen Rahmen die Anlage betrieben wird, selbst keine Biomasse einbringt.[532]

Unschädlich ist, wenn ein Kooperationsbetrieb selbst erzeugte oder anfallende Biomasse zugleich in seiner eigenen Biomasseanlage verwendet oder an dritte Biomasseanlagen liefert, sofern sein Beitrag zu der zu beurteilenden Biomasseanlage gesichert bleibt, was – wie bereits beschrieben – der Bausuchende glaubhaft zu machen hat.[533] Daher eröffnet § 35 Abs. 1 Nr. 6b BauGB 2004 für Anla-

---

530 *OVG Rheinland-Pfalz*, Urt. vom 22.11.2007, Az.: 1 A 10253/07, juris; *J. Berkemann*, in: Berkemann/Bunzel/Halama/Schmidt-Eichstaedt/Schrödter, BauGB 2004 – Nachgefragt, S. 282; *dergl.*, in: Berkemann/Halama, § 35, Rdnr. 52, 54.

531 *Roeser*, in: Berliner Kommentar, Band I, § 35, Rdnr. 52c; *Krautzberger*, in: Battis/Krautzberger/Löhr, § 35, Rdnr. 38e; *W. Söfker*, in: Krautzberger/Söfker, Baugesetzbuch, Rdnr. 374; *dergl.*, in: Ernst/Zinkahn/Bielenberg/Krautzberger, Band II, § 35, Rdnr. 59d.

532 *C.-D. Bracher*, in: Gelzer/Bracher/Reidt, Bauplanungsrecht, Rdnr. 2143; *Söfker*, in: Ernst/Zinkahn/Bielenberg/Krautzberger, Band II, § 35, Rdnr. 59b; *Lampe*, NuR 2006, 152 (154).

533 Beispiel: von drei kooperierenden Landwirten unterhalten zwei eine eigene Biomasseanlage auf ihrer jeweiligen Hofstelle. Unschädlich ist nun, wenn einer der Landwirte, der selbst eine Anlage betreibt, seinerseits Biomasse an die andere Anlage abgibt, solange sowohl seine als auch die andere Anlage nach wie vor das Kriterium „überwiegend" erfüllt; vgl. *Berkemann*, in: Berkemann/Halama, § 35, Rdnr. 58; *Krautzberger*, in: Battis/Krautzberger/Löhr, § 35, Rdnr. 38d.

gebetreiber die Möglichkeit, dass er neben einer im Rahmen seines Betriebs bestehenden Biomasseanlage noch weitere Biomasseanlagen beschickt.[534]

Eine rechtliche Konstruktion über die Kooperation mit nahe gelegenen Betrieben setzt der Gesetzgeber zwar voraus, lässt jedoch in § 35 Abs. 1 Nr. 6b BauGB 2004 die rechtliche Form der zu vereinbarenden Zusammenarbeit offen. Die Zuliefererbetriebe müssen daher nicht zwangsläufig Betreiber oder Mitbetreiber der Biomasseanlage sein. Es besteht auch kein sachlicher Grund, Nicht-Mitbetreiber der Biomasseanlage von einer Beschickung auszunehmen, denn schließlich sollen Kooperationen zwischen den einzelnen Betrieben im Interesse der Schonung des Außenbereichs dazu führen, dass nicht jeder einzelne Betrieb eine Biomasseanlage betreibt und damit verbundene Immissionen verursacht. Folglich ist eine zivilrechtlich bindende Vereinbarung über die Anlieferung von Biomasse über einen längeren Zeitraum zwischen dem Eigentümer der Biomasseanlage und den zuliefernden Betrieben ausreichend. Eine Privilegierung wird jedoch nicht dadurch ausgeschlossen, dass sich die Anlieferungsbetriebe an der Errichtung der Biomasseanlage durch Einlagen (Investitionsanteil) finanziell beteiligen.[535]

cc) Merkmal der „nahe gelegenen" Betriebe

(1) Sinn und Zweck des Merkmals

Der Gesetzgeber ermöglichte die Kooperation verschiedener Betriebe vor dem Hintergrund, dass es für ein wirtschaftliches Betreiben einer Biomasseanlage durchaus sinnvoll sein kann, zusätzlich zum rahmenbildenden Betrieb andere Betriebe einzubeziehen, bzw. u. U. sogar von Nöten ist, wenn, gemessen an der Größe der Biomasseanlage vom rahmenbildenden Betrieb, nicht genügend Biomasse für das Erfordernis der „überwiegenden" Herkunft zur Verfügung steht. Um aber eine Ausbildung selbständiger Betriebe zur Errichtung von Biomasseanlagen im Außenbereich zu verhindern und aus ökologischen sowie volkswirtschaftlichen Gründen ein überregionaler Transport von Biomasse zu vermeiden, stellte der Gesetzgeber das Erfordernis von „nahe gelegenen" Betrieben auf. Diese Anforderung schließt folglich im Interesse des Umweltschutzes und zur Vermeidung eines Biomasse-Tourismus aus, dass das zur energetischen Erzeugung von Biogas eingesetzte Rohmaterial über längere Wege transportiert wird.

---

534 *Loibl/Rechel*, UPR 2008, 134 (138); *Kraus*, UPR 2008, 218 (220).

535 *Lampe*, NuR 2006, 152 (154); *Hentschke/Urbisch*, AUR 2005, 41 (44); *Mantler*, BauR 2007, 50 (60); *Berkemann*, in: Berkemann/Halama, § 35, Rdnr. 50; *dergl.*, in: Berkemann/Bunzel/Halama/Schmidt-Eichstaedt/Schrödter, BauGB 2004 – Nachgefragt, S. 281; *Söfker*, in: Ernst/Zinkahn/Bielenberg/Krautzberger, Band II, § 35, Rdnr. 59d.

Mit der Beschränkung auf „nahe gelegene" Betriebe sollte eine räumliche Zuordnung der anliefernden Betriebe zu der Biomasseanlage sichergestellt werden, ohne jedoch einen räumlichen-funktionalen Zusammenhang i. S. v. § 35 Abs. 1 Nr. 6a BauGB 2004 zu fordern. Zugleich wird mit dem Nähe-Kriterium die Regionalisierung der Energieerzeugung unterstützt.[536]

(2) Auslegung des Kriteriums „nahe gelegene" Betriebe

Der Begriff der „nahe gelegenen" Betriebe ruft Auslegungsschwierigkeiten hervor, weil bislang ungeklärt ist, wann das vom Gesetzgeber verwendete Nähe-Kriterium erfüllt ist.

Nach der überwiegenden Ansicht in der Literatur seien allgemeine Vorgaben dazu, wann ein Betrieb noch als „nahe gelegen" beurteilt werden könne, nicht möglich, insbesondere ließen sich diese nicht abstrakt in Entfernungskilometern oder Fahrtzeitstunden festlegen. Vielmehr sei eine Bewertung der örtlichen/regionalen Umstände im Einzelfall unter Berücksichtigung der siedlungsstrukturellen, flächenmäßigen sowie betriebsspezifischen Besonderheiten entscheidend. Als Bewertungskriterien zur Eingrenzung des Kreises der „nahe gelegenen" Betriebe können herangezogen werden: die allgemeine Standortdichte der vorhandenen Betriebe in der Umgebung (je verstreuter die einzelnen Betriebe lägen, desto größer müsse auch der Radius der zuliefernden Betriebe gezogen werden; in dicht bebauten Regionen sei dieser enger zu legen), die räumlichen Zusammenhänge der Betriebe (etwa wenn diese ihre Betriebsflächen in einem zusammenhängenden Gebiet haben) sowie die jeweiligen Betriebsabläufe. Zudem könne aber auch die Größe der Biomasseanlage ein Kriterium zur Bemessung der Nähe der Anlieferungsbetriebe insofern sein, als dass sich angesichts der Lage der Betriebe eine gemeinsame Verwertung der Biomasse aus wirtschaftlichen Gründen zumindest anbietet müsse, da ein aufwändiger Ferntransport von Biomasse auf jeden Fall vermieden werden solle. Die Betriebe, aus denen die über-

---

536 *Scholz*, EurUP 2004, 134 (138); *Bundesministerium für Verkehr, Bau- und Wohnungswesen*, Institut für Städtebaurecht 2004, 1 (5)); *Roeser*, in: Berliner Kommentar, Band I, § 35, Rdnr. 52c; *Dürr*, in: Brügelmann, Band 2, § 35, Rdnr. 63; *H.-D. Upmeier/C. Brandenburg*, Neues Baugesetzbuch 2004, § 35, S. 82; *Upmeier*, BauR 2004, 1382 (1389); *W. Söfker*, in: Krautzberger/Söfker, Baugesetzbuch, Rdnr. 374; *dergl.*, in: Ernst/Zinkahn/Bielenberg/Krautzberger, Band II, § 35, Rdnr. 59d; *Krautzberger*, in: Battis/Krautzberger/Löhr, § 35, Rdnr. 38e; *J. Berkemann*, in: Berkemann/Bunzel/Halama/Schmidt-Eichstaedt/Schrödter, BauGB 2004 – Nachgefragt, S. 284.

wiegend zu verwertende Biomasse stamme, müssten sich zudem innerhalb der Bundesrepublik Deutschland befinden.[537]

Von mancher Seite wird jedoch der Versuch unternommen, für das Kriterium der „nahe gelegenen" Betriebe generelle Aussagen zu treffen. Nach einer Ansicht seien angrenzende Betriebe, also Betriebe im unmittelbar räumlich zugeordneten Umkreis, bezogen auf den Ort der Biomasseanlage, stets als nahe gelegen anzusehen. Bei einer Fahrtzeit von mehr als 30 Minuten könne ein Betrieb regelmäßig nicht mehr als nahe gelegen betrachtet werden.[538] Dagegen wird eingewendet, dass aus dem Umstand, dass Betriebe mit irgendwelchen von ihnen bewirtschafteten Grundstücken aneinander grenzen, nicht automatisch gefolgert werden könne, dass diese nahe gelegen seien, weil viele Betriebe weit verstreute Flächen bewirtschafteten. Der Ansatz über die Fahrtzeit sei praxisuntauglich, da unterschiedliche Fahrzeuge in dieser Zeit unterschiedliche Strecken zurücklegen könnten.[539] Nach einer weiteren Ansicht sei primär auf die Entfernung zwischen den Betriebsgebäuden der Betriebe abzustellen. Beispielsweise liege ein nach § 35 Abs. 1 Nr. 4 BauGB privilegierter Betrieb der Intensivtierhaltung nicht nahe an einem 10 km entfernten Betrieb der gartenbaulichen Erzeugung, wohingegen in einer extensiv genutzten Region 10 km voneinander entfernt liegende land- bzw. forstwirtschaftliche Betriebe durchaus im Verhältnis zueinander nahe gelegen sein könnten.[540] Vereinzelt wurde die Grenze bei einer Entfernung von mehr als 20 km gezogen, wobei relevanter Ausgangspunkt dabei der Ort sei, an dem die zuzuliefernde Biomasse anfalle, was aber nicht zwangsläufig die Hofstelle oder der Betriebsstandort sein müsse.[541] Nach anderer Ansicht hingegen stünden auch Entfernungen von mehr als 30 km der erforderlichen Nähe nicht entgegenstehen, da benachbarte Betriebe jeweils eine große Fläche aufweisen

---

537 *OVG Schleswig-Holstein*, Beschl. vom 08.08.2006, Az.. 1 MB 18/06, juris; *Dombert*, AUR 2004, 393 (395); *Upmeier*, BauR 2004, 1382 (1389); *Roeser*, in: Berliner Kommentar, Band I, § 35, Rdnr. 52c; *Dürr*, in: Brügelmann, Band 2, § 35, Rdnr. 63; *Berkemann*, in: Berkemann/Halama, § 35, Rdnr. 18, 49; *Krautzberger*, in: Battis/Krautzberger/Löhr, § 35, Rdnr. 38e; *Söfker*, in: Ernst/Zinkahn/Bielenberg/Krautzberger, Band II, § 35, Rdnr. 59d; *Kraus*, UPR 2008, 218 (220), *Mantler*, BauR 2007, 50 (61); *Lampe*, NuR 2006, 152 (154); *Hentschke/Urbisch*, AUR 2005, 41 (44); *Jäde*, in: Jäde/Dirnberger/Weiß, § 35, Rdnr. 84.

538 *Schmidt-Eichstaedt*, ZfBR 2005, 751 (759); *Berkemann*, in: Berkemann/Halama, § 35, Rdnr. 49; *dergl.*, in: Berkemann/Bunzel/Halama/Schmidt-Eichstaedt/Schrödter, BauGB 2004 – Nachgefragt, S. 279 f.

539 *Roeser*, in: Berliner Kommentar, Band I, § 35, Rdnr. 52c; *C.-D. Bracher*, in: Gelzer/Bracher/Reidt, Bauplanungsrecht, Rdnr. 2143; *Lampe*, NuR 2006, 152 (154). *Hinsch*, ZUR 2007, 401 (404) kritisiert zwar ebenso eine starre Festlegung auf 30 km, spricht sich jedoch an sich für das Merkmal der zeitlichen Fahrleistung aus.

540 *C.-D. Bracher*, in: Gelzer/Bracher/Reidt, Bauplanungsrecht, Rdnr. 2143.

541 *Lampe*, NuR 2006, 152 (154).

könnten.[542] Gegen feste Entfernungssätze als Ausschlusskriterium spreche jedoch, dass diese mit der gesetzlichen Regelung unvereinbar seien. Möglich wäre allenfalls ihre Berücksichtigung bei der Frage, ob Betriebe innerhalb dieser Grenze von vornherein als nahe liegend i. S. v. § 35 Abs. 1 Nr. 6b BauGB 2004 anzusehen seien. Bei einer großen Entfernung wäre allerdings eine Einzelfallprüfung anhand der vorgenannten Kriterien durchzuführen.[543]

Aufgrund der aufgezeigten Auslegungsschwierigkeiten ist zu bemängeln, dass das in § 35 Abs. 1 Nr. 6b BauGB 2004 enthaltene Nähe-Kriterium zu ungenau ist. Es bedarf daher noch der Konkretisierung dieses Merkmals.[544]. Die Festlegung der „nahe gelegenen“ Betriebe führt allerdings in der Praxis zu erheblichen Problemen. Darüber hinaus ist zweifelhaft, ob mit dem unbestimmten Kriterium der „nahe gelegenen“ Betriebe wirkungsvoll eine Einschränkung der Privilegierung von Biomasseanlagen möglich ist, um die unerwünschten Transporte von Rohmaterialien sowie eine industrielle Energieerzeugung im Außenbereich hinreichend zu verhindern. Ersterem kann zwar dadurch entgegengewirkt werden, dass bei der Beurteilung, ob der Betrieb noch nahe gelegen ist, auch die Art der geplanten Einsatzstoffe berücksichtigt wird, jedoch ist die Entstehung von Agrarfabriken ohne städtebauliche Planung wohl nicht auszuschließen. Zudem kann auch nur durch eine Bauleitplanung den komplexen Infrastrukturerfordernissen größerer Biomasseanlagen ausreichend Rechnung getragen werden.[545]

Allerdings hat mittlerweile das Bundesverwaltungsgericht entschieden, dass Betriebsflächen – auf deren Lage es ankomme, und nicht auf die Lage der Hofstellen der Kooperationspartner – dann „nahe gelegen“ seien, wenn sie nicht weiter als 15 bis 20 km von der Biogasanlage entfernt sind, wobei dies vorbehaltlich siedlungsstruktureller oder betriebsspezifischer Besonderheiten des Einzelfalls gelte.[546]

---

542 *Gierke*, Institut für Städtebau 2004, 1 (18).

543 *Mantler*, BauR 2007, 50 (61).

544 Dies ist insbesondere auch von Bedeutung im Hinblick auf § 8 Abs. 2 EEG, wonach Biogasanlagen, die ausschließlich Pflanzen oder Pflanzenbestandteile und/oder Gülle einsetzen, eine erhöhte Einspeisungsvergütung erhalten, u. a. unter der Voraussetzung, dass auf demselben Betriebsgelände keine Biogasanlage betrieben wird, in der Strom aus anderen Stoffen gewonnen wird. Gerade in diesem Zusammenhang stellt sich das Bedürfnis nach Klärung, was unter demselben Betriebsgelände zu verstehen ist und ob es möglich ist, auf einer anderen Flurnummer eine konventionelle Biogasanlage zu betreiben; vgl. *Loibl*, www.paluka.de/service.html, 1 (5).

545 Vgl. auch *Lampe*, NuR 2006, 152 (154); *Nebelsieck/Schmidt*, NordÖR 2004, 93 (99); *Mantler*, BauR 2007, 50 (61); *H. Janning*, in: Spannowsky/Krämer, BauGB-Novelle 2004, 11 (28); *H.-D. Upmeier/C. Brandenburg*, Neues Baugesetzbuch 2004, § 35, S. 82.

546 *BVerwG*, Urt. vom 11.12.2008, Az.: 7 C 6.08, juris.

dd) Klärung des Erfordernisses „aus" dem Betrieb oder „aus" diesem und nahe gelegenen Betrieben „stammt"

Aufgrund der Formulierung der Voraussetzung in § 35 Abs. 1 Nr. 6b BauGB 2004, dass die Biomasse „aus" dem Betrieb oder „aus" diesem und aus nahe gelegenen Kooperationsbetriebe „stammt", stellt sich die Frage, ob es erforderlich ist, dass die Biomasse von eigenen, also im Eigentum stehenden Nutzflächen des Betriebsinhabers stammt, ob es genügt, dass die Biomasse auf gepachteten Flächen des Betriebs produziert wird oder ob überhaupt kein Nutzungsrecht an den produzierenden Flächen bestehen muss – wie etwa bei ausschließlich zugelieferten Rohstoffen, die dann verarbeitet werden.

Nach einer Ansicht lasse der Wortlaut eine Auslegung in dem Sinn zu, dass die Biomasse ungeachtet ihrer ursprünglichen Produktion letztlich nur in irgendeiner Art und Weise vor Lieferung an die Biomasseanlage den Betrieb passiert haben muss. Danach wären alle oben aufgeführten Varianten von der Bestimmung des § 35 Abs. 1 Nr. 6b BauGB 2004 erfasst. Den Bedenken, dass Biomasse dann nur zum Schein von Betrieben zugeliefert werde, könne dadurch begegnet werden, dass das Tatbestandsmerkmal des „funktionalen Zusammenhangs" in § 35 Abs. 1 Nr. 6a BauGB 2004 restriktiv ausgelegt werde. Dies bedeute auch im Fall von Kooperationen die teilnehmenden Betriebe zumindest einen Teil der Biomasse aus eigener Produktion zu liefern hätten, da es andernfalls an einem funktionellen Zusammenhang zwischen dem rahmenbildenden Betrieb und der Biomasseanlage fehle. Um möglichen Missbrauch bei der Art und Herkunft der Biomasse vorzubeugen, müsse der Anlagebetreiber zusätzlich die einzelnen Beschickungsposten so dokumentieren, dass die Baugenehmigungsbehörde die ordnungsgemäße Beschickung mit den Rohstoffen kontrollieren könne.[547]

Dagegen wird eingewendet, dass mit dieser weiten Auslegung der Gesetzeswortlaut überdehnt werde, wofür keinerlei Anlass bestehe, da die Biomasse regelmäßig aus der näheren Umgebung, und damit aus nahe liegenden Betrieben stammen werde. Sollte dies ausnahmsweise nicht der Fall sein, führe die weite Auslegung zur Umgehung der Voraussetzung des § 35 Abs. 1 Nr. 6b BauGB 2004.[548] Eine von Dritten (einschließlich von Pächtern) bezogene Biomasse stamme nicht mehr „aus" dem Betrieb, da dies nur dann der Fall sein, wenn die Biomasse im Rahmen der betrieblichen Nutzung erzeugt werde oder dabei als Nebenprodukt anfalle. Das Tatbestandsmerkmal „stammt" sei nur erfüllt, wenn

547 *Hentschke/Urbisch*, AUR 2005, 41 (44).

548 *Mantler*, BauR 2007, 50 (60); *Lampe*, NuR 2006, 152 (154).

die betreffende Biomasse unmittelbar auf Flächen des jeweiligen Betriebs erzeugt oder im jeweiligen Betrieb unmittelbar angefallen sei.[549]

Nach einer vermittelnden Ansicht falle sowohl auf im Eigentum des jeweiligen Betriebsinhabers stehenden Nutzflächen produzierte als auch auf von diesem gepachteten Flächen erzeugte Biomasse unproblematisch unter die Bestimmung des § 35 Abs. 1 Nr. 6b BauGB 2004, da es mangels gesetzlicher Unterscheidung nicht allein auf die Eigentumsverhältnisse ankomme; diese Unterscheidung werde vom Gesetz vielmehr beim vorangehenden Prüfungspunkt, ob überhaupt ein land- oder forstwirtschaftlicher Betrieb i. S. v. § 35 Abs. 1 Nr. 1 BauGB 2004 bzw. ein Betrieb der gartenbaulichen Erzeugung nach § 35 Abs. 1 Nr. 2 BauGB 2004 vorliege, getroffen. Bei auf gepachteten Flächen produzierter Biomasse müsse dann allerdings sichergestellt sein, dass die Nutzung nicht nur vorübergehender Natur sei – der Betrieb mithin nicht nach kurzer Zeit seine Privilegierungsumstände wieder verliere. Der Ankauf von Fremdbiomasse, also Biomasse, die vom Betriebsinhaber nicht selbst auf eigenen oder gepachteten Flächen erzeugt wurde, stelle hingegen keinen Bestandteil eines Betriebs i. S. v. § 35 Abs. 1 Nr. 1 oder 2 BauGB 2004 dar, da es insofern an der unmittelbaren Bodenertragsnutzung bzw. der gartenbaulichen Erzeugung fehle. Folglich stamme lediglich hinzugekaufte Biomasse nicht „aus" dem Betrieb i. S. d. § 35 Abs. 1 Nr. 6b BauGB 2004, sondern aus einer gewerblichen Tätigkeit dieses Betriebs. Bei einem tierhaltenden Betrieb nach § 35 Abs. 1 Nr. 4 BauGB bedürfe es diesbezüglich einer Prüfung im Einzelfall.[550]

e) Zulässigkeit einer Anlage je Hofstelle oder Betriebsstandort, § 35 Abs. 1 Nr. 6c BauGB 2004

aa) Betrieb mit einer Hofstelle bzw. einem Betriebsstandort

Gemäß § 35 Abs. 1 Nr. 6c BauGB 2004 darf je Hofstelle oder Betriebsstandort nur eine Biomasseanlage betrieben werden. Diese Regelung schließt mithin aus, dass mehrere Biomasseanlagen an einer Hofstelle oder einem Betriebsstandort errichtet werden können.[551] Die zahlenmäßige Begrenzung privilegierter Bio-

549 *Lampe*, NuR 2006, 152 (154); *Kraus*, UPR 2008, 218 (220).

550 *Berkemann*, in: Berkemann/Halama, § 35, Rdnr. 46; *Gierke*, Institut für Städtebau 2004, 1 (18); *Mantler*, BauR 2007, 50 (60).

551 Dies gilt auch unabhängig davon, ob eine Anlage aufgrund einer anderen bauplanungsrechtlichen Grundlage zugelassen worden ist – etwa vor Einfügen der Neuprivilegierung in § 35 Abs. 1 Nr. 6 BauGB 2004 nach bisherigem Recht als mitgezogener Betriebsteil zu einem landwirtschaftlichen Betrieb nach § 35 Abs. 1 Nr. 1 BauGB 1998/2004; vgl. *Söfker*, in:

masseanlagen nach § 35 Abs. 1 Nr. 6c BauGB 2004 erfolgte, um eine flächenmäßige Streuung von Biomasseanlagen im Außenbereich zu dessen Schutz zu verhindern.[552]

Unter „Hofstelle“ ist ein landwirtschaftlicher Standort, welcher der privilegierten Nutzung ihr Gepräge gibt, zu verstehen. Zu der landwirtschaftlichen Einheit, von der aus der landwirtschaftliche Betrieb selbständig bewirtschaftet werden kann, gehören regelmäßig Ställe, Scheunen, Maschinenhallen sowie die Wohnung des Betriebsinhabers. „Betriebsstandort“ ist derjenige, an dem sich die Gebäude befinden, in dem die für den jeweiligen Betrieb notwendigen und auf Gebäude angewiesenen Nutzungen untergebracht sind und insofern den betrieblichen Schwerpunkt darstellten.[553]

Daraus ergibt sich, dass eine Hofstelle vorrangig bei einem landwirtschaftlichen Betrieb besteht, während bei den anderen in § 35 Abs. 1 Nr. 6c BauGB 2004 genannten betrieblichen Fallgestaltungen von Betriebsstandorten als Bezugsgröße gesprochen wird. Danach kann bei einem landwirtschaftlichen Betrieb i. S. v. § 35 Abs. 1 Nr. 1 BauGB 2004 je Hofstelle und bei einem forstwirtschaftlichen Betrieb nach § 35 Abs. 1 Nr. 1 BauGB 2004, bei einem Gartenbaubetrieb nach § 35 Abs. 1 Nr. 2 BauGB 2004 sowie bei einem gewerblichen Betrieb der Tierhaltung i. S. v. § 35 Abs. 1 Nr. 4 BauGB 2004 je Betriebsstandort eine Biogasanlage errichtet werden.[554]

bb) Betrieb mit mehreren Hofstellen bzw. Betriebsstandorten

Regelmäßig haben die aufgeführten Betriebe nur eine Hofstelle bzw. einen Betriebsstandort. Sie können aber auch über mehrere Hofstellen oder Betriebsstandorte verfügen, wobei sich dann wegen der Beschränkung in § 35 Abs. 1 Nr. 6c BauGB 2004 auf eine Biomasseanlage je Hofstelle oder Betriebsstandort die Frage stellt, ob je Betrieb auch mehrere Biomasseanlagen zulässig sind.[555]

Ernst/Zinkahn/Bielenberg/Krautzberger, Band II, § 35, Rdnr. 59e; *Krautzberger*, in: Battis/Krautzberger/Löhr, § 35, Rdnr. 38f.

552 *Krautzberger*, in: Battis/Krautzberger/Löhr, § 35, Rdnr. 38f; *Berkemann*, in: Berkemann/Halama, § 35, Rdnr. 63.

553 *J. Berkemann*, in: Berkemann/Bunzel/Halama/Schmidt-Eichstaedt/Schrödter, BauGB 2004 – Nachgefragt, S. 283; *Lampe*, NuR 2006, 152 (154); *Söfker*, in: Ernst/Zinkahn/Bielenberg/Krautzberger, Band II, § 35, Rdnr. 59e.

554 *Hentschke/Urbisch*, AUR 2005, 41 (44); *Lampe*, NuR 2006, 152 (155); *Berkemann*, in: Berkemann/Halama, § 35, Rdnr. 64; *W. Söfker*, in: Krautzberger/Söfker, Baugesetzbuch, Rdnr. 374.

555 *Gierke*, Institut für Städtebau 2004, 1 (18); *Söfker*, in: Ernst/Zinkahn/Bielenberg/Krautzberger, Band II, § 35, Rdnr. 59e; *Mantler*, BauR 2007, 50 (61).

Aufgrund dessen, dass der Gesetzgeber je landwirtschaftlichem Betrieb wohl von nur einer Hofstelle ausging und wegen der Zielsetzung der Bestimmung – Vermeidung einer flächenmäßigen Streuung von Biomasseanlagen im Außenbereich – könnte man zur der Folgerung gelangen, dass auch bei mehreren Hofstellen bzw. Betriebsstandorten nur eine Biomasseanlage je Betrieb zugelassen sei.[556] Zu berücksichtigen sei aber, dass der Gesetzgeber mit der Nennung des Begriffs „Betriebsstandort“ in § 35 Abs. 1 Nr. 6c BauGB 2004 zugleich besonders großflächige Betriebe berücksichtigen wollte. Er folgte dabei dem Vorschlag des Bundesrates, der damit sicherstellen wollte, dass auch in einem Unternehmen, welches nach seiner Betriebsstruktur über mehrere Betriebsstandorte verfüge,[557] an jedem Betriebsstandort des Unternehmens eine Biomasseanlage errichtet werden könne.[558] Dem stehe auch nicht der Wortlaut des § 35 Abs. 1 Nr. 6c BauGB 2004 entgegen, der lediglich von „Hofstelle“ bzw. „Betriebsstandort“ im Singular und nicht im Plural spreche. Verfüge ein Betrieb im betriebswirtschaftlichen Sinn über mehrere Hofstellen bzw. Betriebsstandorte, sei folglich an jeder Hofstelle bzw. an jedem Betriebsstandort des Betriebs eine eigene Biomasseanlage privilegiert zulässig.[559]

Die Auffassung, dass bei mehreren Hofstellen bzw. Betriebsstandorten je Betrieb auch mehrere Biomasseanlagen errichtet werden könne, könne jedoch weitreichende Konsequenzen haben. Es bestehe die Gefahr einer erheblichen Ausweitung der im Außenbereich zulässigen Biomasseanlagen. So könne bei einem Betrieb der gewerblichen Tierhaltung i. S. v. § 35 Abs. 1 Nr. 4 BauGB 2004, der an mehreren Standorten Ställe mit Tierbestand betreibt, jeweils an diesen Ställen

556 *Söfker*, in: Ernst/Zinkahn/Bielenberg/Krautzberger, Band II, § 35, Rdnr. 59e.

557 Insbesondere die gewerblichen Betriebe der Tierhaltung i. S. v. § 35 Abs. 1 Nr. 4 BauGB 2004 wiesen oftmals mehrere Betriebsstandorte auf, auch wenn sie bei betriebswirtschaftlicher Betrachtung einen einheitlichen Betrieb darstellten; vgl. *Jäde*, in: Jäde/Dirnberger/Weiß, § 35, Rdnr. 85.

558 *Bundesrat*, Stellungnahme zum Regierungsentwurf, BT-Drs. 15/2250, S. 81.

559 So *Roeser*, in: Berliner Kommentar, Band I, § 35, Rdnr. 52d; *Berkemann*, in: Berkemann/Halama, § 35, Rdnr. 65; *dergl.*, in: Berkemann/Bunzel/Halama/Schmidt-Eichstaedt/Schrödter, BauGB 2004 – Nachgefragt, S. 283; *Mantler*, BauR 2007, 50 (61); *Hinsch*, ZUR 2007, 401 (405); *Gierke*, Institut für Städtebau 2004, 1 (18). *Kraus*, UPR 2008, 218 (220) hingegen bejaht dies nur bei Betriebsstandorten, und nicht bei Hofstellen, so dass bei einem landwirtschaftlichen Betrieb immer nur eine Biomasseanlage zulässig sei. Nach *Jäde*, in: Jäde/Dirnberger/Weiß, § 35, Rdnr. 85 dürfe aus der Bestimmung in § 35 Abs. 1 Nr. 6c BauGB 2004 nicht der Schluss gezogen werden, dass je Hofstelle oder Betriebsstandort nur eine Anlage betrieben werden dürfe, wenn gemeinsam verwertet wird. Sein anschließend angegebenes Beispiel, dass bei einer gemeinsamen Verwertung dann auch die Errichtung bereits einer weiteren Anlage auf einer der Hofstellen oder an einem der Betriebsstandorte unzulässig sei, soweit sie an der gemeinsamen Verwertung beteiligt seien, ist m. E. aufgrund dessen Widersprüchlichkeit zur vorangegangenen Aussage unverständlich.

zusätzlich eine Biomasseanlage errichtet werden. Ebenso wäre bei einem landwirtschaftlichen Betrieb, der neben der Hofstelle über noch weitere Betriebsstandorte bzw. Teilstandorte wie Betriebsflächen und Ställe verfügt, an beiden Orten jeweils das Betreiben einer Biomasseanlage privilegiert zulässig.[560]

Bei landwirtschaftlichen Betrieben stelle sich dabei allerdings die Frage nach der rechtlichen Beurteilung der Fälle, in denen sich die Hofstelle im Plan- oder Innenbereich befände und lediglich die weiteren Betriebsstandorte oder Teilstandorte im Außenbereich lägen. Nach einer Ansicht sei die Errichtung einer Biomasseanlage je Betriebsstandort eines landwirtschaftlichen Betriebs auch dann möglich, wenn sich an diesem Betriebsstandort nicht die Hofstelle befände, da § 35 Abs. 1 Nr. 6c BauGB 2004 keine Unterscheidung zwischen den Betrieben nach § 35 Abs. 1 Nr. 1, 2 und 4 BauGB2004 treffe.[561] Nach anderer Ansicht müsse für eine Privilegierung nach § 35 Abs. 1 Nr. 6 BauGB 2004 der landwirtschaftliche Betrieb gänzlich im Außenbereich liegen. Im Gegensatz zur Privilegierung eines landwirtschaftlichen Betriebs nach § 35 Abs. 1 Nr. 1 BauGB 2004, der selbst nicht ein Außenbereichsbetrieb sein müsse,[562] fordere die Privilegierung nach § 35 Abs. 1 Nr. 6 BauGB 2004, dass die Biomasseanlage „im Rahmen eines Betriebes nach Nummer 1" betrieben werde; auch § 35 Abs. 1 Nr. 6b BauGB 2004 wiederhole diesen Bezug. Ein landwirtschaftlicher Betrieb im Plan- oder Innenbereich sei indes kein Betrieb, dessen Zulässigkeit nach § 35 Abs. 1 Nr. 1 BauGB 1998/2004 zu beurteilen sei. Es fehle auch ein tragender Grund, da die Hofstelle im Plan- bzw. Innenbereich liege und die Biomasseanlage dieser zugeordnet sein müsse.[563] Unstreitig sei dagegen, dass die Hofstelle bzw. der Betriebsstandort, in dessen Rahmen die Biogasanlage betrieben werde, sich jedenfalls auf dem Gebiet der Bundesrepublik Deutschland befinden müsse, da § 35 Abs. 1 Nr. 6c BauGB 2004 eine grenzüberschreitende Kooperation nicht vorsehe.[564]

---

560 *Berkemann*, in: Berkemann/Halama, § 35, Rdnr. 65; *Söfker*, in: Ernst/Zinkahn/Bielenberg/Krautzberger, Band II, § 35, Rdnr. 59e.

561 *Söfker*, in: Ernst/Zinkahn/Bielenberg/Krautzberger, Band II, § 35, Rdnr. 59e; *Mantler*, BauR 2007, 50 (61).

562 Zwar beruhe die Privilegierung landwirtschaftlicher Betriebe nach § 35 Abs. 1 Nr. 1 BauGB 2004 auf der Überlegung, dass es, wenn auch nicht unabdingbar, doch sinnvoll sei, bauliche Vorhaben den typischerweise im Außenbereich gelegenen Wirtschaftsflächen räumlich zuzuordnen (vgl. *BVerwG*, Urt. vom 22.11.1985, DVBl. 1986, 413 (413)), jedoch sei diese Zielsetzung auch dann noch gewährleistet, wenn sich der landwirtschaftliche Betrieb als Hofstelle im Innenbereich befinde, weil § 35 Abs. 1 Nr. 1 BauGB 2004 zwischen landwirtschaftlichem Betrieb und Betriebsfläche unterscheide.

563 So die etwas widersprüchlich Argumentation von *Berkemann*, in: Berkemann/Halama, § 35, Rdnr. 16 f.

564 *Berkemann*, in: Berkemann/Halama, § 35, Rdnr. 18.

Den Bedenken einer erheblichen Ausweitung von Biomasseanlagen im Außenbereich aufgrund größerer Unternehmen mit mehreren Betriebsstandorten könne entgegengehalten werden, dass in der Praxis das Betreiben einer Biomasseanlage an jedem Betriebsstandort eines Betriebs eher die Ausnahme darstellen werde, da zum einen stets die Frage nach der Wirtschaftlichkeit von Biomasseanlagen bedacht werden müsse und zum anderen die Voraussetzungen in § 35 Abs. 1 Nr. 6 a und b BauGB 2004 einschränkende Wirkung hätten.[565] Darüber hinaus eröffne eine spätere Zusammenführung mehrerer landwirtschaftlicher Betriebe keine Privilegierung nach § 35 Abs. 1 Nr. 6 BauGB 2004.[566] Auch dürfe die einschränkende Bestimmung in § 35 Abs. 1 Nr. 6c BauGB 2004 nicht dadurch umgangen werden, dass ein einheitlicher Betrieb in mehrere formal selbstständige Betriebsteile aufgeteilt werde.[567] Zudem begründeten einzelne Gebäude oder sonstige Betriebsteile, die oftmals nicht auf engstem Raum miteinander verbunden stünden, sondern sich in einiger Entfernung zum Kern der Hofstelle bzw. des Betriebsstandortes befänden, und damit weit verstreut lägen, noch keine weitere Hofstelle bzw. keinen weiteren Betriebsstandort i. S. d. § 35 Abs. 1 Nr. 6c BauGB 2004. Dies setze vielmehr ein gewisses Maß an Eigenständigkeit in dem Sinne voraus, dass die Hofstelle bzw. der Betriebsstandort über eine eigene Infrastruktur verfüge, die es ermögliche im Wesentlichen ohne andere Standorte selbständig wirtschaften zu können. Die Selbständigkeit des Wirtschaftens werde aber nicht dadurch ausgeschlossen, dass Infrastruktureinrichtungen gemeinsam genutzt werden, oder ein arbeitsteiliges Wirtschaften in einzelnen Standorten durch Bereitstellen von Produkten zur Lieferung an den anderen Standort stattfinde. Entscheidend sei allein, dass eine organisatorische Unabhängigkeit von dem anderen Standort gegeben sei, die einen Weiterbetrieb dieses Standorts ohne weiteres ermögliche, auch wenn der andere Standort nicht mehr vorhanden sei. Für die Zulassung einer eigenen Biomasseanlage an jedem Teilstandort müsse sich daher die Außenstelle als eigener, wirtschaftlich verselbständigter Produktionsbetrieb darstellen, der von der eigentlichen Hofstelle bzw. dem eigentlichen Betriebsstandort losgelöst und von ihr unabhängig sei. Es bestehe dann kein sachlicher Grund, dem Betriebsinhaber, der getrennte Produktionszweige betreibe, eine weitere Biomasseanlage zu verweigern. Des Weiteren sei danach zu differenzieren, ob trotz der räumlichen Entfernung noch eine Zurechnung des Teilstandortes im Sinne einer funktionalen Zuordnung zur Hofstelle bzw. zum Betriebsstandort bestehe sowie erkennbar sei. Grundsätzlich müsse eine Einzelfallbetrachtung vorgenommen werden, wobei maßgebliche Kriterien

565 *Söfker*, in: Ernst/Zinkahn/Bielenberg/Krautzberger, Band II, § 35, Rdnr. 59e.

566 *Berkemann*, in: Berkemann/Halama, § 35, Rdnr. 65.

567 *Dürr*, in: Brügelmann, Band 2, § 35, Rdnr. 63.

insbesondere das Größenverhältnis der Außenstelle zur Hofstelle und das Maß ihrer Eigenständigkeit im Hinblick auf Organisation und Produktion seien.[568]

f) Leistungsbegrenzung auf 0,5 MW gemäß § 35 Abs. 1 Nr. 6d BauGB 2004

§ 35 Abs. 1 Nr. 6d BauGB 2004 bestimmt, dass das Vorhaben einer Biomasseanlage im Außenbereich nur dann privilegiert zulässig ist, wenn die installierte elektrische Leistung 0,5 MW (500 kW) nicht überschreitet[569]. Da für die planungsrechtliche Zulässigkeit neben dem Standort auch die Leistungsfähigkeit der Biomasseanlage ausschlaggebend ist, soll mit Hilfe dieser Größenbeschränkung zum Schutz des Außenbereichs verhindert werden, dass selbständige Großanlagen zur Verarbeitung von Biomasse entstehen.[570]

Der Begriff der „installierten elektrischen Leistung" ist zu unterscheiden von dem Begriff der „Gesamtfeuerungswärmeleistung". Während es sich bei „installierter elektrischer Leistung" um die Strommenge handelt, die in einer Anlage erzeugt wird (sog. Output), beschreibt der Begriff „Gesamtfeuerungswärmeleistung" die Energiemasse, die einer Anlage zugeführt wird (sog. Input). Bei einem durchschnittlichen Wirkungsgrad der Verbrennungsmotoren von 30 – 40 % verbleibt etwa ein Drittel bis ein Viertel der Feuerungswärmeleistung als elektrische Leistung, so dass eine elektrische Leistung von 0,5 MW in etwa 2,0 MW Gesamtfeuerungswärmeleistung/Eingangsleistung der eingesetzten Biomasse entspricht. Der Gesetzgeber hat in § 35 Abs. 1 Nr. 6d BauGB 2004 die installierte elektrische Leistung als Begrenzung gewählt, weil diese Leistung besser als die Feuerungswärmeleistung ermittelt werden kann. Auch ist zu berücksichtigen, dass die Angabe der Feuerungswärmeleistung zumeist im Zusammenhang mit Verbrennungsvorgängen verwendet wird, die keinen Strom, sondern Wärmeenergie erzeugen; die Energieerzeugung in Biomasseanlagen wird hingegen regelmäßig in installierter elektrischer Energie angegeben. Welches Maß die installierte elektrische Leistung einer Biogasanlage erreicht, hängt von deren Wirkungsgrad ab, der seinerseits durch die fortschreitende technische Entwicklung beeinflusst wird. Für Anlagen, die nicht ausschließlich elektrische Energie, sondern auch Wärme und Gas zur Weiterleitung erzeugen, sind entsprechende Umrechnungen erforderlich – 0,5 MW/a entsprechen einer Biogaserzeugung der

---

568 *Mantler*, BauR 2007, 50 (62); *Lampe*, NuR 2006, 152 (155); *Hentschke/Urbisch*, AUR 2005, 41 (44 f.).

569 Nach Ansicht von *Dürr*, in: Brügelmann, Band 2, § 35, Rdnr. 63 könnten allerdings in dem Fall, in dem mehrere Betriebe eine gemeinsame Biogasanlage unterhielten, je Betrieb eine Leistung von 0,5 MW installiert werden.

570 *Roeser*, in: Berliner Kommentar, Band I, § 35, Rdnr. 52e; *Jäde*, in: Jäde/Dirnberger/Weiß, § 35, Rdnr. 86; *Hinsch*, ZUR 2007, 401 (405).

Anlage von bis zu 2,3 Mio. Nm^3/a.[571] Mit dieser Beschränkung der elektrischen Leistungsfähigkeit darf die bauliche Anlage nicht auf die Gewinnung von mehr Biogas ausgelegt sein, als es vom Blockheizkraftwerk abgenommen werden und dort Verwendung finden kann.[572] Eine Anlage ist ebenso privilegiert zulässig i. S. v. § 35 Abs. 1 Nr. 6d BauGB 2004, wenn sie eine maximale Leistung von z. B. 535 kW aufweist, aber die Leistung durch Genehmigung auf 500 kW beschränkt und technisch sichergestellt ist, dass die Anlage entsprechend gedrosselt wird.[573] Die Begrenzung der installierten elektrischen Leistung von 0,5 MW wird auch dann eingehalten, wenn neben einem (Haupt-) Generator ein weiterer Motor installiert ist, der nur bei Ausfall des Hauptmotors eingesetzt werden darf.[574]

Teile der Literatur sehen in der Begrenzung der installierten elektrischen Leistung auf 0,5 MW eine erhebliche Einschränkung, die mit dem Schutz des Außenbereichs nicht zu begründen sei, da die installierte elektrische Leistung keine unmittelbare städtebauliche Relevanz habe. Die Folgerung von der Leistungsfähigkeit der Anlage auf deren äußere Störqualität im Außenbereich sei allenfalls ansatzweise möglich. Zudem könne die Kapazität nur derzeit ein gewisser Anhaltspunkt für die Größe der Anlage sein. Darüber hinaus verhindere diese Voraussetzung von vornherein die Bemühung um den technologischen Fortschritt zugunsten einer höheren Leistungsausbeute, was kaum im Sinne der energiepolitischen Zielsetzung sein könne. Bei dieser restriktiven Bestimmung drängt sich für manche der Verdacht auf, der Gesetzgeber habe den Vorstellungen der Energieunternehmer nachgegeben.[575] Eine Ansicht in der Literatur spricht sich deshalb dafür aus, dass bei reinen Biogaserzeugungsanlagen – Biogasanlagen, die ausschließlich Biogas auf Erdgasqualität erzeugen, welches unmittelbar in das Gasnetz eingespeist, und nicht vor Ort verstromt wird – nicht auf eine Umrechnungsgröße zur installierten Leistung von höchstens 500 kW abge-

---

571 *Fachkommission Städtebau*, EAG Bau Mustererlass, in: Ernst/Zinkahn/Bielenberg/Krautzberger, Band V, Teil J., Nr. 4.3.1.3; *W. Söfker*, in: Krautzberger/Söfker, Baugesetzbuch, Rdnr. 374; *dergl.*, in: Ernst/Zinkahn/Bielenberg/Krautzberger, Band II, § 35, Rdnr. 59f; *Krautzberger*, in: Battis/Krautzberger/Löhr, § 35, Rdnr. 38a; *Manten*, ZUR 2008, 576 (576); *Kraus*, UPR 2008, 218 (220), *Lampe*, NuR 2006, 152 (156); *Fachkommission Städtebau der ARGEBAU*, Stellungnahme vom 22.03.2006, www.umwelt.digital.de/nd/189226/vorschrift.html.

572 *BVerwG*, Urt. vom 11.12.2008, Az.: 7 C 6.08, juris.

573 *Loibl/Rechel*, UPR 2008, 134 (138); *Hinsch*, ZUR 2007, 401 (405).

574 *OVG Schleswig-Holstein*, Beschl. vom 08.08.2006, Az.: 1 MB 18/06, juris.

575 *Schmidt-Eichstaedt*, ZfBR 2005, 751 (759); *Berkemann*, in: Berkemann/Halama, § 35, Rdnr. 67 f.; *Manten*, ZUR 2008, 576 (576).

stellt werden dürfe. Sie sollten unabhängig von ihrer Größe und der erzeugten Gasmenge nach § 35 Abs. 1 Nr. 6 BauGB 2004 privilegiert zulässig sein.[576]

2. *Konkurrenzen*

a) *Verhältnis der Neuprivilegierung zu anderen Privilegierungstatbeständen für die Zulässigkeit von Biomasseanlagen*

aa) *Spezialität von § 35 Abs. 1 Nr. 6 BauGB 2004 gegenüber § 35 Abs. 1 Nr. 1 BauGB*

Überwiegend wird die Auffassung vertreten, dass die Neuregelung in § 35 Abs. 1 Nr. 6 BauGB 2004 gegenüber der bisherigen Privilegierung von Biomasseanlagen als Nebenanlagen eines i. S. v. § 35 Abs. 1 Nr. 1 BauGB privilegierten Betriebs auch die Anlagen erfasse, die nicht mehr als von der Privilegierung des Betriebs mitgezogen bzw. dienend angesehen werden könnten. Es bestehe daher kein Bedürfnis mehr, neben § 35 Abs. 1 Nr. 6 BauGB 2004 die bisherige Privilegierung für Biomasseanlagen gemäß § 35 Abs. 1 Nr. 1 BauGB wegen ihrer dienenden Funktion bzw. als mitgezogene Nebenbenutzung anzuwenden. Die neue Regelung nach § 35 Abs. 1 Nr. 6 BauGB 2004 erweise sich als speziellere Vorschrift für die Außenbereichsprivilegierung von Biomasseanlagen und stelle insoweit eine abschließende Regelung dar. Die Beurteilung, ob eine Biomasseanlage als dienender oder mitgezogener Betriebsteil eines sonstigen landwirtschaftlichen Betriebs nach § 35 Abs. 1 Nr. 1 BauGB privilegiert zulässig sei, habe sich folglich erübrigt.[577]

Lediglich vereinzelt wird im Schrifttum die Meinung vertreten, dass die Privilegierung nach § 35 Abs. 1 Nr. 6 BauGB 2004 keine abschließende, den Privilegierungstatbestand des § 35 Abs. 1 Nr. 1 BauGB verdrängende Regelung in dem Sinne sei, dass ein landwirtschaftlicher Betrieb seine Biomasse nun nicht mehr im Rahmen eines dienenden oder mitgezogenen Betriebsteils legal verwerten könne. Für eine derartige Rechtsfolge fänden sich keinerlei Anhaltspunkte im Gesetzestext, was jedoch nach der Rechtsprechung[578] zur Auslegung der Norm erforderlich sei. Ebenso wenig werde dies durch die Entstehungsgeschichte belegt. Vielmehr sei eine Verdrängung für die umweltpolitische Zielsetzung sogar

576 *Loibl/Rechel*, UPR 2008, 134 (139). Dagegen wendet sich *Kraus*, UPR 2008, 218 (220).

577 *Bundesregierung*, Entwurf eines Europarechtsanpassungsgesetzes Bau, BT-Drs. 15/2250, S. 55; *Schliepkorte/Tünnemann*, ZfBR 2004, 645 (652); *H.-D. Upmeier/C. Brandenburg*, Neues Baugesetzbuch 2004, § 35, S. 81 f.; *Söfker*, Der Landkreis 2004, 584 (587); *VG Mainz*, Urt. vom 23.01.2007, Az.: 3 K 194/06.MZ, juris; *Mache*, ZNER 2007, 241 (244).

578 *BVerwG*, Beschl. vom 14.12.1995, ZfBR 1996, 165 (166).

konträr, da mit § 35 Abs. 1 Nr. 6 BauGB 2004 lediglich von der Beschränkung nach § 35 Abs. 1 Nr. 1 BauGB, wonach die Betriebe nur eigene Biomasse zur überwiegend eigenen energetischen Nutzung umsetzen dürften, befreit werden solle. Zudem stünde eine Ausschließlichkeit der Neuprivilegierung in einem inneren Widerspruch zur Steuerungsmöglichkeit nach § 35 Abs. 3 S. 3 BauGB 2004, da sich dieser nur auf § 35 Abs. 1 Nr. 2 bis 6 BauGB 2004 beziehe, und nicht auch auf § 35 Abs. 1 Nr. 1 BauGB 2004. Im Ergebnis werde sich dieser Meinungsstreit aber wohl nicht auswirken, da die nach § 35 Abs. 1 Nr. 6 BauGB 2004 privilegierte Biogasanlage ohnehin nur im Rahmen eines privilegierten Betriebs errichtet werden dürfe.[579]

bb) Keine Privilegierung von Biomasseanlagen mit einer höheren Leistung als i. S. v. § 35 Abs. 1 Nr. 6d BauGB 2004 über § 35 Abs. 1 Nr. 4 BauGB 2004

In der Literatur werden teilweise Überlegungen angestellt, ob Biomasseanlagen mit einer installierten elektrischen Leistung über 0,5 MW wegen des Hindernisses nach § 35 Abs. 1 Nr. 6d BauGB 2004 im unbeplanten Außenbereich über § 35 Abs. 1 Nr. 4 BauGB 2004 privilegiert zugelassen werden könnten. Eine Privilegierung von Biomasseanlagen nach § 35 Abs. 1 Nr. 4 BauGB war allerdings bereits vor Einführung der Neuprivilegierung strittig.[580]

Nach einer Ansicht sei eine Privilegierung von Biomasseanlagen mit einer installierten elektrischen Leistung von mehr als 0,5 MW gemäß § 35 Abs. 1 Nr. 4 BauGB 2004 möglich. Die Begründung der Bundesregierung, wonach § 35 Abs. 1 Nr. 6 BauGB 2004 gegenüber § 35 Abs. 1 Nr. 1 BauGB 1998/2004 für die Zulassung von Biomasseanlagen als die speziellere Privilegierung gewertet werde und damit abschließend gelten solle,[581] stehe dem nicht entgegen, da sich diese nur auf den Privilegierungstatbestand des § 35 Abs. 1 Nr. 1 BauGB 2004 beziehe und der Privilegierungsfall nach § 35 Abs. 1 Nr. 4 BauGB 2004 nicht erwähnt werde. Zum Ausschluss einer Privilegierung nach § 35 Abs. 1 Nr. 4 BauGB 2004 bestünde auch kein Anlass, da ordnungsgemäß betriebene Biomasseanlagen weder nachteilige Umweltauswirkungen noch besondere Anforderungen an die Umwelt hätten und sich daher von anderen emittierenden Anlagen unterscheiden würden. Zudem handle es sich beim Privilegierungsfall nach § 35

579 *Schrödter*, NST-N 2004, 197 (215); *Berkemann*, in: Berkemann/Halama, § 35, Rdnr. 11; *dergl.*, in: Berkemann/Bunzel/Halama/Schmidt-Eichstaedt/Schrödter, BauGB 2004 – Nachgefragt, S. 276 f; *Ekardt/Kruschinski*, ZNER 2008, 7 (9).

580 *J. Berkemann*, in: Berkemann/Bunzel/Halama/Schmidt-Eichstaedt/Schrödter, BauGB 2004 – Nachgefragt, S. 288 f.; *Hinsch*, ZUR 2007, 401 (406).

581 Vgl. *Bundesregierung*, Entwurf eines Europarechtsanpassungsgesetzes Bau, BT-Drs. 15/2250, S. 55.

Abs. 1 Nr. 6 BauGB 2004 auch nicht um eine lex specialis zu 35 Abs. 1 Nr. 4 BauGB 2004, da die beiden Privilegierungen einen unterschiedlichen Regelungszweck verfolgen würden: während § 35 Abs. 1 Nr. 6 BauGB 2004 auf die Privilegierung von Biomasseanlagen in Anknüpfung an einen privilegierten Betrieb i. S. v. § 35 Abs. 1 Nr. 1, 2 oder 4 (soweit tierhaltend) BauGB 2004 abziele, stelle § 35 Abs. 1 Nr. 4 BauGB 2004 lediglich einen Auffangtatbestand für privilegierte Vorhaben dar, welcher nicht anzuwenden sei, wenn das Gesetz im Rahmen der Privilegierungsfälle eine speziellere Regelung enthalte. Der Gesetzgeber habe mit § 35 Abs. 1 Nr. 6 BauGB 2004 aber nur für Anlagen mit einer installierten elektrischen Leistung bis zu 0,5 MW eine speziellere Privilegierung festgelegt; für Anlagen mit einer höheren Leistung hingegen fehle es aufgrund der Nichtanwendbarkeit von § 35 Abs. 1 Nr. 6 BauGB 2004 an einem vorrangigen Privilegierungstatbestand. Daraus könne der Schluss gezogen werden, dass für im Außenbereich gelegene Biomasseanlagen mit einer installierten elektrischen Leistung über 0,5 MW eine Privilegierung nach § 35 Abs. 1 Nr. 4 BauGB 1998/2004 in Betracht komme.[582]

Nach gegenteiliger Ansicht in der Literatur sei die gesetzgeberische Zielsetzung mit § 35 Abs. 1 Nr. 6 BauGB 2004 diejenige gewesen, Biomasseanlagen im Außenbereich nur noch unter den besonderen Voraussetzungen dieser Regelung zu privilegieren. Hierfür spreche, dass die Biomasseanlage lediglich im Rahmen eines Betriebs der genannten Art errichtet werden dürfe (§ 35 Abs. 1 Nr. 6 BauGB 2004) und in einem räumlich-funktionalen Zusammenhang mit diesem Betrieb stehen müsse (§ 35 Abs. 1 Nr. 6a BauGB 2004), womit erreicht werden solle, dass die Biomasseanlage stets in einem räumlich-funktionalen Verhältnis zu bereits gegebenen Hofstellen oder Betriebsstandorten betrieben werde. Dies schließe die selbständige Privilegierung von Biomasseanlage nach § 35 Abs. 1 Nr. 4 BauGB 2004 jedenfalls nunmehr aus, weil andernfalls die Gefahr der Zersiedlung des Außenbereichs erhöht werde. Zudem ergebe sich dies auch aus dem Umkehrschluss zu § 35 Abs. 1 Nr. 6 BauGB 2004, da es dort ansonsten bei der Nennung des rahmenbildenden Betriebs nach § 35 Abs. 1 Nr. 4 BauGB 2004 keiner Einschränkung auf Betriebe der Tierhaltung bedurft hätte. Der eindeutige Wortlaut des § 35 Abs. 1 Nr. 6d BauGB 2004 lasse mithin keine erweiternde Auslegung für die Privilegierung von Biomasseanlagen nach § 35 Abs. 1 Nr. 4 BauGB 2004 zu.[583]

---

582 *Loibl/Rechel*, UPR 2008, 134 (139); *Mantler*, BauR 2007, 50 (62); *Hentschke/Urbisch*, AUR 2005, 41 (45); *Lampe*, NuR 2006, 152 (155).

583 *Krautzberger*, in: Battis/Krautzberger/Löhr, § 35, Rdnr. 38a; *J. Berkemann*, in: Berkemann/Bunzel/Halama/Schmidt-Eichstaedt/Schrödter, BauGB 2004 – Nachgefragt, S. 281, 289; *dergl.*, in: Berkemann/Halama, § 35, Rdnr. 68; *Kraus*, UPR 2008, 218 (221); *Schliepkorte/Tünnemann*, ZfBR 2004, 645 (652).

Aufgrund der überzeugenden Argumente ist der Ansicht zu folgen, dass Anlagen mit einer höheren Leistung als 0,5 MW installierter elektrischer Energie aufgrund des abschließenden Charakters der Neuprivilegierung in § 35 Abs. 1 Nr. 6 BauGB 2004 nicht nach § 35 Abs. 1 Nr. 4 BauGB 1998/2004 privilegiert zugelassen werden könnten.

b) Anwendbarkeit sonstiger bauplanungsrechtlicher Instrumente für die Zulassung von Biomasseanlagen

Biomasseanlagen mit einer elektrischen Leistung von bis zu 0,5 MW (aber auch mit einer höheren Leistung im Sinn von industriellen Großanlagen) können weiterhin auch über die Erstellung von Bebauungsplänen für den Außenbereich zugelassen werden, da mit der Privilegierung nach § 35 Abs. 1 Nr. 6 BauGB 2004 keine Aussage über die sonstigen bauplanungsrechtlichen Instrumente zur Zulassung von Biomasseanlagen getroffen wurde. Die Vorgehensweise über die Zulassung von Biomasseanlagen in beplanten Gebiet ist in mehrfacher Hinsicht sogar vorteilhafter, da dadurch die Anlagen im Wege geordneter Planung in die städtebaulichen Vorstellungen der Gemeinde integriert werden und der Bauantragsteller durch das Umgehen der unbestimmten Rechtsbegriffe in § 35 Abs. 1 Nr. 6 BauGB 2004 ein Mehr an Rechtssicherheit erlangt sowie in der Anlagengröße nicht auf eine installierte elektrische Leistung von 0,5 MW beschränkt ist.[584]

c) Verfahrensrechtliche Genehmigungen für Biomasseanlagen

Aus rechtlicher Sicht darf eine Biomasseanlage nur errichtet und betrieben werden, wenn sie die hierfür erforderlichen Genehmigungen besitzt. Abgesehen von Biomasseanlagen im Schlauchverfahren, welche als fliegende Bauten i. S. v. Art. 85 Abs. 1 BayBO lediglich einer Ausführungsgenehmigung gemäß Art. 85 Abs. 2 BayBO bedürfen, ist daher verfahrensrechtlich für jede Biomasseanlage zunächst zu klären, ob hierfür ein immissionsschutzrechtliches Genehmigungsverfahren erforderlich ist oder ob ein Baugenehmigungsverfahren[585] genügt. Im

---

584 *Lampe*, NuR 2006, 152 (153); *Fillgert*, Agrarrecht 2002, 341 (345); *Hentschke/Urbisch*, AUR 2005, 41 (45); *VG Arnsberg*, Beschl. vom 04.12.1998, Agrarrecht 2000, 264 (264); *J. Berkemann*, in: Berkemann/Bunzel/Halama/Schmidt-Eichstaedt/Schrödter, BauGB 2004 – Nachgefragt, S. 281. Allgemein zu Konfliktlösung für Bioenergieanlagen im Außenbereich vgl. *Ekardt/Kruschinski*, ZNER 2008, 7 (10 ff.).

585 Theoretisch bedürfte eine Biogasanlage, die sich aus verschiedenen Komponenten wie Vorgrube, Fermenter, Verbrennungsanlage, Substratlager, Pasteurisierungsanlage, Güllegrube etc. zusammensetzt, mehrerer Baugenehmigungen, da jede Teileinheit eine eigene bauliche Anlage

Falle einer Genehmigungspflicht der Anlage nach dem Bundesimmissionsschutzgesetz sind jedoch trotzdem die Vorgaben des Baurechts zu prüfen, da die immissionsschutzrechtliche Genehmigung andere öffentlich-rechtliche Genehmigungen – wie die Baugenehmigung – oder Zulassungen[586] gemäß § 13 BImSchG mit umfasst. Es empfiehlt sich daher, mit der Überprüfung der bauplanungsrechtliche Zulässigkeit des Vorhabens zu beginnen (und gegebenenfalls zum Gegenstand eines Vorbescheids nach § 9 BImSchG zu machen), weil schon die bauliche Unzulässigkeit zur Ablehnung der Genehmigung nach § 6 Abs. 1 Nr. 2 BImSchG wegen entgegenstehender öffentlich-rechtlicher Vorschriften führt.[587]

XII. Zusammenfassung

Mit § 35 Abs. 1 Nr. 6 BauGB 2004 ist in den Katalog der im Außenbereich privilegiert zulässigen Vorhaben ein eigenständiger Privilegierungstatbestand für Anlagen zu jeder Form der energetischen Nutzung von Biomasse sowie deren Anschluss an das öffentliche Versorgungsnetz aufgenommen worden.

Obgleich es gesetzgeberische Intention war, die Zulässigkeit dieser Anlagen im Außenbereich wesentlich gegenüber der nach § 35 Abs. 1 Nr. 1 BauGB zuvor allein möglichen Zulassung zu erweitern, enthält die Bestimmung Restriktionen zum Schutz des Außenbereichs. Der Tatbestand erfasst nur Vorhaben der Biomassenutzung im Rahmen eines land- oder forstwirtschaftlichen Betriebes nach § 35 Abs. 1 Nr. 1 BauGB 2004, eines Gartenbaubetriebs gemäß § 35 Abs. 1 Nr. 2 BauGB 2004 oder eines Betriebs der Intensivtierhaltung i. S. v.

---

i. S. v. Art. 2 Abs. 1 BayBO darstellt; in der Praxis jedoch werden die einzelnen Genehmigungen in einem Bescheid zusammengefasst; vgl. *H. Loibl*, www.paluka.de/service.html, 1 (1).

586 Als behördliche Zulassung kommt die nach Art. 15 EG-HygieneVO (Verordnung Nr. 1774/2002 des Europäischen Parlaments und des Rates vom 03.10.2002, ABl. EG Nr. L 273, S. 1) in Betracht, wenn in der Biomasseanlage auch nicht zum menschlichen Verzehr bestimmte tierische Nebenprodukte wie Gülle, Schlachtabfälle, Speisereste etc. eingesetzt werden sollen. Neben der vorrangigen Nutzung von Biomasseanlagen zur Behandlung von Gülle, Jauche, Festmist und weiteren organischen Nebenprodukten der landwirtschaftlichen Produktion spielen zunehmend landwirtschaftsfremde Kofermeter wie unproblematische industrielle Abfälle oder Speisereste eine Rolle, da dadurch eine kostengünstigere Beseitigung als durch Fachbetriebe möglich ist und seit Ablaufen der Übergangsgenehmigung für Deutschland (Entscheidung der Kommission 2003/328/EG) per 31.10.2006 Küchen- und Speisereste auch nicht mehr ausnahmsweise an Tiere verfüttert werden dürfen; vgl. *H. Loibl*, www.paluka.de/service.html, 1 (1 f.); *Lampe*, NuR 2006, 152 (157).

587 *J. Berkemann*, in: Berkemann/Bunzel/Halama/Schmidt-Eichstaedt/Schrödter, BauGB 2004 – Nachgefragt, S. 275; *Lampe*, NuR 2006, 152 (153).

§ 35 Abs. 1 Nr. 4 BauGB 2004. Es bedarf einer räumlichen und funktionalen Zuordnung des Vorhabens zum rahmenbildenden Betrieb nach § 35 Abs. 1 Nr. 6a BauGB 2004. Dies bedingt sowohl die unmittelbare Nähe des Vorhabens zur Hofstelle als auch die Möglichkeit der Verwendung in der Anlage anfallender Reststoffe als Dünger auf den Betriebsflächen, und insbesondere die gemeinsame Nutzung bestehender baulicher Anlagen im Betrieb der Hofstelle und der Biogasanlage sicherstellt.[588] Die Biomasse muss zudem überwiegend aus dem rahmenbildenden Betrieb selbst oder aus diesem und aus nahe liegenden Betrieben i. S. v. § 35 Abs. 1 Nr. 1, 2 oder 4 (soweit tierhaltend) BauGB 2004 stammen, vgl. § 35 Abs. 1 Nr. 6b BauGB 2004. Eine Kooperation mehrere Biomasse erzeugender Betriebe ist damit möglich, die erforderlich werden kann, um den notwendigen Eigenanteil der Biomasse von mehr als der Hälfte zu stellen. Dies bedeutet aber zugleich, dass der Betreiber einer Biomasseanlage nicht uneingeschränkt fremde Biomasse anderer Betriebe als der genannten Arten einsetzen kann. Gemäß § 35 Abs. 1 Nr. 6c BauGB 2004 darf je Hofstelle oder Betriebsstandort lediglich eine Biomasseanlage betrieben werden, wobei ein Betrieb aber mehrere Hofstellen bzw. Betriebsstandorte inne haben kann. Zum Schutz des Außenbereichs wurde die Privilegierung von Biomasseanlagen beschränkt auf eine installierte elektrische Leistung von 0,5 MW, die beim Betrieb einer solchen Anlage nicht überschritten werden darf, § 35 Abs. 1 Nr. 6d BauGB 2004. Damit stellt die Neuprivilegierung eine abschließende Regelung für Biomasseanlagen der genannten Größenordnung dar.

Die Neuprivilegierung von Biomasseanlagen erfolgte durch den Gesetzgeber zwar nach dem Vorbild der schon bisher vorgesehenen Privilegierung von Windenergieanlagen, jedoch ist diese im Unterschied zu der der Windenergie nicht gänzlich eigenständig, da sie von einem anderen Betrieb abhängig ist. Zudem besteht für die Privilegierung von Biomasseanlagen gegenüber der Privilegierung von Windenergieanlagen eine deutliche Begrenzung aufgrund seiner beschränkenden Voraussetzungen.[589]

Der Privilegierungstatbestand nach § 35 Abs. 1 Nr. 6 BauGB 2004 enthält sehr detaillierte und einengende Voraussetzungen. Der Gesetzgeber versuchte mit dieser Regelung einen Kompromiss zwischen der allgemeinen energiepolitischen Zielsetzung sowie dem Interesse der Landwirte an zusätzlichen Erwerbsquellen und den befürchteten Belastungen bzw. möglichen Missbräuchen im Außenbereich zu finden. Bei den einzelnen Tatbestandsmerkmalen handelt es

588 *BVerwG*, Urt. vom 11.12.2008, Az.: 7 C 6.08, juris; *VG München*, Urt. vom 08.05.2008, Az.: M 11 K 08.782, juris.

589 *Hentschke/Urbisch*, AUR 2005, 41 (41); *G. Schmidt-Eichstaedt*, Städtebaurecht (4. Auflage), S. 345.

sich demzufolge meist um im Gesetzgebungsverfahren erarbeitete politische Kompromisslösungen. Dies führte zu komplexen Tatbestandsmerkmalen, die vielfach der Auslegung bedürfen – u. a. der Bedeutung des Merkmals „im Rahmen eines Betriebes“, der Frage, bis zu welcher Entfernung von der Hof- oder Betriebsstelle noch ein räumlich-funktionaler Zusammenhang besteht und der Problematik, welche Betriebe noch so nahe gelegen sind, dass ihre Biomasse eingesetzt werden darf.

XIII. Bewertung

1. Vorteile der Privilegierung energetischer Biomassenutzung

a) Förderung regenerativer und umweltfreundlicher Energieerzeugung

Bei der energetischen Nutzung von Biomasse wird mit Hilfe eines Verbrennungsvorgangs Biogas hergestellt, welches aufgrund seines hohen Methangehalts zur Elektrizitätserzeugung, Wärmegewinnung oder Umwandlung in Kraftstoff, wie z. B. Biodiesel, verwendet werden kann.[590] Hierbei handelt es um eine erneuerbare sowie regelbare Energiequelle, da zur Biogaserzeugung neben landwirtschaftlichen Abfallprodukten nachwachsende Rohstoffe wie Energiepflanzen, zucker- und stärkehältigen Acker- und Ölfrüchten eingesetzt werden.[591] Die zur Erzeugung von Biogas erforderliche Biomasse steht somit durchgehend zur Verfügung, so dass eine ganzjährig geregelte Energieversorgung zur Strom- und Wärmenutzung mit hoher Energieeffizienz gewährleistet ist.[592] Zudem verspricht dies auch eine klimaneutrale und folglich umweltfreundliche Energieerzeugung, da dabei kein zusätzliches Kohlendioxid entsteht, denn das bei der Verbrennung freigesetzte Kohlendioxid entziehen die Energiepflanzen zuvor der Atmosphäre und nehmen es dann bei ihrem Wachstum wieder auf. Der nach der Gasgewinnung nicht umgewandelte Rest der Biomasse, der sog. Gärrückstand, stellt einen hochwertigen und daher begehrten Dünger dar, der auf landwirtschaftlichen Böden ausgebracht wird (Prinzip des geschlossenen Stoffkreislaufs der Biomasse).[593] Im Interesse der Umweltschonung ist der Einsatz

590 *Hinsch*, ZUR 2007, 401 (401).

591 *M. Lippert*, Energiewirtschaftsrecht, S. 335, 453.

592 Laut der Energiebilanz der *Schmack Biogas AG* aus Schwandorf können mit einer Einspeisekapazität von ca. 43 Mio. Kilowattstunden jährlich ca. 1.300 Einfamilienhäuser mit Wärme versorgt werden.

593 *Eckardt/Kruschinski*, ZNER 2008, 7 (7); *M. Odenwald*, Focus 2004, Ausgabe Nr. 33, 70 (70); *Mantler*, BauR 2007, 50 (55). Die zulässige Verwendung von Gärresten in der Landwirtschaft

von Biomethan als Kraftstoff bzw. in Brennstoffzellen besonders zukunftsweisend, da damit der nach wie vor angestrebte Ausstieg aus der Nutzung der Atomenergie erreicht werden kann.

b) Wirtschaftliche Vorteile für Betreiber von Biomasseanlagen und Betriebsinhabern

Mit der Neuprivilegierung wurde die bisherige Einengung, wonach für die bauplanungsrechtliche Zulässigkeit von Biomasseanlagen im Außenbereich die verarbeitete Biomasse überwiegend aus dem eigenen landwirtschaftlichen Betrieb stammen musste, aufgehoben. Die Biomasse darf nunmehr überwiegend aus dem landwirtschaftlichen Betrieb, in dessen räumlich-funktionalem Zusammenhang die Biomasseanlage steht, und aus benachbarten Betrieben der Land- oder Forstwirtschaft, der gartenbaulichen Erzeugung oder der gewerblichen Tierhaltung stammen. Damit ist die Anlieferung von Biomasse in einem höheren Maße als bisher zulässig und zudem nicht mehr nur auf landwirtschaftliche Betriebe als Anlieferungsbetriebe beschränkt.[594] Dadurch wird das Betreiben derjenigen Biomasseanlagen rentabel gemacht, deren Betriebe die hierfür erforderliche Biomasse nicht allein produzieren können. Darüber hinaus eröffnet sich für die Betriebsinhaber die Möglichkeit zur Betätigung als Biomasselieferant. Dies hat Zusatzeinnahmen aus Entgelt für die Beschickung von Biomasseanlagen bis hin zu u. U. einer Beteiligung am Gewinn aus der energetischen Nutzung der Biomasse zur Folge. Zudem ist eine dauerhafte und beständige Auslastung der eigenen Arbeitskraft bzw. der angestellten Arbeitskräfte gewährleistet und kann bei einem sicheren und dauerhaften Absatz der Biomasse auch Anlass zu einer Produktionssteigerung sein. Die im Betrieb erzeugten Rohstoffe können damit nun auch anderen Zwecken als der Nahrungsgewinnung für Mensch und Tier dienen.[595]

Eine weitere Erleichterung ist, dass mit der ausdrücklichen Privilegierung von Vorhaben zum Anschluss der Biomasseanlage an das öffentliche Versorgungsnetz die gewonnene energetische Nutzung nicht mehr überwiegend dem eigenen landwirtschaftlichen Betrieb selbst zugute kommen muss, beispielsweise durch

richtet sich für sämtlich eingesetzte Substrate nach den Anforderungen des Düngemittelrechts (Düngemittelgesetz/Düngemittelverordnung); für Bioabfälle bzw. Gärreste mit Bioabfällen ist zudem die Bioabfallverordnung zu beachten, und bei Gärrückständen aus tierischen Nebenprodukten – wie Gülle und Gülleprodukte – findet die EU-Energieverordnung Anwendung; vgl. *Lampe*, NuR 2006, 152 (159).

594 *Roeser*, in: Berliner Kommentar, Band I, § 35, Rdnr. 4a, S. 8; *Schliepkorte/Tünnemann*, Institut für Städtebau 2004, 1 (12); *Friege*, ThürVBl. 2005, 217 (220).

595 *Mantler*, BauR 2007, 50 (55).

Beheizung der Stallanlagen oder Trocknung von Heu/Getreide.[596] Dies hat für Betreiber von Biomasseanlagen den wirtschaftlichen Vorteil, dass sich die energetische Nutzung von Biomasse bei Einspeisung des dadurch erzeugten Stroms in das öffentliche Versorgungsnetz aufgrund der hohen Vergütungssätze nach dem Erneuerbare-Energien-Gesetz zu einer einträglichen Erwerbsquelle entwickeln kann. Die festen Mindestvergütungssätze für Strom aus Biomasse gemäß § 8 Abs. 1 EEG, die ohnehin oberhalb der Vergütung für Strom aus Wasserkraft, Deponiegas, Grubengas und Klärgas liegen,[597] wurden nochmals erhöht;[598] des Weiteren erhöhen sich die Vergütungssätze nach § 8 Abs. 2 EEG,[599] wenn der Strom ausschließlich aus in landwirtschaftlichen, forstwirtschaftlichen oder gartenbaulichen Betrieben bzw. im Rahmen der Landschaftspflege anfallenden Pflanzen oder Pflanzenteile gewonnen wird und in der Biomasseanlage nachweisbar nur diese Rohstoffe zum Einsatz kommen. Der wirtschaftliche Anreiz durch die hohen Vergütungssätze nach dem Erneuerbare-Energien-Gesetz führt zudem zu einer erhöhten Nachfrage bei Investoren, die in diese Technologie einsteigen wollen, und damit zu einem Anstieg der energetischen Nutzung von Biomasse.[600]

c) Vorteil für Verbraucher

Auf den ersten Blick mögen zwar die Kosten der Nutzung von aus Biomasse erzeugtem Strom im Verhältnis zu herkömmlichen Stromerzeugungsarten für den Verbraucher als hoch erscheinen, jedoch hat die Nutzung von Biostrom langfristig den Vorteil, dass die Energieverbraucher in Deutschland unabhängiger werden von künftig wohl zunehmend im Preis steigenden Erdgasimporten ausländischer Anbieter.

d) Stärkung der Wirtschaft

Auch für die wirtschaftliche Entwicklung hat die Energiegewinnung aus Biomasse eine nicht unerhebliche Bedeutung, da durch die verstärkte energetische

---

596 *J. Berkemann*, in: Berkemann/Bunzel/Halama/Schmidt-Eichstaedt/Schrödter, BauGB 2004 – Nachgefragt, S. 277; *Schmidt-Eichstaedt*, ZfBR 2005, 751 (759).

597 *M. Lippert*, Energiewirtschaftsrecht, S. 453.

598 Die Mindestvergütung beträgt bis zu einer Leistung von 150 kW 11,5 Cent pro kW/h, bis zu einer Leistung von 500 kW 9,9 Cent pro kW/h, bis zu einer Leistung von 5 MW 8,9 Cent pro kW/h und ab einer Leistung von 5 MW 8,4 Cent pro kW/h; vgl. § 8 Abs. 1 S. 1 EEG.

599 Die Mindestvergütung nach § 8 Abs. 1 S. 1 Nr. 1 und 2 EEG erhöht sich um jeweils 6,0 Cent pro kW/h und die nach § 8 Abs. 1 S. 1 Nr. 3 EEG um 4,0 Cent pro kW/h; vgl. § 8 Abs. 2 EEG.

600 *Lampe*, NuR 2006, 152 (152).

Nutzung von Biomasse in den nächsten 30 Jahren bis zu 200.000 Arbeitsplätze in Deutschland vor allem im Bereich der Landwirtschaft entstehen könnten.[601]

2. Negative Auswirkungen der Privilegierung von Biomasseanlagen

Zwar ist die Biomasse mit einer Gesamtenergierzeugung von 130 TWh die bei weitem bedeutendste[602], jedoch bringt diese rasante Entwicklung auch Probleme. Die breite Nutzungsmöglichkeit führt zu Zielkonflikten bei der Förderung dieses Energieträgers.[603]

a) Biomasseanlage als gesundheitliche Gefahrenquelle

In einer Anlage zur Herstellung von Biogas befinden sich verschiedene Stoffe wie Methangas, Schwefelwasserstoff, Kohlendioxid und Ammoniak. Es besteht die Gefahr, dass bei einem Leck in der Vergärungsanlage diese Stoffe austreten und bei Mitarbeitern der Anlage oder unter Umständen sogar bei der in unmittelbarer Umgebung zur Anlage lebenden Bevölkerung[604] gesundheitliche Schäden bzw. Todesfälle auslösen können[605]. Zudem kann für Anwohner durch Anlagen, die nicht dem technisch neuesten Stand entsprechen[606] oder durch Störungen während des sensiblen Prozesses der Gärung,[607] bei welchem größere Mengen an Ammoniak und Schwefelwasserstoff entstehen, eine enorme Geruchsbelästigung auftreten.[608] Eine wesentliche Verbesserung der Gesamtsitua-

---

601 *Hentschke/Urbisch*, AUR 2005, 41 (41).

602 Allein im Jahr 2006 stieg die Nutzung von Biogas in diesem Bereich von 2,8 Milliarden kWh auf rund 5,4 Milliarden kWh, vgl. *Bundesministerium für Umwelt, Naturschutz und Reaktorsicherheit, Entwicklung der erneuerbaren Energien im Jahr 2006 in Deutschland*, Stand: 21. Februar 2007, S. 4.

603 *Hinsch*, ZUR 2007, 401 (401).

604 Durchgeführte Messungen in anliegenden Wohnsiedlungen zeigten für den Konzentrationsgehalt von Schwefelwasserstoff einen Spitzenwert von zehn Teilchen pro eine Million Luftteilchen, was der an einem Industrieplatz maximal zulässigen Konzentration entspricht.

605 In der Vergangenheit hat sich diese Gefahr in einer Biogasanlage bei Rotenburg in Niedersachen bereits realisiert und zu drei schwerverletzten sowie zwei toten Mitarbeitern geführt.

606 Nach Angabe des *Fachverbandes Biogas* in Deutschland fielen jedoch weniger als 5 % der etwa 2000 betriebenen Anlagen durch Geruchsbelästigung auf.

607 Beispielsweise durch Beimengung illegaler Kosubstrate in den Fermenter. In der Praxis sind dies oftmals Abfälle aus der Nahrungsmittelindustrie bzw. Gastronomie wie altes Frittierfett; aber sogar das Einbringen von Tierkadavern kann nicht ausgeschlossen werden. Dies geschieht seitens mancher Landwirte zur Steigerung der Rentabilität.

608 *M. Odenwald*, Focus, 2004, Ausgabe Nr. 33, 70 (70 f.). Hierbei ist jedoch zu beachten, dass nach § 22 Abs. 1 Nr. 1 BImSchG auch Biomasseanlagen, die keiner immissionsschutzrechtlichen Genehmigungsbedürftigkeit unterliegen, so betrieben werden müssen, dass schädliche

tion hinsichtlich der Geruchsbelastung ist aber durch Integration einer Grüngutkompostierungsanlage in die Neuprivilegierung möglich.[609]

b) Umweltschäden

An der Neuprivilegierung von Biomasseanlagen wird kritisiert, dass mit ihr die Anzahl von Anlagen zur Biomassenutzung wüchsen und dazu führten, dass Landwirte mit dem Ziel der Energiegewinnung größtenteils nur noch energetisch nutzbare Pflanzen wie Mais und Raps unter Einsatz großer Mengen an Pestiziden anbauen, und andere nicht zur Energiegewinnung nutzbare Rohstoffe aus ihrem Anbau eliminierten. Die Erhöhung der Anbauflächen für nachwachsende Rohstoffe zur energetischen Nutzung habe ein ökologisches Ungleichgewicht zur Folge und führt daher zu neuen ökologischen Problemen. In diesem Zusammenhang problematisch ist auch die Nutzung von Palmöl als Biomasse, denn zur Anlage von Palmölplantagen werden Regenwälder gerodet. Zudem würde der angestrebte Klimaschutz gerade nicht erreicht werden, wenn für die Beschickung von Biomasseanlagen auch zunehmend Wälder abgeholzt werde, deren Wiederaufforstung einige Zeit in Anspruch nehme oder wenn die Biomasse in industrieller Landwirtschaft energieaufwendig produziert, gedüngt, veredelt und über große Entfernungen transportiert werde. Darüber hinaus entstünden bei der Erzeugung von Biogas umweltschädliche Treibstoffgase.[610]

c) Zurückdrängung des Außenbereichschutzes

Aufgrund der eigenständigen Privilegierung von Biomasseanlage im Außenbereich werden die Errichtung und das Betreiben solcher Anlagen vermehrt zunehmen.[611] Auch wenn der Gesetzgeber mit Hilfe der einschränkenden Voraus-

---

Umwelteinwirkungen verhindert werden. Dies bedeutet, dass die in der Nachbarschaft eintreffenden Immissionen zu keiner schädlichen Umwelteinwirkung führen dürfen. Eine Emissionsminderung, die nach dem Stand der Technik möglich wäre, ist dann nicht zwingend erforderlich, soweit die Immissionen ein zumutbares Maß nicht überschreiten; vgl. *Lampe*, NuR 2006, 152 (158).

609 *Berkemann*, in: Berkemann/Halama, § 35, Rdnr. 7.

610 *Ekardt/Kruschinski*, ZNER 2008, 7 (7); *Hinsch*, ZUR 2007, 401 (401).

611 Während es in Deutschland im Jahre 1990 51 Anlagen gab, die mit einer installierten Leistung von 20,4 MW Elektrizität auf der Basis von Biomasse produzierten, im Jahre 1994 die Anzahl auf 100 Biogasanlagen mit einer installierten Leistung auf 29 MW stieg und für das Jahr 2000 mit ca. 80 Erzeugungsanlagen auf Holzbasis gerechnet wurde, vgl. *M. Lippert*, Energiewirtschaftsrecht, S. 336, schätzte der Fachverband Biogas in Deutschland allein bis Ende 2005 eine Verdoppelung auf rund 4.000 Biogasanlagen; vgl. *M. Odenwald*, Focus, 2004, Ausgabe

setzungen in § 35 Abs. 1 Nr. 6 BauGB 2004 versuchte, eine übermäßige Belastung des Außenbereichs zu vermeiden, besteht trotzdem die Gefahr, dass u. a. aufgrund erhöhten Flächenverbrauchs die Neuerung letztlich zu Lasten des Außenbereichsschutzes geht.

d) Geringe Energieversorgung

Problematisch ist weiter, dass Biomasse in ihren bisher technischen verfügbaren Formen nur relativ wenig Energie pro Einheit liefert.[612]

e) Verschärfung der Welternährungslage

Die Abdeckung des riesigen Energiebedarfs westlicher Länder durch Importe aus Entwicklungsländern würde aber eine weitere Verschärfung der Welternährungslage bedeuten.[613] Zudem tritt die landwirtschaftliche Energieproduktion und die klassische Nahrungsmittelproduktion in Konkurrenz, da die Landwirte mittlerweile bevorzugt ihr Getreide, Weizen und Roggen als energetisch nutzbare Rohstoffe an Biomasseunternehmen verkaufen, anstatt diese zu Nahrungszwecken für die Bevölkerung zu verwenden und damit die Kosten für Brot und Backwaren steigen. Der Massenanbau von Energiepflanzen führt damit auch zu sozialen Problemen.[614]

f) Höhere Stromkosten für Verbraucher

Aufgrund der Vergütungssätze für aus Biomasse erzeugtem Strom nach § 8 EEG erhöhen sich die Stromkosten für die Verbraucher.

g) Rechtliche Risiken für Betreiber von Biomasseanlagen

Auf den ersten Blick erscheint die Beurteilung der bauplanungsrechtlichen Zulässigkeit von Biomasseanlagen im Außenbereich durch die Schaffung des neuen Privilegierungstatbestandes vereinfacht, jedoch wurde oben bereits aufgezeigt, dass einzelne Voraussetzungen in § 35 Abs. 1 Nr. 6 BauGB 2004 aufgrund Unbestimmtheit der Auslegung bedürfen. Da dies vielfach eine einzelfallbezogene Betrachtung bedingt, können die Anforderungen an die zulässige Errich-

---

Nr. 33, 70 (71). Im Jahre 2005 waren schließlich schon 3.490 Anlagen errichtet, *Ekhardt/ Kruschinski*, ZNER 2008, 7 (8).

612 *Ekardt/Kruschinski*, ZNER 2008, 7 (7).

613 *Ekardt/Kruschinski*, ZNER 2008, 7 (7).

614 *Hinsch*, ZUR 2007, 401 (401).

tung von Biomasseanlagen oftmals unterschiedlich ausfallen. Folglich bleibt für Bausuchende nach wie vor ein gewisses Maß an Unsicherheit hinsichtlich der bauplanungsrechtlichen Zulässigkeit solcher Anlagen im Außenbereich. Für sie muss sich der praktische Nutzen des neuen Privilegierungstatbestandes erst noch erweisen.

3. Ergebnis

Kritiker stehen der eigenständigen Privilegierung von Biomasseanlagen im Außenbereich ablehnend gegenüber. Trotz der gesetzlichen Einschränkungen in § 35 Abs. 1 Nr. 6 BauGB 2004 bestehe die Gefahr unkontrollierter Errichtungen von Biomasseanlagen in den Außenbereichen, und damit einer Industrialisierung. Dem könnten die Gemeinden mit den neuen planerischen Steuerungsmitteln i. S. v. §§ 5 Abs. 2b, 15 Abs. 3, 35 Abs. 3 S. 3 BauGB 2004 durch Darstellung von Vorrangflächen im Flächennutzungsplan und Zurückstellungsanträgen zwar an sich einschränkend entgegenwirken, jedoch sei dies für die Gemeinden mit der Übernahme des zeitlichen und finanziellen Aufwands sowie mit dem Risiko der Realisierung der beabsichtigten Biomasseanlage aufgrund fehlgeschlagener Planung verbunden.[615]

Auch aus kommunaler Sicht wird die neue Privilegierung als wenig erfreulich bewertet, da sie die kommunalen Handlungs- und Steuerungsmöglichkeiten einschränke. Nach Ansicht der Gemeinden könnte und sollte zum Schutz des Außenbereichs den komplexen Infrastrukturerfordernissen größerer Biogasanlagen nur im Wege der Bauleitplanung Rechnung getragen werden.[616]

Anderen hingegen geht die Neuprivilegierung von Biomasseanlagen im Außenbereich nicht weit genug. Die einschränkenden Voraussetzungen in § 35 Abs. 1 Nr. 6 BauGB 2004, insbesondere das Zusammenwirken von § 35 Abs. 1 Nr. 6b, c und d BauGB 2004, führten dazu, dass vorhandene Biogaspotentiale nicht optimal sowie nicht an Ort und Stelle ausgenutzt werden könnten. Die tatsächliche Effektivität der Neuprivilegierung erscheine daher zweifelhaft.[617]

Zuzustimmen ist, dass der Neuprivilegierung von Biomasseanlagen eine Ambivalenz zugrunde liegt, da sie im Spannungsverhältnis zwischen energiepoliti-

---

615 So *Schliepkorte*, ZfBR 2004, 124 (127); *H. Janning*, in: Spannowsky/Krämer, BauGB-Novelle 2004, 11 (28 f.).

616 *Steinmetz*, www.dstgb.de/index_inhalt/hompage/artikel/inhalt/brennpunkte/das_neue_baugesetz buch/daten_fakten. Einer Steuerung durch Raumordnung werden Biomasseanlagen wohl nicht unterliegen, da sie grundsätzlich keine raumbedeutsamen Vorhaben seien; vgl. *Fischer*, NVwZ 2005, 909 (910).

617 *Dombert*, AUR 2004, 393 (395); *Berkemann*, in: Berkemann/Halama, § 35, Rdnr. 6, 68; *Hinsch*, ZUR 2007, 401 (408 f.).

scher Zielsetzung einerseits und Außenbereichsschutz andererseits steht.[618] Die komplexe Vorschrift mit ihren teilweise noch ungeklärten Voraussetzungen werden in der Praxis verschieden ausgelegt, weshalb sich eine unterschiedliche, und teilweise restriktive Genehmigungspraxis abzeichnet. Zwar existieren mittlerweile in einigen Bundesländern Hinweise bzw. Erlasse zur bauplanungsrechtlichen Zulässigkeit von Biomasseanlagen nach § 35 Abs. 1 Nr. 6 BauGB 2004, diese sind jedoch lediglich als verwaltungsinterne Normen bzw. als norminterpretierende Vorschriften ohne Außenwirkung zu qualifizieren, so dass letztlich die Gerichte werden entscheiden müssen, wie die gesetzliche Neuregelung bundeseinheitlich zu verstehen ist. Der eingeführte Privilegierungstatbestand hat folglich zwar manche Erleichterung bei der Privilegierung von Biomasseanlagen bewirkt, aber auch erhebliche Auslegungs- und Vollzugsprobleme mit sich gebracht.

Wie sich der neue Privilegierungstatbestand für Biomasseanlagen im Einzelnen auswirken wird, bleibt abzuwarten. Tatsache ist allerdings bereits jetzt, dass die Errichtung von Anlagen zur Nutzung von Biogas steigt. Trotz so mancher Risiken hat sich die Anzahl der vom Landwirt zum Energiewirt Wandelnden erhöht, da die gesetzliche Förderung mit hohen und zugleich festen Vergütungspreisen lockt. Aufgrund dessen entwickelt sich die Biogasbranche zunehmend zu einem ernsthaften Wirtschaftszweig, für den prognostiziert werden kann, dass er in Konkurrenz zu herkömmlichen Energieerzeugungsarten treten wird. Vor allem in den neuen Bundesländern sind die Bedingungen für die Nutzung von Biogas besonders günstig, da dort mittlerweile überwiegend moderne und große landwirtschaftliche Betriebe vorzufinden sind, die zumeist einem genossenschaftlichen Organisationssystem angehören, was eine infrastruktur- und betriebsnahe, kostengünstige sowie ausreichende Beschichtung mit biogenen Stoffen ermöglicht. Zudem führen die grundlegenden Änderungen in der Landwirtschaft nach der Wiedervereinigung zu einer mentalen Bereitschaft, die Landwirtschaft den neuen Entwicklungen anzupassen.[619] Betreiber kleinerer Biogasanlagen hingegen können Biogas wegen des mittlerweile aufgrund der

---

618 Nach *Nebelsieck/Schmidt*, NordÖR 2004, 93 (99) zeigte sich dies bereits aus der Begründung des Referentenentwurfs, wonach durch Beschränkungen der Privilegierung dem Außenbereichsschutz hinreichend Rechnung getragen, aber trotzdem den Gemeinden auch die Möglichkeit zur Steuerung der Nutzung von Biomasse gegeben werden sollten, um einer Zersiedlung des Außenbereichs entgegenzuwirken; vgl. *Bundesministerium für Verkehr, Bau- und Wohnungswesen*, Entwurf eines Europarechtsanpassungsgesetzes Bau, www.bmvbw.de, Begründung Besonderer Teil, S. 50 ff. Dies stelle jedoch einen Widerspruch dar, weil eine Steuerung unnötig wäre, wenn der Zersiedlungsgefahr schon durch die Beschränkungen in der Privilegierung ausreichend Rechnung getragen würde.

619 Vgl. *Zschiegner*, LKV 2006, 65 (65).

starken Nachfrage auf dem Weltmarkt gestiegenen Preises für Mais und Getreide, welche in der Regel zur Erzeugung von Biomasse eingesetzt werden, oftmals nicht mehr rentabel erzeugen. Zudem besteht auch die Gefahr, dass der klimaschützende Effekt der Biomassenutzung durch die ökologischen Folgeprobleme kompensiert oder sogar ins Negative umgekehrt werden.

Die Komplexität der Neuprivilegierung zeigt, dass Biomasseanlagen sorgfältig betrieben werden müssen, um nicht als Umweltrisiko zu gelten; insbesondere aufgrund der komplizierten Technik des Betriebs von Biomasseanlagen besteht die Gefahr emissionsrechtlicher Probleme. Um mögliche von einer Biomasseanlage ausgehenden negativen Wirkungen zu vermeiden, wäre es daher ratsam, Betreiber solcher Anlagen zu schulen bzw. einen Nachweis über deren Fähigkeit zu fordern.[620]

In seiner Gesamtschau ist die Privilegierung nach § 35 Abs. 1 Nr. 6 BauGB 2004 im Hinblick auf Klimaschutz, Ressourcenschonung und effiziente Energienutzung sowie zur Unterstützung der Landwirtschaft in ihrem Strukturwandel trotz der damit verbundenen Nachteile positiv zu bewerten, da nun erstmals in sinnvoller Weise der Außenbereich für eine verstärkte Erzeugung von Bioenergie durch unendlich nachwachsende Rohstoffe geöffnet wurde. Letztlich führt wegen der immer deutlicher werdenden Auswirkungen des Klimawandels an einer rechtlich gesteuerten Biomassenutzung kein Weg mehr vorbei.

C. § 35 Abs. 1 Nr. 5, 7 BauGB 2004 – privilegierte Vorhaben der Wind- und Wasserenergie sowie der Kernenergie

Die Einführung des Privilegierungstatbestands in § 35 Abs. 1 Nr. 6 BauGB 2004 für Biomasseanlagen bedingte eine redaktionelle Neugruppierung der Privilegierungstatbestände im bisherigen § 35 Abs. 1 BauGB.[621]

Ohne inhaltliche Änderung befindet sich die bisher in § 35 Abs. 1 Nr. 6 BauGB geregelte Privilegierung für die Wind- und Wasserenergienutzung daher nun in § 35 Abs. 1 Nr. 5 BauGB 2004 und die frühere Privilegierung für die

620 In Bayern wurde mittlerweile ein Biogashandbuch herausgegeben, vgl. dazu *BayVGH*, Beschl. vom 13.03.2007, Az.: 14 CS 06.2871.

621 *Bundesministerium für Verkehr, Bau- und Wohnungswesen*, Entwurf eines Europarechtanpassungsgesetzes Bau, www.bmvbw.de, Begründung Besonderer Teil, S. 52; *Bundesregierung*, Entwurf eines Europarechtsanpassungsgesetzes Bau, BT-Drs. 15/2250, S. 55; *Finkelnburg*, NVwZ 2004, 897 (902).

Kernenergienutzung nach § 35 Abs. 1 Nr. 5 BauGB ist nunmehr in § 35 Abs. 1 Nr. 7 BauGB 2004 normiert.[622]

D. „Hochwasserschutz“ als öffentlicher Belang

I. Öffentlicher Belang „Hochwasserschutz“ gemäß § 35 Abs. 3 S. 1 Nr. 5 BauGB-Entwurf im Zuge des Europarechtsanpassungsgesetzes Bau

1. Überlegungen im Gesetzgebungsverfahren

Der Bundesrat schlug in seiner Stellungnahme vor, den bisherigen Katalog der öffentlichen Belange durch den des „Hochwasserschutzes“ in § 35 Abs. 3 S. 1 Nr. 5 BauGB zu erweitern.[623] Diesem Vorschlag stimmte die Bundesregierung in ihrer Gegenäußerung im Hinblick auf einen Gesetzesentwurf zur Verbesserung des vorbeugenden Hochwasserschutzes seitens des Bundesministeriums für Umwelt, Naturschutz und Reaktorsicherheit vom März 2004 nicht zu. Dieses Artikelgesetz enthalte bereits Änderungen des Baugesetzbuchs, die sich auf die geänderten Vorschriften des Wasserhaushaltsgesetzes beziehen und mit ihnen abgestimmt seien. Da eine solche Verzahnung mit den beabsichtigten Regelungen im Wasserhaushaltsgesetz in vielen Fällen zwingen erforderlich sei, werde eine vorgezogene Regelung zum Hochwasserschutz im Baugesetzbuch 2004 abgelehnt.[624]

2. Keine Umsetzung im Baugesetzbuch 2004

Da der Gesetzgeber dem in Vorbereitung befindlichen Gesetz zur Verbesserung des vorbeugenden Hochwasserschutzes mit einer gesetzlichen Regelung zum Hochwasserschutz im Baugesetzbuch 2004 nicht vorgreifen wollte, kam es im Zuge des Europarechtsanpassungsgesetzes Bau noch nicht zu einer Normierung des Hochwasserschutzes als öffentlichen Belang.

---

622 *Dürr*, in: Brügelmann, Band 2, § 35, Rdnr. 62, 64; *Söfker*, Institut für Städtebau 2004, 1 (8); *dergl.*, in: Krautzberger/Söfker, Baugesetzbuch, Rdnr. 371, 375; *Schliepkorte/Tünnemann*, ZfBR 2004, 645 (652).

623 *Bundesrat*, Stellungnahme zum Regierungsentwurf, BT-Drs. 15/2250, S. 81 f.

624 *Bundesregierung*, Gegenäußerung zur Stellungnahme, BT-Drs. 15/2250, S. 93.

II. Öffentlicher Belang „Hochwasserschutz“ durch das Baugesetzbuch 2005

1. Gesetzgebungsverfahren

Unmittelbar nach dem Elbe-Hochwasser im Sommer 2002 beschloss die Bundesregierung am 15.09.2002 ein Fünf-Punkte-Programm für einen verbesserten vorbeugenden Hochwasserschutz.[625] Dem dazu im März 2004 vom Bundesministerium für Umwelt, Naturschutz und Reaktorsicherheit vorgelegten Entwurf für ein Gesetz zur Verbesserung des vorbeugenden Hochwasserschutzes[626] folgte am 21.05.2004 der Entwurf der Bundesregierung über ein Gesetz zur Verbesserung des vorbeugenden Hochwasserschutzes. Dieser sah die Aufnahme der Gefährdung des Hochwasserschutzes in § 35 Abs. 3 S. 1 Nr. 6 BauGB-RegE vor, um den Aspekt des Hochwasserschutzes ausdrücklich als öffentlichen Belang beim Bauen im Außenbereich hervorzuheben. Ziel war es, die Siedlungsentwicklung den Hochwassergefahren anzupassen, indem verhindert wird, dass in Überschwemmungsgebieten nach § 31b WHG-RegE sowie in überschwemmungsgefährdeten Gebieten i. S. d. § 31c WHG-RegE bauliche Anlagen errichtet werden, die einen effektiven Hochwasserschutz behindern und dem Gebot der Minderung von durch Hochwasser drohenden Schäden entgegenlaufen.[627] Hierfür sprach sich auch der Ausschuss für Umwelt, Naturschutz und Reaktorsicherheit in seiner Beschlussempfehlung aus.[628] Als Begründung verwies er auf die bereits vom Bundesrat im Gesetzgebungsverfahren zum Europarechtsanpassungsgesetz Bau angedachten Änderung.[629] Zur Durchsetzung eines effektiveren Hochwasserschutzes wurde schließlich – nach einiger Verzögerung durch die Anrufung des Vermittlungsausschusses – vom Bundeskabinett das Gesetz zur Verbesserung des vorbeugenden Hochwasserschutzes beschlossen,[630] und trat am 10.05.2005 in Kraft.[631]

625 *Paul/Pfeil*, NVwZ 2006, 505 (505); *Kotulla*, NVwZ 2006, 129 (129).

626 *R. Kunze/H. Welters/H. Jäde*, BauGB-Novelle 2004, S. 26.

627 *Bundesregierung*, Entwurf eines Hochwasserschutzgesetzes, BT-Drs. 15/3168, S. 7, 9, 16; *Krautzberger*, in: Battis/Krautzberger/Löhr, § 35, Rdnr. 65a; *Roeser*, in: Berliner Kommentar, Band I, § 35, Rdnr. 83a.

628 *Ausschuss für Umwelt, Naturschutz und Reaktorsicherheit*, Beschlussempfehlung zum Regierungsentwurf, BT-Drs. 15/3455, S. 6.

629 *Ausschuss für Umwelt, Naturschutz und Reaktorsicherheit*, Bericht zum Regierungsentwurf, BT-Drs. 15/3510, S. 9 f.

630 Gesetz zur Verbesserung des vorbeugenden Hochwasserschutzes vom 03.05.2005, BGBl. 2005 I, S. 1224.

631 *Kotulla*, NVwZ 2006, 129 (129).

2. Gesetzliche Normierung des Hochwasserschutzes als öffentlicher Belang in § 35 Abs. 3 S. 1 Nr. 6 Alt. 3 BauGB 2005

Durch das Gesetz zur Verbesserung des vorbeugenden Hochwasserschutzes wurde das Baugesetzbuch 2004 im Hinblick auf die Außenbereichsvorschrift insofern geändert, als in den Katalog der öffentlichen Belange der Belang des Hochwasserschutzes in § 35 Abs. 3 S. 1 Nr. 6 BauGB 2005 als dritte Alternative eingefügt wurde. Eine Beeinträchtigung öffentlicher Belange liegt nunmehr ausdrücklich dann vor, wenn der Hochwasserschutz gefährdet ist.[632]

Die Belange des Hochwasserschutzes orientieren sind an den in § 31a WHG 2005 enthaltenen Grundsätzen des Hochwasserschutzes (vgl. insbesondere § 31a Abs. 1 S. 1 WHG[633]), und umfassen daher den Rückhalt von Hochwasser, die Gewährleistung eines schadlosen Wasserabflusses und die Vorbeugung vor Hochwasserschäden. § 35 Abs. 3 S. 1 Nr. 6 Alt. 3 BauGB 2005 findet insbesondere in den Fällen Anwendung, in denen das Vorhaben in einem Überschwemmungsgebiet nach § 31b WHG 2005 oder in einem überschwemmungsgefährdeten Gebiet gemäß § 31c WHG 2005 verwirklicht werden soll, womit Gefährdungen solcher Gebiete zu öffentlichen Belangen beim Bauen im Außenbereich avancieren.[634] Bei Baugenehmigungen im Außenbereich nach § 35 BauGB sind folglich sogenannte faktische Überschwemmungsgebiete nach § 31b Abs. 1 WHG und § 31b Abs. 6 WHG, die noch nicht amtlich festgesetzt sind, in ihrer Funktion als Rückhalteflächen zu erhalten, soweit nicht überwiegende Gründe der Allgemeinheit entgegenstehen.[635] Nach Ansicht des Bayerischen Verwaltungsgerichtshofs verdränge der bei der Prüfung des öffentlichen Belangs der Gefährdung des Hochwasserschutzes zu berücksichtigende § 31b Abs. 4 S. 4 WHG, der die Voraussetzungen, unter denen ein Einzelbauvorhaben in einem festgesetzten oder einem vorläufig gesicherten Überschwemmungsgebiet zugelassen werden darf, als wohl spezieller Regelung § 35 Abs. 3 S. 1 Nr. 6 Alt. 3 BauGB 2005.[636]

---

632 *G. Schmidt-Eichstaedt*, Städtebaurecht (4. Auflage), S. 342; *Mitschang*, LKV 2006, 433 (440f.).

633 Wortlaut des § 31a Abs. 1 S. 1 WHG: Oberirdische Gewässer sind so zu bewirtschaften, dass so weit wie möglich Hochwasser zurückgehalten, der schadlose Wasserabfluss gewährleistet und der Entstehung von Hochwasserschäden vorgebeugt wird".

634 *Mitschang*, LKV 2006, 433 (441); *Jäde*, in: Jäde/Dirnberger/Weiß, § 35, Rdnr. 210; *Söfker*, in: Ernst/Zinkahn/Bielenberg/Krautzberger, Band II, § 35, Rdnr. 102; *Krautzberger*, in: Ernst/Zinkahn/Bielenberg/Krautzberger, Band I, Einl., Rdnr. 292, 295; *Rieger*, in: Schrödter, § 35, Rdnr. 97a; *Kotulla*, NVwZ 2006, 129 (134); Bienek//Krautzberger, UPR 2008, 81 (87).

635 *VG München*, Beschl. vom 06.12.2006, Az.: M 11 SN 06.3486, juris.

636 *BayVGH*, Beschl. vom 26.01.2009, Az.: 1 B 07.151, juris.

3. *Zusammenfassung und Beurteilung*

Dem Abschluss der umfangreichen Novelle zum Baugesetzbuch 2004 durch das Europarechtsanpassungsgesetz Bau folgte schon bald eine erneute Änderung des Baugesetzbuchs durch das Gesetz zur Verbesserung des vorbeugenden Hochwasserschutzes. Anlass für die Nachbesserung mit dem Baugesetzbuch 2005 war, dass eine direkte Verzahnung des Gesetzes zur Verbesserung des vorbeugenden Hochwasserschutzes mit dem Europarechtsanpassungsgesetz Bau wegen der europarechtlich vorgeschriebenen Umsetzungsfrist aus zeitlichen Gründen nicht möglich war und wegen der erforderlichen Abstimmung der angedachten Änderungen im Baugesetzbuch mit den geplanten Neuerungen im Wasserhaushaltsgesetz auch aus sachlichen Aspekten nicht erfolgen sollte.

Hintergrund für die Hochwasserschutznovelle 2005 war das Oderhochwasser im August 1997 sowie vor allem die Flutkatastrophe an der Elbe im August 2002. Gemäß Art. 2 des Gesetzes zur Verbesserung des vorbeugenden Hochwasserschutzes wurden in das Baugesetzbuch mehrere Bestimmungen hinzugefügt.[637] In den Katalog der öffentlichen Belange wurde mit § 35 Abs. 3 S. 1 Nr. 6 Alt. 3 BauGB 2005 erstmals die Gefährdung des Hochwasserschutzes normiert. Die Statuierung des Hochwasserschutzes als öffentlichen Belang war auch sinnvoll, weil vor allem durch menschliche Eingriffe wie die der Bebauung die Hochwassergefahr vergrößert wird, denn der Direktabfluss von Niederschlagswasser, der bei großen Mengen zu Hochwasser führt, ist neben der Topographie und dem Bodentyp abhängig von der Landnutzung; so steigt beispielsweise der Direktabfluss bei Versiegelung des Bodens.[638]

Während eine Ansicht in der Literatur dem in § 35 Abs. 3 S. 1 Nr. 6 Alt. 3 BauGB 2005 aufgenommenen Belang „Hochwasserschutz" neben den Vorschriften des Wasserrechts eigenständige städtebaurechtliche Bedeutung zukommen lässt und damit die Frage, ob der Gesichtspunkt des Hochwasserschutzes vom Belang der Wasserwirtschaft mit umfasst wird, als überholt ansieht,[639] attestieren andere im Schrifttum der gesonderten Erwähnung des Belangs des Hochwasserschutzes neben des Belangs der Wasserwirtschaft nur klarstellenden Charakter als weiteres Beispiel für die Beeinträchtigung öffentlicher Belange.[640] Letzteres trifft insoweit zu, als der Katalog der öffentlichen Belange diese ohne-

637 *R. Kunze/H. Welters/H. Jäde*, BauGB-Novelle 2004, S. 26. Ausführlich hierzu *Kotulla*, NVwZ 2006, 129 (129 ff.).

638 *Stüer*, ZfBR 2007, 17 (17).

639 *Söfker*, in: Ernst/Zinkahn/Bielenberg/Krautzberger, Band II, § 35, Rdnr. 102; *Roeser*, in: Berliner Kommentar, Band I, § 35, Rdnr. 83a.

640 *Rieger*, in: Schrödter, § 35, Rdnr. 97a; *Jäde*, in: Jäde/Dirnberger/Weiß, § 35, Rdnr. 210; *Stüer*, ZfBR 2007, 17 (20); *Mitschang*, LKV 2006, 433 (441).

hin nur beispielhaft auflistet und nicht abschließend ist. Allerdings sollte die Ergänzung in § 35 Abs. 3 S. 1 Nr. 6 Alt. 3 BauGB 2005 den Gedanken des Hochwasserschutzes als öffentlicher Belang beim Bauen im Außenbereich ausdrücklich hervorheben.[641] Dadurch hat sich das Verhältnis des Hochwasserschutzes zur Realisierung baulicher Vorhaben im Außenbereich eindeutig zugunsten des Hochwasserschutzes verschoben.

E. § 35 Abs. 3 S. 1 Nr. 8 BauGB 2004 – öffentlicher Belang „Funktionsfähigkeit von Funkstellen und Radaranlagen"

I. Entwurf des Bundesministeriums für Verkehr, Bau- und Wohnungswesen

Der Entwurf des Bundesministeriums für Verkehr, Bau- und Wohnungswesen (Referentenentwurf) sah vor, dem bisherigen Katalog der öffentlichen Belange in § 35 Abs. 3 S. 1 BauGB die Nummer 8 anzufügen, wonach die Störung der Funktionsfähigkeit von Fernmelde- und Radaranlagen einen öffentlichen Belang darstellt. Damit sollte verdeutlicht werden, dass insbesondere die Errichtung von Windenergieanlagen im Außenbereich nur zulässig sei, wenn das Vorhaben die Funktionsfähigkeit von Fernmelde- und Radaranlagen nicht störe.[642]

II. Kritik seitens des Bundesverbandes Windenergie

Die im Referentenentwurf vorgesehene Aufnahme lehnte der Bundesverband Windenergie ab. Zwar sei die Störung von Fernmelde- und Radaranlagen bereits in der Vergangenheit als ungeschriebener öffentlicher Belang berücksichtigt worden, jedoch führe eine explizite Festschreibung dieses öffentlichen Belangs zu einer unangebrachten erheblichen Akzentverschiebung, da eine restriktive Genehmigungspraxis folgen werde. Zudem könnten die Belange Fernmelde- und Radaranlage nicht gleichermaßen nebeneinandergestellt werden, sondern es müsse im Hinblick auf ihre Bedeutung zwischen den beiden Belangen differenziert werden. Bei der Errichtung von Fernmeldeanlagen handle es sich primär um private wirtschaftliche Interessen – insbesondere der Mobilfunkbetreiber –, und erst sekundär ginge es um das allgemeine Interesse an der Teilnahme am

641 *Bundesregierung*, Entwurf eines Hochwasserschutzgesetzes, BT-Drs. 15/3168, S. 9.

642 *Bundesministerium für Verkehr, Bau- und Wohnungswesen*, Entwurf eines Europarechtanpassungsgesetzes Bau, www.bmvbw.de, S. 19, Begründung Besonderer Teil, S. 52; *Roeser*, in: Berliner Kommentar, Band I, § 35, Rdnr. 4a.

Fernmeldeverkehr. Deshalb bestehe keine Rechtfertigung dafür, Fernmeldeanlagen durch Normierung als öffentlichen Belang Vorrang vor Windenergieanlagen einräumen, zumal potentielle Störungen mit geringem technischen Aufwand (sog. Relais) unterbunden werden könnten. Radaranlagen hingegen dienten zwar der Sicherheit des (zivilen und militärischen) Luftverkehrs, und damit dem allgemeinen öffentlichen Interesse, jedoch existierten hierfür mit dem Schutzbereichsgesetz sowie dem Luftverkehrsgesetz bereits Fachgesetze, die auch Entschädigungsleistungen vorsähen. Die Aufnahme der Störung von Radaranlagen in den Katalog der öffentlichen Belange stelle eine unzulässige Umgehung von Fachgesetzen dar, da dann den Betroffenen keine Entschädigung zustehe.[643]

III. Entwurf eines Europarechtsanpassungsgesetzes Bau durch die Bundesregierung

Entsprechend der Begründung im Referentenentwurf nahm die Bundesregierung in ihrem Gesetzesentwurf die Statuierung des öffentlichen Belangs in § 35 Abs. 3 S. 1 Nr. 8 BauGB-RegE auf, allerdings unter Verwendung der Begriffe „Telekommunikations- und Radaranlagen".[644]

IV. Stellungnahme des Bundesrates

Der Bundesrat unterstützte die Aufnahme des öffentlichen Belangs „Radaranlage", schlug aber die Beschränkung des öffentlichen Belangs der „Funktionsfähigkeit von Telekommunikationsanlagen" auf die „Funktionsfähigkeit von Funkstellen" vor.

Bei dem Begriff der Telekommunikationsanlagen handle es sich um einen umfassenden Begriff der Nachrichtentechnik, der eine Vielzahl von Einrichtungen erfasse. Die Aufnahme dieses weiten Begriffs als öffentlicher Belang führe dazu, dass der Kreis der zu beteiligenden Stellen unnötigerweise erheblich erweitert werden müsse, was Erschwernisse im Baugenehmigungsverfahren zur Folge habe. Die Aufnahme von Telekommunikationsanlagen als öffentlicher Belang sei auch nicht erforderlich, da in der Vergangenheit bei der Errichtung solcher Anlagen im Außenbereich keine Probleme aufgetreten seien. Die Aufnahme des öffentlichen Belangs der „Funktionsfähigkeit von Funkstellen" hingegen

643 *Frank/Lahme*, ZNER 2003, S. 319 (320).

644 *Bundesregierung*, Entwurf eines Europarechtsanpassungsgesetzes Bau, BT-Drs. 15/2250, S. 16, 55; *Nebelsieck/Schmidt*, NordÖR 2003, 93 (95); *Roeser*, in: Berliner Kommentar, Band I, § 35, Rdnr. 89a.

entspreche den vom Bundesministerium der Verteidigung geltend gemachten Belangen der Flugsicherheit. Der Betrieb von Funkstellen werde durch Windkraftanlagen im Außenbereich möglicherweise gestört, indem durch die rotierenden Teile solcher Anlagen die Funkverbindung (Sprachübertragung, Datenübertragung) gestört werden könne; dies führe zu einem zumindest vorübergehenden Totalausfall von Funkstrecken, was eine Beeinträchtigung der Flugsicherheit bedeute.[645]

V. Gegenäußerung der Bundesregierung

In ihrer Gegenäußerung stimmte die Bundesregierung dem Vorschlag des Bundesrates zu.[646]

VI. Bericht des Ausschusses für Verkehr, Bau- und Wohnungswesen

Auch der Ausschuss für Verkehr, Bau- und Wohnungswesen schloss sich in seinem Bericht der vom Bundesrat vorgeschlagenen Änderung an.[647]

VII. Gesetzliche Normierung nach § 35 Abs. 3 S. 1 Nr. 8 BauGB 2004

Mit § 35 Abs. 3 S. 1 Nr. 8 BauGB 2004 wurde die „Funktionsfähigkeit von Funkstellen und Radaranlagen“ als zusätzlicher öffentlicher Belang aufgenommen. Danach liegt eine Beeinträchtigung öffentlicher Belange nunmehr auch dann vor, wenn ein Außenbereichsvorhaben die Funktionsfähigkeit von Funkstellen und Radaranlagen stört.[648]

Die Begriffe „Funkstellen“ und „Radaranlagen“ wurden im Baugesetzbuch 2004 nicht näher definiert. Zur Bestimmung des Begriffs der „Funkstellen“ kann auf die Definition der Funkanlagen in § 3 Nr. 4 TKG 1996[649] zurückgegriffen

---

645 *Bundesrat*, Stellungnahme zum Regierungsentwurf, BT-Drs. 15/2250, S. 81 f.; *Roeser*, in: Berliner Kommentar, Band I, § 35, Rdnr. 89a.

646 *Bundesregierung*, Gegenäußerung zur Stellungnahme, BT-Drs. 15/2250, S. 93; *H.-D. Upmeier/C. Brandenburg*, Neues Baugesetzbuch 2004, § 35, S. 82.

647 *Ausschuss für Verkehr, Bau- und Wohnungswesen*, Beschlussempfehlung und Bericht zum Regierungsentwurf, BT-Drs. 15/2996, S. 31, 67.

648 *Steinkemper*, VBlBW 2004, 401 (406); *J. Meißner*, Baugesetzbuch 2004, S. 22.

649 Wortlaut des § 3 Nr. 4 TKG 1996: „ Im Sinne dieses Gesetzes sind „Funkanlagen“ elektrische Sende- und Empfangseinrichtungen, zwischen denen die Informationsübertragung ohne Verbindungsleitungen stattfinden kann“.

werden. In Anlehnung daran sind „Funkstellen“ elektrische Sende- und Empfangseinrichtungen, zwischen denen eine elektronisch funktionierende Informationsverbindung, also eine Informationsübertragung ohne Verbindungsleitungen stattfinden kann. Dazu gehören beispielsweise Funkgeräte für die öffentlichen Mobilfunknetze – sowohl die festen Funkstellen (Basisstationen) als auch die mobilen Funkstellen (Autotelefone, Mobiltelefone) –, schnurlose Telefone als Endgeräte in öffentlichen Festnetzen, Satellitenfunkanlagen, Amateurfunkanlagen sowie Geräte auf der Grundlage von Lichttechnik (Laser-, Infrarottechnik).

„Radaranlagen“ sind solche Anlagen, die großräumig den Luftraum überwachen. Radaranlagen als öffentlicher Belang dient der Flugsicherung, und zwar unterschiedslos für militärische[650] und zivile Einrichtungen, da die in der Entstehungsgeschichte angelegte Beschränkung auf Einrichtungen der Luftabwehr sowie der Leitung und Lenkung von militärischen Flugeinsätzen in der gesetzlichen Bestimmung nicht zum Ausdruck gebracht wurde.[651]

Eine Störung einer Funkstelle oder Radaranlage liegt vor, wenn ihre Funktionsfähigkeit zeitweise aufgehoben wird. Zur Verhinderung befürchteter Störungen kann die zuständige Behörde gehalten sein, den Inhalt einer Baugenehmigung näher zu bestimmen oder ihr Nebenbestimmungen beizufügen.[652]

VIII. Bewertung

Der in § 35 Abs. 3 S. 1 Nr. 8 BauGB 2004 neu aufgenommene öffentliche Belang bezweckt die Sicherung der Funktionsfähigkeit von Funkstellen und Radaranlagen und hat Bedeutung für Vorhaben im Außenbereich, die aufgrund ihres baulichen Ausmaßes die Funktionsfähigkeit solcher Anlagen beeinträchtigen können. Relevant ist dieser Belang daher insbesondere im Rahmen der Zulässigkeitsprüfung von Windenergieanlagen, die wegen ihrer Höhe, der Rotorenflächen sowie der Rotorenbewegungen Funkverbindungen stören oder ausfallen lassen können. Dies kann zu einer Beeinträchtigung der Flugsicherheit führen,

650 Insofern werden damit auch die Belange der Verteidigung i. S. v. § 1 Abs. 6 Nr. 10 BauGB 2004 konkretisiert; vgl. *Wagner/Engel*, BayVBl. 2005, 33 (44).

651 *C.-D. Bracher*, in: Gelzer/Bracher/Reidt, Bauplanungsrecht, Rdnr. 2215; *Söfker*, in: Ernst/Zinkahn/Bielenberg/Krautzberger, Band II, § 35, Rdnr. 110a; *Berkemann*, in: Berkemann/Halama, § 35, Rdnr. 84; *Jäde*, in: Jäde/Dirnberger/Weiß, § 35, Rdnr. 227.

652 *Berkemann*, in: Berkemann/Halama, § 35, Rdnr. 83, 85.

so dass der neu aufgenommene öffentliche Belang letztlich der Flugsicherung dient.[653]

Nach einer Ansicht im Schrifttum konnte das Anliegen der Flugsicherheit schon bisher in der Praxis als ungeschriebener öffentlicher Belang, namentlich bei der Errichtung von Windkraftanlagen, berücksichtigt werden, und zwar aufgrund der luftverkehrsrechtlichen Anforderungen mit den sich aus §§ 12 ff. LuftVG ergebenden Baubeschränkungen in Schutzbereichen bestehender Flughäfen und Landeplätzen. Zudem sei ohnehin gemäß § 3 SchutzbereichsG für die Errichtung, Änderung oder Beseitigung von baulichen oder anderen Anlagen innerhalb den vom Bundesministerium für Verteidigung festgelegten militärischen Schutzbereichszonen die Genehmigung der Schutzbereichsbehörde (Wehrbereichsverwaltung) nötig. Darüber hinaus ließe sich ein Vorrang der Funktionsfähigkeit von Funkstellen und Radaranlagen unschwer aus der Privilegierung des § 35 Abs. 1 Nr. 3 BauGB 2004 (Vorhaben zur öffentlichen Versorgung mit Telekommunikationsdienstleistungen) entwickeln, so dass die Ergänzung in § 35 Abs. 3 S. 1 Nr. 8 BauGB 2004 allenfalls klarstellende Bedeutung haben könne.[654]

Dieser Auffassung treten andere in der Literatur entgegen. Bislang habe es keine Vorschrift gegeben, mit der die Zulassung störender Anlagen – wie vor allem von Windkraftanlagen – unterbunden werden konnte. Beispielsweise handle es sich bei der Abschattungswirkung für Rundfunkwellen durch eine Windenergieanlage nicht um eine schädliche Umweltauswirkung i. S. v. § 35 Abs. 3 S. 1 Nr. 3 BauGB i. V. m. § 3 Abs. 1 und 2 BImSchG.[655] Angesichts der in der Vergangenheit aufgetretenen Störungen durch die Errichtung von Windenergieanlagen sei es notwendig geworden, den Schutz der Funktionsfähigkeit von Funkstellen und Radaranlagen zu normieren. Aufgrund der Definition von Funkstellen dürften nunmehr auch Störungen des terrestrischen Rundfunkempfangs, die auf einer von dem Vorhaben ausgehenden Abschattungswirkung für Funkwellen beruhen, als Beeinträchtigung öffentlicher Belange gemäß § 35 Abs. 3 S. 1 Nr. 8 BauGB 2004 erfasst sein.[656] Die Erweiterung des bisherigen Katalogs der öffentlichen Belange um § 35 Abs. 3 S. 1 Nr. 8 BauGB 2004 stelle

653 *Krautzberger*, in: Battis/Krautzberger/Löhr, § 35, Rdnr. 68; *Jäde*, in: Jäde/Dirnberger/Weiß, § 35, Rdnr. 227; *Söfker*, in: Ernst/Zinkahn/Bielenberg/Krautzberger, Band II, § 35, Rdnr. 110a.

654 *Oerder*, BauR 2005, 643 (653); *Berkemann*, in: Berkemann/Halama, § 35, Rdnr. 80 f.; *Schliepkorte/Tünnemann*, Institut für Städtebau 2004, 1 (13).

655 Vgl. *OVG Rheinland-Pfalz*, Beschl. vom 24.06.2004, BauR 2004, 1422 (1422); *Erbguth/Wagner*, Grundzüge des öffentlichen Baurechts (4. Auflage), § 8, Rdnr. 90.

656 *Rieger*, in: Schrödter, § 35, Rdnr. 103.

daher einen eigenständigen öffentlichen Belang dar, der die Funktionsfähigkeit von Funkstellen und Radaranlagen im Außenbereich besonders schützt.[657]

Die Funktionsfähigkeit von Funkstellen und Radaranlagen ist mit § 35 Abs. 3 S. 1 Nr. 8 BauGB 2004 nunmehr jedenfalls als zu beachtender Belang im Katalog der öffentlichen Belange ausdrücklich benannt, und hebt damit hervor, dass die Errichtung von Vorhaben, insbesondere von Windenergieanlagen, im Außenbereich nur zulässig ist, wenn sie die Funktionsfähigkeit von Funkstellen und Radaranlagen nicht stören.

Mit § 35 Abs. 3 S. 1 Nr. 8 BauGB 2004 ist zwar die Zulassungsfähigkeit von Vorhaben weiter eingegrenzt worden, jedoch kann eine Beeinträchtigung nur sonstigen Bauvorhaben durchgreifend entgegengehalten werden, während bei privilegierten Vorhaben der öffentliche Belang entgegenstehen muss, was eine Abwägung zwischen der gesetzlichen Zuweisung dieser Vorhaben in den Außenbereich einschließlich dem Gewicht sowie dem Berührtsein der betroffenen Anlage und ihrer Funktionsfähigkeit gebietet. Hierfür kann differenziert werden zwischen standortgebundenen, festen Funkstellen, die auf das Funktionieren an bestimmten Standorten oder in bestimmten Bereichen angewiesen sind, und sonstigen mobilen Funkstellen, die, weil sie typischerweise in Bewegung sein können, durch das Vorhaben nur kurze Zeit ihre Funktionsfähigkeit verlieren bzw. dies durch Änderung des Standorts der Basisstation gänzlich vermeidbar ist. Maßgebend dabei ist auch die Sicherheitsrelevanz der jeweiligen Einrichtung, wobei bei militärischen Anlagen diesbezüglich der Bundeswehr ein Beurteilungsspielraum zukommt[658]. Im Hinblick auf Windenergieanlagen zielt § 35 Abs. 3 S. 1 Nr. 8 BauGB 2004 zwar auf deren Steuerung im Außenbereich ab, jedoch führt eine Beeinträchtigung der Funktionsfähigkeit von Funkstellen oder Radaranlagen wegen der Privilegierung nach § 35 Abs. 1 Nr. 5 BauGB 2004 unter Umständen nur zu einer entsprechenden Veränderung des Standorts der Windenergieanlage.[659]

In der Literatur wird vereinzelt die Frage aufgeworfen, ob und wieweit der in § 35 Abs. 3 S. 1 Nr. 8 BauGB 2004 neu benannte öffentliche Belang der Errichtung von Windenergieanlagen im Außenbereich tatsächlich entgegengehalten werden könne, zumal sich die Rechtsprechung vor der Gesetzesänderung durch das Europarechtsanpassungsgesetz Bau in die entgegengesetzte Richtung entwi-

---

657 *Schmidt-Eichstaedt*, ZfBR 2005, 751 (759); *Wagner/Engel*, BayVBl. 2005, 33 (44).

658 Vgl. *BVerwG*, Beschl. vom 05.09.2006, BauR 2007, 78 (79); *VGH Bad.-Württ.*, Urt. vom 16.05.2006, ZfBR 2006, 576 (576).

659 *Söfker*, in: Ernst/Zinkahn/Bielenberg/Krautzberger, Band II, § 35, Rdnr. 110a; *C.-D. Bracher*, in: Gelzer/Bracher/Reidt, Bauplanungsrecht, Rdnr. 2215; *Jäde*, in: Jäde/Dirnberger/Weiß, § 35, Rdnr. 229; *G. Manssen*, in: Öffentliches Recht in Bayern, 4. Teil, Rdnr. 150.

ckelte.[660] Es sei erforderlich, die Voraussetzungen für eine Beeinträchtigung durch Störung der Funktionsfähigkeit von Funkstellen und Radaranlagen im Einzelnen festzulegen. Nicht ausreichend sei es, wenn seitens der eine militärische Radaranlage betreibenden Wehrbereichsverwaltung eine Störung der Funktionsfähigkeit ihrer Anlage geltend gemacht werde, ohne dass geregelt sei, wann eine Störung in diesem Sinne überhaupt vorliege und wer diese verbindlich feststelle. Ebenso bedürfe es einer Regelung, ob nunmehr jedes Vorhaben der für die Flugsicherheit zuständigen Stellen, insbesondere den Wehrbereichsverwaltungen, vorzulegen sei, damit die Baugenehmigungsbehörde in Erfahrung bringen könne, ob eine Störung gegeben oder zu befürchten sei.[661] Da dies im Einzelfall umstritten sein könne, sei zur Klärung dieser Frage wohl regelmäßig eine Stellungnahme der zuständigen Wehrbereichsverwaltung notwendig, so dass diese im Baugenehmigungsverfahren zu beteiligen seien. Mittelfristig aber stellten die Wehrbereichsverwaltungen Unterlagen über mögliche Störungen von Funkstellen und Radaranlagen den Baugenehmigungsbehörden zur Verfügung.[662]

Teilweise wird im Schrifttum kritisiert, dass der im Regierungsentwurf noch vorgesehene Begriff der „Telekommunikationsanlage“, der alle Vorhaben der Nachrichtentechnik (u. a. Rundfunk- und Fernsehtürme sowie Verstärkungsanlagen), aber auch Mobilfunkanlagen umfasse, auf Anraten des Bundesrates im Fortgang des Gesetzgebungsverfahrens durch den Begriff der „Funkstellen“ ersetzt wurde, da damit die Frage offen bleibe, ob einem Vorhaben insbesondere zur Windenergienutzung eine bereits vorhandene Telekommunikationsanlage (etwa Mobilfunk-Sendeanlage-Funkbasisstation) entgegenstehen könne, obwohl die Schließung einer Versorgungslücke eines Mobilfunknetzes im Einzelfall im öffentlichen Interesse liegen könne (vgl. Art. 87f GG).[663]

---

660 Nach *VG Neustadt*, Urt. vom 19.01.2004, BauR 2004, 720 (720) falle das ordnungsgemäße Funktionieren der terrestrischen Verbreitungstechnik für Rundfunk und Fernsehen nicht in den Verantwortungsbereich der Betreiber von Windenergieanlagen, sondern in den Verantwortungsbereich der Rundfunkanstalten, die durch entsprechende technische Maßnahmen für einen störungsfreien Empfang zu sorgen haben.

661 *H.-D. Upmeier/C. Brandenburg*, Neues Baugesetzbuch 2004, § 35, S. 82 f.

662 *Krautzberger*, in: Battis/Krautzberger/Löhr, § 35, Rdnr. 68; *Berkemann*, in: Berkemann/Halama, § 35, Rdnr. 84; *Fachkommission Städtebau*, EAG Bau – Mustererlass, in: Ernst/Zinkahn/Bielenberg/Krautzberger, Band V, Teil J., Nr. 4.3.3.

663 *Berkemann*, in: Berkemann/Halama, § 35, Rdnr. 82.

F. § 35 Abs. 3 S. 2 BauGB 2004 – Raumordnungsklausel

Durch das Europarechtsanpassungsgesetz Bau wurden im bisherigen § 35 Abs. 3 S. 2 Hs. 1 BauGB nach „raumbedeutsamen Vorhaben“ die Wörter „nach den Absätzen 1 und 2“ und im bisherigen § 35 Abs. 3 S. 2 Hs. 2 BauGB nach „Ziele der Raumordnung“ die Wörter „in Plänen im Sinne der §§ 8 oder 9 des Raumordnungsgesetzes“ gestrichen.

Die Bezugnahme in § 35 Abs. 3 S. 2 Hs. 1 BauGB 2004 auf privilegierte und sonstige Vorhaben war seit längerem überflüssig, weil schon zuvor geklärt war, dass sich sachlich und räumlich konkretisierte Ziele der Raumordnung auch gegenüber privilegierten Vorhaben durchsetzen können. Entsprechendes gilt für die mit § 35 Abs. 3 S. 2 Hs. 2 BauGB 2004 aufgehobene Bezugnahme.[664] Die Streichungen haben daher lediglich redaktionelle Bedeutung.[665]

Eine sachliche Änderung enthält § 35 Abs. 3 S. 2 Hs. 2 BauGB 2004 nur mittelbar, indem die Regelung auf privilegierte Vorhaben verweist und diese um den neuen Privilegierungstatbestand von Biomasseanlagen in § 35 Abs. 1 Nr. 6 BauGB 2004 erweitert wurde.[666]

G. § 35 Abs. 3 S. 3 i. V. m. §§ 5 Abs. 2b und 15 Abs. 3 BauGB 2004 – planungsrechtliche Steuerungsmöglichkeiten, insbesondere für Tierhaltungs-, Biomasse- und Windkraftanlagen

Die Intensivtierhaltung, insbesondere von Geflügel und Schweinen, hat in einigen Regionen Deutschlands in den letzten Jahren einen erheblichen Umfang angenommen und es ist davon auszugehen, dass die Anzahl der Vorhaben, die zur Aufzucht und Haltung von Nutztieren in Großstallungen errichtet werden, auch künftig weiterhin zunehmen wird. Mancherorts wird der Außenbereich bereits durch zahlreich vorhandene Anlagen der Massentierhaltung beherrscht. Dies hat für die betroffenen Gemeinden eine Begrenzung in ihrer Entwicklungsmöglichkeit für Siedlungszwecke zur Folge, da bei hoher Viehdichte der Raum für Wohn- und Gewerbeflächen enorm eingeschränkt ist. Des Weiteren liegt in ein-

664 *Berkemann*, in: Berkemann/Halama, § 35, Rdnr. 87 ff., 92.

665 *Bundesministerium für Verkehr, Bau- und Wohnungswesen*, Entwurf eines Europarechtanpassungsgesetzes Bau, www.bmvbw.de, Begründung Besonderer Teil, S. 52; *Bundesregierung*, Entwurf eines Europarechtsanpassungsgesetzes Bau, BT-Drs. 15/2250, S. 55; *G. Schmidt-Eichstaedt*, Städtebaurecht (4. Auflage), S. 346.

666 *Berkemann*, in: Berkemann/Halama, § 35, Rdnr. 93.

zelnen Regionen bereits eine nachhaltige Störung der Funktion des Außenbereichs vor. Darüber hinaus sind auch die schon vorhandenen Tierhaltungsbetriebe der Realisierung eventueller Erweiterungskonzepte beschnitten, weshalb die Errichtung von Tierhaltungsanlagen oftmals in Gebieten beantragt wird, in denen sie bisher nicht oder nur vereinzelt vorhanden waren. Dies wiederum führt bei den bisher nur vereinzelt betroffenen Gemeinden zu einem problembehafteten Vordringen von Tierhaltungsanlagen in die Nähe schutzbedürftiger Nutzungen. Um in Gemeinden mit bereits hoher Viehdichte die weitere Inanspruchnahme von Flächen für Tierhaltung einzugrenzen sowie Raum für künftige städtebauliche Entwicklung offen zu halten und in Gemeinden mit bislang keinen bzw. nur wenigen Tierhaltungshaltungsbetrieben das Vordringen von weiteren Tierhaltungsanlagen von bestimmter Größe zu verhindern, stellte sich, insbesondere im Hinblick auf die Standorte für Intensivtierhaltung im Außenbereich, die Frage nach dem Ausbau bisheriger planungsrechtlichen Steuerungsmöglichkeiten.[667]

I. Vorschläge der Unabhängigen Expertenkommission

Die Unabhängige Expertenkommission sah zur planungsrechtlichen Steuerung der Standorte für Intensivtierhaltungsanlagen im Außenbereich neben der bereits erwähnten Änderung des Landwirtschaftsbegriffs Ergänzungen im bisherigen § 5 BauGB sowie Änderungen im bisherigen § 35 Abs. 3 S. 3 BauGB als erforderlich an.[668]

Eine mögliche Privilegierung von Tierhaltungsanlagen im Rahmen der Landwirtschaft nach § 35 Abs. 1 Nr. 1 BauGB oder als besonders störende Außenbereichsanlage gemäß § 35 Abs. 1 Nr. 4 BauGB sei nur dann unzulässig, wenn dem Vorhaben öffentliche Belange entgegenstehen. Unzumutbare Geruchsbelästigungen durch Tierhaltung, die dem Vorhaben als öffentlicher Belang entgegenstehen könnten, vermittelten jedoch keinen weitergehenden Umgebungsschutz als das Immissionsschutzrecht.[669] Zudem sei eine Zulassungsprüfung für diese privilegierten Vorhaben auf den vom Bauantragssteller ausgewählten Standort beschränkt, so dass die Gesamtsituation der Gemeinde außer Betracht bleibe. Solchen privilegierten Vorhaben könne das Interesse der Gemeinde an der Frei-

667 *Stüer/Upmeier*, ZfBR 2003, 114 (120); *Reidt*, NordÖR 2003, 177 (183); *Unabhängige Expertenkommission*, Bericht zur Novellierung des Baugesetzbuchs, Rdnr. 223 f.; *Bundesregierung*, Entwurf eines Europarechtsanpassungsgesetzes Bau, BT-Drs. 15/2250, S. 33; *Jung*, in: Schrödter, § 5, Rdnr. 88.

668 *Unabhängige Expertenkommission*, Bericht zur Novellierung des Baugesetzbuchs, Rdnr. 227.

669 *Gierke*, FuB 2003, 16 (20); *Stüer/Stüer*, NuR 2004, 341 (346).

haltung bestimmter Außenbereichsflächen für künftige Entwicklungen[670] oder das Planungserfordernis[671] als öffentlicher Belang nicht entgegengehalten werden. Die bisherige Standortsteuerung nach § 35 Abs. 3 S. 3 BauGB durch Darstellung von Standorten an anderer Stelle genüge ebenfalls nicht, da der Planvorbehalt keine privilegierten landwirtschaftlichen Vorhaben erfasse.[672]

Zur Erweiterung der Standortsteuerungsmöglichkeiten schlug die Unabhängige Expertenkommission daher eine Kombination verschiedener Regelungen vor, die auf einer erweiterten Flächennutzungsplanung in Verbindung mit einem ausgebauten Planvorbehalt basieren sollten.

1. Darstellungsmöglichkeit von Eignungs- und Belastungsgebieten

Die Darstellung von Intensivtierhaltung für die Ausweisung „an anderer Stelle" i. S. v. § 35 Abs. 3 S. 3 BauGB erfolgte bisher als „Sonderbaufläche/Sondergebiet für gewerbliche Tierhaltung". Dabei handle es sich jedoch um eng begrenzte und konkret bestimmte Konzentrationszonen, die bereits eine positive Standortzuweisung enthalten müssten. Daher sollten nun per Flächennutzungsplan nach § 5 Abs. 2 BauGB Eignungsflächen insbesondere für Intensivtierhaltung dargestellt werden können, die einen Ausschluss der Zulässigkeit von Vorhaben auf anderen Außenbereichsflächen bewirken könnten, aber noch keine abschließende Aussage über die Zulässigkeit von Vorhaben an konkreten Standorten innerhalb des dargestellten Gebiets enthielten.[673] Die Außenbereichsvorschrift sei um eine entsprechende Regelung, aus der sich die Rechtswirkungen der neuen Darstellungsmöglichkeit für den Außenbereich ergäben, zu ergänzen.[674]

Darüber hinaus sollte § 5 Abs. 2 BauGB um die Darstellungsmöglichkeit von Belastungsgebieten im Flächennutzungsplan erweitert und im bisherigen § 35 Abs. 3 S. 1 BauGB eine korrespondierende Regelung der Rechtswirkungen einer solchen Ausweisung vorgenommen werden. Die Zulassung an sich privilegierter

---

670 Vgl. *BVerwG*, Urt. vom 06.10.1989, ZfBR 1990, 41 (41).

671 Vgl. *BVerwG*, Beschl. vom 27.06.1983, NuR 1984, 101 (101). Trotz der jüngsten Abkehr des Bundesverwaltungsgerichts von seiner bisherigen Rechtsprechung durch Bejahung des Planungserfordernisses als öffentlicher Belang im Fall der Zulassung eines Factory-Outlet-Centers, vgl. *BVerwG*, Urt. vom 01.08.2002, DVBl. 2003, 62 (62), ist wohl nicht anzunehmen, dass künftig alle privilegierten Vorhaben besondere Größe ein Planungsbedürfnis auslösen werden.

672 *Gierke*, Institut für Städtebau 2004, 1 (19); *Unabhängige Expertenkommission*, Bericht zur Novellierung des Baugesetzbuchs, Rdnr. 226.

673 *Stüer/Upmeier*, ZfBR 2003, 114 (121); *Gierke*, FuB 2003, 16 (26).

674 *Dolde*, NVwZ 2003, 297 (303); *Unabhängige Expertenkommission*, Bericht zur Novellierung des Baugesetzbuchs, Rdnr. 238 f.

Tierhaltungsanlagen könnte damit in ausgewiesenen Belastungsgebieten wegen entgegenstehender öffentliche Belange abgewehrt werden.[675]

2. Bausperre zur Sicherung der Flächennutzungsplanung

Um die gemeindlichen Planungsmöglichkeiten im Außenbereich durch Darstellungen im Flächennutzungsplan zu sichern, bedürfe es weiter einer Bausperre. Da die Planungssicherungsinstrumente nach §§ 14 ff. BauGB nur für beabsichtige Bebauungspläne Geltung hätten, müsse eine neue Regelung, vergleichbar mit der nach § 245b Abs. 1 S. 1 BauGB 1998[676], allerdings sachlich und zeitlich unbeschränkt, eingeführt werden.[677]

3. Ausweitung des bisherigen Planvorbehalts nach § 35 Abs. 3 S. 3 BauGB auf landwirtschaftliche Tierhaltungsanlagen

Zudem sollten auch Anlagen der landwirtschaftlichen Tierhaltung dem Planvorbehalt nach § 35 Abs. 3 S. 3 BauGB unterstellt werden, da es für den Außenbereichsschutz und für die Gewährleistung einer ordnungsgemäßen städtebaulichen Entwicklung nicht darauf ankommen könne, ob die betreffende Anlage landwirtschaftlichen oder gewerblichen Charakter habe.[678]

II. Gesetzesentwurf des Bundesministeriums für Verkehr, Bau- und Wohnungswesen

Das Bundesministerium für Verkehr, Bau- und Wohnungswesen setzte mit seinem Entwurf eines Europarechtsanpassungsgesetzes Bau (Referentenentwurf) die Vorschläge der Unabhängigen Expertenkommission zur Ausweitung der planungsrechtlichen Steuerungsmöglichkeiten weitgehend um.

---

675 *Stüer/Upmeier*, ZfBR 2003, 114 (121).

676 Wortlaut des § 245b Abs. 1 S. 1 BauGB 1998: „Auf Antrag der Gemeinde hat die Baugenehmigungsbehörde die Entscheidung über die Zulässigkeit von Windenergieanlagen im Sinne des § 35 Abs. 1 Nr. 6 bis längstens zum 31. Dezember 1998 auszusetzen, wenn die Gemeinde beschlossen hat, einen Flächennutzungsplan aufzustellen, zu ändern oder zu ergänzen und beabsichtigt zu prüfen, ob Darstellungen zu Windenergieanlagen im Sinne des § 35 Abs. 3 Satz 3 in Betracht kommen."

677 *Stüer/Upmeier*, ZfBR 2003, 114 (121); *Dolde*, NVwZ, 2003, 297 (303); *Reidt*, NordÖR 2003, 177 (183).

678 *Reidt*, NordÖR 2003, 177 (183); *Unabhängige Expertenkommission*, Bericht zur Novellierung des Baugesetzbuchs, Rdnr. 234; *Stüer/Upmeier*, ZfBR 2003, 114 (121).

1. *Planungsrechtliche Steuerung durch Darstellung von Eignungs- und Belastungsflächen mit entsprechender Ausschlusswirkung*

Durch Anfügen der Nummern 11 und 12 in § 5 Abs. 2 BauGB wurde den Gemeinden bezüglich Vorhaben nach § 35 Abs. 1 Nr. 2 bis 6 BauGB-RefE die Möglichkeit eingeräumt, im Flächennutzungsplan Gebiete als Eignungs- bzw. Belastungsfläche darzustellen.[679] Der Planvorbehalt wurde in § 35 Abs. 3 S. 3 BauGB-RefE entsprechend um diese beiden neuen Darstellungsmöglichkeiten erweitert.[680]

2. *Zurückstellungsmöglichkeit zur Sicherung der Planungsinstrumente*

Zur Unterstützung der angedachten Steuerungsmöglichkeiten sollten die Gemeinden mit § 245b BauGB-RefE die Zurückstellung von Baugesuche für Vorhaben der gewerblichen Tierhaltung sowie von Biomasseanlagen bis längstens 31.12.2007 beantragen können, wenn im Zusammenhang mit einem gemeindlichen Beschluss zur Aufstellung, Änderung oder Ergänzung eines Flächennutzungsplans geprüft werden soll, ob Darstellungen zu derartigen Anlagen als Eignungs- oder Belastungsfläche in Betracht kommen.[681]

3. *Anwendungsbereich des Planvorbehalts*

Dem Vorschlag der Unabhängigen Expertenkommission, den bisherigen Planvorbehalt nach § 35 Abs. 3 S. 3 BauGB auch auf landwirtschaftliche Tierhaltungsanlagen zu erweitern, folgte das Bundesministerium für Verkehr, Bau- und Wohnungswesen nicht, da, im Gegensatz zu Anlagen der gewerblichen Intensivtierhaltung nach § 35 Abs. 1 Nr. 4 BauGB, bei Anlagen der landwirtschaftlichen Tierhaltung nach § 35 Abs. 1 Nr. 1 BauGB kein praktisches Bedürfnis hierfür bestehe.[682]

---

679 *Bundesministerium für Verkehr, Bau- und Wohnungswesen*, Entwurf eines Europarechtsanpassungsgesetzes Bau, www.bmvbw.de, S. 12.

680 *Bundesministerium für Verkehr, Bau- und Wohnungswesen*, Entwurf eines Europarechtsanpassungsgesetzes Bau, www.bmvbw.de, S. 19.

681 *K.-W. Porger*, in: Spannowsky/Krämer, BauGB-Novelle 2004, 67 (75); *Krautzberger/Stüer*, BauR 2003, 1301 (1306); *Berkemann*, in: Berkemann/Halama, § 15, Rdnr. 2.

682 *Bundesministerium für Verkehr, Bau- und Wohnungswesen*, Entwurf eines Europarechtsanpassungsgesetzes Bau, www.bmvbw.de, Begründung Besonderer Teil, S. 53.

III. Entwurf der Bundesregierung zur Anpassung des Baugesetzbuchs an das Europarechtsanpassungsgesetz Bau

Der Entwurf der Bundesregierung sah überwiegend die im Referentenentwurf enthaltenen Erweiterungen der planungsrechtlichen Steuerungsmöglichkeiten für Gemeinden vor.

1. Regelungen in §§ 5 Abs. 2 Nr. 11 und 12, 35 Abs. 3 S. 3 BauGB-RegE zur planungsrechtlichen Steuerung

Die in § 5 Abs. 2 Nr. 11 und 12 BauGB-RefE sowie in § 35 Abs. 3 S. 3 BauGB-RefE vorgeschlagenen Regelungen wurden im Regierungsentwurf übernommen.[683]

Für die räumliche Steuerung von Außenbereichsvorhaben, namentlich von Intensivtierhaltungsanlagen, seien die bisherigen Steuerungsmöglichkeiten – Darstellungen von Vorrang- und Eignungsflächen – aufgrund des nicht abschließenden Charakters des Katalogs in § 5 Abs. 2 BauGB nicht ausreichend, da auf die Rechtsfolgen des § 35 Abs. 3 BauGB nicht eindeutig Bezug genommen wird. Zur Vermeidung zusätzlicher Belastungen und Fehlentwicklungen im Außenbereich durch die Häufung gewerblicher Tierhaltungsanlagen sowie zum Schutze gemeindlicher Interessen, bestimmte Flächen (z. B. Ortsrandlagen) im Außenbereich für künftige Siedlungsentwicklungen freizuhalten, sei daher die Einführung verstärkter Regulierungsmöglichkeiten notwendig.[684] Die vorgesehenen zusätzlichen Darstellungsmöglichkeiten im Rahmen der Flächennutzungsplanung sollen daher nunmehr im Zusammenhang mit der Änderung des Planvorbehalts erfolgen.

2. Zurückstellung von Baugesuchen gemäß § 15 Abs. 3 und 4 BauGB-RegE

Auch die Bundesregierung sah eine Notwendigkeit zur Sicherung der Flächennutzungsplanung. Die Steuerungsmöglichkeiten nach § 35 Abs. 3 S. 3 BauGB-RegE könnten ihre Wirkung erst mit Inkrafttreten des Flächennutzungsplans entfalten. Während der Planungsphase bestehe jedoch die Gefahr einer gegenläufigen faktischen Bauentwicklung in dem bestimmten Gebiet. Nach § 15 Abs. 3 BauGB-RegE könnten die Gemeinden die Entscheidung über die Zulässigkeit

683 *Bundesregierung*, Entwurf eines Europarechtsanpassungsgesetzes Bau, BT-Drs. 15/2250, S. 13; *Nebelsieck/Schmidt*, NordÖR 2004, 93 (95).

684 *W. Söfker*, in: Spannowsky/Krämer, BauGB-Novelle 2004, S. 92; *Bundesregierung*, Entwurf eines Europarechtsanpassungsgesetzes Bau, BT-Drs. 15/2250, S. 33, 55; *B. Stüer*, Städtebaurecht 2004, S. 34.

von Vorhaben nach § 35 Abs. 1 Nr. 2 bis 6 BauGB-RegE für eine Frist bis zu einem Jahr zurückzustellen, wenn sie beschlossen haben, einen Flächennutzungsplan aufzustellen, zu ändern oder zu ergänzen und in diesem Zusammenhang entsprechende Darstellungen im Hinblick auf die Rechtswirkungen des Flächennutzungsplans nach § 35 Abs. 3 S. 3 BauGB-RegE zu prüfen. Für Anlagen der Windenergie solle die Zurückstellungsmöglichkeit aber nur gelten, wenn der Bauantrag innerhalb eines Jahres nach der Verkündung des Europarechtsanpassungsgesetzes Bau gestellt werde, § 15 Abs. 4 BauGB-RegE.[685]

IV. Stellungnahme des Bundesrates zum Regierungsentwurf

In seiner Stellungnahme forderte der Bundesrat die privilegierten Vorhaben des Gartenbaus nach § 35 Abs. 1 Nr. 2 BauGB-RegE sowie der energetischen Nutzung von Biomasse gemäß § 35 Abs. 1 Nr. 6 BauGB-RegE von den Steuerungs- und Sicherungsinstrumenten durch Festsetzung von Eignungs- und Belastungsflächen auszunehmen.

Durch die vorgesehene eigenständige Privilegierung in § 35 Abs. 1 Nr. 6 BauGB-RegE solle die Biogaserzeugung in der Land- und Forstwirtschaft gerade gefördert werden. Würden die Anlagen zur energetischen Nutzung von Biomasse aber durch die vorgeschlagenen Instrumente gesteuert werden, würden sie schlechter gestellt werden als im Rahmen ihrer bisherigen Privilegierung nach § 35 Abs. 1 Nr. 1 BauGB 1998, die dieser Steuerung nicht unterlag und auch weiterhin nicht unterliegen solle. Zudem bestehe bei Biomasseanlagen auch keine sachliche Notwendigkeit für steuernde Einschränkungen, da sie zu den bestehenden Betrieben gehörten und selbst in Gebieten mit hoher Viehdichte zur Verbesserung der Immissionssituation beitrügen.[686]

Des Weiteren sprach sich der Bundesrat für die Streichung des § 15 Abs. 4 BauGB-RegE aus, da sich auch bei Vorhaben der Windenergie erst künftig zeigen wird, ob ihre Ansiedlung gelenkt werden muss.[687]

685 *Krautzberger*, UPR 2004, 41 (48); *Berkemann*, in: Berkemann/Halama, § 15, Rdnr. 3.

686 *Bundesrat*, Stellungnahme zum Regierungsentwurf, BT-Drs. 15/2250, S. 78 f.

687 *Bundesrat*, Stellungnahme zum Regierungsentwurf, BT-Drs. 15/2250, S. 80.

V. Bewertung des Regierungsentwurfs durch den Bundesverband Windenergie

1. Kritik an der Figur „Belastungsfläche" i. S. v. § 5 Abs. 2 Nr. 12 BauGB i. V. m. § 35 Abs. 3 S. 3 BauGB-RegE

Noch während des laufenden Gesetzgebungsverfahrens sprach sich der Bundesverband Windenergie gegen die Möglichkeit einer Darstellung von Belastungsflächen im Rahmen der Flächennutzungsplanung gemäß § 5 Abs. 2 Nr. 12 BauGB-RegE aus. Bei Anlagen der Windenergie sei eine solche Steuerung nicht sinnvoll, da die Planung von Vorhaben zur Windenergienutzung gerade in Gebieten, die durch technische Strukturen wie Hochspannungsleitungen bzw. schon errichtete Windenergieanlagen bereits vorbelastet sind, charakteristisch sei. Die Darstellungsmöglichkeit von Belastungsflächen, wonach die jeweils vorliegende Belastung nutzungsspezifisch festzustellen sei, führe zu der absurden Konsequenz, dass die für die Errichtung von Windenergieanlagen ideal geeigneten Gebiete aufgrund ihrer bereits erheblichen Vorbelastung als Belastungsflächen ausgewiesen und somit von der Bebauung mit Windenergieanlagen freigehalten würden. Der Bundesverband Windenergie forderte deshalb die Streichung der Steuerungsmöglichkeit durch Festsetzung von Belastungsflächen in § 5 Abs. 2 Nr. 12 BauGB-RegE sowie in § 35 Abs. 3 S. 3 BauGB-RegE. Zumindest müsste ausdrücklich geregelt werden, dass der Ersatz vorhandener älterer Windenergieanlagen durch leistungsstärkere, neuere Windenergieanlagen (sog. Repowering)[688] innerhalb eines Belastungsgebiets zulässig bleibe, ohne dass es auf den identischen Standort der alten und neuen Anlage ankomme.[689]

2. Streichung der Darstellungsmöglichkeit „in sonstiger Weise" in § 35 Abs. 3 S. 3 BauGB-RegE

Des Weiteren forderte der Bundesverband Windenergie die Streichung der weit gefassten Darstellungsmöglichkeit „in sonstiger Weise" in § 35 Abs. 3 S. 3 BauGB-RegE. Es sei zu befürchten, dass Gemeinden künftig Windenergieflächen ohne Vornahme eines das gesamte Gemeindegebiet umfassenden Abwägungsvorgangs ausweisen könnten und es folglich bei der Prüfung möglicher Standorte für Windenergieanlagen an der erforderlichen Sorgfalt fehle.[690]

---

688 *Söfker*, ZfBR 2008, 14 (14); *Jung*, in: Schrödter, § 5, Rdnr. 72b.
689 *Frank/Lahme*, ZNER 2003, 319 (319 f.).
690 *Frank/Lahme*, ZNER 2003, 319 (320).

3. *Aufhebung der Zurückstellung von Baugesuchen nach § 15 Abs. 3 und 4 BauGB-RegE*

Zudem forderte der Bundesverband Windenergie, § 15 Abs. 3 und 4 BauGB-RegE gänzlich aufzuheben.

Einen allgemeinen Grundsatz, nach dem Flächennutzungspläne in der Planphase zu schützen seien, existiere nicht. Gemeinden wären andernfalls in der Lage, ihr gesamtes Gemeindegebiet für privilegierte Bauvorhaben zu sperren, was die Gefahr der Verhinderung privilegierte Vorhaben durch die Gemeinden ohne Vorliegen eines sachlichen Grundes berge und zu einer missbräuchlichen Verwendung des Sicherungsinstruments Zurückstellung führe. Zudem sei zu befürchten, dass Gemeinden ihre bereits im Flächennutzungsplan ausgewiesenen Gebiete für Windenergieanlagen mit Hilfe der Zurückstellungsmöglichkeit nachträglich anpassen bzw. ergänzen.[691]

VI. Gegenäußerung der Bundesregierung

Die Bundesregierung stimmte in ihrer Gegenäußerung keinem der in der Stellungnahme des Bundesrates enthaltenen Vorschläge zu.

Privilegierte Vorhaben, die einem Betrieb der gartenbaulichen Erzeugung dienen und mehr als einen untergeordneten Teil der Betriebsfläche einnehmen, müssten auch weiterhin der gemeindlichen Steuerungsmöglichkeit unterliegen, denn bei ihnen handle es sich hauptsächlich um die Errichtung von Gewächshäusern mit großflächiger Bebauung im Außenbereich.

Gleiches gelte für die vorgesehene Privilegierung von Anlagen zur Herstellung und Nutzung von aus Biomasse erzeugtem Gas nach § 35 Abs. 1 Nr. 6 BauGB-RegE. Da künftig mit einer häufigen Inanspruchnahme dieser Privilegierungsmöglichkeit zu rechnen sei, sei es im Interesse des Außenbereichsschutzes erforderlich, der Ansiedlung von Biomasseanlagen durch differenzierte und verhältnismäßige Darstellungsmöglichkeiten im Flächennutzungsplan mit entsprechender Steuerungswirkung begegnen zu können.

Die spezielle Regelung für Windkraftanlagen in § 15 Abs. 4 BauGB-RegE solle beibehalten werden, da nach dem Willen des Gesetzgebers Windenergie bevorrechtigt sein solle und der Planungssicherheit für Investoren diene.[692]

---

691 *Frank/Lahme*, ZNER 2003, 319 (321 f.).

692 *Bundesregierung*, Gegenäußerung zur Stellungnahme, BT-Drs. 15/2250, S. 91 f.

VII. Ergebnisse des Planspiels zu den vorgesehenen Steuerungsmöglichkeiten

1. Stellungnahme zur Darstellungsmöglichkeit von Eignungsflächen

Grundsätzlich wurde die Darstellungsmöglichkeit von Eignungsflächen für Vorhaben nach § 35 Abs. 1 Nr. 2 bis 6 BauGB-RegE im vorgesehenen § 5 Abs. 2 Nr. 11 BauGB von den Planspielstädten begrüßt. Die überwiegende Anzahl der Planspielstädte sah aber neben der Steuerungsmöglichkeit von Biomasseanlagen und von Vorhaben der gewerblichen Massentierhaltung die größte Praxisrelevanz lediglich bei der Lenkung von Windkraftanlagen.

Nach Auffassung der Stadt und des Landkreises Cloppenburg greife die Darstellungsmöglichkeit von Eignungsflächen zur Steuerung von Intensivtierhaltungsanlagen zu kurz. Landwirtschaftliche Tierhaltungsbetriebe hätten sich durch Vergrößerung zu gewerblichen Tierhaltungsbetriebe entwickelt; die Grenze zwischen privilegierter landwirtschaftlicher und gewerblicher Tierhaltung sei daher fließend. Landwirtschaftliche Gewerbebetriebe, die innerhalb und außerhalb einer Eignungsfläche liegen, könnten durch Abtrennen ihrer landwirtschaftlichen Flächen für Tierhaltung aus ihrem Betrieb einen neuen landwirtschaftlichen Betrieb gemäß § 35 Abs. 1 Nr. 1 BauGB außerhalb des Eignungsgebiets gründen. Damit würde die mit der Darstellung von Eignungsgebieten verfolgten Steuerungsabsichten der Gemeinden gezielt unterlaufen werden. Bei Anwendung des Steuerungsinstruments dürfe daher nicht zwischen privilegierten Vorhaben nach § 35 Abs. 1 Nr. 1 BauGB und nach § 35 Abs. 1 Nr. 4 BauGB unterschieden werden. Entweder müsse folglich die vorgesehene Darstellungsmöglichkeit von Eignungsflächen auch auf land- und forstwirtschaftliche Betriebe erweitert oder zumindest in Gemeindegebieten mit einer Viehdichte von zwei Großvieheinheiten pro Hektar landwirtschaftlicher Nutzfläche landwirtschaftliche Betriebe nach § 35 Abs. 1 Nr. 1 BauGB dem Planvorbehalt unterstellt werden.[693]

2. Bewertung der Darstellungsmöglichkeit von Belastungsflächen

Die Darstellungsmöglichkeit von Belastungsflächen bei der Flächennutzungsplanung wurde von der Mehrheit der Planspielstädte befürwortet.

Die Stadt und der Landkreis Cloppenburg hingegen beurteilten die vorgesehene Möglichkeit zur Ausweisung von Belastungsflächen als ungeeignet. Der

693 *Deutsches Institut für Urbanistik/Forschungsgruppe Stadt+Dorf*, Bericht über Planspiel BauGB-Novelle 2004, S. 71 f.; *Bunzel*, ZfBR 2004, 328 (335).

Umstand, dass Belastungsgebiete nur für gewerblich landwirtschaftliche Betriebe dargestellt werden dürften, sei schwer erklärbar, da städtebauliche Missstände ebenso von Betrieben nach § 35 Abs. 1 Nr. 1 BauGB verursacht werden könnten. Der Katalog im bisherigen § 5 Abs. 2 BauGB sei daher um eine Darstellungsmöglichkeit von Schutzflächen im Außenbereich, auf denen der Errichtung von Tierhaltungsanlagen städtebauliche Gründe entgegenstehen, zu erweitern.[694]

3. Ergebnis über die Zurückstellung von Baugesuchen zur Sicherung der Flächennutzungsplanung

Die Planspielstädte begrüßten die beabsichtigte Neuregelung in § 15 Abs. 3 und 4 BauGB-RegE, sprachen sich aber für eine Verlängerung des Zurückstellungszeitraums auf zwei Jahre aus,[695] da für das komplexe Verfahren der Flächennutzungsplanung eine einjährige Frist zu kurz bemessen sei und auch nicht die Möglichkeit zum Erlass einer Veränderungssperre bestehe.

Die Stadt und der Landkreis Cloppenburg forderten weiter, die Möglichkeit der Zurückstellung auch auf Vorhaben nach § 35 Abs. 1 Nr. 1 BauGB auszudehnen.[696]

VIII. Beschlussempfehlung und Bericht des Ausschusses für Verkehr, Bau- und Wohnungswesen

1. Streichung der Ausweisungsmöglichkeiten von Eignungs- und Belastungsflächen unter Einführung sachlicher Teilflächennutzungspläne

Aufgrund des Ergebnisses der Stadt und des Landkreises Cloppenburg im Planspiel, wonach die angedachten Steuerungsmöglichkeiten nicht zielgerichtet angewendet werden könnten, empfahl der Ausschuss für Verkehr, Bau- und Wohnungswesen in seinem Bericht die Streichung der Darstellungsmöglichkeiten von Eignungs- und Belastungsflächen in § 5 Abs. 2 Nr. 11 und 12 BauGB-RegE sowie der geplanten Änderung in § 35 Abs. 3 S. 3 BauGB-RegE. Zudem könnte die mit der Änderung bezweckte Steuerungswirkung im Ergebnis auch mit den

---

694 *Lau*, Institut für Städtebau 2004, 1(8); *Deutsches Institut für Urbanistik/Forschungsgruppe Stadt+Dorf*, Bericht über Planspiel BauGB-Novelle 2004, S. 73 f.

695 Kommunale Spitzenverbände forderten erfolglos, die Dauer der Zurückstellung auf mindestens zwei Jahre auszuweiten; vgl. *Berkemann*, in: Berkemann/Halama, § 15, Rdnr. 4.

696 *Bunzel*, ZfBR 2004, 328 (335); *Deutsches Institut für Urbanistik/Forschungsgruppe Stadt+Dorf*, Bericht über Planspiel BauGB-Novelle 2004, S. 75.

herkömmlichen Darstellungsmöglichkeiten wie nach § 5 Abs. 2 Nr. 6 BauGB erreicht werden.[697]

Allerdings sei es erforderlich, die planerische Steuerung von privilegierten Außenbereichsvorhaben nach § 35 Abs. 1 Nr. 2 bis 6 BauGB-RegE in der Praxis durch Darstellungen im Flächennutzungsplan mit den Rechtswirkungen des Planvorbehalts zu erleichtern. Deshalb müsse im bisherigen § 5 BauGB ein Absatz 2b eingefügt werden, der die Gemeinden ermächtigt, für Darstellungen des Flächennutzungsplans mit den Rechtswirkungen des bisher geltenden § 35 Abs. 3 S. 3 BauGB sachliche Teilflächennutzungspläne aufzustellen.[698]

2. Änderungen bezüglich der Zurückstellung von Baugesuchen nach dem vorgeschlagenen § 15 Abs. 3 und 4 BauGB-RegE

Der Ausschuss für Verkehr, Bau- und Wohnungswesen veränderte und ergänzte § 15 Abs. 3 BauGB-RegE.

Entsprechend der Sicherung der Bebauungsplanung in § 15 Abs. 1 S. 1 BauGB, normierte er in § 15 Abs. 3 S. 1 BauGB-RegE für die einjährige Zurückstellung von Baugesuchen im Rahmen der Flächennutzungsplanung als zusätzliche Voraussetzung, dass „zu befürchten ist, dass die Durchführung der Planung durch das Vorhaben unmöglich gemacht oder wesentlich erschwert würde“. Bei der Berechnung des Zeitraums für die Zurückstellung solle die Zeit zwischen dem Eingang des Baugesuchs bei der zuständigen Behörde bis zur Zustellung der Zurückstellung des Baugesuchs nicht auf den einjährigen Zeitraum angerechnet werden, soweit der Zeitraum für die Bearbeitung des Baugesuchs erforderlich sei, § 15 Abs. 3 S. 2 BauGB. In § 15 Abs. 3 S. 3 BauGB sollte ein Zeitraum von sechs Monaten festgelegt werden, in dem die Gemeinde den Zurückstellungsantrag nach Kenntnis vom Zulassungsverfahren stellen kann. Nach der bisherigen Rechtsprechung erscheine es auch nicht ausgeschlossen, dass eine Gemeinde trotz bereits erteilten Einvernehmens eine dem Bauvorhaben entgegengesetzte Flächennutzungsplanung betreiben und von der Möglichkeit der Zurückstellung des Baugesuchs zur Sicherung der Planung Gebrauch machen könne.[699]

---

697 *Ausschuss für Verkehr, Bau- und Wohnungswesen*, Beschlussempfehlung und Bericht zum Regierungsentwurf, BT-Drs. 15/2996, S. 65; *Gierke*, Institut für Städtebau 2004, 1 (23); *Stüer/Stüer*, NuR 2004, 341 (346).

698 *Krautzberger*, UPR 2004, 241 (243); *Ausschuss für Verkehr, Bau- und Wohnungswesen*, Beschlussempfehlung und Bericht zum Regierungsentwurf, BT-Drs. 15/2996, S. 65.

699 *Ausschuss für Verkehr, Bau- und Wohnungswesen*, Beschlussempfehlung und Bericht zum Regierungsentwurf, BT-Drs. 15/2996, S. 66.

§ 15 Abs. 4 BauGB-rege wurde gestrichen, da kein ersichtlicher Grund für die Ungleichbehandlung spreche, dass allein für Windenergieanlagen die Zurückstellungsmöglichkeit auf einen bestimmten Zeitraum nach Inkrafttreten der Gesetzesänderung beschränkt werden solle.[700]

IX. Empfehlung der Ausschüsse

Wie bereits zuvor der Bundesrat in seiner Stellungnahme forderte auch der Agrarausschuss die Herausnahme der privilegierten Vorhaben nach § 35 Abs. 1 Nr. 2 BauGB im vorgesehenen Planvorbehalt nach § 35 Abs. 3 S. 3 BauGB-RegE, um die Betriebe des Gartenbaus wie die land- und forstwirtschaftlichen Betriebe nach § 35 Abs. 1 Nr. 1 BauGB zu behandeln. Für eine unterschiedliche Behandlung in der Steuerungsmöglichkeit bestehe kein sachlich rechtfertigender Grund, da mit der Novelle zum Baugesetzbuch 1998 die Betriebe der gartenbaulichen Erzeugung nur deswegen aus der landwirtschaftlichen Privilegierung nach § 35 Abs. 1 Nr. 1 BauGB ausgegliedert und einem eigenen Privilegierungstatbestand in § 35 Abs. 1 Nr. 2 BauGB unterstellt worden seien, um für die Gartenbaubetriebe das einschränkende Erfordernis nach der Inanspruchnahme eines nur untergeordneten Teils der Betriebsfläche zu beseitigen, wie es § 35 Abs. 1 Nr. 1 BauGB fordere.[701]

Diesem Anliegen widersprach der Ausschuss für Städtebau, Wohnungswesen und Raumordnung, da nur Betriebe des Gartenbaus, die mehr als einen untergeordneten Teil der Betriebsfläche einnehmen, nach § 35 Abs. 1 Nr. 2 BauGB privilegiert seien und diese seit ihrer Einführung im Jahr 1998 dem Planvorbehalt unterlägen. Gartenbaubetriebe hingegen, die lediglich einen untergeordneten Teil der Betriebsfläche einnähmen, unterfielen der Privilegierung nach § 35 Abs. 1 Nr. 1 BauGB, da die gartenbauliche Erzeugung nach wie vor an sich Landwirtschaft i. S. v. § 201 BauGB sei. Außerdem sei es sehr wohl gerechtfertigt, eine Steuerungsmöglichkeit für gewerbliche Gartenbaubetriebe zu geben, da diese mit ihren großen Gewächshäusern städtebauliche Belange beeinträchtigen könnten. Dies sei bei landwirtschaftlichen Betrieben ohne umfangreiche bauliche Anlagen nicht der Fall, was die unterschiedliche Behandlung rechtfertige.[702]

---

700 *Bielenberg/Stock*, in: Ernst/Zinkahn/Bielenberg/Krautzberger, Band II, § 15, Rdnr. 19.

701 *Agrarausschuss*, Empfehlungen der Ausschüsse, BR-Drs. 395/1/04, S. 4.

702 *Ausschuss für Städtebau, Wohnungswesen und Raumordnung*, Empfehlungen der Ausschüsse, BR-Drs. 395/1/04, S. 4 f.

X. Kritik seitens des Fachverbandes Biogas

Nach Ansicht des Fachverbandes Biogas erwiesen sich die vorgesehenen Neuregelungen zur Steuerung und Sicherung im Hinblick auf Biomasseanlagen als problematisch. Gemeinden, die der Nutzung regenerativer Energien insgesamt kritisch gegenüberstünden, würden mit den §§ 5 Abs. 2b, 35 Abs. 3 S. 3 sowie § 15 Abs. 3 BauGB zusätzliche Möglichkeiten für die Verhinderung von Vorhaben, die an sich nach dem Willen des Gesetzgebers gerade gefördert werden sollten, an die Hand gegeben. Die Vorschriften stellten einen gesetzgeberischen Wertungswiderspruch dar, da einerseits Biomasseanlagen privilegiert zulässig sein sollten und eine Verkehrsvermeidung angestrebt werde, andererseits aber die Darstellungsmöglichkeit in sachlichen Teilflächennutzungsplänen die Betreiber auf die Nutzung weit entfernter Standorte verweisen könnte, was mit einem zusätzlich belastenden Verkehr durch Biomassetransporte zwischen den weit auseinander liegenden Standorten verbunden wäre.[703]

XI. Gesetzgewordene Regelungen im Baugesetzbuch 2004 zur planungsrechtlichen Steuerungsmöglichkeit

Die während des Gesetzgebungsverfahrens vorgesehenen Änderungen für Darstellungsmöglichkeiten von Eignungs- und Belastungsflächen in der Flächennutzungsplanung wurden nicht übernommen. Gesetzlich normiert wurde aufgrund der Beratungen im Ausschuss für Verkehr, Bau- und Wohnungswesen vielmehr § 5 Abs. 2b BauGB 2004[704], wonach die Gemeinden nunmehr die Möglichkeit zur Aufstellung sachlicher Teilflächennutzungspläne unter Verweis auf die Rechtswirkungen des § 35 Abs. 3 S. 3 BauGB 2004 für getroffene Darstellungen haben. Mit § 15 Abs. 3 BauGB 2004[705] wurde erstmals die Zurückstellung von Baugesuchen während der (Teil-) Flächennutzungsplanung eingefügt.

---

703 *Fachverband Biogas e.V.*, www.godis.de/fvb_datenbank/file/notmember/fach/StN_%20EAG %20Bau_Jul03.pdf.

704 Wortlaut von § 5 Abs. 2b BauGB 2004: „Für Darstellungen des Flächennutzungsplans mit den Rechtswirkungen des § 35 Abs. 3 Satz 3 können sachliche Teilflächennutzungspläne aufgestellt werden".

705 Wortlaut von § 15 Abs. 3 BauGB 2004: „Auf Antrag der Gemeinde hat die Baugenehmigungsbehörde die Entscheidung über die Zulässigkeit von Vorhaben nach § 35 Abs. 1 Nr. 2 bis 6 für einen Zeitraum bis zu längstens einem Jahr nach Zustellung der Zurückstellung des Baugesuchs auszusetzen, wenn die Gemeinde beschlossen hat, einen Flächennutzungsplan aufzustellen, zu ändern oder zu ergänzen, mit dem die Rechtswirkungen des § 35 Abs. 3 Satz 3 erreicht werden sollen, und zu befürchten ist, dass die Durchführung der Planung durch das Vorhaben unmöglich gemacht oder wesentlich erschwert werden würde. Auf diesen Zeitraum

1. Einführung sachlicher Teilflächennutzungspläne nach § 5 Abs. 2b BauGB 2004

a) Geltungsbereich eines sachlichen Teilflächennutzungsplans

Für die Beantwortung der Frage nach dem Geltungsbereich eines sachlichen Teilflächennutzungsplans ist zwischen dem Inhalt mit seinen Darstellungen und dem räumlich-geografischen Teil zu unterscheiden.

aa) Inhalt von sachlichen Teilflächennutzungsplänen

Inhaltlich ist ein sachlicher Teilflächennutzungsplan auf solche Darstellungen von Vorhaben der in § 35 Abs. 1 Nr. 2 bis 6 BauGB 2004 bezeichneten Art beschränkt, welche die Rechtswirkungen des § 35 Abs. 3 S. 3 BauGB 2004 erzeugen können. Dies erfordert, dass die Darstellungen[706] im planungsrechtlichen Sinne Ausweisungen für die jeweiligen Vorhaben an bestimmten Standorten sind[707] und dass mit dem Planvorbehalt privilegierte Außenbereichsnutzungen nicht generell gesperrt werden. Es ist allerdings möglich, in sachlich-inhaltlicher Hinsicht verschiedene Teilflächennutzungspläne i. S. d. § 5 Abs. 2b BauGB 2004 aufzustellen.[708] Ebenso ist denkbar, für bestimmte Vorhaben gemäß § 35 Abs. 1 Nr. 2 bis 6 BauGB 2004 Darstellungen im Teilflächennutzungsplan und

---

ist die Zeit zwischen dem Eingang des Baugesuchs bei der zuständigen Behörde bis zur Zustellung der Zurückstellung des Baugesuchs nicht anzurechnen, soweit der Zeitraum für die Bearbeitung des Baugesuchs erforderlich ist. Der Antrag der Gemeinde nach Satz 1 ist nur innerhalb von sechs Monaten, nachdem die Gemeinde in einem Verwaltungsverfahren von dem Baugesuch förmlich Kenntnis erhalten hat, zulässig.“

706 Die Art der Darstellung richtet sich dabei nach § 5 Abs. 2 BauGB 2004 und der Baunutzungsverordnung.

707 Trotz der Nichtumsetzung der im Gesetzgebungsverfahren vorgeschlagenen Normierung von Eignungsflächen seien aufgrund der Darstellungsfreiheit nach § 5 Abs. 2 BauGB 2004 diese der Ausdrucksweise des § 7 Abs. 4 S. 1 Nr. 1 bis 3 ROG entsprechenden Darstellungsmöglichkeiten für die (Teil-) Flächennutzungsplanung unverändert eröffnet, vgl. *J. Berkemann*, in: Berkemann/Bunzel/Halama/Schmidt-Eichstaedt/Schrödter, BauGB 2004 – Nachgefragt, S. 291 f.; dagegen spricht sich *W. Schrödter*, in: Berkemann/Bunzel/Halama/Schmidt-Eichstaedt/Schrödter, BauGB 2004 – Nachgefragt, S. 300 aus, da eine Ermächtigung hierzu gerade nicht ins das Baugesetzbuch 2004 übernommen worden sei. Der Gemeinde sei es allerdings verwehrt, objektiv ungeeignete Flächen darzustellen.

708 Beispielsweise kann sich ein sachlicher Teilflächennutzungsplan durch Darstellungen von Standorten für Windenergieanlagen mit der Steuerung der Windenergie im Außenbereich befassen und ein anderer durch Darstellung von Bauflächen für die gewerbliche Tierhaltung mit der Steuerung solcher Tierhaltungsanlagen im Außenbereich.

für andere Vorhaben ergänzende Darstellungen im (Gesamt-) Flächennutzungsplan i. S. d. § 5 Abs. 1 S. 1 BauGB aufzunehmen.[709]

bb) Räumlicher Geltungsbereich eines sachlichen Teilflächennutzungsplans

Der räumliche Geltungsbereich eines sachlichen Teilflächennutzungsplans ist in der Literatur umstritten. Da das Gesetz den neuen Teilflächennutzungsplan ausdrücklich als einen „sachlichen“ bezeichnet, ist fraglich, ob es auch einen räumlichen Teilflächennutzungsplan geben kann. Es stellt sich also die Frage, ob der neue Teilflächennutzungsplan nach § 5 Abs. 2b BauGB 2004 immer als ein territorialer Flächennutzungsplan für das gesamte Gemeindegebiet abgewogen und aufgestellt werden muss oder ob es ausreicht, wenn er sich nur auf einen räumlichen Teil des Gemeindegebiets bezieht. Hierfür kommt es darauf an, wie das Attribut „sachlich“ in § 5 Abs. 2b BauGB 2004 auszulegen ist.[710]

Nach einer Ansicht in der Literatur sei – unabhängig von der sprachlichen Bezeichnung des Teilflächennutzungsplans in § 5 Abs. 2b BauGB 2004 als „sachlicher“ – der Teilflächennutzungsplan schon gesetzlich auch ein räumlicher Teilflächennutzungsplan über den Außenbereich, weil seine Darstellungen sich nur auf die in § 35 Abs. 1 Nr. 2 bis 6 BauGB 2004 genannten Außenbereichsvorhaben und nicht auf das gesamte Gemeindegebiet beziehe. Das bedeute, dass der Geltungsbereich des Teilflächennutzungsplans vom Gesetzgeber bereits genau festgelegt wurde und daher eine weitere Teilräumlichkeitsbildung nicht möglich sei. Hätte der Gesetzgeber eine räumliche Abschnittsbildung zulassen wollen, hätte er – wie in § 246a Abs. 1 S. 1 Nr. 1 BauGB 1990 – eine Ermächtigung für einen sachlichen und räumlichen Teilflächennutzungsplan aussprechen müssen. Somit habe der sachliche Teilflächennutzungsplan den gesamten Außenbereich zu überplanen, und nicht nur Teilbereiche davon. Zu dieser Konsequenz gelange man auch bei Einhaltung der Anforderungen des Bundesverwaltungsgerichts an ein schlüssiges Gesamtkonzept bei der Steuerung des Außenbereichs[711], was die Überplanung des gesamten und ungeteilten Außenbereichs im Teilflächennutzungsplan bedinge.[712] Schließt man sich dieser Meinung an, sind die Gemeinde mithin auch bei Aufstellung eines Teilflächennutzungsplans nicht davon befreit, in die räumlich umfassende Abwägung einzutreten.

Zu diesem Ergebnis gelangen auch andere im Schrifttum, da aus der Unterscheidung von sachlichen und räumlichen Teilen bei der Aufstellung eines Flä-

709 *Söfker*, in: Ernst/Zinkahn/Bielenberg/Krautzberger, Band I, § 5, Rdnr. 62h.
710 *Schmidt-Eichstaedt*, ZfBR 2005, 751 (756).
711 Vgl. *BVerwG*, Urt. vom 17.12.2002, 287 (298).
712 *Nicolai*, ZfBR 2005, 529 (531, 537); *Löhr*, in: Battis/Krautzberger/Löhr, § 5, Rdnr. 35f.

chennutzungsplans nach dem bisherigen § 6 Abs. 3 und 4 BauGB abgeleitet werden könne, dass auch bei der neuen Rechtsfigur des Teilflächennutzungsplans der sachliche Teil im Gegensatz zum räumlichen Teil stehe. Folglich beträfe der sachliche Teil nur den Inhalt, also die Darstellungen mit der beabsichtigten Rechtswirkung des § 35 Abs. 3 S. 3 BauGB 2004, und bleibe als Flächennutzungsplan an sich auf das gesamträumliche Gemeindegebiet bezogen.[713]

Einer differenzierenden Meinung nach ermögliche die Neuregelung in § 5 Abs. 2b BauGB 2004 nicht, Teile des Gemeindegebiets aus dem Flächennutzungsplan auszuklammern, also einen räumlichen Teilflächennutzungsplan aufzustellen, weshalb sich die Darstellungen des Flächennutzungsplans auch auf der Grundlage von § 5 Abs. 2b BauGB 2004 auf das gesamte Gemeindegebiet erstrecken müssten. Lediglich bei Darstellungen mit den Rechtswirkungen des § 35 Abs. 3 S. 3 BauGB könne von einer auf das gesamte Gemeindegebiet bezogenen städtebaulichen Konzeption abgesehen und stattdessen für begrenzte Teile des Gemeindegebiets eine jeweils eigenständige Kontingentierung des Außenbereichs vorgenommen werden. Darin liege eine Vereinfachung und Erleichterung für die kommunale Planungspraxis, die jedoch nichts daran ändere, dass für die betroffenen Teilbereiche grundsätzlich vergleichbare Anforderungen wie bei einer auf das gesamte Gemeindegebiet bezogenen Planung gälten. Insbesondere rechtfertige § 5 Abs. 2b BauGB 2004 keine verkappte Verhinderungsplanung.[714]

Einer weiteren differenzierenden Meinung nach könnten die Gemeinden mit Hilfe des sachlichen Teilflächennutzungsplans nun einen räumlich begrenzten Flächennutzungsplan aufstellen. Dies bewirke allerdings nicht, dass der Darstellung von Konzentrationsflächen kein schlüssiges gesamträumliches Planungskonzept nach Maßgabe der in der Rechtsprechung entwickelten Kriterien mehr zugrunde liegen müsse. Die Gemeinde sei mithin auch bei Aufstellung eines Teilflächennutzungsplans gehalten, für ihr gesamtes Gemeindegebiet zu prüfen und darzulegen, weshalb die privilegierte Nutzung in den nicht vom Plan erfassten Teilen des Gemeindegebiets ausgeschlossen sein solle.[715]

Nach gegenteiliger Ansicht in der Literatur müsse § 5 Abs. 2b BauGB 2004 vor dem Hintergrund seiner Entstehungsgeschichte ausgelegt werden. Im Hinblick auf das Risiko eines den gesamten Gemeinderaum umfassenden unwirksamen Planungskonzepts sollten die Gemeinden nicht mehr zu einer lückenlosen Abwägung im gesamten Gemeindegebiet verpflichtet sein. Mit der Neuregelung

713 So wohl zu deuten bei *Schliepkorte/Tünnemann*, ZfBR 2004, 645 (649), *dergl.*, Institut für Städtebau 2004, 1 (9); *Berkemann*, in: Berkemann/Halama, § 5, Rdnr. 28.

714 *O. Reidt*, in: Gelzer/Bracher/Reidt, Bauplanungsrecht, Rdnr. 108, 166 f.

715 *U. Kuschnerus*, Der sachgerechte Bebauungsplan, Rdnr. 53; *Fachkommission Städtebau*, EAG Bau-Mustererlass, in: Ernst/Zinkahn/Bielenberg/Krautzberger, Band V, Teil J., Nr. 3.5.1.1.

von sachlichen Teilflächennutzungsplänen sollte den Gemeinden ein Steuerungsinstrument an die Hand gegeben werden, um zumindest für ein kritisches Teilgebiet schnell und effektiv die Ausschlusswirkung des Planvorbehalts auslösen zu können. Daher könnten die Gemeinden nunmehr die sachlichen Aussagen des Flächennutzungsplans auf einen Teil des Gemeindegebiets beschränken. Mit dem sachlichen Teilflächennutzungsplan werde aber nur für den betreffenden Teil des Gemeindegebiets die begünstigende sowie beschränkende Wirkung des § 35 Abs. 3 S. 3 BauGB 2004 erzeugt.[716] Diese Auslegung entspreche auch der Praxis, da in den meisten Fällen die Notwendigkeit der Steuerung durch den Antrag auf ein konkretes Vorhaben ausgelöst werde, dem nicht bzw. nur teilweise positiv entgegen gesehen werde. In diesen Fällen sei dann der steuernde Teilflächennutzungsplan das geeignete Instrument, weil allein mit ihm bezüglich des vom Antrag betroffenen Teilraums reagiert werden könne. Des Weiteren spreche dafür die grammatikalische Auslegung von § 5 Abs. 2b BauGB 2004. Bei dem Wort „Teilflächennutzungsplan" handle es sich um ein dreigliedriges substantivisches Kompositum, wobei der erste Begriff attributiv das nachfolgende Grundwort determiniere. Nicht ohne Grund sei vom Gesetzgeber der Ausdruck „Teilflächennutzungsplan", und nicht „Flächennutzungs-Teil-Plan" gewählt worden.[717] Dieser Ansicht folgend, würde zum Erzielen einer Ausschlusswirkung ein schlüssiges Konzept für den Teilraum genügen. Dies hätte den Vorteil, dass die Gemeinde nicht mehr ein schlüssiges gesamträumliches Planungskonzept vorlegen müssten.

Die Meinung, wonach der Teilflächennutzungsplan das gesamte Gemeindegebiet umfassen solle, stelle eine unsinnige Auslegung von § 5 Abs. 2b BauGB 2004 dar. Die Ergänzung eines vorhandenen Flächennutzungsplans um den Planvorbehalt sei ohnehin nach der bisherigen Rechtslage zulässig gewesen und würde keine zügigere gemeindliche Planungssteuerung ermöglichen. Müsste der sachliche Teilflächennutzungsplan auf das ganze Gemeindegebiet erstreckt werden, könnte das neue Steuerungsinstrument zudem nur von solchen Gemeinden einigermaßen sinnvoll aufgestellt werden, die nicht über einen (wirksamen) Flächennutzungsplan verfügten; in anderen Fällen wäre die Neuregelung überflüssig. Zugleich würde aber in den Fällen, in denen ein (Gesamt-) Flächennutzungsplan nicht vorhanden ist, auf die Wirkung des Planvorbehalts, und damit ein sachlich isolierter Flächennutzungsplan zugelassen, der damit als Ausnahme

716 *Stüer/Stüer*, NuR 2004, 341 (342, 344); *Dombert*, AUR 2004, 393 (397); *Hentscke/Urbisch*, AUR 2005, 41 (46).

717 *Schmidt-Eichstaedt*, ZfBR 2005, 751 (756); *Berkemann*, in: Berkemann/Halama, § 5, Rdnr. 29 ff.

von der umfassenden Pflicht des § 5 Abs. 1 S. 1 BauGB in § 5 Abs. 2b BauGB 2004 irreführend platziert worden wäre.[718]

Nach einer weiten Ansicht in der Literatur komme ein sachlicher Teilflächennutzungsplan in räumlicher Hinsicht sowohl für das gesamte Gemeindegebiet als auch für einen Teil des Gemeindegebiets in Betracht. Zwar sei der Teilflächennutzungsplan nicht nur sachlich, sondern auch bereits räumlich beschränkt, da er Wirkung nur für den Außenbereich der Gemeinde entfalte, jedoch schließe dies nicht die Möglichkeit aus, auch einen räumlich begrenzten Teilflächennutzungsplan aufzustellen, dessen Wirkung nur für Vorhaben innerhalb des räumlichen Plangebiets der Gemeinde gelten solle. Dies ergebe sich neben dem Sinn und Zweck des § 5 Abs. 2b BauGB 2004 auch aus der Auslegung dessen Wortlauts, da darin für die sachlichen Teilflächennutzungspläne der Plural verwendet worden, und damit die Aufstellung mehrerer Teilflächennutzungspläne für ein Gemeindegebiet explizit erlaubt sei. Da ein räumlich begrenzter Teilflächennutzungsplan lediglich für den Teil des Gemeindegebiets, für den er aufgestellt sei, die Rechtswirkungen des § 35 Abs. 3 S. 3 BauGB 2004 entfalten könne, bedürfe es weiterer Teilflächennutzungspläne, wenn auch für den übrigen Teil des Gemeindegebiets im Außenbereich die Rechtswirkungen des Planvorbehalts erreicht werden sollten. Für die von Teilflächennutzungsplänen nicht erfassten Teile des Außenbereichs verbleibe es bei der gesetzlichen Ausschlusswirkung. Dass sachliche Teilflächennutzungspläne auch nur für einen Teil des Gemeindegebiets aufgestellt werden könnten, habe den Vorteil, dass die Gemeinde das Konzept zur Nutzung des Außenbereichs auch schrittweise durch Aufstellung mehrerer Teilflächennutzungspläne verwirklichen könne. Der erforderliche Untersuchungsaufwand ließe sich auf diese Weise begrenzen. Eine derartige räumliche Beschränkung der Planung durch einen oder weitere sachliche Teilflächennutzungspläne werde in der Praxis wohl in solchen Fällen in Betracht kommen, in denen ein Steuerungsbedürfnis für bestimmte Vorhaben nur in einem bestimmten geographischen Gemeindebereich bestehe und im Übrigen die gesetzlichen Anforderungen an die Zulässigkeit privilegierter Vorhaben zum Schutz des Außenbereichs genügten.[719] Der Begriff des „sachlichen" Teilflächennutzungsplans dürfe nicht dahingehend missverstanden werden, als würde es sich dabei stets um einen Flächennutzungsplan für das gesamte Gemeindegebiet mit „sachlicher" Beschränkung auf die in § 35 Abs. 3 S. 3 BauGB 2004 genannten

718 *Dombert*, AUR 2004, 393 (397); *Schmidt-Eichstaedt*, ZfBR 2005, 751 (756); *Berkemann*, in: Berkemann/Halama, § 5, Rdnr. 29 ff.

719 Beispielsweise kann sich die Steuerung von Intensivtierhaltungsanlagen nur für einen bestimmten, vorbelasteten Teil des Gemeindegebiets anbieten, wenn der andere Teil des Gebiets weitgehend unbelastet ist und ein Ausschluss von Tierhaltungsanlagen für diesen bereich aus wirtschaftlichen Gründen nicht erwünscht ist.

Darstellungen handeln. Dies komme nur in Betracht, wenn die Gemeinde über keinen (Gesamt-) Flächennutzungsplan verfüge, sei es wegen seiner Unwirksamkeit oder seines Fehlens überhaupt. Habe die Gemeinde bereits einen (Gesamt-) Flächennutzungsplan, sei ein sachlicher Teilflächennutzungsplan nur für den Teilbereich des Gemeindegebiets möglich, für den es ein Konzept hinsichtlich der Ausschlusswirkung nach § 35 Abs. 3 S. 3 BauGB 2004 gebe. Bei Vorhandensein eines solchen Konzepts für das gesamte Gemeindegebiet hingegen, könne statt eines sachlichen Teilflächennutzungsplans nach § 5 Abs. 2b BauGB 2004 eine Ergänzung des bestehenden (Gesamt-) Flächennutzungsplans um die besagte Darstellung vorgenommen werden. Die Neuregelung in § 5 Abs. 2b BauGB 2004 sollte es den Gemeinden offenbar erleichtern, die mit den entsprechenden Darstellungen verbundene Ausschlusswirkung für Teilbereiche des Gemeindegebiets zu erreichen, auch wenn sie ein von der Rechtsprechung gefordertes gesamträumliches Planungskonzept für das gesamte Gemeindegebiet noch nicht entwickelt habe.[720] Nach dieser Ansicht kann auch eine räumlich eingeschränkte Flächennutzungsplanung mit einem schlüssigen Abwägungskonzept lediglich für das betreffende Plangebiet erfolgen.

Es ist der Auffassung zu folgen, nach der die Gemeinde für die Aufstellung eines sachlichen Teilflächennutzungsplans nicht zu einer lückenlosen Abwägung im gesamten Gemeindegebiet verpflichtet sei. Zwar ist nicht auszuschließen, dass viele Gemeinden Teilflächennutzungspläne in Verbindung mit den Rechtswirkungen nach § 35 Abs. 3 S. 3 BauGB 2004 und gerade auch im Zusammenwirken mit der Zurückstellungsmöglichkeit nach § 15 Abs. 3 BauGB 2004 verstärkt als Instrument zur unmittelbaren Steuerung von Vorhaben einsetzen werden, um eine Planung nicht im Interesse echter städtebaulicher Steuerung, sondern aus gemeindepolitischen Beweggründen ausschließlich zu Zwecken der Verhinderung zu betreiben (sog. verkappte Verhinderungsplanung),[721] jedoch überzeigt die Auffassung, die eine Konzeption für das gesamte Gemeindegebiet verlangt und eine Beschränkung auf Teilräume ablehnt, letztlich nicht. Die Gefahr einer Verhinderungsplanung ist als gering einzustufen, da weder eine offene noch eine verdeckte Verhinderungsplanung erlaubt sind. Bei einer sachlichen Teilflächennutzungsplanung muss für diesen Teilbereich ein städtebauliches Konzept vorliegen. Die Teilflächennutzungsplanung kann daher nicht dafür missbraucht werden, privilegierte Außenbereichsvorhaben generell auszuschlie-

720 *W. Söfker*, in: Krautzberger/Söfker, Baugesetzbuch, Rdnr. 53; *dergl.*, in: Ernst/Zinkahn/Bielenberg/Krautzberger, Band I, § 5 Rdnr. 62g; *Gierke*, Institut für Städtebau 2004, 1 (24); *Jung*, in: Schrödter, § 5, Rdnr. 42f.; *Guckelberger*, DÖV 2006, 973 (977 f.); *Krautzberger/Stüer*, DVBl 2004, 781 (787); *Gaentzsch*, in: Berliner Kommentar, Band I, § 5, Rdnr. 42b.

721 vgl. *C. Bönker*, in: Hoppe/Bönker/Grotefels, Öffentliches Baurecht (3. Auflage), § 3, Rdnr. 51.

ßen oder diese mangels Ausweisung hinreichend großer und geeigneter Vorrangflächen faktisch zu verhindern.[722] Ohne die Möglichkeit der räumlichen Beschränkung liefe das Planungsinstrument „Teilflächennutzungsplan" ins Leere, da sich dann im Hinblick auf den Planungsaufwand und der Rechtfolge gegenüber der herkömmlichen (Gesamt-) Flächennutzungsplanung keine Unterschiede ergäben; damit wäre die Einführung von Teilflächennutzungsplänen in § 5 Abs. 2b BauGB 2004 sinnlos und folglich überflüssig gewesen. Der Gesetzgeber wollte aber mit der Einführung sachlicher Teilflächennutzungspläne gerade eine Vereinfachung für die gemeindliche Planungspraxis schaffen. Zudem ist nach dem System des Bauplanungsrechts der Geltungsbereich von Bauleitplänen – wozu eben auch Teilflächennutzungspläne zählen – auf das jeweilige Plangebiet beschränkt; nur so können Bestimmtheit der Planung und Anhörung der Betroffenen gewährleistet werden.

Letztlich wird gerichtlich geklärt werden müssen, ob ein sachlicher Teilflächennutzungsplan nach § 5 Abs. 2b BauGB 2004 auf einen räumlichen Teilbereich beschränkt werden kann oder ob er das gesamte Gemeindegebiet erfassen muss und ob die Gemeinde auf der Grundlage einer Untersuchung des gesamten Gemeindegebiets ein schlüssiges Planungskonzept für die Ausweisung von Konzentrationsflächen in einem sachlichen Teilflächennutzungsplan zu erarbeiten hat oder ob ein schlüssiges Konzept für den überplanten Teilraum genügt.

b) Materielle Voraussetzungen eines sachlichen Teilflächennutzungsplans

Da es sich bei einem sachlichen Teilflächennutzungsplan nach § 5 Abs. 2b BauGB 2004 gleichfalls um einen Flächennutzungsplan i. S. d. § 5 Abs. 1 S. 1 BauGB 2004 handelt, muss auch der sachliche Teilflächennutzungsplan die Aufgaben eines Flächennutzungsplans erfüllen. Daher werden zunächst Darstellungen von bestimmten Vorhaben verlangt. Diese Darstellungen müssen sodann für Vorhaben i. S. d. § 35 Abs. 1 Nr. 2 bis 6 BauGB 2004 an bestimmter anderer Stelle auszuweisen und geeignet sein, die Rechtswirkungen des § 35 Abs. 3 S. 3 zu erzielen.[723] Des Weiteren ist der räumliche Geltungsbereich des sachlichen Teilflächennutzungsplans derart festzulegen, dass mit entgegenstehenden Teil-

---

722 vgl. *G. Manssen*, Öffentliches Baurecht in Bayern, 4. Teil, Rdnr. 156.

723 Die Darstellungen in einem sachlichen Teilflächennutzungsplan sind damit Darstellungen wie die im (Gesamt-) Flächennutzungsplan und haben insofern die gleiche Bedeutung als planungsrechtliche Grundlage für weitere Maßnahmen sowie dieselben Rechtswirkungen eines öffentlichen Belangs i. S. d. § 35 Abs. 3 S. 1 Nr.1 BauGB 2004. Darüber hinaus können Darstellungen aber nur Inhalt eines sachlichen Teilflächennutzungsplans sein, wenn ihnen zugleich die Rechtswirkungen des § 35 Abs. 3 S. 3 BauGB 2004 zukommen; *Söfker*, in: Ernst/Zinkahn/Bielenberg/Krautzberger, Band I, § 5, Rdnr. 62b.

räumen keine wechselseitigen Abhängigkeiten verursacht werden und dass das im Teilflächennutzungsplan darzustellende Ausschlussgebiet mit dem Geltungsbereich des Teilflächennutzungsplans deckungsungleich ist. Schließlich darf der Teilflächennutzungsplan zu keiner unzulässigen Verhinderungsplanung führen, was der Fall wäre, wenn der Teilflächenutzungsplan keine Ausweisung geeigneter Positivflächen enthielte. Letztlich muss der Teilflächennutzungsplan auf den Planvorbehalt i S. d. § 35 Abs. 3 S. 3 BauGB 2004 bezogen sein, damit ihm dessen Rechtswirkungen kommen.[724]

c) Anwendbare Vorschriften auf § 5 Abs. 2b BauGB 2004

Auf die Aufstellung von sachlichen Teilflächennutzungsplänen gemäß § 5 Abs. 2b BauGB 2004 finden die für die Aufstellung von (Gesamt-) Flächennutzungsplänen nach § 5 Abs. 1 geltenden Vorschriften des Baugesetzbuchs Anwendung. Dies gilt insbesondere für die materiellrechtlichen Anforderungen der §§ 1[725], 1a BauGB 2004, für die verfahrensrechtlichen Anforderungen einschließlich der Umweltprüfung nach §§ 2 bis 4c, 6, 10 BauGB 2004 sowie für die Vorschriften über den Inhalt der Flächennutzungspläne nach § 5 BauGB 2004[726] und der Baunutzungsverordnung (BauNVO). Ebenso dürfte die umfangreiche Rechtsprechung zur Aufstellung von Flächennutzungsplänen auf die Auf-

---

724 *Berkemann*, in: Berkemann/Halama, § 5, Rdnr. 33 ff; *M. Oldiges*, in: Steiner, Besonderes Verwaltungsrecht, Teil III, Rdnr. 76a.

725 Aufgrund der Geltung von § 1 Abs. 8 BauGB 2004 kann ein sachlicher Teilflächennutzungsplan nach § 5 Abs. 2b BauGB 2004 nicht nur erstmalig aufgestellt, sondern danach auch geändert, ergänzt bzw. aufgehoben werden.

726 Umstritten ist, ob aufgrund des anwendbaren Darstellungsfindungsrecht nach § 5 Abs. 2 BauGB 2004 aus einem sachlichen Teilflächennutzungsplan auch Bebauungspläne nach § 8 Abs. 2 S. 1 BauGB 2004 entwickelt werden können. Manche bejahen dies, kritisieren allerdings, dass der Spielraum für die Aufstellung von Bebauungsplänen, den das Entwicklungsgebot des § 8 Abs. 2 BauGB lasse, dadurch erheblich eingeschränkt werde; vgl. *C. Bönker*, in: Hoppe/Bönker/Grotefels, Öffentliches Baurecht (3. Auflage), § 3, Rdnr. 51. Andere geben zu bedenken, dass dies rein theoretischer Natur sei, da mit einem sachlichen Teilflächennutzungsplan nur Außenbereichsvorhaben nach § 35 Abs. 1 Nr. 2 bis 6 BauGB 2004 dargestellt werden dürften und für Bauen im Außenbereich regelmäßig keine Bauflächendarstellung in Betracht käme; vgl. *Nicolai*, ZfBR 2005, 529 (531). Wiederum andere verneinen dies von vornherein, da die Darstellungen eines sachlichen Teilflächennutzungsplans lediglich Wirkungen im Rahmen von § 35 Abs. 3 S. 3 BauGB 2004 gegenüber Außenbereichsvorhaben entfalteten; Wirkungen nach § 8 Abs. 2 S. 1 BauGB 2004 hingegen erzeugten sie nicht. Der Teilflächennutzungsplan sei daher nicht dazu bestimmt, die Aufstellung von Bebauungsplänen für die bauliche Entwicklung des Gemeindegebietes vorzubereiten. Sollen Bebauungspläne aufgestellt werden, könnten diese gem. § 8 Abs. 2 S. 1 BauGB 2004 nur aus einem umfassenden (Gesamt-) Flächennutzungsplan entwickelt werden; vgl. *Gierke*, Institut für Städtebau 2004, 1 (24).

stellung von Teilflächennutzungspläne anwendbar sein, obgleich sich bei den Privilegierungen nach § 35 Abs. 1 Nr. 3 und 4 BauGB 2004 aufgrund des Erfordernisses der Ortsgebundenheit gewisse Modifikationen ergeben könnten.[727]

d) Rechtsfolgen

Ein Verstoß gegen die Anforderungen des § 5 Abs. 2b BauGB 2004 führt zur Rechtsunwirksamkeit des Teilflächennutzungsplans nach § 214 Abs. 1 S. 1, Abs. 3 BauGB 2004. Beachtliche Fehler können allerdings gemäß § 215 Abs. 1 BauGB 2004 präkludiert werden. Ebenso ist eine rückwirkende Heilung nach § 214 Abs. 4 BauGB 2004 möglich.

e) Verhältnis eines sachlichen Teilflächennutzungsplans zum (Gesamt-) Flächennutzungsplan

Im Gegensatz zum Flächennutzungsplan als städtebaulicher Gesamtplan, mit dem die aus der beabsichtigten städtebaulichen Entwicklung ergebende Art der Bodennutzung in Grundzügen für das gesamte Gemeindegebiet dargestellt wird, kann ein sachlicher Teilflächennutzungsplan lediglich speziell für Vorhaben nach § 35 Abs. 1 Nr. 2 bis 6 BauGB 2004 aufgestellt werden. Es handelt sich daher beim Instrument nach § 5 Abs. 2b BauGB 2004 um eine Ausnahme vom Grundsatz des § 5 Abs. 1 S. 1 BauGB.[728]

Ein sachlicher Teilflächennutzungsplan ist auch von Ergänzungen des bestehenden (Gesamt-) Flächennutzungsplans abzugrenzen.[729] Beim Teilflächennutzungsplan handelt es sich vielmehr um einen gesonderten Plan, der rechtlich selbständig und damit nicht vom rechtlichen Schicksal des (Gesamt-) Flächennutzungsplans i. S. d. § 5 Abs. 1 BauGB abhängig ist. Stellt die Gemeinde für Konzentrationsflächen einen Teilflächennutzungsplan auf, wird dessen Wirksamkeit somit nicht durch eventuelle Mängel des bestehenden (Gesamt-) Flächennutzungsplans beeinträchtigt. Ebenso wenig schlagen Fehler des Teilflä-

---

727 *Guckelberger*, DÖV 2006, 973 (978); *Schliepkorte/Tünnemann*, Institut für Städtebaurecht 2004, 1 (9); *W. Söfker*, in: Krautzberger/Söfker, Baugesetzbuch, Rdnr. 53; *Nicolai*, ZfBR 2005, 529 (536).

728 *Jäde*, in: Jäde/Dirnberger/Weiß, § 5, Rdnr. 28; *Schliepkorte/Tünnemann*, ZfBR 2004, 645 (649); *H.-D. Upmeier/C. Brandenburg*, Neues Baugesetzbuch 2004, § 5, S. 45.

729 Trotz der neuen Möglichkeit zur Aufstellung von Teilflächennutzungsplänen ist es weiterhin möglich, einen Planvorbehalt i. S. d. § 35 Abs. 3 S. 3 BauGB 2004 durch entsprechende ergänzende Darstellungen im vorhandenen und wirksamen (Gesamt-) Flächennutzungsplan herbeizuführen; vgl. *W. Söfker*, in: Krautzberger/Söfker, Baugesetzbuch, Rdnr. 53.

chennutzungsplans nicht auf den (Gesamt-) Flächennutzungsplan durch.[730] Aufgrund seiner Unabhängigkeit kann ein Teilflächennutzungsplan von Gemeinden aufgestellt werden, die (noch) nicht über einen (wirksamen) (Gesamt-) Flächennutzungsplan oder schon über einen solchen verfügen, wobei unerheblich ist, ob der (Gesamt-) Flächennutzungsplan erstmals aufgestellt oder geändert bzw. ergänzt wurde. Dies ergibt sich zum einen daraus, dass der Gesetzgeber keine Sonderrechtsregelung für die neuen Bundesländer geschaffen hat, die vergleichsweise noch immer über einen niedrigen Prozentssatz an Flächennutzungsplänen verfügen, und zum anderen aus der Gesetzesgeschichte. Zudem würden andernfalls die Gemeinde dazu ermächtigt, einen Flächennutzungsplan aufzustellen, der lediglich auf die Wirkung des § 35 Abs. 3 S. 3 BauGB 2004 zielt, also rein sachlich isoliert wäre. Darüber hinaus wäre dieses Ergebnis schon nach bisheriger Rechtslage bei Flächennutzungsplanung nach § 5 Abs. 1 S. 1 BauGB wegen des Vorbehalts des § 1 Abs. 3 S. 1 BauGB realisierbar gewesen.

Bei einem schon bestehenden (Gesamt-) Flächennutzungsplan tritt also der sachliche Teilflächennutzungsplan neben diesen.[731] Für den bestehenden (Gesamt-) Flächennutzungsplan gilt dann, soweit sein räumlicher Geltungsbereich nicht von dem sachlichen Teilflächennutzungsplan überdeckt wird, die Ausschlusswirkung des § 35 Abs. 3 S. 3 BauGB 2004 nicht.[732] Allerdings sind bei Aufstellung eines Teilflächennutzungsplans die Darstellungen eines schon bestehenden (Gesamt-) Flächennutzungsplans insofern zu beachten, als die Darstellungen für Nutzungen nach § 35 Abs. 1 Nr. 2 bis 6 BauGB 2004 im sachlichen Teilflächennutzungsplan nicht im Gegensatz zu denen des (Gesamt-) Flächennutzungsplans stehen dürfen. Andernfalls entstünde eine widersprüchliche Planung, die insbesondere mit § 1 Abs. 3 S. 1 und Abs. 7 BauGB 2004 nicht vereinbar sein kann. Soweit also die Gemeinde auf Grundlage des neuen § 5 Abs. 2b BauGB 2004 einen gesonderten Teilplan aufstellen will, muss sich dieser inhaltlich in das Gesamtkonzept eines bereits vorhandenen umfassenden Flächennutzungsplans einfügen und anpassen.[733] Enthält der bestehende (Gesamt-) Flächennutzungsplan schon entsprechende Darstellungen, ist im Teilflächennut-

---

730 *Söfker*, Ernst/Zinkahn/Bielenberg, Band I, § 5, Rdnr. 62i; *U. Kuschnerus*, Der sachgerechte Bebauungsplan, Rdnr. 53; *Guckelberger*, DÖV 2006, 973 (978).

731 Im Sinne einer Klarstellung wäre es zu begrüßen gewesen, wenn der Gesetzgeber das Nebeneinander von sachlichen Teilflächennutzungsplänen und bereits vorhandenem (Gesamt-) Flächennutzungsplan geregelt hätte; vgl. *Nicolai*, ZfBR 2005, 529 (530).

732 *Krautzberger/Stüer*, DVBl 2004, 781 (787); *O. Reidt*, in: Gelzer/Bracher/Reidt, Bauplanungsrecht, Rdnr. 108; *Otto*, Kommunalpraxis 2004, 282 (230); *Nicolai*, ZfBR 2005, 529 (530); *Berkemann*, in: Berkemann/Halama, § 5, Rdnr. 31; *Gierke*, Institut für Städtebau 2004, 1 (23); *Gaentzsch,* in: Berliner Kommentar, Band I, § 5, Rdnr. 42b.

733 Gegebenenfalls wird eine Änderung des (Gesamt-) Flächennutzungsplans notwendig.

zungsplan sein Verhältnis zum (Gesamt-) Flächennutzungsplan eindeutig klarstellend zu regeln, um mögliche Konkurrenzen bzw. Missverständnisse auszuschließen. Der später erlassene Teilflächennutzungsplan geht dem vorhergegangenen (Gesamt-) Flächennutzungsplan aber als speziellerer Plan vor. Da der Teilflächennutzungsplan dann aber nur im Zusammenhang mit dem (Gesamt-) Flächennutzungsplan verständlich ist, muss die Gemeinde im Rahmen der Auslegung und der Bekanntmachung des Teilflächennutzungsplans auf den bestehenden (Gesamt-) Flächennutzungsplan hinweisen.[734]

Hat die Gemeinde hingegen zuerst einen Teilflächennutzungsplan und dann einen (Gesamt-) Flächennutzungsplan mit einer konträren Darstellung erlassen gelte nach einer Literaturansicht das oben gesagte entsprechend für die gemäß § 6 Abs. 5[735] BauGB 2004 zu erfolgende Auslegung des später aufgestellten (Gesamt-) Flächennutzungsplans; darin sei auf die Existenz von Teilflächennutzungsplänen hinzuweisen.[736] Einer anderen Ansicht zu folge sei zu differenzieren: Wollte die Gemeinde mit dem (Gesamt-) Flächennutzungsplan die städtebauliche Entwicklung für das gesamte Gemeindegebiet umfassend neu regeln und dadurch zugleich den Teilflächennutzungsplan aufheben, sei künftig allein der (Gesamt-) Flächennutzungsplan maßgeblich. Sollten dagegen der Teilflächennutzungsplan und der (Gesamt-) Flächennutzungsplan nebeneinander fortbestehen, sei das Prioritätsprinzip anzuwenden, so dass die Gemeinde an den Teilflächennutzungsplan gebunden sei, solange sie diesen nicht geändert oder aufgehoben habe.[737]

f) Rechtsschutz

Ein (Teil-) Flächennutzungsplan mit Ausweisung von Konzentrationszonen i. S. v. § 35 Abs. 3 S. 3 BauGB 2004 erzeugt Rechtswirkungen, die den Festsetzungen eines Bebauungsplans nahe kommen. Wegen der mit einem verbindlichen Bauleitplan vergleichbaren Funktion eines (Teil-) Flächennutzungsplans im Zusammenhang mit dem Sicherungsinstrument nach § 15 Abs. 3 BauGB 2004

---

734 *J. Meißner*, Baugesetzbuch 2004, S. 15; *Dombert*, AUR 2004, 393 (396); *W. Söfker*, in: Krautzberger/Söfker, Baugesetzbuch, Rdnr. 53.; *dergl.*, in: Ernst/Zinkahn/Bielenberg/Krautzberger, Band I, § 5, Rdnr. 62i.

735 § 6 Abs. 6 BauGB 2004 dürfte nicht anwendbar sein, da der Teilflächennutzungsplan, wie oben bereits festgestellt, keine Ergänzung des (Gesamt-) Flächennutzungsplans, sondern einen eigenständigen Plan darstellt.

736 *Fachkommission Städtebau*, EAG Bau – Mustererlass, in: Ernst/Zinkahn/Bielenberg/Krautzberger, Band V, Teil J., Nr. 3.5.1.1; *Gierke*, Institut für Städtebau 2004, 1 (23); *Schrödter*, NST-N 2004, 197 (210).

737 *Guckelberger*, DÖV 2006, 973 (978).

wurde in der Literatur von so manchen die Auffassung, dass der (Teil-) Flächennutzungsplan, soweit er solche Darstellungen enthält, mit der verwaltungsgerichtlichen Normenkontrolle nach § 47 VwGO überprüft werden könne.[738] Dieser Auffassung hat sich mittlerweile auch die (höchstrichterliche) Rechtsprechung angeschlossen und entschieden, dass Darstellungen im Flächennutzungsplan mit den Rechtswirkungen des § 35 Abs. 3 S. 3 BauGB in analoger Anwendung des § 47 Abs. 1 Nr. 1 VwGO der (prinzipalen) Normenkontrolle unterliegen.[739] Insofern hat sich die frühere Rechtsprechung, wonach dem Flächennutzungsplan mit seiner vorbereitenden Funktion in Bezug auf alle seine Darstellungen keine unmittelbare rechtliche Außenwirkung zugesprochen wurde und daher nicht mit der Normenkontrolle überprüft werden konnte[740], geändert und wird nicht mehr aufrechterhalten.

2. Die in § 15 Abs. 3 BauGB 2004 neu geschaffene Zurückstellungsmöglichkeit

a) Voraussetzungen für eine Zurückstellung nach § 15 Abs. 3 BauGB 2004

aa) Zurückstellungsfähiges und genehmigungsbedürftiges Vorhaben, § 15 Abs. 3 S. 1 BauGB 2004

Für eine Rückstellung muss zunächst ein zurückstellungsfähiges Vorhaben vorliegen. Als solches bestimmt § 15 Abs. 3 S. 1 BauGB 2004 die Vorhaben nach § 35 Abs. 1 Nr. 2 bis 6 BauGB 2004. Nicht zurückstellungsfähig sind damit Vorhaben der land- und forstwirtschaftlichen Nutzungen nach § 35 Abs. 1 Nr. 1 BauGB 2004 sowie Anlagen der Kernenergie gemäß § 35 Abs. 1 Nr. 7 BauGB 2004. Die Beschränkung auf Vorhaben nach § 35 Abs. 1 Nr. 2 bis 6 BauGB 2004 wurde in inhaltlicher Parallelität zu § 35 Abs. 3 S. 3 BauGB 2004 gezogen, was konsequent ist, da nur diese Anlagen sich durch Konzentrationsflächen i. S. v. § 35 Abs. 3 S. 3 BauGB 2004 steuern lassen und daher nur für sie eine Sicherung durch Zurückstellung sinnvoll ist. Ein Genehmigungsantrag kann nicht nur für die (erstmalige) Errichtung einer baulichen Anlage zurückgestellt

---

738 *Berkemann*, in: Berkemann/Halama, § 15, Rdnr. 6; *Fischer*, NVwZ 2005, 909 (909); *U. Kuschnerus*, Der sachgerechte Bebauungsplan, Rdnr. 38, 752; *Guckelberger*, DÖV 2006, 937 (980 f.).

739 *BVerwG*, Beschl. vom 23.10.2008, Az.: 4 BN 16.08, ZfBR 2009, 156 f.; *dergl.*, Urt. vom 26.04.2007, Az.: 4 CN 3/06, juris – mit Anmerkung hierzu von *Battis*, JZ 2007, 1153 f. –; *Nieders. OVG*, Urt. vom 09.10.2008, Az.: 12 KN 12/07, ZfBR 2009, 262 ff.; *OVG Berlin-Brandenburg*, Urt. vom 24.01.2007, Az.: 2 A 17.05, juris. Vgl. auch die Anmerkung von *Held*, LKRZ 2008, 367 ff.

740 *BVerwG*, Urt. vom 20.11.2003, NVwZ 2004, 614 ff.

werden, sondern auch für die Änderung und Nutzungsänderung, da § 15 Abs. 3 S. 1 BauGB 2004 mit seinem Wortlaut „Vorhaben nach § 35 Abs. 1 Nr. 2 bis 6" an den Vorhabensbegriff i. S. d. § 29 Abs. 1 BauGB 2004 anknüpft. Fraglich ist, ob § 15 Abs. 3 BauGB 2004 – entsprechend § 35 Abs. 3 S. 3 BauGB 2004 – nur für raumbedeutsame Vorhaben gilt. Aufgrund der Verweisung in § 15 Abs. 3 S. 1 BauGB 2004 auf § 35 Abs. 3 S. 3 BauGB 2004 – genauso wie in § 5 Abs. 2b BauGB 2004 – und aus der Systematik des Gesetzes dürfte dies wohl zu bejahen sein.[741]

Des Weiteren muss eine (Teil-) Baugenehmigungs-, Vorbescheids-[742], Zustimmungs- oder ein anderes Verfahren anhängig sein, da die Vorschrift des § 15 Abs. 3 S. 1 BauGB 2004 unterstellt, dass über die Zulässigkeit der in § 35 Abs. 1 Nr. 2 bis 6 BauGB 2004 bezeichneten Vorhaben nur in einem Genehmigungsverfahren, also in einem Verfahren, in dem die Baugenehmigungsbehörde oder eine andere Behörde – beispielsweise die für Immissionsschutz zuständige Behörde[743] –, über die Zulässigkeit des beantragten Vorhabens zu entscheiden hat, befunden werden kann. Die Zurückstellungsregelung nach § 15 Abs. 3 BauGB 2004 kommt damit nicht zum Zuge, wenn das beantragte Vorhaben nach Landesrecht verfahrensfrei bzw. vom Genehmigungsvorbehalt freigestellt ist.[744] Das Verwaltungsverfahren muss noch offen sein. Dies ist nicht mehr der Fall, wenn zum Zeitpunkt der Stellung des Aussetzungsantrags bereits eine wirksame Genehmigung vorliegt. Eine Zurückstellung ist dann wegen des Schutzes des Antragstellers in seiner durch die erteilte Genehmigung erlangte Rechtsposition ausgeschlossen. Ein Baugesuch kann auch dann nicht zurückgestellt werden, wenn das beabsichtigte Vorhaben nach der derzeitigen Rechtslage aus planungsrechtlichen Gründen nicht genehmigungsfähig ist.[745]

---

741 *O. Reidt*, in: Gelzer/Bracher/Reidt, Bauplanungsrecht, Rdnr. 2431; *Stock*, in: Ernst/Zinkahn/Bielenberg/Krautzberger, Band II, § 15, Rdnr. 71a; *Lemmel*, in: Berliner Kommentar, Band I, § 15, Rdnr. 17; *Oerder*, BauR 2005, 643 (655).

742 Die Zurückstellung nach § 15 Abs. 3 BauGB 2004 ist im Vorbescheidsverfahren möglich, da der Wortlaut der Vorschrift von der Entscheidung über die Zulässigkeit des Vorhabens spricht und der Vorbescheid als vorweggenommener Teil der späteren Baugenehmigung über die bodenrechtliche Zulässigkeit befindet; vgl. *J. Berkemann*, in: Berkemann/Bunzel/Halama/Schmidt-Eichstaedt/Schrödter, BauGB 2004 – Nachgefragt, S. 233 f.

743 Auch im immissionsschutzrechtlichen Verfahren ist eine Zurückstellung des Vorhabens gemäß der Zielsetzung des § 15 BauGB 2004 zulässig; vgl. *Berkemann*, in: Berkemann/Halama, § 15, Rdnr. 39; *Krautzberger*, in: Battis/Krautzberger/Löhr, § 15, Rdnr. 1.

744 Bei bayerischen Bauvorhaben: die verfahrensfreien Vorhaben sind in Art. 57 BayBO 2008 geregelt; die Bereiche der Genehmigungsfreistellung ergeben sich aus Art. 58 BayBO 2008.

745 *Stock*, in: Ernst/Zinkahn/Bielenberg/Krautzberger, Band II, § 15, Rdnr. 71a, i; *Berkemann*, in: Berkemann/Halama, § 15, Rdnr. 7; *O. Reidt*, in: Gelzer/Bracher/Reidt, Bauplanungsrecht, Rdnr. 2430; *Gierke*, Institut für Städtebau 2004, 1 (37).

bb) Planaufstellungsbeschluss gemäß § 15 Abs. 3 S. 1 BauGB 2004

Nach § 15 Abs. 3 S. 1 BauGB 2004 muss die Gemeinde gemäß § 2 Abs. 1 BauGB 2004 beschlossen haben, einen Flächennutzungsplan aufzustellen, zu ändern oder zu ergänzen. Dies gilt auch im Fall der Aufstellung, Änderung oder Ergänzung eines sachlichen Teilflächennutzungsplans nach § 5 Abs. 2b BauGB 2004. Da die Aufhebungsplanung gesetzlich nicht erwähnt ist, scheidet sie als Grundlage für eine Zurückstellung aus. Für die Darstellungen im (Teil-) Flächennutzungsplan genügen solche eines Planentwurfs nicht.[746] Die Zuständigkeit sowie das Verfahren für einen Aufstellungsbeschluss richten sich nach den Bestimmungen des Kommunalverfassungsrechts, speziell aus dem Gemeinderecht, so dass ein solcher Beschluss nur durch das zuständige Gemeindeorgan gefasst werden kann; die Anhörung von Behörden und sonstigen Trägern öffentlicher Belange ist dabei nicht erforderlich. Da an die Beschlussfassung für einen (Teil-) Flächennutzungsplan dieselben Anforderungen wie für einen Bebauungsplan gestellt werden, muss das zuständige Gemeindeorgan einen ausdrücklichen oder konkludenten Beschluss mit dem Inhalt gefasst haben, einen (Teil-) Flächennutzungsplan aufzustellen. Einer förmlichen Beschlussbegründung bedarf es zwar nicht, jedoch empfiehlt es sich, in der Vorlage an den Gemeinderat die Ziele und Gründe anzugeben, die mit dem beabsichtigten Flächennutzungsplan erreicht werden sollen. Maßgebend dafür ist die Sicht der Gemeinde, da sie die Einschätzungsprärogative hierfür besitzt.[747]

Fraglich ist, ob die Zurückstellung die ortsübliche Bekanntmachung des Aufstellungsbeschlusses für einen (Teil-) Flächennutzungsplan gemäß § 2 Abs. 1 S. 2 BauGB 2004 bedingt. Aus der gesetzlichen Regelung in § 15 Abs. 3 S. 1 BauGB 2004 selbst geht diesbezüglich explizit nichts hervor. Der Gesetzgeber hat jedoch mit § 15 Abs. 3 S. 1 BauGB 2004 eine Parallele zu § 15 Abs. 1 S. 1 BauGB 1998/2004 gezogen, da die Rechtslage des § 15 Abs. 3 S. 1 BauGB 2004 mit der nach § 15 Abs. 1 BauGB 2004 vergleichbar ist: nach § 15 Abs. 1 S. 1 BauGB 2004 müssen die Voraussetzungen für eine Veränderungssperre i. S. v. § 14 BauGB 2004 vorliegen, dessen Wortlaut wiederum einen Beschluss über die Aufstellung eines Bebauungsplans fordert. Der Beschluss, einen Bebauungsplan aufzustellen, ist aber als Bauleitplan i. S. v. § 1 Abs. 2 BauGB 2004 ortsüblich bekannt zu machen, § 2 Abs. 1 S. 2 BauGB 2004. Dies wird auch von der

746 § 15 Abs. 3 BauGB 2004 kann in einem solchen Fall nicht entsprechend angewendet werden wie dies bei der Aufstellung eines Bebauungsplans analog §§ 14, 15 Abs. 1 BauGB 2004 möglich ist; vgl. *OVG Nordrhein-Westfalen*, Beschl. vom 02.07.2002, UPR 2003, 40 (40).

747 *O. Reidt*, in: Gelzer/Bracher/Reidt, Bauplanungsrecht, Rdnr. 2432; *Gierke*, Institut für Städtebau 2004, 1 (37); *Berkemann*, in: Berkemann/Halama, § 15, Rdnr. 11, 18, 23 f.; *Stock*, in: Ernst/Zinkahn/Bielenberg/Krautzberger, Band II, § 15, Rdnr. 71c, f.

Rechtsprechung so gesehen.[748]. Für die Zurückstellung nach § 15 Abs. 3 S. 3 BauGB 2004 muss auch ein Beschluss vorliegen, allerdings über einen (Teil-) Flächennutzungsplan. Da es sich bei einem (Teil-) Flächennutzungsplan aber ebenso um einen Bauleitplan gemäß § 1 Abs. 2 BauGB 1998/2004 handelt, gilt für den Beschluss nach § 15 Abs. 3 S. 1 BauGB 2004 ebenso die Anforderungen des § 2 Abs. 1 S. 2 BauGB 2004. Hieraus kann die Notwendigkeit der Bekanntmachung des Aufstellungsbeschlusses für einen (Teil-) Flächennutzungsplan abgeleitet werden.[749] Weiterhin spricht für die ortsübliche Bekanntmachung des (Teil-) Flächenplanbeschlusses, dass davon eine entsprechende Anstoßwirkung auf die potentiell Planbetroffenen ausgeht.[750] Folglich bedarf der Aufstellungsbeschluss eines (Teil-) Flächennutzungsplans um wirksam zu werden zusätzlich der ortsüblichen Bekanntmachung. Eine versäumte Bekanntmachung des Aufstellungsbeschlusses kann mit Wirkung ex nunc nachgeholt werden.[751]

cc) Notwendiger Regelungsgehalt

(1) Darstellungen i. S. v. § 35 Abs. 3 S. 3 BauGB 2004

Nicht jede (Teil-) Flächennutzungsplanung rechtfertigt die Zurückstellung von Vorhaben. Dies ist nur dann der Fall, wenn das im (Teil-) Flächennutzungsplan angestrebte Planungsziel sich auf Darstellungen i. S. v. § 35 Abs. 3 S. 3 BauGB 2004 bezieht. Da in der Phase der planerischen Entscheidung eine Grobanalyse genügt, müssen zum Zeitpunkt des Aufstellungsbeschlusses die Planungsziele zwar im Einzelnen noch nicht feststehen, jedoch muss der Aufstellungsbeschluss zumindest ein Mindestmaß dessen erkennen lassen, was Inhalt der zu erwartenden Darstellungen im künftigen Flächennutzungsplan sein soll.[752] Änderungen

---

748 Vgl. *BVerwG*, Beschl. vom 09.02.1989, ZfBR 1989, 171 (171).

749 *Schmidt-Eichstaedt*, ZfBR 2005, 751 (757); *Lemmel*, in: Berliner Kommentar, Band I, § 15, Rdnr. 18; *W. Söfker*, in: Krautzberger/Söfker, Baugesetzbuch, Rdnr. 245; *O. Reidt*, in: Gelzer/Bracher/Reidt, Bauplanungsrecht, Rdnr. 2432. Für *Berkemann*, in: Berkemann/Halama, § 15, Rdnr. 18 ist zwar – ohne Angabe einer Begründung – die Notwendigkeit der Beschlussbekanntmachung für das Verfahren der Zurückstellung nach § 15 Abs. 3 S. 1 BauGB 2004 nicht recht einleuchtend, jedoch erkennt er gleichwohl an, dass die Praxis von dieser Voraussetzung auszugehen haben wird.

750 *Jäde*, in: Jäde/Dirnberger/Weiß, § 15, Rdnr. 40.

751 *Berkemann*, in: Berkemann/Halama, § 15, Rdnr. 18; *Stock*, in: Ernst/Zinkahn/Bielenberg/Krautzberger, Band II, § 15, Rdnr. 71f.

752 Nach Ansicht des *VG Würzburg*, Beschl. vom 05.07.2006, Az.: W 5 S 06.589, juris hingegen, verlange § 15 Abs. 3 BauGB 2004 dies nicht wie § 15 Abs. 1 BauGB 2004 und müsse auch nicht verfassungskonform in diesem Sinne ausgelegt werden, da ein Mindestmaß an inhaltli-

einzelner Planungsabsichten zwischen Aufstellungsbeschluss und Beschluss über (Teil-) Flächennutzungsplan sind folglich für die Wirksamkeit irrelevant, wobei ein längerer Zeitraum allerdings Zweifel an der Ernsthaftigkeit der gemeindlichen Planungsabsichten begründen kann. Ein Aufstellungsbeschluss ist unzulässig, wenn zur Zeit seines Erlasses der Inhalt der beabsichtigten Planung noch in keiner Weise abzusehen ist.[753]

Eine Ansicht in der Literatur kommt zu diesem Ergebnis, da schon begrifflich die Sicherung einer nicht hinreichend konkretisierten Planung nicht möglich sei. Im Übrigen sei eine möglichst große Annäherung der tatbestandlichen Voraussetzungen des § 15 Abs. 3 S. 1 BauGB 2004 an die Regelvorrausetzungen für die Veränderungssperre nach § 14 Abs. 1 BauGB 2004 und die Zurückstellung nach § 15 Abs. 1 BauGB 2004 angezeigt, weil die Darstellungen der Konzentrationszonen i. S. v. § 35 Abs. 3 S. 3 BauGB 2004 planartige Wirkungen erzeugten, die für eine Ungleichbehandlung der beiden Fälle keinen Raum ließen.[754] Dieser Auffassung hat sich auch das VG Stade angeschlossen.[755] Eine andere Ansicht begründet das gleiche Ergebnis damit, dass der Mindestinhalt der Planung in § 15 Abs. 3 S. 1 BauGB 2004 bereits gesetzlich vorgegeben sei. Die Planung müsse dem Ziel dienen, die Rechtswirkungen des § 35 Abs. 3 S. 3 BauGB 2004 zu erreichen, weil nur eine auf die Darstellung von Konzentrationszonen gerichtete Planung Grundlage einer Zurückstellung nach § 15 Abs. 3 BauGB 2004 sein kann.[756]

Unabhängig von diesen unterschiedlichen Begründungen muss dem Beschluss über einen (Teil-) Flächennutzungsplan also ein i. S. v. § 1 Abs. 3 S. 1 BauGB 2004[757] städtebaulich motiviertes Plankonzept zugrunde liegen, welches darauf gerichtet ist, für wenigstens eine der in § 35 Abs. 1 Nr. 2 bis 6 BauGB 2004 aufgezählten Vorhabensart Flächen im Außenbereich positiv darzustellen, mit dem Ziel, sie an anderen Stellen im Außenbereich i. S. v. § 35 Abs. 3 S. 3

---

cher Bestimmung der Planung sich bereits daraus ergäbe, dass die Planung dem Ziel dienen müsse, die Rechtswirkungen des § 35 Abs. 3 S. 3 BauGB zu erreichen.

753 *Berkemann*, in: Berkemann/Halama, § 15, Rdnr. 19 f.

754 *Jäde*, in: Jäde/Dirnberger/Weiß, § 15, Rdnr. 40, S. 266.

755 *VG Stade*, Beschl. vom 02.06.2008, Az.: 2 B 475/08, juris.

756 *Lemmel*, in: Berliner Kommentar, Band I, § 15, Rdnr. 18; *M. Oldiges*, in: Steiner, Besonderes Verwaltungsrecht, Teil III, Rdnr. 243a.

757 Die Erforderlichkeit zur Änderung des Flächennutzungsplans ist nach Maßgabe des § 1 Abs. 3 S. 1 BauGB 2004 in aller Regel gegeben, wenn Umstände vorliegen oder erkennbar werden, die die Verwirklichung der gemeindlichen Planungsabsichten gefährden oder erschweren; vgl. *Berkemann*, in: Berkemann/Halama, § 15, Rdnr. 22.

BauGB 2004 auszuschließen. Eine reine Negativplanung darf wegen Unvereinbarkeit mit Art. 14 Abs. 1 GG nicht verfolgt werden.[758]

(2) Bestimmung des räumlichen Geltungsbereichs

Des Weiteren muss aus dem Aufstellungsbeschluss des künftigen (Teil-) Flächennutzungsplans sein geographischer Geltungsbereich im Außenbereich hinreichend bestimmbar sein, da nur für Außenbereichsflächen die in § 15 Abs. 3 S. 1 BauGB 2004 als Planungsziel genannte Herbeiführung der Rechtswirkungen des § 35 Abs. 3 S. 3 BauGB 2004 erreicht werden kann.[759] Zudem muss der Betroffene auch erkennen können, was mit der Zurückstellung erreicht werden soll.

Es empfiehlt sich aus Beweisgründen, die Zielsetzung sowie nähere Angaben über die beplante Flächen in der Beschlussfassung auch (textlich) deutlich zu machen. Gleichwohl dürfen die Anforderungen daran nicht überspannt werden, da der Gemeinde gerade Zeit zur Entwicklung und Konkretisierung ihrer planerischen Vorstellungen gegeben werden soll.[760]

dd) Sachlicher Zurückstellungsgrund

Weiter setzt die Zurückstellung der Entscheidung über die Zulässigkeit eines Vorhabens materiellrechtlich voraus, dass zu befürchtet ist, dass die Durchführung der (Teil-) Flächennutzungsplanung durch die Verwirklichung des Vorhabens unmöglich gemacht oder wesentlich erschwert werden würde, § 15 Abs. 3 S. 1 BauGB 2004.

Das Vorhaben muss sonach die zu sichernde Planung nachhaltig berühren. Ein Sicherungsbedürfnis für die Planung ist zu bejahen, wenn das Baugesuch für ein Grundstück gestellt wurde, dessen Freihaltung von der betreffenden Bebauung nach dem planerischen Willen der Gemeinde in Betracht kommen kann, weil die Gemeinde andernfalls Gefahr läuft, sich durch die Zulassung von Vorhaben an der beantragten Stelle um die Möglichkeit einer fehlerfreien Abwägung zu bringen. Es müssen allerdings – gemessen am Planungsziel – konkrete Anhaltspunkte dafür vorliegen, dass das beantragte Vorhaben die zu sichernde Planung nachteilig berührt, mithin eine Gefährdung des Schutzziels auslösen wird. Diese erfordert zumindest die Feststellung, dass das beantragte Vorhaben nicht

758 *Rieger*, in: Schrödter, § 15, Rdnr. 20; *O. Reidt*, in: Gelzer/Bracher/Reidt, Bauplanungsrecht, Rdnr. 2432.

759 *Stock*, in: Ernst/Zinkahn/Bielenberg/Krautzberger, Band II, § 15, Rdnr. 71g.

760 *Berkemann*, in: Berkemann/Halama, § 15, Rdnr. 15, 19.

von vornherein planungsrechtlich unzulässig ist. Zu Beginn der Planung wird eine Gefährdung regelmäßig vorliegen. Bei fortgeschrittener Planung kommt es darauf an, ob das beantragte Vorhaben auf Flächen verwirklicht werden soll, innerhalb derer für bestimmte Vorhaben Darstellungen vorgesehen sind, mit denen eine Ausschlusswirkung für den übrigen Außenbereich bewirkt werden soll. Eine Gefährdung der Planung liege dann vor, wenn das Vorhaben an einem Standort beantragt wird, welcher nach dem Planungskonzept und aktuellen Planungsstand nicht als ausgewiesene Stelle i. S. d. § 35 Abs. 3 S. 3 BauGB 2004 in Betracht kommt. Eine Gefährdung kann allerdings auch schon dann angenommen werden, wenn aufgrund des Planungsstandes noch ausgeschlossen ist, dass das Vorhaben an dem künftig ausgewiesenen Standort errichtet wird, mithin noch keine Planreife gegeben ist.[761]

Wesentlich erschwert ist die Durchführung der Planung gemäß § 15 Abs. 3 S. 1 BauGB 2004, wenn das maßgebende, beabsichtigte Planungskonzept der Gemeinde substantiell gestört wird. Allerdings ist zu berücksichtigen, dass § 35 Abs. 3 S. 3 BauGB 2004 selbst Ausnahmen für atypische Situationen ermöglicht; ebenso kommt eine entsprechende Anwendung von § 14 Abs. 2 BauGB 2004 für diese Planungsphase in Betracht. Unmöglich i. S. v. § 15 Abs. 3 S. 1 BauGB 2004 ist die Planung, wenn im Zeitpunkt des Beschlusses über die Darstellungen im (Teil-) Flächennutzungsplan die jetzige Realisierung der (Teil-) Flächennutzungsplanung gerade im Hinblick auf die Ausschlusswirkung des § 35 Abs. 3 S. 3 BauGB 2004 zu verneinen ist. Das ist der Fall, wenn der Planung bestandskräftige Baugenehmigungen[762] entgegenstehen, wobei § 15 Abs. 3

---

761 *Lemmel*, in: Berliner Kommentar, Band I, § 15, Rdnr. 18; *Berkemann*, in: Berkemann/Halama, § 15, Rdnr. 29; *Stock*, in: Ernst/Zinkahn/Bielenberg/Krautzberger, Band II, § 15, Rdnr. 71 j, 71 k.

762 Welche Wirkung ein landesrechtlich vorgesehener Vorbescheid (Bebauungsgenehmigung) für einen Zurückstellungsantrag der Gemeinde hat, regelt § 15 Abs. 3 S. 1 BauGB 2004 hingegen nicht. Nach allgemeiner Meinung setze sich ein Vorbescheid entsprechend einer Baugenehmigung gegen das Inkrafttreten eines Bebauungsplans durch. Der Vorbescheid sei – wie regelmäßig nach Landesrecht – ein vorgenommener Teil der späteren Baugenehmigung, für den der Zeitpunkt seiner Erteilung entscheidend sei, da dann die bauplanerische Zulässigkeit des Vorhabens abschließend festgestellt werde. Habe die Baugenehmigungsbehörde über die bodenrechtliche Zulässigkeit bereits durch Vorbescheid befunden, sei eine Zurückstellung im nachfolgenden Baugenehmigungsverfahren dann nicht zulässig, wenn die Gemeinde einen Bebauungsplan erlassen wolle, da es widersprüchlich wäre, ein Vorhaben, das mit § 14 Abs. 3 BauGB 2004 nicht verhindert werden könne, dennoch nach § 15 Abs. 1 BauGB 1998/2004 zurückstellen zu können. Ob das Gleiche auch gegenüber einem später erlassenen Flächennutzungsplan i. S. v. § 35 Abs. 3 S. 3 BauGB 2004 gelte, sei gesetzlich nicht explizit geregelt worden. Dagegen spreche, dass für die Zurückstellung nach § 15 Abs. 3 BauGB 2004 nicht in jeder Hinsicht eine vergleichbare Lage bestehe – § 15 Abs. 1 BauGB 2004 korrespondiere mit § 14 Abs. 3 BauGB 1998/2004, wohingegen für § 15 Abs. 3 BauGB 2004 kein derartiges Zu-

S. 1 BauGB 2004 unterstellt, dass ein Widerruf einer erteilten Baugenehmigung nach § 49 Abs. 3 VwVfG nicht zu erwarten ist.[763] Allgemein kann also festgehalten werden, dass der nach § 15 Abs. 3 S. 1 BauGB 2004 erforderliche sachliche Rückstellungsgrund dann gegeben ist, wenn ein Vorhaben gemäß § 35 Abs. 1 Nr. 2 bis 6 BauGB 2004 auf einer Fläche beantragt wird, die nach dem gemeindlichen Willen von der betreffenden Nutzung gerade freigehalten werden soll.

ee) Antrag nach § 15 Abs. 3 S. 1 BauGB 2004

Verfahrensrechtliche Voraussetzung für die Zurückstellung des Baugesuchs durch die Baugenehmigungsbehörde nach § 15 Abs. 3 BauGB 2004 ist grundsätzlich ein Antrag der Gemeinde, § 15 Abs. 3 S. 1 BauGB 2004. Besteht allerdings Personalunion zwischen Baugenehmigungsbehörde und Gemeinde, bedarf es keines gesonderten Antrags nach § 15 Abs. 3 S. 1 BauGB 2004, da die Gemeinde dann im Rahmen des Bauantragsverfahrens selbst entscheidet, ob sie unter den materiellen Voraussetzungen des § 15 Abs. 3 S. 1 BauGB 2004 eine Zurückstellung ausspricht.[764] In diesem Fall wird aber die Gemeinde als Baugenehmigungsbehörde vor Erlass des von ihr erwogenen Zurückstellungsbescheids den Bauantragsteller gemäß § 28 Abs. 1 VwVfG anzuhören haben. Eine Verletzung dieser Pflicht stellt allerdings nur einen relativen Verfahrensmangel i. S. v. § 46 VwVfG dar. Zudem kann die Anhörung nach § 45 Abs. 2 VwVfG bis zum Abschluss eines verwaltungsgerichtlichen Verfahrens nachgeholt werden.[765]

---

sammenspiel existiere, da die Vorschrift selbst die Funktion einer befristeten Veränderungssperre übernehme, ohne dass jedoch gesetzlich eine § 14 Abs. 3 BauGB 2004 vergleichbare Regelung geschaffen worden sei. Entscheidender Gesichtspunkt sei, dass der Gesetzgeber mit der Neuerung in § 15 Abs. 3 BauGB 2004 in jedem Fall erreichen wollte, dass die Gemeinde für einen Zeitraum von mindestens einem Jahr den Vollzug, und damit vollendete Tatsachen verhindern könne. Damit die Gemeinde diese Zeit auch nutzen könne, sei die Überlegung anzustellen, Vorbescheide wegen veränderter Rechtslage gemäß § 49 Abs. 2 Nr. 4 VwVfG widerrufen zu können. Die bei § 15 Abs. 1 BauGB 1998/2004 umstrittene Frage, ob ein Widerruf im Hinblick auf die gesetzliche Wertung des § 14 Abs. 3 BauGB 2004 überhaupt zulässig sei, stelle sich dabei für § 15 Abs. 3 BauGB 2004 nicht; *Berkemann*, in: Berkemann/Halama, § 15, Rdnr. 32.

763 *Dirnberger*, Bayerischer Gemeindetag 2004, 402 (404); *J. Meißner*, Baugesetzbuch 2004, S. 17; *W. Söfker*, in: Krautzberger/Söfker, Baugesetzbuch, Rdnr. 245; *Berkemann*, in: Berkemann/Halama, § 15, Rdnr. 30; *O. Reidt*, in: Gelzer/Bracher/Reidt, Bauplanungsrecht, Rdnr. 2433.

764 Insofern gelten dieselben Grundsätze wie im Fall des Einvernehmenserfordernisses nach § 36 BauGB 2004; vgl. *BVerwG*, Urt. vom 19.08.2004, ZfBR 2004, 805 (805).

765 *OVG Münster*, Beschl. vom 17.03.2006, NVwZ-RR 2006, 597 (598); *O. Reidt*, in: Gelzer/Bracher/Reidt, Bauplanungsrecht, Rdnr. 2436; *J. Berkemann*, in: Berkemann/Bunzel/Halama/Schmidt-Eichstaedt/Schrödter, BauGB 2004 – Nachgefragt, S. 235 f.

Das verwaltungsinterne Verfahren ist kaum geregelt – der Gesetzgeber geht von einer sinnvollen Kooperation zwischen Baugenehmigungsbehörde und Gemeinde aus. Zunächst ist die gemeindliche Kenntnisnahme über das beabsichtigte Vorhaben notwendig, da nur bei Kenntnis die Gemeinde entscheiden kann, ob sie Maßnahmen zur Sicherung der Bauleitplanung ergreifen will (sog. Anstoßfunktion). Ein Zurückstellungsantrag muss schriftlich[766] durch das nach Kommunalverfassungsrecht zuständige Organ[767] gestellt werden und ist sodann zusammen mit dem Aufstellungsbeschluss und dem Baugesuch bei der Baugenehmigungsbehörde einzureichen. Dabei ist ratsam, im Rückstellungsantrag die Gründe, die dafür sprechen, dass das beabsichtigte Bauvorhaben die Umsetzung der Planung nach Maßgabe des § 35 Abs. 3 S. 3 BauGB 2004 unmöglich macht oder wesentlich erschwert, konkret darzulegen. Zudem muss der Antrag den Zeitraum enthalten, bis zu dem zurückgestellt werden soll. Da das Antragsrecht der Gemeinde – gleichfalls wie das Recht zur planerischen Steuerung durch Planvorbehalt – Ausfluss ihrer Planungshoheit ist, besteht keine Verpflichtung der Gemeinde, einen Zurückstellungsantrag zu stellen; allerdings steht die Ausübung dieses Rechts in ihrem pflichtgemäßen Ermessen.[768]

(1) Frist zur Stellung des gemeindlichen Antrags, § 15 Abs. 3 S. 3 BauGB 2004

Nach § 15 Abs. 3 S. 3 BauGB 2004 ist der Antrag der Gemeinde auf Zurückstellung gemäß § 15 Abs. 3 S. 1 BauGB 2004 nur innerhalb von sechs Monaten, nachdem die Gemeinde in einem Verwaltungsverfahren von dem Bauvorhaben förmlich Kenntnis erhalten hat, zulässig.

---

766 Nach anderer Absicht sei der gemeindliche Antrag nicht an eine Form gebunden; vgl. *Stock*, in: Ernst/Zinkahn/Bielenberg/Krautzberger, Band II, § 15, Rdnr. 71l.

767 Gemeinde i. S. d. § 15 Abs. 3 S. 1 BauGB 2004 ist diejenige Körperschaft, die befugt ist, den nach § 35 Abs. 3 S. 3 BauGB 2004 qualifizierten (Teil-) Flächennutzungsplan zu erlassen, da § 15 Abs. 3 BauGB 2004 der Effektivität dieses (Teil-) Flächennutzungsplans dient. Strittig ist, ob in dem Fall, in dem einer Samtgemeinde die Befugnis zum Erlass des (Teil-) Flächennutzungsplans übertragen ist, nur diese, und nicht auch die einzelnen Mitgliedergemeinden jeweils den Zurückstellungsantrag stellen können. *Berkemann*, in: Berkemann/Halama, § 15, Rdnr. 27 bejaht dies, wohingegen nach *Schrödter*, NST-N 2004, 197 (213); *dergl.*, in: Schrödter, § 15, Rdnr. 21 nur den Gemeinden, die Mitglied einer Samtgemeinde seien, das Antragsrecht nach § 15 Abs. 3 S. 1 BauGB 2004 zustehen solle. Davon zu unterscheiden ist die Frage, ob die Samtgemeinde gehalten ist, auf Ersuchen einer Mitgliedsgemeinde einen entsprechenden Antrag zu stellen. Dies sei nach dem jeweiligen Kommunalverfassungsrecht zu entscheiden; vgl. *Berkemann*, in: Berkemann/Halama, § 15, Rdnr. 27.

768 *Dirnberger*, ZfIR-Report 2004, 836 (838); *O. Reidt*, in: Gelzer/Bracher/Reidt, Bauplanungsrecht, Rdnr. 2434; *Berkemann*, in: Berkemann/Halama, § 15, Rdnr. 26, 34.

(a) Begriff „Bauvorhaben"

Mit dem Begriff „Bauvorhaben" in § 15 Abs. 3 S. 3 BauGB 2004 sollte angedeutet werden, dass die halbjährige Frist bereits dann beginnt, wenn die Gemeinde von dem Projekt erfahren hat. Auf die exakte Kenntnis des Baugesuchs kommt es dagegen nicht an. Der Gesetzgeber erwartete, dass sich die Gemeinde innerhalb von sechs Monaten darüber schlüssig wird, ob sie das Bauvorhaben im Außenbereich per Flächennutzungsplanung i. V. m. dem Planvorbehalt nach § 35 Abs. 3 S. 3 BauGB 2004 aus städtebaulichen Gründen verhindern will. Ist dies der Fall, muss die Gemeinde innerhalb der genannten Frist ihren Aussetzungsantrag stellen.[769]

(b) Kriterium „in einem Verwaltungsverfahren"

Da das Gesetz in § 15 Abs. 3 S. 3 BauGB 2004 nicht lediglich von einem „Verfahren"[770], sondern von einem „Verwaltungsverfahren", also einem auf den Erlass eines Verwaltungsakts abzielenden Verfahren (vgl. § 9 VwVfG), spricht, erfasst die Vorschrift nur solche bauaufsichtliche Verfahren, an deren Ende typischerweise ein Verwaltungsakt steht. Ein Verwaltungsakt ergeht bei Baugenehmigungs-, Teilbaugenehmigungs- bzw. Vorbescheidsverfahren. Anzeigeverfahren und Genehmigungsfreistellung hingegen scheiden aus, was sachgerecht ist, da der Gesetzgeber ausschließlich Außenbereichskonstellationen im Auge hatte, bei denen diese keine Rolle spielen. Aus Beweisgründen genügt es nach § 15 Abs. 3 S. 3 BauGB 2004, dass die Gemeinde in einem Verwaltungsverfahren, an dem sie förmlich beteiligt ist, Kenntnis erlangt hat;[771] dies kann sowohl bei bauordnungsrechtlichen Genehmigungsverfahren als auch bei immissionsschutzrechtlichen Verfahren der Fall sein.[772]

Des Weiteren muss nach dem Wortlaut des § 15 Abs. 3 S. 3 BauGB 2004 die Gemeinde ihre Kenntnis in „einem" Verwaltungsverfahren erlangt haben. Nach Sinn und Zweck der Regelung sowie nach seinem systematischen Zusammenhang kann das nur dasjenige Verwaltungsverfahren sein, welches zu einer – wenn auch ggf. nur vorbereitenden – Zulassungsentscheidung bezüglich des Vorhabens führt. Das Verfahren muss aber soweit zur Entscheidungsreife ge-

---

769 *Berkemann*, in: Berkemann/Halama, § 15, Rdnr. 49.

770 Von einem „baurechtlichen Verfahren" war noch in § 14 Abs. 3 BauGB 1998 die Rede.

771 § 14 Abs. 3 BauGB 2004 hingegen stellt auf die Kenntniserlangung der Gemeinde „nach Maßgabe des Bauordnungsrechts" ab.

772 *Jäde*, in: Jäde/Dirnberger/Weiß, § 15, Rdnr. 43; *Bundesregierung*, Entwurf eines Europarechtanpassungsgesetzes Bau, BT-Drs. 15/2250, S. 52; *Berkemann*, in: Berkemann/Halama, § 15, Rdnr. 50.

führt haben, dass eine Sachentscheidung hätte getroffen werden müssen, wenn nicht die Gemeinde den Antrag auf Aussetzung gestellt hätte. Andernfalls ist zu befürchten, dass der Bauherr seinen Bau- oder Vorbescheidsantrag zurücknimmt, sobald sich die Stellung eines Zurückstellungsantrags abzeichnet. Dies hätte zur Folge, dass es dann nicht zu einer Zurückstellung käme, gleichwohl die Gemeinde aber in einem Verwaltungsverfahren von dem Bauvorhaben Kenntnis erlangt hätte und daher in einem künftigen, auf die Zulassung des Vorhabens zielenden Verwaltungsverfahren nicht mehr binnen der Frist von sechs Monaten den Zurückstellungsantrag stellen könnte.[773]

(c) Merkmal der „förmlichen Kenntniserlangung"

Schließlich fordert § 15 Abs. 3 S. 3 BauGB 2004, dass die Gemeinde die fristauslösende Kenntnis in einem Verwaltungsverfahren „förmlich" gewonnen haben muss.

(aa) Klärung des Merkmals „förmlich"

Das Merkmal „förmlich" bedeutet nicht, dass die Kenntniserlangung in einer besonders formalisierten Weise zu geschehen hat. Vielmehr ist damit gemeint, dass die Gemeinde in ihrer Eigenschaft als Beteiligte im Verwaltungsverfahren von dem Bauvorhaben Kenntnis erhalten haben muss. Es genügt daher nicht, wenn die Gemeinde nur zufällig, also bloß aus Anlass des Verwaltungsverfahrens auf einem anderen Wege von der beabsichtigten Realisierung des Vorhabens im gemeindlichen Außenbereich erfahren hat. Allerdings ist nicht erforderlich, dass die Gemeinde gerade auf die Möglichkeit der Sicherung per (Teil-) Flächennutzungsplanung in Verbindung mit der Steuerung nach § 35 Abs. 3 S. 3 BauGB 2004 aufmerksam gemacht wird. Am Baugenehmigungsverfahren beteiligt ist die Gemeinde, wenn die Baugenehmigungsbehörde der Gemeinde das Baugesuch im Rahmen des Genehmigungsverfahrens für ihre Entscheidung über das gemeindliche Einvernehmen nach § 36 Abs. 2 S. 2 Hs. 1 BauGB 2004[774] zur Kenntnis gereicht hat oder wenn der Bauantrag nach Maßgabe der einschlägigen Landesbauordnung[775] unmittelbar bei der Gemeinde gestellt wurde.[776] Mit der

773 *Jäde*, ZfBR 2005, 135 (139).

774 Da für Außenbereichsvorhaben das gemeindliche Einvernehmen gemäß § 36 Abs. 1 S. 1 BauGB 2004 einzuholen ist, erfährt die Gemeinde von dem beabsichtigten Bauvorhaben, sobald sie das Ersuchen der Genehmigungsbehörde enthält, vgl. § 36 Abs. 2 S. 2 BauGB 2004.

775 Gemäß § 36 Abs. 2 S. 2 Hs. 2 BauGB 2004 steht dem Ersuchen der Genehmigungsbehörde die Einreichung des Antrags bei der Gemeinde gleich, wenn dies nach den landesrechtlichen

Bestimmung des Fristbeginns in § 15 Abs. 3 S. 3 BauGB 2004 ab förmlicher Kenntniserlangung durch die Gemeinde wurde folglich eine Schnittstelle zum landesrechtlichen Verfahrensrecht erzeugt.

(bb) Zeitpunkt der Kenntniserlangung bei unterschiedlichen Zuständigkeiten für Einvernehmenserklärung und Flächennutzungsplanung

Der Fristenregelung in § 15 Abs. 3 S. 3 BauGB 2004 liegt der Normalfall zugrunde, dass die am Genehmigungsverfahren zu beteiligende Gemeinde zugleich Trägerin der Flächenutzungsplanung ist, so dass die Kenntniserlangung vom Baugesuch Anstoß zur Einleitung planerischer Maßnahmen sein kann. Verteilen sich ausnahmsweise die Zuständigkeiten für die Einvernehmenserklärung und die Flächennutzungsplanung auf verschiedene Körperschaften, beispielsweise aufgrund Übertragung der Flächennutzungsplanung auf eine Verbandsgemeinschaft gemäß § 203 Abs. 2 BauGB 2004,[777] beginnt die Frist erst zu laufen, wenn die für die Planung zuständige Körperschaft Kenntnis vom Vorhaben erlangt hat.[778]

(cc) Behandlung der Kenntniserlangung bei Identität von Baugenehmigungsbehörde und Gemeinde

§ 15 Abs. 3 BauGB 2004 wurde (wie § 15 Abs. 1 BauGB 2004) – sprachlich für den Fall gefasst, dass die Gemeinde nicht selbst für die Erteilung der Baugenehmigung zuständig ist. In diesem Fall wird die Gemeinde regelmäßig erstmals förmlich vom Baugesuch Kenntnis erlangen, wenn sie um die Erteilung des gemeindlichen Einvernehmens gemäß § 36 BauGB 2004 ersucht wird.[779] Ist die Gemeinde hingegen selbst zuständige Baugenehmigungsbehörde, erlangt sie Kenntnis mit Eingang des Genehmigungsantrags bei ihr. Ab diesem Zeitpunkt beginnt die Frist für die Zurückstellung des Baugesuchs, selbst wenn die Ge-

---

Regelungen vorgesehen ist. In Bayern ist dies mit Art. 64 Abs. 1 S. 1 BayBO 2008 der Fall, wonach der Baugenehmigungsantrag bei der Gemeinde einzureichen ist.

776 *Rieger*, in: Schrödter, § 15, Rdnr. 21; *O. Reidt*, in: Gelzer/Bracher/Reidt, Bauplanungsrecht, Rdnr. 2434; *Lemmel*, BauR 2005, 1878 (1879).

777 Gemäß § 203 Abs. 2 BauGB 2004 können durch Landesgesetz Aufgaben der Gemeinden nach dem Baugesetzbuch auf Verbandsgemeinden, Verwaltungsgemeinschaften oder vergleichbaren Zusammenschlüsse, denen nach Landesrecht örtliche Selbstverwaltungsaufgaben der Gemeinde obliegen, übertragen werden. Hiervon wird in der Praxis durch Übertragung der Flächennutzungsplanung für das Gebiet der dem Zusammenschluss angehörigen Gemeinden durchaus auch Gebrauch gemacht; vgl. *Rieger*, in: Schrödter, § 15, Rdnr. 21.

778 *Stock*, in: Ernst/Zinkahn/Bielenberg/Krautzberger, Band II, § 15, Rdnr. 71l.

779 *O. Reidt*, in: Gelzer/Bracher/Reidt, Bauplanungsrecht, Rdnr. 2434, 2436.

meinde das Baugesuch für unzulässig hält. Auch in diesem Fall gilt die Sechs-Monats-Frist des § 15 Abs. 3 S. 3 BauGB 2004, jedoch wird über einen (vollständigen[780]) Bauantrag bzw. einer entsprechenden Bauvoranfrage schon vor Ablauf von sechs Monaten zu entscheiden sein, wenn sich die Gemeinde als Genehmigungsbehörde nicht der Gefahr eines Amtshaftungsanspruchs wegen unzulässig verzögerter Bearbeitung des Baugesuchs aussetzen will.[781]

(dd) Zurückstellungsantrag trotz Vorliegen des gemeindlichen Einvernehmens

Da die Frist zur Stellung des Aussetzungsantrags nach § 15 Abs. 3 S. 3 BauGB 2004 mit sechs Monaten länger ist als die zweimonatige Frist für das gemeindliche Einvernehmen gemäß § 36 Abs. 2 S. 2 Hs. 1 BauGB 2004,[782] stellt sich die Frage, ob ein bereits erteiltes bzw. fingiertes Einvernehmen der Gemeinde einem Zurückstellungsantrag entgegensteht.

Das Gesetz selbst schweigt hierzu. Nach Ansicht des Ausschusses für Verkehr, Bau- und Wohnungswesens erscheine es – auch aufgrund der bisherigen Rechtsprechung[783] – nicht ausgeschlossen, dass eine Gemeinde auch nach Ablauf der Zweimonatsfrist in § 36 Abs. 2 S. 2 Hs. 1 BauGB noch eine dem Vorhaben widersprechende Bauleitplanung betreiben und diese durch Zurückstellung des Baugesuchs sichern könne.[784]

Vor diesem Hintergrund ist davon auszugehen, dass trotz nach § 36 Abs. 1, 2 S. 1 BauGB 2004 erteiltem oder gemäß § 36 Abs. 2 S. 2 Hs. 1 BauGB 2004 fin-

---

780 Fraglich ist, ob für die gemeindliche Kenntniserlangung i. S. v. § 15 Abs. 3 S. 3 BauGB 2004 die Anforderungen an die Vollständigkeit der Unterlagen anders als für die Einvernehmensfrist nach § 36 Abs. 2 S. 2 Hs. 1 BauGB 2004 zu bestimmen sind. Nach Ansicht von *Jäde*, ZfBR 2005, 135 (140) dürften daran voraussichtlich geringere Ansprüche zu stellen sein.

781 *OVG Münster*, Beschl. vom 17.03.2006, NVwZ-RR 2006, 597 (597); *Krautzberger*, in: Battis/Krautzberger/Löhr, § 15, Rdnr. 15; *Friege*, ThürVBl. 2005, 217 (219); *O. Reidt*, in: Gelzer/Bracher/Reidt, Bauplanungsrecht, Rdnr. 2436.

782 Die Unterschiedlichkeit der Fristen selbst ist unbedenklich, da § 36 BauGB 2004 und § 15 Abs. 3 BauGB 2004 in ihren Zielsetzungen divergieren: während die Frist in § 36 Abs. 2 S. 2 Hs. 1 BauGB 2004 die Gemeinde informieren und Gelegenheit zur eigenen baurechtlichen Zulässigkeitsprüfung geben soll, soll die Frist nach § 15 Abs. 3 S. 3 BauGB 2004 die Überlegungsmöglichkeit schaffen, ob der Gemeinde das (baurechtlich zulässige) Vorhaben unerwünscht ist und sie dagegen die ihr zur Verfügung stehenden Mitteln der Bauleitplanung sowie Plansicherung einsetzen möchte; vgl. *O. Reidt*, in: Gelzer/Bracher/Reidt, Bauplanungsrecht, Rdnr. 2435.

783 *BVerwG*, Urt. vom 19.02.2004, NVwZ 2004, 858 (858), wonach eine Gemeinde trotz bereits erteiltem Einvernehmen grundsätzlich nicht daran gehindert ist, eine dem Vorhaben widersprechende Bauleitplanung zu betreiben und sie durch Veränderungssperre sichern zu lassen.

784 *Ausschuss für Verkehr, Bau- und Wohnungswesen*, Beschlussempfehlung und Bericht zum Regierungsentwurf, BT-Drs. 15/2996, S. 66.

giertem Einvernehmen der Gemeinde, diese ihre Planungsbefugnis nicht verliert. Das Vorliegen des Einvernehmens führt zu keinem Planungsverbot, so dass die Gemeinde folglich nicht daran gehindert ist, eine dem Vorhaben widersprechende Bauleitplanung zu betreiben und durch Zurückstellung nach § 15 Abs. 3 S. 1 BauGB 2004 zu sichern. Hierfür genügt die Einleitung eines Verfahrens zur Aufstellung, Ergänzung oder Änderung eines (Teil-) Flächennutzungsplans mit den Rechtswirkungen des § 35 Abs. 3 S. 3 BauGB 2004 sowie die fristgerechte Beantragung der Zurückstellung bei der Baugenehmigungsbehörde. Die Auslegung des § 15 Abs. 3 S. 3 BauGB 2004 als vom sonstigen Verfahrensstand unabhängige Regelung ist auch sachgerecht. Es ist nicht auszuschließen, dass eine Gemeinde auch nach Ablauf der Zwei-Monats-Frist in § 36 Abs. 2 S. 2 Hs. 1 BauGB 2004 eine entgegenstehende Flächennutzungsplanung beschließen und diese mit Hilfe der Aussetzung des Entscheidungsverfahrens absichern will.[785]

Dies wurde nun auch von der jüngeren Rechtsprechung bestätigt. Der Gesetzgeber trug mit der Sechs-Monats-Frist in § 15 Abs. 3 S. 3 BauGB 2004 dem Umstand Rechnung, dass sich auch noch nach Ablauf der Zwei-Monats-Frist i. S. v. § 36 Abs. 2 S. 2 Hs. 1 BauGB 2004 Anlass zur Einleitung einer dem Vorhaben entgegenstehenden Planung ergeben kann. In einer eigentumsrechtlich geschützten Position werde der Bauherr dadurch nicht verletzt, da er nach ständiger Rechtsprechung beim Bauen im Außenbereich eine solche erst nach Erteilung der Genehmigung inne habe; zuvor müsse der Bauherr stets damit rechnen, dass auch eine zunächst von öffentlichen Belangen nicht vorbelastete Anspruchsposition sich aufgrund bestimmter Entwicklungen nicht mehr eigentumskräftig verfestigen lasse.[786]

Voraussetzung für die Stellung eines Aussetzungsantrags nach § 15 Abs. 3 S. 1, 3 BauGB 2004 ist aber, dass zu diesem Zeitpunkt noch nicht über den Zulassungsantrag entschieden wurde, da nur eine nicht schon getroffene Entscheidung zurückgestellt werden kann. Sobald die Baubehörde das Bauvorhaben genehmigt oder einen Vorbescheid dafür erteilt, setzt sich die bauaufsichtliche Zulassungsentscheidung trotz von der Gemeinde eingelegten Widerspruchs bzw. erhobener Anfechtungsklage gegenüber der Möglichkeit zur Zurückstellung

---

785 *Oerder*, BauR 2005, 643 (655); *Berkemann*, in: Berkemann/Halama, § 15, Rdnr. 16; *W. Söfker*, in: Krautzberger/Söfker, Baugesetzbuch, Rdnr. 245; *O. Reidt*, in: Gelzer/Bracher/Reidt, Bauplanungsrecht, Rdnr. 2435; *Wagner/Engel*, BayVBl. 2005, 33 (41). *Dürr*, in: Brügelmann, Band 2, § 15, Rdnr. 58 ist hingegen der Ansicht, dass bei allen Bauvorhaben, für die das Einvernehmen nach § 36 BauGB 1998/2004 erforderlich ist, sich die gemeindliche Antragsfrist für eine Zurückstellung auf zwei Monate reduziert, da es nicht angehen könne, dass die Gemeinde die Zurückstellung eines Vorhabens beantragen kann, zu dem ihr Einverständnis fingiert wurde.

786 *OVG Rheinland-Pfalz*, Beschl. vom 18.02.2005, BauR 2005, 1897 (1898).

durch, da eine dem Bauherrn einmal durch bauaufsichtliche Zulassungsentscheidung gewonnene Rechtsposition nicht mehr durch eine ihn benachteiligende Rechtsänderung in einem nachfolgenden rechtsbehelfsverfahren genommen werden kann; ein Rückstellungsantrag der Gemeinde ist dann als verspätet zurückzuweisen. Dieses Verhältnis von bauaufsichtlichem Genehmigungsverfahren und Zurückstellung entspricht den allgemeinen Regeln, die im Verhältnis Zulässigkeitsentscheidung zu Veränderungssperre gelten, vgl. § 14 Abs. 3 BauGB 2004.[787] Ein bereits erteiltes oder fingiertes Einvernehmen kann jedoch einer (erst noch zu erteilenden) Baugenehmigung nicht gleichgestellt werden. Das Einvernehmen stellt eine verwaltungsinterne Erklärung der Gemeinde gegenüber der Genehmigungsbehörde dar und soll auf der Grundlage des geltenden materiellen Planungsrechts im Interesse der Verfahrensbeschleunigung Klarheit auch für den Bauherrn schaffen. Sinn und Zweck des § 15 Abs. 3 S. 3 BauGB 2004 ist hingegen, dass sich der Bauantragsteller bis zum Ablauf der Sechs-Monats-Frist nicht darauf verlassen kann, dass die Gemeinde keine Zurückstellung des Vorhabens beantragen wird.[788]

Die Gemeinde ist also nur durch die Frist nach § 15 Abs. 3 S. 3 BauGB 2004 eingeschränkt ist, so dass sie den Antrag auf Rückstellung zu jedem beliebigen Zeitpunkt innerhalb der Sechs-Monats-Frist vor Wirksamwerden der Baugenehmigung stellen kann. Es ist ihr daher möglich, die Sechs-Monats-Frist zur Beantragung der Zurückstellung ausschöpfen. Bei besonderen sachlichen Gründen – beispielsweise bei einem Baugesuch nach § 4 BImSchG i. V. m. 4. BImSchV, das nach § 10 BImSchG ein immissionsschutzrechtliches Verfahren auslöst – besteht ein längerer Zeitbedarf, weshalb es aus gemeindlicher Sicht zweckmäßig sein kann, den Aussetzungsantrag unter Beachtung der Fristgrenze des § 15 Abs. 3 S. 3 BauGB 2004 erst kurz vor Fristablauf zu stellen. Bei Ablehnung des Bauantrags durch die Baugenehmigungsbehörde ist ein Antrag auf Zurückstellung sogar im Rechtsbehelfsverfahren noch denkbar, solange die Sechs-Monats-Frist noch nicht abgelaufen ist.[789] Die Gemeinde darf sich allerdings nicht treuwidrig verhalten; dies wäre der Fall, wenn sie in Kenntnis von investierten Maßnahmen des Bauantragstellers[790] einen begründeten Rückstellungsantrag zurückhält.[791]

787 *J. Meißner*, Baugesetzbuch 2004, S. 17; *Jäde*, ZfBR 2005, 135 (140).

788 *Stock*, in: Ernst/Zinkahn/Bielenberg/Krautzberger, Band II, § 15, Rdnr. 71i.

789 Die Fristbestimmung auf sechs Monate hat bei langandauernden Genehmigungs- und Rechtsbehelfsverfahren praktische Bedeutung; *C. Bönker*, in: Hoppe/Bönker/Grotefels, Öffentliches Baurecht (3. Auflage), § 9, Rdnr. 35.

790 Vgl. hierzu § 39 S. 1 BauGB 2004.

791 *Berkemann*, in: Berkemann/Halama, § 15, Rdnr. 47; *Jäde*, ZfBR 2005, 135 (140).

Eine noch offene Frist nach § 15 Abs. 3 S. 3 BauGB 2004 ändert aber nichts an der Verpflichtung der Baugenehmigungsbehörde, den Bauantrag zügig zu bearbeiten und bei Entscheidungsreife alsbald zu verbescheiden, vgl. § 10 S. 2 VwVfG. Der Baugenehmigungsbehörde ist es daher verwehrt, das Genehmigungsverfahren im Hinblick auf einen durch die Gemeinde angekündigten Zurückstellungsantrag zu verzögern bis die Frist nach § 15 Abs. 3 S. 3 BauGB 2004 abgelaufen ist. Eine verzögerliche Bearbeitung eines Bauantrags stellt eine Amtspflichtverletzung dar, aus der ein Amtshaftungsanspruch gemäß § 839 BGB i. V. m. Art. 34 GG resultieren kann. Die Baugenehmigungsbehörde darf also keine Rücksicht auf die Interessen der Gemeinde nehmen. Sie kann bzw. muss eventuell sogar bereits vor Ablauf der Frist für einen Rückstellungsantrag dem Bauherrn die Zulässigkeitsentscheidung bescheiden.[792]

(d) Berechnung der Antragsfrist in § 15 Abs. 3 S. 3 BauGB 2004

Da die Sechs-Monats-Frist in § 15 Abs. 3 S. 3 BauGB 2004 durch gemeindliche Kenntniserlangung in Gang gesetzt wird, handelt es sich dabei um eine Ereignisfrist. Der Tag der Kenntniserlangung wird folglich bei der Berechnung nicht mitgezählt. Für den Lauf der Frist kann auf die zu § 36 Abs. 2 S. 2 BauGB 2004 entwickelten Grundsätze zurückgriffen werden. Zudem stellt sie eine Ausschlussfrist dar, da sie auf sechs Monate begrenzt ist.[793]

(2) Rückstellungszeitraum nach § 15 Abs. 3 S. 1 BauGB 2004

Die Zurückstellung der Entscheidung über ein Baugenehmigungsgesuch kann gemäß § 15 Abs. 3 S. 1 BauGB 2004 längstens ein Jahr betragen. Es handelt sich hierbei um eine Höchstfrist, die nicht voll ausgeschöpft werden muss, aber auch nicht überschritten oder verlängert werden darf. Hierfür spricht der eindeutige Gesetzeswortlaut („längstens") sowie das Gesetzgebungsverfahren, in dem vorgeschlagenen Zeitrahmen von zwei Jahren nicht gefolgt wurde. Eine Verlängerung dieses Zeitraums ist auch nicht möglich durch eine entsprechende Einverständniserklärung des Bauherrn möglich, da dem das gesetzgeberische Ziel der Beschleunigung des bauaufsichtlichen Verfahrens entgegensteht. Der Aussetzungszeitraum von bis zu einem Jahr ist allerdings aufteilbar, so dass aufeinanderfolgende Ketten-Rückstellungen möglich sind, sofern die Gesamtdauer von einem Jahr nicht überschritten wird. Mit der Begrenzung der Antragsfrist auf

---

792 *O. Reidt*, in: Gelzer/Bracher/Reidt, Bauplanungsrecht, Rdnr. 2435, S. 850; *Berkemann*, in: Berkemann/Halama, § 15, Rdnr. 51.

793 *Jäde*, in: Jäde/Dirnberger/Weiß, § 15, Rdnr. 43 f.; *Dombert*, AUR 2004, 393 (395).

sechs Monate nach § 15 Abs. 3 S. 3 BauGB 2004 sollten allerdings Ketten-Rückstellungen vermieden werden.[794] Ist die (Teil-) Flächennutzungsplanung nicht bis zum Ablauf der Jahresfrist abgeschlossen, kommt also eine Verlängerung der ausgesprochenen Zurückstellung bzw. eine später erneute Rückstellung nicht in Betracht. Die Grundsätze von § 15 Abs. 1 S. 1 BauGB 2004 sind nicht übertragbar, da die Zurückstellung gemäß § 15 Abs. 3 BauGB 2004 anders als die Aussetzung nach § 15 Abs. 1 S. 1 BauGB 2004 nicht durch eine über ein Jahr hinaus andauernde Veränderungssperre ersetzt werden kann.[795] Möglich ist allenfalls eine erneute Zurückstellung aufgrund eines vollständig geänderten Planungskonzepts und eines neuen Beschlusses zur Aufstellung, Änderung oder Ergänzung eines (Teil-) Flächennutzungsplans.

Aufgrund der zeitlichen Befristung der Rückstellung auf längstens ein Jahr, scheiden Entschädigungsansprüche in der Regel von vornherein aus. Ob zur Sicherung der Planung die gesetzliche Maximalfrist von einem Jahr ausgeschöpft werden muss, richtet sich nach dem Stand der Planungsarbeiten, zu dem die Gemeinde zweckmäßigerweise schon im Aussetzungsantrag nähere Angaben machen sollte. Die Dauer der Aussetzung des Verfahrens muss genau festgelegt sein und sich aus der Entscheidung der Baugenehmigungsbehörde ergeben, weshalb im Zurückstellungsbescheid der Endtermin oder der exakte Zeitraum der Zurückstellung anzugeben ist. Hat die Baugenehmigungsbehörde dies nicht in ihrem Bescheid bestimmt, ist der Bescheid rechtswidrig.[796]

Im Schrifttum wird teilweise die Zurückstellungsdauer von lediglich bis zu einem Jahr für einen in Aufstellung befindlichen (Teil-) Flächennutzungsplan kritisiert. Damit folge der Gesetzgeber der zeitlichen Vorstellung zur Aussetzung eines Baugesuchs nach § 15 Abs. 1 BauGB 2004, was jedoch nicht sachgerecht sei, da § 15 Abs. 1 BauGB 2004 im Zusammenhang mit der Veränderungssperre nach § 14 BauGB 2004 gesehen werden müsse. Diese stelle der Gemeinde für einen Bebauungsplan unter Anrechnung der Zurückstellung eine Sperrzeit von insgesamt vier Jahren zur Verfügung (vgl. § 17 Abs. 1, 2 BauGB 2004). In § 15 Abs. 1 BauGB 2004 sei das Zeitfenster lediglich im Hinblick auf eine möglich

794 *C. Bönker*, in: Hoppe/Bönker/Grotefels, Öffentliches Baurecht (3. Auflage), § 9, Rdnr. 35.

795 Für eine längerfristige Bausperre auch im Hinblick auf eine (Teil-) Flächennutzungsplanung müsste das Baugesetzbuch eine Veränderungssperre erst noch normieren; vgl. dazu auch *Ausschuss für Verkehr, Bau- und Wohnungswesen*, Beschlussempfehlung und Bericht zum Regierungsentwurf, BT-Drs. 15/2996, S. 66.

796 *Finkelnburg*, NVwZ 2004, 897 (901); *Gierke*, Institut für Städtebau 2004, 1 (38); *J. Berkemann*, in: Berkemann/Bunzel/Halama/Schmidt-Eichstaedt/Schrödter, BauGB 2004 – Nachgefragt, S. 232 f.; *O. Reidt*, in: Gelzer/Bracher/Reidt, Bauplanungsrecht, Rdnr. 2437 f.; *Stock*, in: Ernst/Zinkahn/Bielenberg/Krautzberger, Band II, § 15, Rdnr. 71n; *W. Söfker*, in: Krautzberger/Söfker, Baugesetzbuch, Rdnr. 245; *Schrödter*, NST-N 2004, 197 (213).

anschließende Veränderungssperre auf maximal ein Jahr festgelegt worden. Da jedoch bei der Zurückstellung nach § 15 Abs. 3 BauGB 2004 eine Veränderungssperre gesetzlich nicht vorgesehen sei, sei die parallele Fristbestimmung von § 15 Abs. 1 BauGB 2004 zu § 15 Abs. 3 BauGB 2004 offensichtlich konzeptionell nicht tragfähig. Angesichts der inhaltlichen Voraussetzung für einen i. S. d. § 35 Abs. 3 S. 3 BauGB 2004 qualifizierten Flächennutzungsplan sowie des hierfür erforderlichen Verfahrens (Offenlegungsverfahren nach § 3 BauGB 2004 und Genehmigungsverfahren nach § 6 Abs. 1 BauGB 2004), sei der Zurückstellungszeitraum von längstens einem Jahr zu kurz bemessen, insbesondere wenn man der Auffassung ist, dass räumliche Teilflächennutzungspläne rechtlich nicht möglich seien und folglich der gesamte Außenbereich im planerischen Konzept erfasst sein müsse.[797] Aber auch bei Befürwortung räumlicher Teilflächennutzungspläne empfehle sich für Gemeinden bereits jetzt, also unabhängig von konkreten Baugesuchen, mit einer vertieften Ermittlung ihres Außenbereichs zu beginnen, da andernfalls das Zeitfenster von einem Jahr oftmals nicht ausreichen dürfte. Insbesondere Gemeinden, die Vorrangflächen für Windkraft- und Biomasseanlagen ausweisen wollen, sollten kurzfristig mit der Planung von Vorranggebieten auf der Grundlage des neuen Rechts beginnen, damit sie rechtzeitig zum Ablauf eventueller Rückstellungszeiträume ihre Planung abgeschlossen haben. Allerdings bestehe dann die Möglichkeit, dass nach Ablauf des Zurückstellungszeitraums die Planung bereits so weit fortgeschritten ist, dass sich dem Planentwurf sonstige städtebauliche Belange entnehmen lassen, die i. S. v. § 35 Abs. 3 BauGB 2004 dem Vorhaben entgegenstehen.[798] Zu beachten sei dabei aber, dass die Gemeinde keine allgemeine Sperre für künftige Vorhaben anordnen könne, denn § 15 Abs. 3 BauGB 2004 diene nicht der abstrakten Sicherung der Planzuständigkeit der Gemeinde.[799]

(3) Anrechnung auf den Rückstellungszeitraum, § 15 Abs. 3 S. 2 BauGB 2004

Gemäß § 15 Abs. 3 S. 2 BauGB 2004 ist auf den Zurückstellungszeitraum i. S. v. § 15 Abs. 3 S. 1 BauGB 2004 die Zeit zwischen dem Eingang des Baugesuchs bei der zuständigen Behörde bis zur Zustellung der Zurückstellung des Baugesuchs nicht anzurechnen, soweit der Zeitraum für die Bearbeitung des Baugesuchs erforderlich ist. Im Umkehrschluss ist die Zeit, die nicht für die Be-

797 *Oerder*, BauR 2005, 643 (655).

798 Dies ist insbesondere wohl dann der Fall, wenn Konzentrationsflächen nicht nur isoliert dargestellt, sondern in ein umfassendes Änderungskonzept eingebettet sind.

799 *Schmidt-Eichstaedt*, ZfBR 2005, 751 (757); *Berkemann*, in: Berkemann/Halama, § 15, Rdnr. 8, 10, 14, 19.

arbeitung des Baugesuchs erforderlich war, auf den Zeitraum der Zurückstellung anzurechnen.

Grund für die Anrechnung nach § 15 Abs. 3 S. 2 BauGB 2004 ist der Sinn und Zweck der Regelung. Die angemessene Bearbeitungszeit für den konkreten Bauantrag soll nicht zu einer rechnerischen Verkürzung der Dauer der Verfahrensaussetzung und die verzögerliche Behandlung des Baugesuchs nicht zu einer faktischen Verlängerung der Zurückstellung führen. Dies entspricht auch dem Rechtsgedanken der faktischen Bausperre, wonach sämtliche über die notwendige Bearbeitungszeit des Bauantrags hinausgehende Verweildauer bei der Bauaufsichtbehörde auf den Zurückstellungszeitraum anzurechnen ist.[800] Die Regelung knüpft zudem an die Rechtsprechung an, die in den Fällen des § 15 Abs. 1 BauGB den Zeitraum einer faktischen Zurückstellung in entsprechender Anwendung des § 17 Abs. 1 S. 2 BauGB angerechnet hat.[801] Anders als bei § 15 Abs. 1 BauGB 1998/2004 wird aber mit § 15 Abs. 3 S. 2 BauGB 2004 ausdrücklich klargestellt, dass die Zeit der unangemessenen Bearbeitung auf den Zurückstellungszeitraum anzurechnen ist.[802]

Zuständige Behörde nach § 15 Abs. 3 S. 2 BauGB 2004 ist immer die für die Entscheidung nach § 15 Abs. 3 S. 1 BauGB 2004 berufene Baugenehmigungsbehörde. Dies gilt selbst dann, wenn der Bauantrag nach Landesrecht[803] bei der Gemeinde einzureichen ist, weil nur bei der Genehmigungsbehörde das Baugesuch im eigentlichen Sinne bearbeitet wird. Ist die Gemeinde nicht auch Baugenehmigungsbehörde, so beginnt die Bearbeitungszeit i. S. v. § 15 Abs. 3 S. 2

800 Beispielsweise kann der Zurückstellungszeitraum maximal 9 Monate betragen, wenn die Bearbeitung 8 Monate dauerte, davon aber nur 5 Monate erforderlich waren; vgl. *Jäde*, ZfBR 2005, 135 (141). Seiner Ansicht nach sei die Aussage von *Krautzberger/Stüer*, DVBl. 2004, 781 (784), dass die ordnungsgemäße Bearbeitungszeit der Jahresfrist hinzugerechnet werde, missverständlich bzw. sogar unrichtig. Vielmehr werde dem Zurückstellungszeitraum von maximal einem Jahr die Dauer der ordnungsgemäßen Bearbeitung nur in dem Sinn hinzugerechnet, als dass die sich aus ordnungsgemäßer Bearbeitungsdauer und Zurückstellungszeitraum ergebende Dauer der faktischen Zurückstellung zu einem Zeitraum summiere, der länger als ein Jahr sei.

801 Vgl. *BGH*, Urt. vom 25.09.1980, NJW 1981, 458 (459), wonach bei einer verzögernden Bearbeitung des Baugesuchs der Beginn der Zurückstellungswirkung auf den Zeitpunkt zurückzubeziehen sei, an dem bei angemessener und zügiger Bearbeitung hätte entschieden werden können. Diese Frage könne jedoch nicht generell beantwortet werden, da einerseits zwar eine schnelle Bearbeitung geboten, andererseits aber der Zeitbedarf in Rechnung zu stellen sei, der für eine Prüfung des Vorhabens der Sache nach notwendig sei; ausschlaggebend hierfür könne der Umfang der zu klärenden Fragen bei dem Außenbereichsvorhaben sein.

802 *C. Bönker*, in: Hoppe/Bönker/Grotefels, Öffentliches Baurecht (3. Auflage), § 9, Rdnr. 35; *Dirnberger*, ZfIR-Report 2004, 836 (838); *Berkemann*, Berkemann/Halama, § 15, Rdnr. 45; *J. Meißner*, Baugesetzbuch 2004, S. 17.

803 In Bayern: Art. 64 Abs. 1 S. 1 BayBO 2008.

BauGB 2004 nicht schon mit dem Eingang des Baugesuchs bei der Gemeinde, sondern erst mit seinem Eingang bei der Baugenehmigungsbehörde.[804]

Der anrechenbare Zeitraum[805] beginnt in dem Zeitpunkt, in dem bei pflichtgemäßer Bearbeitung eine Entscheidung über die Zulässigkeit hätte getroffen werden müssen.

Eine allgemeine Festlegung der erforderlichen Bebarbeitungsdauer i. S. v. § 15 Abs. 3 S. 2 BauGB 2004 lässt sich dem Gesetz nicht entnehmen. Der für die Bearbeitung des Baugesuchs notwendige Zeitraum ist folglich jeweils nach den Umständen des konkreten Einzelfalls zu beurteilen und umfasst alle für die Herbeiführung einer Entscheidungsreife des Baugesuchs nach Bundes- und Landesrecht erforderlichen Schritte – einschließlich der verfahrenstechnischen Vorbereitung der Baugenehmigung bis hin zur Unterschrift –, wobei jedoch mögliche Verfahrensbeschleunigungen anzuwenden sind. Als für die Bearbeitung des Baugesuchs „erforderlich" wird regelmäßig ein Zeitraum von drei Monaten anzusehen sein, da insofern die für die Erhebung der Untätigkeitsklage vorgesehene Regelfrist von drei Monaten gemäß § 75 S. 2 VwGO als Orientierungshilfe herangezogen werden kann. Die materielle Beweislast für jeden kürzeren erforderlichen Bearbeitungszeitraum trifft den Bauherrn, für die Angemessenheit einer längeren Bearbeitungszeit den Rechtsträger der Bauaufsichtsbehörde. Weiter kann die Rechtsprechung zur verzögerlichen Bearbeitung eines Bauantrags nach Maßgabe des Amtshaftungsrechts[806] übertragen werden. Dabei gilt es allerdings zu berücksichtigen, dass Außenbereichsvorhaben nicht selten schwierige Fragen aufwerfen, die eine längere Bearbeitungszeit als etwa ein plankonformes Baugesuch erfordern. Da die Baugenehmigungsbehörde die Zurückstellungsdauer bestimmen muss, ist sie dazu verpflichtet, neben etwaigen eigenen Versäumnis-

804 *Jäde*, in: Jäde/Dirnberger/Weiß, § 15, Rdnr. 42; *dergl.*, ZfBR 2005, 135 (141).

805 Nach Ansicht von *Berkemann*, in: Berkemann/Halama, § 15, Rdnr. 43 f. sei § 15 Abs. 3 S. 2 BauGB 2004 im Hinblick auf den Begriff „Zeitraum" verwirrend gefasst, da das Gesetz ihn unterschiedlich verwendet: in § 15 Abs. 3 S. 2 BauGB 2004 für die Bearbeitungszeit des Baugesuchs und andererseits in § 15 Abs. 3 S. 1 BauGB 2004 für die Dauer der Zurückstellung. Regelungsgehalt von § 15 Abs. 3 S. 2 BauGB 2004 sei es – ähnlich dem von § 17 Abs. 1 S. 2 BauGB 2004 –, ein Anrechungsproblem zu entscheiden. § 15 Abs. 3 S. 1 BauGB 2004 hingegen begrenze die Möglichkeit der Zurückstellung auf einen Zeitraum von längstens einem Jahr, beginnend mit der Zustellung des Zurückstellungsbescheids. Auf diesen Zeitraum sei gemäß § 15 Abs. 3 S. 2 BauGB 2004 der Zeitraum zwischen dem Eingang des Baugesuchs bei der für die Entscheidung zuständigen Behörde und der Zustellung des Zurückstellungsbescheids nicht anzurechnen, soweit diese abgelaufene Zeit für die Bearbeitung des konkreten Baugesuchs erforderlich gewesen sei (vgl. § 42 Abs. 7 S. 2 BauGB 2004). Dadurch komme es praktisch zu einer zeitlichen Verlängerung des Zurückstellungszeitraums.

806 Vgl. *BayObLG*, Urt. vom 21.02.1995, NVwZ 1995, 928 (928).

sen auch Versäumnissen der Gemeinde in die Fristberechnung für die erforderliche Bearbeitungszeit einzubeziehen.[807]

(4) Art der Zustellung i. S. v. § 15 Abs. 3 S. 1 und 2 BauGB 2004

Fraglich ist, welche Art der Zustellung (der Zurückstellung des Baugesuchs) in § 15 Abs. 3 S. 1 BauGB 2004 sowie in § 15 Abs. 3 S. 2 BauGB 2004 gemeint ist.

Vergleicht man § 15 Abs. 3 S. 1, 2 BauGB 2004 insofern mit der Anrechungsregel des § 17 Abs. 1 S. 2 BauGB 2004, die ebenso an die Zustellung der (ersten) Zurückstellung eines Baugesuchs anknüpfe, dürfte als notwendige Zustellungsart eine schlichte Bekanntgabe der Zurückstellung gemäß dem § 41 VwVfG entsprechendem Landesverwaltungsrecht ausreichen. Eine Anlehnung an § 17 Abs. 1 S. 2 BauGB 2004 sei jedoch bedenklich, da es sich dabei eher um eine Beweislastregel als um eine Bestimmung über die Art und Weise der Zustellung handle. Zudem habe im Rahmen des § 17 Abs. 1 S. 2 BauGB 2004 der Bauherr bei unterbliebener förmlicher Zustellung ein Interesse daran, einen möglichst frühzeitigen tatsächlichen Zugang der Zurückstellung nachzuweisen, damit die § 9 VwZG entsprechenden Heilungsvorschriften des Landesverwaltungszustellungsrechts ohne weiteres greifen. Im Fall des § 15 Abs. 3 S. 1 und 2 BauGB 2004 hingegen bestehe eine solche Interessenslage nicht. Allerdings verschaffe die tatsächlich oder vermeintlich unwirksame Zustellung mangels positiver bauaufsichtlicher Zulassungsentscheidung dem Bauherrn auch keine Rechtsposition, unter deren Ausnutzung er – die Zurückstellung ignorierend – vollendete Tatsachen schaffen könne. Eine Parallele von § 15 Abs. 3 S. 1 und 2 BauGB 2004 zu den für § 15 Abs. 1 S. 1 BauGB 2004 entwickelten allgemeinen Regelungen zu ziehen, stimme zwar insofern überein, als dass für den Beginn der Zurückstellungsfrist auf den Zeitpunkt der Bekanntgabe der Zurückstellung abgestellt werde, jedoch lege § 15 Abs. 3 S. 1 BauGB 2004 – anders als § 15 Abs. 1 S. 1 BauGB 2004 – ausdrücklich den Beginn der Zurückstellungsfrist fest und spreche dabei von „Zustellung“. Damit werde angeordnet, dass der Zurückstellungsbescheid nach den Vorschriften des jeweiligen Landeszustellungsgesetzes zuzustellen sei. Von einer solchen formgerechten Zustellung sei nicht nur der Lauf der Zurückstellungsfrist abhängig – Fristbeginn am Tag nach Zustellung des Zurückstellungsbescheids gemäß § 187 Abs. 1 BGB –, sondern sei ebenso ent-

807 *Dürr*, in: Brügelmann, Band 2, § 15, Rdnr. 57; *Stock*, in: Ernst/Zinkahn/Bielenberg/Krautzberger, Band II, § 15, Rdnr. 71o; *Wagner/Engel*, BayVBl. 2005, 33 (40); *Berkemann*, in: Berkemann/Halama, § 15, Rdnr. 46; *Jäde*, in: Jäde/Dirnberger/Weiß, § 15, Rdnr. 42; *dergl.*, ZfBR 2005, 135 (141).

scheidend dafür, dass die Zurückstellung überhaupt wirksam bekannt gegeben werde.[808]

Nach anderer Auffassung habe für den Zurückstellungsbescheid weder eine Zustellung nach Bundesverwaltungszustellungsgesetz (BVwZG) noch nach den Landesverwaltungszustellungsgesetzen (LVwZG) zu erfolgen. Vielmehr genüge eine nicht förmliche, also einfache Zustellung im Sinne einer bloßen Bekanntgabe. Für den Fristbeginn zähle der erste Tag der Bekanntgabe mit.[809]

Der Gebrauch des Begriffs „Zustellung" in § 15 Abs. 3 S. 1 und 2 BauGB 2004 ist also entweder als Klarstellung oder als konstitutive Regelung einer Verpflichtung zur (förmlichen) Zustellung nach dem Bundesverwaltungszustellungsgesetz bzw. nach den Landesverwaltungszustellungsgesetzen auszulegen. Obwohl dem Gesetzgeber die Kontroverse zu § 17 Abs. 1 S. 2 BauGB bekannt war, schwieg er sich in den Gesetzesmaterialien dazu aus.

b) Rechtsfolge

Sind die Voraussetzungen des § 15 Abs. 3 BauGB 2004 gegeben, muss die Baugenehmigungsbehörde das Baugesuch zurückstellen, da ihr kein eigener Ermessens- oder Beurteilungsspielraum zusteht. Die Baugenehmigungsbehörde ist an den gemeindlichen Antrag gebunden und muss diesem – vorbehaltlich einer formellen Überprüfung – nachkommen. Hält der Antrag dieser Prüfung stand, ist die Baugenehmigungsbehörde zur Zurückstellung der Entscheidung über die Zulässigkeit des Vorhabens nach § 15 Abs. 3 S. 1 BauGB 2004 verpflichtet. Ablehnen kann sie den Rückstellungsantrag nur, wenn der Tatbestand für eine Zurückstellung nach § 15 Abs. 3 BauGB 2004 nicht gegeben ist oder wenn sich das beantragte Vorhaben wegen bauplanungsrechtlicher Hindernisse unabhängig von den Darstellungen des steuernden (Teil-) Flächennutzungsplans als unzulässig erweist, etwa nach Maßgabe der in § 35 Abs. 3 S. 1 BauGB 2004 genannten öffentlichen Belange.[810] Nicht ausgesetzt werden darf, wenn zwischen der Stellung des gemeindlichen Rückstellungsantrags und einer Entscheidung darüber eine Änderung der Rechtslage eingetreten ist durch Festlegung eines als Ziel der Raumordnung zu beachtendes Gebiets, § 35 Abs. 3 S. 3 BauGB 2004.[811]

Bei der Zurückstellung handelt es sich um eine individuelle Sperre, da sie sich nur auf das konkrete Baugesuch bezieht. Sie hat nicht zur Folge, dass das zu-

808 *Jäde*, ZfBR 2005, 135 (140); *dergl.*, in: Jäde/Dirnberger/Weiß, § 15, Rdnr. 41.

809 *Oerder*, BauR 2005, 643 (655); *Berkemann*, in: Berkemann/Halama, § 15, Rdnr. 44.

810 Beispielsweise bei Planreife des (Teil-) Flächennutzungsplanentwurfs wegen des entgegenstehenden öffentlichen Belangs nach § 35 Abs. 3 S. 1 Nr. 1 BauGB 2004.

811 *Gierke*, Institut für Städtebau 2004, 1 (37 f.); *W. Söfker*, in: Krautzberger/Söfker, Baugesetzbuch, Rdnr. 245; *Berkemann*, in: Berkemann/Halama, § 15, Rdnr. 37 f.

rückgestellte Vorhaben materiell unzulässig ist; es wird lediglich die Entscheidung über das Baugesuch, also die Erteilung oder Ablehnung der Baugenehmigung, aufgeschoben. Wird ein Vorhaben zurückgestellt, ist damit nicht der Bauantrag darüber abgelehnt, sondern die Entscheidung diesbezüglich ausgesetzt. Die Zurückstellung bewirkt folglich die Suspendierung einer Sachentscheidung über den Bauantrag für eine bestimmte Dauer.[812]

c) Rechtsschutz

Da die Zurückstellung keine Sachentscheidung enthält, hat der Bauherr Anspruch auf Weiterbearbeitung seines Baugesuchs in folgenden Fällen: ein (Teil-) Flächennutzungsplan ist in Kraft getreten, auf dessen Grundlage das beantragte Vorhaben zulässig ist; die Gemeinde hat ihre Planung endgültig aufgegeben (entsprechend § 17 Abs. 4 BauGB 2004); der Zurückstellungszeitraum ist abgelaufen; gegen den Rückstellungsbescheid wurde Widerspruch eingelegt, der aufschiebende Wirkung entfaltet.[813]

Der Zurückstellungsbescheid ist ein Verwaltungsakt, der einer Begründung, einer Rechtsbehelfsbelehrung und der Angabe des konkreten Zeitraums der Zurückstellung bedarf. Fehlt die Festlegung des Zurückstellungszeitraums, ist der Bescheid rechtswidrig; der Mangel kann nicht durch Rückgriff auf § 15 Abs. 3 S. 1 BauGB 2004 geheilt werden. Der Bescheid über die Rückstellung ist dem Bauantragsteller durch Zustellung bekannt zu gegeben, § 15 Abs. 3 S. 2 BauGB 2004. Anhand des Zustelldatums muss die Aussetzungszeit konkret berechnet werden können (sog. Ablauffrist). Ein gegen den Zurückstellungsbescheid erhobener Rechtsbehelf – Widerspruch oder Klage – ist ohne Einfluss auf den Ablauf dieser Frist.[814]

Der Zurückstellungsbescheid kann vom Bauantragsteller mit Widerspruch und Klage isoliert angegriffen werden, wobei im Klageverfahren die Gemeinde beizuladen ist. Umstritten ist, ob das Klageziel mit Hilfe einer Anfechtungsklage oder einer Verpflichtungsklage erreicht werden kann. Die isolierte Anfechtungsklage ist dann sinnvoll, wenn der Kläger erreichen will, dass erst die Baugenehmigungsbehörde sein Baugesuch in der Sache prüft und bescheidet. Da allerdings die Baugenehmigungsbehörde bei der Frage der Zurückstellung von Baugesuchen nach § 15 Abs. 3 BauGB 2004 kein eigenes Ermessen hat, ist die

812 *C. Bönker*, in: Hoppe/Bönker/Grotefels, Öffentliches Baurecht (3. Auflage), § 9, Rdnr. 29; *Jäde*, in: Jäde/Dirnberger/Weiß, § 15, Rdnr. 19; *Berkemann*, in: Berkemann/Halama, § 15, Rdnr. 37.

813 *Berkemann*, in: Berkemann/Halama, § 15, Rdnr. 42.

814 *Rieger*, in: Schrödter, § 15, Rdnr. 22; *Berkemann*, in: Berkemann/Halama, § 15, Rdnr. 33, 36; *Stock*, in: Ernst/Zinkahn/Bielenberg/Krautzberger, Band II, § 15, Rdnr. 71m.

Anfechtungsklage in diesem Fall nicht zielführend. Vielmehr ist eine Verpflichtungsklage (in Form der Bescheidungsklage) mit dem Ziel der Erteilung der Baugenehmigung einzureichen. Widerspruch und Klage des Bauherrn gegen den Zurückstellungsbescheid haben nach herrschender Ansicht aufschiebende Wirkung gemäß § 80 Abs. 1 VwGO; § 212a BauGB 2004 ist insoweit nicht anwendbar. Die Bauaufsichtsbehörde kann allerdings nach § 80 Abs. 2 S. 1 Nr. 4 VwGO im öffentlichen Interesse oder im überwiegenden Interesse eines Beteiligten den sofortigen Vollzug des Zurückstellungsbescheids anordnen. Ordnet die Bauaufsichtsbehörde die sofortige Vollziehung des Zurückstellungsbescheides an, steht dem belasteten Bauherrn als statthaftes Rechtsmittel ein Antrag nach § 80 Abs. 5 VwGO zur Verfügung, mit dem Ziel der Wiederherstellung der aufschiebenden Wirkung seines Widerspruchs gegen den Zurückstellungsbescheid. Wird ein Sofortvollzug nicht angeordnet, besteht für die Baugenehmigungsbehörde die Pflicht zur Weiterbearbeitung des Bauantrags. Bei Nichtbeachtung dieser Pflicht steht dem Bauantragsteller u. U. ein Amtshaftungsanspruch zu. Begründet ist die Klage, wenn die Zurückstellung unrechtmäßig ist, beispielsweise mangels eines rechtmäßigen Aufstellungsbeschlusses, bei Widerspruch des Vorhabens zu dem gemeindlichen Planungskonzept oder bei fehlerhafter bzw. gänzlich fehlender Berechnung des Aussetzungszeitraums.[815]

d) Überleitungsrecht

Im Baugesetzbuch 2004 wurde bezüglich der neuen Zurückstellungsmöglichkeit kein Überleitungsrecht normiert – auch § 244 BauGB 2004 erwähnt § 15 Abs. 3 BauGB 2004 nicht. Es stellt sich daher bei Zurückstellungsanträgen für Bauvorhaben, die der Gemeinde bereits vor Inkrafttreten des Europarechtsanpassungsgesetzes Bau gemäß Art. 7 EAG Bau bekannt waren, die Frage, auf welchen Zeitpunkt für den Lauf der Antragsfrist in § 15 Abs. 3 S. 3 BauGB 2004 abzustellen ist – entweder auf den Tag, an dem bei der Gemeinde im Rahmen ihrer Beteiligung nach § 36 BauGB 2004 der Bauantrag eingegangen ist, also mit Kenntniserlangung durch die Gemeinde, oder auf den Tag des Inkrafttretens des Europarechtsanpassungsgesetzes Bau, also auf den 20.07.2004.

Nach der jüngsten Rechtsprechung begann in solchen Fällen die Sechs-Monats-Frist i. S. d. § 15 Abs. 3 S. 3 BauGB 2004 erst mit Inkrafttreten des Europarechtsanpassungsgesetzes Bau am 20.07.2004. Die förmliche Kenntnisgabe

815 So schon: *Ausschuss für Verkehr, Bau- und Wohnungswesen*, Beschlussempfehlung und Bericht, BT-Drs. 15/2996, S. 66; vgl. ansonsten: *Schmidt-Eichstaedt*, ZfBR 2005, 751 (757); *J. Berkemann*, in: Berkemann(Bunzel/Halama/Schmidt-Eichstaedt/Schrödter, BauGB 2004 – Nachgefragt, S. 237 f.; *dergl.*, in: Berkemann/Halama, § 15, Rdnr. 55 ff.

stelle nach Sinn und Zweck der Regelung in § 15 Abs. 3 S. 3 BauGB 2004 eine Anstoßfunktion für die Gemeinde dar. Damit sei unvereinbar, das Moment der Fristauslösung unabhängig von der gemeindlichen Wahrnehmung bestehen zu lassen. Für die Flächennutzungsplanung könne eine solche Anstoßfunktion aber erst mit Inkrafttreten der neuen Bestimmung einsetzen, und zwar unabhängig von einer gemeindlichen Beteiligung nach § 36 BauGB, weil dieser bis zum Inkrafttreten des Europarechtsanpassungsgesetzes Bau keine Bedeutung für die Sicherung der (Teil-) Flächennutzungsplanung sowie der Steuerung gemäß § 35 Abs. 3 S. 3 BauGB 2004 zukam. Auch gehe aus der Gesetzgebungsgeschichte nicht hervor, dass der Gesetzgeber in Abkehr von dieser Funktion und unter Bevorzugung einer Vertrauenssicherung für die bloße Antragstellung im Genehmigungsverfahren Altanträge habe privilegieren wollen. Das Konzept des Bundesregierungsentwurfs zielte zwar darauf ab, da darin für § 15 BauGB ein Absatz 4 vorgesehen war, wonach die Regelung in § 15 Abs. 3 BauGB-RegE für Windenergievorhaben nur bei Stellung eines Bauantrags innerhalb eines Jahres nach Verkündung des Gesetzes gelten sollte[816], und damit der neuen Zurückstellung nur eine zeitlich begrenzte Bedeutung beigemessen geworden wäre. Der Bundesrat forderte jedoch in seiner Stellungnahme die Streichung von § 15 Abs. 4 BauGB-RegE[817] und setzte sich im Hinblick auf die Notwendigkeit einer Dauerregelung durch, auch wenn der mit § 15 Abs. 4 BauGB-RegE bezweckte Investitionsschutz durch die Ausschlussfrist nach § 15 Abs. 3 S. 3 BauGB 2004 letztlich doch umgesetzt wurde.[818] Aus der normierten Ausschlussfrist in § 15 Abs. 3 S. 3 BauGB 2004 ergebe sich im Umkehrschluss, dass der Gesetzgeber vor Ablauf dieser Frist einen Vertrauensschutz nicht anerkennen wollte. Anhaltspunkte für einen Willen des Gesetzgebers, Altanträge, die vor dem Inkrafttreten des Gesetzes eingegangen sind, auf darüber hinausgehende Weise zu schützen, lägen somit nicht vor. Die Funktion der förmlichen Kenntniserlangung gemäß § 15 Abs. 3 S. 3 BauGB 2004 als Anstoßwirkung für die planungsbefugte Gemeinde gehe daher nur von einer Kenntnisnahme nach Inkrafttreten des Europarechtsanpassungsgesetzes Bau aus; eine vorher erfolgte Beteiligung der Gemeinde könne diese Aufgabe nicht erfüllen.[819]

Diese Rechtsprechung stieß allerdings in der Literatur vereinzelt auf Bedenken, da sie weder mit dem Wortlaut noch mit der Intension des § 15 Abs. 3 S. 3

---

816 *Bundesregierung*, Entwurf eines Europarechtsanpassungsgesetzes Bau, BT-Drs. 15/2250, S. 14.

817 *Bundesrat*, Stellungnahme zum Regierungsentwurf, BT-Drs. 15/2250, S. 80.

818 Der Regierungsentwurf wies hinsichtlich des zeitlichen Rahmens zur Stellung eines Aussetzungsantrags noch keine Fristsetzung auf; vgl. *Bundesregierung*, Entwurf eines Europarechtsanpassungsgesetz Bau, BT-Drs. 15/2250, S. 14.

819 *OVG Rheinland-Pfalz*, Beschl. vom 18.02.2005, BauR 2005, 1897 (1898 f.).

BauGB 2004 vereinbar sei und insbesondere das schutzwürdige Vertrauen des Bauantragstellers, welches er bereits vor Inkrafttreten des Europarechtsanpassungsgesetzes Bau erworben habe, nur unzureichend berücksichtige. Der Wortlaut des § 15 Abs. 3 S. 3 BauGB 2004 spreche dafür, dass der Zurückstellungsantrag auch bei alten Bauanträgen nur innerhalb von sechs Monaten nach Kenntniserlangung der Gemeinde vom Bauvorhaben gestellt werden könne, da weder § 15 Abs. 3 S. 3 BauGB 2004 noch eine spezielle Überleitungsvorschrift den Fristbeginn für Altanträge abweichend vom Zeitpunkt der Kenntnisnahme auf das Inkrafttreten des Gesetzes bestimme. Den Anforderungen für eine vom Gesetzeswortlaut abweichende Auslegung, die grundsätzlich möglich sei, wurde die Rechtsprechung mit ihrer Begründung nicht gerecht. Die Beteiligung im Rahmen von § 36 BauGB schon vor Inkrafttreten des Europarechtsanpassungsgesetzes Bau der Gemeinde Gelegenheit geben, aus Anlass eines konkreten Bauantrags ihre Bauleitplanung zu ändern und zu deren Sicherung per Veränderungssperre nach § 14 BauGB 2004 bzw. Zurückstellung nach § 15 Abs. 1 BauGB 2004 ein bisher planungsrechtlich zulässiges Vorhaben zu verhindern. Es sei unerheblich, dass der Bauherr nach erklärtem Einvernehmen, aber vor erteilter Genehmigung noch keine eigentumsrechtlich geschützte Position habe, denn hätte der Bauherr bereits eine Baugenehmigung, käme eine Zurückstellung überhaupt nicht mehr in Betracht. Bei der Auslegung des § 15 Abs. 3 S. 3 BauGB 2004 genüge für die Abwägung der Interessen der Gemeinde und der des Bauherrn stattdessen die Tatsache, dass der Bauherr nach erteiltem Einvernehmen schutzwürdige Interessen habe. Dies ergebe sich aus der Fiktion der Einvernehmenserteilung nach § 36 Abs. 2 S. 2 BauGB, die auch dem Bauherrn in seinem Vertrauen darauf, dass über eine Teilfrage des Genehmigungsverfahrens zu seinen Gunsten entschieden worden sei, zugute komme. Zwar sei die Gemeinde schon bisher durch die unwiderrufliche Erteilung des Einvernehmens nicht daran gehindert gewesen, eine dem Vorhaben widersprechende Bauleitplanung zu betreiben und durch Veränderungssperre bzw. Rückstellung zu sichern, jedoch müssten im Rahmen der planerischen Abwägung die Belange des Bauherrn besonders berücksichtigt werden. Es sei nicht nachvollziehbar, weshalb der Vertrauensschutz des Bauherrn, den dieser schon vor Inkrafttreten des Europarechtsanpassungsgesetzes Bau erworben habe, außer Acht gelassen werden sollte. Zudem komme es nicht darauf an, dass keine Anhaltspunkte für den Willen des Gesetzgebers, Altanträge zu schützen, vorlägen; vielmehr müssten Anhaltspunkt für die Anwendung von § 15 Abs. 3 BauGB 2004 rückwirkend zu Lasten des Bauwerbers auch auf Altanträge vorhanden sein. Letztlich führe die Rechtsprechung des Oberverwaltungsgerichts dazu, dass der in § 15 Abs. 3 S. 3 BauGB 2004 enthaltene gesetzgeberische Kompromiss zwischen den Belangen des Bauantragstellers und der Gemeinde – die Begrenzung der Zurückstellungsbefugnis auf sechs Monate nach Kenntniserlangung – für Altfälle umgangen werde.[820]

Der überwiegende Teil des Schrifttums hingegen schloss sich der Rechtsprechung des Oberverwaltungsgerichts an. In Verwaltungsverfahren, die bei Inkrafttreten des Europarechtsanpassungsgesetzes Bau bereits anhängig gewesen seien, habe die Antragsfrist nach § 15 Abs. 3 S. 3 BauGB 2004 frühestens am Tage ihres Inkrafttretens, also am 20.07.2004, und nicht schon vor Inkrafttreten der Gesetzesänderung begonnen.[821]

Vereinzelt wird im Schrifttum für die Anwendbarkeit von § 15 Abs. 3 BauGB 2004 danach differenziert, ob im Zeitpunkt des Inkrafttretens des Europarechtsanpassungsgesetzes Bau bereits ein wirksamer Aufstellungsbeschluss vorlegen habe. Bei einem wirksamen Aufstellungsbeschluss nach dem 20.07.2004 gelte gemäß § 233 Abs. 1 S. 1 BauGB 2004[822] neues Recht. Sei hingegen der Aufstellungsbeschluss vorher wirksam geworden, fehle es an einer vergleichbaren Regelung. Aber auch in diesem Fall dürfe § 15 Abs. 3 BauGB 2004 wohl anwendbar sein, da dies die Zielsetzung des § 15 Abs. 3 BauGB 2004 selbst gebiete und mangels Bezugs von § 15 Abs. 3 BauGB 2004 zum Umweltrecht eine Berücksichtigung des § 244 Abs. 1 BauGB 2004 ohnehin ausscheide. In derartigen Altfällen habe die Frist nach § 15 Abs. 3 S. 3 BauGB 2004 in dem Zeitpunkt begonnen, in dem die Gemeinde vom Vorhaben in einem Verwaltungsverfahren förmlich Kenntnis erhalten habe. Lag dieser Zeitpunkt vor dem Inkrafttreten des Europarechtsanpassungsgesetzes Bau, habe die Frist mit dem 20.07.2004 begonnen.[823]

Für die zuletzt genannte Auffassung spricht das durchaus beachtliche Interesse der Gemeinden, von dem durch § 15 Abs. 3 S. 3 BauGB 2004 verbesserten Instrument zur Sicherung der gemeindlichen Planung auch in Altfällen Gebrauch machen zu dürfen.

---

820 *Lemmel*, BauR 2005, 1878 (1879 ff.).

821 *Krautzberger*, in: Battis/Krautzberger/Löhr, § 15, Rdnr. 15; *Stock*, in: Ernst/Zinkahn/Bielenberg/Krautzberger, Band II, § 15, Rdnr. 71l.

822 Wortlaut von § 233 Abs. 1 S. 1 BauGB 2004; „Verfahren nach diesem Gesetz, die vor dem Inkrafttreten einer Gesetzesänderung förmlich eingeleitet worden sind, werden nach den bisher geltenden Rechtsvorschriften abgeschlossen, soweit nachfolgend nichts anderes bestimmt ist".

823 *Berkemann*, in: Berkemann/Halama, § 15, Rdnr. 53 f.

e) Konkurrenzen

Fraglich ist das Verhältnis von (Teil-) Flächennutzungsplanung mit Rückstellung nach § 15 Abs. 3 BauGB 2004 zu dem Sicherungsmittel Bebauungsplanung mit Veränderungssperre bzw. Zurückstellung nach § 15 Abs. 1 BauGB 2004.

Nach bisheriger Rechtsprechung konnte eine Gemeinde einen Bauantrag zum Anlass nehmen, für das vorgesehene Vorranggebiet ändernde Maßnahmen durch Bebauungsplanung einzuleiten und diese mit Hilfe einer Zurückstellung oder einer Veränderungssperre zu sichern. Unzulässig sei lediglich, eine Entscheidung über ein Bauvorhaben, welches nach der bestehenden Rechtslage planungsrechtlich genehmigt werden müsste, hinauszuzögern, weil der Beschluss über die Aufstellung eines Bebauungsplans mit anderweitigen Zielen noch nicht verkündet wurde.[824]

Diese Rechtsprechung hat trotz des neu eingeführten § 15 Abs. 3 BauGB 2004 weiterhin Geltung, denn grundsätzlich konkurrieren § 15 Abs. 1 BauGB 2004 und § 15 Abs. 3 BauGB 2004 nicht miteinander. Eine Ausnahme dieses Grundsatzes besteht jedoch bei Änderung des Bebauungsplans im Parallelverfahren nach § 8 Abs. 3 BauGB 2004, etwa wenn ein Flächennutzungsplan Darstellungen mit Konzentrations- und Ausschlussflächen enthalte und für die betroffene Fläche zugleich die Aufstellung eines Bebauungsplans beschlossen ist. In einer solchen Situation könnte die Gemeinde zwar eine die Zurückstellung verdrängende Veränderungssperre erlassen, jedoch kann dies bei den zumeist sehr großen Außenbereichsflächen zumindest planungspraktische Probleme aufwerfen, da für eine Veränderungssperre im gesamten Bebauungsplanbereich ein hinreichend konkretisiertes, positives Planungskonzept vorliegen muss. Statt einer Veränderungssperre empfiehlt es sich für die Gemeinde vielmehr von der Aussetzungsmöglichkeit nach § 15 Abs. 1 S. 1 BauGB 2004 Gebrauch zu machen. Die Zurückstellung nach § 15 Abs. 1 BauGB 2004 wird nicht von der nach § 15 Abs. 3 BauGB 2004 verdrängt, weil § 15 Abs. 3 BauGB 2004 die Möglichkeit der Planungssicherung verbessern und nicht bestehende Sicherungsmittel des Baugesetzbuchs einschränken soll. Zudem regelt § 15 Abs. 3 BauGB 2004 einen anderen Sachverhalt als § 15 Abs. 1 BauGB 2004. Die Möglichkeit, nachträglich[825] die Darstellungen eines (Teil-) Flächennutzungsplans oder die Festsetzungen eines Bebauungsplans entgegenzusetzen, besteht auch bei bereits erteilter Baugenehmigung bzw. rechtskräftigem Verpflichtungsurteil hierzu. Nötig

---

824 *BGH*, Urt. vom 12.07.2001, BRS, Band 64, Nr. 157, 618 (620 f.); vgl. hierzu auch *BVerwG*, Beschl. vom 25.11.2003, NVwZ 2004, 477 (477).

825 Eine ursprünglich fehlerhafte Planung kann rückwirkend in Kraft gesetzt werden, vgl. § 214 Abs. 4 BauGB 2004.

ist dazu ein Widerruf bzw. eine Zwangsvollstreckungsgegenklage nach § 173 VwGO i. V. m. § 767 ZPO. Allerdings kann diese Vorgehensweise ggf. eine Entschädigungspflicht auslösen.[826]

3. Die Änderungen zu § 35 Abs. 3 S. 3 BauGB 2004

Gemäß § 35 Abs. 3 S. 3 BauGB 2004 stehen öffentliche Belange einem Vorhaben i. S. v. § 35 Abs. 1 Nr. 2 bis 6 BauGB 2004 in der Regel auch dann entgegen, soweit hierfür durch Darstellungen im Flächennutzungsplan oder als Ziele der Raumordnung eine Ausweisung an anderer Stelle erfolgt ist. Der Planvorbehalt nach § 35 Abs. 3 S. 3 BauGB 2004 ermöglicht Gemeinden daher, bestimmte privilegierte Außenbereichsvorhaben durch Darstellungen im Flächennutzungsplan auf bestimmte Flächen oder Standorte zu beschränken (sog. Konzentrationsflächen) und im Übrigen auszuschließen.[827]

Der Anwendungsbereich des Planvorbehalts bezieht sich ausschließlich auf Vorhaben nach § 35 Abs. 1 Nr. 2 bis 6 BauGB 2004 und schließt nach wie vor land- und forstwirtschaftliche Betriebe (§ 35 Abs. 1 Nr. 1 BauGB 2004) sowie nunmehr auch Kernenergieanlagen (§ 35 Abs. 1 Nr. 7 BauGB 2004) aus. Die Steuerungsfunktion über Planvorbehalt ist somit weiterhin nicht möglich gegenüber land- und forstwirtschaftlichen Betrieben[828] und nun nicht mehr möglich gegenüber Kernenergieanlagen. Der Gesetzgeber sah keinen Bedarf für die Steuerung dieser privilegierten Vorhaben: bei land- und forstwirtschaftlichen Betrieben seien Siedlungsstrukturen vorhanden und bei Kernenergieanlagen sei aufgrund der sehr begrenzten Nutzung von Standorten im Außenbereich für Kernenergieanlagen eine planerische Steuerung nicht zweckmäßig bzw. unpraktikabel.[829] Vom Planvorbehalt erfasst werden Gartenbaubetriebe, Versorgungsanlagen, emittierende bzw. zweckbestimmte Vorhaben, Wind- und Wasserener-

826 *Schrödter*, NST-N 2004, 197 (213); *Rieger*, in: Schrödter, § 15, Rdnr. 20; *Gierke*, Institut für Städtebau 2004, 1 (37); *W. Söfker*, in: Krautzberger/Söfker, Baugesetzbuch, Rdnr. 245; *Krautzberger*, in: Battis/Krautzberger/Löhr, § 15, Rdnr. 15; *Stock*, in: Ernst/Zinkahn/Bielenberg/Krautzberger, Band II, § 15, Rdnr. 71c, d; *Berkemann*, in: Berkemann/Halama, § 15, Rdnr. 5, 12, 52; *dergl.*, in: Berkemann/Bunzel/Halama/Schmidt-Eichstaedt/Schrödter, BauGB 2004 – Nachgefragt, S. 231.

827 *M. Oldiges*, in: Steiner, Besonderes Verwaltungsrecht, Teil III, Rdnr. 226; *Dombert*, AUR 2004, 393 (397); *Jung*, in: Schrödter, § 5, Rdnr. 57.

828 Insofern kann nur auf die allgemeine Steuerungsmöglichkeit des (Teil-) Flächennutzungsplans i. S. v. § 35 Abs. 3 S. 1 BauGB 2004 zurückgegriffen werden.

829 *Söfker*, in: K/S, Baugesetzbuch mit BauNVO, Rdnr. 386; *Berkemann*, in: B/H, § 35, Rdnr. 103.

gieanlagen sowie Biomasseanlagen[830], da für diese Vorhaben eine Steuerung sehr wohl Bedeutung habe.[831]

Neben Darstellungen im Flächennutzungsplan i. S. v. § 5 Abs. 1 BauGB sind nunmehr auch Darstellungen in sachlichen Teilflächennutzungsplänen möglich, da der neu eingeführte § 5 Abs. 2b BauGB 2004 ausdrücklich auf die Bestimmung des § 35 Abs. 3 S. 3 BauGB 2004 verweist. Durch die Darstellung von entsprechenden Flächen im (Teil-) Flächennutzungsplan als „Konzentrationszonen" bzw. „Sondergebiete"[832] kann die Zulässigkeit von einzelnen nach § 35 Abs. 1 Nr. 2 bis 6 BauGB 2004 privilegierten Vorhaben im Gemeindegebiet gesteuert werden, denn wenn eine entsprechende Fläche im (Teil-) Flächennutzungsplan für ein bestimmtes privilegiertes Vorhaben als Konzentrationszone dargestellt ist, hat dies den Ausschluss der Zulässigkeit des betreffenden Vorhabens an anderer Stelle im Gemeindegebiet zur Folge, § 35 Abs. 3 S. 3 BauGB 2004. Zu beachten ist aber, dass es sich bei den Darstellungen des Teil- oder (Gesamt-) Flächennutzungsplans mit den Rechtswirkungen des § 35 Abs. 3 S. 3 BauGB 2004 nach wie vor lediglich um in der Regel entgegenstehende öffentliche Belange handelt.[833]

---

830 Zu berücksichtigen ist die jeweils zur Anwendung kommende Beurteilungsgrundlage. So können Betriebe der gartenbaulichen Erzeugung teils nach § 35 Abs. 1 Nr. 1 BauGB 2004, teils nach § 35 Abs. 1 Nr. 2 BauGB 2004 zu beurteilen sein; für Windenergieanlagen kommt eine Privilegierung nach Nummer 1 des § 35 Abs. 1 BauGB 2004 als mitgezogene Nutzung oder nach Nummer 5 des § 35 Abs. 1 BauGB 2004 in Betracht; Tierhaltungsstallungen können unter § 35 Abs. 1 Nr. 1 BauGB 2004 im Rahmen eines landwirtschaftlichen Betriebes fallen oder nach § 35 Abs. 1 Nr. 4 BauGB 2004 zu beurteilen sein. Biomasseanlagen hingegen sind abschließend in Nummer 6 des § 35 Abs. 1 BauGB 2004 geregelt, so dass sie stets dem Anwendungsbereich des § 35 Abs. 3 S. 3 BauGB 2004 unterliegen.

831 *H.-D. Upmeier/C. Brandenburg*, Neues Baugesetzbuch 2004, § 35, S. 83; *U. Kuschnerus*, Der sachgerechte Bebauungsplan, Rdnr. 51.

832 Die Ausweisung „an anderer Stelle" i. S. v. § 35 Abs. 3 S. 3 BauGB 2004 wird in der Planungspraxis untechnisch ebenso als „Konzentrationsfläche" bzw. „Konzentrationszone" bezeichnet. In rechtlicher Hinsicht jedoch, handelt es sich hierbei um Sonderbauflächen bzw. Sondergebiete für die betreffenden Anlagen. In jedem Fall stellen diese eben genannten Flächen konzentrierte, d. h. räumlich eng begrenzte Flächen mit positiver Standortaussage dar; vgl. *Gierke*, Institut für Städtebau 2004, 1 (24 f).

833 *Stüer/Stüer*, NuR 2004, 341 (341); *Söfker*, in: Ernst/Zinkahn/Bielenberg/Krautzberger, Band II, § 35, Rdnr. 124, S. 175; *Battis/Krautzberger/Löhr*, NJW 2004, 2553 (2557); *Nicolai*, ZfBR 2005, 529 (535).

XII. Zusammenfassung

1. Sachliche Teilflächennutzungspläne i. S. v. § 5 Abs. 2b BauGB 2004

Durch das Europarechtsanpassungsgesetz Bau wurde mit § 5 Abs. 2b BauGB 2004 erstmals die Möglichkeit eingeführt, von der Einheitlichkeit der Flächennutzungsplanung abzuweichen. Die Gemeinden sind danach nun ermächtigt für Darstellungen, welche die Rechtswirkungen des § 35 Abs. 3 S. 3 BauGB 2004 zur Folge haben sollen, eigenständige sachliche Teilflächennutzungspläne[834] aufzustellen. Dies ist auch neben einem bereits bestehenden (Gesamt-) Flächennutzungsplan möglich.

Bezogen auf die in § 35 Abs. 1 Nr. 2 bis 6 BauGB 2004 privilegierten Vorhaben ist also die Steuerungsmöglichkeit durch Flächennutzungsplanung dahingehend ergänzt worden, dass die Gemeinde ihr planerisches Ermessen nun auch durch Aufstellung sachlicher Teilflächennutzungspläne gemäß § 5 Abs. 2b BauGB 2004 zur Herbeiführung der Rechtswirkungen des Planvorbehalts nach § 35 Abs. 3 S. 3 BauGB 2004 ausüben, und sich auf diese Weise über die gesetzliche Zuweisung der genannten privilegierten Vorhaben in den Außenbereich hinwegsetzen kann. Durch entsprechende Darstellungen in einem Teilflächennutzungsplan können positive sowie negative Standortfestlegungen für die genannten Vorhaben getroffen werden. Die positive Ausweisung von Flächen führt in den übrigen Bereichen zur Ausschlusswirkung i. S. d. § 35 Abs. 3 S. 3 BauGB 2004.[835] Die in § 5 Abs. 2b BauGB 2004 zugrunde gelegte Gesetzes-

---

834 Nach Ansicht von *Otto*, Kommunalpraxis 2004, 228 (230) habe der Gesetzgeber mit der Möglichkeit zur Aufstellung von sachlichen Teilflächennutzungsplänen ein Instrument aufgegriffen, welches sachlichen Teilregionalplänen vergleichbar sei. Das Instrument sei auch schon aus dem bisherigen § 204 Abs. 1 S. 3 Hs. 2 BauGB bei Gemeinderatsbeschlüssen bekannt gewesen, dessen Regelung bereits in § 3 BBauG 1960 sowie in § 5 Abs. 1 S. 3 der DDR-BauZVO enthalten war. Dessen Inhalt wurde ab dem 03.10.1990 bis zum 31.12.1997 in den neuen Bundesländern durch § 246a Abs. 1 S. 1 Nr. 1 S. 1 BauGB 1990 übernommen, wonach vor Aufstellung eines Flächennutzungsplans Pläne für räumliche oder sachliche Teile des Gemeindegebiets als Teilflächennutzungspläne aufgestellt werden konnten; vgl. *Nicolai*, ZfBR 2005, 529 (530, 533); *W. Söfker*, in: Krautzberger/Söfker, Baugesetzbuch, Rdnr. 48; *Dombert*, AUR 2004, 393 (396). Als Vorbild könne auch der bisherige § 5 Abs. 1 S. 2 BauGB gedient haben; vgl. *Berkemann*, in: Berkemann/Halama, § 5, Rdnr. 26. Nach anderer Ansicht hingegen habe der sachliche Teilflächennutzungsplan i. S. d. § 5 Abs. 2b BauGB 2004 keinen Vorläufer – weder im Bundesbaugesetz noch im Baugesetzbuch. Er sei in seiner Zweckrichtung auch anders ausgestaltet als die für die neuen Bundesländer möglich gewesenen Teilflächennutzungspläne; vgl. *Söfker*, in: Ernst/Zinkahn/Bielenberg/Krautzberger, Band I, § 5, Rdnr. 62a.

835 *Löhr*, in: Battis/Krautzberger/Löhr, § 5, Rdnr. 35e; *Roeser*, in: Berliner Kommentar, Band I, § 35, Rdnr. 93a; *H.-D. Upmeier/C. Brandenburg*, Neues Baugesetzbuch 2004, § 5, S. 45; *C. Bönker*, in: Hoppe/Bönker/Grotefels, Öffentliches Baurecht (3. Auflage), § 3, Rdnr. 51; ***Bun-***

technik stellt ein Zusammenspiel von dargestellten Konzentrationsflächen in einem sachlichen Teilflächennutzungsplan und in § 35 Abs. 3 S. 3 BauGB angeordneter Ausschlusswirkung dar, wobei sich der Gesetzgeber die in § 35 Abs. 3 S. 3 BauGB nach der bisherigen Rechtslage schob bestehende Scharnierfunktion zunutzen machte. Dabei knüpft er nicht in typischer Weise – wie bei Entgegenstehen des öffentlichen Belangs nach § 35 Abs. 3 S. 1 BauGB – an tatsächliche Gegebenheiten an, sondern enthält ein planerisch wertendes Element. Hinter dem Novum der sachlichen Teilflächennutzungspläne steht die Intension, die gemeindliche Reaktion zur planerischen Steuerung in der Praxis zu erleichtern, da anstelle einer Ergänzung des das gesamte Gemeindegebiet umfassenden Flächennutzungsplans i. S. d. § 5 Abs. 1 BauGB nunmehr isolierte Teilflächennutzungspläne aufgestellt werden können. Den Gemeinden wurde somit ein Instrument zur besseren Steuerung von Außenbereichsvorhaben an die Hand gegeben, wofür in der Praxis insbesondere für Intensivtierhaltungs-, Windenergie- und Biomasseanlagen zur Freihaltung bzw. zur Konzentration auf andere Flächen auch ein Bedürfnis besteht.[836]

Der sachliche Teilflächennutzungsplan ist zwar von dem (Gesamt-) Flächennutzungsplan i. S. d. § 5 Abs. 1 BauGB 2004 abzugrenzen, jedoch hat er die gleiche Rechtsqualität wie der (Gesamt-) Flächennutzungsplan. Beim sachlichen Teilflächennutzungsplan handelt es sich daher um ein eigenständiges Planungsinstrument. Er hat nicht den Charakter einer Rechtsvorschrift oder einer Norm, da seine Darstellungen nur die Bedeutung eines öffentlichen Belangs i. S. d. § 35 Abs. 3 BauGB 2004 haben.[837]

2. Zurückstellungsmöglichkeit nach § 15 Abs. 3 BauGB 2004

Die Steuerungsmöglichkeit nach § 35 Abs. 3 S. 3 BauGB 2004 entfaltet ihre Wirkung erst mit Inkrafttreten des Flächennutzungsplans.[838] Die planerische Umsetzung erfordert jedoch Zeit. Bislang verfügte die Gemeinde über kein baurechtliches Instrument, mit dem Darstellungen im Flächennutzungsplan während dessen Entwurfsphase vor der Verwirklichung von Baugesuchen hätten abgesichert werden können. Der Erlass einer Veränderungssperre nach § 14 BauGB 1998 sowie eine Zurückstellung des Baugesuchs nach § 15 Abs. 1 BauGB 1998,

---

desministerium für Verkehr, Bau- und Wohnungswesen, Institut für Städtebau 2004, 1 (5); *Dombert*, AUR 2004, 393 (396); *Scholz*, EurUP 2004, 134 (138).

836 *Gierke*, Institut für Städtebau 2004, 1 822); *Söfker*, in: Ernst/Zinkahn/Bielenberg/Krautzberger, Band I, § 5, Rdnr. 62a; *Steinkemper*, VBlBW 2004, 401 (404 f.).

837 *Jung*, in: Schrödter, § 5, Rdnr. 42e; *Söfker*, in: Ernst/Zinkahn/Bielenberg/Krautzberger, Band I, § 5, Rdnr. 62c.

838 vgl. *BVerwG*, Urt. vom 13.03.2003, BauR 2003, 1172 (1174).

falls eine zulässige Veränderungssperre nicht beschlossen wurde, galt lediglich für Festsetzungen eines in Planung befindlichen Bebauungsplans. § 245b Abs. 1 BauGB 1998, wonach die Gemeinde die Entscheidung über die Zulässigkeit von Windkraftanlagen bei beabsichtigter Änderung der Darstellungen ihres Flächennutzungsplans für die Ausweisung diesbezüglicher Standorte aussetzen konnte, war auf den Zeitraum vom 01.01.1997 bis 31.12.1998 befristet und mangels Verlängerung mittlerweile entfallenen.[839] Ein generelles und dauerhaftes Sicherungsmittel zur Zurückstellung von Baugesuchen bei geplanter Aufstellung eines Flächennutzungsplans war daher von Nöten, insbesondere für Intensivtierhaltungs-, Windkraft- und Biomasseanlagen, um die Steuerung per (Teil-) Flächennutzungsplanung zu sichern und die Entwicklung einer möglicherweise widersprechenden Bebauung in dem betroffenen Gebiet zu verhindern.[840] Eine solche Sicherung entspricht dem allgemeinen im Recht der Bauleitplanung geltenden traditionellen und tragenden Grundsatz, nach dem während eines die Zulässigkeit von Vorhaben berührenden Bauleitplanungsverfahrens dieses vor gegenläufigen baulichen Entwicklungen geschützt werden soll.[841]

Mit dem Europarechtsanpassungsgesetz Bau hat der Gesetzgeber daher die Zurückstellungsmöglichkeit nach § 15 BauGB 1998 ergänzt, indem er Absatz 3 einfügte, der die Zurückstellung von Baugesuchen erweitert. Gemeinden haben danach nun die Möglichkeit, durch Antrag auch bei beschlossener Aufstellung, Änderung oder Ergänzung eines (Teil-) Flächennutzungsplans eine befristete Bausperre für beabsichtigte Außenbereichsvorhaben i. S. v. § 35 Abs. 1 Nr. 2 bis 6 BauGB 2004 auszulösen, wenn sie befürchten lassen, dass ihre Durchführung die Flächennutzungsplanung unmöglich macht oder erschwert.[842] Für die Beantragung der Zurückstellung bei der Baugenehmigungsbehörde hat die Gemeinde sechs Monate Zeit, beginnend mit ihrer förmlichen Kenntnisnahme vom Vorhaben im Rahmen eines Verwaltungsverfahrens, § 15 Abs. 3 S. 3 BauGB 2004. Die Entscheidung über die Zulässigkeit des geplanten Vorhabens darf nach § 15 Abs. 3 S. 1 BauGB 2004 längstens für einen Zeitraum von bis zu einem Jahr nach Zustellung des Zurückstellungsbescheids an den Bauantragsteller ausgesetzt werden unter Abzug der für die Bearbeitung des Baugesuchs erforderlichen Zeit zwischen dem Eingang des Baugesuchs bei der zuständigen Behörde und der Zustellung der Zurückstellung des Baugesuchs. Eine Verlängerung der

839 *Dirnberger*, ZfIR-Report 2004, 836 (838); *dergl.*, Bayerischer Gemeindetag 2004, 402 (404).

840 *T. Krämer*, in: Spannowsky/Krämer, BauGB-Novelle 2004, 79 (81).

841 *Krautzberger*, UPR 2004, 241 (243); *dergl.*, DWW 2005, 224 (226); *H.-D. Upmeier/C. Brandenburg*, Neues Baugesetzbuch 2004, Einf., S. 9.

842 *Kirchmeier*, in: Ferner/Kröninger, § 15, Rdnr. 1; *J. Meißner*, Baugesetzbuch 2004, S. 17.

Rückstellung oder eine erneute Rückstellung über ein Jahr hinaus ist ausgeschlossen.[843]

§ 15 Abs. 3 BauGB 2004 wurde in seiner Grundstruktur § 15 Abs. 1 BauGB 1998 nachgebildet.[844] § 15 Abs. 3 S. 1 BauGB 2004 verlangt im Vergleich zu § 15 Abs. 1 S. 1 BauGB 1998 aber nicht, dass eine Veränderungssperre trotz Vorliegen seiner Voraussetzungen nicht beschlossen wurde oder eine beschlossene Veränderungssperre noch nicht in Kraft getreten ist, da für die Aufstellung eines Flächennutzungsplans eine sichernde Veränderungssperre nicht vorgesehen ist.[845]

3. Planvorbehalt nach § 35 Abs. 3 S. 3 BauGB 2004

Durch die BauGB-Novelle 2004 erfuhr der Planvorbehalt zwei Änderungen. Eine lediglich mittelbare Modifikation ergab sich durch die geänderte Nummerierung der Privilegierungstatbestände in § 35 Abs. 1 BauGB 2004, da § 35 Abs. 3 S. 3 BauGB 2004 Bezug nimmt auf Vorhaben nach § 35 Abs. 1 Nr. 2 bis 6 BauGB 2004. Daher werden – wie bisher – Vorhaben der Land- und Fortwirtschaft i. S. v. § 35 Abs. 1 Nr. 1 BauGB 2004 sowie – jetzt neu – Vorhaben der Kernenergie gemäß § 35 Abs. 1 Nr. 7[846] BauGB 2004 nicht von § 35 Abs. 3 S. 3 BauGB 2004 erfasst.

Eine zwar ebenso indirekte, aber hingegen echte Neuerung ist, dass Darstellungen i. S. v. § 35 Abs. 3 S. 3 BauGB 2004 nicht mehr nur im (Gesamt-) Flächennutzungsplan, sondern nunmehr auch in sachlichen Teilflächennutzungsplänen möglich sind. Mit solchen Teilplänen ist die Gemeinde folglich in der Lage, die räumliche Steuerungswirkung des Planvorbehalts nach § 35 Abs. 3 S. 3

---

843 *Bundesministerium für Verkehr, Bau- und Wohnungswesen*, Institut für Städtebau 2004, 1 (5); *Otto*, Kommunalpraxis 2004, 228 (231); *C. Bönker*, in: Hoppe/Bönker/Grotefels, Öffentliches Baurecht (3. Auflage), § 9, Rdnr. 35; *Dombert*, AUR 2004, 393 (395); *Oerder*, BauR 2005, 643 (645); *Söfker*, Institut für Städtebau 2004, 1 (6 f.); *dergl.*, Der Landkreis 2004, 584 (586); *Schliepkorte/Tünnemann*, ZfBR 2004, 645 (650); *dergl.*, Institut für Städtebau 2004, 1 (10); *Roeser*, in: Berliner Kommentar, Band I, § 35, Rdnr. 93a.

844 Allerdings gibt es in § 15 Abs. 3 BauGB 2004 keine Parallelbestimmung zur vorläufigen Untersagung i. S. v. § 15 Abs. 1 S. 2 BauGB 1998, da die von § 15 Abs. 3 BauGB 2004 erfassten Vorhaben regelmäßig nicht nach den Landesbauordnungen genehmigungsfrei sind.

845 Dies begründet sich aus dem unterschiedlichen Rechtscharakter von Flächennutzungsplan und Bebauungsplan – anders als der Flächennutzungsplan wird ein Bebauungsplan als Satzung erlassen; aufgrund der unmittelbaren Wirkung eines Bebauungsplans auf die Zulässigkeit des Vorhabens ist die Veränderungssperre eine Regelung des materiellen Baurechts, währen die Zurückstellung lediglich eine formelle Vorschrift über das Genehmigungsverfahren darstellt; vgl. *W. Söfker*, in: Krautzberger/Söfker, Baugesetzbuch, Rdnr. 245; *C. Bönker*, in: Hoppe/Bönker/Grotefels, Öffentliches Baurecht (3. Auflage), § 9, Rdnr. 29.

846 Zuvor waren Kernenergieanlagen in Nummer 6 des § 35 Abs. 1 BauGB privilegiert.

BauGB 2004 im Hinblick auf die privilegierten Außenbereichsvorhaben i. S. v. § 35 Abs. 1 Nr. 2 bis 6 BauGB 2004 zu erzielen, indem durch positive Standortzuweisung die Ansiedelung der genannten Nutzungen an anderen Stellen im Planungsraum des außenbereichlichen Gemeindegebiets wegen des entgegenstehenden öffentlichen Belangs grundsätzlich ausgeschlossen werden können.[847]

XIII. Stellungnahme

1. Sachliche Teilflächennutzungspläne gemäß § 5 Abs. 2b BauGB 2004

a) Vorteile eines sachlichen Teilflächennutzungsplans

aa) Teilflächennutzungsplan bei keinem oder unwirksamem (Gesamt-) Flächennutzungsplan

In Gemeinden, die bislang noch über keinen (Gesamt-) Flächennutzungsplan verfügen[848] und in Gemeinden die aufgrund gerichtlicher Entscheidung keinen wirksamen Flächennutzungsplan mehr haben[849], ist der sachliche Teilflächennutzungsplan das optimale Instrument, um zügig und kostengünstig eine Außenbereichsbeplanung zu schaffen. Die Erstellung eines (Gesamt-) Flächennutzungsplans wäre kostspieliger und oftmals nicht realisierbar, vor allem bei konkreten Baugesuchen aufgrund des zeitlichen Druckes durch die auf 12 Monate beschränkte Zurückstellungsmöglichkeit nach § 15 Abs. 1 S. 1 BauGB 2004. Mit der Aufstellung eines Teilflächennutzungsplans stellen sich derartige Probleme nicht mehr, zumal im Zusammenspiel mit dem neuen § 15 Abs. 3 BauGB 2004 die Verwirklichung der planerischen Vorstellungen der Gemeinde im Außenbereich gesichert werden kann.[850]

---

847 Vgl. auch *G. Manssen*, in: Öffentliches Baurecht in Bayern, 4. Teil, Rdnr. 154; *G. Schmidt-Eichstaedt*, Städtebaurecht (4. Auflage), S. 328; *Stock*, in: Ernst/Zinkahn/Bielenberg/Krautzberger, Band II, § 15, Rdnr. 71a.

848 Wie im Fall des selbständigen Bebauungsplans nach § 8 Abs. 2 S. 2 BauGB und in den neuen Bundesländern, bei denen die Quote fehlender Flächennutzungsplanung ca. 70 % beträgt.

849 Ein unwirksamer Plan, beispielsweise wenn der bestehende (Gesamt-) Flächennutzungsplan sich als fehlerhaft erweist und die dort getroffenen Standortfestlegungen keine ausreichende Steuerungsgrundlage darstellen (vgl. *Wagner/Engel*, BayVBl. 2005, 33 (38)), kann nicht geändert werden, sondern muss durch einen neuen wirksamen ersetzt werden.

850 *Schrödter*, NST-N 2004, 197 (210); *U. Kuschnerus*, Der sachgerechte Bebauungsplan, Rdnr. 53; *Guckelberger*, DÖV 2006, 973 (978).

bb) Teilflächennutzungsplanung trotz bereits vorhandenem (Gesamt-) Flächennutzungsplan

Oftmals kann es sich als zweckmäßig herausstellen, den bereits vorhandenen (Gesamt-) Flächennutzungsplan nicht zu ändern, weil beispielsweise eine Beplanung des Außenbereichs schon bisher gescheitert ist oder zusätzliche Änderungswünsche bzw. Interventionen der Genehmigungsbehörde bestehen. Zudem kann bei Unsicherheiten über die Wirksamkeit des bereits bestehenden (Gesamt-)Flächennutzungsplans die Aufstellung eines Teilflächennutzungsplans zur teilweisen Überplanung des (Gesamt-) Flächennutzungsplans sinnvoll sein. Ebenso bietet sich ein Teilflächennutzungsplan an, wenn eine Gemeinde die Errichtung bestimmter Anlagen auf einen Teil ihres Gemeindegebiets beschränken will.

Die Regelung in § 5 Abs. 2b BauGB 2004 ermöglicht in diesen Fällen entsprechend den planerischen Notwendigkeiten flexibel, problembezogen und zeitnah zu planen, indem für jedes der zu überplanenden privilegierten Außenbereichsvorhaben nach § 35 Abs. 1 Nr. 2 bis 6 BauGB 2004 ein eigener Teilflächennutzugsplan zur Erreichung der Rechtswirkungen nach § 35 Abs. 3 S. 3 BauGB aufgestellt werden kann. Durch einen für die jeweilige Nutzung aufgestellten Teilflächennutzungsplan kann die entsprechende Konzentrationsfläche ausgewiesen, und somit vom restlichen (Gesamt-) Flächennutzungsplan abgekoppelt werden. Dies bringt die Gemeinde in die Lage, Landschaft von Bebauung freizuhalten und zugleich ihre Projekte durchzusetzen. Zudem entlastet die separierte Planung den (Gesamt-) Flächennutzungsplan und führt zu einer Verfahrensbeschleunigung in der Praxis.[851]

cc) Begrenzte Darstellungsmöglichkeiten

Durch den vom Gesetzgeber eng gehaltenen Darstellungskatalog für sachliche Teilflächennutzungspläne ist es nicht möglich, zusätzliche Wünsche kommunaler Gremien in der Planung mit zu berücksichtigen. Dies führt zu einer Verfahrenskonzentration und damit zu einer kürzeren Verfahrensdauer, als dies bei einer (Gesamt-) Flächennutzungsplanung der Fall wäre, zumal auch keine Besonderheiten beim Verfahren, bei der Genehmigung, der Bekanntmachung und beim Erstellen des Umweltberichts zu beachten sind.

Eine weitere Erleichterung stellt dar, dass durch die separate Planung mit einem Teilflächennutzungsplan eine Beschränkung auf Darstellung von Flächen für umstrittene Vorhaben wie die Errichtung von Intensivtierhaltungs-, Biomas-

851 *Berkemann*, in: Berkemann/Halama, § 5, Rdnr. 36; *Nicolai*, ZfBR 2005, 529 (532); *W. Söfker*, in: Krautzberger/Söfker, Baugesetzbuch, Rdnr. 44; *Friege*, ThürVBl. 2005, 217 (219).

se- oder Windenergieanlagen möglich ist. Durch die eigenständige Behandlung können diese Vorhaben damit von der (Gesamt-) Flächennutzungsplanung ausgenommen werden, was zu einer Entschlackung bzw. Entlastung der (Gesamt-) Flächennutzungsplanung führt.[852]

dd) Reduziertes Prüfprogramm

Folgt man der Ansicht, dass die Gemeinde für die Aufstellung eines sachlichen Teilflächennutzungsplans nicht zu einer lückenlosen Abwägung im gesamten Gemeindegebiet verpflichtet sei, sondern sich auf Teilräume, für die ein regelmäßiger Ausschluss bestimmter privilegierter Vorhaben angeordnet werde, beschränken könne, stellt dies eine auch zeitliche Erleichterung gegenüber der für die Aufstellung des (Gesamt-) Flächennutzungsplans erforderliche Abwägung dar. Zwar muss auch beim Teilflächennutzungsplan das gesamte Abwägungsmaterial ermittelt, gewichtet und abgewogen werden, jedoch ist das bei einem isolierten, auf den Gegenstand bezogenen Plan geringer und überschaubarer als bei einem umfassenden Flächennutzungsplan. Die Gemeinde kann daher wesentlich straffer, zeitlich überschaubarer, präziser und berechenbarer planen. Zudem sind Behörden nur eingeschränkt zu beteiligen. Dies gilt insbesondere auch im Hinblick auf die weiteren neuen Instrumentarien durch das Europarechtsanpassungsgesetz Bau, wie beispielsweise der Umweltverträglichkeitsprüfung (UVP-Prüfung), die bei allen Planungen durchgeführt werden muss.[853]

ee) Kostenersparnis

Bei der Erstellung eines Teilflächennutzungsplans werden Kosten eingespart, da lediglich den Außenbereich dargestellt, und damit kein Bauland überplant wird. Des Weiteren fällt durch die isolierte Planung bei Übertragung der Kosten auf Dritte, wie dies etwa bei privat finanzierter (Gesamt-) Flächennutzungsplanung der Fall ist, die Unsicherheit hinsichtlich der Wirksamkeit weg.[854]

ff) Eingegrenzte Gerichtsanfälligkeit

Bei Beplanung des Außenbereichs per (Gesamt-) Flächennutzungsplan kam es häufig zu dessen gerichtlichen Aufhebung, da bei unzureichender Abwägung des

852 *Otto*, Kommunalpraxis 2004, 228 (230); *Nicolai*, ZfBR 2005, 529 (533).

853 *Guckelberger*, DÖV 2006, 973 (978); *Stüer/Stüer*, NuR 2004, 341 (344); *Nicolai*, ZfBR 2005, 529 (532).

854 *Nicolai*, ZfBR 2005, 529 (532).

Planungskonzepts[855] auch nur in einzelnen Teilbereichen die Wirksamkeit des gesamten Plans zur Disposition stand, selbst in den Bereichen, in denen das Konzept nachvollziehbar und ausgewogen war. Dies führte zu erheblichen Entschädigungsansprüche gegen die Kommunen und ging daher letztlich auf Kosten der Steuerzahler. Das neue Instrument des Teilflächennutzungsplans hat den Vorteil, dass lediglich ein Teilplan zur gerichtlichen Disposition steht, so dass auch nur dieser kassiert werden kann. Das bisherige Risiko für den Bestand eines den gesamten Planungsraum umfassenden Planungskonzepts wegen etwaiger Abwägungslücken im Gesamtraum durch Herausnahme einzelner Flächen aus dem Planungskonzept wird damit umgangen.[856] Fehler in der Abwägung führen lediglich zur Unwirksamkeit der Darstellungen in dem Umfang, in dem sie sich auf das Planungskonzept der Gemeinde auswirken, wohingegen die übrigen, nachvollziehbaren Planaussagen wirksam beleiben. Es kommt folglich bloß zu einer Teilunwirksamkeit des Plans, was § 5 Abs. 2b BauGB 2004 – angelehnt an § 6 Abs. 4 BauGB 2004 – nahe legt. Zu einer Gesamtunwirksamkeit führen Abwägungsfehler nur dann, wenn sie sich auf das Gesamtkonzept der Planung auswirken und die übrigen Darstellungen oder Festlegungen des Plans isoliert betrachtet nicht mehr aussagekräftig sind. Neben der Einschränkung des zu verarbeitenden Abwägungsmaterials führt auch die Reduzierung der zu beteiligenden Behörden zu einer geringeren gerichtlichen Anfälligkeit von Teilflächennutzungsplänen. Im Übrigen ist es möglich, Teilflächennutzungspläne gemäß § 214 Abs. 4 BauGB 2004 rückwirkend in Kraft zu setzen, wenn die Gemeinde die einzelnen Abwägungsfehler herausnehmen kann. Dadurch können etwaige Amthaftungsansprüche vermieden werden.[857]

gg) Teilflächennutzungsplan als Alternative zur Darstellung von Vorrangflächen

Gegenüber der weiterhin möglichen Darstellung von Vorrangflächen hat die Darstellung von Bauflächen im sachlichen Teilflächennutzungsplan den weite-

---

855 Abwägungsfehlerhaft ist eine Planung dann, wenn sie trotz Gestaltungsspielraums der Gemeinde städtebaulich nicht mehr begründbar ist; vgl. *Upmeier*, UPR 2004, 1382 (1388).

856 Dies ist der Fall, wenn man der Ansicht folgt, nach der die Gemeinde für die Aufstellung von Teilflächenutzungsplänen nicht zu einer lückenlosen Abwägung im gesamten Gemeindegebiet verpflichtet sei. Folgt man hingegen der Ansicht, dass sachliche Teilflächennutzungspläne in räumlicher Hinsicht ebenfalls ein Gesamtkonzept forderten, muss die Gemeinde auch künftig eine räumlich umfassende Abwägung vornehmen, da Abwägungsfehler die Ausschlusswirkung des Planvorbehalts entfallen lassen; vgl. *BVerwG*, Urt. vom 13.03.2003, BauR 2003, 1172 (1172).

857 *Stüer/Stüer*, NuR 2004, 341 (344); *Nicolai*, ZfBR 2005, 529 (535); *Guckelberger*, DÖV 2006, 973 (978); *Berkemann*, in: Berkemann/Halama, § 5, Rdnr. 40 f.; *B. Stüer*, Städtebaurecht 2004, S. 35; *Krautzberger/Stüer*, DVBl 2004, 781 (787).

ren Vorteil, dass aus ihnen Bebauungspläne i. S. d. § 8 Abs. 2 S. 1 BauGB 2004 entwickelt werden können, und damit dem grundsätzlichen Gebot der Entwicklung von Bebauungsplänen aus einem Flächennutzungsplan Genüge getan wird.[858]

hh) Teilflächennutzungsplan als zusätzliches Planungsinstrument zur Regionalplanung

Die Regionalplanung hat, ebenso wie ein (Gesamt-) Flächennutzungsplan, eine hohe Gerichtsanfälligkeit. Dies führt dazu, dass bei Aufhebung des Regionalplans der noch wirksame (Gesamt-) Flächennutzungsplan keine dem Regionalplan entsprechenden planerischen Aussagen mehr enthält bzw. diese nur nachrichtlich ohne eigenes Planungskonzept übernommen werden. In einem solchen Fall sowie als Prophylaxe steht mit dem Teilflächennutzungsplan den Gemeinden nun ein effektives Nachbesserungsinstrument zur Verfügung, da dessen enges Prüfungsschema ein zügiges Arbeiten zur Erreichung des Planungsziels innerhalb der Zurückstellungsfrist nach § 15 Abs. 3 BauGB 2004 ermöglicht.[859]

ii) Maßgeschneiderte Korrespondenznorm bei Zurückstellung nach § 15 Abs. 3 BauGB 2004

Der Teilflächennutzungsplan wurde korrespondierend zu der Zurückstellungsmöglichkeit nach § 15 Abs. 3 BauGB 2004 eingeführt. Das im Teilflächennutzungsplan Geplante kann daher durch befristete Zurückstellung gesichert werden.[860]

b) Nachteile eines sachlichen Teilflächennutzungsplans

aa) Nebeneinander von Teil- und Gesamtflächennutzungsplan

Mit der Aufstellung eines Teilflächennutzungsplans bzw. u. U. mehrerer Teilflächennutzungspläne zusätzlich zu einem bereits vorhandenen (Gesamt-) Flächennutzungsplan bestehen mindestens zwei gleichrangige Planungsebenen nebeneinander. Es stellt sich die Frage nach Rechtsklarheit und Verständlichkeit sowie dem Verhältnis und Abhängigkeit der Pläne voneinander (planerische Wechselbeziehungen). Des Weiteren führt das Nebeneinander mehrerer Pläne zur Unübersichtlichkeit über Jahre hinweg und zu eventuell jeweils unterschiedlichem

858 *Söfker*, in: Ernst/Zinkahn/Bielenberg/Krautzberger, Band I, § 5, Rdnr. 62f.
859 *Nicolai*, ZfBR 2005, 529 (535).
860 *Nicolai*, ZfBR 2005, 529 (533).

Änderungsbedarf. Auch besteht Ungewissheit über die Zukunftsbeständigkeit sachlicher Teilflächennutzungspläne. Zudem muss sich ein Bauherr nun nicht mehr nur über einen existierenden (Gesamt-) Flächennutzungsplan, sondern zusätzlich über das Vorliegen weiterer Teilflächennutzungspläne informieren.[861]

bb) Begrenzter Darstellungskatalog

Während der Darstellungskatalog für den (Gesamt-) Flächennutzungsplan nach § 5 Abs. 2 BauGB 2004 unbegrenzt ist, begrenzte der Gesetzgeber für sachliche Teilflächennutzungspläne durch Bezugnahme auf den Planvorbehalt nach § 35 Abs. 3 S. 3 BauGB 2004 auf Außenbereichsvorhaben i. S. v. § 35 Abs. 1 Nr. 2 bis 6 BauGB 2004. Daher kann mit einem oder auch mehreren Teilflächennutzungsplänen der Außenbereich nicht in seiner Gesamtheit bewältigt werden.[862]

cc) Rechtsanfälligkeit des neuen Planungsinstruments „sachlicher Teilflächennutzungsplan"

Bei „sachlichen Teilflächennutzungsplänen" handelt es sich um ein neuartiges Planungsinstrument. Erfahrungsgemäß ist die Anwendung neuer, unbekannter Instrumentarien mit Unsicherheiten verbunden, weshalb mit einer erhöhten Gerichtsanfälligkeit zu rechnen ist.[863]

dd) Stigmatisierung durch Windkraft

Hauptanlass für die gesetzliche Normierung des Sonderinstruments „sachliche Teilflächennutzungspläne" in § 5 Abs. 2b BauGB 2004 war die Notwendigkeit der Steuerung von Windenergieanlagen. Daher lastet der Figur des sachlichen Teilflächennutzungsplans an, vorrangig für die Aufstellung von Windenergieansiedlungsplänen eingeführt worden zu sein. Sollte es nicht zu einem wirkungs-

---

861 Um die Information über die Anzahl existierenderTeilflächennutzungspläne zu erleichtern, wird vorgeschlagen, per Vermerk auf dem (Gesamt-) Flächennutzungsplan auf die Existenz bestehender Teilflächennutzungspläne hinzuweisen bzw. in den (Gesamt-) Flächennutzungsplan nachrichtlich zu übernehmen; vgl. *Nicolai*, ZfBR 2005, 529 (535 f.); *Jung*, in: Schrödter, § 5, Rdnr. 42g. Noch effektiver, da übersichtlicher, wäre, wenn die Gemeinde vorhandene Teilflächennutzungspläne bei der nächsten Überprüfung in den (Gesamt-) Flächennutzungsplan integrieren würde; *J. Meißner*, Baugesetzbuch 2004, S. 15.

862 Es sei daher eine Prognose im Vorfeld ratsam, ob mit Erstellung eines Teilflächennutzungsplans die Konflikte überhaupt bewältigt werden können; vgl. *Nicolai*, ZfBR 2005, 529 (536).

863 *Nicolai*, ZfBR 2005, 529 (536).

vollen praktischen Einsatz von Teilflächennutzungsplänen kommen, erlangt dieses Planungsinstrument keine große Bedeutung.[864]

c) Bewertung des Novums „sachliche Teilflächennutzungspläne"

Teilen der Literatur erscheint die Notwendigkeit der Einführung sachlicher Teilflächennutzungspläne zweifelhaft bzw. beurteilt die Neuregelung in § 5 Abs. 2b BauGB 2004 sogar als überflüssig. Gemeinden seien schon bisher berechtigt gewesen, im Rahmen einer Änderung des umfassenden Flächennutzungsplans Vorrangflächen auszuweisen. Damit könnten dieselben Ergebnisse wie durch Aufstellung eines sachlichen Teilflächennutzungsplans erreicht werden. Praktische Bedeutung könne der Teilflächennutzungsplan allenfalls in den Fällen erlangen, in denen Gemeinden nicht oder nicht mehr über einen wirksamen flächendeckenden Flächennutzungsplan verfügen, da sie bei entsprechendem Anlass nicht zur Aufstellung eines zeitraubenden umfassenden Flächennutzungsplans gezwungen seien, oder wenn eine Gemeinde noch nicht oder nicht rechtzeitig in der Lage sei, ihren wirksam bestehenden Flächennutzungsplan insgesamt auf der Grundlage eines Konzepts für das ganze Gemeindegebiet um Darstellungen mit den Rechtswirkungen des § 35 Abs. 3 S. 3 BauGB 2004 zu ergänzen. Weitere Anwendungsbereiche könnten darin liegen, dass der (Gesamt-) Flächennutzungsplan einer Gemeinde trotz aktueller Relevanz keinerlei Aussage zu einer bestimmten privilegierten Nutzung enthalte oder eine Gemeinde einzelne Darstellungen in ihrem (Gesamt-) Flächennutzungsplan zu einem bestimmten Thema ändern möchte, ohne zugleich andere Änderungswünsche mit aufgreifen zu müssen.[865]

Die Einführung sachlicher Teilflächennutzungspläne ist hingegen zu begrüßen. Zur Unterstützung der planerischen Steuerung sind effektive Planungsinstrumentarien erforderlich. Mit Teilflächennutzungsplänen können nunmehr Darstellungen mit den Rechtswirkungen des § 35 Abs. 3 S. 3 BauGB 2004 auch begrenzt auf Teile des gemeindlichen Außenbereichs vorgenommen werden. Gemeinden können damit in geeigneten Fällen durch geschickten Einsatz von einem oder mehreren Teilflächennutzungsplänen für einzelne Außenbereichsvorhaben in Verbindung mit den Rechtswirkungen des § 35 Abs. 3 S. 3 BauGB 2004 sowie der Zurückstellungsmöglichkeit nach § 15 Abs. 3 BauGB 2004 einen sinnvollen und effektiven Beitrag zur Steuerung des Bauens im Außenbe-

864 *Nicolai*, ZfBR 2005, 529 (536).

865 *Jäde*, in: Jäde/Dirnberger/Weiß, § 5, Rdnr. 28; *Gierke*, Institut für Städtebau 2004, 1 (23); *Gaentzsch*, in: Berliner Kommentar, Band I, § 5, Rdnr. 42b, S. 31; *Löhr*, in: Battis/Krautzberger/Löhr, § 5, Rdnr. 35f.

reich leisten. Mit dem neuen effektiven Steuerungsinstrument bleibt auch in (finanziell) schwierigen Zeiten die Planungshoheit der Gemeinde im Außenbereich erhalten. Der Einsatz sachlicher Teilflächennutzungspläne bietet sich neben den bereits genannten Anwendungsbereichen auch in dem Fall an, in dem eine Gemeinde aufgrund eines Baugesuchs einen befristeten Zurückstellungsantrag nach § 15 Abs. 3 BauGB 2004 gestellt hat, obwohl sie über keinen wirksamen (Gesamt-) Flächennutzungsplan (mehr) verfügt, da Teilflächennutzungspläne rasch aufgestellt werden können. Weiterhin empfiehlt sich eine Teilflächennutzungsplanung, wenn im Außenbereich zügig ein Baurecht geschaffen werden soll, um für Investoren schnell und rechtssicher Flächen bereitzustellen oder um über eine positive Ausweisung eine Ausschlusswirkung an anderer Stelle zu erlangen, und ansonsten kein Bedarf zur Änderung oder Ergänzung des vorhandenen (Gesamt-) Flächennutzungsplans besteht. Gemeinden sollten von der Aufstellung eines Teilflächennutzungsplans allerdings absehen und stattdessen das Verfahren zur Änderung des (Gesamt-) Flächennutzungsplans einleiten, wenn die Gefahr besteht, dass im Verlauf der Aufstellung eines Teilflächennutzungsplans wegen Widersprüchen oder sonstigen Erfordernissen die Änderung des (Gesamt-) Flächennutzungsplans notwendig wird.[866]

Aus kommunaler Sicht dürfte die an die Hand gegebene Möglichkeit der Aufstellung eines sachlichen Teilflächennutzungsplans wegen seiner Unabhängigkeit von einem bereits bestehenden oder unwirksamen (Gesamt-) Flächennutzungsplan trotz eventuell hoher Abwägungskosten aus Praktikabilitätsgründen bei geänderten Planungsabsichten begrüßt worden sein. Die notwendige Beschränkung wird dadurch gewahrt, dass das neue Planungsinstrument dem Abwägungsgebot verpflichtet ist und keine rechtssatzmäßige Bindung erzeugt, sondern bei der Beurteilung der Zulässigkeit von Vorhaben nur als öffentlicher Belang in den Einzelfall einfließt.

Ob mit dem Novum „sachliche Teilflächennutzungspläne" als planerisches Sonderinstrument das vom Gesetzgeber anvisierte Ziel, die planerische Reaktion der Gemeinden zu erleichtern, erreicht werden kann, und ob sich die Neuregelung als praktikabel erweist, wird die Zukunft zeigen. Das Spannungsverhältnis von § 5 Abs. 2b BauGB 2004 zu § 5 Abs. 1 S. 2 BauGB 2004 ist allerdings offensichtlich. Zudem ist über den räumlichen Geltungsbereich eines Teilflächennutzungsplans in der Literatur ein Meinungsstreit entbrannt, zu dem eine Klarstellung seitens des Gesetzgebers wünschens- und empfehlenswert wäre. Abschließend jedoch kann festgehalten werden, dass die Flächennutzungsplanung durch die Einführung sachlicher Teilflächennutzungspläne weiter entwickelt wurde und noch mehr an Bedeutung gewonnen hat.

866 Vgl. *Stüer/Stüer*, NuR 2004, 341 (348); *Nicolai*, ZfBR 2005, 529 (537).

2. Beurteilung des neuen Sicherungsinstruments gemäß § 15 Abs. 3 BauGB 2004

Mit der Spezialregelung in § 15 Abs. 3 BauGB 2004 zur Sicherung der Planung von Konzentrationszonen auf der nicht durch §§ 14, 15 Abs. 1 BauGB 2004 sicherungsfähigen Ebene der (Teil-) Flächennutzungsplanung per Zurückstellungsmöglichkeit wurde die Wirksamkeit des Steuerungsinstruments Flächennutzungsplan sowie sachlicher Teilflächennutzungspläne gegen möglicherweise gegenläufig faktische Entwicklungen in den prüfenden Gebieten während der Planungsphase abgesichert. Dies war aufgrund zunehmender Probleme bei der außenbereichsverträglichen Zulassung privilegierter Vorhaben zu deren besseren Steuerung auch erforderlich, insbesondere bezüglich Intensivtierhaltungs-[867], Windenergie- sowie Biomasseanlagen.[868]

Die Regelung in § 15 Abs. 3 BauGB 2004 ist ein Novum, da sie das Steuerungsinstrument der (Teil-) Flächennutzungsplanung in Verbindung mit dem Planvorbehalt mit dem Sicherungsinstrument der Zurückstellung verknüpft. Die Erweiterung der Zurückstellungsmöglichkeit durch § 15 Abs. 3 BauGB 2004 korrespondiert folglich mit der Aufnahme sachlicher Teilflächennutzungspläne nach § 5 Abs. 2b BauGB 2004 und steht zugleich im Zusammenhang mit dem Planvorbehalt gemäß § 35 Abs. 3 S. 3 BauGB 2004. Die Verknüpfung zwischen den novellierten Zulassungstatbeständen des öffentlichen Baurechts mit dem Recht der Bauleitplanung durch die Zurückstellung von Baugesuchen nach § 15 Abs. 3 BauGB 2004 macht deutlich, welch Gewicht der Gesetzgeber auf die kommunale Steuerungsfunktion für Außenbereichsvorhaben gelegt hat.

Durch § 15 Abs. 3 BauGB 2004 besteht für Kommunen erstmals als Dauerrecht die Möglichkeit, die Aussetzung der Entscheidung über die Zulässigkeit von nach § 35 Abs. 1 Nr. 2 bis 6 BauGB 2004 im Außenbereich privilegierten Vorhabens in Verbindung mit den Rechtswirkungen nach § 35 Abs. 3 S. 3 BauGB 2004 zu bewirken. Das neue Instrument der Zurückstellung bei (Teil-) Flächennutzungsplanung dient der Stärkung der gemeindlichen Planungshoheit zur städtebaulichen Steuerung privilegierter Vorhaben i. S. v. § 35 Abs. 1 Nr. 2 bis 6 BauGB 2004. Die Entscheidung über die Anwendung der neuen Zurückstellungsmöglichkeit hängt davon ab, ob dem beantragten privilegierten Außenbereichsvorhaben eine in Aufstellung befindliche Darstellung einer Konzentrati-

---

867 Anlagen der Intensivtierhaltung sind vorrangig betroffen, da Vorhaben der Tierhaltung i. S. d. § 35 Abs. 1 Nr. 1 BauGB 2004, die einem land- oder forstwirtschaftlichen Betrieb dienen und nur einen untergeordneten Teil der Betriebsfläche einnehmen, wegen des Wortlauts von § 15 Abs. 3 S. 1 BauGB 2004 schon gar nicht erfasst werden.

868 *Steinmetz*, www.dstgb.de/index_inhalt/homepage/artikel/inhalt/brennpunkte/das_neue_baugesetzbuch/daten_fakten.

onsfläche nach § 35 Abs. 3 S. 3 BauGB 2004 entgegengehalten werden kann. Nur soweit dies der Fall ist, kann die Gemeinde zum vorübergehenden Schutz ihrer Planungsabsichten vor dem beeinträchtigenden Vorhaben auf § 15 Abs. 3 BauGB 2004 zurückgreifen.

Aus Sicht der Gemeinden ist die neue Regelung nach § 15 Abs. 3 BauGB 2004 insgesamt positiv zu beurteilen, da Bauanträge erforderlichenfalls im Vorgriff auf einen Teil- oder Gesamtflächennutzungsplan zurückgestellt werden können. Aus der Warte des Bauantragstellers hingegen ist das Sicherungsinstrument in § 15 Abs. 3 BauGB 2004 jedoch eher negativ zu bewerten, denn, wie die Erfahrung zeigt, können Sicherungsinstrumente die Neigung der Gemeinden, eine – wenn auch an sich unzulässige – Negativ- bzw. Verhinderungsplanung zu betreiben, fördern. Für den Bauantragsteller verbleibt dann nur der Gang zum Verwaltungsgericht mit der Chance, dass sich bei einer erfolgreichen Anfechtung die Rechtswidrigkeit der gemeindlichen Planungsabsichten herausstellt. Dies stellt aber nur einen schwacher Trost für ihn dar, da sein Baugesuch aufgrund der Zurückstellung während der gemeindlichen Planungsphase auf Eis lag, und die dadurch verursachte zeitliche Verzögerung zu finanziellen Belastungen bei ihm geführt haben und u. U. sogar das Aus für das geplante Vorhaben bedeuten kann. Damit eine faktische Verhinderungsplanung schon im Ansatz vermieden wird, sollten sich potentiell betroffenen Grundeigentümer bereits im Rahmen der Bürgerbeteiligung aktiv am Aufstellungsverfahren eines (Teil-) Flächennutzungsplans beteiligen, um der Gemeinde Abwägungsmaterial zu liefern. Zusätzlich ist eine sorgfältige Prüfung der Zurückstellungsvoraussetzungen durch die Baugenehmigungsbehörde von Nöten.[869]

Positiv ist zu bewerten, dass die Gemeinden keine allgemeine Sperre für künftige Vorhaben anordnen können, da eine Veränderungssperre im Rahmen der (Teil-) Flächennutzungsplanung im Baugesetzbuch nicht vorgesehen ist.

3. Quintessenz zum Planvorbehalt i. S. v. § 35 Abs. 3 S. 3 BauGB 2004

§ 35 Abs. 3 S. 3 BauGB selbst wurde nur mittelbar modifiziert – zum einen durch die geänderte Nummerierung der Privilegierungstatbestände, zum anderen durch die nun mögliche Aufstellung von Teilflächennutzungsplänen mit Rechtswirkungen i. S. v. § 35 Abs. 3 S. 3 BauGB 2004.

Der Planvorbehalt wurde zusammen mit (Teil-) Flächennutzungsplänen und der Zurückstellungsmöglichkeit als bedeutsame Steuerungsfunktion in der ge-

869 In eine inhaltliche Rechtskontrolle darf die Genehmigungsbehörde gegenüber der Gemeinde wohl nicht eintreten, beispielsweise bei dem Aufstellungsbeschluss wegen dessen Feststellungswirkung; *Berkemann*, in: Berkemann/Halama, § 15, Rdnr. 14.

meindlichen Planung noch weiter gestärkt. Für die Anwendung des Planvorbehalts auf den Hauptanwendungsfall der Intensivtierhaltung ist die Einstufung von Tierhaltungsanlagen entscheidend, da landwirtschaftliche Vorhaben i. S. d. § 35 Abs. 1 Nr. 1 BauGB 2004 auch weiterhin nicht in den Planvorbehalt miteinbezogen wurden: wird die Tierhaltung der Landwirtschaft nach §§ 35 Abs. 1 Nr. 1, 201 BauGB 2004 zugerechnet, scheidet die Möglichkeit eines Planvorbehalts aus; wird sie hingegen als Massentierhaltung gemäß § 35 Abs. 1 Nr. 4 BauGB 2004 beurteilt, ist ein Planvorbehalt möglich. Hierfür ist es aber erforderlich, dass in Gemeinden, in denen ein Planungsbedürfnis für Vorhaben der Intensivtierhaltung aufgrund entsprechender Vorbelastung besteht, überhaupt geeignete Flächen im Gemeindegebiet für die Ausweisung von Vorrangflächen für Intensivtierhaltung zur Verfügung stehen. Falls dies nicht der Fall sein sollte, bietet sich für die Steuerung von Tierhaltungsanlagen wohl eher eine Ausweisung nach § 35 Abs. 3 S. 1 Nr. 1 BauGB 2004 an.

Neben der Steuerung von Intensivtierhaltungsanlagen ist der Planvorbehalt auch für die Zulässigkeit von Windkraft- und Biomasseanlagen relevant. Da Biomasseanlagen, im Gegensatz zu Windkraftanlagen, nur unter bestimmten Voraussetzungen privilegiert sind (vgl. § 35 Abs. 1 Nr. 6 BauGB 2004), stellt sich die Frage, ob und inwieweit sich Gemeinden bei der Steuerungsplanung von Flächen für Biomasseanlagen an die gesetzlichen Vorgaben des Privilegierungstatbestandes, insbesondere an den räumlich-funktionalen Zusammenhang i. S. v. § 35 Abs. 1 Nr. 6a BauGB 2004 zu halten hat. Zwar verweist § 35 Abs. 3 S. 3 BauGB 2004 nicht direkt auf die einzelnen Privilegierungsvoraussetzungen von Biomasseanlagen, sondern stellt seinem Wortlaut nach lediglich auf Vorhaben nach § 35 Abs. 1 Nr. 6 BauGB 2004 ab, jedoch ist aufgrund des Erfordernisses eines schlüssigen, gesamträumlichen Planungskonzepts die gesetzgeberische Wertung der Privilegierungsvoraussetzungen auch im Rahmen der Planung zu berücksichtigen. Weil danach insbesondere lange Transportwege von Biomasse und damit verbundene Belastungen für den Außenbereich unerwünscht sind, sollten die Vorrangflächen in räumlichen Zusammenhang mit einem oder mehreren landwirtschaftlichen Betrieben ausgewiesen werden. Für die Planungspraxis bedeutet dies, dass bei einer sachgerechten planerischen Steuerung von Biomasseanlagen im Einzelfall kleinteiliger vorzugehen ist bzw. mehr Vorrangflächen auszuweisen sind als bei der Steuerung von Windkraftanlagen.[870]

Die Herausnahme der privilegierten Vorhaben der Kernenergie nach § 35 Abs. 1 Nr. 7 BauGB 2004 aus dem Planvorbehalt nach § 35 Abs. 3 S. 3 BauGB 2004 führt dazu, dass Gemeinden für derartige Vorhaben keine Standortpolitik

870 Vgl. *Schrödter*, in: Schrödter, § 5, Rdnr. 93; *dergl.*, in: Berkemann/Bunzel/Halama/Schmidt-Eichstaedt/Schrödter, BauGB 2004 – Nachgefragt, S. 278.

mehr betreiben können. Die Änderung der bisherigen Gesetzeslage zielt daher, ohne dass dies die Gesetzesmaterialien explizit aussprechen, darauf ab, nicht mehr die Gemeindepolitik über kritische Entsorgung radioaktiver Abfälle entscheiden zu lassen.[871]

Die durch die Einführung sachlicher Teilflächennutzungspläne erweiterte Möglichkeit zur Erlangung eines Planvorbehalts ist positiv einzustufen, schon weil die Rechtswirkung nach § 35 Abs. 3 S. 3 BauGB 2004 über die der Darstellung eines Flächennutzungsplans nach § 35 Abs. 3 S. 1 Nr. 1 BauGB 2004 hinausgeht: der Planvorbehalt eröffnet im Gegensatz zu § 35 Abs. 3 S. 1 Nr. 1 BauGB 2004 die Möglichkeit, die erfassten Vorhaben auf bestimmte Flächen im Außenbereich zu beschränken und so deren Zulässigkeit dort räumlich zu steuern. Diese Wirkung als Korrelat zu den privilegierten Außenbereichsvorhaben nach § 35 Abs. 1 Nr. 2 bis 6 BauGB 2004 ist in der Praxis von großer Bedeutung, auch wenn die Darstellungen keinen Rechtssatzcharakter haben.

4. Zusammenfassende Bewertung der neuen Steuerungs- und Sicherungsmittel

Die im Zusammenhang mit der Novellierung des Baugesetzbuchs durch das Europarechtsanpassungsgesetz Bau im Bereich der Bauleitplanung getroffenen Neuregelungen von Steuerungs- und Sicherungsinstrumenten von Außenbereichsvorhaben durch die Einführung sachlicher Teilflächennutzungspläne nach § 5 Abs. 2b BauGB 2004 mit dem Darstellungsprivileg in § 35 Abs. 3 BauGB 2004 sowie einer Zurückstellungsmöglichkeit nach § 15 Abs. 3 BauGB 2004 haben die Gemeinden nunmehr die Möglichkeit, die bauliche Entwicklung im Außenbereich räumlich noch effektiver zu steuern. Das Steuerungspotential des Flächennutzungsplans hat damit eine erhebliche Aufwertung erfahren.

Damit wurde der Gesetzgeber auch dem Konflikt gerecht, dass es sich bei privilegierten Vorhaben um Nutzungen handelt, die an sich dem Außenbereich zugewiesen sind, es aber dabei vielfach zu Massenphänomenen kommt, zu deren notwendigen Bewältigung es einer steuernden Planung bedarf. Die Steuerungsregelungen sind jedoch nicht abschließend, so dass die Gemeinde künftig auch in anderer Weise durch Darstellungen Belange zum Ausdruck bringen kann, die einem privilegierten, teilprivilegierten oder sonstigen Außenbereichsvorhaben entgegengehalten werden können.

---

871 *Berkemann*, in: Berkemann/Halama, § 35, Rdnr. 104.

H. § 35 Abs. 4 S. 1 Nr. 1c und d BauGB 2004 – begünstigte Nutzungsänderung eines Gebäudes i. S. v. § 35 Abs. 1 Nr. 1 BauGB 2004

I. Gesetzgebungsverfahren

1. Länderabweichungsklausel § 245b Abs. 2 BauGB 1998 bezüglich § 35 Abs. 4 S. 1 Nr. 1c BauGB

Sowohl der Referenten- als auch der Regierungsentwurf sahen die Aufhebung der Länderabweichungsklausel gemäß § 245b Abs. 2 BauGB 1998 bezüglich der Nichtanwendung der Frist nach § 35 Abs. 4 S. 1 Nr. 1c BauGB für die begünstigte Nutzungsänderung eines land- oder forstwirtschaftlichen Gebäudes vor, da deren bis zum 31.12.2004 befristete Anwendungsmöglichkeit ohnehin alsbald nach Inkrafttreten des Europarechtsanpassungsgesetzes Bau auslaufe und während dieser kurzen verbleibenden Geltungsdauer die Länder von der Regelung kein Gebrauch mehr machten.[872] Der Ausschuss für Verkehr, Bau- und Wohnungswesen hingegen sprach sich in seiner Beschlussfassung für die Beibehaltung der Länderabweichungsklausel aus, weshalb die Datumsangabe im bisherigen § 245b Abs. 2 BauGB durch die Datumsangabe „31.12.2008" ersetzt werden sollte.[873]

2. Zur Fristenregelung in § 35 Abs. 4 S. 1 Nr. 1d BauGB 1998

Nach der Beschlussfassung des Ausschusses für Verkehr, Bau- und Wohnungswesen sollte die Voraussetzung in § 35 Abs. 4 S. 1 Nr. 1d BauGB 1998 geändert werden: die bisherige Stichtagsregelung, derzufolge ein begünstigt zu änderndes Gebäude vor dem 27. August 1996 zulässigerweise errichtet worden sein muss, sollte durch eine dauerhafte Fristenregelung, wonach das Gebäude vor mehr als sieben Jahren zulässigerweise errichtet worden sein muss, ersetzt werden.[874]

---

872 *Bundesministerium für Verkehr, Bau- und Wohnungswesen*, Entwurf eines Europarechtsanpassungsgesetzes Bau, www.bmvbw.de, Begründung Besonderer Teil, S. 80; *Bundesregierung*, Entwurf eines Europarechtsanpassungsgesetzes Bau, BT-Drs. 15/2250, S. 23, 68.

873 *Ausschuss für Verkehr, Bau- und Wohnungswesen*, Beschlussempfehlung und Bericht zum Regierungsentwurf, BT-Drs. 15/2996, S. 48, 72.

874 *Ausschuss für Verkehr, Bau- und Wohnungswesen*, Beschlussempfehlung und Bericht zum Regierungsentwurf, BT-Drs. 15/2996, S. 32, 67.

II. Gesetzgewordene Regelungen

1. Verlängerte Aussetzungsmöglichkeit nach § 245b Abs. 2 BauGB 2004 für die Frist nach § 35 Abs. 4 S. 1 Nr. 1c BauGB

Gemäß § 245b Abs. 2 BauGB 2004[875] haben die Länder die Möglichkeit zu bestimmen, dass die Frist nach § 35 Abs. 4 S. 1 Nr. 1c BauGB, die für eine begünstigte Umnutzung voraussetzt, dass die Aufgabe der bisherigen Nutzung nicht länger als sieben Jahre zurückliegt, bis zum 31.12.2008 keine Anwendung findet (sog. Länderabweichungsklausel). Die Ermächtigung der Länder wurde damit von Ende 2004 bis Ende 2008 verlängert. Eine entsprechend getroffene Bestimmung der Nichtanwendung der Siebenjahresfrist bis zum 31.12.2008 hat zur Folge, dass die Aufgabe der bisherigen Nutzung auch länger als sieben Jahre zurückliegen darf; erst nach Ablauf des Jahres 2008 gilt dann wieder die Voraussetzung des § 35 Abs. 4 S 1 Nr. 1c BauGB mit der zeitlichen Begrenzung der Aufgabe der privilegierten Nutzung auf maximal sieben zurückliegende Jahre.[876]

Der bayerische Gesetzgeber hatte von der Ermächtigung nach § 245b Abs. 2 BauGB 2004 Gebrauch gemacht, indem er Art. 93 BayBO normierte, wonach § 35 Abs. 4 S. 1 Nr. 1c BauGB 2004 in Bayern bis zum 31.12.2008 nicht mehr anzuwenden war; dies galt auch für Vorhaben bei denen die Siebenjahresfrist zum Zeitpunkt des Inkrafttretens von Art. 93 BayBO bereits abgelaufen war.[877]

2. Änderung der Fristenregelung gemäß § 35 Abs. 4 S. 1 Nr. 1d BauGB 2004

§ 35 Abs. 4 S. 1 Nr. 1d BauGB 2004 setzt voraus, dass das zu begünstigende Gebäude vor mehr als sieben Jahren zulässigerweise errichtet worden ist. Danach sind nun Nutzungsänderungen von land- und forstwirtschaftlichen Gebäuden begünstigt, deren umzunutzende Bausubstanzen vor mehr als sieben Jahren in zulässiger Weise errichtet worden sind. Vor Ablauf der Siebenjahresfrist kann ein Vorhaben folglich nicht begünstigt i. S. v. § 35 Abs. 4 S. 1 Nr. 1 BauGB 2004 sein.[878]

---

875 Wortlaut des § 245b Abs. 2 BauGB 2004: „Die Länder können bestimmen, dass die Frist nach § 35 Abs. 4 Satz 1 Nr. 1 Buchstabe c bis zum 31. Dezember 2008 nicht anzuwenden ist.“

876 *Battis/Krautzberger/Löhr*, NJW 2004, 2553 (2557); *Söfker*, Der Landkreis 2004, 584 (588); *C. Bönker*, in: Hoppe/Bönker/Grotefels, Öffentliches Baurecht (3. Auflage), § 7, Rdnr. 259.

877 *BayVGH*, Urt. vom 05.02.2007, Az.: 1 BV 05.2981, juris.

878 *Krautzberger/Stüer*, DVBl. 2004, 781 (787); *Krautzberger*, UPR 2004, 241 (244); *B. Stüer*, Städtebaurecht 2004, S. 36.

III. Zusammenfassung

1. Verlängerung der Länderabweichungsklausel gemäß § 245b Abs. 2 BauGB 2004

Die Voraussetzung in § 35 Abs. 4 S. 1 Nr. 1c BauGB nach einem zeitlichen Zusammenhang zwischen der privilegierten Nutzung und der Nutzungsänderung für die erleichterte Umnutzung von Gebäuden, die ehemals einem land- oder forstwirtschaftlichen Betrieb gedient haben, gilt unverändert fort. Die bisherige privilegierte Nutzung darf also nicht vor mehr als sieben Jahren aufgegeben worden sein. Mit Verlängerung der Sonderregelung § 245b Abs. 2 BauGB 2004 wurde den Ländern aber die Möglichkeit belassen, von der Fristenregelung in § 35 Abs. 4 S. 1 Nr. 1c BauGB 2004 bis zum 31.12.2008 abzuweichen. Sie sind daher weiterhin ermächtigt, Bestimmungen zu treffen, dass die Sieben-Jahres-Frist zwischen Aufgabe der landwirtschaftlichen Nutzung und Aufnahme der neuen Nutzung bis zum 31.2.2008 nicht anzuwenden ist.

Mit der Verlängerung der Länderabweichungsklausel und der flexiblen (Nicht-) Anwendung sollte eine weitere Erleichterung im Hinblick auf den Strukturwandel in der Landwirtschaft geben. § 35 Abs. 4 S. 1 Nr. 1c BauGB räumt dem Landwirt eine siebenjährige Überlegungsfrist ein, damit sich dieser über die weitere Verwendung der nicht mehr genutzten Gebäude schlüssig werden kann. Diese Frist kann sich allerdings in bestimmten Fällen als zu kurz bemessen herausstellen. Durch die Aussetzungsermächtigung nach § 245b Abs. 2 BauGB 2004 können insbesondere Gebäude von landwirtschaftlichen Produktionsgenossenschaften in den neuen Bundesländern, die nach der Wiedervereinigung aufgegeben worden sind und die wegen Ablaufs der Sieben-Jahres-Frist nach § 35 Abs. 4 S. 1 Nr. 1c BauGB 2004 an sich nicht mehr anderweitig genutzt werden dürften, wieder einer sinnvollen Nutzung außerhalb der Landwirtschaft zugeführt werden.[879]

2. Geänderte Fristenregelung nach § 35 Abs. 4 S. 1 Nr. 1d BauGB 2004

Der Gesetzgeber abstrahiert mit § 35 Abs. 4 S. 1 Nr. 1d BauGB 2004, wonach das entprivilegierte Gebäude vor mehr als sieben Jahren in zulässiger Weise errichtet worden sein muss, die ehemals starre Fristenregelung ab, indem er die feste Stichtagsregelung durch eine dynamische Fristenregelung mit dauerhaften

879 *W. Erbguth/J. Wagner*, Grundzüge des öffentlichen Baurechts (4. Auflage), § 8, Rdnr. 98; *J. Berkemann*, in: Berkemann/Bunzel/Halama/Schmidt-Eichstaedt/Schrödter, BauGB 2004 – Nachgefragt, S. 302.

Zeitrahmen ersetzte. Erfasst werden nunmehr ohne festen zeitlichen Bezugspunkt Gebäude, die zum Zeitpunkt der Genehmigungsentscheidung vor mehr als sieben Jahren vor der Nutzungsänderung zulässig errichtet worden sind. Zudem wurden damit alle Gebäude in die Regelung einbezogen, die zwischen dem 27.08.1996 und dem 20.07.1997 zulässigerweise entstanden sind.[880]

Die Neuerung der gleitenden Sieben-Jahres-Frist stellt eine Erweiterung des Begünstigungstatbestandes der Nachnutzung ehemals landwirtschaftlich genutzter Bausubstanz dar. Diese Änderung war im Hinblick auf den Strukturwandel in der Landwirtschaft auch sachgerecht, da bei Beibehaltung der bisherigen Stichtagsregelung die Begünstigung langfristig ins Leere gelaufen wäre. Die Festlegung der Frist auf sieben Jahre dürfte auch ausreichend sein, um weiterhin einen Missbrauch des Begünstigungstatbestandes[881] zu vermeiden, da mit dieser Frist erreicht wird, dass nur in der Vergangenheit errichtet Gebäude Gegenstand einer erleichterten Nutzungsänderung sein können.[882] Vereinzelt wird in der Literatur jedoch die Ansicht vertreten, dass mit Ersetzen des bisherigen Stichtags durch einen dauerhaften Zeitrahmen der frühere Zweck aufgegeben werde. Der Gesetzgeber habe den Stichtag des 27.08.1996 seinerzeit gewählt, um Missbrauch gerade aus Anlass der Gesetzesänderung zu vermeiden. Aufgrund § 35 Abs. 4 S. 1 Nr. 1d BauGB 2004 bestünde nunmehr aber eine allgemeine Missbrauchsklausel mit einer Mindestkarenzzeit, um befürchteten Umgehungen zu begegnen.[883]

IV. Bewertung

Mit der Teilprivilegierung nach § 35 Abs. 4 S. 1 Nr. 1 BauGB soll einerseits dem Rückgang und der Umstrukturierung in der Landwirtschaft Rechnung getragen, andererseits aber einer Umgehung des Außenbereichsschutzes aufgrund zu großzügiger Umnutzungsmöglichkeiten für ehemalige land- bzw. forstwirtschaftliche Gebäude entgegengewirkt werden. Diesen beiden Aspekten werden

880 *G. Schmidt-Eichstaedt*, Städtebaurecht (4. Auflage), S. 346; *Berkemann*, in: Berkemann/Halama, § 35, Rdnr. 112; *Dirnberger*, ZfIR-Report 836 (839).

881 Hintergrund der bisherigen Sperrfrist in § 35 Abs. 4 S. 1 Nr. 1d BauGB 2004 war zu verhindern, dass im Außenbereich Gebäude mit der Absicht errichtet werden, sie nur vorübergehend für einen privilegierten Zweck, insbesondere zu Wohnzwecken, zu nutzen, um sie anschließend mit Hilfe der Teilprivilegierung anderweitig zu nutzen; vgl. *Rieger*, in: Schrödter, § 35, Rdnr. 132.

882 *Bundesministerium für Verkehr, Bau- und Wohnungswesen*, Institut für Städtebau 2004, 1 (4); *Dirnberger*, Bayerischer Gemeindetag 2004, 402 (405); *J. Meißner*, Baugesetzbuch 2004, S. 22; *W. Söfker*, in: Krautzberger/Söfker, Baugesetzbuch, Rdnr. 392.

883 *Berkemann*, in: Berkemann/Halama, § 35, Rdnr. 112.

die vorgenommenen Änderungen in § 35 Abs. 4 S. 1 Nr. 1c und d BauGB 2004 gerecht. Entsprechend dem gesetzgeberischen Motiv wurde mit der Flexibilisierung der Fristenregelungen sichergestellt, dass der aufgrund des Strukturwandels in der Landwirtschaft sich ergebende Bedarf an Nutzungsänderung landwirtschaftlicher Gebäude im Außenbereich künftig erleichtert realisiert werden kann, ohne dabei jedoch die Gefahr eines Missbrauchs des Begünstigungstatbestandes zu erhöhen.[884]

I. § 35 Abs. 5 S. 2 und 3 BauGB 2004 – Einführung einer Rückbauverpflichtung

I. Gesetzesentwurf des Bundesministeriums für Verkehr, Bau- und Wohnungswesen

Der Entwurf des Bundesministeriums für Verkehr, Bau- und Wohnungswesen (Referentenentwurf) sah vor, in § 35 Abs. 5 BauGB einen Satz 2 einzufügen, wonach für gemäß § 35 Abs. 1 Nr. 2 bis 6 bzw. Abs. 2 BauGB genehmigte und einer Umweltverträglichkeitsprüfung nach Bundes- oder Landesrecht unterzogene Vorhaben der Eigentümer eine Verpflichtung zu übernehmen habe, das Vorhaben nach dauerhafter Aufgabe der zulässigen Nutzung zurückzubauen und die Bodenversiegelung zu beseitigen. Ergänzend hierzu sollte durch eine Erweiterung des bisherigen Satz 3 in § 35 Abs. 5 BauGB die Einhaltung der in Satz 2 vorgeschlagenen Verpflichtung sichergestellt werden.[885]

Mit den vorgeschlagenen Regelungen sollte zum verstärkten Schutz des Außenbereichs die bisherige Rechtslage gegen eine Beeinträchtigung der Landschaft durch aufgegebene Anlagen erheblichen Umfangs mit einer zeitlich nur begrenzten Nutzungsdauer fortentwickelt werden. Dies sei notwendig geworden, da im Zuge der Förderung von Anlagen zur Nutzung erneuerbarer Energien der Privilegierungstatbestand erweitert wurde bzw. erweitert wird, und dadurch die Anzahl der errichteten Anlagen wie die der Windkraft zugenommen hat bzw. die der Biomassenutzung zunehmen wird. Neben einer dadurch drohenden weiteren Versiegelung von Außenbereichsflächen hätten solche Anlagen auch erhebliche Auswirkungen insbesondere auf das Landschaftsbild und zeichneten sich zudem

---

884 *G. Manssen*, Öffentliches Recht in Bayern, 4. Teil, Rdnr. 119; *Wagner/Engel*, BayVBl. 2005, 33 (44); *Söfker*, in: Ernst/Zinkahn/Bielenberg/Krautzberger, Band II, § 35, Rdnr. 143; *Schliepkorte/Tünnemann*, ZfBR 2004, 645 (652).

885 *Bundesministerium für Verkehr, Bau- und Wohnungswesen*, Entwurf eines Europarechtsanpassungsgesetzes Bau, www.bmvbw.de, S. 19; *Krautzberger/Stüer*, BauR 2003, 1301 (1306).

oftmals durch eine nur begrenzte technische sowie wirtschaftliche Nutzungsdauer aus. Folglich habe das Gesetz bei der privilegierten Zulassung von Anlagen im Außenbereich an deren Nutzungszweck anzuknüpfen. Die bodenrechtliche Legitimation für die Privilegierung und damit für den Fortbestand des Baukörpers im Außenbereich entfalle daher, wenn sein Nutzungszweck dauerhaft wegfällt und auch keine andere privilegierte Nutzung für das Vorhaben genehmigt werden kann. Aus Gründen des Außenbereichsschutzes sei dann die Entfernung der Anlage geboten. Dieses Beseitigungsgebot entspreche dem Anliegen der Bodenschutzklausel und dem Verursacherprinzip. Außerdem solle mit den neuen Regelungen die Vollzugspraxis erleichtern werden. Diese habe bereits in der Vergangenheit Baugenehmigungen nur befristet für die Dauer der privilegierten Nutzung erteilt und zur Absicherung der Beseitigungspflicht eine angemessene Sicherheitsleistung verlangt. Eine Beschränkung der Regelungen auf UVP-pflichtige Vorhaben sei geboten, weil diesen im Hinblick auf die Umweltvorsorge besondere Bedeutung zukomme.[886]

II. Entwurf eines Europarechtsanpassungsgesetzes Bau durch die Bundesregierung

Die Bundesregierung übernahm in ihrem Gesetzesentwurf zum Europarechtsanpassungsgesetz Bau die Regelung des Referentenentwurfs, stellte jedoch in Satz 2 des § 35 Abs. 5 BauGB-RegE klar, dass es sich bei der Übernahme der Rückbauverpflichtung um eine weitere Zulässigkeitsvoraussetzung handle. Adressat der Verpflichtung sei der Antragsteller.[887]

III. Bedenken und Anregungen seitens des Bundesverbandes Windenergie

Nach Ansicht des Bundesverbandes Windenergie sei zu befürchten, dass in der Praxis die Baugenehmigungsbehörden von Betreibern der Windenergieanlagen (weiterhin) überhöhte Sicherheitsleistungen verlangen und dem Bauherrn dadurch die Realisierung seines Bauvorhabens aus wirtschaftlichen Gründen fak-

886 *Bundesministerium für Verkehr, Bau- und Wohnungswesen*, Entwurf eines Europarechtsanpassungsgesetzes Bau, www.bmvbw.de, Begründung Allgemeiner Teil, S. 18, Begründung Besonderer Teil, 54 f; *Steinkemper*, NZBau 2004, 401 (405); *Scholz*, EurUP 2004, 134 (139); *Roeser*, in: Berliner Kommentar, Band I, § 35, Rdnr. 128a; *Wagner/Engel*, BayVBl. 2005, 33 (44); *Rieger*, in: Schrödter, § 35, Rdnr. 160.

887 *Bundesregierung*, Entwurf eines Europarechtsanpassungsgesetzes Bau, BT-Drs. 15/2250, S. 16; *Schliepkorte*, ZfBR 2004, 124 (127).

tisch unmöglich gemacht werde. Es sei daher notwendig, den Genehmigungsbehörden per gesetzliche Regelung exaktere Vorgaben zur Ausgestaltung der Sicherheitsleistung, insbesondere hinsichtlich der Art und Höhe, zu geben.[888]

IV. Stellungnahme des Bundesrates

Der Bundesrat forderte die Streichung der Rückbauverpflichtung für sonstige sowie für UVP-pflichtige Vorhaben in § 35 Abs. 5 S. 2 BauGB-RegE.

Eine vorsorgliche Rückbauverpflichtung für sonstige Vorhaben nach § 35 Abs. 2 BauGB sei nicht gerechtfertigt, da solche Vorhaben nur genehmigt werden könnten, wenn öffentliche Belange nicht beeinträchtigt würden und dann unter dem Gesichtspunkt des Außenbereichsschutzes nicht zu missbilligen seien. Im Gegensatz dazu würden privilegierte Vorhaben nur genehmigt, wenn sie auf den Außenbereichsstandort angewiesen seien; diese Rechtfertigung entfalle aber mit Nutzungsaufgabe.

Des Weiteren sei die Durchführung einer Umweltverträglichkeitsprüfung kein geeignetes Kriterium eine Rückbauverpflichtung nach Nutzungsaufgabe zu begründen,[889] da die UVP-Pflichtigkeit eines Vorhabens sowohl auf dem Vorhandensein einer Anlage als auch auf den nutzungsbedingten Auswirkungen beruhen könne.[890]

V. Gegenäußerung der Bundesregierung

Die Bundesregierung trug den Bedenken des Bundesrates Rechnung. Vorhaben nach § 35 Abs. 2 BauGB wurden daher von der Rückbauverpflichtung ausge-

888 *Frank/Lahme*, ZNER 2003, 319 (320).

889 Gegen eine Koppelung der Rückbauverpflichtung an die Durchführung der Umweltverträglichkeitsprüfung auch *Nebelsieck/Schmidt*, NordÖR 2004, 93 (99), da eine solche angesichts zahlreicher Verstöße gegen die gemeinschaftsrechtlichen UVP-Vorgaben zu Beschränkungen des Außenbereichsschutzes führe. Zumindest müsse die Rückbauverpflichtung lediglich an die UVP-Pflicht bedingt werden. Als unsachgerecht sieht *H. Janning*, in: Spannowsky/Krämer, BauGB-Novelle 2004, S. 11 (29 f.) eine Beschränkung auf UVP-pflichtige Vorhaben, da die Gründe für ein Beseitigungsgebot (Bodenschutz; Verursacherprinzip) ebenso für nicht UVP-pflichtige Außenbereichsvorhaben gälten. Es sei nicht nachvollziehbar, weshalb diese nicht rückbaupflichtig sein sollten. Zudem komme es bei Beibehaltung der Beschränkung aufgrund der verschiedenen landesrechtlichen UVP-Regelungen zu unterschiedlichen Vollzügen in den Bundesländern.

890 *Bundesrat*, Stellungnahme zum Regierungsentwurf, BT-Drs. 15/2250, S. 82; *Hentschke/Urbisch*, AUR 2005, 41 (46).

nommen und auf das Merkmal der Umweltverträglichkeitsprüfung als Kriterium für die Begründung einer Rückbauverpflichtung wurde verzichtet.

In § 35 Abs. 5 S. 2 BauGB-RegE wurde ein zweiter Halbsatz eingefügt, wonach bei einer nach Absatz 1 Nr. 2 bis 6 zulässigen Nutzungsänderung die Rückbauverpflichtung zu übernehmen sei, und bei einer nach Absatz 1 Nummer 1 oder Absatz 2 zulässigen Nutzungsänderung entfalle. Damit solle sichergestellt werden, dass die Durchführung einer nach § 35 Abs. 1 Nr. 2 bis 6 BauGB-RegE zulässigen Nutzungsänderung nicht die Fälligkeit des Rückbaus auslöse. Gänzlich entfallen solle die Rückbauverpflichtung dagegen bei einer Nutzungsänderung, die nach § 35 Abs. 1 Nr. 1 bzw. § 35 Abs. 2 BauGB zulässig sei.

Zudem müsse nun als weitere Zulässigkeitsvoraussetzung eine Verpflichtungserklärung abgegeben werden.

Zu beachten sei, dass die vorgeschlagene Rückbauverpflichtung sonstige verpflichtende Regelungen unberührt lasse. Daher sei es weiterhin möglich, dass die Bauaufsichtsbehörde bei Verlust des Bestandschutzes aufgrund endgültiger Nutzungsaufgabe der baulichen Anlage deren Beseitigung anordne.[891]

VI. Planspielergebnisse

Die Einführung einer Rückbauverpflichtung in der von der Bundesregierung überarbeiteten Fassung gemäß ihrer Gegenäußerung wurde zuvor von allen Planspielbeteiligten begrüßt, jedoch sahen viele von ihnen im Vollzug der Rückbauverpflichtung eine Herausforderung. Bei Erteilung der Baugenehmigung müsse sichergestellt sein, dass die finanziellen Mittel für die Durchsetzung der Rückbauverpflichtung zur Verfügung stünden. Geeignete Sicherungsmittel seien die Eintragung von Grunddienstbarkeiten, Nebenbestimmungen in der Baugenehmigung, Bürgschaften und Sicherheitsleistungen. Für die Feststellung der dauerhaften Aufgabe der zulässigen Nutzung zeigten die Planspielstädte unterschiedliche Kriterien auf. Nach Ansicht der Planspielstadt Parchim sowie seines Landkreises sollte diese die Gewerbeabmeldung bzw. der Beginn einer artfremden Nutzung ausschlaggebend sein, während die Planspielstadt Leipzig von der Nichtausübung der Nutzung über drei Jahre lang ausging. Die Stadt Freising dachte an, der Rückbauverpflichtung neben der Beseitigung der Bodenversiege-

891 *Bundesregierung*, Gegenäußerung zur Stellungnahme, BT-Drs. 15/2250, S. 93 f; *W. Söfker*, in: Spannowsky/Krämer, BauGB-Novelle 2004, 87 (93).

lung als weiteren Inhalt die Wiederherstellung des ursprünglichen Zustandes zu geben.[892]

VII. Bericht des Ausschusses für Verkehr, Bau- und Wohnungswesen

Im Bericht des Ausschusses für Verkehr, Bau- und Wohnungswesen blieb es bei der von der Bundesregierung in ihrer Gegenäußerung vorgeschlagenen Fassung.[893] Zudem solle aber in Absatz 7 der bisherigen Überleitungsvorschrift nach § 244 BauGB eine Ergänzung aufgenommen werden, mit der sichergestellt werde, dass bauliche Anlagen, die bereits vor dem Inkrafttreten des Europarechtsanpassungsgesetzes Bau zugelassen worden seien, auch bei einer Nutzungsänderung nicht nach § 35 Abs. 5 S. 2 BauGB-RegE zurückgebaut werden müssten.[894]

VIII. Empfehlungen der Ausschüsse

Der Agrarausschuss bestand darauf, die Rückbau- und Entsiegelungsverpflichtung auf Vorhaben zu beschränken, die einer Umweltverträglichkeitsprüfung nach Bundes- oder Landesrecht unterzogen werden müssen. Die Streichung dieses Merkmals führe zu einer Ausweitung auf eine Vielzahl von kleineren Neubauten und Ergänzungs- sowie Umbaumaßnahmen, die keine Umweltbeeinträchtigung hervorrufen und den Außenbereich nicht belasten würden.[895] Der Ausschuss für Städtebau, Wohnungswesen und Raumordnung lehnt dies unter Verweis auf die Stellungnahme des Bundesrates ausdrücklich ab.[896]

Darüber hinaus empfahl der Agrarausschuss bisher in die Rückbauverpflichtung mit einbezogene Vorhaben der gartenbaulichen Erzeugung sowie der Energieerzeugung aus Biomasse den von der Rückbauverpflichtung ausgenommenen land- und forstwirtschaftlichen Betrieben gleichzustellen. Betriebe der gartenbaulichen Erzeugung unterfielen dem Begriff der Landwirtschaft und seien in § 35 Abs. 1 Nr. 2 BauGB nur deshalb gesondert aufgeführt, weil dadurch für

892 *Deutsches Institut für Urbanistik/Forschungsgruppe Stadt+Dorf*, Bericht über Planspiel BauGB-Novelle 2004, S. 76.

893 *Ausschuss für Verkehr, Bau- und Wohnungswesen*, Beschlussempfehlung und Bericht zum Regierungsentwurf, BT-Drs. 15/2996, S. 32.

894 *Ausschuss für Verkehr, Bau- und Wohnungswesen*, Beschlussempfehlung und Bericht zum Regierungsentwurf, BT-Drs. 15/2996, S. 48, 68, 71.

895 *Agrarausschuss*, Empfehlungen der Ausschüsse, BR-Drs. 395/1/04, S. 5.

896 *Ausschuss für Städtebau, Wohnungswesen und Raumordnung*, Empfehlungen der Ausschüsse, BR-Drs. 395/1/04, S. 6.

Gartenbaubetriebe das Erfordernis der Einnahme eines untergeordneten Teils der Betriebsfläche entfiele; das Gleiche gelte für Biomasseanlagen.[897] Dem widersprach der Ausschuss für Städtebau, Wohnungswesen und Raumordnung. Eine unterschiedliche Behandlung von Vorhaben nach § 35 Abs. 1 Nr. 1 BauGB und solchen nach § 35 Abs. 1 Nr. 2 bis 6 BauGB-RegE sei durchaus gerechtfertigt sei, weil, im Gegensatz zu Gewächshäusern und Biomasseanlagen[898], für entprivilegierte Gebäude nach § 35 Abs. 1 Nr. 1 BauGB eine Nachnutzung denkbar sei. Es sei nicht sinnvoll, dass die der Nachnutzung unzugänglichen Anlagen nach Nutzungsaufgabe im Außenbereich verblieben und verfielen. Zudem entfalle für diese ohnehin die Rückbauverpflichtung, wenn eine Nutzung nach § 35 Abs. 2 BauGB in Betracht komme.[899]

IX. Die gesetzlich normierten Regelungen zur Rückbauverpflichtung

1. Die Bestimmungen in § 35 Abs. 5 S. 2 und 3 BauGB 2004

a) Erklärung der Rückbau- und Entsiegelungsverpflichtung gemäß § 35 Abs. 5 S. 2 Hs. 1 BauGB 2004

Gemäß § 35 Abs. 5 S. 2 Hs. 1 BauGB 2004 ist nunmehr für privilegierte Vorhaben nach § 35 Abs. 1 Nr. 2 bis 6 BauGB 2004 als weitere Zulässigkeitsvoraussetzung eine Verpflichtungserklärung abzugeben, das Vorhaben nach dauerhafter Aufgabe der zulässigen Nutzung zurückzubauen und den Boden zu entsiegeln.[900]

aa) Einzelheiten zur Verpflichtungserklärung

(1) Rechtsnatur der verpflichtenden Erklärung

Bei der Verpflichtungserklärung handelt es sich um eine einseitige, öffentlich-rechtliche Willenserklärung. Dies ergibt sich aus der Ähnlichkeit zu § 35 Abs. 4

897 *Agrarausschuss*, Empfehlungen der Ausschüsse, BR-Drs. 395/1/04, S. 6.

898 Dem kann jedoch entgegengehalten werden, dass bei Biomasseanlagen durchaus Nutzungsänderungen vor allem der zur Anlage gehörenden Lagerungsbehälter denkbar sei; vgl. *Lampe*, NuR 2006, 152 (155).

899 *Ausschuss für Städtebau, Wohnungswesen und Raumordnung*, Empfehlungen der Ausschüsse, BR-Drs. 395/1/04, S. 7.

900 *Battis/Krautzberger/Löhr*, NJW 2004, 2553 (2557).

S. 1 Nr. 1g BauGB.[901] Zudem handelt es sich bei der Verpflichtungserklärung zum Rückbau und zur Bodenentsiegelung ausweislich des Gesetzeswortlauts in § 35 Abs. 5 S. 2 Hs. 1 BauGB 2004 um eine weitere Voraussetzung der bauplanungsrechtlichen Zulässigkeit für Vorhaben nach § 35 Abs. 1 Nr. 2 bis 6 BauGB 2004. Das bedeutet, dass diese Vorhaben nur dann zugelassen werden dürfen, wenn zusätzlich zu den jeweiligen Zulässigkeitsvoraussetzungen die Verpflichtungserklärung als ergänzende materielle Zulässigkeitsvoraussetzung vorliegt.[902]

(2) Inhalt der Verpflichtungserklärung

Inhalt der Erklärung muss die ausdrückliche Selbstverpflichtung sein, nach dauerhafter Aufgabe der bis dahin zulässigen Nutzung das Vorhaben zurückzubauen und die eingetretenen Bodenversiegelungen zu beseitigen.[903] Ratsam ist, den Inhalt dieser Verpflichtung nach Maßgabe der Umstände des Einzelfalls durch Beschreibung der baulichen Anlage und der erforderlichen Bodenversiegelung bereits in der Verpflichtungserklärung, und nicht erst in der Baugenehmigung zu konkretisieren. Bei inhaltlicher Änderung des Bauantrags hat eine entsprechende Anpassung der Erklärung zu erfolgen.[904] Die verpflichtende Erklärung muss eine nähere Bestimmung des Kriteriums „dauerhafte Aufgabe der zulässigen Nutzung" nicht enthalten. Hierzu ist die Baugenehmigungsbehörde nicht befugt; allerdings kann sie zur Schaffung von Rechtssicherheit im Genehmigungsbescheid einen Hinweis dazu abgeben.[905]

(3) Form und Bestandteil der Erklärung

Die Verpflichtungserklärung ist schriftlich abzugeben, wobei eine bestimmte Form nicht vorgeschrieben ist. Sie ist regelmäßig Bestandteil der Baugenehmi-

---

901 *Berkemann*, in: Berkemann/Halama, § 35, Rdnr. 148; *Bienek/Krautzberger*, UPR 2008, 81 (92).

902 *W. Erbguth/J. Wagner*, Grundzüge des öffentlichen Baurechts (4. Auflage), § 8, Rdnr. 105; *C.-D. Bracher*, in: Gelzer/Bracher/Reidt, Bauplanungsrecht, Rdnr. 2275. Nach *Berkemann*, in: Berkemann/Halama, § 35, Rdnr. 134 handle es sich bei der Umschreibung der Verpflichtungserklärung als weitere Zulässigkeitsvoraussetzung um einen gesetzestechnischen Trick, da es unüblich sei, vorab verpflichtend erklären zu müssen, erst später eintretende Rechtsfolgen für sich zu akzeptieren.

903 *W. Söfker*, in: Krautzberger/Söfker, Baugesetzbuch, Rdnr. 405.

904 *J. Berkemann*, in: Berkemann/Bunzel/Halama/Schmidt-Eichstaedt/Schrödter, BauGB 2004 – Nachgefragt, S. 307 f.

905 *Berkemann*, in: Berkemann/Halama, § 35, Rdnr. 154.

gung, kann aber gleichwohl Bestandteil eines öffentlich-rechtlichen Vertrages i. S. d. § 11 BauGB sein.[906]

(4) Erklärungsverpflichteter

Die Verpflichtungserklärung ist durch die Person abzugeben, die den Antrag auf Genehmigung eines Vorhabens nach § 35 Abs. 1 Nr. 2 bis 6 BauGB 2004 stellt. Die Abgabe obliegt also regelmäßig dem Bauherrn als Vorhabensträger.[907] Ist der Antragsteller nicht zugleich Anlagenbetreiber bzw. Grundstückseigentümer[908], besteht das Problem, dass der Antragssteller die Rückbauverpflichtung mangels rechtlichen Zugriffs auf die Anlage bzw. das Grundstück kaum erfüllen können wird, wenn der Betriebsleiter bzw. der Eigentümer kein Interesse am Rückbau hat. Die mit der Erklärung übernommene Verpflichtung muss aber sowohl in rechtlicher als auch in tatsächlicher Hinsicht erfüllt werden können. Nach Ansicht von Teilen in der Literatur sei in einem solchen Fall neben der Verpflichtungserklärung des Antragstellers auch eine Verpflichtungserklärung, zumindest eine zusätzliche Einverständniserklärung vom Anlagenbetreiber bzw. Grundstückseigentümer zu verlangen.[909] Wünschenswert wäre eine gesetzlich explizit vorgeschriebene Beteiligung des Betreibers bzw. Grundeigentümers.

(5) Erklärungsempfänger

Als einseitige Willenserklärung ist die Verpflichtungserklärung empfangsbedürftig. Adressat der Erklärung ist die für die Genehmigung des Vorhabens zuständige Behörde. Das ist die Baugenehmigungsbehörde, der dann auch die Durchsetzung der Verpflichtung nach § 35 Abs. 5 S. 3 BauGB 2004 obliegt,

---

906 *Berkemann*, in: Berkemann/Halama, § 35, Rdnr. 148, 152; *W. Söfker*, in: Krautzberger/Söfker, Baugesetzbuch, Rdnr. 405.

907 *G. Manssen*, Öffentliches Recht in Bayern, 4. Teil, Rdnr. 160; *H.-D. Upmeier/C. Brandenburg*, Neues Baugesetzbuch 2004, S. 83; *Berkemann*, in: Berkemann/Halama, § 35, Rdnr. 150; *Jäde*, ZfBR 2005, 135 (145); *Dirnberger*, ZfIR-Report 2004, 836 (839); *Dürr*, in: Brügelmann, Band 2, § 35, Rdnr. 172. So auch schon: *Bundesregierung*, Entwurf eines Europarechtsanpassungsgesetzes Bau, BT-Drs. 15/2250, S. 56.

908 Dies ist vor allem bei Windkraftanlagen der Fall.

909 *Rieger*, in: Schrödter, § 35, Rdnr. 160; *Oerder*, BauR 2005, 643 (654); *Schmidt-Eichstaedt*, ZfBR 2005, 751 (760); *Berkemann*, in: Berkemann/Halama, § 35, Rdnr. 150. Allerdings widerspricht sich *Berkemann*, in: Berkemann/Halama, § 35, Rdnr. 53 bzw. in: Berkemann/Bunzel/Halama/Schmidt-Eichstaedt/Schrödter, BauGB 2004 – Nachgefragt, S. 281, 307 insofern, als danach die Verpflichtungserklärung nur vom Eigentümer der Anlage abzugeben sei, da nur er Adressat der Maßnahmen zur Sicherstellung nach § 35 Abs. 5 S. 3 BauGB 2004 sei bzw. die Erklärung durch den Vorhabensträger, d.h. durch den Eigentümer der Anlage abzugeben sei.

bzw. im immissionsschutzrechtlichen Verfahren die Immissionsschutzbehörde.[910]

(6) Zeitpunkt des Vorliegens der Verpflichtungserklärung

Als materielle Zulässigkeitsvoraussetzung im Rahmen des Genehmigungsverfahrens muss die Verpflichtungserklärung zum Zeitpunkt der beantragten Genehmigung vorliegen. Vor Abgabe der Verpflichtungserklärung kann also keine Genehmigung erteilt werden. Die Genehmigungsbehörde ist mithin nicht verpflichtet, die Genehmigung unter der aufschiebenden Bedingung der Vorlage der Verpflichtungserklärung zu erteilen; aus Gründen der Rechtssicherheit sollte sie davon auch keinen Gebrauch machen. Die Entgegennahme der (widerspruchslosen) Erklärung verpflichtet die Behörde aber nicht zur Genehmigung des Vorhabens. Vielmehr hat die Genehmigungsbehörde zu prüfen, ob die Erklärung dem zu erreichenden Zweck des § 35 Abs. 5 S. 2 Hs. 1 BauGB 2004 inhaltlich genügt; auch der Gemeinde muss im Verfahren des Einvernehmens nach § 36 Abs. 2 BauGB diese Prüfung möglich sein. Die Rückbauverpflichtung des Bauherrn ist schließlich in der Baugenehmigung als Auflage aufzunehmen, damit sie mittels Verwaltungszwang durchgesetzt werden kann.[911]

bb) Regelungsbereich

Die Rückbauverpflichtung ist gemäß § 35 Abs. 5 S. 2 Hs. 1 BauGB 2004 ausschließlich auf privilegierte Vorhaben nach § 35 Abs. 1 Nr. 2 bis 6 BauGB 2004 beschränkt. Sie erfasst also insbesondere die großen Außenbereichsvorhaben der Windenergie und der Biomassenutzung.

Von der Rückbauverpflichtung befreit sind privilegierte Vorhaben, die einem land- oder forstwirtschaftlichem Betrieb dienen i. S. v. § 35 Abs. 1 Nr. 1 BauGB 2004 oder im Zusammenhang mit der Nutzung von Kernenergie stehen i. S. v. § 35 Abs. 1 Nr. 7 BauGB 2004. Nach Ansicht des Ausschusses für Verkehr, Bau- und Wohnungswesen[912] sowie Teilen der Literatur[913] sei eine Rück-

910 *Rieger*, in: Schrödter, § 35, Rdnr. 160; *J. Berkemann*, in: Berkemann/Bunzel/Halama/Schmidt-Eichstaedt/Schrödter, BauGB 2004 – Nachgefragt, S. 307.

911 *Wagner/Engel*, BayVBl. 2005, 33 (44); *H.-D. Upmeier/C. Brandenburg*, Neues Baugesetzbuch 2004, S. 83; *Otto*, Kommunalpraxis 2004, 228 (232); *J. Berkemann*, in: Berkemann/Bunzel/Halama/Schmidt-Eichstaedt/Schrödter, BauGB 2004 – Nachgefragt, S. 307 f.; *dergl.*, in: Berkemann/Halama, § 35, Rdnr. 134, 152.

912 *Ausschuss für Verkehr, Bau- und Wohnungswesen*, Beschlussempfehlung und Bericht zum Regierungsentwurf, BT-Drs. 15/2996, S. 67.

913 *Dürr*, in: Brügelmann, Band 2, § 35, Rdnr. 172; *Söfker*, in: Ernst/Zinkahn/Bielenberg/Krautzberger, Band II, § 35, Rdnr. 165a.

bauverpflichtung für diese Vorhaben nicht erforderlich. Bei Aufgabe einer landwirtschaftlichen Nutzung sei, im Gegensatz zu den Vorhaben nach § 35 Abs. 1 Nr. 2 bis 6 BauGB 2004, in der Regel eine Weiternutzung im Rahmen des § 35 Abs. 4 Nr. 1 BauGB 2004 möglich. Dies lasse eine nicht gegen den Gleichheitsgrundsatz nach Art. 3 GG verstoßende differenzierte Behandlung zu. Nach gegenteiliger Ansicht in der Literatur sei diese Begründung nichtssagend und im Hinblick auf Nebenerwerbslandwirte sogar verfehlt, denn gerade bei landwirtschaftlichen Betrieben bestehe durchaus die Gefahr einer Umgehung, wie selbst der Gesetzgeber die Änderung des § 35 Abs. 4 S. 1 Nr. 1d BauGB 2004 anerkannt habe. Die Herausnahme von Vorhaben nach § 35 Abs. 1 Nr. 1 BauGB 2004 lasse sich vielmehr damit erklären, dass land- und forstwirtschaftlichen Betriebe mit ihren Wirtschaftsstellen den Außenbereich pflegten, was ihm zugute käme. Folglich müssten diese Betriebe auch bei Nichtnutzung weiter unter Eigentumsschutz stehen.[914] Einhellige Ansicht besteht in der Literatur jedoch darüber, dass eine Rückbauverpflichtung für Kernenergieanlagen aufgrund der gesonderten Regelungen durch das Atomrecht nicht erforderlich sei.[915]

Des Weiteren findet die Vorschrift über die Rückbauverpflichtung nach § 35 Abs. 5 S. 2 Hs. 1 BauGB 2004 keine Anwendung auf sonstige Vorhaben nach § 35 Abs. 2 BauGB 2004, auch soweit sie gemäß § 35 Abs. 4 und 6 BauGB 2004 begünstigt sind.[916] Eine Auffassung im Schrifttum sieht allerdings einen Widerspruch bzw. eine Inkonsequenz darin, dass bei dauerhafter Nutzungsaufgabe privilegierte Vorhaben nach § 35 Abs. 1 Nr. 2 bis 6 BauGB 2004 zurückgebaut werden müssen, sonstige Vorhaben nach § 35 Abs. 2 BauGB 2004 hingegen nicht.[917] Dem wird entgegengehalten, dass für sonstige Vorhaben nach § 35 Abs. 2 BauGB 2004 wegen dessen Genehmigungsvoraussetzung – keine Beeinträchtigung öffentlicher Belange – eine mögliche Zulassung ohnehin nur gering sei und daher kein Rückbaubedürfnis bestehe. Im Übrigen könnten im Einzelfall beeinträchtigte öffentliche Belange auch über eine analoge Rückbauverpflichtung in einem städtebaulichen Vertrag bzw. durch eine bauaufsichtliche Beseitigungsanordnung ausgeräumt werden.[918]

---

914 *Berkemann*, in: Berkemann/Halama, § 35, Rdnr. 136; *Schmidt-Eichstaedt*, ZfBR 2005, 751 (760).

915 *Schmidt-Eichstaedt*, ZfBR 2005, 751 (760); *Söfker*, in: Ernst/Zinkahn/Bielenberg/Krautzberger, Band II, § 35, Rdnr. 165a.

916 *Otto*, Kommunalpraxis 2004, 228 (232); *Söfker*, in: Ernst/Zinkahn/Bielenberg/Krautzberger, Band II, § 35, Rdnr. 165a; *C.-D. Bracher*, in: Gelzer/Bracher/Reidt, Bauplanungsrecht, Rdnr. 2277.

917 *G. Schmidt-Eichstaedt*, Städtebaurecht (4. Auflage), S. 337; *dergl.*, ZfBR 2005, 751 (760).

918 *Bundesrat*, Stellungnahme zum Regierungsentwurf, BT-Drs. 15/2250, S. 82; *J. Meißner*, Baugesetzbuch 2004, S. 23; *W. Söfker*, in: Krautzberger/Söfker, Baugesetzbuch, Rdnr. 406;

cc) Dauerhafte Aufgabe der zulässigen Nutzung

§ 35 Abs. 5 S. 2 Hs. 1 BauGB 2004 selbst enthält keine Bestimmung dazu, wonach sich die Dauerhaftigkeit der Aufgabe bemessen soll. Es wird daher eine Beurteilung nach Bauplanungsrecht in Erwägung gezogen,[919] ohne dass es aber auf die landesrechtliche Frage der Fortwirkung der bestandsgeschützten Wirkung einer Baugenehmigung bei definitiver Nutzungsaufgabe ankomme, weil es sich bei der Verpflichtungserklärung um eine bauplanungsrechtliche Zulässigkeitsvoraussetzung handle.

Im Konsens kann jedoch festgehalten werden, dass eine dauerhafte Aufgabe der bisherigen Nutzung anzunehmen ist, wenn die funktionsgerechte Nutzung der Anlage endgültig beendet ist und nach objektiver Betrachtung unter Berücksichtigung der jeweiligen Verhältnisse des Vorhabens nicht mehr mit der Wiederaufnahme der Nutzung i. S. v. § 35 Abs. 1 Nr. 2 bis 6 BauGB 2004, die Grundlage für die Genehmigung war, in absehbarer Zeit gerechnet werden kann, wobei die Gründe für die Aufgabe unerheblich sind. In Betracht kommen die dauerhafte Nichtaufnahme der Nutzung einer errichteten Anlage, die Betriebsstilllegung und nicht bloße Unterbrechung bisheriger Nutzung, was sich anhand der üblichen Betriebsabläufe feststellen lässt[920], sowie die Entprivilegierung, insbesondere die Aufgabe der Nutzung wegen (teilweiser) Zerstörung der Anlage durch Brand, Naturereignisse oder andere außergewöhnlichen Umstände, was sich im Umkehrschluss zu § 35 Abs. 4 S. 1 Nr. 3 BauGB ergibt. Weiter liegt eine dauerhafte Aufgabe vor, wenn die bisherige funktionsgerechte Nutzung nicht mehr ausgeübt und zu einer anderen Nutzung übergegangen wird. Dabei ist allerdings die Änderung innerhalb der Variationsbreite bisher zulässiger Nutzung zu beachten, welche erst verlassen wird, wenn die geänderte Nutzungsweise

---

Krautzberger, in: Battis/Krautzberger/Löhr, § 35, Rdnr. 125; *Söfker*, in: Ernst/Zinkahn/Bielenberg/Krautzberger, Band II, § 35, Rdnr. 165a; *Berkemann*, in: Berkemann/Halama, Rdnr. 137.

919 Insbesondere durch Rückgriff auf das Zeitmodell des *BVerwG* zu § 35 Abs. 4 S. 1 Nr. 3 BauGB, Urt. vom 21.08.1981, UPR 1982, 19 (19), auf den Beschluss des *BVerwG* vom 21.11.2000, NVwZ 2001, 557 (558), wonach für eine nicht i. S. d. § 35 Abs. 4 S. 1 BauGB begünstigungsfähige militärische Verteidigungsanlage im Außenbereich davon ausgegangen wird, dass der ursprüngliche Nutzungszweck nicht über die Beendigung der Nutzung fortwirke; vgl. auch *Jäde*, ZfBR 2005, 135 (144), auf ein bauordnungsrechtliches Verständnis; *Berkemann*, in: Berkemann/Halama, § 35, Rdnr. 140, oder auf die Heranziehung der Grundsätze, die für den Verlust des baurechtlichen Bestandsschutzes durch Nutzungsaufgabe oder -änderung gelten, *Söfker*, in: Ernst/Zinkahn/Bielenberg/Krautzberger, Band II, § 35, Rdnr. 165a, 179.

920 So wird ein Betriebsablauf beispielsweise dann eingestellt, wenn hierfür notwendige Teile beseitigt werden. Keine Aufgabe liegt dagegen bei üblichen Reparatur- oder Instandsetzungsarbeiten vor, da sie gerade der Gewährleistung zur Fortsetzung der bisherigen Nutzung dienen.

neue baurechtliche Auswirkungen i. S. d. § 29 Abs. 1 BauGB besitzt. Eine Ähnlichkeit der neuen Nutzung zur früheren genügt hierfür nicht.[921]

Das Kriterium einer dauerhaften im Sinn einer endgültigen Aufgabe der zulässigen Nutzung dient dem Schutz des Vorhabensträgers. Da der Rückbau und die Bodenentsiegelung mit erheblichen Kosten verbunden sind, soll die Erfüllung der übernommenen Verpflichtung nicht voreilig ausgelöst werden.[922]

dd) Begriff des Rückbaus und der Beseitigung der Bodenversiegelung

Die Verpflichtung nach § 35 Abs. 5 S. 2 Hs. 1 BauGB 2004 beinhaltet den Rückbau des nach § 35 Abs. 1 Nr. 2 bis 6 BauGB 2004 genehmigten und errichteten Vorhabens sowie die Beseitigung der Bodenversiegelung. Für die Begriffsbestimmung des Rückbaus und der Beseitigung der Bodenversiegelung kann auf die des Rückbau- und Entsiegelungsgebots nach § 179 BauGB zurückgegriffen werden, wonach die vollständige Beseitigung der baulichen Anlage sowie die vollständige Entsiegelung des mit der baulichen Anlage verbundenen Bodens vorzunehmen ist.[923]

Rückbau bedeutet sonach im Zusammenhang mit dem von § 35 Abs. 5 S. 2 BauGB 2004 angestrebten Außenbereichsschutz die Beseitigung, und damit in der Regel den vollständigen Abriss aller baulichen Anlagen, die der privilegierten Nutzung gedient haben, mithin die betreffende bauliche Anlage selbst sowie die zugehörenden sonstigen Anlagen wie Nebenanlagen, Leitungen, Wege und Plätze. Nicht nötig ist allerdings den zuvor bestehenden naturhaften Zustand im Außenbereich im Sinne einer Renaturalisierung durch Ausgleichsmaßnahmen wiederherzustellen.[924] Da mit Errichtung baulicher Anlagen im Außenbereich regelmäßig Bodenversiegelungen verbunden sind, die nachteilige naturbezogene Auswirkungen haben, sollen solche Anlagen[925], die mit dem Vorhaben in einem funktionalen Zusammenhang gestanden haben, beseitigt werden. Es sind alle Maßnahmen zu treffen, die den bewirkten Versiegelungseffekt beispielsweise gegenüber Niederschlagswasser aufheben und die natürliche Bodenfunktion

---

921 *Roeser*, in: Berliner Kommentar, Band I, § 35, Rdnr. 128c; *W. Söfker*, in: Krautzberger/Söfker, Baugesetzbuch, Rdnr. 405; *dergl.*, in: Ernst/Zinkahn/Bielenberg/Krautzberger, Band II, § 35, Rdnr. 165a; *Berkemann*, in: Berkemann/Halama, § 35, Rdnr. 141 f.; *dergl.*, in: Berkemann/Bunzel/Halama/Schmidt-Eichstaedt/Schrödter, BauGB 2004 – Nachgefragt, S. 308.

922 *Berkemann*, in: Berkemann/Bunzel/Halama/Schmidt-Eichstaedt/Schrödter, BauGB 2004 – Nachgefragt, S. 309.

923 *W. Söfker*, in: Krautzberger/Söfker, Baugesetzbuch, Rdnr. 405.

924 *Bienek/Krautzberger*, UPR 2008, 81 (92); *Roeser*, in: Berliner Kommentar, Band I, § 35, Rdnr. 128c; *Söfker*, in: Ernst/Zinkahn/Bielenberg/Krautzberger, Band II, § 35, Rdnr. 165a; *Upmeier*, BauR 2004, 1382 (1389); *Berkemann*, in: Berkemann/Halama, § 35, Rdnr. 146.

925 Es muss sich dabei aber nicht um bauliche Anlage im engeren Sinn handeln.

wiederherstellen, was etwa durch Beseitigung betonierter Fundamente im Erdboden erfolgen kann.[926]

b) Rückbauverpflichtung bei Nutzungsänderung, § 35 Abs. 5 S. 2 Hs. 2 BauGB 2004

aa) Übernahme der Rückbauverpflichtung, § 35 Abs. 5 S. 2 Hs. 2 Alt. 1 BauGB 2004

§ 35 Abs. 5 S. 2 Hs. 1 BauGB 2004 wird durch § 35 Abs. 5 S. 2 Hs. 2 Alt. 1 BauGB 2004 insoweit ergänzt, als bei einer Änderung der bisherigen Nutzung in eine nach § 35 Abs. 1 Nr. 2 bis 6 BauGB 2004 privilegiert zugelassene (Anschluss-) Nutzung die Rückbauverpflichtung zu übernehmen ist. Dies gilt unabhängig davon, nach welcher Privilegierungstatbestand die bisherige Nutzung zulässig war, so dass die Rückbauverpflichtung nicht nur dann zu übernehmen ist, wenn ein Vorhaben nach § 35 Abs. 1 Nr. 2 bis 6 BauGB 2004 in ein anderes Vorhaben nach § 35 Abs. 1 Nr. 2 bis 6 BauGB 2004 umgenutzt wird, sondern auch wenn ein Vorhaben nach § 35 Abs. 1 Nr. 1 BauGB 2004 in ein Vorhaben nach § 35 Abs. 1 Nr. 2 bis 6 BauGB 2004 umgewandelt wird.[927]

Die Regelung in § 35 Abs. 5 S. 2 Hs. 2 Alt. 1 BauGB 2004 gewährleistet, dass die Durchführung einer nach § 35 Abs. 1 Nr. 2 bis 6 BauGB 2004 zulässigen Nutzungsänderung nicht die Fälligkeit des Rückbaus auslöst. Der Begriff „Rückbauverpflichtung" wurde in § 35 Abs. 5 S. 2 Hs. 1 Alt. 1 BauGB 2004 verkürzt benutzt, indes will die Regelung in einem erweiternden Sinne tatsächlich auch die Pflicht zur Beseitigung von Bodenversiegelungen erfassen.[928]

Ein Teil der Literatur deutet die Übernahme der Rückbauverpflichtung nach § 35 Abs. 5 S. 2 Hs. 2 Alt. 1 BauGB 2004 derart, dass sich die durch die bisherige Nutzung bereits begründete, also schon bestehende Rückbauverpflichtung an der zulässigen Anschlussnutzung nach § 35 Abs. 1 Nr. 2 bis 6 BauGB 2004 fortsetze, indem sie auf diese übertragen werde.[929] Nach anderer Ansicht sei mit

---

926 *Söfker*, in: Ernst/Zinkahn/Bielenberg/Krautzberger, Band II, § 35, Rdnr. 165a; *Berkemann*, in: Berkemann/Halama, § 35, Rdnr. 147; *Roeser*, in: Berliner Kommentar, Band I, § 35, Rdnr. 128c.

927 *C.-D. Bracher*, in: Gelzer/Bracher/Reidt, Bauplanungsrecht, Rdnr. 2277; *Otto*, Kommunalpraxis 2004, 228 (232); *Fachkommission Städtebau*, EAG Bau – Mustererlass, in: Ernst/Zinkahn/Bielenberg/Krautzberger, Band V, Teil J., Nr. 4.3.1.5.

928 *Wagner/Engel*, BayVBl. 2005, 33 (44); *C.-D. Bracher*, in: Gelzer/Bracher/Reidt, Bauplanungsrecht, Rdnr. 2277; *Berkemann*, in: Berkemann/Halama, § 35, Rdnr. 155.

929 *J. Meißner*, Baugesetzbuch 2004, S. 23; *W. Söfker*, in: Krautzberger/Söfker, Baugesetzbuch, Rdnr. 406; *Roeser*, in: Berliner Kommentar, Band I, § 35, Rdnr. 128b.

„Übernahme" vielmehr gemeint, dass bei Umnutzung eines Bauvorhabens in einen solches nach § 35 Abs. 1 Nr. 2 bis 6 BauGB 2004 ebenso wie bei der Neuerrichtung für die Zulassung der Nutzungsänderung des Vorhabens eine eigene Verpflichtungserklärung abzugeben sei. Für die Abgabe dieser neuen Verpflichtungserklärung nach § 35 Abs. 5 S. 2 Hs. 2 Alt. 1 BauGB 2004 gälten die Grundsätze zur Verpflichtungserklärung nach § 35 Abs. 5 S. 2 Hs. 1 BauGB 2004 entsprechend.[930] Der letztgenannten Auffassung, dass die „Übernahme" in § 35 Abs. 5 S. 2 Hs. 2 Alt. 1 BauGB 2004 als Erklärung einer neuen Rückbauverpflichtung auszulegen sei, ist zu folgen, da bei Nutzungsänderung eines nach § 35 Abs. 1 Nr. 1 BauGB 2004 privilegierten Vorhabens in ein nach § 35 Abs. 1 Nr. 2 bis 6 BauGB 2004 zu beurteilendes Vorhaben keine schon begründete Rückbauverpflichtung vorliegt, die übernommen werden könnte. Letztlich aber verfolgen beide Auffassungen den gleichen Zweck – die Zulässigkeit von Vorhaben auch in den Fällen einer Nutzungsänderung nach § 35 Abs. 1 Nr. 2 bis 6 BauGB 2004 von einer Verpflichtungserklärung abhängig zu machen, um ein andernfalls drohendes unwirtschaftliches Ergebnis zu vermeiden.[931]

bb) Fortfall der Rückbauverpflichtung, § 35 Abs. 5 S. 2 Hs. 2 Alt. 2 BauGB 2004

Eine bereits bestehende Rückbauverpflichtung entfällt hingegen nach § 35 Abs. 5 S. 2 Hs. 2 Alt. 2 BauGB 2004, wenn die bisher nach § 35 Abs. 1 Nr. 2 bis 6 BauGB 2004 privilegierte Nutzung dauerhaft aufgegeben wird und die neue Nutzung nach § 35 Abs. 1 Nr. 1 BauGB 2004 privilegiert oder als sonstiges Vorhaben nach § 35 Abs. 2 BauGB bzw. nach § 35 Abs. 4 und 6 BauGB 2004 begünstigt zulässig ist.[932]

Die Regelung setzt zwar einen zeitlichen Zusammenhang zwischen Aufgabe der bisherigen Nutzung und der Aufnahme einer neuen Nutzung voraus, jedoch nicht einen Zusammenhang im Sinn einer Anschlussnutzung, da bei dauerhafter Aufgabe der bisherigen Nutzung die Rückbauverpflichtung ausgelöst wird und für die neue, nach § 35 Abs. 1 Nr. 1 oder § 35 Abs. 2 BauGB 2004 begonnene

---

930 *Jäde*, in: Jäde/Dirnberger/Weiß, § 35, Rdnr. 168; *Rieger*, in: Schrödter, § 35, Rdnr. 160; *C. Bönker*, in: Hoppe/Bönker/Grotefels, Öffentliches Baurecht (3. Auflage), § 7, Rdnr. 275; *Dürr*, in: Brügelmann, Band 2, § 35, Rdnr. 172; *Berkemann*, in: Berkemann/Halama, § 35, Rdnr. 155; *dergl.*, in: Berkemann/Bunzel/Halama/Schmidt-Eichstaedt/Schrödter, BauGB 2004 – Nachgefragt, S. 307.

931 Vgl. auch *Söfker*, in: Ernst/Zinkahn/Bielenberg/Krautzberger, Band II, § 35, Rdnr. 165a; *Roeser*, in: Berliner Kommentar, Band I, § 35, Rdnr. 128b.

932 *J. Meißner*, Baugesetzbuch 2004, S. 23; *C.-D. Bracher*, in: Gelzer/Bracher/Reidt, Bauplanungsrecht, Rdnr. 2277; *Söfker*, in: Ernst/Zinkahn/Bielenberg/Krautzberger, Band II, § 35, Rdnr. 165a.

Nutzung die Rückbauverpflichtung entfällt. Vielmehr kommt es auf einen funktionalen Zusammenhang an, da die Rückbauverpflichtung nur insoweit erlischt, als die vorhandene bauliche Anlage tatsächlich zu der neuen Nutzung umwandelt wird; andernfalls verbleibt es wegen des baurechtswidrigen Zustands bei der Rückbauverpflichtung. Bei einer erneuten Nutzungsänderung, die sich nach § 35 Abs. 1 Nr. 2 bis 6 BauGB 2004 beurteilt muss eine Rückbauverpflichtung wieder neu begründet werden i. S. v. § 35 Abs. 5 S. 2 Hs. 1 BauGB 2004.[933]

Das Entfallen der Rückbauverpflichtung bei Umnutzung in ein Vorhaben nach § 35 Abs. 1 Nr. 1 oder Abs. 2 BauGB 2004, ist folgerichtig, weil für diese schon bei Neuerrichtung keine Rückbauverpflichtung erklärt werden muss (vgl. § 35 Abs. 5 S. 2 Hs. 1 BauGB 2004).[934] Teile der Literatur kritisieren jedoch, weshalb die Rückbauverpflichtung auch dann entfällt, wenn von einer ehemals privilegierten Nutzung nach § 35 Abs. 1 Nr. 2 bis 6 BauGB 2004 in eine nicht-privilegierte Nutzung nach § 35 Abs. 2 BauGB übergegangen wird. Es sei nicht einzusehen, warum für eine Nutzungsänderung, die nach § 35 Abs. 2 BauGB nur ausnahmsweise zulässig sei, bei späterer Aufgabe eine Rückbauverpflichtung nicht gelte. Eine anderweitige Nutzung verstoße in aller Regel gegen § 35 Abs. 3 BauGB 2004, so dass die Bauaufsichtsbehörde dagegen nach den bauordnungsrechtlichen Eingriffsermächtigungen einschreiten könne, was aber nicht davon abhänge, ob eine Verpflichtungserklärung abgegeben worden sei.[935] Dem wird entgegengehalten, dass eine Nutzungsänderung nach § 35 Abs. 2 BauGB 2004 nur zulässig sei, wenn keine Außenbereichsbelange beeinträchtiget würden. Für den in der Praxis allenfalls selten vorkommenden Fall der Beeinträchtigung nach erfolgter Zulassung könne von der bauaufsichtlichen Möglichkeit der Beseitigungsanordnung Gebrauch gemacht werden. Deswegen habe der Gesetzgeber zulässige Nutzungsänderungen nach § 35 Abs. 2 BauGB 2004 von einer Rückbauverpflichtung ausgenommen.[936]

Die Änderung in eine nach § 35 Abs. 1 Nr. 7 BauGB 2004 zulässige Nutzung wurde in § 35 Abs. 5 S. 2 Hs. 2 Alt. 2 BauGB 2004 nicht erwähnt. Aufgrund dessen geht ein Teil im Schrifttum davon aus, dass in diesem Fall die Rückbauverpflichtung nicht entfalle, sondern ausgelöst werde, denn ein redaktionelles Versehen bezüglich der fehlenden Nennung der Nutzungsänderung in Vorhaben

---

933 *Berkemann*, in: B/H, § 35, Rdnr. 156 f.

934 *Jäde*, in: Jäde/Dirnberger/Weiß, § 35, Rdnr. 168; *Wagner/Engel*, BayVBl. 2005, 33 (44); *Söfker*, in: Ernst/Zinkahn/Bielenberg/Krautzberger, Band II, § 35, Rdnr. 165a.

935 *Schmidt-Eichstaedt*, ZfBR 2005, 751 (760); *Berkemann*, in: Berkemann/Halama, § 35, Rdnr. 156; *Dürr*, in: Brügelmann, Band 2, § 35, Rdnr. 172.

936 *Otto*, Kommunalpraxis 2004, 228 (232); *Söfker*, in: Ernst/Zinkahn/Bielenberg/Krautzberger, Band II, § 35, Rdnr. 165a; *Wagner/Engel*, BayVBl. 2005, 33 (44).

nach § 35 Abs. 1 Nr. 7 BauGB 2004 sei nicht ersichtlich.[937] Nach der gegenteiligen Literaturansicht müsse auch dann, über den Wortlaut des § 35 Abs. 5 S. 2 Hs. 2 Alt. 2 BauGB 2004 hinaus, die Rückbauverpflichtung entfallen, da der Gesetzgeber mit der Fassung des § 35 Abs. 5 S. 2 Hs. 2 BauGB 2004 erkennbar eine Parallelität zur Regelung in § 35 Abs. 5 S. 2 Hs. 1 BauGB anstrebte habe. Grund für die Nichtnennung in § 35 Abs. 5 S. 2 Hs. 2 Alt. 2 BauGB 2004 sei wohl gewesen, dass die Fälle der Umnutzung in Vorhaben nach § 35 Abs. 1 Nr. 7 BauGB 2004 praktisch kaum vorstellbar seien.[938]

c) Sicherstellung der Rückbauverpflichtung, § 35 Abs. 5 S. 3 BauGB 2004

aa) Regelungsgehalt

Gemäß § 35 Abs. 5 S. 3 BauGB 2004 soll die Baugenehmigungsbehörde durch nach Landesrecht vorgesehene Baulast oder in anderer Weise die Einhaltung der Verpflichtung nach § 35 Abs. 5 S. 2 BauGB 2004 sicherstellen. Die Sicherstellung muss sich gerade auf die versprochene Handlung beziehen, die Gegenstand der Verpflichtungserklärung ist, also die Erfüllung der Rückbau- und Entsiegelungsverpflichtung. Damit soll die Realisierung des späteren Rückbaus der Anlage auch tatsächlich gewährleistet sowie die vollstreckende Behörde gegen die Kostentragungslast für den Fall der Durchsetzung der Beseitigungsanordnung im Wege der Ersatzvornahme abgesichert werden.[939]

bb) Empfänger der Sicherheitsleistung

Für die Sicherstellung der Einhaltung der Verpflichtung nach § 35 Abs. 2 BauGB 2004 ist die Baugenehmigungsbehörde bzw. im Falle einer nach Immissionsschutzrecht erforderlichen Genehmigung die Immissionsschutzbehörde zuständig, weshalb diese Adressat der zu gebenden Sicherung ist. Für den Fall, dass Anlagebetreiber und Grundstückseigentümer nicht identisch sind, genügt es nicht, dass der Betreiber der Anlage gegenüber dem Grundstückseigentümer eine Sicherung erbringt, auch wenn in der Praxis derartige dem Eigentümer gegenüber abgesicherte Rückbauverpflichtungen nicht unüblich und auch für die zu-

---

937 *C.-D. Bracher*, in: Gelzer/Bracher/Reidt, Bauplanungsrecht, Rdnr. 2277; *Berkemann*, in: Berkemann/Halama, § 35, Rdnr. 156.

938 *Dürr*, in: Brügelmann, Band 2, § 35, Rdnr. 172; *Jäde*, in: Jäde/Dirnberger/Weiß, § 35, Rdnr. 168; *Berkemann*, in: Berkemann/Halama, § 35, Rdnr. 156.

939 *Jäde*, ZfBR 2005, 135 (144); *Berkemann*, in: Berkemann/Halama, § 35, Rdnr. 161; *dergl.*, in: Berkemann/Bunzel/Halama/Schmidt-Eichstaedt/Schrödter, BauGB 2004 – Nachgefragt, S. 309; *Lampe*, NuR 2006, 152 (155).

ständige Behörde attraktiv sind, weil diese dadurch von ihrer Überwachungs- und Durchsetzungspflicht entbunden wird. Damit ist aber nur der private Grundstückseigentümer abgesichert; auch kann eine private Sicherheitsleistung zwischen Grundeigentümer und Betreiber als Gegenstand einer privatrechtlichen Vereinbarung jederzeit einvernehmlich wieder aufgehoben werden. Zudem erfolgt die Leistung nicht, um die Erfüllung der öffentlich-rechtlichen Verpflichtungserklärung abzusichern.[940]

cc) Auslegung der „Soll-Vorschrift"

Die Ausgestaltung des § 35 Abs. 5 S. 3 BauGB 2004 als „Soll-Vorschrift" hat zur Folge, dass die Entscheidungsfreiheit der Baugenehmigungsbehörde, ob eine Sicherheit gefordert wird, reduziert ist. Eine Sicherstellung hat daher im Regelfall zu geschehen; lediglich in Ausnahmefällen kann die zuständige Behörde von einer Sicherstellung der Rückbauverpflichtung absehen, beispielsweise wenn sich der Standort zwar im Außenbereich befindet, jedoch in Ortsrandnähe, wie es häufig bei Stallanlagen der Fall ist, oder wenn sich die Errichtung der Anlage im Verhältnis zu den bestehenden Betriebsgebäuden als eine nur unwesentliche Erweiterung des bestehenden Betriebs darstellt und die Bausubstanz nicht verändert wird. Da der Gesetzgeber aber regelmäßig davon ausgeht, dass ohne Erbringung einer Sicherheit der Rückbau der Anlage finanziell nicht gewährleistet ist, liegen besondere, einen Verzicht rechtfertigende Umstände nur dann vor, wenn der Antragssteller im Einzelfall die grundsätzliche Vermutung des Gesetzgebers widerlegen kann. Um eine einheitliche Rechtsanwendung zu gewährleisten, sollte diese Auslegung der Vorschrift § 35 Abs. 5 S. 3 BauGB 2004 in Verwaltungsvorschriften aufgenommen werden.[941]

Fraglich ist allerdings, ob der zuständige Behörde mit § 35 Abs. 5 S. 3 BauGB 2004 überhaupt eine Ermächtigungsgrundlage an die Hand gegeben wurde, um eine Sicherheit vom Antragsteller auch verlangen zu können. Dies hängt davon ab, ob man die Vorschrift als Rechtsmäßigkeitsvoraussetzung für die Baugenehmigung einstuft oder ihr lediglich die Funktion einer „Soll-Vorschrift" beimisst. Zum Teil geht die Literatur davon aus, dass es sich bei § 35 Abs. 5 S. 3 BauGB 2004 nicht um eine bloße „Soll-Vorschrift" handle, deren Einhaltung für die Rechtsmäßigkeit keine Rolle spiele. Vielmehr sei § 35 Abs. 5 S. 3 BauGB 2004 eine Rechtmäßigkeitsvoraussetzung für die Baugenehmigung

940 *Schmidt-Eichstaedt*, ZfBR 2005, 751 (760); *Berkemann*, in: Berkemann/Halama, § 35, Rdnr. 159, 166.

941 *Bienek/Krautzberger*, UPR 2008, 81 (92); *Hinsch*, ZUR 2007, 401 (405); *Lampe*, NuR 2006, 152 (155); *Hentschke/Urbisch*, AUR 2005, 41 (46).

und stelle daher eine Ermächtigungsgrundlage für das Anordnen eine Sicherheitsleistung dar.[942] Nach wohl überwiegender Literaturauffassung beinhalte § 35 Abs. 5 S. 3 BauGB 2004 lediglich eine Soll-Verpflichtung der Baugenehmigungsbehörde, eine Sicherstellung vorzunehmen, und habe damit nur ergänzende Funktion zur Zulässigkeitsregelung in § 35 Abs. 5 S. 2 BauGB 2004. Eine Rechtmäßigkeitsvoraussetzung für die Baugenehmigung stelle § 35 Abs. 5 S. 3 BauGB 2004 nicht dar, weil der Gesetzgeber als Genehmigungsvoraussetzung die Selbstverpflichtung zum Rückbau genügen ließ. Dies sei auch sachgerecht, da ein Unterlassen der Baugenehmigungsbehörde nicht zu Lasten des Antragstellers gehen könne.[943]

dd) Höhe der Sicherheitsleistung

Der Umfang der Sicherstellung nach § 35 Abs. 5 S. 3 BauGB 2004 richtet sich nach dem finanziellen Risiko der nicht ordnungsgemäßen Umsetzung der Rückbau- und Bodenentsiegelungsverpflichtung für die betreffende Anlage. Er berechnet sich also nach der Höhe der zur Erfüllung der Verpflichtung voraussichtlich anfallenden Kosten, wozu in der Regel die Kosten für einen künftigen vollständigen Abbruch einschließlich der Entsiegelung und Wiederherstellung eines ordnungsgemäßen Zustandes des Grundstücks gehören. Die Darlegungslast für die voraussichtliche Kostenhöhe trägt der Antragsteller. Die Baugenehmigungsbehörde überprüft die angegebenen Berechnungen und nimmt erforderlichenfalls eine Berichtigung vor.[944] Soweit die Baugenehmigungsbehörde nicht über Erfahrungswerte hinsichtlich der möglichen Rückbaukosten verfügt, sollte vom Antragsteller eine detaillierte Kostenkalkulation verlangt werden. Ist diese nicht nachvollziehbar, kann mit Pauschalierungen – 10 % der Rohbaukosten, bei Windenergieanlagen 40 % der Herstellungskosten – gearbeitet werden.[945]

942 *Dürr*, in: Brügelmann, Band 2, § 35, Rdnr. 173; *Rieger*, in: Schrödter, § 35, Rdnr. 161.

943 *Söfker*, in: Ernst/Zinkahn/Bielenberg/Krautzberger, Band II, § 35, Rdnr. 166; *Oerder*, BauR 2005, 643 (653 f.); *Jäde*, in: Jäde/Dirnberger/Weiß, § 35, Rdnr. 173.

944 Beispielsweise ist bei einer Biomasseanlage, die mit nachwachsenden Rohstoffen betrieben wird, zu beachten, dass die einzusetzenden Substrate jeweils ein Jahr im Voraus angebaut werden müssen. Dadurch fallen nicht unerhebliche Kosten an, welche allerdings im letzten Jahr vor der Aufgabe der Anlage eingespart werden, so dass diese Minderaufwendungen bei der Rückbaufinanzierung Berücksichtigung finden müssen; vgl. *Lampe*, NuR 2006, 152 (155); *Berkemann*, in: Berkemann/Bunzel/Halama/Schmidt-Eichstaedt/Schrödter, BauGB 2004 – Nachgefragt, S. 310; *Upmeier*, BauR 2004, 1382 (1389).

945 *Bienek/Krautzberger*, UPR 2008, 81 (92).

ee) Arten von Sicherungsmittel

§ 35 Abs. 5 S. 3 BauGB 2004 gibt als konkretes Sicherungsmittel nur die Baulast an; ansonsten nennt die Vorschrift nur noch allgemein die Sicherstellung „in sonstiger Weise". Die Art der Sicherstellung ist damit nicht bundeseinheitlich geregelt.

(1) Baulast als Sicherungsmittel

Das Recht der Baulast richtet sich nach der jeweiligen Landesbauordnung, soweit darin das Institut der Baulast vorgesehen ist. Mittlerweile wurde ein solches in allen Bundesländern bis auf Bayern und Brandenburg eingeführt. Unter „Baulast" versteht man regelmäßig eine Erklärung des Grundstückseigentümers gegenüber der Bauaufsichtsbehörde, durch die öffentlich-rechtliche Verpflichtungen zu einem Tun, Dulden oder Unterlassen übernommen werden, welche das Grundstück betreffen und sich nicht schon aus dem öffentlichen Baurecht ergeben. Bezeichnend für eine Baulast ist damit, dass die Verpflichtung aus dem Grundstück erfolgt und keine darüber hinausgehenden eigenen Mittel einzusetzen sind.[946]

(2) Sicherstellung „in sonstiger Weise"

§ 35 Abs. 5 S. 3 BauGB 2004 lässt offen, wie die Sicherstellung „in andere Weise" vorgenommen werden soll. Nach Sinn und Zweck der Vorschrift kommen alle Maßnahmen im Rahmen der Bauaufsicht nach Landesrecht, durch welche die Sicherung des Gegenstandes der Verpflichtungserklärung erfüllt werden kann, in Betracht.

Im Einzelnen fallen darunter die in § 232 BGB genannten Arten, öffentlich-rechtliche Verträge und zivilrechtliche Vereinbarungen wie obligatorische Verträge[947], insbesondere über selbstschuldnerische Bürgschaften unter Verzicht auf die Einrede der Vorausklage[948] bzw. über zivilrechtliche Grunddienstbarkeiten

---

946 *Söfker*, in: Ernst/Zinkahn/Bielenberg/Krautzberger, Band II, § 35, Rdnr. 166; *Dürr*, in: Brügelmann, Band 2, § 35, Rdnr. 174; *Rieger*, in: Schrödter, § 35, Rdnr. 161; *Lampe*, NuR 2006, 152 (155); *Bienek/Krautzberger*, UPR 2008, 81 (92).

947 Nach *Roeser*, in: Berliner Kommentar, Band I, § 35, Rdnr. 104 seien obligatorische Verträge ungeeignet, da sie nicht gegenüber Rechtsnachfolgern wirkten.

948 Gegen die Sicherstellung speziell in Form einer Bürgschaft spricht sich *Friege*, ThürVBl. 2005, 217 (220) aus. Bedenken hat auch *Hinsch*, ZUR 2007, 401 (405), da die Stellung einer Bankbürgschaft wegen der damit verbundenen, an die Bank zu entrichteten Avalzinsen die Kreditlinie des Anlagebetreibers belaste und daher zu einer finanziellen Belastung bei ihm führe.

im Sinne beschränkt persönlicher Dienstbarkeiten nach § 1090 BGB, da Rechtsträger einer Dienstbarkeit auch eine Körperschaft des öffentlichen Rechts sein kann.[949]

Des Weiteren kann die Sicherstellung durch entsprechende Nebenbestimmungen zur Baugenehmigung erfolgen, insbesondere durch Auflagen (Art. 36 Abs. 2 Nr. 4 BayVwVfG)[950], auflösende Bedingungen (Art. 36 Abs. 2 Nr. 2 BayVwVfG)[951] oder Widerrufsvorbehalte (Art. 36 Abs. 2 Nr. 3 BayVwVfG). Die Vorschriften der Landesverwaltungsgesetze ermöglichen dann, wie dies beispielsweise Art. 68 Abs. 3 BayBO vorsieht, eine Sicherheitsleistung entsprechend § 232 BGB (insbesondere Hinterlegung und Verpfändung einschließlich Belastung des Grundstücks mit einer Hypothek oder Grundschuld[952]) vom Antragsteller zu verlangen.[953] Kritische Stimmen in der Literatur bezweifeln allerdings, ob auf § 35 Abs. 5 S. 3 BauGB 2004 eine Nebenbestimmung in der Baugenehmigung gestützt werden könne, die eine Sicherheitsleistung im Hinblick auf eine eventuell erforderlich werdende Ersatzvornahme für die Beseitigung eines entprivilegierten Vorhabens fordere. Auch wenn es hierzu landesbauordnungsrechtliche Ermächtigungen gebe, sei das im Verhältnis zum landesrechtlichen Vollstreckungsrecht nicht unproblematisch, weil sich aus Bundesrecht lediglich die Rückbauverpflichtung dem Grunde nach ergebe und der nach Verwaltungsvollstreckungsrecht erforderliche Titel zur Beseitigungsanordnung erst nach Landesbauordnungsrecht geschaffen werden müsse. § 35 Abs. 5 S. 2 Hs. 1 BauGB 2004 erübrige zudem nicht, dass die sicherheitsrechtlichen Voraussetzungen, insbesondere eine sich bereits evident abzeichnende Missbrauchsgefahr vorliegen müsse. Davon könne aber nicht ohne weiteres ausgegangen werden,

---

949 *Bienek/Krautzberger*, UPR 2008, 81 (92); *W. Söfker*, in: Krautzberger/Söfker, Baugesetzbuch, Rdnr. 408; *Söfker*, in: Ernst/Zinkahn/Bielenberg/Krautzberger, Band II, § 35, Rdnr. 166; *dergl.*, Der Landkreis 2004, 584 (588); *Wagner/Engel*, BayVBl. 2005, 33 (44); *Hentschke/Urbisch*, AUR 2005, 41 (46); *Dirnberger*, ZfIR-Report 2004, 836 (839); *dergl.*, Bayerischer Gemeindetag 2004, 402 (405).

950 *G. Manssen*, Öffentliches Recht in Bayern, 4. Teil, Rdnr. 161.

951 Nach *Jäde*, in: Jäde/Dirnberger/Weiß, § 35, Rdnr. 169 sei für auflösende Bedingungen kein Raum, weil die Deckungsreichweite der Baugenehmigung aufgrund des Prinzips der Einheit von Substanz und Funktion ohnehin mit der Änderung der privilegierten oder begünstigten Nutzung ende.

952 *Hammon*, AUR 2007, 1 ff. vertritt die Auffassung, dass neben der Baulast lediglich die Sicherungsgrundschuld als sonstiges Sicherungsmittel im Hinblick auf das Verhältnismäßigkeitsprinzip in Betracht komme.

953 *G. Manssen*, Öffentliches Recht in Bayern, 4. Teil, Rdnr. 161; *C. Bönker*, in: Hoppe/Bönker/Grotefels, Öffentliches Baurecht (3. Auflage), § 7, Rdnr. 275; *Krautzberger*, in: Battis/Krautzberger/Löhr, § 35, Rdnr. 125; *Ferner*, in: Ferner/Kröninger, § 35, Rdnr. 50; *Dürr*, in: Brügelmann, Band 2, § 35, Rdnr. 173.

vielmehr erfordere das Verhältnismäßigkeitsgebot eine bereits im Zeitpunkt der Erteilung der Baugenehmigung vorweg getroffene Prognose, dass der sicherheitsrechtlich für die entprivilegierte Anlage Verantwortliche auch unter Anwendung von Zwangsmittel einschließlich der Androhung der Ersatzvornahme einer Beseitigungsanordnung nicht Folge leisten und überdies zur Tragung der Kosten der Ersatzvornahme nicht in der Lage sein werde.[954]

Nicht ausreichend für eine Sicherstellung „in sonstiger Weise" sind Handlungen des Antragstellers, die nur die Ernsthaftigkeit der abgegebenen Verpflichtungserklärung bekräftigen wollen, wie etwa durch Abgabe einer Erklärung in notarieller Form, weil eine Bekräftigung der Erklärung keine Sicherstellung der Erfüllung darstellt.[955] Ebenso wenig ist dem mit § 35 Abs. 5 S. 3 BauGB 2004 bezweckten öffentlichen Sicherungsinteresse damit gedient, wenn der Vorhabensträger ab dem Zeitpunkt der Errichtung der Anlage eine jährlich aufzustockende Rücklage durch Einzahlung auf einem Treuhandkonto bildet, um allmählich bis zur Höhe der voraussichtlichen Beseitigungskosten einen Kapitalstock anzusammeln. Einzahlungen auf ein Treuhandkonto machen nur dann Sinn, wenn ausschließlich die Baugenehmigungsbehörde rechtlichen Zugriff darauf hat. Zudem werden unvorhergesehene Schäden, die zu einer frühen Nutzungsaufgabe als zum mutmaßlich späteren Abschreibungszeitpunkt der Anlage führen, nicht erfasst, weil ein hinreichendes Kapital zur Abdeckung der Beseitigungskosten dann noch nicht gebildet ist.[956]

(3) Verhältnis der Sicherungsmittel

Das Verhältnis der in § 35 Abs. 5 S. 3 BauGB 2004 genannten Sicherungsmaßnahmen der Baulast und in sonstiger Weise zueinander ist umstritten.

Eine Auffassung in der Literatur geht davon aus, dass die Sicherung durch Baulast Vorrang vor der Sicherstellung in sonstiger Weise habe, da der Wortlaut in § 35 Abs. 5 S. 3 BauGB 2004 in erster Linie die Baulast nenne und der Gesetzgeber somit die Baulast als grundsätzlich ausreichend erachtet habe. Sonstige

954 *Jäde*, in: Jäde/Dirnberger/Weiß, § 35, Rdnr. 169, 171; *dergl.*, ZfBR 2005, 135 (145); *Berkemann*, in: Berkemann/Halama, § 35, Rdnr. 130 ff.

955 So auch *Berkemann*, in: Berkemann/Halama, § 35, Rdnr. 161. Dagegen lassen *Jäde*, in: Jäde/Dirnberger/Weiß, § 35, Rdnr. 170 und *Dürr*, in: Brügelmann, Band 2, § 35, Rdnr. 174 schon eine nicht gesicherte privatschriftliche Erklärung des Antragstellers gegenüber der zuständigen Behörde ausreichen, weil eine solche den Rechtsnachfolger binde.

956 Möglich ist lediglich, dass der Bauherr im Rahmen der Sicherheitsleistung – etwa durch Bürgschaft – eine entsprechende Kapitalbildung mit der die Sicherheit stellenden Bank vereinbart, um damit die internen jährlichen Kosten der Bankbürgschaft (Avalprovision) zu senken; vgl. *J Berkemann*, in: Berkemann/Bunzel/Halama/Schmidt-Eichstaedt/Schrödter, BauGB 2004 – Nachgefragt, S. 310; *dergl.*, in: Berkemann/Halama, § 35, Rdnr. 164 f.

Sicherungsmittel könnten erst dann in Betracht gezogen werden, wenn das Landesrecht das Institut der Baulast nicht normiere oder wenn sich im konkreten Fall bei der Prognose die Haftung aus dem Grundstück zur Deckung der zu erwartenden Kosten als nicht ausreichend erweise.[957] Fordere die zuständige Behörde eine über die Baulast hinausgehende Sicherheit, habe sie wegen des rechtsstaatlichen Verhältnismäßigkeitsgebots den Grund hierfür darzulegen.[958]

Nach der gegenteiligen Auffassung handle es sich bei der Baulast um ein subsidiäres Sicherungsinstrument, da damit nur eine Verpflichtung zu einem Tun, Dulden oder Unterlassen gesichert werden könne, welche sich nicht schon aus dem öffentlichen Recht ergebe. Dies sei bei der Rückbauverpflichtung jedoch der Fall. Daher scheide die Baulast von vornherein als geeignetes Sicherungsmittel aus, weshalb auf sonstige Sicherungsmittel zurückzugreifen sei.[959]

Nach wohl zu folgender Ansicht stehen das Sicherungsmittel der Baulast und die sonstigen Sicherungsmittel aufgrund des eindeutigen Gesetzeswortlauts gleichberechtigt nebeneinander. Da zwischen beiden Varianten somit kein Rangverhältnis bestehe, habe die zuständige Behörde die Wahlmöglichkeit, welches Sicherungsmittel sie ergreife. Diese Entscheidungsfreiheit gelte auch für die zuständigen Behörden in den Bundesländern, die das Institut der öffentlich-rechtlichen Baulast kennen; sie dürften daher anstelle der Baulast auch andere Formen der Sicherung wählen.[960] Zu beachten sei allerdings, dass die Entscheidung über die gewählte Sicherungsmaßnahme ermessensfehlerfreie zu erfolgen habe. Dabei sei davon auszugehen, dass der zum Rückbau Verpflichtete seiner Verpflichtung nicht nachkomme, deren Erfüllung daher durchgesetzt werden und für die dann notwendig werdende Ersatzvornahme die Kostenerstattung gewährleistet sein müsse. Es bedürfe somit eines geeigneten Sicherungsmittels im Einzelfall, um die zuständige Behörde vor einer finanziellen Belastung bei der Durchsetzung der Beseitigungsanordnung im Wege der Ersatzvornahme abzusichern. Dies dürfte mit dem Sicherungsmittel der Baulast im Ernstfall nur schwerlich zu erreichen sein, da es eine finanzielle Absicherung anfallender Beseitigungskosten nicht zum Inhalt habe. Ähnliches gelte für eine vorrangig be-

---

957 Eine Sicherung in anderer Weise kann beispielsweise angezeigt sein bei Anlagen, die in der Rechtsform einer GmbH betrieben werden, also in der Regel nur mit dem erforderlichen Mindestkapital ausgestattet sind, dass bei Eintritt einer Insolvenz regelmäßig keine ausreichende Haftungsmasse sein wird, und das Grundstück die Rückbaukosten nicht deckt.

958 *Rieger*, in: Schrödter, § 35, Rdnr. 161; auch ausgeführt von *Lampe*, NuR 2006, 152 (155); *Hinsch*, ZUR 2007, 401 (405).

959 *Jäde*, ZfBR 2005 135 (144). Dies Ansicht darlegend *Lampe*, NuR 2006, 152 (155).

960 *Lampe*, NuR 2006, 152 (155); *Söfker*, in: Ernst/Zinkahn/Bielenberg/Krautzberger, Band II, § 35, Rdnr. 166. So auch *Jäde*, in: Jäde/Dirnberger/Weiß, § 35, Rdnr. 170, und insofern widersprüchlich zu seinen Ausführungen in: ZfBR 2005 135 (144).

stellte zivilrechtliche Grunddienstbarkeit, weil sie eine dingliche Sicherung gibt und daher die übernommene Verpflichtung ebenfalls nur bestärken, aber voraussichtlich nicht (gänzlich) erfüllen könne. Effektive Möglichkeit zur Sicherung der voraussehbaren Kostenlast sei die Anordnung, eine angemessene Sicherheitsleistung bzw. eine Bürgschaft zu erbringen.[961] Darüber hinaus sei bei der Entscheidung über die Sicherungsmaßnahme ein möglicher Wechsel der Person, die den Genehmigungsantrag gestellt habe, zu derjenigen, die im Zeitpunkt der Nutzungsaufgabe verantwortliche Person sei, zu berücksichtigen. Mit dem gewählten Sicherungsmittel solle zugleich gewährleistet sein, dass es auch den Rechtsnachfolger des Antragstellers binde und diesem gegenüber durchgesetzt werden könne. Hierfür kämen das Mittel der Baulast bzw. der Grunddienstbarkeit in Betracht; allerdings könnten diese die Rückbauverpflichtung nur indirekt durchsetzen.[962]

ff) Zeitpunkt der Sicherstellung

Im Zeitpunkt der Antragstellung muss eine Sicherstellung wohl noch nicht gegeben sein, da es übermäßig erscheint, für die Dauer des Antragsverfahrens eine Sicherheit zu fordern.[963]

Streitig ist, ob eine Sicherstellung im Zeitpunkt der Erteilung der Baugenehmigung vorliegen muss. Nach Ansicht einer Literaturmeinung sei dies nicht erforderlich, weil die Einhaltung des § 35 Abs. 5 S. 2 BauGB 2004 für die Rechtmäßigkeit der Baugenehmigung nicht ausschlaggebend sei. Dasselbe gelte auch für den Zeitraum, in dem von der erteilten Genehmigung noch kein Gebrauch gemacht werde, da sich die Gefahr, der § 35 Abs. 5 S. 3 BauGB 2004 begegnen wolle, erst mit Errichtung der Anlage begründet werde.[964] Nach Auffassung derjenigen in der Literatur, die § 35 Abs. 5 S. 3 BauGB 2004 als Rechtsmäßigkeitsvoraussetzung für die Baugenehmigung ansehen, dürfte die zuständige Behörde die Baugenehmigung für das betreffende Vorhaben erst erteilen, wenn eine ent-

---

961 *Söfker*, in: Ernst/Zinkahn/Bielenberg/Krautzberger, Band II, § 35, Rdnr. 166; *Berkemann*, in: Berkemann/Halama, § 35, Rdnr. 160, 162 f; *dergl.*, in: Berkemann/Bunzel/Halama/Schmidt-Eichstaedt/Schrödter, BauGB 2004 – Nachgefragt, S. 309 f.; *Krautzberger*, in: Battis/Krautzberger/Löhr, § 35, Rdnr. 125a.

962 *J. Meißner*, Baugesetzbuch 2004, S. 22 f; *Söfker*, in: Ernst/Zinkahn/Bielenberg/Krautzberger, Band II, § 35, Rdnr. 166; *Rieger*, in: Schrödter, § 35, Rdnr. 161.

963 *J. Berkemann*, in: Berkemann/Bunzel/Halama/Schmidt-Eichstaedt/Schrödter, BauGB 2004 – Nachgefragt, S. 310.

964 *Berkemann*, in: Berkemann/Halama, § 35, Rdnr. 167.

sprechende Sicherheitsleistung durch wirksame Erklärung der Baulast oder in sonstiger Weise erfolgt sei.[965]

Einigkeit besteht jedoch insofern, als die Erteilung einer Baugenehmigung unter der Bedingung, dass eine entsprechende Sicherstellung erfolgt, in Betracht kommt. Dabei ist allerdings zu beachten ist, dass bei unbedingter Erteilung der Baugenehmigung sich eine nachträglich Sicherstellung nicht mehr erzwingen lässt.[966]

2. Rechtsfolgen der Rückbauverpflichtung

a) Auswirkungen der Verpflichtungserklärung

Da die Abgabe der Verpflichtungserklärung zum Rückbau und zur Beseitigung der Bodenversiegelung eine materielle Zulässigkeitsvoraussetzung ist, dürfen privilegierte Vorhaben nach § 35 Abs. 1 Nr. 2 bis 6 BauGB 2004 nur dann errichtet und genutzt werden, wenn eine solche Erklärung des Antragstellers im Zeitpunkt der Genehmigung vorliegt. Erfolgt eine Errichtung und Nutzung des beantragten Vorhabens vor Abgabe dieser Erklärung bzw. wird es ohne Beachtung des § 35 Abs. 5 S. 2 BauGB 2004 genehmigt, besteht materielle Illegalität bzw. liegt ein materiell rechtswidriger Genehmigungsbescheid vor, der nach Maßgabe des § 48 VwVfG zurückgenommen werden kann.[967]

Kritischen Stimmen im Schrifttum zufolge, schaffe die in § 35 Abs. 5 S. 2 BauGB 2004 normierte Rückbauverpflichtung bundesrechtlich keine neue Verpflichtung, sondern konkretisiere lediglich eine ohnehin bestehende Verpflichtung hierzu. Für privilegierte Vorhaben, die allein kraft der sie legitimierenden privilegierten Nutzung im Außenbereich bauplanungsrechtlich zulässig seien, gelte aufgrund des Prinzips der Einheit von Substanz und Funktion, dass mit Aufgabe der privilegierten Nutzung auch die bestandsschützende Wirkung der Baugenehmigung für die Bausubstanz entfalle. Vorbehaltlich einer bauplanungsrechtlich zulässigen Umnutzung, führe dies zu einem formell und materiell bauplanungsrechtswidrigen Zustand.[968] Die zuständige Bauaufsichtsbehörde sei schon bisher dazu ermächtigt, in einem solchen Fall eine Beseitigungsanordnung zu erlassen, die den jeweils sicherheitsrechtlich Verantwortlichen zur Herstellung rechtmäßiger Verhältnisse durch Beseitigung der Anlage verpflichte. Da

965 *Rieger*, in: Schrödter, § 35, Rdnr. 161; *Dürr*, in: Brügelmann, Band 2, § 35, Rdnr. 173.

966 *Berkemann*, in: Berkemann/Halama, § 35, Rdnr. 167; *Rieger*, in: Schrödter, § 35, Rdnr. 161.

967 *W. Erbguth/J. Wagner*, Grundzüge des öffentlichen Baurechts (4. Auflage), § 8, Rdnr. 105; *Berkemann*, in: Berkemann/Halama, § 35, Rdnr. 134, 171.

968 Vgl. *BVerwG*, Beschl. vom 21.11.2000, NVwZ 2001, 557 (558) – Rückbau einer militärisch nicht mehr genutzten Verteidigungsanlage.

diese materielle Pflicht Rechtsfolge der Entprivilegierung sei, und nicht erst durch die Abgabe einer Verpflichtungserklärung dazu begründet werde, sei die Erklärung der Rückbauverpflichtung bzw. ihre Übernahme nach § 35 Abs. 5 S. 2 Hs. 1 bzw. Hs. 2 Alt. 1 BauGB 2004 lediglich eine klarstellende Selbstverpflichtung, der nur deklaratorische und keine konstitutive Wirkung zukomme.[969]

Dieser Ansicht wird entgegen gehalten, dass eine legal errichtete bauliche Anlage durch endgültige Aufgabe der bisherigen Nutzung in ihrem Bestand weder formell noch materiell rechtswidrig werde,[970] weil eine Nichtnutzung keine genehmigungspflichtige Nutzungsänderung darstelle. Das nicht mehr genutzte Gebäude bleibe also rechtmäßig und allein der Eigentümer entscheide über eine Beseitigung der baulichen Anlage, solange von ihr keine bauordnungsmäßige Gefahr für die Sicherheit und Ordnung auszugehen drohe. Da die in § 35 Abs. 5 S. 2 BauGB 2004 neu statuierte Rückbauverpflichtung ohne Rücksicht auf die Frage eintrete, ob eine bauordnungsrechtliche Gefahr vorliege, habe sie folglich durchaus eigenständige Bedeutung.[971]

Einigkeit besteht allerdings darüber, dass aufgrund der ausdrücklichen Erklärung in § 35 Abs. 5 S. 2 Hs. 1 BauGB 2004 bzw. Übernahme der Verpflichtung in § 35 Abs. 5 S. 2 Hs. 2 Alt. 1 BauGB 2004 und deren Sicherstellung in § 35 Abs. 5 S. 2 BauGB 2004 über die Berechtigung der Rückbauverpflichtung nicht mehr gestritten werden kann, weil dem Bauherrn gegen die bauaufsichtliche Maßnahmen zur Durchsetzung der Verpflichtung keine Widerspruchs- bzw. Klagebefugnis zustehe, jedenfalls aber wegen fehlendem Rechtsschutzbedürfnis der Einwand des Vertrauensschutzes verwehrt sei.[972]

b) *Wirkung gegenüber Rechtsnachfolger*

Fraglich ist, ob die abgegebene Verpflichtungserklärung auch gegenüber dem Rechtsnachfolger des Anlagenbetreibers, d. h. dem späteren Erwerber Bindungswirkung entfaltet.

---

969 *Jäde*, in: Jäde/Dirnberger/Weiß, § 35, Rdnr. 167; *dergl.*, ZfBR 2005, 135 (144); *Berkemann*, in: Berkemann/Halama, § 35, Rdnr. 127 f.; *dergl.*, in: Berkemann/Bunzel/Halama/Schmidt-Eichstaedt/Schrödter, BauGB 2004 – Nachgefragt, S. 307 f.; *Söfker*, in: Ernst/Zinkahn/Bielenberg/Krautzberger, Band II, § 35, Rdnr. 165a.

970 Daran ändere auch nicht die angeführte Entscheidung des Bundesverwaltungsgerichts, da für militärische Nutzungen errichtete bauliche Anlagen in § 37 Abs. 2 BauGB besonders geregelt seien und der Grund für die gerichtlich bejahte Rückbauverpflichtung nach Aufgabe allein in diesem Sondertatbestand liege, mit dem nahezu jeder Widerstand überwunden werden könne.

971 *Schmidt-Eichstaedt*, ZfBR 2005, 751 (759 f.).

972 *Dürr*, in: Brügelmann, Band 2, § 35, Rdnr. 172 ff.; *Jäde*, in: Jäde/Dirnberger/Weiß, § 35, Rdnr. 167; *dergl.*, ZfBR 2005, 135 (144).

Eine Regelung, die eine Bindung des Rechtsnachfolgers an die abgegebene Verpflichtungserklärung ausdrücklich bestimmt, wurde im Baugesetzbuch 2004 nicht formuliert. Ebenso wenig kann dogmatisch der Verpflichtungserklärung eine dingliche Wirkung, die als öffentliche Last auf dem Grundstück liegt, beigemessen werden. Ansonsten wäre bei der Nutzungsänderung i. S. v. § 35 Abs. 5 S. 2 Hs. 2 Alt. 1 BauGB 2004 keine Übernahme der Verpflichtungserklärung in Form einer einseitig verpflichtenden Erklärung erforderlich und auch die zu ergreifenden Sicherungsmaßnahmen nach § 35 Abs. 5 S. 3 BauGB 2004 seien entbehrlich.[973]

Die meisten Landesbauordnungen sehen vor, dass im Falle des Eigentumswechsels die Berechtigungen und Verpflichtungen (Auflagen) der Baugenehmigung auf den neuen Eigentümer übergehen. Da die Veräußerung der Anlage die ausgesprochene Baugenehmigung somit unberührt lässt, kann auch der Eigentumswechsel die Verpflichtungserklärung als weitere Zulässigkeitsvoraussetzung nicht aufheben. Die bauordnungsrechtliche Situation der Bindung des Rechtsnachfolgers an die Baugenehmigung ist folglich auch für die Verpflichtungserklärung anzunehmen. Verpflichtete Person ist damit diejenige, die im Zeitpunkt der Nutzungsaufgabe die Verantwortung für den Betrieb der Anlage inne hat; dies kann die Person sein, der die Genehmigung für die Errichtung der baulichen Anlage erteilt wurde oder welche als Rechtsnachfolger die Anlage übernommen hat.[974]

c) Eintritt der erklärten Verpflichtung

Die Rückbau- und Entsiegelungsverpflichtung greift ein, sobald die zulässige Nutzung (§ 35 Abs. 5 S. 2 Hs. 1 BauGB 2004) bzw. die Anschlussnutzung (§ 35 Abs. 5 S. 2 Hs. 2 Alt. 1 BauGB 2004) dauerhaft aufgegeben wird.[975] Erfolgt die Beseitigung des errichteten Vorhabens sowie der Bodenversiegelung ohne dass dazu eine Ersatzvornahme erforderlich war, hat die Behörde das gegebene Si-

---

973 *Schmidt-Eichstaedt*, ZfBR 2005, 751 (760); *Berkemann*, in: Berkemann/Halama, § 35, Rdnr. 148 f.; *Oerder*, BauR 2005, 643 (654).

974 *Söfker*, in: Ernst/Zinkahn/Bielenberg/Krautzberger, Band II, § 35, Rdnr. 165a; *Dürr*, in: Brügelmann, Band 2, § 35, Rdnr. 172; *J. Berkemann*, in: Berkemann/Bunzel/Halama/Schmidt-Eichstaedt/Schrödter, BauGB 2004 – Nachgefragt, S. 307; *dergl.*, in: Berkemann/Halama, § 35, Rdnr. 149, wo die Frage der Bindungswirkung allerdings nur für den Fall der Einzelrechtsnachfolge problematisiert, hingegen bei Universalrechtsnachfolge hingegen ohne weiteres bejaht wird.

975 *W. Söfker*, in: Krautzberger/Söfker, Baugesetzbuch, Rdnr. 406.

cherungsmittel, welches an die zu sichernden Verpflichtungen gebunden ist, freizugeben.[976]

3. *§ 244 Abs. 7 BauGB 2004 als Überleitungsvorschrift zu § 35 Abs. 5 S. 2 BauGB 2004*

Die Überleitungsregelung zu § 35 Abs. 5 S. 2 BauGB 2004 ist in § 244 Abs. 7 BauGB 2004 enthalten. Danach gilt § 35 Abs. 5 S. 2 BauGB 2004 nicht für die Zulässigkeit eines Vorhabens, das die Nutzungsänderung einer baulichen Anlage zum Inhalt hat, deren bisherige Nutzung vor dem Inkrafttreten des Europarechtsanpassungsgesetzes Bau am 20.07.2004 zulässigerweise aufgenommen worden ist.[977] Die Rückbauverpflichtung findet also keine Anwendung auf solche baulichen Anlagen und deren Nutzungsänderung, die bereits vor der Änderung des Baugesetzbuchs genehmigt worden sind. Dies bedeutet, dass die Abgabe einer Verpflichtungserklärung keine Zulässigkeitsvoraussetzung ist, wenn die bauliche Anlage bereits zuvor zulässigerweise genutzt wurde und nunmehr lediglich die bisherige Nutzung geändert werden soll.

Damit wird gewährleistet, dass bei bereits genehmigten bauliche Anlagen auch bei einer Nutzungsänderung, die nicht gemäß § 35 Abs. 5 S. 2 Hs. 2 Alt. 2 BauGB 2004 die Rückbauverpflichtung entfallen lässt, nicht nach § 35 Abs. 5 S. 2 BauGB zurückgebaut werden muss. Die Zulässigkeit von Nutzungsänderungen beurteilt sich also für vor dem 20.07.2004 genehmigte Vorhaben nur nach den bisher geltenden Vorschriften und erst für Vorhaben, die auf der Grundlage des ab 20.07.2004 geltenden Rechts zugelassen werden, begründet § 35 Abs. 5 S. 2 BauGB 2004 eine Rückbauverpflichtung.[978] Einer Ansicht im

---

976 *J. Berkemann*, in: Berkemann/Bunzel/Halama/Schmidt-Eichstaedt/Schrödter, BauGB 2004 – Nachgefragt, S. 310.

977 Wortlaut von § 244 Abs. 7 BauGB 2004: „§ 35 Abs. 5 Satz 2 gilt nicht für die Zulässigkeit eines Vorhabens, das die Nutzungsänderung einer baulichen Anlage zum Inhalt hat, deren bisherige Nutzung vor dem 20. Juli 2004 zulässigerweise aufgenommen worden ist".

978 *Steinkemper*, NZBau 2004, 495 (496); *C. Bönker*, in: Hoppe/Bönker/Grotefels, Öffentliches Baurecht (3. Auflage), § 7, Rdnr. 275; *H.-D. Upmeier/C. Brandenburg*, Neues Baugesetzbuch 2004, § 35, S. 84; *Wagner/Engel*, BayVBl. 2005, 33 (44); *Krautzberger*, in: Battis/Krautzberger/Löhr, § 35, Rdnr. 125; *W. Söfker*, in: Krautzberger/Söfker, Baugesetzbuch, Rdnr. 407; *dergl.*, Institut für Städtebau 2004, 1 (9); *dergl.*, Der Landkreis 2004, 584 (588); *Roeser*, in: Berliner Kommentar, Band I, § 35, Rdnr. 128e. Ausführlich hierzu *Berkemann*, in: Berkemann/Bunzel/Halama/Schmidt-Eichstaedt/Schrödter, BauGB 2004 – Nachgefragt, S. 377 f., *dergl.*, in: Berkemann/Halama, § 244, Rdnr. 53 ff, 169 f., der allerdings kritisch anmerkt, dass der Zweck der Bestimmung nur im wörtlichen Sinne, aber nicht der Sache nach zutreffe, da eine Pflicht zum Rückbau gerade nach § 35 Abs. 5 S. 2 BauGB 2004 für Altfälle mangels Vorliegens einer entsprechenden Verpflichtungserklärung schon gar nicht bestehen könne.

Schrifttum nach sei § 244 Abs. 7 BauGB 2004 über seinen Wortlaut hinaus auch auf die zweite und weitere Nutzungsänderung nach Inkrafttreten des Europarechtsanpassungsgesetzes Bau anzuwenden, da die Vorschrift sicherstellen sollte, dass bauliche Anlagen, die bereits vor dem Inkrafttreten zugelassen worden seien, auch bei einer Nutzungsänderung nicht zurückgebaut werden müssten und es keinen sachlichen Grund gäbe, die erste Nutzungsänderung nach Inkrafttreten gegenüber späteren Nutzungsänderungen besser zu stellen.[979]

4. Konkurrenzen

Die Neuregelung zur Rückbauverpflichtung gemäß § 35 Abs. 5 S. 2, 3 BauGB 2004 wurde lediglich nur ergänzend zu den sonstigen Verpflichtungen zum Rückbau mittels anderer Instrumentarien eingefügt. Die bauaufsichtlichen Maßnahmen nach Maßgabe des Bauordnungsrechts der Länder bleiben folglich von der Regelung zur Rückbauverpflichtung unberührt.[980] Die Bauaufsichtsbehörde kann daher weiterhin nach dauerhafter Aufgabe der Nutzung wegen fehlenden Bestandsschutzes bei Vorliegen einer bauordnungsrechtlichen Gefahr die Beseitigung der baulichen Anlage anordnen. Bauordnungsrechtliche Anordnungen kommen insbesondere in Betracht für nicht der Rückbauverpflichtung unterliegenden Vorhaben, also für Vorhaben, die in § 35 Abs. 5 S. 2 Hs. 1 BauGB 2004 nicht genannt werden, wie Vorhaben nach § 35 Abs. 1 Nr. 1, 7 und Abs. 2 BauGB 2004 sowie bei Unwirksamkeit der abgegebenen Verpflichtungserklärung nach § 35 Abs. 5 S. 2 Hs. 1 bzw. Hs. 2 Alt. 1 BauGB 2004.[981]

X. Zusammenfassung

Ziel der in das Baugesetzbuch neu hinzugefügten Regelung ist es, insbesondere der Beeinträchtigung der Landschaft durch aufgegebene Anlagen mit einer zeitlich nur begrenzten Nutzungsdauer entgegenzuwirken. Bauliche Substanz und

---

Vielmehr stelle die Überleitungsregelung daher nur klar, dass eine Pflicht zur nachträglichen Abgabe einer Verpflichtungserklärung ausgeschlossen sei

979 *C.-D. Bracher*, in: Gelzer/Bracher/Reidt, Bauplanungsrecht, Rdnr. 2275.

980 Hierauf hat die Bundesregierung bereits im Gesetzgebungsverfahren hingewiesen.

981 *Jäde*, in: Jäde/Dirnberger/Weiß, § 35, Rdnr. 166 f.; *H.-D. Upmeier/C. Brandenburg*, Neues Baugesetzbuch 2004, § 35, S. 84; *Bundesregierung*, Gegenäußerung zur Stellungnahme, BT-Drs. 15/2250, S. 94; W. *Söfker*, in: Krautzberger/Söfker, Baugesetzbuch, Rdnr. 404; *U. Becker/D. Heckmann/B. Kempen/G. Manssen*, Öffentliches Recht in Bayern, Rdnr. 164; *Schliepkorte/Tünnemann*, ZfBR 2004, 645 (652); *dergl.*, Institut für Städtebau 2004, 1 (13). Im Einzelnen dazu *Berkemann*, in: Berkemann/Halama, § 35, Rdnr. 129.

Nutzung sollen nicht unabhängig voneinander unterschiedlichen rechtlichen Regelungen unterliegen.

§ 35 Abs. 5 S. 2 Hs. 1 BauGB 2004 statuiert daher für privilegierte Vorhaben nach § 35 Abs. 1 Nr. 2 bis 6 BauGB 2004 als weitere materiell-rechtliche Zulässigkeitsvoraussetzung für eine positive baurechtliche Entscheidung die Abgabe einer Verpflichtungserklärung zum Rückbau des Vorhabens und zur Beseitigung der Bodenversiegelungen nach dauerhafter Aufgabe der zugelassenen Nutzung. Bis auf land- und forstwirtschaftliche sowie kerntechnische Anlagen gemäß § 35 Abs. 1 Nr. 1 bzw. 7 BauGB 2004 dürfen daher privilegierte Vorhaben im Außenbereich nur noch zugelassen werden, wenn sich der Bauantragsteller zuvor verpflichtet, nach dauerhafter Aufgabe der zulässigen Nutzung das Vorhaben zurückzubauen und den Boden zu entsiegeln.

§ 35 Abs. 5 S. 2 Hs. 2 Alt. 1 BauGB 2004 regelt eine entsprechende Rückbau- und Bodenentsiegelungsverpflichtung, wenn eine Nutzungsänderung in eine andere nach § 35 Abs. 1 Nr. 2 bis 6 BauGB 2004 privilegierte Nutzung zulässigerweise erfolgt. Auch in diesen Fällen wird die Zulassung des Vorhabens von der Übernahme der verpflichtenden Erklärung durch den Nutzer abhängig gemacht. Die Rückbauverpflichtung wird dann nicht ausgelöst.

Eine Einschränkung der Rückbau- und Entsiegelungsverpflichtung enthält § 35 Abs. 5 S. 2 Hs. 2 Alt. 2 BauGB 2004, wonach die Verpflichtung entfällt, wenn ein Vorhaben nach § 35 Abs. 1 Nr. 2 bis 6 BauGB 2004 in ein solches nach § 35 Abs. 1 Nr. 1 oder Abs. 2 (ggf. i. V. m. Abs. 4 bzw. 6) BauGB 2004 umgenutzt wird.

Im Ergebnis löst die Aufgabe der zulässigen Nutzung die Rückbauverpflichtung in den Fällen aus, in denen die Nutzungsänderung nach § 35 Abs. 1 Nr. 2 bis 6 BauGB 2004 nicht zulässig ist, die bisherige Nutzung durch eine Nutzung ersetzt wird, deren Zulässigkeit nach § 35 Abs. 1 Nr. 7 BauGB 2004 zu beurteilen ist, die bisherige Nutzung durch eine Nutzung ersetzt wird, die nicht nach § 35 Abs. 1 Nr. 1 bzw. Abs. 2 BauGB 2004 zuzulassen ist oder die bisherige Nutzung ersatzlos aufgegeben wird und nach der Verkehrsauffassung auch nicht mit einer Wiederaufnahme der Nutzung zu rechnen ist.

Die Einhaltung der Rückbau- und Bodenentsiegelungsverpflichtung muss im Regelfall sichergestellt werden, wofür das Sicherungsmittel der Baulast – sofern das Landesrecht dies vorsieht – und die Sicherung in sonstiger Weise zur Verfügung stehen, § 35 Abs. 5 S. 3 BauGB 2004.

Durch die Rückbauverpflichtung wird gewährleistet, dass bestimmte Vorhaben, die nur wegen ihrer Privilegierung im Außenbereich errichtet werden dürfen, dann entfernt werden, wenn der Grund der Errichtung im Außenbereich entfällt, was bei dauerhafter Aufgabe der Nutzung der Fall ist. Mit der Vorschrift wird folglich zur besseren Schonung des Außenbereichs und zum Bodenschutz die Beseitigung ehemals privilegierter Außenbereichsvorhaben einschließlich deren Bodenversiegelung bezweckt, um den ursprünglichen Zustand wiederherzustellen. Diese Zielsetzung folgt dem Rückbau- und Entsiegelungsgebot des § 179 BauGB.[982]

Nach bisherigem Recht waren die Möglichkeiten zur Vorgabe einer zeitlich befristeten Nutzung begrenzt, da die Baugenehmigung für ein Außenbereichsvorhaben grundsätzlich uneingeschränkt und unbefristet erteilt werden muss. Dies hatte bei aufgegebenen baulichen Anlagen im Außenbereich – insbesondere von Anlagen zur Nutzung erneuerbarer Energien wie Windkraftanlagen, die regelmäßig eine nur begrenzt technische und wirtschaftliche Nutzungsdauer aufweisen,[983] Flächenverbrauch und Bodenversiegelungen[984] und damit eine Beeinträchtigung der Landschaft zur Folge. Dieselbe Problematik wurde für die nunmehr privilegierten Biomasseanlagen befürchtet. Die bisherige bauordnungsrechtliche Möglichkeit, bei dauerhafter Aufgabe einer privilegierten Nutzung die Beseitigung der Anlage im Außenbereich anzuordnen, war wegen zusätzlichen Voraussetzungen mangels Effektivität nicht praktikabel.[985]

Aus diesen Gründen war eine Regelung notwendig, mit der sichergestellt werden konnte, dass Betriebe nach Beendigung ihrer Nutzung wieder zurückgebaut und entsprechende Bodenversiegelungen beseitigt werden, mithin die Wiedernutzbarmachung von Flächen Die Neuregelung normiert insoweit ausdrücklich das durch die Rechtsprechung formulierte Gebot der größtmöglichen Schonung des Außenbereichs[986] und greift den Gedanke des sparsamen und schonenden Umgangs mit Grund und Boden gemäß § 1a Abs. 2 BauGB 2004 auf. Zudem steht sie im Zusammenhang mit dem Grundgedanken der Flexibilisierung von Baurecht auf Zeit. Der Begriff „Baurecht auf Zeit“ bedeutet eine bauliche Nutzbarkeit, die entweder zeitlich befristet ist oder bei Eintritt einer auflösenden Bedingung endet.[987]

---

982 *J. Meißner*, Baugesetzbuch 2004, S. 23; *Schrödter*, NST-N 2004, 197 (215); *Berkemann*, in: Berkemann/Halama, § 35, Rdnr. 139; *Lampe*, NuR 2006, 152 (155).

983 Dies zeigen die Erfahrungen in der Vergangenheit. Technische Einrichtungen wie Windkraftanlagen sind von der technologischen Entwicklung abhängig; *Berkemann*, in: Berkemann/Halama, § 35, Rdnr. 144.

984 Laut Statistischem Bundesamt betrug der Wert für die Versieglung für die Jahre 1993 bis 1997 4,6 ha/Tag und für die Jahre 1997 bis 2001 5,3 ha/Tag; vgl. *Ruf*, BWGZ 2004, 661 (663). Windenergieanlagen begründen Bodenversiegelungen durch ihre massiven, in den Boden versenkte Fundamente; vgl. *G. Schmidt-Eichstaedt*, Städtebaurecht (4. Auflage), S. 328.

985 *Söfker*, in: Ernst/Zinkahn/Bielenberg/Krautzberger, Band II, § 35, Rdnr. 165a; *Jäde*, in: Jäde/Dirnberger/Weiß, § 35, Rdnr. 166; *Schrödter*, NST-N 2004, 197 (215).

986 *BVerwG*, Urt. vom 03.11.1972, E 41, 138 (138).

987 *Stüer/Upmeier*, ZfBR 2003, 114 (119); *B. Stüer*, Städtebaurecht 2004, S. 29, 36; *R. Kunze/H. Welters/H. Jäde*, BauGB-Novelle 2004, S. 19 f.; *Friege*, ThürVBl. 2005, 217 (220);

Teile der Literatur kritisieren, dass die Regelung in § 35 Abs. 5 S. 2 BauGB 2004 vom Bundesgesetzgeber kompetenzwidrig getroffen wurde, da sie die Frage der Beseitigung ordnungswidriger Zustände und damit die Herstellung ordnungsgemäßer Zustände betreffe – herkömmlich eine Aufgabe der Baupolizei –, und es sich dabei folglich materiell-rechtlich um landesrechtliches Bauordnungsrecht handle, der Bund aber nur für das Bodenrecht gemäß Art. 74 Abs. 1 Nr. 18 GG gesetzgebungsbefugt sei und keine Kompetenz für das gesamte Bauwesen – wozu auch das Bauordnungsrecht gehört – habe. Ebenso wenig sei es möglich, die Regelung im Sinne einer Annexkompetenz dem materiellen Regelungsbereich des Baurechts zuzuordnen. Auch in Bezug auf § 35 Abs. 5 S. 3 BauGB sei die Gesetzgebungskompetenz des Bundes für die Regelung einer das Verwaltungsverfahren absichernden Durchsetzung landesrechtlicher Verpflichtungen (Einschreiten bei formeller Illegalität) fraglich.[988] Dagegen wird eingewendet, dass § 35 Abs. 5 S. 2 BauGB 2004 eine baurechtliche Zulässigkeitsvoraussetzung für bestimmte, im Außenbereich privilegiert zu beurteilende Vorhaben normiere, die weitergehende Konsequenzen habe als das landesrechtlich geregelte Beseitigungsrecht. Die neue Rückbauverpflichtung dokumentiere auch die planungsrechtliche Auffassung, dass der Außenbereich grundsätzlich nicht für bauliche Anlagen bestimmt sei, also Bauen im Außenbereich nur verliehen werde, aber kein Ausfluss des Eigentums sei. Zudem könne auch kompetenzrechtlich eine Parallele zu § 179 BauGB mit seinen besonderen Voraussetzungen und Verfahrensregelungen gezogen werden. Folglich handle es sich bei der neuen Vorschrift durchaus um eine bodenrechtliche Regelung, die von der Gesetzgebungskompetenz des Bundes für das Bodenrecht gemäß Art. 74 Abs. 1 Nr. 18 GG eindeutig gedeckt sei.[989]

§ 244 Abs. 7 BauGB gewährleistet den Bestandsschutz von Vorhaben, die vor Inkrafttreten des Europarechtsanpassungsgesetzes Bau zugelassen worden sind. Die besitzstandswahrende Wirkung dieser Vorschrift dient dem Vertrauens-

---

Hentschke/Urbisch, AUR 2005, 41 (45); *Ferner*, in: Ferner/Kröninger, § 35, Rdnr, 50; *Grziwotz*, DNotZ 2004, 674 (679); *Battis/Krautzberger/Löhr*, NJW 2004, 2553 (2557 f.); *Krautzberger/Stüer*, DVBl 1004, 781 (784, 787); *Krautzberger*, DWW 2005, 224 (225).

988 *Jäde*, in: Jäde/Dirnberger/Weiß, § 35, Rdnr. 169; *Berkemann*, in: Berkemann/Halama, § 35, Rdnr. 133; *Oerder*, BauR 2005, 643 (654).

989 *Söfker*, in: Ernst/Zinkahn/Bielenberg/Krautzberger, Band II, § 35, Rdnr. 165a; *Schmidt-Eichstaedt*, ZfBR 2005, 751 (760). *G. Schmidt-Eichstadt* ist jedoch insofern widersprüchlich, als er in: Städtebaurecht (4. Auflage) zugesteht, dass es sich bei der Rückbau- und Entsiegelungsverpflichtung der Sache nach um eine Vorschrift des bauordnungsrechtlichen Verfahrens handelt, und der Bundesgesetzgeber durch die Ansiedlung der Verpflichtung in § 35 Abs. 5 BauGB 2004 als materielle Anforderung an die Zulässigkeit eines Außenbereichsvorhabens lediglich einen Eingriff in das bauordnungsrechtliche Baugenehmigungsverfahren vermeiden wollte.

schutz des Vorhabensträgers, der bei Aufnahme der bisherigen Nutzung i. S. v. § 35 Abs. 1 Nr. 2 bis 6 BauGB 2004 nicht gewusst hat, dass bei Aufgabe dieser Nutzung eine Rückbauverpflichtung auf ihn zukommen könnte, da bis zum 20.07.2004 eine solche nicht gesetzlich geregelt war.[990]

XI. Beurteilung

Durch die neu eingeführte Rückbauverpflichtung in § 35 Abs. 5 S. 2 BauGB 2004 könnte sich langfristig die Belastung im Außenbereich tendenziell ändern. Zwar waren im Außenbereich zulässige Vorhaben schon bisher in einer flächensparenden und die Bodenversiegelung auf das notwendige Maß begrenzenden Weise auszuführen (vgl. § 35 Abs. 5 S. 1 BauGB), dennoch wurden durch die Errichtung baulicher Anlagen Außenbereichsflächen in Anspruch genommen, womit Bodenversiegelungen einhergingen. Aus Gründen des Außenbereichsschutzes war es daher nötig, eine Entscheidung darüber zu treffen, wie mit baulichen Anlagen zu verfahren ist, die im Außenbereich bevorrechtigt zugelassen sind und deren Nutzungen später aufgegeben werden. Mit § 35 Abs. 5 S. 2 BauGB 2004 wurde folglich erstmals eine eigenständige bebauungsrechtliche Regelung auf bundeseinheitlicher Grundlage in das Gesetz aufgenommen, wonach bestimmte, dauerhaft nicht mehr genutzte Außenbereichsvorhaben einschließlich deren Bodenversiegelungen wieder beseitigt werden müssen. Die Verpflichtung hierzu entspricht dem Verursacherprinzip.

Mit der Reichweite der Regelung ist der Gesetzgeber zwar über den konkreten Regelungsanlass deutlich hinausgegangen, denn die Rückbauverpflichtung war ausweislich der Regierungsbegründung[991] gewissermaßen als Ausgleich insbesondere für die Ausdehnung des Privilegierungstatbestandes zur Förderung von Anlagen zur Nutzung erneuerbarer Energien durch § 35 Abs. 1 Nr. 6 BauGB 2004 und der stark wachsenden Zahl von im Außenbereich angesiedelten Windkraftanlagen, deren Nutzung aufgrund technischer sowie wirtschaftlicher Umstände meist mittelfristig endet[992] und deren optische Auswirkung auf

---

990 *Rieger*, in: Schrödter, § 244, Rdnr. 15; *Dürr*, in: Brügelmann, Band 2, § 35, Rdnr. 173.

991 Vgl. *Bundesregierung*, Entwurf eines Europarechtsanpassungsgesetz Bau, BT-Drs. 15/2250, S. 33, 56.

992 Dies kann verständlicherweise dazu führen, dass die Betreiber solcher Anlagen das Interesse an der Fortsetzung dieser Nutzung verlieren können. Eine gesetzliche Betriebspflicht gibt es bislang nicht und die Länder sind in ihrer Erlasspraxis diesbezüglich bisher uneinheitliche Wege gegangen bzw. haben gänzlich von einer Regelung im Erlasswege abgesehen. Hinzu kommt, dass ein in der Erlasspraxis angegebener bestimmter Zeitraum aufgrund seiner nur indiziellen Bedeutung auch nicht maßgebend dafür ist, ab welchem Zeitraum die Behörde von

das Landschaftsbild nach Nutzungsaufgabe erheblich ist, angedacht. Jedoch wurde die Rückbauverpflichtung zurecht für die Privilegierungstatbestände nach § 35 Abs. 1 Nr. 2 bis 6 BauGB 2004 normiert, weil diese Vorhaben zumeist keine eindeutige und unmittelbare Beziehung zur Bodennutzung im Außenbereich haben; der Gesetzgeber hat diese Vorhaben aus anderen Erwägungen in den Katalog der im Außenbereich privilegiert zulässigen Vorhaben eingeordnet. Zudem kommt für diese baulichen Anlagen im Fall ihrer Nutzungsaufgabe eine Nutzungsänderung aufgrund baulich-technischer Ausführungen im Regelfall nicht in Betracht. Diese Gründe zeigen zugleich auf, weshalb der Gesetzgeber land- und forstwirtschaftlichen Zwecken dienende Vorhaben gemäß § 35 Abs. 1 Nr. 1 BauGB 2004 von der Rückbauverpflichtung ausgenommen haben. Diese sind gerade auf die Bodennutzung angewiesen und können nach Aufgabe ihrer Nutzung mit im Zusammenhang stehenden Gebäuden in einem bestimmten Rahmen nach § 35 Abs. 4 S. 1 Nr. 1 BauGB 2004 weitergenutzt werden.

Aus kommunaler Sicht wird die in § 35 Abs. 5 S. 2 BauGB 2004 normierte Rückbauverpflichtung als grundsätzlich positiv bewertet.[993]

Die eingeführte Rückbauverpflichtung lässt auch nicht befürchten, dass dadurch potenzielle Betreiber von notwendigen und erwünschten Investitionsvorhaben im Außenbereich abgeschreckt werden. Vielmehr wird die mit § 35 Abs. 5 S. 2 und 3 BauGB 2004 vorausgesetzte und gesicherte Verpflichtung zum Rückbau einer entprivilegierten Nutzung den Vorhabensträger voraussichtlich dazu motivieren, seine Entscheidung einer Entprivilegierung im Hinblick auf die Kostenfolgen wohlüberlegt zu treffen. Die Neuregelung stellt damit einen wichtigen Schritt gegen die voreilige Entprivilegierung privilegierter Vorhaben dar. Falls es trotzdem zu einer dauerhaften Nutzungsaufgabe kommt, gewährleistet sie, dass das Landschaftsbild nicht durch leerstehende und dem Verfall ausgesetzten Anlagen beeinträchtig wird. Dies wird den heutigen Anforderungen auch insofern gerecht, als sich der Wandel in der Außenbereichsnutzung in immer kürzeren Zeitabschnitten vollzieht und es deshalb eines flexiblen Bauplanungsrechts bedarf.

Da der Vorhabensträger zwischen dem Betrieb und der dauerhaften Nutzungsaufgabe seiner Anlage ökonomisch abwägen wird, ist es erforderlich, dass das von der Baugenehmigungsbehörde geforderte Sicherungsmittel zur Sicherstellung der Einhaltung der Rückbau- und Bodenentsiegelungsverpflichtung ge-

---

einer dauerhaften Aufgabe ausgeht. Nach *Berkemann*, in: Berkemann/Halama, § 35, Rdnr. 144 f. wäre trotzdem eine diesbezügliche Empfehlung im Mustererlass zum Europarechtsanpassungsgesetz Bau erforderlich gewesen.

993 *Steinmetz*, www.dstgb.de/index_inhalt/hompage/artikel/inhalt/brennpunkte/das_neuen_baugesetzbuch/ daten_fakten.

mäß § 35 Abs. 5 S. 3 BauGB 2004[994] im Einzelfall auch tatsächlich geeignet ist. Zudem ist von entscheidender Bedeutung, die Höhe der Sicherung derart anzusetzen, dass die bei endgültiger Nutzungsaufgabe entstehenden Rückbau- und Entsiegelungskosten in vollem Umgang beglichen werden können, da bei zu niedrigem Ansatz die die Ersatzvornahme betreibende Baugenehmigungsbehörde, und damit letztlich der Steuerzahler die Differenz zu tragen haben wird. Die sich aus dem Vollzug der Verpflichtungserklärung ergebenden Umsetzungsprobleme werden sich aber wohl erst in einigen Jahren auftun.

Nach Ansicht im Schrifttum obliegt es den Bundesländern, für eine Verzahnung der städtebaulichen Anforderungen des § 35 Abs. 5 S. 2, 3 BauGB 2004 mit dem Landesbauordnungs- und Verwaltungsvollstreckungsrecht zu schaffen. Die Landesgesetzgeber sollten zudem in ihrem jeweiligen Bauordnungsrecht eine klarstellende Ermächtigungsgrundlage für die Anordnung der Sicherheitsleistung schaffen. Des Weiteren sollten Regelungen auf Landesebene erlassen werden, die eine einheitliche Handhabung seitens der Verwaltungsbehörden in Bezug auf Art und Höhe der Sicherung zu gewährleisten, also wann eine den Vorhabensträger lediglich gering belastende Baulast ausreicht bzw. wann und in welcher Höhe eine Sicherheit in sonstiger Weise auf Anordnung zu leisten ist, die den Kreditrahmen des Vorhabensträgers erheblich einschränken und damit die Wirtschaftlichkeit der Anlage wesentlich beeinträchtigt werden kann.[995]

J. Die Außenbereichssatzung

I. Änderungen bei der Außenbereichssatzungssatzung durch das Baugesetzbuch 2004

1. Bericht der Unabhängigen Expertenkommission

Nach Ansicht der Unabhängigen Expertenkommission unterfielen Außenbereichssatzungen dem Geltungsbereich des Art. 3 Plan-UP-Richtlinie[996], da sie

994 Nach Ansicht von *Jäde*, in: Jäde/Dirnberger/Weiß, § 35, Rdnr. 169 habe die Sicherung nach § 35 Abs. 5 S. 3 BauGB 2004 lediglich gesetzgeberisch-kosmetischen Charakter und sei in der Sache bedeutungslos. Wenn die Bereitschaft zum bauaufsichtlichen Zugriff fehle, blieben auch Sicherungen unwirksam blieben; umgekehrt seien Sicherungen überflüssig, wenn ohnehin die Bereitschaft zum bauaufsichtlichen Zugriff bestehe.

995 *Krautzberger*, in: Battis/Krautzberger/Löhr, § 35, Rdnr. 125a; *Berkemann*, in: Berkemann/Halama, § 35, Rdnr. 168; *Lampe*, NuR 2006, 152 (155 f.).

996 Wortlaut von Art. 3 Abs. 1 und 2 Plan-UP-Richtlinie: „Die unter die Absätze 2 bis 4 fallenden Pläne und Programme, die voraussichtlich erhebliche Umweltauswirkungen haben, werden ei-

den „Plänen und Programmen“ gemäß Art. 2a Plan-UP-Richtlinie[997] wegen ihrer beseitigenden Wirkung bezüglich bestimmter, sonst für Außenbereichsvorhaben einschlägiger Genehmigungshindernisse und ihrer damit einhergehenden rahmensetzenden Wirkung für die Genehmigung im Sinne der Richtlinie zuzuordnen seien. Infolgedessen müssten sie einer Umweltverträglichkeitsprüfung unterzogen werden, was jedoch zu einem dem für die Aufstellung eines Bebauungsplans entsprechenden Verfahrensaufwand führe, welcher im Vergleich zu der nur geringen städtebaulichen Effizienz der Außenbereichssatzung zu hoch sei. Daher sei die Außenbereichssatzungsregelung zu streichen.[998] In geeigneten Fällen hätten die Gemeinden stattdessen die Möglichkeit, einen Bebauungsplan aufzustellen.[999]

2. Entwurf des Bundesministeriums für Verkehr, Bau- und Wohnungswesen

Das Bundesministerium für Verkehr, Bau- und Wohnungswesen sah, der Empfehlung der Unabhängigen Expertenkommission folgend, in seinem Entwurf die

ner Umweltprüfung nach den Artikeln 4 bis 9 unterzogen. Vorbehaltlich des Absatz 3 wird eine Umweltprüfung bei allen Plänen und Programmen vorgenommen, die in den Bereichen Landwirtschaft, Forstwirtschaft, Fischerei, Energie, Industrie, Verkehr, Abfallwirtschaft, Wasserwirtschaft, Telekommunikation, Fremdenverkehr, Raumordnung oder Bodennutzung ausgearbeitet werden und durch die der Rahmen für künftige Genehmigungen der in den Anhängen I und II der Richtlinie 85/337/EWG aufgeführten Projekte gesetzt wird oder bei denen angesichts ihrer voraussichtlichen Auswirkungen auf Gebiete eine Prüfung nach Artikel 6 oder 7 der Richtlinie 92/43/EWG für erforderlich erachtet wird“.

997 Wortlaut von Art. 2a Plan-UP-Richtlinie: „Im Sinne dieser Richtlinie bezeichnet der Ausdruck „Pläne und Programme“ Pläne und Programme, einschließlich der von der Europäischen Gemeinschaft mitfinanzierten, sowie deren Änderungen, die von einer Behörde auf nationaler, regionaler oder lokaler Ebene ausgearbeitet und/oder angenommen werden oder die von einer Behörde für die Annahme durch das Parlament oder die Regierung im Wege eines Gesetzgebungsverfahrens ausgearbeitet werden und die aufgrund von Rechts- oder Verwaltungsvorschriften erstellt werden müssen“.

998 Die Streichung der Außenbereichssatzung wurde früher schon gefordert. Im Rahmen der Vorbereitungen zum Bau- und Raumordnungsgesetz 1998 haben sich die damals eingesetzte Expertenkommission sowie der Bundesrat für die Streichung der Außenbereichsregelung nach § 4 Abs. 4 BauGB-MaßnahmeG 1993 wegen Entbehrlichkeit ausgesprochen. Aufgrund der gegenteiligen Beurteilung der Außenbereichssatzung durch die Bundesregierung sowie dem Bundestagsausschuss für Raumordnung, Bauwesen und Städtebau als sinnvolles Instrument zur maßvollen Weiterentwicklung bestehender Siedlungsansätze im Außenbereich, wurde die Regelung zur Außenbereichssatzung unter Übernahme in § 35 Abs. 6 BauGB 1998 beibehalten.

999 *Unabhängige Expertenkommission*, Bericht zur Novellierung des Baugesetzbuchs, Rdnr. 067; *Reidt*, NordÖR 2003, 177 (178); *Upmeier*, BauR 2004, 1382 (1387).

Aufhebung der gesetzlichen Regelung zur Außenbereichssatzung in § 35 Abs. 6 BauGB 1998 vor.[1000]

Die Vorteile einer Außenbereichssatzung hätten sich bereits nach bisheriger Rechtslage gegenüber einem Bebauungsplan als geringfügig erwiesen, da die Anforderung der Öffentlichkeits- und Behördenbeteiligung sowie das Abwägungsgebot auch für die Aufstellung einer Außenbereichsatzung gälten. Durch die europarechtlich vorgegebene Verpflichtung zur Durchführung einer Umweltprüfung auch bei Außenbereichssatzungen seien die rechtlichen Anforderungen für den Erlass einer Außenbereichssatzung zusätzlich erhöht worden. Verfahrenserleichterungen bei Erlass einer Außenbereichssatzung gegenüber einem Bebauungsplanverfahren seien nicht mehr ersichtlich. Zudem würde durch die Streichung des § 35 Abs. 6 BauGB 1998 die Leitfunktion der Bauleitplanung für eine weitere bauliche Entwicklung des Außenbereichs verstärkt zum Ausdruck gebracht werden.[1001]

3. Gesetzesentwurf der Bundesregierung

Der Gesetzesentwurf der Bundesregierung enthielt den Vorschlag der Unabhängigen Expertenkommission sowie des Bundesministeriums für Verkehr, Bau- und Wohnungswesen.[1002]

4. Kritik seitens der Kommunen

Zahlreiche Gemeinden kritisierten die beabsichtigte Streichung der Regelung zur Außenbereichssatzung. Die Vorteile einer Außenbereichssatzung gegenüber einem Bebauungsplan seien erheblich; insbesondere könnten in einer Außenbereichssatzung nähere Bestimmungen über die Zulässigkeit von Vorhaben getroffen, und damit überzogene Forderungen und Zersiedlungswünsche abgewehrt werden. Die Vorteile einer Außenbereichssatzung relativierten sich auch nicht durch die europarechtliche Pflicht zur Durchführung einer Umweltverträglichkeitsprüfung, da diese Pflicht auch für die Innenbereichssatzung gelte, deren

---

1000 *Bundesministerium für Verkehr, Bau- und Wohnungswesen*, Entwurf eines Europarechtsanpassungsgesetzes Bau, www.bmvbw.de, S. 19.

1001 *Bundesministerium für Verkehr, Bau- und Wohnungswesen*, Entwurf eines Europarechtsanpassungsgesetzes Bau, www.bmvbw.de, Begründung Allgemeiner Teil, S. 16, Begründung Besonderer Teil, S. 55; *Krautzberger/Stüer*, BauR 2003, 1301 (1305); *Scholz*, EurUP 2004, 134 (138).

1002 *Bundesregierung*, Entwurf eines Europarechtsanpassungsgesetzes Bau, BT-Drs. 15/2250, S. 16, 32, 56; *Roeser*, in: Berliner Kommentar, Band I, § 35, Rdnr. 130; *Krautzberger*, UPR 2004, 41 (48).

Aufhebung jedoch nicht vorgesehen sei. Zudem sei die kommunale Praxis nicht zum Erlass von Außenbereichssatzungen verpflichtet; es bleibe der jeweiligen Gemeinde selbst überlassen, ob und wieweit sie das Instrument der Außenbereichssatzung einsetze. Irrelevant sei auch der Hinweis auf die Leitfunktion des Bauleitplans, da Splittersiedlungsvorhaben in der Regel nicht durch die Aufstellung eines Bebauungsplans planungsrechtlich legitimiert werden könnten.[1003]

5. Beschlussempfehlung des Ausschusses für Verkehr, Bau- und Wohnungswesen

Der Ausschuss für Verkehr, Bau- und Wohnungswesen sprach sich gegen eine Streichung der städtebaulichen Satzung nach § 35 Abs. 6 BauGB 1998 aus.

Bei Außenbereichssatzungen seien erhebliche Umweltauswirkungen nicht zu befürchten, da sie lediglich auf lokaler Ebene aufgestellt und sich folglich nur auf einzelne, kleinere Außenbereichsgebiete beziehen würden. Außerdem werde mit einer Außenbereichssatzung kein Baurecht geschaffen; sie habe nur die Ausblendung der genannten öffentlichen Belange gegenüber Vorhaben zur Folge. Mit einer ergänzenden Voraussetzung in § 35 Abs. 6 S. 4 BauGB – die Zulässigkeit von Vorhaben, die einer Pflicht zur Durchführung einer Umweltverträglichkeitsprüfung nach Anlage 1 zum Gesetz über die Umweltverträglichkeitsprüfung oder nach Landesrecht unterliegen, werde nicht begründet und es bestünden keine Anhaltspunkte für die Beeinträchtigung der in § 1 Abs. 6 Nr. 7b BauGB genannten Schutzgüter – könne die Beibehaltung der Außenbereichssatzung ohne Verpflichtung zur Durchführung einer förmlichen Umweltprüfung sichergestellt werden.[1004]

Im Übrigen solle der bisherige § 35 Abs. 6 S. 5 BauGB den Änderungen im vereinfachten Verfahren angepasst werden, so dass bei Aufstellung der Außenbereichssatzung die Vorschriften über die Öffentlichkeits- und Behördenbeteiligung entsprechend § 13 Abs. 2 Nr. 2 und 3 BauGB des Gesetzesentwurfs anzuwenden seien.[1005]

Zudem solle im Sinn einer Deregulierung und Verfahrensvereinfachung das bisher in § 35 Abs. 6 S. 6 BauGB normierte Erfordernis der Genehmigung von Außenbereichssatzungen durch die höhere Verwaltungsbehörde entfallen. An Stelle dessen sollten die Länder nun gemäß § 246 Abs. 1a BauGB bestimmen

---

1003 *H. Janning*, in: Spannowsky/Krämer, BauGB-Novelle 2004, 11 (33).

1004 *Bundesministerium für Verkehr, Bau- und Wohnungswesen*, Beschlussempfehlung und Bericht zum Regierungsentwurf, BT-Drs. 15/2996, S. 32, 68; *Upmeier*, BauR 2004, 1382 (1387).

1005 *Bundesministerium für Verkehr, Bau- und Wohnungswesen*, Beschlussempfehlung und Bericht zum Regierungsentwurf, BT-Drs. 15/2996, S. 32.

können, dass die Außenbereichssatzungen vor ihrem Inkrafttreten der höheren Verwaltungsbehörde anzuzeigen seien.[1006]

6. Die Änderungen gemäß § 35 Abs. 6 S. 4 – 6 BauGB 2004

a) Voraussetzungen für die Aufstellung einer Außenbereichssatzung, § 35 Abs. 6 S. 4 BauGB 2004

Die Voraussetzung der Vereinbarkeit der Außenbereichssatzung mit einer geordneten städtebaulichen Entwicklung, dass also die Außenbereichssatzung den Anforderungen der §§ 1, 1a BauGB 2004 nicht widersprechen darf und insbesondere auf einer fehlerfreien Abwägung der berührten privaten und öffentlichen Belange beruhen muss, besteht gemäß § 35 Abs. 6 S. 4 Nr. 1 BauGB 2004 weiterhin.[1007]

Darüber hinaus wird mit § 35 Abs. 6 S. 4 Nr. 2 BauGB 2004 als neue Anwendungsvoraussetzung für die Außenbereichssatzung nunmehr gefordert, dass die Zulässigkeit von Vorhaben, welcher einer Pflicht zur Durchführung einer Umweltverträglichkeitsprüfung nach Anlage 1 zum Gesetz über die Umweltverträglichkeitsprüfung oder nach Landesrecht unterliegen, nicht begründet wird. Die Außenbereichssatzung darf damit nicht dazu führen, dass Anlagen errichtet werden, die eine Umweltverträglichkeitsprüfung erfordern. Dies ist insbesondere im Hinblick auf die Schwellenwerte nach Nr. 18 der Anlage 1 zum Gesetz über die Umweltverträglichkeitsprüfung von Bedeutung.[1008]

Ferner ist nun als weitere Zulässigkeitsvoraussetzung bestimmt, dass bei Erlass einer Außenbereichssatzung keine Anhaltspunkte für eine Beeinträchtigung der in § 1 Abs. 6 Nr. 7b BauGB 2004 genannten Schutzgütern bestehen dürfen, § 35 Abs. 6 S. 4 Nr. 3 BauGB 2004. Schutzgüter sind damit die Erhaltungsziele und der Schutzzweck der Gebiete von gemeinschaftlicher Bedeutung (Gebiete nach der sog. Flora-Fauna-Habitat-Richtlinie) sowie der Europäischen Vogelschutzgebiete im Sinne des Bundesnaturschutzgesetzes (vgl. § 10 Abs. 1 Nr. 5, 6, 9, 10, §§ 32 ff. BNatSchG). Dadurch besteht ein inhaltlicher Zusammenhang mit der Anforderung nach § 35 Abs. 6 S. 4 Nr. 1 BauGB 2004, welche die Ermittlung und Berücksichtigung möglicher Auswirkungen der Satzung auf die

---

1006 *Bundesministerium für Verkehr, Bau- und Wohnungswesen*, Beschlussempfehlung und Bericht zum Regierungsentwurf, BT-Drs. 15/2996, S. 32, 48, 68.

1007 *C. Bönker*, in: Hoppe/Bönker/Grotefels, Öffentliches Baurecht, § 7, Rdnr. 228; *Roeser*, in: Berliner Kommentar, Band I, § 35, Rdnr. 140. Im Einzelnen hierzu *Berkemann*, in: Berkemann/Halama, § 35, Rdnr. 181 f., 185 f.

1008 *Schrödter*, NST-N 2004, 197 (216); *Söfker*, Der Landkreis 2004, 584 (588); *Krautzberger*, in: Ernst/Zinkahn/Bielenberg/Krautzberger, Band I, § 13, Rdnr. 32.

Belange des Umweltschutzes einschließt. Im Unterschied zu § 35 Abs. 6 S. 4 Nr. 2 BauGB 2004 kommt es bei § 35 Abs. 6 S. 4 Nr. 3 BauGB 2004 nicht auf die Erheblichkeit der Auswirkung, sondern auf eine auch nur geringfügige, nachteilige Beeinflussung der bestimmten Schutzgebiete an. Dies beurteilt sich nach den Maßstäben des § 34 BNatSchG.[1009]

Durch die neuen Voraussetzungen nach §§ 35 Abs. 6 S. 4 Nr. 2 und 3 BauGB 2004 wurde der Anwendungsbereich von Außenbereichssatzungen derart begrenzt, dass sie keine erheblichen Umweltauswirkungen hervorrufen, so dass eine förmliche Umweltprüfung nach § 2 Abs. 4 S. 1 BauGB 2004 für Außenbereichssatzungen entbehrlich ist.[1010] Einer Ansicht im Schrifttum zufolge müsse zur Bejahung der Anwendbarkeit von Außenbereichssatzungen eine integrierte Umweltprüfung stattfinden.[1011] Diese Auffassung ist ausweislich des Gesetzeswortlautes unzutreffend.

b) Verfahrensregelungen, § 35 Abs. 6 S. 5 BauGB 2004

Im Verfahren zum Erlass von Außenbereichssatzungen bedurfte es schon bisher und bedarf es auch weiterhin lediglich einer vereinfachten Öffentlichkeits- und Behördenbeteiligung. Demgemäss wurde § 35 Abs. 6 S. 5 BauGB 1998 an die geänderten Beteiligungsvorschriften des vereinfachten Verfahrens angepasst. § 35 Abs. 6 S. 5 BauGB 2004 bestimmt nun, dass bei Aufstellung einer Außenbereichssatzung die Öffentlichkeits- und Behördenbeteiligung des vereinfachten Verfahrens nach § 13 Abs. 2 Nr. 2 und 3 BauGB 2004 entsprechend anzuwenden ist. Dies bedeutet im Sinne einer Rechtsfolgenverweisung, dass die betroffene Öffentlichkeit entweder unmittelbar zu beteiligen oder die öffentliche Auslegung nach § 3 Abs. 2 BauGB 2004 durchzuführen sowie den berührten Behörden und sonstigen Trägern öffentlicher Belange Gelegenheit zur Stellungnahme innerhalb angemessener Frist zu gegeben oder die Beteiligung nach § 4 Abs. 2 BauGB 2004 durchzuführen ist.[1012]

1009 *Otto*, Kommunalpraxis 2004, 228 (231); *Schrödter*, NST-N 2004, 197 (198); *Löhr*, in: Battis/Krautzberger/Löhr, § 13, Rdnr. 1c; *Roeser*, in: Berliner Kommentar, Band I, § 35, Rdnr. 140a; *Söfker*, in: Ernst/Zinkahn/Bielenberg/Krautzberger, Band II, § 35, Rdnr. 170.

1010 *Krautzberger*, in: Ernst/Zinkahn/Bielenberg/Krautzberger, Band I, § 13, Rdnr. 31; *Ruf*, BWGZ 2004, 661 (662); *Dirnberger*, ZfIR-Report 2004, 836 (836); *W. Erbguth/J. Wagner*, Grundzüge des öffentlichen Baurechts (4. Auflage), § 8, Rdnr. 110; *Rieger*, in: Schrödter, § 35, Rdnr. 170; *Bienek/Krautzberger*, UPR 2008, 81 (87).

1011 *Finkelnburg*, NVwZ 2004, 897 (902).

1012 *J. Meißner*, Baugesetzbuch 2004, S. 23; *W. Söfker*, in: Krautzberger/Söfker, Baugesetzbuch, Rdnr. 410; *G. Schmidt-Eichstaedt*, Städtebaurecht (4. Auflage), S. 336; *Söfker*, in: Ernst/Zinkahn/Bielenberg/Krautzberger, Band II, § 35, Rdnr. 176 f.

Die Verletzung der Vorschriften über die Öffentlichkeit- und Behördenbeteiligung nach § 35 Abs. 6 S. 5 i. V. m. § 13 Abs. 2 Nr. 2 und 3 BauGB 2004 ist für die Wirksamkeit der Außenbereichssatzung gemäß § 214 Abs. 1 S. 1 Nr. 2 Hs. 1 BauGB 2004[1013] grundsätzlich beachtlich, außer bei Nichtbeteiligung einzelner Personen, Behörden oder sonstigen Trägern öffentlicher Belange, wenn die entsprechenden Belange unerheblich waren oder in der Entscheidung berücksichtigt wurden. Jedoch kann die Außenbereichssatzung zur Behebung ihrer nicht nach § 215 Abs. 1 Nr. 1 BauGB 2004[1014] präkludierten Rechtsfehler durch ein ergänzendes Verfahren geheilt und rückwirkend in Kraft gesetzt werden gemäß § 214 Abs. 4 BauGB 2004[1015].[1016]

Eine kritische Stimme in der Literatur bewertet es als Rechtsfehler des Gesetzgebers, dass für die Außenbereichssatzung kein Hinweis wie in § 13 Abs. 3 S. 2 BauGB 2004 bestimmt wurde, wonach im Falle der Beteiligung nach § 13 Abs. 2 Nr. 2 BauGB 2004 von einer Umweltprüfung abgesehen wird, weil in der Regelung zur Außenbereichssatzung ansonsten auf die Beteiligungsvorschrift des vereinfachten Verfahrens verwiesen werde.[1017] Dieser Auffassung hält das sonstige Schrifttum europarechtliche Unterschiede von Bebauungsplänen und Außenbereichssatzungen entgegen. Die Hinweispflicht in Fällen, in denen bei der Aufstellung eines Bebauungsplans von einer Umweltverträglichkeitsprüfung abgesehen wird, betreffe europarechtlich bloß Zulassungsverfahren; nur wenn das Screening hinsichtlich der Umweltverträglichkeitspflicht im Rahmen eines Zulassungsverfahrens negativ ausgehe, müsse die Öffentlichkeit informiert werden. Während Bebauungspläne nach deutschem Recht die Zulässigkeit von Vorhaben begründen würden, so dass bei gescreenten Bebauungsplänen, die keine

1013 Wortlaut von § 214 Abs. 1 S. 1 Nr. 2 Hs. 1 BauGB 2004: „Eine Verletzung von Verfahrens- und Formvorschriften dieses Gesetzbuchs ist für die Rechtswirksamkeit des Flächennutzungsplans und der Satzungen nach diesem Gesetzbuch nur beachtlich, wenn die Vorschriften über die Öffentlichkeits- und Behördenbeteiligung nach … § 35 Abs. 6 Satz 5 verletzt worden sind".

1014 Wortlaut von § 215 Abs. 1 Nr. 1 BauGB 2004: „Unbeachtlich werden eine nach § 214 Abs. 1 Satz 1 Nr. 1 bis 3 beachtliche Verletzung der dort bezeichneten Verfahrens- und Formvorschriften, wenn sie nicht innerhalb von zwei Jahren seit Bekanntmachung des Flächennutzungsplans oder der Satzung schriftlich gegenüber der Gemeinde unter Darlegung des die Verletzung begründenden Sachverhalts geltend gemacht worden sind".

1015 Wortlaut von § 214 Abs. 4 BauGB 2004: „Der Flächennutzungsplan oder die Satzung können durch ein ergänzendes Verfahren zur Behebung von Fehlern auch rückwirkend in Kraft gesetzt werden".

1016 *Berkemann*, in: Berkemann/Halama, § 35, Rdnr. 195; *Schliepkorte/Tünnemann*, ZfBR 2004, 645 (650); *Scholz*, EurUP 2004, 134 (137). Ausführlich dazu *Janning*, Institut für Städtebau 2004, 1 (1ff.).

1017 *Berkemann*, in: Berkemann/Halama, § 35, Rdnr. 194.

Umweltverträglichkeitspflicht auslösten, der Hinweis erforderlich sei, würden Außenbereichssatzungen gerade nicht die Zulässigkeit des Vorhabens begründen, sondern lediglich bewirkten, dass dem Vorhaben bestimmte öffentliche Belange nicht entgegengehalten werden könnten; die Zulassungsentscheidung aber ergehe erst mit der Einzelfallgenehmigung. Daher sei es bei einer Außenbereichssatzung nicht erforderlich auf die unterlassene Umweltverträglichkeitsprüfung hinzuweisen; die Umweltverträglichkeitsprüfung erfolge gegebenenfalls im späteren Zulassungsverfahren.[1018]

c) Wegfall der Genehmigungsbedürftigkeit durch § 35 Abs. 6 S. 6 BauGB 2004; mögliches Anzeigeverfahren nach § 246 Abs. 1a Hs. 1 BauGB 2004

Die Pflicht zur Genehmigung der Außenbereichssatzung durch die höhere Verwaltungsbehörde ist in § 35 Abs. 6 S. 6 BauGB 2004 nicht mehr enthalten. Die Außenbereichssatzung ist daher nunmehr von der Genehmigungspflicht durch die Rechtsaufsichtsbehörde freigestellt.[1019]

Den Ländern könnte stattdessen nach dem geänderten § 246 Abs. 1a Hs. 1 BauGB 2004[1020] nun auch für Außenbereichssatzungen ein Anzeigeverfahren einführen, indem sie durch entsprechende landesrechtliche Regelungen bestimmen, dass Außenbereichssatzungen vor ihrem Inkrafttreten der höheren Verwaltungsbehörde anzuzeigen sind.[1021]

Weiter verweist § 35 Abs. 6 S. 6 BauGB 2004 nicht mehr auf § 6 Abs. 2 und 4 BauGB 2004, sondern bestimmt nur noch die entsprechende Anwendung der Bekanntmachungsvorschrift § 10 Abs. 3 BauGB 2004. Nachdem die Außenbereichssatzung keiner Genehmigung mehr bedarf, ist die zweite Variante des § 10 Abs. 3 S. 1 BauGB 2004 anzuwenden, so dass für die Inkraftsetzung der Außenbereichssatzung der Satzungsbeschluss der Gemeinde ortsüblich bekannt zu machen ist.[1022] Nach einer Ansicht in der Literatur sei aufgrund der Bezug-

---

1018 *Schmidt-Eichstaedt*, ZfBR 2005, 751 (760).

1019 *Friege*, ThürVBl. 2005, 217 (220); *Schliepkorte/Tünnemann*, Institut für Städtebau 2004, 1 (7); *Wagner/Engel*, BayVBl. 2005, 33 (45).

1020 Wortlaut von § 246 Abs. 1a Hs. 1 BauGB 2004: „Die Länder können bestimmen, dass Bebauungspläne, die nicht der Genehmigung bedürfen, und Satzungen nach § 34 Abs. 4 S. 1, § 35 Abs. 6 und § 165 Abs. 6 vor ihrem Inkrafttreten der höheren Verwaltungsbehörde anzuzeigen sind".

1021 *Battis/Krautzberger/Löhr*, NJW 2004, 2553 (2557); *O. Reidt/C.-D. Bracher*, in: Gelzer/Bracher/Reidt, Bauplanungsrecht, Rdnr. 2269; *R. Kunze/H. Welters/H. Jäde*, BauGB-Novelle 2004; S. 15.

1022 *C. Bönker*, in: Hoppe/Bönker/Grotefels, Öffentliches Baurecht, § 7, Rdnr. 231; *Jäde*, in: Jäde/Dirnberger/Weiß, § 35, Rdnr. 297; *Roeser*, in: Berliner Kommentar, Band I, § 35, Rdnr. 141.

nahme in § 10 Abs. 3 S. 2 BauGB 2004 auf § 10 Abs. 4 BauGB 2004 der Außenbereichssatzung eine zusammenfassende Erklärung darüber beizufügen, wie die Umweltbelange berücksichtigt wurden und welche Alternativen bestanden haben. Zwar sei diese Anforderung einer an eine Umweltverträglichkeitsprüfung angenäherten Darlegung an sich überzogen und eigentlich entbehrlich, da die Außenbereichssatzung in ihrer Regelungsmöglichkeit beschränkt sei – Ausfüllen von Baulücken innerhalb einer Splittersiedlung bezogen auf Wohnbauvorhaben –, jedoch wurde dies eben eindeutig gesetzlich vorgeschrieben.[1023] Dem widerspricht die überwiegende Ansicht im Schrifttum. Trotz des Verweises von § 35 Abs. 6 S. 6 BauGB 2004 auf § 10 Abs. 3 BauGB 2004, und damit auch auf dessen Satz 2, und dessen Verweises auf § 10 Abs. 4 BauGB 2004 müsse bei der Bekanntmachung der Außenbereichssatzung keine Begründung und insbesondere auch keine zusammenfassende Erklärung nach § 10 Abs. 4 BauGB 2004 beigefügt werden, da für die Außenbereichssatzung eine förmliche Umweltprüfung nicht erforderlich sei.[1024]

7. Überleitungsvorschriften

Die Grundnorm des Überleitungsrechts findet sich in § 233 Abs. 1 S. 1 BauGB 2004[1025], wonach Verfahren nach dem Baugesetzbuch, die vor dem Inkrafttreten der Gesetzesänderung förmlich eingeleitet worden sind, nach den bisher geltenden Rechtsvorschriften abgeschlossen werden, soweit nicht anderes bestimmt ist. „Anderes" ist in § 244 Abs. 1 BauGB 2004[1026] bestimmt, wonach für Verfahren von Außenbereichssatzungen, die nach Inkrafttreten des Europarechtsanpassungsgesetzes Bau am 20.07.2004 förmlich eingeleitet worden sind[1027] oder nach dem 20.07.2004 abgeschlossen werden, die Vorschriften des

---

1023 *Dürr*, in: Brügelmann, Band 2, § 35, Rdnr. 183.

1024 *Söfker*, in: Ernst/Zinkahn/Bielenberg, Band II, § 35, Rdnr. 177; *Berkemann*, in: Berkemann/Halama, § 35, Rdnr. 193.

1025 Wortlaut von § 233 Abs. 1 S. 1 BauGB 2004: „Verfahren nach diesem Gesetz, die vor dem Inkrafttreten einer Gesetzesänderung förmlich eingeleitet worden sind, werden nach dem bisher geltenden Rechtsvorschriften abgeschlossen, soweit nachfolgend nichts anderes bestimmt ist".

1026 Wortlaut von § 244 Abs. 1 BauGB 2004: „Abweichend von § 233 Abs. 1 werden Verfahren für Bauleitpläne und Satzungen nach § 34 Abs. 4 Satz 1 und § 35 Abs. 6, die nach dem 20. Juli 2004 förmlich eingeleitet worden sind oder die nach dem 20. Juli 2006 abgeschlossen werden, nach den Vorschriften dieses Gesetzes zu Ende zu geführt".

1027 Anzumerken ist, dass diese Alternative in § 244 Abs. 1 BauGB 2004 an sich keine Abweichung von der Regelung in § 233 Abs. 1 S. 1 BauGB 2004 darstellt, da § 233 Abs. 1 S. 1 BauGB 2004 auf Verfahren, die nach Inkrafttreten des Europarechtsanpassungsgesetzes Bau eingeleitet wurden, schon keine Anwendung findet.

Baugesetzbuchs 2004 anzuwenden sind. Im Umkehrschluss bedeutet dies, dass Verfahren zur Aufstellung von Außenbereichssatzungen, die noch vor dem Inkrafttreten des Europarechtsanpassungsgesetzes Bau am 20.07.2004 förmlich eingeleitet und vor dem 20.07.2004 abgeschlossen wurden, auch nach Inkrafttreten des Europarechtsanpassungsgesetzes Bau noch gemäß § 35 Abs. 6 BauGB 1998 zu Ende geführt werden konnten. § 244 Abs. 1 BauGB 2004 eröffnet den Gemeinden damit praktisch eine zweijährige Übergangsfrist, um nach altem Recht zu verfahren.[1028]

Eine förmliche Einleitung gemäß § 244 Abs. 1 Alt. 1 BauGB 2004 im Sinne eines verfahrenseinleitenden förmlichen Akts gibt es für die Außenbereichssatzung nicht, da – wie im Bauleitplanverfahren – ein Aufstellungsbeschluss nach § 2 Abs. 1 S. 2 BauGB 2004 entfällt und andere bundesrechtliche Vorgaben nicht bestehen. Daher ist das kommunalverfassungsrechtliche Satzungsverfahren maßgebend, welches durch den ersten faktischen Verfahrensschritt eingeleitet wird. Hierzu reicht es regelmäßig aus, dass das zuständige Gemeindeorgan den Antrag auf den Beginn des Verfahrens als Tagesordnungspunkt bekannt macht.[1029] Strittig ist, womit das Verfahren i. S. v. § 244 Abs. 1 Alt. 2 BauGB 2004 abgeschlossen wird. Nach einer Ansicht sei dies erst mit der ortsüblichen Bekanntmachung des Satzungsbeschlusses gemäß § 10 Abs. 3 S. 1 Var. 2 i. V. m. § 35 Abs. 6 S. 6 BauGB 2004 der Fall,[1030] während eine andere Ansicht den Zeitpunkt der Beschlussfassung aufgrund der spezifischen Zielsetzung des § 244 Abs. 1 BauGB 2004 als maßgebend ansieht. Andernfalls hinge die Anwendung von neuem oder altem Recht von dem ungewissen Zeitpunkt der späteren Bekanntmachung des Beschlusses ab.[1031] Des Weiteren ist fraglich, ob bei Durchführung eines ergänzenden Verfahrens nach § 214 Abs. 4 BauGB 2004 und dem rückwirkenden Inkrafttreten der Außenbereichssatzung für den Abschluss des Verfahrens das Datum des Inkrafttretens oder das Datum der zweiten Beschlussfassung bzw. Bekanntmachung gelten solle. Da der Abschluss des Verfahrens als formal-zeitliche Komponente erst mit materieller Rechtskraft ein-

---

1028 *Kuchler*, BauR 2007, 37 (38); *Krautzberger/Stüer*, DVBl 2004, 781 (791); *J. Berkemann*, in: Berkemann/Bunzel/Halama/Schmidt-Eichstaedt/Schrödter, BauGB 2004 – Nachgefragt, S. 371 f; *dergl.*, in: Berkemann/Halama, § 35, Rdnr. 195, § 244, Rdnr. 8 ff.

1029 *Dirnberger*, Bayerischer Gemeindetag 2005, 44 (44); *Berkemann*, in: Berkemann/Halama, § 35, Rdnr. 197, § 244, Rdnr. 18; *dergl.*, in: Berkemann/Bunzel/Halama/Schmidt-Eichstaedt/Schrödter, BauGB 2004 – Nachgefragt, S. 373.

1030 *Schrödter*, NST-N 2004, 197 (207); *Dirnberger*, Bayerischer Gemeindetag 2005, 44 (45).

1031 *J. Berkemann*, in: Berkemann/Bunzel/Halama/Schmidt-Eichstaedt/Schrödter, BauGB 2004 – Nachgefragt, S. 373; *dergl.*, in: Berkemann/Halama, § 244, Rdnr. 19.

trete, müsse es auf die inhaltliche Geltung, und nicht auf formelle Akte ankommen, so dass das Datum des Inkrafttretens entscheidend sei.[1032]

§ 233 Abs. 2 BauGB 2004[1033] enthält eine spezielle und abschließende Überleitungsregelung für das Planerhaltungsrecht. Aus § 233 Abs. 2 S. 1 BauGB 2004 ergibt sich, dass grundsätzlich auch für vor dem 20.07.2004 in Kraft getretene Außenbereichssatzungen das Planerhaltungsrecht des Baugesetzbuch 2004 gilt. Dies wird allerdings durch § 233 Abs. 2 S. 2 und 3 BauGB 2004 modifiziert. Mangels einer eindeutigen gesetzlichen Regelung ist unklar, ob diese Vorschrift auch auf Satzungen in den Fällen des § 244 Abs. 1 BauGB 2004 Anwendung findet.[1034]

Die allgemeine Überleitungsvorschrift § 233 Abs. 3 BauGB 2004[1035] sichert die Fortgeltung von Außenbereichssatzungen auf der Grundlage des Baugesetzbuchs 1998 zu.[1036]

8. Zusammenfassung

Die Regelung in § 35 Abs. 6 S. 4 BauGB 1998 wurde infolge des Europarechtsanpassungsgesetzes Bau durch das Baugesetzbuch 2004 inhaltlich teilweise ergänzt und redaktionell neu gestaltet. § 35 Abs. 6 S. 4 Nr. 1 BauGB 2004 übernimmt das bisherige Erfordernis des § 35 Abs. 6 S. 4 BauGB 1998 nach Vereinbarkeit der Außenbereichssatzung mit einer geordneten städtebaulichen Entwicklung, ergänzt durch die Voraussetzungen nach § 35 Abs. 6 S. 4 Nr. 2 und 3 BauGB 2004, wonach durch eine Außenbereichssatzung Vorhaben nicht zugelassen werden dürfen, die einer Umweltverträglichkeitsprüfung nach Bundes- oder Landesrecht bedürfen und die Gefahr einer Beeinträchtigung der in § 1

1032 *Dirnberger*, Bayerischer Gemeindetag 2005, 44 (45).

1033 Wortlaut von § 233 Abs. 2 BauGB 2004: „Die Vorschriften des Dritten Kapitels Zweiter Teil Vierter Abschnitt zur Planerhaltung sind auch auf Flächennutzungspläne und Satzungen entsprechend anzuwenden, die auf der Grundlage bisheriger Fassungen dieses Gesetzes in Kraft getreten sind. Unbeschadet des Satzes 1 sind auf der Grundlage bisheriger Fassungen dieses Gesetzes unbeachtliche oder durch Fristablauf unbeachtliche Fehler bei der Aufstellung von Flächennutzungsplänen und Satzungen auch weiterhin für die Rechtswirksamkeit dieser Flächennutzungspläne und Satzungen unbeachtlich. Abweichend von Satz 1 sind für vor dem Inkrafttreten einer Gesetzesänderung in Kraft getretene Flächennutzungspläne und Satzungen die vor dem Inkrafttreten der Gesetzesänderung geltenden Vorschriften über die Geltendmachung der Verletzung von Verfahrens und Formvorschriften, von Mängeln der Abwägung und von sonstigen Vorschriften einschließlich ihrer Fristen weiterhin anzuwenden".

1034 *Kuchler*, BauR 2007, 37 (49).

1035 Wortlaut von § 233 Abs. 3 BauGB 2004: „Auf der Grundlage bisheriger Fassungen dieses Gesetzes wirksame oder übergeleitete Pläne, Satzungen und Entscheidungen gelten fort".

1036 *B. Stüer*, Städtebaurecht 2004, S. 42.

Abs. 6 Nr. 7 BauGB 2004 genannten Schutzgütern (Flora-Fauna-Habitat- sowie Vogelschutz-Gebieten) besteht.

Diese Ergänzungen in der bisherigen Regelung zur Außenbereichssatzung stellten sicher, dass mangels erheblicher Umweltauswirkungen das Erfordernis der Durchführung einer förmlichen Umweltprüfung für Außenbereichssatzungen nicht erforderlich wurde[1037] und die Außenbereichssatzung daher beibehalten werden konnte.[1038] Allerdings war aufgrund der Nähe der Außenbereichssatzung zur Bauleitplanung die Angleichung der Anwendungsvoraussetzungen für eine Außenbereichssatzung an die im vereinfachten Verfahren gemäß § 13 Abs. 1 Nr. 1 und 2 BauGB 2004 erforderlich. Damit wird verhindert, dass Gemeinde durch das Aufstellen einer Außenbereichssatzung als „kleiner Bebauungsplan" die europarechtlich vorgegebene Pflicht zur Umweltprüfung bei Bauleitplänen umgangen wird.[1039]

Die Normierung dieser ergänzenden Voraussetzung in das Baugesetzbuch 2004 ist europarechtlich auch zulässig, da sie sich im Sinne normativer Ausnahmeregelungen auf Art. 3 Abs. 5 S. 1 Plan-UP-Richtlinie[1040] beziehen. Zudem stellt Art. 3 Abs. 3 Plan-UP-Richtlinie[1041] ausdrücklich die Umweltprüfung für die Nutzung kleinerer Gebiete auf lokaler Ebene, die voraussichtlich keine erheblichen Umweltauswirkungen haben, in die Entscheidungskompetenz

---

1037 Nach Ansicht mancher fielen Außenbereichssatzungen mangels Umweltauswirkungen nicht in den Geltungsbereich von Art. 3 Abs. 1 Plan-UP-Richtlinie, weshalb die Durchführung einer förmlichen Umweltprüfung europarechtlich schon nicht geboten sei; vgl. *H.-D. Upmeier/C. Brandenburg*, Neues Baugesetzbuch 2004, § 35, S. 84 bzw. fänden die Vorschriften über die Bauleitplanung für die Außenbereichssatzungen keine unmittelbare Geltung und die Anwendung der für die förmliche Umweltprüfung relevanten Vorschriften für Außenbereichssatzungen sei nicht explizit angeordnet worden, weswegen auch eine ausdrückliche Ausnahmeregelung, dass Außenbereichssatzungen von der Pflicht zur förmlichen Durchführung einer Umweltprüfung ausgenommen sein sollten, im Gegensatz zu § 13 Abs. 3 S. 1 Hs. 1 BauGB 2004 nicht notwendig gewesen seien; vgl. *Fachkommission Städtebau*, EAG Bau – Mustererlass, in: Ernst/Zinkahn/Bielenberg/Krautzberger, Band V, Teil J., Nr. 2.8; *Schliepkorte/Tünnemann*, Institut für Städtebau 2004, 1 (7).

1038 Somit scheiterte der Versuch die Regelung zur Außenbereichssatzung abzuschaffen erneut.

1039 *Schliepkorte/Tünnemann*, Institut für Städtebau 2004, 1 (7); *Berkemann*, in: Berkemann/Halama, § 35, Rdnr. 188.

1040 Wortlaut von Art. 3 Abs. 5 S. 1 Plan-UP-Richtlinie: „Die Mitgliedstaaten bestimmen entweder durch Einzelfallprüfung oder durch Festlegung von Arten von Plänen und Programmen oder durch Kombination dieser beiden Ansätze, ob die in den Absätzen 3 und 4 genannten Pläne und Programme voraussichtlich erhebliche Umweltauswirkungen haben".

1041 Wortlaut von Art. 3 Abs. 3 Plan-UP-Richtlinie: „Die unter Absatz 2 fallenden Pläne und Programme, die die Nutzung kleinerer Gebiete auf lokaler Ebene festlegen, sowie geringfügige Änderungen der unter Absatz 2 fallenden Pläne und Programme bedürfen nur dann einer Umweltprüfung, wenn die Mitgliedsstaaten bestimmen, dass sie voraussichtlich erhebliche Umweltauswirkungen haben".

der Mitgliedsstaaten. Bei Außenbereichssatzungen werden kleinere Gebiete auf lokaler Ebene genutzt, wobei erhebliche Umweltauswirkungen regelmäßig nicht zu erwarten sind.[1042]

Als Ausgleich für die fehlende Durchführung einer Umweltprüfung bei Außenbereichssatzungen wurden Anpassungen an die geänderten und in Bezug genommenen Verfahrensvorschriften des vereinfachten Verfahrens vorgenommen, vgl. § 35 Abs. 5 S. 5 BauGB 2004. Im Aufstellungsverfahrens einer Außenbereichssatzung bedarf es nunmehr lediglich einer vereinfachten Öffentlichkeits- und Behördenbeteiligung i. S. v. § 13 Abs. 2 Nr. 2 und 3 BauGB 2004. Daraus wird nochmals deutlich, dass durch Außenbereichssatzungen keine bedeutsamen Umweltauswirkungen ausgelöst werden, weil nur dann das vereinfachte Verfahren europarechtlich zulässig ist.[1043]

Des Weiteren besteht keine Genehmigungsbedürftigkeit von Außenbereichssatzung mehr.[1044] Dadurch wurde die Vorgabe für die gemeindliche Entscheidung dereguliert und damit das Aufstellungsverfahren vereinfacht. Allerdings ermächtigt die Länderöffnungsklausel des § 246 Abs. 1a Hs. 1 BauGB 2004 zur Einführung eines Anzeigeverfahrens für Außenbereichssatzungen.[1045]

Wegen des Entfallens der Genehmigungspflicht verweist § 35 Abs. 6 S. 6 BauGB 2004 nicht mehr auf § 6 Abs. 2 und 4 BauGB. Die Bekanntmachung der Außenbereichssatzung erfolgt nunmehr gemäß § 35 Abs. 6 S. 6 BauGB 2004 nach der Ersatzbekanntmachungsvorschrift von Bebauungsplänen i. S. v. § 10 Abs. 3 BauGB 2004.

9. Bewertung

Die Ansichten über die Effektivität des städtebaulichen Instruments der Außenbereichssatzung gehen auseinander.

Einerseits wird in der Literatur die Auffassung vertreten, dass die Außenbereichssatzung in der Vergangenheit kaum eine praktische Bedeutung erreicht ha-

---

1042 *Roeser*, in: Berliner Kommentar, Band I, § 35, Rdnr. 140a; *Krautzberger*, in: Ernst/Zinkahn/Bielenberg/Krautzberger, Band I, § 13, Rdnr. 31; *Söfker*, in: Ernst/Zinkahn/Bielenberg/Krautzberger, Band II, § 35, Rdnr. 170.

1043 *W. Erbguth/J. Wagner*, Grundzüge des öffentlichen Baurechts (4. Auflage), § 8, Rdnr. 110; *Roeser*, in: Berliner Kommentar, Band I, § 35, Rdnr. 141.

1044 Die Pflicht zur Genehmigung von Außenbereichssatzungen durch die höhere Verwaltungsbehörde wurde erst im Zuge der Übernahme der Außenbereichssatzung in das Bau- und Raumordnungsgesetz 1998 normiert. Nach § 4 Abs. 4 S. 4 BauGB-MaßnahmeG 1993 genügte die bloße Anzeige an die höhere Verwaltungsbehörde; lediglich in den sog. Beitrittgebieten bedurfte es nach § 246a Abs. 1 Nr. 4 BauGB 1993 einer Genehmigung.

1045 Von dieser Möglichkeit haben die Länder jedoch bislang keinen Gebrauch gemacht, *Bienek/Krautzberger*, UPR 2008, 81 (93).

be, weil mit ihr aufgrund der geringen Steuerungswirkung Konfliktsituationen, wie sie in Übergangsbereichen zwischen Innen- und Außenbereich aufträten, nur in einem sehr begrenzten Umfang bewältigt werden könnten. Mangels Geeignetheit des Instruments Außenbereichssatzung bedürfe es zur Bewältigung derartiger städtebaulicher Probleme vielmehr einer förmlichen Bauleitplanung mit entsprechenden Festsetzungen. Zudem laufe die Außenbereichssatzung – trotz ihres nunmehr begrenzten Anwendungsbereichs – durch die Inanspruchnahme von Freiflächen im Außenbereich tendenziell den Zielen der Außenbereichsvorschrift, den Außenbereich und die dortigen Naturräume vor einer Bebauung zu schützen, zuwider.[1046]

Andere im Schrifttum sind hingegen der Auffassung, dass mit Außenbereichssatzungen in bebauten Gebieten im Außenbereich erleichtert Lückenschließungen möglich seien. Die Beibehaltung der Regelung zur Außenbereichssatzung diene daher dem Interesse dünnbesiedelter Gebiete. Mit den eingrenzenden zusätzlichen Voraussetzungen erfolge nunmehr eine deutliche Aufwertung der umweltschützenden Belange.[1047] Auch die Gemeinden sprachen sich für die Beibehaltung der Außenbereichssatzung aus, da sich diese insbesondere bei kleineren Städten und Gemeinden zur Abwehr überzogener Forderungen bzw. zum Schutz vor einer weiteren Zersiedelung des Außenbereichs sehr bewährt habe.[1048]

Meines Erachtens erfolgte die Beibehaltung der Regelung zur Außenbereichssatzung wegen ihrer genannten Vorteile zu Recht, auch wenn die eingeführten Voraussetzungen nach § 35 Abs. 6 S. 4 Nr. 2 und 3 BauGB 2004 den bisherigen Anwendungsbereich der Außenbereichssatzung nur unwesentlich einschränken. Da die Außenbereichssatzung nach § 35 Abs. 6 S. 1 BauGB 2004 nur Wohnbauvorhaben oder kleinere Gewerbegebiete betrifft und zudem der bebaute Bereich nicht erweitert werden darf, dürfte die Voraussetzung nach § 35 Abs. 6 S. 4 Nr. 2 BauGB 2004 keine nennenswerte praktische Auswirkung im Sinne einer spürbaren Einschränkung der Satzungsbefugnis haben. Auch ist kaum vorstellbar, dass die mit § 35 Abs. 6 S. 4 Nr. 3 BauGB 2004 zu schützende Gebiete durch eine Verfestigung einer vorhandenen Splittersiedlung beeinträchtigt werden.

1046 *Berkemann*, in: Berkemann/Halama, § 35, Rdnr. 173; *B. Stüer*, Städtebaurecht 2004, S. 85; *C.-D. Bracher/O. Reidt*, in: Gelzer/Bracher/Reidt, Bauplanungsrecht, Rdnr. 2260; *C. Bönker*, in: Hoppe/Bönker/Grotefels, Öffentliches Baurecht, § 7, Rdnr. 225.

1047 *Stüer/Upmeier*, ZfBR 2003, 114 (116); *Dirnberger*, Bayerischer Gemeindetag 2004, 402 (405); *Ferner*, in: Ferner/Kröninger, § 35, Rdnr. 51.

1048 *Steinmetz*, www.dstgb.de/index_inhalt/hompage/artikel/inhalt/brennpunkte/das_neuen_baugesetzbuch/daten_fakten.

Ebenso ist der Verzicht auf die bisherige Genehmigungspflicht für die Außenbereichssatzung sachgerecht und entspricht dem angekündigten Ziel der Novellierung nach Verwaltungsvereinfachung sowie Deregulierung. Durch den Wegfall der Genehmigungspflicht dürfte sich die Attraktivität dieses städtebaulichen Instruments für die Gemeinden erhöhen, da diese nun die Entscheidung über die Aufstellung einer Außenbereichssatzung in eigener Verantwortung treffen können.[1049] Der Wegfall hat auch nur ein vereinfachtes Aufstellungsverfahren und nicht eine faktische Erweiterung des gemeindlichen Spielraums zur Folge[1050], denn die Gemeinde kann zwar nunmehr auch ohne Zustimmung der höheren Verwaltungsbehörde eine Außenbereichssatzung in Kraft setzen, jedoch bedeutet dies nicht zugleich die Genehmigung eines nachfolgenden Bauantrags. Die Baugenehmigungsbehörde kann Baugenehmigungen für beantragte Vorhaben im Geltungsbereich einer ihrer Ansicht nach rechtswidrigen Außenbereichssatzung immer noch verweigern, indem sie sich auf die Nichtigkeit der Satzung durch Erweiterung des Außenbereichs beruft oder die Unzulässigkeit des Bauvorhabens auf das Entgegenstehen des Belangs der Erweiterung des Außenbereichs stützt. Folglich ist den Gemeinde anzuraten, trotz Wegfalls der Genehmigungspflicht auch künftig Erlass und Reichweite von Außenbereichssatzungen mit der höheren Verwaltungsbehörde abzusprechen.[1051] Darüber hinaus wird die Gefahr, dass die Gemeinde mittels einer Außenbereichssatzung nun ohne Kontrolle durch die höhere Verwaltungsbehörde die nach § 35 Abs. 3 S. 1 Nr. 1 BauGB 2004 bestehende Maßgeblichkeit der Darstellungen ihres eigenen Flächennutzungsplans mit § 35 Abs. 6 S. 1 BauGB 2004 ausschalten können, durch die Voraussetzung in § 35 Abs. 6 S. 4 Nr. 1 BauGB 2004 nach Vereinbarkeit der Satzung mit einer geordneten städtebaulichen Entwicklung relativiert.[1052]

In der Gesamtschau kann daher festgehalten werden, dass die Neuregelungen in § 35 Abs. 6 S. 4 bis 6 BauGB 2004 an sich als geringfügig zu beurteilen sind, insbesondere vor dem Hintergrund, dass zu Beginn des Gesetzesgebungsverfahrens noch die vollständige Abschaffung der Außenbereichssatzung vorgesehen war.

1049 *Dirnberger*, ZfIR 2004, 836 (839); *Steinmetz*, www.dstgb.de/index_inhalt/hompage/artikel/inhalt/brennpunkte/das_neuen_baugesetzbuch/daten_fakten.

1050 Insbesondere im Hinblick auf eine Ausdehnung des Anwendungsbereichs der Satzung an der höheren Verwaltungsbehörde vorbei auf Fälle der Erweiterung von Splittersiedlungen.

1051 vgl. *Rieger*, in: Schrödter, § 35, Rdnr. 165; *Dirnberger*, Bayerischer Gemeindetag 2005, 44 (47).

1052 Vgl. *Berkemann*, in: Berkemann/Halama, § 35, Rdnr. 192.

II. Modifizierung der Regelung zur Außenbereichssatzung durch das Baugesetzbuch 2007

1. Erneute Novellierung des Baugesetzbuchs im Jahre 2007

Zur Umsetzung der Koalitionsvereinbarung von CDU, CSU und SPD vom 11.11.2005, die zur Verminderung der Flächeninanspruchnahme und zur Beschleunigung wichtiger Planungsvorhaben, insbesondere in den Bereichen Arbeitsplätze, Wohnbedarf und Infrastrukturausstattung, die Vereinfachung und Beschleunigung des Bau- und Planungsrechts für entsprechende Vorhaben zur Stärkung der Innenentwicklung vorsah, verfasste die Bundesregierung am 09.08.2006 einen Gesetzesentwurf zur Erleichterung von Planungsvorhaben für die Innenentwicklung der Städte.[1053] In seiner Stellungnahme schlug der Bundesrat vor, dass die Hinweispflicht nach § 3 Abs. 2 S. 2 Hs. 2 BauGB-RegE durch Verweisung in § 35 Abs. 6 S. 5 BauGB-RegE auf § 13 Abs. 3 S. 3 BauGB-RegE bei der Beteiligung der Öffentlichkeit entsprechend gelten solle.[1054] Dem stimmte sowohl die Bundesregierung in ihrer Gegenäußerung[1055] als auch der Ausschuss für Verkehr, Bau und Stadtentwicklung in seiner Beschlussfassung unter Vorlage eines redaktionell angepassten Formulierungsvorschlages, mit dem die Verpflichtung, auf die Rechtsfolge der Präklusion im Rahmen der Beteiligung hinzuweisen, auch auf Verfahren für Außenbereichssatzungen erstreckt werden sollte, zu.[1056] Nachdem diese Fassung vom Bundestag angenommen wurde[1057], trat schließlich am 01.01.2007 das Gesetz zur Erleichterung von Planungsvorhaben für die Innenentwicklung der Städte in Kraft.[1058]

1053 *Bundesregierung*, Entwurf eines Gesetzes zur Erleichterung von Planungsvorhaben für die Innenentwicklung der Städte, BT-Drs. 16/2496 vom 04.09.2006; *Scheidler*, ZfBR 2006, 752 (752); *Uechtritz*, BauR 2007, 476 (476); *Krautzberger/Stüer*, DVBl. 2007, 160 (161), S. 1; *Krautzberger*, UPR 2006, 405 (405).

1054 *Bundesrat*, Stellungnahme zum Regierungsentwurf, BT-Drs. 16/2932 vom 12.10.2006, S. 4; *Krautzberger*, UPR 2007, 53 (56).

1055 *Bundesregierung*, Gegenäußerung zur Stellungnahme, BT-Drs. 16/2932 vom 12.10.2006, S. 5.

1056 *Ausschuss für Verkehr, Bau und Stadtentwicklung*, Beschlussempfehlung und Bericht zum Regierungsentwurf, BT-Drs. 16/3308 vom 08.11.2006, S. 8, 21.

1057 *Deutscher Bundestag*, Gesetzesbeschluss, BR-Drs. 855/06 vom 24.11.2006, S. 3.

1058 Gesetz zur Erleichterung von Planungsvorhaben für die Innenentwicklung der Städte vom 21.12.2006, BGBl. I 2006, S. 3316. *Krautzberger*, in: Ernst/Zinkahn/Bielenberg/Krautzberger, Band I, Einl., Rdnr. 298, 300.

2. Geänderte Verweisung nach § 35 Abs. 6 S. 5 BauGB 2007

Durch die Baugesetzbuch-Novelle 2007 wurde in § 35 Abs. 6 S. 5 BauGB 2004 die Bezugnahme auf die Vorschriften über die Öffentlichkeits- und Behördenbeteiligung des vereinfachten Verfahrens geändert. Gemäß § 35 Abs. 6 S. 5 BauGB 2007 sind § 13 Abs. 2 S. 1 Nr. 2[1059] und 3[1060] sowie nunmehr auch § 13 Abs. 2 S. 2[1061] BauGB 2007 entsprechend anzuwenden.[1062]

Bei dem Verweis auf § 13 Abs. 2 S. 1 Nr. 2 und 3 BauGB 2007 handelt es sich lediglich um eine redaktionelle Folgeänderung, da die Vorschriften über die Beteiligung der betroffenen Öffentlichkeit und der berührten Behörden, auf die Bezug genommen wird, wegen des neu eingefügten Satz 2 in § 13 Abs. 2 BauGB 2007 nunmehr in Satz 1 Nummern 2 und 3 des § 13 Abs. 2 BauGB 2007 enthalten sind.[1063]

Die Bezugnahme in § 35 Abs. 6 S. 5 BauGB 2007 auf § 13 Abs. 2 S. 2 BauGB 2007 hingegen stellt eine inhaltliche Änderung dar, da Satz 2 in § 13 Abs. 2 BauGB 2007 neu eingefügt wurde. Dieser verweist bei Beteiligung der betroffenen Öffentlichkeit nach § 13 Abs. 2 S. 1 Nr. 2 BauGB 2007 wiederum auf die Hinweispflicht des § 3 Abs. 2 S. 2 Hs. 2 BauGB 2007[1064] und bestimmt seine entsprechende Anwendung. Danach ist bei der Öffentlichkeitsbeteiligung darauf hinzuweisen, dass ein Normenkontrollantrag gegen eine Außenbereichssatzung unzulässig ist, soweit mit ihm Einwendungen geltend gemacht werden, die vom Antragsteller im Rahmen der Auslegung nicht oder verspätet geltend gemacht wurden, aber hätten geltend gemacht werden können. Mit dieser neuen Hinweispflicht nach § 3 Abs. 2 S. 2 Hs. 2 BauGB 2007 soll sichergestellt wer-

---

1059 Wortlaut von § 13 Abs. 2 S. 1 Nr. 2 BauGB 2007: „Im vereinfachten Verfahren kann der betroffenen Öffentlichkeit Gelegenheit zur Stellungnahme innerhalb angemessener Frist gegeben oder wahlweise die Auslegung nach § 3 Abs. 2 durchgeführt werden".

1060 Wortlaut von § 13 Abs. 2 S. 1 Nr. 3 BauGB 2007: „Im vereinfachten Verfahren kann den berührten Behörden und sonstigen Trägern öffentlicher Belange Gelegenheit zur Stellungnahme innerhalb angemessener Frist gegeben oder wahlweise die Beteiligung nach § 4 Abs. 2 durchgeführt werden."

1061 Wortlaut von § 13 Abs. 2 S. 2 BauGB 2007: „Wird nach Satz 1 Nr. 2 die betroffenen Öffentlichkeit beteiligt, gilt die Hinweispflicht des § 3 Abs. 2 Satz 2 Halbsatz 2 entsprechend".

1062 *Krautzberger*, in: Battis/Krautzberger/Löhr, § 35, Rdnr. 122.

1063 *W. Söfker*, in: Krautzberger/Söfker, Baugesetzbuch, Rdnr. 410.

1064 Wortlaut von § 3 Abs. 2 S. 2 Hs. 2 BauGB 2007: „Dabei ist darauf hinzuweisen, dass Stellungnahmen während der Auslegungsfrist abgegeben werden können, dass nicht fristgerecht abgegebene Stellungnahmen bei der Beschlussfassung über den Bauleitplan unberücksichtigt bleiben können und, bei Aufstellung eines Bebauungsplans, dass ein Antrag nach § 47 der Verwaltungsgerichtsordnung unzulässig ist, soweit mit ihm Einwendungen geltend gemacht werden, die vom Antragsteller im Rahmen der Auslegung nicht oder verspätet geltend gemacht wurden, aber hätten geltend gemacht werden können".

den, dass die Betroffenen über ihre Obliegenheit, Einwände frühzeitig geltend zu machen, ausreichend informiert sind. Hintergrund hierfür ist die Verschärfung der Antragsbefugnis für einen Normenkontrollantrag gemäß § 47 Abs. 2a VwGO[1065], wonach der Antrag einer natürlichen oder juristischen Person, der eine Außenbereichssatzung zum Gegenstand hat, unzulässig ist, wenn die den Antrag stellende Person nur Einwendungen geltend macht, die sie im Rahmen der öffentlichen Auslegung (§ 3 Abs. 2 BauGB 2007) oder im Rahmen der Beteiligung der betroffenen Öffentlichkeit (§ 13 Abs. 2 S. 1 Nr. 2 BauGB 2007) nicht oder verspätet geltend gemacht hat, aber hätte geltend machen können, und wenn auf diese Rechtsfolge im Rahmen der Beteiligung förmlich hingewiesen worden ist. Diese erweiterte Präklusionsregelung ist als Konkretisierung des allgemeinen Rechtsschutzbedürfnisses gedacht und sollte dem Umstand Rechung tragen, dass bereits im Aufstellungsverfahren Mitwirkungsbefugnisse bestehen, die dazu dienen, die jeweiligen Interessen rechtzeitig dem Abwägungsmaterial zuzufügen. Durch den neu eingeführten Verweis in § 35 Abs. 6 S. 5 BauGB 2004 wird somit auch die Außenbereichssatzung in diese Präklusionsregelung einbezogen. Das Fehlen des Hinweises entsprechend § 3 Abs. 2 S. 2 Hs. 2 BauGB 2007 i. V. m. § 13 Abs. 2 S. 2 BauGB 2007 ist im Hinblick auf die Wirksamkeit der Außenbereichssatzung unbeachtlich, § 214 Abs. 1 S. 1 Nr. 2 Hs. 2 BauGB 2007.[1066]

3. Überleitungsrecht

Die neue Präklusionsregelung nach § 47 Abs. 2a VwGO 2007 greift nur für nach dem 01.01.2007 aufgestellte Außenbereichssatzungen, also erst ab Inkrafttreten des Gesetzes zur Erleichterung von Planvorhaben für die Innenentwicklung der Städte. Allerdings besteht die Möglichkeit, nach dem Überleitungsrecht des

---

1065 Wortlaut von § 47 Abs. 2a VwGO: „Der Antrag einer natürlichen oder juristischen Person, der einen Bebauungsplan oder eine Satzung nach ... § 35 Abs. 6 des Baugesetzbuchs zum Gegenstand hat, ist unzulässig, wenn die den Antrag stellende Person nur Einwendungen geltend macht, die sie im Rahmen der öffentlichen Auslegung (§ 3 Abs. 2 des Baugesetzbuchs) oder im Rahmen der Beteiligung der betroffenen Öffentlichkeit (§ 13 Abs. 2 Nr. 2 und § 13a Abs. 2 Nr. 1 des Baugesetzbuchs) nicht oder verspätet geltend macht, aber hätte geltend machen können, und wenn auf diese Rechtsfolge im rahmen der Beteiligung hingewiesen worden ist".

1066 Wortlaut von § 214 Abs. 1 S. 1 Nr. 2 Hs. 2 BauGB 2007: „Dabei ist unbeachtlich, wenn ... der Hinweis nach § 3 Abs. 2 Satz 2 Halbsatz 2 (auch in Verbindung mit § 13 Abs. 2 Satz 2 und § 13a Abs. 2 Nr. 1) gefehlt hat ...". *Battis/Krautzberger/Löhr*, NVwZ 2007, 121 (128); *W. Söfker*, in: Krautzberger/Söfker, Baugesetzbuch, Rdnr. 410; *dergl.*, in: Ernst/Zinkahn/Bielenberg/Krautzberger, Band II, § 35, Rdnr. 177; *Krautzberger*, UPR 2007, 53 (55).

§ 233 Abs. 1 S. 2 BauGB 2004/2007 das Satzungsverfahren auf das neue Recht umzustellen oder das Satzungsverfahren insgesamt neu einzuleiten.[1067]

1067 *Söfker*, in: Ernst/Zinkahn/Bielenberg/Krautzberger, Band II, § 35, Rdnr. 177.

4. Kapitel: Zusammenfassung der Änderungen der Außenbereichsvorschrift des § 35 BauGB durch das Europarechtsanpassungsgesetz Bau

Mit dem Gesetz zur Anpassung des Baugesetzbuchs an EU-Richtlinien (Europarechtsanpassungsgesetz Bau), das nach einem zügigen Gesetzgebungsverfahren am 20.07.2004 in Kraft getreten ist, wurde das Baugesetzbuch in grundlegender Weise geändert. Zum einen wurde das Baurecht europäisiert, insbesondere durch die Umweltprüfung als Regelverfahren bei der Bauleitplanung, und zum anderen durch eine Fülle von Änderungen, die den Umfang der gemeinschaftsrechtlich bedingten Modifizierungen überstiegen, erneuert.

Das Bauen im Außenbereich ist in fast jeder der inzwischen neun Änderungen des Bundesbaugesetzes bzw. des Baugesetzbuchs erweitert worden. Durch das Europarechtsanpassungsgesetz Bau erfuhr die Regelung über die planungsrechtliche Zulässigkeit von Vorhaben im Außenbereich erneut zahlreiche Änderungen, wobei das bisherige Grundkonzept unverändert übernommen worden ist. Bei den Gesetz gewordenen Änderungen handelt es sich einerseits um echte, bedeutsame Neuerungen, andererseits aber auch um bloße redaktionelle Anpassungen. Sie erfolgten teils anlässlich der umzusetzenden europäischen Vorschriften der Plan-UP-Richtlinie, wie bei der Außenbereichssatzung, überwiegend aber nutzte der Gesetzgeber die Gelegenheit der anstehenden Novellierung des Baugesetzbuchs, um die bauplanungsrechtliche Zulässigkeit von Außenbereichsvorhaben an die zeitspezifischen Nutzungsansprüche an den Außenbereich und die aktuellen Bedürfnisse anzupassen; dies erfolgte durch die Änderung des Landwirtschaftsbegriffs, die Privilegierung von Biomasseanlagen, die Normierung effektiver Steuerungsmöglichkeiten für bestimmte privilegierte Anlagen im Außenbereich, insbesondere von Tierhaltungs-, Windenergie- und Biomasseanlagen, der Änderung des Darstellungsprivilegs einschließlich der Erweiterung der Zurückstellungsmöglichkeit und die Einführung einer Rückbauverpflichtung.

- Zunächst wurde durch das Europarechtsanpassungsgesetz Bau der Katalog der Privilegierungstatbestände in der Außenbereichsvorschrift erweitert und umgestaltet.
  - Für die privilegierten land- und forstwirtschaftlichen Vorhaben nach § 35 Abs. 1 Nr. 1 BauGB wurde im Hinblick auf die geänderten Produktionsbedingungen durch den Strukturwandel in der Landwirtschaft die Tierhaltung

weitreichender als bisher in die Definition der Landwirtschaft aufgenommen, was nunmehr zu einer erleichterten Zulassung in diesem Bereich führt.

- In § 35 Abs. 1 Nr. 6 BauGB 2004 wurde die Privilegierung von Vorhaben, die der energetischen Nutzung von aus Biomasse erzeugtem Gas dienen, als neuer Tatbestand in den Katalog der Privilegierungsfälle aufgenommen. Damit ist nun unter bestimmten einschränkenden Voraussetzungen die erleichterte Zulassung von Biomasseanlagen eigenständig privilegiert. Diese Änderung ist von besonderer Bedeutung, da sie der Förderung regenerativer Energien dient.

Als Folge der Neufassung von § 35 Abs. 1 Nr. 6 BauGB 2004 wurde die Reihenfolge der Nummernbezeichnungen im Katalog der Privilegierungstatbestände redaktionell angepasst. Die bisher in § 35 Abs. 1 Nr. 6 BauGB 1998 genannte Privilegierung von Anlagen zur Erforschung, Entwicklung und Nutzung von Wind- und Wasserenergie befindet sich jetzt inhaltlich unverändert in § 35 Abs. 1 Nr. 5 BauGB 2004 befindet und die Privilegierung von der Erforschung, Entwicklung oder Nutzung der Kernenergie dienenden Anlagen nach § 35 Abs. 1 Nr. 5 BauGB 1998 ist nun in § 35 Abs. 1 Nr. 7 BauGB 2004 geregelt.

- Die Liste der für die Zulässigkeit von Außenbereichsvorhaben beachtlichen öffentlichen Belange wurde erweitert. Zunächst durch das Europarechtsanpassungsgesetz Bau um den Belang der Wahrung der Funktionsfähigkeit von Funkstellen und Radaranlagen nach § 35 Abs. 3 S. 1 Nr. 8 BauGB 2004, und anschließend durch das Gesetz zur Verbesserung des vorbeugenden Hochwasserschutzes um den öffentlichen Belang des Hochwasserschutzes gemäß § 35 Abs. 3 S. 1 Nr. 6 Alt. 3 BauGB 2005.
- Die Raumordnungsklausel nach § 35 Abs. 3 BauGB 2004 wurde in mehrfacher Hinsicht geändert.
  - In § 35 Abs. 3 S. 2 BauGB 2004 wurden durch Anpassungen lediglich redaktionelle Änderungen vorgenommen.
  - Eine weitereichende Änderung stellen hingegen die neuen gemeindlichen Steuerungs- und Sicherungsmöglichkeiten nach §§ 5 Abs. 2b, 15 Abs. 3, 35 Abs. 3 S. 3 BauGB 2004 dar. Zur Steuerung privilegierter Außenbereichsvorhaben i. S. v. § 35 Abs. 2 bis 6 BauGB 2004 können die Gemeinden nunmehr gemäß § 5 Abs. 2b BauGB 2004 auch Teilflächennutzungspläne aufzustellen, für deren Darstellungen die Rechtswirkungen des § 35 Abs. 3 S. 3 BauGB 2004 gelten. Wenn eine Gemeinde dies beschlossen hat, wird ihr mit § 15 Abs. 3 BauGB 2004 die Möglichkeit der Plansiche-

rung durch Beantragung der Zurückstellung der Entscheidung über die genannten privilegierten Baugesuchen eingeräumt. Das Europarechtanpassungsgesetz führte damit in das System der kommunalen Bauleitplanung mit § 5 Abs. 2b BauGB 2004 die Neuerung der Rechtsfigur des Teilflächennutzungsplans ein, und stellt den Gemeinden mit der eingefügten Zurückstellungsvorschrift nach § 15 Abs. 3 BauGB 2004 erstmals als Dauerrecht ein eigenes Sicherungsmittel für die Planung von Vorranggebieten im Außenbereich nach § 35 Abs. 3 S. 3 BauGB 2004 bei privilegierten Vorhaben i. S. v. § 35 Abs. 1 Nr. 2 bis 6 BauGB 2004 zur Verfügung. Diese Verknüpfung zwischen Einzelvorhabenszulassung und dem Recht der Bauleitplanung hat insbesondere Bedeutung für die Steuerung von Anlagen der Intensivtierhaltung, der Gewinnung von Windkraftenergie sowie der Biogaserzeugung.

- Die Voraussetzungen, unter denen eine Nutzungsänderung von einem bisher der Land- oder Forstwirtschaft dienenden Gebäude begünstigt zulässig ist, wurden teilweise modifiziert. Die Länder sind gemäß § 245b Abs. 2 BauGB 2004 weiterhin zur Anordnung ermächtigt, dass die gesetzliche Bedingung gemäß § 35 Abs. 4 S. 1 Nr. 1c BauGB 2004, wonach die Aufgabe der bisherigen Nutzung nicht länger als sieben Jahre zurückliegen darf, bis zum 31.12.2008 nicht anzuwenden ist. In § 35 Abs. 4 S. 1 Nr. 1d BauGB 2004 wurde die bisherige Stichtagsregelung durch eine dauerhafte Fristenregelung ersetzt, so dass das Gebäude jetzt vor mehr als sieben Jahren zulässigerweise errichtet worden sein muss.

- Als Ausgleich für die Erweiterung des Privilegierungskatalogs wurde eine Rückbauverpflichtung als weitere materiell-rechtliche Zulässigkeitsvoraussetzung festgeschrieben. Nach § 35 Abs. 5 S. 2 Hs. 1 BauGB 2004 ist nunmehr für ein Vorhaben i. S. v. § 35 Abs. 1 Nr. 2 bis 6 BauGB 2004 eine Verpflichtungserklärung abzugeben, das Vorhaben nach dauerhafter Aufgabe der zulässigen Nutzung zurückzubauen und die Bodenversiegelungen zu beseitigen. Bei einer nach § 35 Abs. 1 Nr. 2 bis 6 BauGB 2004 zulässigen Nutzungsänderung ist die Rückbau- und Entsiegelungsverpflichtung zu übernehmen, wohingegen sie bei einer gemäß § 35 Abs. 1 Nr. 1 oder Abs. 2 BauGB 2004 zulässigen Nutzungsänderung entfällt, § 35 Abs. 5 S. 2 Hs. 2 BauGB 2004. Damit darf die Mehrzahl der privilegierten Vorhaben nur noch mit einer Rückbau- und Entsiegelungsverpflichtung zugelassen werden. Dies stellt sicher, dass die genannten Vorhaben – deren Anzahl im Außenbereich in Zukunft wohl noch weiter zunehmen wird, insbesondere von Intensivtierhaltungs-, Windenergie- und Biomasseanlagen, nach dem Ende ihrer manchmal für absehbare Zeit zu erwartenden Nutzungsdauer und ihrer im Außenbereich eher unverträglichen Nutzung den Außenbereich nicht mehr beeinträchtigen. Die Sicherstellung der Rückbauverpflichtung- und Entsiegelungsverpflichtung wird durch ihre Einbeziehung in § 35 Abs. 5 S. 3 BauGB 2004 gewährleistet.

- Die Regelung zur Außenbereichssatzung erfuhr ebenso mehrere Änderungen.
  - Der Forderung im Gesetzgebungsverfahren zum Europarechtsanpassungsgesetz Bau, die Außenbereichssatzung wegen der ansonsten europarechtlich erforderlich gewordenen Verpflichtung zur Durchführung einer förmlichen Umweltprüfung i. S. v. § 2 Abs. 4 S. 1 BauGB 2004 abzuschaffen, wurde mit folgenden gesetzlichen Änderungen begegnet: eine Außenbereichssatzung darf nur noch dann aufgestellt werden, wenn sie nicht die Zulässigkeit von Vorhaben begründet, die einer Pflicht zur Durchführung einer Umweltverträglichkeitsprüfung unterliegen oder die zu einer Beeinträchtigung eines FFH-Gebiets oder eines Vogelschutzgebiets führen könnte gemäß § 35 Abs. 6 S. 4 Nr. 2 und 3 BauGB 2004. Damit wurde klargestellt, dass eine Außenbereichssatzung nicht zulässig ist, wenn für die geplante bauliche Nutzung eine Umweltverträglichkeitsprüfung erforderlich ist oder die Maßnahme einen Eingriff in Natur und Landschaft darstellt, und ermöglichte so die Beibehaltung der Außenbereichssatzung.
  - Abgeschafft wurde dagegen das rechtsaufsichtliche Genehmigungserfordernis für die Außenbereichssatzung, allerdings unter Einräumung der landesrechtlichen Möglichkeit nach § 246 Abs. 1a BauGB 2004, die vorherige Anzeige bei der höheren Verwaltungsbehörde anzuordnen.
  - Hinsichtlich der Beteiligung der Bürger und Träger öffentlicher Belange beim Zustandekommen der Außenbereichssatzung erfolgte zuerst durch das Europarechtsanpassungsgesetz Bau mit § 35 Abs. 6 S. 5 BauGB 2004 eine Anpassung der Verweisung auf die Vorgaben des geänderten vereinfachten Verfahrens nach § 13 Abs. 2 Nr. 2 und 3 BauGB 2004, und sodann infolge des Gesetzes zur Erleichterung von Planvorhaben für die Innenentwicklung der Städte die Anordnung in § 35 Abs. 6 S. 5 BauGB 2007 der entsprechenden Anwendung des neu eingefügten § 13 Abs. 2 S. 2 BauGB 2007, und damit des verpflichtenden Hinweises auf die Rechtsfolgen der Präklusion, mit entsprechender Harmonisierung des § 13 Abs. 2 S. 1 Nr. 2 und 3 BauGB 2007.

Abschließend kann festgestellt werden, dass durch die zahlreichen Änderungen im Zuge des Europarechtsanpassungsgesetzes Bau das ohnehin schon beträchtliche Volumen des Außenbereichsparagraphen nochmals erweitert wurde. Dies führt zu einer noch größeren Unüberschaubarkeit der Außenbereichsvorschrift, weshalb es zu deren Erläuterung praktischer sowie juristischer Fachkreise bedarf. Zudem sind bezüglich ungeklärter Streitfragen und Problematiken noch (höchst-) richterliche Entscheidungen zu erwarten und auch von Nöten. Bis dahin ist den Landkreisen, Städten und Gemeinden zu empfehlen, das neue Recht außerordentlich sorgfältig anzuwenden, um die Risiken einer gerichtlichen Überprüfung zu vermeiden. Nichtsdestotrotz sind die Änderungen durch das Europarechtsanpassungsgesetz Bau positiv zu beurteilen, auch wenn sich die Neuerungen langfristig in der Praxis erst noch bewähren müssen. Im Hinblick auf die Förderung erneuerbarer Energien wurden zwar Vorhaben zur Gewinnung von Biogas eigenständig privilegiert, jedoch wurde mit der gleichzeitigen Einführung der neuen Zurückstellungsmöglichkeit nach § 15 Abs. 3 BauGB 2004 sowie der Verpflichtung zum Rückbau gemäß § 35 Abs. 5 S. 2 und 3 BauGB 2004 die Ansiedlung von Biomasse- und Windkraftanlagen erschwert.

Seit der gesetzlichen Normierung der Außenbereichsregelung in § 35 BBauG 1960 ist der Außenbereichsschutz kontinuierlich aufgeweicht worden, denn in fast jeder Novelle zum Städtebaurecht kam es zu einer Erweiterung des Bauens im Außenbereich. So nun auch wieder durch die zahlreichen Änderungen der Außenbereichsregelung des § 35 BauGB aufgrund des Europarechtsanpassungsgesetzes Bau. Die Novellierung des Städtebaurechts, und damit auch der Außenbereichsvorschrift, dürfte jedoch mit der großen Novelle durch das Europarechtsanpassungsgesetz Bau sowie den kleineren Ergänzungen durch das Hochwasserschutzgesetz 2005 sowie dem Baugesetzbuch 2007 erst einmal zu seinem vorläufigen Abschluss gekommen sein.

5. Kapitel: Gesetzesfassungen – Außenbereichsvorschrift

Fassung 1960	*Fassung 1976*
§ 35 Bauen im Außenbereich	*§ 35 Bauen im Außenbereich*
(1) Im Außenbereich ist ein Vorhaben nur zulässig, wenn öffentliche Belange nicht entgegenstehen, die ausreichende Erschließung gesichert ist und wenn es 1. einem landwirtschaftlichen oder forstwirtschaftlichen Betrieb dient und nur einen untergeordneten Teil der Betriebsfläche einnimmt, 2. einer Landarbeiterstelle dient, 3. dem Fernmeldewesen, der öffentlichen Versorgung mit Elektrizität, Gas, Wärme und Wasser, der Abwasserwirtschaft oder einem ortsgebundenen gewerblichen Betrieb dient oder 4. wegen seiner besonderen Anforderungen an die Umgebung, wegen seiner nachteiligen Wirkungen auf die Umgebung oder wegen seiner besonderen Zweckbestimmung nur im Außenbereich ausgeführt werden soll.	(1) Im Außenbereich ist ein Vorhaben nur zulässig, wenn öffentliche Belange nicht entgegenstehen, die ausreichende Erschließung gesichert ist und wenn es 1. einem land- oder forstwirtschaftlichen Betrieb dient und nur einen untergeordneten Teil der Betriebsfläche einnimmt, 2. einem Landwirt zu Wohnzwecken dient, dessen Betrieb nach Übergabe zum Zweck der Vorwegnahme der Erbfolge später aufgegeben worden ist, und a) vor der Übergabe des Betriebs die Errichtung eines Altenteilerhauses nach Nummer 1 zulässig gewesen wäre, b) im Übergabevertrag die Errichtung eines Altenteilerhauses vereinbart worden ist, c) das Vorhaben in unmittelbarer Nähe der Hofstelle errichtet wird und d) rechtlich gesichert ist, dass die Fläche, auf der das Altenteilerhaus errichtet werden soll, nicht ohne das Hofgrundstück veräußert wird, 1. einer Landarbeiterstelle dient, 2. dem Fernmeldewesen, der öffentlichen Versorgung mit Elektrizität, Gas, Wärme und Wasser, der Abwasser-

	wirtschaft oder einem ortsgebundenen gewerblichen Betrieb dient oder 3. wegen seiner besonderen Anforderungen an die Umgebung, wegen seiner nachteiligen Wirkungen auf die Umgebung oder wegen seiner besonderen Zweckbestimmung nur im Außenbereich ausgeführt werden soll.
(2) Sonstige Vorhaben können im Einzelfall zugelassen werden, wenn ihre Ausführung oder Benutzung öffentliche Belange nicht beeinträchtigt.	(2) Sonstige Vorhaben können im Einzelfall zugelassen werden, wenn ihre Ausführung oder Benutzung öffentliche Belange nicht beeinträchtigt.
(3) Eine Beeinträchtigung öffentlicher Belange liegt insbesondere vor, wenn das Vorhaben unwirtschaftliche Aufwendungen für Straßen und andere Verkehrseinrichtungen, Versorgungs- und Abwasseranlagen, für die Sicherheit, Gesundheit oder für sonstige Aufgaben erfordert, die Wasserwirtschaft gefährdet, das Ortsbild verunstaltet oder die natürliche Eigenart der Landschaft beeinträchtigt oder die Entstehung einer Splittersiedlung zu befürchten ist. Auf Maßnahmen zur Verbesserung der Agrarstruktur ist besonders Rücksicht zu nehmen.	(3) Eine Beeinträchtigung öffentlicher Belange liegt insbesondere vor, wenn das Vorhaben – den Zielen der Raumordnung und Landesplanung oder den Darstellungen des Flächennutzungsplans widerspricht, – schädliche Umwelteinwirkungen hervorrufen kann oder ihnen ausgesetzt wird, – unwirtschaftliche Aufwendungen für Straßen und andere Verkehrseinrichtungen, für Anlagen der Versorgung, der Abwasser- und Abfallbeseitigung, für die Sicherheit oder Gesundheit oder für sonstige Aufgaben erfordert, – die Wasserwirtschaft gefährdet, – Belange des Natur- und Landschaftsschutzes beeinträchtigt, – das Orts- und Landschaftsbild verunstaltet, – die natürliche Eigenart der Landschaft oder ihrer Aufgaben als Erholungsgebiet beeinträchtigt oder – die Entstehung, Verfestigung oder Erweiterung einer Splittersiedlung befürchten läßt. Auf Maßnahmen zur Verbesserung

	der Agrarstruktur ist besonders Rücksicht zu nehmen.
	(4) der beabsichtigten Änderung der bisherigen Nutzung ohne wesentliche Änderung einer baulichen Anlage im Sinne des Absatzes 1 Nr. 1 bis 3 kann nicht entgegengehalten werden, daß die Änderung den Darstellungen des Flächennutzungsplans widerspricht, die natürliche Eigenart der Landschaft beeinträchtigen oder die Entstehung, Verfestigung oder Erweiterung einer Splittersiedlung befürchten läßt.
	(5) Absatz 4 gilt entsprechend, 1. wenn beabsichtigt ist, ein seit längerer Zeit von dem Eigentümer eigengenutztes Wohngebäude, das nach Absatz 1 Nr. 1 bis 3 zulässig war und den allgemeinen Anforderungen an gesunde Wohnverhältnisse nicht entspricht und durch wirtschaftlich vertretbare Modernisierungsmaßnahmen nicht diesen Anforderungen angepasst werden kann, zu beseitigen und an der gleichen Stelle ein neues vergleichbares Wohngebäude zu errichten, und Tatsachen die Annahme rechtfertigen, dass es für den Eigenbedarf des bisherigen Eigentümers oder seiner Familie genutzt werden wird, 2. wenn ein zulässigerweise errichtetes Gebäude durch Brand, Naturereignisse oder andere außergewöhnliche Ereignisse zerstört wurde und beabsichtigt ist, alsbald an der gleichen Stelle ein vergleichbares neues Gebäude zu errichten, oder 3. für die Änderung oder Nutzungsänderung von erhaltenswerten, das Bild der Kulturlandschaft prägenden Ge-

	bäuden, auch wenn sie aufgegeben sind, wenn das Vorhaben einer zweckmäßigen Verwendung der Gebäude und der Erhaltung des Gebäudewerts dient. In den Fällen der Nummern 1 und 2 sind geringfügige Erweiterungen des neuen Wohngebäudes gegenüber dem beseitigten oder zerstörten Gebäude sowie geringfügige Abweichungen vom bisherigen Standort des Gebäudes zulässig.
	(6) Bei geringfügigen Erweiterungen im Zusammenhang mit der Modernisierung eines Wohngebäudes sowie der Modernisierung eines Gebäudes, das der Fremdenbeherbergung, insbesondere einer gewerblichen Zimmervermietung dient, gilt Absatz 4 entsprechend.
	(7) Unbeschadet des Landesrechts soll für die Erteilung der Genehmigung zuständige Behörde in den Fällen des Absatzes 1 Nr. 2 und den Absätzen 4 bis 6 bei der Erteilung der Genehmigung in geeigneter Weise sicherstellen, daß die bauliche oder sonstige Anlage nach Durchführung des Vorhabens nur in der vorgesehenen Art genutzt wird. Zur rechtlichen Sicherung nach Absatz 1 Nr. 2 Buchstabe d kann sie auch anordnen, daß die Veräußerung des Grundstücks nur mit ihrer Genehmigung zulässig ist. Diese Anordnung wird mit der Eintragung im Grundbuch wirksam; die Eintragung erfolgt auf Ersuchen der für die Erteilung der Genehmigung zuständigen Behörde.

Fassung 1979	*Fassung 1986*
§ 35 Bauen im Außenbereich	*§ 35 Bauen im Außenbereich*
(1) Im Außenbereich ist ein Vorhaben nur zulässig, wenn öffentliche Belange nicht entgegenstehen, die ausreichende Erschließung gesichert ist und wenn es 1. einem land- oder forstwirtschaftlichen Betrieb dient und nur einen untergeordneten Teil der Betriebsfläche einnimmt, 2. einem Landwirt zu Wohnzwecken dient, dessen Betrieb nach Übergabe zum Zwecke der Vorwegnahme der Erbfolge später aufgegeben worden ist, und a) vor der Übergabe des Betriebs die Errichtung eines Altenteilerhauses nach Nummer 1 zulässig gewesen wäre, b) im Übergabevertrag die Errichtung eines Altenteilerhauses vereinbart worden ist, c) das Vorhaben in unmittelbarer Nähe der Hofstelle errichtet wird und d) rechtlich gesichert ist, dass die Fläche, auf der das Altenteilerhaus errichtet werden soll, nicht ohne das Hofgrundstück veräußert wird, 3. einer Landarbeiterstelle dient, 4. dem Fernmeldewesen, der öffentlichen Versorgung mit Elektrizität, Gas, Wärme und Wasser, der Abwasserwirtschaft oder einem ortgebundenen Betrieb dient oder 5. wegen seiner besonderen Anforderungen an die Umgebung, wegen seiner nachhaltigen Wirkungen auf die Umgebung oder wegen seiner besonderen Zweckbestimmung nur im Au-	(1) Im Außenbereich ist ein Vorhaben nur zulässig, wenn öffentliche Belange nicht entgegenstehen, die ausreichende Erschließung gesichert ist und wenn es 1. einem land- oder forstwirtschaftlichen Betrieb dient und nur einen untergeordneten Teil der Betriebsfläche einnimmt, 2. einem Landwirt zu Wohnzwecken dient, dessen Betrieb nach Übergabe zum Zwecke der Vorwegnahme der Erbfolge später aufgegeben worden ist, und a) vor der Übergabe des Betriebs die Errichtung eines Altenteilerhauses nach Nummer 1 zulässig gewesen wäre, b) im Übergabevertrag die Errichtung eines Altenteilerhauses vereinbart worden ist, c) das Vorhaben in unmittelbarer Nähe der Hofstelle errichtet wird und d) rechtlich gesichert ist, dass die Fläche, auf der das Altenteilerhaus errichtet werden soll, nicht ohne das Hofgrundstück veräußert wird, 3. einer Landarbeiterstelle dient, 4. dem Fernmeldewesen, der öffentlichen Versorgung mit Elektrizität, Gas, Wärme und Wasser, der Abwasserwirtschaft oder einem ortgebundenen Betrieb dient, 5. wegen seiner besonderen Anforderungen an die Umgebung, wegen seiner nachhaltigen Wirkungen auf die Umgebung oder wegen seiner besonderen Zweckbestimmung nur im Au-

ßenbereich ausgeführt werden soll.	ßenbereich ausgeführt werden soll oder 6. der Erforschung, Entwicklung oder Nutzung der Kernenergie zu friedlichen Zwecken oder der Entsorgung radioaktiver Abfälle dient.
(2) Sonstige Vorhaben können im Einzelfall zugelassen werden, wenn ihre Ausführung oder Benutzung öffentliche Belange nicht beeinträchtigt.	(2) Sonstige Vorhaben können im Einzelfall zugelassen werden, wenn ihre Ausführung oder Benutzung öffentliche Belange nicht beeinträchtigt.
(3) Eine Beeinträchtigung öffentlicher Belange liegt insbesondere vor, wenn das Vorhaben – den Zielen der Raumordnung und Landesplanung oder den Darstellungen des Flächennutzungsplans widerspricht, – schädliche Umwelteinwirkungen hervorrufen kann oder ihnen ausgesetzt wird, – unwirtschaftliche Aufwendungen für Straßen und andere Verkehrseinrichtungen, für Anlagen der Versorgung, der Abwasser- und Abfallbeseitigung, für die Sicherheit oder Gesundheit oder für sonstige Aufgaben erfordert, – die Wasserwirtschaft gefährdet, – Belange des Natur- und Landschaftsschutzes beeinträchtigt, – das Ort- und Landschaftsbild verunstaltet, – die natürliche Eigenart der Landschaft oder ihrer Aufgabe als Erholungsgebiet beeinträchtigt oder – die Entstehung, Verfestigung oder Erweiterung einer Splittersiedlung befürchten läßt. Auf Maßnahmen zur Verbesserung der Agrarstruktur ist besonders Rücksicht zu nehmen.	(3) Eine Beeinträchtigung öffentlicher Belange liegt insbesondere vor, wenn das Vorhaben – den Darstellungen des Flächennutzungsplans widerspricht – schädliche Umwelteinwirkungen hervorrufen kann oder ihnen ausgesetzt wird, – unwirtschaftliche Aufwendungen für Straßen und andere Verkehrseinrichtungen, für Anlagen der Versorgung, der Abfallentsorgung und Abwasserbeseitigung, für die Sicherheit oder Gesundheit oder für sonstige Aufgaben erfordert, – die Wasserwirtschaft gefährdet, – Belange des Naturschutzes und der Landschaftspflege oder des Denkmalschutzes beeinträchtigt, – das Orts- und Landschaftsbild verunstaltet, – die natürliche Eigenart der Landschaft oder ihrer Aufgabe als Erholungsgebiet beeinträchtigt oder – die Entstehung, Verfestigung oder Erweiterung einer Splittersiedlung befürchten läßt. Auf Maßnahmen zur Verbesserung der Agrarstruktur ist besonders Rücksicht zu nehmen. Raumbedeutsame

	Vorhaben nach den Absätzen 1 und 2 dürfen den Zielen der Raumordnung und Landesplanung nicht widersprechen; öffentliche Belange stehen raumbedeutsamen Vorhaben nach Absatz 1 nicht entgegen, soweit die Belange bei der Darstellung dieser Vorhaben als Ziele der Raumordnung und Landesplanung in Programmen und Plänen im Sinne des § 5 des Raumordnungsgesetzes abgewogen worden sind.
(4) Der beabsichtigten Änderung der bisherigen Nutzung ohne wesentliche Änderung einer baulichen Anlage im Sinne des Absatzes 1 Nr. 1 bis 3 kann nicht entgegengehalten werden, daß die Änderung den Darstellungen des Flächennutzungsplans oder eines Landschaftsplans widerspricht, die natürliche Eigenart der Landschaft beeinträchtigt oder die Entstehung, Verfestigung oder Erweiterung einer Splittersiedlung befürchten läßt.	(4) Den nachfolgend bezeichneten sonstigen Vorhaben im Sinne des Absatzes 2 kann nicht entgegengehalten werden, daß sie Darstellungen des Flächennutzungsplans oder eines Landschaftsplans widersprechen, die natürliche Eigenart der Landschaft beeinträchtigen oder die Entstehung, Verfestigung oder Erweiterung einer Splittersiedlung befürchten lassen: 1. die Änderung der bisherigen Nutzung ohne wesentliche Änderung einer baulichen Anlage im Sinne des Absatzes 1 Nr. 1 bis 3, 2. die Neuerrichtung eines gleichartigen, zulässigerweise errichteten Wohngebäudes an gleicher Stelle, wenn das vorhandene Gebäude durch wirtschaftlich vertretbare Modernisierungsmaßnahmen den allgemeinen Anforderungen an gesunde Wohnverhältnisse nicht angepasst werden kann, es seit längerer Zeit von dem Eigentümer selbst genutzt wird und Tatsachen die Annahme rechtfertigen, daß das neu errichtete Wohngebäude für den Eigenbedarf des bisherigen Eigentümers oder seiner Familie genutzt

	wird, 3. die alsbaldige Neuerrichtung eines zulässigerweise errichteten, durch Brand, Naturereignisse oder andere außergewöhnliche Ereignisse zerstörten, gleichartigen Gebäudes an gleicher Stelle, 4. die Änderung oder Nutzungsänderung von erhaltenswerten, das Bild der Kulturlandschaft prägenden Gebäuden, auch wenn sie aufgegeben sind, wenn das Vorhaben einer zweckmäßigen Verwendung der Gebäude und der Erhaltung des Gestaltwerts dient, 5. die Erweiterung von zulässigerweise errichteten Wohngebäuden, wenn die Erweiterung im Verhältnis zum vorhandenen Wohngebäude und unter Berücksichtigung der Wohnbedürfnisse angemessen ist, 6. die bauliche Erweiterung eines zulässigerweise errichteten gewerblichen Betriebs, wenn die Erweiterung im Verhältnis zum vorhandenen Gebäude und Betrieb angemessen ist. In den Fällen des Satzes 1 Nr. 2 und 3 sind geringfügige Erweiterungen des neuen Gebäudes gegenüber dem beseitigten oder zerstörten Gebäude sowie geringfügige Abweichungen vom bisherigen Standort des Gebäudes zulässig. Bei Anwendung des Satzes 1 Nr. 1 und 5 sind in Wohngebäuden höchstens zwei Wohnungen zulässig; die Einrichtung einer zweiten Wohnung setzt weiter voraus, daß Tatsachen die Annahme rechtfertigen, daß das Wohngebäude vom bisherigen Eigentümer oder seiner Familie selbst genutzt wird.

(5) Absatz 4 gilt entsprechend, 1. wenn beabsichtigt ist, ein seit längerer Zeit von dem Eigentümer eigengenutztes Wohngebäude, das nach Absatz 1 Nr. 1 bis 3 zulässig war und den allgemeinen Anforderungen an gesunde Wohnverhältnisse nicht entspricht und durch wirtschaftlich vertretbare Modernisierungsmaßnahmen nicht diesen Anforderungen angepasst werden kann, zu beseitigen und an gleicher Stelle ein neues vergleichbares Wohngebäude zu errichten, und Tatsachen die Annahme rechtfertigen, daß es für den Eigenbedarf des bisherigen Eigentümers oder seiner Familie genutzt wird, 2. wenn ein zulässigerweise errichtetes Gebäude durch Brand, Naturereignisse oder andere außergewöhnliche Ereignisse zerstört wurde und beabsichtigt ist, alsbald an der gleichen Stelle ein vergleichbares neues Gebäude zu errichten, 3. für die Änderung oder Nutzungsänderung von erhaltenswerten, das Bild der Kulturlandschaft prägenden Gebäuden, auch wenn sie aufgegeben sind, wenn das Vorhaben einer Zweckmäßigen Verwendung der Gebäude und der Erhaltung des Gestaltwerts dient, 4. für die bauliche Erweiterung eines zulässigerweise errichteten Wohngebäudes, wenn a) der Eigentümer es längere Zeit selbst genutzt hat und die Erweiterung der angemessenen Versorgung des Eigentümers und seiner zum Haushalt gehörenden Familienangehörigen mit	(5) Die nach den Absätzen 1 bis 4 zulässigen Vorhaben sind in einer flächensparenden und den Außenbereich schonenden Weise auszuführen.

Fassung 1990	*Fassung 1993*
§ 4 Abs. 3 und 4 BauGB-MaßnahmeG	*§ 4 Abs. 3 und 4 BauGB-MaßnahmeG*
(3) § 35 Abs. 4 Satz 1 Nr. 1 des Baugesetzbuchs ist auch anzuwenden auf die Änderung der bisherigen Nutzung einer baulichen Anlage im Sinne des § 35 Abs. 1 Nr. 1 bis 3 des Baugesetzbuchs zu Wohnzwecken, wenn mit der Nutungsänderung eine wesentliche Änderung verbunden ist; die Änderung muß dabei an einem Gebäude der Hofstelle im Rahmen des am 1.5.1990 vorhandenen Bestands, das in einem räumlich-funktionalen Zusammenhang mit dem land- oder forstwirtschaftlichen Wohngebäude steht, vorgenommen werden, und die äußere Gestalt des Gebäudes muß im wesentlichen gewahrt bleiben. Bei Anwendung des Satzes 1 und des § 35 Abs. 4 Satz 1 des Baugesetzbuchs sind insgesamt höchstens drei Wohnungen je Hofstelle zulässig, wenn die erforderlichen Anlagen der Versorgung und Entsorgung vorhanden oder gesichert sind. § 35 Abs. 4 Satz 3 des Baugesetzbuchs ist nicht anzuwenden.	(3) § 35 Abs. 4 des Baugesetzbuchs ist für Vorhaben zu Wohnzwecken in folgender Fassung anzuwenden: „(4) Den nachfolgend bezeichneten sonstigen Vorhaben im Sinne des § 35 Abs. 2 des Baugesetzbuchs kann nicht entgegengehalten werden, daß sie Darstellungen des Flächennutzungsplans oder eines Landschaftsplans widersprechen, die natürliche Eigenart der Landschaft beeinträchtigen oder die Entstehung, Verfestigung oder Erweiterung einer Splittersiedlung befürchten lassen: 1. die Änderung der bisherigen Nutzung einer baulichen Anlage im Sinne des § 35 Abs. 1 Nr. 1 bis 3 des Baugesetzbuchs; die Änderung muss dabei an einem Gebäude der Hofstelle im Rahmen des am 1.5.1990 vorhandenen Bestands, das in einem räumlich-funktionalen Zusammenhang mit dem land- oder forstwirtschaftlichen Wohngebäude steht, vorgenommen werden; die äußere Gestalt des Gebäudes muss im wesentlichen gewahrt bleiben; die Frist zwischen der Aufgabe der Nutzung nach § 35 Abs. 1 nr. 1 bis 3 des Baugesetzbuchs darf nicht mehr als fünf Jahre betragen; neben den Wohnungen nach § 35 Abs. 1 Nr. 1 bis 3 des Baugesetzbuchs sind höchstens drei Wohnungen je Hofstelle zulässig, wenn die erforderlichen Anlagen der Versorgung und Entsorgung vorhanden oder gesichert sind, 2. die Neuerrichtung eines gleichartigen, zulässigerweise errichteten Wohn-

	gebäudes an gleicher Stelle, wenn das vorhandene Gebäude Mißstände oder Mängel aufweist, es seit längerer Zeit von dem Eigentümer selbst genutzt wird und Tatsachen die Annahme rechtfertigen, daß das neu errichtete Wohngebäude für den Eigenbedarf des bisherigen Eigentümers oder seiner Familie genutzt wird; hat der Eigentümer das Wohngebäude im Wege der Erbfolge von einem Voreigentümer erworben, der es seit längerer Zeit selbst genutzt hat, reicht es aus, wenn Tatsachen die Annahme rechtfertigen, daß das neu errichtete Wohngebäude für den Eigenbedarf des Eigentümers oder seiner Familie genutzt wird, 3. die alsbaldige Neuerrichtung eines zulässigerweise errichteten, durch Brand, Naturereignisse oder andere außergewöhnliche Ereignisse zerstörten, gleichartigen Gebäudes an gleicher Stelle, 4. die Änderung oder Nutzungsänderung von erhaltenswerten, das Bild der Kulturlandschaft prägenden Gebäuden, auch wenn sie aufgegeben sind, wenn das Vorhaben einer zweckmäßigen Verwendung der Gebäude und der Erhaltung des Gestaltwerts dient, 5. die Erweiterung von zulässigerweise errichteten Wohngebäuden, wenn die Erweiterung im Verhältnis zum vorhandenen Wohngebäude und unter Berücksichtigung der Wohnbedürfnisse angemessen ist; dabei sind höchstens zwei Wohnungen zulässig, wenn bei Einrichtung einer zweiten Wohnung Tatsachen die Annahme rechtfertigen, daß das Wohngebäude vom

	bisherigen Eigentümer oder seiner Familia selbst genutzt wird. In den Fällen des Satzes 1 Nr. 2 und 3 sind geringfügige Erweiterungen des neuen Gebäudes gegenüber de, beseitigten oder zerstörten Gebäude sowie geringfügige Abweichungen vom bisherigen Standort des Gebäudes zulässig.“
(4) die Gemeinde kann für bebaute Bereiche im Außenbereich, die nicht überwiegend landwirtschaftlich geprägt sind und in denen eine Wohnbebauung von einigem Gewicht vorhanden ist, durch Satzung bestimmen, daß Wohnzwecken dienenden Vorhaben im Sinne des § 35 Abs. 2 des Baugesetzbuchs nicht entgegengehalten werden kann, daß sie einer Darstellung im Flächennutzungsplan über Flächen für die Landwirtschaft oder Wald widersprechen oder die Entstehung oder Verfestigung einer Splittersiedlung befürchten lassen. Die Satzung kann auch auf Vorhaben erstreckt werden, die kleinen Handwerks- und Gewerbebetrieben dienen. In der Satzung können nähere Bestimmungen über die Zulässigkeit getroffen werden. Im übrigen ist auf die Satzung § 34 Abs. 4 Satz 2 und Abs. 5 des Baugesetzbuchs entsprechend anzuwenden. Von der Satzung bleibt die Anwendung des Absatzes 3 sowie des § 35 Abs. 4 des Baugesetzbuchs unberührt.	(4) Die Gemeinde kann für bebaute Bereiche im Außenbereich, die nicht überwiegend landwirtschaftlich geprägt sind und in denen eine Wohnbebauung von einigem Gewicht vorhanden ist, durch Satzung bestimmen, daß Wohnzwecken dienenden Vorhaben im Sinne des § 35 Abs. 2 des Baugesetzbuchs nicht entgegengehalten werden kann, daß sie einer Darstellung im Flächennutzungsplan über Flächen für die Landwirtschaft oder Wald widersprechen oder die Entstehung oder Verfestigung einer Splittersiedlung befürchten lassen. Die Satzung kann auch auf Vorhaben erstreckt werden, die kleinen Handwerks- und Gewerbebetrieben dienen. In der Satzung können nähere Bestimmungen über die Zulässigkeit getroffen werden. Im übrigen ist auf die Satzung § 34 Abs. 4 Satz 2 und Abs. 5 des Baugesetzbuchs entsprechend anzuwenden. Von der Satzung bleibt die Anwendung des Absatzes 3 sowie des § 35 Abs. 4 des Baugesetzbuchs unberührt.

Fassung 1996	*Fassung 1998*
§ 35 Bauen im Außenbereich	*§ 35 Bauen im Außenbereich*
(1) Im Außenbereich ist ein Vorhaben nur zulässig, wenn öffentliche Belange nicht entgegenstehen, die ausreichende Erschließung gesichert ist und wenn es 1. einem land- oder forstwirtschaftlichen Betrieb dient und nur einen untergeordneten Teil der Betriebsfläche einnimmt, 2. einem Landwirt zu Wohnzwecken dient, dessen Betrieb nach Übergabe zum Zweck der Vorwegnahme der Erbfolge später aufgegeben worden ist, und a) vor der Übergabe des Betriebs die Errichtung eines Altenteilerhauses nach Nummer 1 zulässig gewesen wäre, b) im Übergabevertrag die Errichtung eines Altenteilerhauses vereinbart worden ist, c) das Vorhaben in unmittelbarer Nähe der Hofstelle errichtet wird und d) rechtlich gesichert ist, daß die Fläche, auf der das Altenteilerhaus errichtet werden soll, nicht ohne das Hofgrundstück veräußert wird, 3. einer Landarbeiterstelle dient, 4. dem Fernmeldewesen, der öffentlichen Versorgung mit Elektrizität, Gas, Wärme und Wasser, der Abwasserwirtschaft oder einem ortsgebundenen gewerblichen Betrieb dient, 5. wegen seiner besonderen Anforderungen an die Umgebung, wegen seiner nachhaltigen Wirkungen auf die Umgebung oder wegen seiner besonderen Zweckbestimmung nur im Au-	(1) Im Außenbereich ist ein Vorhaben nur zulässig, wenn öffentliche Belange nicht entgegenstehen, die ausreichende Erschließung gesichert ist und wenn es 1. einem land- oder forstwirtschaftlichen Betrieb dient und nur einen untergeordneten Teil der Betriebsfläche einnimmt, 2. einem Betrieb der gartenbaulichen Erzeugung dient, 3. der öffentlichen Versorgung mit Elektrizität, Gas, Telekommunikationsdienstleistungen, Wärme und Wasser, der Abwasserwirtschaft oder einem ortsgebundenen gewerblichen Betrieb dient, 4. wegen seiner besonderen Anforderungen an die Umgebung, wegen seiner nachhaltigen Wirkungen auf die Umgebung oder wegen seiner besonderen Zweckbestimmung nur im Außenbereich ausgeführt werden soll, 5. der Erforschung, Entwicklung oder Nutzung der Kernenergie zu friedlichen Zwecken oder der Entsorgung radioaktiver Abfälle dient oder 6. der Erforschung, Entwicklung oder Nutzung der Wind- oder Wasserenergie dient.

ßenbereich ausgeführt werden soll oder 6. der Erforschung, Entwicklung oder Nutzung der Kernenergie zu friedlichen Zwecken oder der Entsorgung radioaktiver Abfälle dient oder 7. der Erforschung, Entwicklung oder Nutzung der Wind- oder Wasserenergie dient.	
(2) Sonstige Vorhaben können im Einzelfall zugelassen werden, wenn ihre Ausführung oder Benutzung öffentliche Belange nicht beeinträchtigt.	(2) Sonstige Vorhaben können im Einzelfall zugelassen werden, wenn ihre Ausführung oder Benutzung öffentliche Belange nicht beeinträchtigt und die Erschließung gesichert ist.
(3) Eine Beeinträchtigung öffentlicher Belange liegt insbesondere vor, wenn das Vorhaben – den Darstellungen des Flächennutzungsplans widerspricht – schädliche Umwelteinwirkungen hervorrufen kann oder ihnen ausgesetzt wird, – unwirtschaftliche Aufwendungen für Straßen und andere Verkehrseinrichtungen, für Anlagen der Versorgung, der Abfallentsorgung und Abwasserbeseitigung, für die Sicherheit oder Gesundheit oder für sonstige Aufgaben erfordert, – die Wasserwirtschaft gefährdet, – Belange des Naturschutzes und der Landschaftspflege oder des Denkmalsschutzes beeinträchtigt, – das Orts- und Landschaftsbild verunstaltet, – die natürliche Eigenart der Landschaft oder ihrer Aufgabe als Erholungsgebiet beeinträchtigt oder – die Entstehung, Verfestigung oder Erweiterung einer Splittersiedlung be-	(3) Eine Beeinträchtigung öffentlicher belange liegt insbesondere vor, wenn das Vorhaben 1. den Darstellungen des Flächennutzungsplans widerspricht, 2. den Darstellungen eines Landschaftsplans oder sonstigen Plans insbesondere des Wasser-, Abfall- oder Immissionsschutzrechts, widerspricht, 3. schädliche Umwelteinwirkungen hervorrufen kann oder ihnen ausgesetzt wird, 4. unwirtschaftliche Aufwendungen für Straßen und andere Verkehrseinrichtungen, für Anlagen der Versorgung oder Entsorgung, für die Sicherheit oder Gesundheit oder für sonstige Aufgaben erfordert, 5. Belange des Naturschutzes und der Landschaftspflege, des Bodenschutzes, des Denkmalschutzes oder die natürliche Eigenart der Landschaft und ihren Erholungswert beeinträchtigt oder das Orts- und Landschaftsbild verunstaltet, 6. Maßnahmen zur Verbesserung der

fürchten läßt. Auf Maßnahmen zur Verbesserung der Agrarstruktur ist besonders Rücksicht zu nehmen. Raumbedeutsame Vorhaben nach den Absätzen 1 und 2 dürfen den Zielen der Raumordnung und Landesplanung nicht widersprechen; öffentliche Belange stehen raumbedeutsamen Vorhaben nach Absatz 1 nicht entgegen, soweit die Belange bei der Darstellung dieser Vorhaben als Ziele der Raumordnung und Landesplanung in Programmen und Plänen im Sinne des § 5 des Raumordnungsgesetzes abgewogen worden sind. Öffentliche Belange stehen einem Vorhaben nach Absatz 1 Nr. 4 bis 7 in der Regel auch dann entgegen, soweit hierfür durch Darstellungen im Flächennutzungsplan oder als Ziele der Raumordnung und Landesplanung eine Ausweisung an anderer Stelle erfolgt ist.	Agrarstruktur beeinträchtigt oder die Wasserwirtschaft gefährdet oder 7. die Entstehung, Verfestigung oder Erweiterung einer Splittersiedlung befürchten läßt. Raumbedeutsame Vorhaben nach den Absätzen 1 und 2 dürfen den Zielen der Raumordnung nicht widersprechen; öffentliche Belange stehen raumbedeutsamen Vorhaben nach Absatz 1 nicht entgegen, soweit die Belange bei der Darstellung dieser Vorhaben als Ziele der Raumordnung in Plänen im Sinne der §§ 8 oder 9 des Raumordungsgesetzes abgewogen worden sind. Öffentliche Belange stehen einem Vorhaben nach Absatz 1 Nr. 2 bis 6 in der Regel auch dann entgegen, soweit hierfür durch Darstellungen im Flächennutzungsplan oder als Ziele der Raumordnung eine Ausweisung an anderer Stelle erfolgt ist.
(4) Den nachfolgend bezeichneten sonstigen Vorhaben im Sinne des Absatzes 2 kann nicht entgegengehalten werden, daß sie Darstellungen des Flächennutzungsplans oder eines Landschaftsplans widersprechen, die natürliche Eigenart der Landschaft beeinträchtigen oder die Entstehung, Verfestigung oder Erweiterung einer Splittersiedlung befürchten lassen: 1. die Änderung der bisherigen Nutzung ohne wesentliche Änderung einer baulichen Anlage im Sinne des Absatzes 1 Nr. 1 bis 3, 2. die Neuerrichtung eines gleichartigen, zulässigerweise errichteten Wohngebäudes an gleicher Stelle,	(4) Den nachfolgend bezeichneten sonstigen Vorhaben im Sinne des Absatzes 2 kann nicht entgegengehalten werden, daß sie Darstellungen des Flächennutzungsplans oder eines Landschaftsplans widersprechen, die natürliche Eigenart der Landschaft beeinträchtigen oder die Entstehung, Verfestigung oder Erweiterung einer Splittersiedlung befürchten lassen, soweit sie im übrigen außenbereichsverträglich im Sinne des Absatzes 3 sind: 1. die Änderung der bisherigen Nutzung eines Gebäudes im Sinne des Absatzes 1 nr. 1 unter folgenden Voraussetzungen:

wenn das vorhandene Gebäude durch wirtschaftlich vertretbare Modernisierungsmaßnahmen den allgemeinen Anforderungen an gesunde Wohnverhältnisse nicht angepasst werden kann, es seit längerer Zeit von dem Eigentümer selbst genutzt wird und Tatsachen die Annahme rechtfertigen, daß das neu errichtete Wohngebäude für den Eigenbedarf des bisherigen Eigentümers oder seiner Familie genutzt wird, 3. die alsbaldige Neuerrichtung eines zulässigerweise errichteten, durch Brand, Naturereignisse oder andere außergewöhnliche Ereignisse zerstörten, gleichartigen Gebäudes an gleicher Stelle, 4. die Änderung oder Nutzungsänderung von erhaltenswerten, das Bild der Kulturlandschaft prägenden Gebäuden, auch wenn sie aufgegeben sind, wenn das Vorhaben einer zweckmäßigen Verwendung der Gebäude und der Erhaltung des Gestaltwerts dient, 5. die Erweiterung von zulässigerweise errichteten Wohngebäuden, wenn die Erweiterung im Verhältnis zum vorhandenen Wohngebäude und unter Berücksichtigung der Wohnbedürfnisse angemessen ist, 6. die bauliche Erweiterung eines zulässigerweise errichteten gewerblichen Betriebs, wenn die Erweiterung im Verhältnis zum vorhandenen Gebäude und Betrieb angemessen ist. In den Fällen des Satzes 1 Nr. 2 und 3 sind geringfügige Erweiterungen des neuen Gebäudes gegenüber dem beseitigten oder zerstörten Gebäude so-	a) das Vorhaben dient einer zweckmäßigen Verwendung erhaltenswertes Bausubstanz, b) die äußere Gestalt des Gebäudes bleibt im wesentlichen gewahrt, c) die Aufgabe der bisherigen Nutzung liegt nicht länger als sieben Jahre zurück, d) das Gebäude ist vor dem 27. August 1996 zulässigerweise errichtet worden, e) das Gebäude steht im räumlich-funktionalen Zusammenhang mit der Hofstelle des land- oder forstwirtschaftlichen Betriebes, f) im Falle der Änderung zu Wohnzwecken entstehen neben den bisher nach Absatz 1 Nr. 1 zulässigen Wohnungen höchstens drei Wohnungen je Hofstelle und g) es wird eine Verpflichtung übernommen, keine Neubebauung als Ersatz für die aufgegebene Nutzung vorzunehmen, es sei denn, die Neubebauung wird im Interesse der Entwicklung des Betriebes im Sinne des Absatzes 1 Nr. 1 erforderlich, 2. die Neuerrichtung eines gleichartigen Wohngebäudes an gleicher Stelle unter folgenden Voraussetzungen: a) das vorhandene Gebäude ist zulässigerweise errichtet worden, b) das vorhandene Gebäude weist Missstände oder Mängel auf, c) das vorhandene Gebäude wird seit längerer Zeit vom Eigentümer selbst genutzt und d) Tatsachen die Annahme rechtfertigen, daß das neu errichtete Gebäude für den Eigenbedarf des bisherigen

wie geringfügige Abweichungen vom bisherigen Standort des Gebäudes zulässig. Bei Anwendung des Satzes 1 Nr. 1 und 5 sind in Wohngebäuden höchstens zwei Wohnungen zulässig; die Einrichtung einer Zweiten Wohnung setzt weiter voraus, daß Tatsachen die Annahme rechtfertigen, daß das Wohngebäude vom bisherigen Eigentümer oder seiner Familie selbst genutzt wird.	Eigentümers oder seiner Familie genutzt wird; hat der Eigentümer das vorhandene Gebäude im Wege der Erbfolge von einem Voreigentümer erworben, der es seit längerer Zeit genutzt hat, reicht es aus, wenn Tatsachen die Annahme rechtfertigen, daß das neu errichtete Gebäude für den Eigenbedarf des Eigentümers oder seiner Familie genutzt wird, 3. die alsbaldige Neuerrichtung eines zulässigerweise errichteten, durch Brand, Naturereignisse oder andere außergewöhnliche Ereignisse zerstörten, gleichartigen Gebäudes an gleicher Stelle, 4. die Änderung oder Nutzungsänderung von erhaltenswerten, das Bild der Kulturlandschaft prägenden Gebäuden, auch wenn sie aufgegeben sind, wenn das Vorhaben einer zweckmäßigen Verwendung der Gebäude und der Erhaltung des Gestaltwerts dient, 5. die Erweiterung eines Wohngebäudes auf bis zu höchstens zwei Wohnungen unter folgenden Voraussetzungen: a) das Gebäude ist zulässigerweise errichtet worden, b) die Erweiterung ist im Verhältnis zum vorhandenen Gebäude und unter Berücksichtigung der Wohnbedürfnisse angemessen und c) bei der Errichtung einer weiteren Wohnung rechtfertigen Tatsachen die Annahme, daß das Gebäude vom bisherigen Eigentümer oder seiner Familie selbst genutzt wird, 6. die bauliche Erweiterung eines zulässigerweise errichteten gewerblichen

	Betriebs, wenn die Erweiterung im Verhältnis zum vorhandenen Gebäude und Betrieb angemessen ist. In den Fällen des Satzes 1 Nr. 2 und 3 sind geringfügige Erweiterungen des neuen Gebäudes gegenüber dem beseitigten oder zerstörten Gebäude sowie geringfügige Abweichungen vom bisherigen Standort des Gebäudes zulässig.
(5) Die nach den Absätze 1 bis 4 zulässigen Vorhaben sind in einer flächensparenden und den Außenbereich schonenden Weise auszuführen.	(5) Die nach den Absätzen 1 bis 4 zulässigen Vorhaben sind in einer flächensparenden, die Bodenversiegelung auf das notwendige Maß begrenzenden und den Außenbereich schonenden Weise auszuführen. Die Baugenehmigungsbehörde soll durch nach Landesrecht vorgesehene Baulast oder in anderer Weise die Einhaltung der Verpflichtung nach Absatz 4 Satz 1 Nr. 1 Buchstabe g sicherstellen. Im übrigen soll sie in den Fällen des Absatzes 4 Satz 1 sicherstellen, daß die bauliche oder sonstige Anlage nach Durchführung des Vorhabens nur in der vorgesehenen Art genutzt wird.
(6) Unbeschadet des Landesrechts soll die für die Erteilung der Genehmigung zuständige Behörde in den Fällen des Absatzes 1 Nr. 2 und des Absatzes 4 bei der Erteilung der Genehmigung in geeigneter Weise sicherstellen, daß die bauliche oder sonstige Anlage nach Durchführung des Vorhabens nur in der vorgesehenen Art genutzt wird. Zur rechtlichen Sicherung nach Absatz 1 Nr. 2 Buchstabe d kann sie auch anordnen, daß die Veräußerung des Grundstücks nur mit ihrer Genehmigung zulässig ist. Diese Anord-	(6) Die Gemeinde kann für bebaute Bereiche im Außenbereich, die nicht überwiegend landwirtschaftlich geprägt sind und in denen eine Wohnbebauung von einigem Gewicht vorhanden ist, durch Satzung bestimmen, daß Wohnzwecken dienenden Vorhaben im Sinne des Absatzes 2 nicht entgegengehalten werden kann, daß sie einer Darstellung im Flächennutzungsplan über Flächen für die Landwirtschaft oder Wald widersprechen oder die Entstehung oder Verfestigung einer Splittersiedlung befürchten lassen.

nung wird mit der Eintragung im Grundbuch wirksam; die Eintragung erfolgt auf Ersuchen der für die Erteilung der Genehmigung zuständigen Behörde.	Die Satzung kann auch auf Vorhaben erstreckt werden, die kleineren Handwerks- und Gewerbebetrieben dienen. In der Satzung können nähere Bestimmungen über die Zulässigkeit getroffen werden. Die Satzung muß mit einer geordneten städtebaulichen Entwicklung vereinbar sein. Bei ihrer Aufstellung ist das vereinfachte Verfahren nach § 13 Nr. 2 und 3 entsprechend anzuwenden. Die Satzung bedarf der Genehmigung der höheren Verwaltungsbehörde; § 6 Abs. 2 und 4 und § 10 Abs. 3 sind entsprechend anzuwenden. Von der Satzung bleibt die Anwendung des Absatzes 4 unberührt.

Fassung 2004
§ 35 Bauen im Außenbereich
(1) Im Außenbereich ist ein Vorhaben nur zulässig, wenn öffentliche Belange nicht entgegenstehen, die ausreichende Erschließung gesichert ist und wenn es 1. einem land- oder forstwirtschaftlichen Betrieb dient und nur einen untergeordneten Teil der Betriebsfläche einnimmt, 2. einem Betrieb der gartenbaulichen Erzeugung dient, 3. der öffentlichen Versorgung mit Elektrizität, Gas, Telekommunikationsdienstleistungen, Wärme und Wasser, der Abwasserwirtschaft oder einem ortsgebundenen gewerblichen Betrieb dient, 4. wegen seiner besonderen Anforderungen an die Umgebung, wegen seiner nachteiligen Wirkung auf die Umgebung oder wegen seiner besonderen Zweckbestimmung nur im Außenbereich ausgeführt werden soll, 5. der Erforschung, Entwicklung oder Nutzung der Wind- oder Wasserenergie dient, 6. der energetischen Nutzung von Biomasse im Rahmen eines Betriebs nach Nummer 1 oder 2 oder eines Betriebs nach Nummer 4, der Tierhaltung betreibt, sowie dem Anschluss solcher Anlagen an das öffentliche Versorgungsnetz dient, unter folgenden Voraussetzungen: a) das Vorhaben steht in einem räumlich-funktionalen Zusammenhang mit dem Betrieb, b) die Biomasse stammt überwiegend aus dem Betrieb oder überwiegend aus diesem und aus nahe gelegenen Betrieben nach den Nummern 1, 2 oder 4, soweit letzterer Tierhaltung betreibt, c) es wird je Hofstelle oder Betriebsstandort nur eine Anlage betreiben und d) die installierte elektrische Leistung der Anlage überschreitet nicht 0,5 MW oder 7. der Erforschung, Entwicklung oder Nutzung der Kernenergie zu friedlichen Zwecken oder Entsorgung radioaktiver Abfälle dient.
(2) Sonstige Vorhaben können im Einzelfall zugelassen werden, wenn ihre Ausführung oder Benutzung öffentliche Belange nicht beeinträchtigt und die Erschließung gesichert ist.
(3) Eine Beeinträchtigung öffentlicher Belange liegt insbesondere vor, wenn das Vorhaben 1. den Darstellungen des Flächennutzungsplans widerspricht, 2. den Darstellungen eines Landschaftsplans oder sonstigen Plans, insbesondere des Wasser-, Abfall- oder Immissionsschutzrechts, widerspricht, 3. schädliche Umwelteinwirkungen hervorrufen kann oder ihnen ausgesetzt wird,

4. unwirtschaftliche Aufwendungen für Straßen oder andere Verkehrseinrichtungen, für Anlagen der Versorgung und Entsorgung, für die Sicherheit oder Gesundheit oder für sonstige Aufgaben erfordert, 5. Belange des Naturschutzes und der Landschaftspflege, des Bodenschutzes, des Denkmalschutzes oder die natürliche Eigenart der Landschaft und ihren Erholungswert beeinträchtigt oder das Orts- und Landschaftsbild verunstaltet, 6. Maßnahmen zur Verbesserung der Agrarstruktur beeinträchtigt oder die Wasserwirtschaft gefährdet, 7. die Entstehung, Verfestigung oder Erweiterung einer Splittersiedlung befürchten lässt oder 8. die Funktionsfähigkeit von Funkstellen und Radaranlagen stört. Raumbedeutdame Vorhaben dürfen den Zielen der Raumordnung nicht widersprechen; öffentliche Belange stehen raumbedeutsamen Vorhaben nach Absatz 1 nicht entgegen, soweit die Belange bei der Darstellung dieser Vorhabe als Ziele der Raumordnung abgewogen worden sind. Öffentliche Belange stehen einem Vorhaben nach Absatz 1 Nr. 2 bis 6 in der Regel auch dann entgegen, soweit hierfür durch Darstellungen im Flächennutzungsplan oder als Ziele der Raumordnung eine Ausweisung an anderer Stelle erfolgt ist.
(4) Den nachfolgend bezeichneten sonstigen Vorhaben im Sinne des Absatzes 2 kann nicht entgegengehalten werden, dass sie Darstellungen des Flächennutzungsplans oder eines Landschaftsplans widersprechen, die natürliche Eigenart der Landschaft beeinträchtigen oder die Entstehung, Verfestigung oder Erweiterung einer Splittersiedlung befürchten lassen, soweit sie im Übrigen außenbereichsverträglich im Sinne des Absatzes 3 sind: 1. die Änderung der bisherigen Nutzung eines Gebäudes im Sinne des Absatzes 1 Nr. 1 unter folgenden Voraussetzungen: a) das Vorhaben dient einer zweckmäßigen Verwendung erhaltenswerter Bausubstanz, b) die äußere Gestalt des Gebäudes bleibt im Wesentlichen gewahrt, c) die Aufgabe der bisherigen Nutzung liegt nicht länger als sieben Jahre zurück, d) das Gebäude ist vor mehr als sieben Jahren zulässigerweise errichtet worden, e) das Gebäude steht im räumlich-funktionalen Zusammenhang mit der Hofstelle des land- oder forstwirtschaftlichen Betriebes, f) im Falle der Änderung zu Wohnzwecken entstehen neben den bisher nach Absatz 1 Nr. 1 zulässigen Wohnungen höchstens drei Wohnungen je Hofstelle und g) es wird eine Verpflichtung übernommen, keine Neubebauung als Ersatz für die aufgegebene Nutzung vorzunehmen, es sei denn, die Neubebauung wird im

Interesse der Entwicklung des Betriebes im Sinne des Absatzes 1 Nr. 1 erforderlich,
2. die Neuerrichtung eines gleichartigen Wohngebäudes an gleicher Stelle unter folgenden Voraussetzungen:
a) das vorhandene Gebäude ist zulässigerweise errichtet worden,
b) das vorhandene Gebäude weist Missstände oder Mängel auf,
c) das vorhandene Gebäude wird seit längerer Zeit vom Eigentümer selbst genutzt und
d) Tatsachen die Annahme rechtfertigen, daß das neu errichtete Gebäude für den Eigenbedarf des bisherigen Eigentümers oder seiner Familie genutzt wird; hat der Eigentümer das vorhandene Gebäude im Wege der Erbfolge von einem Voreigentümer erworben, der es seit längerer Zeit genutzt hat, reicht es aus, wenn Tatsachen die Annahme rechtfertigen, daß das neu errichtete Gebäude für den Eigenbedarf des Eigentümers oder seiner Familie genutzt wird,
3. die alsbaldige Neuerrichtung eines zulässigerweise errichteten, durch Brand, Naturereignisse oder andere außergewöhnliche Ereignisse zerstörten, gleichartigen Gebäudes an gleicher Stelle,
4. die Änderung oder Nutzungsänderung von erhaltenswerten, das Bild der Kulturlandschaft prägenden Gebäuden, auch wenn sie aufgegeben sind, wenn das Vorhaben einer zweckmäßigen Verwendung der Gebäude und der Erhaltung des Gestaltwerts dient,
5. die Erweiterung eines Wohngebäudes auf bis zu höchstens zwei Wohnungen unter folgenden Voraussetzungen:
a) das Gebäude ist zulässigerweise errichtet worden,
b) die Erweiterung ist im Verhältnis zum vorhandenen Gebäude und unter Berücksichtigung der Wohnbedürfnisse angemessen und
c) bei der Errichtung einer weiteren Wohnung rechtfertigen Tatsachen die Annahme, daß das Gebäude vom bisherigen Eigentümer oder seiner Familie selbst genutzt wird,
6. die bauliche Erweiterung eines zulässigerweise errichteten gewerblichen Betriebs, wenn die Erweiterung im Verhältnis zum vorhandenen Gebäude und Betrieb angemessen ist.
In den Fällen des Satzes 1 Nr. 2 und 3 sind geringfügige Erweiterungen des neuen Gebäudes gegenüber dem beseitigten oder zerstörten Gebäude sowie geringfügige Abweichungen vom bisherigen Standort des Gebäudes zulässig.

(5) Die nach den Absätzen 1 bis 4 zulässigen Vorhaben sind in einer flächensparenden, die Bodenversiegelung auf das notwendige Maß begrenzenden und den Außenbereich schonenden Weise auszuführen. Für Vorhaben nach Absatz 1 Nr. 2 bis 6 ist als weitere Zulässigkeitsvoraussetzung eine Verpflichtungserklärung abzugeben, das Vorhaben nach dauerhafter Aufgabe der zulässigen

Nutzung zurückzubauen und Bodenversiegelungen zu beseitigen; bei einer nach Absatz 1 Nr. 2 bis 6 zulässigen Nutzungsänderung ist die Rückbauverpflichtung zu übernehmen, bei einer nach Absatz 1 Nr. 1 oder Absatz 2 zulässigen Nutzungsänderung entfällt sie. Die Baugenehmigungsbehörde soll durch nach Landesrecht vorgesehene Baulast oder in anderer Weise die Einhaltung der Verpflichtung nach Satz 2 sowie nach Absatz 4 Satz 1 Nr. 1 Buchstabe g sicherstellen. Im Übrigen soll sie in den Fällen des Absatzes 4 Satz 1 sicherstellen, dass die bauliche oder sonstige Anlage nach Durchführung des Vorhabens nur in der vorgesehenen Art genutzt wird.

(6) Die Gemeinde kann für bebaute Bereiche im Außenbereich, die nicht überwiegend landwirtschaftlich geprägt sind und in denen eine Wohnbebauung von einigem Gewicht vorhanden ist, durch Satzung bestimmen, dass Wohnzwecken dienenden Vorhaben im Sinne des Absatzes 2 nicht entgegengehalten werden kann, dass sie einer Darstellung im Flächennutzungsplan über Flächen für die Landwirtschaft oder Wald widersprechen oder die Entstehung oder Verfestigung einer Splittersiedlung befürchten lassen. Die Satzung kann auch auf Vorhaben erstreckt werden, die kleineren Handwerks- und Gewerbebetrieben dienen. In der Satzung können nähere Bestimmungen über die Zulässigkeit getroffen werden. Voraussetzung für die Aufstellung der Satzung ist, dass

1. sie mit einer geordneten städtebaulichen Entwicklung vereinbar ist,
2. die Zulässigkeit von Vorhaben, die einer Pflicht zur Durchführung einer Umweltverträglichkeitsprüfung nach Anlage 1 zum Gesetz über die Umweltverträglichkeitsprüfung oder nach Landesrecht unterliegen, nicht begründet wird und
3. keine Anhaltspunkte für eine Beeinträchtigung der in § 1 Abs. 6 Nr. 7 Buchstabe b genannten Schutzgüter bestehen.

Bei der Aufstellung der Satzung sind die Vorschriften über die Öffentlichkeits- und Behördenbeteiligung nach § 13 Abs. 2 Nr. 2 und 3 entsprechend anzuwenden. § 10 Abs. 3 ist entsprechend anzuwenden. Von der Satzung bleibt die Anwendung des Absatzes 4 unberührt.

Fassung 2005	*Fassung 2007*
§ 35 Bauen im Außenbereich	*§ 35 Bauen im Außenbereich*
(1) Im Außenbereich ist ein Vorhaben nur zulässig, wenn öffentliche Belange nicht entgegenstehen, die ausreichende Erschließung gesichert ist und wenn es 1. einem land- oder forstwirtschaftlichen Betrieb dient und nur einen untergeordneten Teil der Betriebsfläche einnimmt, 2. einem Betrieb der gartenbaulichen Erzeugung dient, 3. der öffentlichen Versorgung mit Elektrizität, Gas, Telekommunikationsdienstleistungen, Wärme und Wasser, der Abwasserwirtschaft oder einem ortsgebundenen gewerblichen Betrieb dient, 4. wegen seiner besonderen Anforderungen an die Umgebung, wegen seiner nachteiligen Wirkung auf die Umgebung oder wegen seiner besonderen Zweckbestimmung nur im Außenbereich ausgeführt werden soll, 5. der Erforschung, Entwicklung oder Nutzung der Wind- oder Wasserenergie dient, 6. der energetischen Nutzung von Biomasse im Rahmen eines Betriebs nach Nummer 1 oder 2 oder eines Betriebs nach Nummer 4, der Tierhaltung betreibt, sowie dem Anschluss solcher Anlagen an das öffentliche Versorgungsnetz dient, unter folgenden Voraussetzungen: a) das Vorhaben steht in einem räumlich-funktionalen Zusammenhang mit dem Betrieb, b) die Biomasse stammt überwiegend	(1) Im Außenbereich ist ein Vorhaben nur zulässig, wenn öffentliche Belange nicht entgegenstehen, die ausreichende Erschließung gesichert ist und wenn es 1. einem land- oder forstwirtschaftlichen Betrieb dient und nur einen untergeordneten Teil der Betriebsfläche einnimmt, 2. einem Betrieb der gartenbaulichen Erzeugung dient, 3. der öffentlichen Versorgung mit Elektrizität, Gas, Telekommunikationsdienstleistungen, Wärme und Wasser, der Abwasserwirtschaft oder einem ortsgebundenen gewerblichen Betrieb dient, 4. wegen seiner besonderen Anforderungen an die Umgebung, wegen seiner nachteiligen Wirkung auf die Umgebung oder wegen seiner besonderen Zweckbestimmung nur im Außenbereich ausgeführt werden soll, 5. der Erforschung, Entwicklung oder Nutzung der Wind- oder Wasserenergie dient, 6. der energetischen Nutzung von Biomasse im Rahmen eines Betriebs nach Nummer 1 oder 2 oder eines Betriebs nach Nummer 4, der Tierhaltung betreibt, sowie dem Anschluss solcher Anlagen an das öffentliche Versorgungsnetz dient, unter folgenden Voraussetzungen: a) das Vorhaben steht in einem räumlich-funktionalen Zusammenhang mit dem Betrieb, b) die Biomasse stammt überwiegend

aus dem Betrieb oder überwiegend aus diesem und aus nahe gelegenen Betrieben nach den Nummern 1, 2 oder 4, soweit letzterer Tierhaltung betreibt, c) es wird je Hofstelle oder Betriebsstandort nur eine Anlage betreiben und d) die installierte elektrische Leistung der Anlage überschreitet nicht 0,5 MW oder 7. der Erforschung, Entwicklung oder Nutzung der Kernenergie zu friedlichen Zwecken oder Entsorgung radioaktiver Abfälle dient.	aus dem Betrieb oder überwiegend aus diesem und aus nahe gelegenen Betrieben nach den Nummern 1, 2 oder 4, soweit letzterer Tierhaltung betreibt, c) es wird je Hofstelle oder Betriebsstandort nur eine Anlage betreiben und d) die installierte elektrische Leistung der Anlage überschreitet nicht 0,5 MW oder 7. der Erforschung, Entwicklung oder Nutzung der Kernenergie zu friedlichen Zwecken oder Entsorgung radioaktiver Abfälle dient.
(2) Sonstige Vorhaben können im Einzelfall zugelassen werden, wenn ihre Ausführung oder Benutzung öffentliche Belange nicht beeinträchtigt und die Erschließung gesichert ist.	(2) Sonstige Vorhaben können im Einzelfall zugelassen werden, wenn ihre Ausführung oder Benutzung öffentliche Belange nicht beeinträchtigt und die Erschließung gesichert ist.
(3) Eine Beeinträchtigung öffentlicher Belange liegt insbesondere vor, wenn das Vorhaben 1. den Darstellungen des Flächennutzungsplans widerspricht, 2. den Darstellungen eines Landschaftsplans oder sonstigen Plans, insbesondere des Wasser-, Abfall- oder Immissionsschutzrechts, widerspricht, 3. schädliche Umwelteinwirkungen hervorrufen kann oder ihnen ausgesetzt wird, 4. unwirtschaftliche Aufwendungen für Straßen oder andere Verkehrseinrichtungen, für Anlagen der Versorgung und Entsorgung, für die Sicherheit oder Gesundheit oder für sonstige Aufgaben erfordert, 5. Belange des Naturschutzes und der	(3) Eine Beeinträchtigung öffentlicher Belange liegt insbesondere vor, wenn das Vorhaben 1. den Darstellungen des Flächennutzungsplans widerspricht, 2. den Darstellungen eines Landschaftsplans oder sonstigen Plans, insbesondere des Wasser-, Abfall- oder Immissionsschutzrechts, widerspricht, 3. schädliche Umwelteinwirkungen hervorrufen kann oder ihnen ausgesetzt wird, 4. unwirtschaftliche Aufwendungen für Straßen oder andere Verkehrseinrichtungen, für Anlagen der Versorgung und Entsorgung, für die Sicherheit oder Gesundheit oder für sonstige Aufgaben erfordert, 5. Belange des Naturschutzes und der

Landschaftspflege, des Bodenschutzes, des Denkmalschutzes oder die natürliche Eigenart der Landschaft und ihren Erholungswert beeinträchtigt oder das Orts- und Landschaftsbild verunstaltet, 6. Maßnahmen zur Verbesserung der Agrarstruktur beeinträchtigt, die Wasserwirtschaft oder den Hochwasserschutz gefährdet, 7. die Entstehung, Verfestigung oder Erweiterung einer Splittersiedlung befürchten lässt oder 8. die Funktionsfähigkeit von Funkstellen und Radaranlagen stört. Raumbedeutdame Vorhaben dürfen den Zielen der Raumordnung nicht widersprechen; öffentliche Belange stehen raumbedeutsamen Vorhaben nach Absatz 1 nicht entgegen, soweit die Belange bei der Darstellung dieser Vorhabe als Ziele der Raumordnung abgewogen worden sind. Öffentliche Belange stehen einem Vorhaben nach Absatz 1 Nr. 2 bis 6 in der Regel auch dann entgegen, soweit hierfür durch Darstellungen im Flächennutzungsplan oder als Ziele der Raumordnung eine Ausweisung an anderer Stelle erfolgt ist.	Landschaftspflege, des Bodenschutzes, des Denkmalschutzes oder die natürliche Eigenart der Landschaft und ihren Erholungswert beeinträchtigt oder das Orts- und Landschaftsbild verunstaltet, 6. Maßnahmen zur Verbesserung der Agrarstruktur beeinträchtigt oder die Wasserwirtschaft gefährdet, 7. die Entstehung, Verfestigung oder Erweiterung einer Splittersiedlung befürchten lässt oder 8. die Funktionsfähigkeit von Funkstellen und Radaranlagen stört. Raumbedeutdame Vorhaben dürfen den Zielen der Raumordnung nicht widersprechen; öffentliche Belange stehen raumbedeutsamen Vorhaben nach Absatz 1 nicht entgegen, soweit die Belange bei der Darstellung dieser Vorhabe als Ziele der Raumordnung abgewogen worden sind. Öffentliche Belange stehen einem Vorhaben nach Absatz 1 Nr. 2 bis 6 in der Regel auch dann entgegen, soweit hierfür durch Darstellungen im Flächennutzungsplan oder als Ziele der Raumordnung eine Ausweisung an anderer Stelle erfolgt ist.
(4) Den nachfolgend bezeichneten sonstigen Vorhaben im Sinne des Absatzes 2 kann nicht entgegengehalten werden, dass sie Darstellungen des Flächennutzungsplans oder eines Landschaftsplans widersprechen, die natürliche Eigenart der Landschaft beeinträchtigen oder die Entstehung, Verfestigung oder Erweiterung einer Splittersiedlung befürchten lassen,	(4) Den nachfolgend bezeichneten sonstigen Vorhaben im Sinne des Absatzes 2 kann nicht entgegengehalten werden, dass sie Darstellungen des Flächennutzungsplans oder eines Landschaftsplans widersprechen, die natürliche Eigenart der Landschaft beeinträchtigen oder die Entstehung, Verfestigung oder Erweiterung einer Splittersiedlung befürchten lassen,

soweit sie im Übrigen außenbereichsverträglich im Sinne des Absatzes 3 sind: 1. die Änderung der bisherigen Nutzung eines Gebäudes im Sinne des Absatzes 1 Nr. 1 unter folgenden Voraussetzungen: a) das Vorhaben dient einer zweckmäßigen Verwendung erhaltenswerter Bausubstanz, b) die äußere Gestalt des Gebäudes bleibt im Wesentlichen gewahrt, c) die Aufgabe der bisherigen Nutzung liegt nicht länger als sieben Jahre zurück, d) das Gebäude ist vor mehr als sieben Jahren zulässigerweise errichtet worden, e) das Gebäude steht im räumlich-funktionalen Zusammenhang mit der Hofstelle des land- oder forstwirtschaftlichen Betriebes, f) im Falle der Änderung zu Wohnzwecken entstehen neben den bisher nach Absatz 1 Nr. 1 zulässigen Wohnungen höchstens drei Wohnungen je Hofstelle und g) es wird eine Verpflichtung übernommen, keine Neubebauung als Ersatz für die aufgegebene Nutzung vorzunehmen, es sei denn, die Neubebauung wird im Interesse der Entwicklung des Betriebes im Sinne des Absatzes 1 Nr. 1 erforderlich, 2. die Neuerrichtung eines gleichartigen Wohngebäudes an gleicher Stelle unter folgenden Voraussetzungen: a) das vorhandene Gebäude ist zulässigerweise errichtet worden, b) das vorhandene Gebäude weist	soweit sie im Übrigen außenbereichsverträglich im Sinne des Absatzes 3 sind: 1. die Änderung der bisherigen Nutzung eines Gebäudes im Sinne des Absatzes 1 Nr. 1 unter folgenden Voraussetzungen: a) das Vorhaben dient einer zweckmäßigen Verwendung erhaltenswerter Bausubstanz, b) die äußere Gestalt des Gebäudes bleibt im Wesentlichen gewahrt, c) die Aufgabe der bisherigen Nutzung liegt nicht länger als sieben Jahre zurück, d) das Gebäude ist vor mehr als sieben Jahren zulässigerweise errichtet worden, e) das Gebäude steht im räumlich-funktionalen Zusammenhang mit der Hofstelle des land- oder forstwirtschaftlichen Betriebes, f) im Falle der Änderung zu Wohnzwecken entstehen neben den bisher nach Absatz 1 Nr. 1 zulässigen Wohnungen höchstens drei Wohnungen je Hofstelle und g) es wird eine Verpflichtung übernommen, keine Neubebauung als Ersatz für die aufgegebene Nutzung vorzunehmen, es sei denn, die Neubebauung wird im Interesse der Entwicklung des Betriebes im Sinne des Absatzes 1 Nr. 1 erforderlich, 2. die Neuerrichtung eines gleichartigen Wohngebäudes an gleicher Stelle unter folgenden Voraussetzungen: a) das vorhandene Gebäude ist zulässigerweise errichtet worden, b) das vorhandene Gebäude weist

Missstände oder Mängel auf, c) das vorhandene Gebäude wird seit längerer Zeit vom Eigentümer selbst genutzt und d) Tatsachen die Annahme rechtfertigen, daß das neu errichtete Gebäude für den Eigenbedarf des bisherigen Eigentümers oder seiner Familie genutzt wird; hat der Eigentümer das vorhandene Gebäude im Wege der Erbfolge von einem Voreigentümer erworben, der es seit längerer Zeit genutzt hat, reicht es aus, wenn Tatsachen die Annahme rechtfertigen, daß das neu errichtete Gebäude für den Eigenbedarf des Eigentümers oder seiner Familie genutzt wird, 3. die alsbaldige Neuerrichtung eines zulässigerweise errichteten, durch Brand, Naturereignisse oder andere außergewöhnliche Ereignisse zerstörten, gleichartigen Gebäudes an gleicher Stelle, 4. die Änderung oder Nutzungsänderung von erhaltenswerten, das Bild der Kulturlandschaft prägenden Gebäuden, auch wenn sie aufgegeben sind, wenn das Vorhaben einer zweckmäßigen Verwendung der Gebäude und der Erhaltung des Gestaltwerts dient, 5. die Erweiterung eines Wohngebäudes auf bis zu höchstens zwei Wohnungen unter folgenden Voraussetzungen: a) das Gebäude ist zulässigerweise errichtet worden, b) die Erweiterung ist im Verhältnis zum vorhandenen Gebäude und unter Berücksichtigung der Wohnbedürfnisse angemessen und	Missstände oder Mängel auf, c) das vorhandene Gebäude wird seit längerer Zeit vom Eigentümer selbst genutzt und d) Tatsachen die Annahme rechtfertigen, daß das neu errichtete Gebäude für den Eigenbedarf des bisherigen Eigentümers oder seiner Familie genutzt wird; hat der Eigentümer das vorhandene Gebäude im Wege der Erbfolge von einem Voreigentümer erworben, der es seit längerer Zeit genutzt hat, reicht es aus, wenn Tatsachen die Annahme rechtfertigen, daß das neu errichtete Gebäude für den Eigenbedarf des Eigentümers oder seiner Familie genutzt wird, 3. die alsbaldige Neuerrichtung eines zulässigerweise errichteten, durch Brand, Naturereignisse oder andere außergewöhnliche Ereignisse zerstörten, gleichartigen Gebäudes an gleicher Stelle, 4. die Änderung oder Nutzungsänderung von erhaltenswerten, das Bild der Kulturlandschaft prägenden Gebäuden, auch wenn sie aufgegeben sind, wenn das Vorhaben einer zweckmäßigen Verwendung der Gebäude und der Erhaltung des Gestaltwerts dient, 5. die Erweiterung eines Wohngebäudes auf bis zu höchstens zwei Wohnungen unter folgenden Voraussetzungen: a) das Gebäude ist zulässigerweise errichtet worden, b) die Erweiterung ist im Verhältnis zum vorhandenen Gebäude und unter Berücksichtigung der Wohnbedürfnisse angemessen und

c) bei der Errichtung einer weiteren Wohnung rechtfertigen Tatsachen die Annahme, daß das Gebäude vom bisherigen Eigentümer oder seiner Familie selbst genutzt wird, 6. die bauliche Erweiterung eines zulässigerweise errichteten gewerblichen Betriebs, wenn die Erweiterung im Verhältnis zum vorhandenen Gebäude und Betrieb angemessen ist. In den Fällen des Satzes 1 Nr. 2 und 3 sind geringfügige Erweiterungen des neuen Gebäudes gegenüber dem beseitigten oder zerstörten Gebäude sowie geringfügige Abweichungen vom bisherigen Standort des Gebäudes zulässig.	c) bei der Errichtung einer weiteren Wohnung rechtfertigen Tatsachen die Annahme, daß das Gebäude vom bisherigen Eigentümer oder seiner Familie selbst genutzt wird, 6. die bauliche Erweiterung eines zulässigerweise errichteten gewerblichen Betriebs, wenn die Erweiterung im Verhältnis zum vorhandenen Gebäude und Betrieb angemessen ist. In den Fällen des Satzes 1 Nr. 2 und 3 sind geringfügige Erweiterungen des neuen Gebäudes gegenüber dem beseitigten oder zerstörten Gebäude sowie geringfügige Abweichungen vom bisherigen Standort des Gebäudes zulässig.
(5) Die nach den Absätzen 1 bis 4 zulässigen Vorhaben sind in einer flächensparenden, die Bodenversiegelung auf das notwendige Maß begrenzenden und den Außenbereich schonenden Weise auszuführen. Für Vorhaben nach Absatz 1 Nr. 2 bis 6 ist als weitere Zulässigkeitsvoraussetzung eine Verpflichtungserklärung abzugeben, das Vorhaben nach dauerhafter Aufgabe der zulässigen Nutzung zurückzubauen und Bodenversiegelungen zu beseitigen; bei einer nach Absatz 1 Nr. 2 bis 6 zulässigen Nutzungsänderung ist die Rückbauverpflichtung zu übernehmen, bei einer nach Absatz 1 Nr. 1 oder Absatz 2 zulässigen Nutzungsänderung entfällt sie. Die Baugenehmigungsbehörde soll durch nach Landesrecht vorgesehene Baulast oder in anderer Weise die Einhaltung der Verpflichtung nach Satz 2 sowie nach Absatz 4 Satz 1 Nr.	(5) Die nach den Absätzen 1 bis 4 zulässigen Vorhaben sind in einer flächensparenden, die Bodenversiegelung auf das notwendige Maß begrenzenden und den Außenbereich schonenden Weise auszuführen. Für Vorhaben nach Absatz 1 Nr. 2 bis 6 ist als weitere Zulässigkeitsvoraussetzung eine Verpflichtungserklärung abzugeben, das Vorhaben nach dauerhafter Aufgabe der zulässigen Nutzung zurückzubauen und Bodenversiegelungen zu beseitigen; bei einer nach Absatz 1 Nr. 2 bis 6 zulässigen Nutzungsänderung ist die Rückbauverpflichtung zu übernehmen, bei einer nach Absatz 1 Nr. 1 oder Absatz 2 zulässigen Nutzungsänderung entfällt sie. Die Baugenehmigungsbehörde soll durch nach Landesrecht vorgesehene Baulast oder in anderer Weise die Einhaltung der Verpflichtung nach Satz 2 sowie nach Absatz 4 Satz 1 Nr.

1 Buchstabe g sicherstellen. Im Übrigen soll sie in den Fällen des Absatzes 4 Satz 1 sicherstellen, dass die bauliche oder sonstige Anlage nach Durchführung des Vorhabens nur in der vorgesehenen Art genutzt wird.	1 Buchstabe g sicherstellen. Im Übrigen soll sie in den Fällen des Absatzes 4 Satz 1 sicherstellen, dass die bauliche oder sonstige Anlage nach Durchführung des Vorhabens nur in der vorgesehenen Art genutzt wird.
(6) Die Gemeinde kann für bebaute Bereiche im Außenbereich, die nicht überwiegend landwirtschaftlich geprägt sind und in denen eine Wohnbebauung von einigem Gewicht vorhanden ist, durch Satzung bestimmen, dass Wohnzwecken dienenden Vorhaben im Sinne des Absatzes 2 nicht entgegengehalten werden kann, dass sie einer Darstellung im Flächennutzungsplan über Flächen für die Landwirtschaft oder Wald widersprechen oder die Entstehung oder Verfestigung einer Splittersiedlung befürchten lassen. Die Satzung kann auch auf Vorhaben erstreckt werden, die kleineren Handwerks- und Gewerbebetrieben dienen. In der Satzung können nähere Bestimmungen über die Zulässigkeit getroffen werden. Voraussetzung für die Aufstellung der Satzung ist, dass 1. sie mit einer geordneten städtebaulichen Entwicklung vereinbar ist, 2. die Zulässigkeit von Vorhaben, die einer Pflicht zur Durchführung einer Umweltverträglichkeitsprüfung nach Anlage 1 zum Gesetz über die Umweltverträglichkeitsprüfung oder nach Landesrecht unterliegen, nicht begründet wird und 3. keine Anhaltspunkte für eine Beeinträchtigung der in § 1 Abs. 6 Nr. 7 Buchstabe b genannten Schutzgüter bestehen.	(6) Die Gemeinde kann für bebaute Bereiche im Außenbereich, die nicht überwiegend landwirtschaftlich geprägt sind und in denen eine Wohnbebauung von einigem Gewicht vorhanden ist, durch Satzung bestimmen, dass Wohnzwecken dienenden Vorhaben im Sinne des Absatzes 2 nicht entgegengehalten werden kann, dass sie einer Darstellung im Flächennutzungsplan über Flächen für die Landwirtschaft oder Wald widersprechen oder die Entstehung oder Verfestigung einer Splittersiedlung befürchten lassen. Die Satzung kann auch auf Vorhaben erstreckt werden, die kleineren Handwerks- und Gewerbebetrieben dienen. In der Satzung können nähere Bestimmungen über die Zulässigkeit getroffen werden. Voraussetzung für die Aufstellung der Satzung ist, dass 1. sie mit einer geordneten städtebaulichen Entwicklung vereinbar ist, 2. die Zulässigkeit von Vorhaben, die einer Pflicht zur Durchführung einer Umweltverträglichkeitsprüfung nach Anlage 1 zum Gesetz über die Umweltverträglichkeitsprüfung oder nach Landesrecht unterliegen, nicht begründet wird und 3. keine Anhaltspunkte für eine Beeinträchtigung der in § 1 Abs. 6 Nr. 7 Buchstabe b genannten Schutzgüter bestehen.

Bei der Aufstellung der Satzung sind die Vorschriften über die Öffentlichkeits- und Behördenbeteiligung nach § 13 Abs. 2 Nr. 2 und 3 entsprechend anzuwenden. § 10 Abs. 3 ist entsprechend anzuwenden. Von der Satzung bleibt die Anwendung des Absatzes 4 unberührt.	Bei der Aufstellung der Satzung sind die Vorschriften über die Öffentlichkeits- und Behördenbeteiligung nach § 13 Abs. 2 Satz 1 Nr. 2 und 3 sowie Satz 2 entsprechend anzuwenden. § 10 Abs. 3 ist entsprechend anzuwenden. Von der Satzung bleibt die Anwendung des Absatzes 4 unberührt.

Literaturverzeichnis

Abgeordnete Lücke, Jacobi, Will, Engell, Schild und Genossen	Antrag Entwurf eines Bundesbaugesetzes BT-Drs. 2/1813 vom 26.10.1955 (zit. *Abgeordnete Lücke, Jacobi, Will, Engell, Schild und Genossen*, Antrag Entwurf eines Bundesbaugesetzes, BT-Drs. 2/1813)
Abgeordnete Möller, Nordlohne, Niegel, Dollinger, Jahn, Schneider, Waffenschmidt, Link, Metz, Sauter, Jenninger, Rawe, Kunz, Tillmann, Carstens und Genossen und der Fraktion der CDU/CSU	Entwurf eines Gesetzes zur Änderung des Bundesbaugesetzes BT-Drs. 8/1970 vom 04.07.1978 (zit. *CDU/CSU-Fraktion*, Entwurf eines Gesetzes zur Änderung des Bundesbaugesetzes, BT-Drs. 8/1970)
Abgeordnete Kansy, Dörflinger, Geis, Möller, Pesch, Ruf und Genossen und der Fraktion der CDU/CSU sowie den Abgeordneten Hitschler, Gattermann, Grünbeck, Zywietz und der Fraktion der FDP	Entwurf eines Gesetzes zur Erleichterung des Wohnungsbaus im Planungs- und Baurecht sowie Änderung mietrechtlicher Vorschriften (Wohnungsbau-Erleichterungsgesetz – WoBauErlG) BT-Drs. 11/5972 vom 05.12.1989 (zit. *CDU/CSU- und FDP-Fraktion*, Entwurf eines Wohnungsbau-Erleichterungsgesetzes, BT-Drs. 11/5972)

Abgeordnete Austermann, Ramsauer, Belle, weiterer Abgeordnete und der Fraktion der CDU/CSU sowie der Abgeordneten Homburger, Koppelin, Braun, Röhl und der Fraktion der FDP	Entwurf eines Gesetzes zur Änderung des Baugesetzbuchs BT-Drs. 13/1733 vom 21.06.1995 (zit. *Fraktionen der CDU/CSU und FDP*, Entwurf eines Gesetzes zur Änderung des Baugesetzbuchs, BT-Drs. 13/1733)
Abgeordnete Schütz, Jung, Großmann, Scheer, Müller, Ostertag, Reschke, Schwall-Düren, Struck, Scharping und der Fraktion der SPD	Entwurf eines Gesetzes zur Änderung des Baugesetzbuches BT-Drs. 13/1736 vom 21.06.1995 (zit. *Fraktion der SPD*, Entwurf eines Gesetzes zur Änderung des Baugesetzbuches, BT-Drs. 13/1736)
Agrarausschuss	Empfehlungen der Ausschüsse BR-Drs. 395/1/04 vom 01.06.2004 (zit. *Agrarausschuss*, Empfehlungen der Ausschüsse, BR-Drs. 395/1/04)
Ausschuss für Städtebau, Wohnungswesen und Raumordnung	Empfehlungen der Ausschüsse, BR-Drs. 395/1/04 vom 01.06.2004 (zit. *Ausschuss für Städtebau, Wohnungswesen und Raumordnung*, Empfehlungen der Ausschüsse, BR-Drs. 395/1/04)
Ausschuss für Wohnungswesen, Bau- und Bodenrecht (24. Ausschuss)	Schriftlicher Bericht über den von der Bundesregierung eingebrachten Entwurf eines Bundesbaugesetzes – Drucksache 336 – BT-Drs. 3/1794 vom 22.04.1960 (zit. *Ausschuss für Wohnungswesen, Bau- und Bodenrecht*, Schriftlicher Bericht zum Regierungsentwurf, BT-Drs. 3/1794)

Ausschuss für Raumordnung, Bauwesen und Städtebau (15. Ausschuss) — Bericht und Antrag zu dem von der Bundesregierung eingebrachten Entwurf eines Gesetzes zur Änderung des Bundesbaugesetzes – Drucksache 7/2496 – BT-Drs. 7/4793 vom 23.02.1976 (zit. *Ausschuss für Raumordnung, Bauwesen und Städtebau*, Bericht und Antrag zum Regierungsentwurf, BT-Drs. 7/4793)

Ausschuss für Raumordnung, Bauwesen und Städtebau (15. Ausschuss) — Beschlussempfehlung und Bericht zu dem von der Bundesregierung eingebrachten Entwurf eines Gesetzes zur Beschleunigung von Verfahren und zur Erleichterung von Investitionsvorhaben im Städtebau sowie zu dem von der CDU/CSU-Fraktion eingebrachten Entwurf eines Gesetzes zur Änderung des Bundesbaugesetzes BT-Drs. 8/2885 vom 21.05.1979 (zit. *Ausschuss für Raumordnung, Bauwesen und Städtebau*, Beschlussempfehlung und Bericht zum Regierungsentwurf, BT-Drs. 8/2885)

Ausschuss für Raumordnung, Bauwesen und Städtebau (16. Ausschuss) — Beschlussempfehlung und Bericht zu dem von der Bundesregierung eingebrachten Entwurf eines Gesetzes über das Baugesetzbuch BT-Drs. 10/6166 vom 15.10.1986 (zit. *Ausschuss für Raumordnung, Bauwesen und Städtebau*, Beschlussempfehlung und Bericht zum Regierungsentwurf, BT-Drs. 10/6166)

Ausschuss für Raumordnung, Bauwesen und Städtebau (16. Ausschuss) — Beschlussempfehlung und Bericht zu dem Gesetzesentwurf der Abgeordneten Kansy, Dörflinger, Geis, Möller, Pesch, Ruf und Genossen und der Fraktion der CDU/CSU sowie der Abgeordneten Hitschler, Gattermann, Grünbeck, Zywietz und der Fraktion der FDP – Drucksache 11/5972 – und zu dem Gesetzesentwurf der Bundesregierung – Drucksachen 11/6508 und 11/6540 – BT-Drs. 11/6636 vom 12.03.1990 (zit. *Ausschluss für Raumordnung, Bauwesen und Städtebau*, Beschlussempfehlung und Bericht zu den Gesetzesentwürfen der CDU/CSU- und FDP-Fraktion sowie der Bundesregierung, BT-Drs. 11/6636)

Ausschuss nach Art. 77 des Grundgesetzes (Vermittlungsausschuss)	Beschlussempfehlung zu dem Gesetz zur Erleichterung des Wohnungsbaus im Planungs- und Baurecht sowie Änderung mietrechtlicher Vorschriften (Wohnungsbau-Erleichterungsgesetz – WoBauErlG) – Drucksachen 11/5972, 11/6508, 11/6540, 11/6636, 11/6902 BT-Drs. 11/7018 vom 26.04.1990 (zit. *Vermittlungsausschuss*, Beschlussempfehlung zu dem Wohnungsbau-Erleichterungsgesetz, BT-Drs. 11/7018)
Ausschuss für Raumordnung, Bauwesen und Städtebau (18. Ausschuss)	Beschlussempfehlung und Bericht zu dem Gesetzesentwurf der Abgeordneten Austermann, Ramsauer, Belle und weiterer Abgeordneter und der Fraktion der CDU/CSU sowie der Abgeordneten Homburger, Koppelin, Braun, Röhl und der Fraktion der FDP – Drucksache 13/1733 –, zu dem Gesetzentwurf der Abgeordneten Schütz, Jung, Großmann, weiterer Abgeordneter und der Fraktion der SPD – Drucksache 13/1736 – zu dem Gesetzesentwurf des Bundesrates – Drucksache 13/2208 – Entwurf eines Gesetzes zur Änderung des Baugesetzbuchs BT-Drs. 13/4978 vom 19.06.1996 (zit. *Ausschuss für Raumordnung, Bauwesen und Städtebau*, Beschlussempfehlung und Bericht zu den Gesetzesentwürfen der CDU/CSU-, FDP- und SPD-Fraktionen sowie des Bundesrates, BT-Drs. 13/4978)
Ausschuss für Raumordnung, Bauwesen und Städtebau (18. Ausschuss)	Beschlussempfehlung zu dem Gesetzesentwurf der Bundesregierung – Drucksache 13/6392 – Entwurf eines Gesetzes zur Änderung des Baugesetzbuchs und zur Neuregelung des Rechts der Raumordnung (Bau- und Raumordnungsgesetz 1998 – ROG) BT-Drs. 13/7588 vom 02.05.1997 (zit. *Ausschuss für Raumordnung, Bauwesen und Städtebau*, Beschlussempfehlung zum Regierungsentwurf, BT-Drs. 13/7588)

Ausschuss für Raumordnung, Bauwesen und Städtebau (18. Ausschuss)	Bericht zu dem Gesetzesentwurf der Bundesregierung – Drucksache 13/6392 – Entwurf eines Gesetzes zur Änderung des Baugesetzbuchs und zur Neuregelung des Rechts des Raumordnung (Bau- und Raumordnungsgesetz 1998 – ROG) BT-Drs. 13/7589 vom 06.05.1997 (zit. *Ausschuss für Raumordnung, Bauwesen und Städtebau*, Bericht zum Regierungsentwurf, BT-Drs. 13/7589)
Ausschuss nach Art. 77 des Grundgesetzes (Vermittlungsausschuss)	Beschlussempfehlung zu dem Gesetz zur Änderung des Baugesetzbuchs und zur Neuregelung des Rechts der Raumordnung (Bau- und Raumordnungsgesetz 1998 – BauROG) – Drucksachen 13/6392, 13/7588, 13/7589, 13/7886 – BT-Drs. 13/8019 vom 25.06.1997 (zit. *Vermittlungsausschuss*, Beschlussempfehlung zum Bau- und Raumordnungsgesetz 1998, BT-Drs. 13/8019)
Ausschuss für Verkehr, Bau- und Wohnungswesen (14. Ausschuss)	Beschlussempfehlung und Bericht zu dem Gesetzesentwurf der Bundesregierung – Drucksache 15/2250 – Entwurf eines Gesetzes zur Anpassung des Baugesetzbuchs an EU-Richtlinien (Europarechtsanpassungsgesetz Bau – EAG Bau) BT-Drs. 15/2996 vom 28.04.2004 (zit. *Ausschuss für Verkehr, Bau- und Wohnungswesen*, Beschlussempfehlung und Bericht zum Regierungsentwurf, BT-Drs. 15/2996)
Ausschuss für Umwelt, Naturschutz und Reaktorsicherheit (15. Ausschuss)	Beschlussempfehlung zu dem Gesetzesentwurf des Bundesregierung – Drucksachen 15/3168, 15/3214 – Entwurf eines Gesetzes zur Verbesserung des vorbeugenden Hochwasserschutzes BT-Drs. 15/3455 vom 30.06.2004 (zit. *Ausschuss für Umwelt, Naturschutz und Reaktorsicherheit*, Beschlussempfehlung zum Regierungsentwurf, BT-Drs. 15/3455)

Ausschuss für Umwelt, Naturschutz und Reaktorsicherheit (15. Ausschuss)	Bericht zu dem Gesetzesentwurf der Bundesregierung – Drucksachen 15/3168, 15/3214 – Entwurf eines Gesetzes zur Verbesserung des vorbeugenden Hochwasserschutzes BT-Drs. 15/3510 vom 01.07.2004 (zit. *Ausschuss für Umwelt, Naturschutz und Reaktorsicherheit*, Bericht zum Regierungsentwurf, BT-Drs. 15/3510)
Ausschuss für Verkehr, Bau und Stadtentwicklung (15. Ausschuss)	Beschlussempfehlung und Bericht zu dem Gesetzesentwurf der Bundesregierung – Drucksachen 16/2496, 16/2932 – Entwurf eines Gesetzes zur Erleichterung von Planungsvorhaben für die Innentwicklung der Städte BT-Drs. 16/3308 vom 08.11.2006 (zit. *Ausschuss für Verkehr, Bau und Stadtentwicklung*, Beschlussempfehlung und Bericht zum Regierungsentwurf, BT-Drs. 16/3308)
Battis, Ulrich	Novellierung des Baugesetzbuches unter Berücksichtigung der Plan-UP-Richtlinie AnwBl. 2004, 42 ff.
Battis, Ulrich	Flächennutzungsplan und entsprechende Anwendbarkeit der (prinzipalen) Normenkontrolle JZ 2007, 1153 f.
Battis, Ulrich/ Krautzberger, Michael/ Löhr, Rolf-Peter	Die Änderungen des Baugesetzbuchs durch das Europarechtsanpassungsgesetz Bau (EAG Bau 2004) NJW 2004, 2553 ff.
Battis, Ulrich/ Krautzberger, Michael/ Löhr, Rolf-Peter	Gesetz zur Erleichterung von Planungsvorhaben für die Innentwicklung derStädte NVwZ 2007, 121 ff.
Battis, Ulrich/ Krautzberger, Michael/ Löhr, Rolf-Peter	Baugesetzbuch – BauGB – Kommentar 10. Auflage, München 2007 (zit. *Bearbeiter*, in: Battis/Krautzberger/Löhr)

Barleben, Volker	Zur Frage der Zulassung nichtprivilegierter Nutzungsänderungen im Außenbereich unter wesentlicher Berücksichtigung des Tatbestandsmerkmals „ohne wesentliche Änderung einer baulichen Anlage“ im Sinne des § 35 Abs. 4 BBauG BauR 1979, 289 ff.
Becker, Ulrich/ Heckmann, Dirk/ Kempen, Bernhard/ Manssen, Gerrit	Öffentliches Recht in Bayern Verfassungsrecht, Kommunalrecht, Polizei- und Sicherheitsrecht, Öffentliches Baurecht 4. Auflage, München 2008 (zit. *Bearbeiter*, in: Öffentliches Recht in Bayern)
Berkemann, Jörg/ Halama, Günter	Erstkommentierungen zum BauGB 2004 1. Auflage, Bonn 2005 (zit. *Bearbeiter*, in: Berkemann/Halama)
Berkemann, Jörg/ Bunzel, Arno Halama, Günter Schmidt-Eichstaedt/ Schrödter, Wolfgang	BauGB 2004 – Nachgefragt 250 Fragen zum Baugesetzbuch 2004 1. Auflage, Bonn 2006 (zit. *Bearbeiter*, in: Berkemann/Bunzel/Halama/ Schmidt-Eichstaedt/Schrödter, BauGB 2004 – Nachgefragt)
Bielenberg, Walter	Ist das nordrhein-westfälische Landesplanungsgesetz nichtig? Auch zur Rechtsnatur und Einordnung des Wirtschaftsplanes nach dem Wohnsiedlungsgesetz DVBl. 1960, 84 ff.
Bielenberg, Walter/ Mainczyk, Lorenz/ Otte, Eggert/ Söfker, Wilhelm	Zum Entwurf des Baugesetzbuchs DVBl. 1985, 1097 ff.
Bienek, Heinz G./ Krautzberger, Michael	Aktuelle Fragen zum städtebaulichen Innenbereich nach § 34 BauGB und zum Außenbereich nach § 35 BauGB UPR 2008, 81 ff.

Bönker, Christian	Perspektiven für das Recht der städtebaulichen Satzungen UPR 1995, 55 ff.
Brohm, Winfried	Öffentliches Baurecht Bauplanungs-, Bauordnungs- und Raumordnungsrecht 3. Auflage, München 2002 (zit. *W. Brohm*, Öffentliches Baurecht)
Bröll, Helmut	Die Bundesbaugesetznovelle 1979 BayVBl. 1979, 550 ff.
Brügelmann, Herrmann	Baugesetzbuch Kommentar, Band 2 Stand: Februar 2007, Stuttgart 1987, 2007 (zit. *Bearbeiter*, in: Brügelmann, Band 2)
Brügelmann, Herrmann	Baugesetzbuch Kommentar, Band 5 Stand: Februar 2007, Stuttgart 1987, 2007 (zit. *Bearbeiter*, in: Brügelmann, Band 5)
Bundesministerium für Verkehr, Bau- und Wohnungswesen	Entwurf eines Gesetzes zur Anpassung des Baugesetzbuchs an EU-Richtlinien (Europarechtsanpassungsgesetzes Bau – EAG Bau) www.bmvbw.de (zit. *Bundesministerium für Verkehr, Bau- und Wohnungswesen*, Entwurf eines Europarechtsanpassungsgesetzes Bau, www.bmvbw.de)
Bundesministerium für Verkehr, Bau- und Wohnungswesen	Überblick über die wesentlichen Änderungen des Baugesetzbuchs durch das Gesetz zur Anpassung des Baugesetzbuchs an EU-Richtlinien (Europarechtsanpassungsgesetz Bau – EAG Bau) Institut für Städtebau 2004, 1 ff.
Bundesministerium für Umwelt, Naturschutz und Reaktorsicherheit	Entwicklung der erneuerbaren Energien im Jahre 2006 in Deutschland Stand. 21. Februar 2007

Bundesrat Stellungnahme des Bundesrates
BT-Drs. 8/2451 vom 29.12.1978, S. 50 ff.
(zit. *Bundesrat*, Stellungnahme zum Regierungsentwurf, BT-Drs. 8/2451)

Bundesrat Stellungnahme zum Entwurf eines Gesetzes über das Baugesetzbuch
BT-Drs. 10/5027 vom 13.02.1986
(zit. *Bundesrat*, Stellungnahme zum Regierungsentwurf, BT-Drs. 10/5027)

Bundesrat Unterrichtung zu Gesetz zur Erleichterung des Wohnungsbaus im Planungs- und Baurecht sowie zur Änderung mietrechtlicher Vorschriften
(Wohnungsbau-Erleichterungsgesetz – WoBauErlG)
– Drucksachen 11/6508, 11/6540, 11/6636 –
Anrufung des Vermittlungsausschusses
BT-Drs. 11/6902 vom 10.041990
(zit. *Bundesrat*, Anrufung des Vermittlungsausschusses, BT-Drs. 11/6902)

Bundesrat Stellungnahme zum Entwurf eines Gesetzes zur Erleichterung von Investitionen und der Ausweisung und Bereitstellung von Wohnbauland
(Investitionserleichterungs- und Wohnbaulandgesetz)
BT-Drs. 12/4208 vom 28.01.1993, S. 1 ff.
(zit. *Bundesrat*, Stellungnahme zum Regierungsentwurf, BT-Drs. 12/4208)

Bundesrat Entwurf eines Gesetzes zur Änderung des Baugesetzbuchs
BT-Drs. 13/2208 vom 24.08.1995
(zit. *Bundesrat*, Entwurf eines Gesetzes zur Änderung des Baugesetzbuchs, BT-Drs. 13/2208)

Bundesrat Stellungnahme
BT-Drs. 13/6392 vom 04.12.1996, S. 98 ff.
(zit. *Bundesrat*, Stellungnahme zum Regierungsentwurf, BT-Drs. 13/6392)

Bundesrat	Gesetz zur Änderung des Baugesetzbuchs und zur Neuregelung des Rechts der Raumordnung (Bau- und Raumordnungsgesetz 1998 – BauROG) – Drucksachen 13/6392, 13/7588, 13/7589 – hier: Anrufung des Vermittlungsausschusses BT-Drs. 13/7886 vom 10.06.1997 (zit. *Bundesrat*, Anrufung des Vermittlungsausschusses, BT-Drs. 13/7886)
Bundesrat	Stellungnahme BT-Drs. 15/2250 vom 17.12.2003, S. 75 ff. (zit. *Bundesrat*, Stellungnahme zum Regierungsentwurf, BT-Drs. 15/2250)
Bundesrat	Stellungnahme zum Entwurf eines Gesetzes zur Erleichterung von Planungsvorhaben für die Innenentwicklung der Städte – Drucksache 16/2496 – BT-Drs. 16/2932 vom 12.10.2006, S. 1 ff. (zit. *Bundesrat*, Stellungnahme zum Regierungsentwurf, BT-Drs. 16/2932)
Bundesregierung	Entwurf eines Bundesbaugesetzes BT-Drs. 2/3028 vom 13.12.1956 (zit. *Bundesregierung*, Entwurf eines Bundesbaugesetzes, BT-Drs. 2/3028)
Bundesregierung	Entwurf eines Bundesbaugesetzes BT-Drs. 3/336 vom 16.04.1958 (zit. *Bundesregierung*, Entwurf eines Bundesbaugesetzes, BT-Drs. 3/336)
Bundesregierung	Entwurf eines Gesetzes über Maßnahmen zur Verbesserung der Agrarstruktur und zur Sicherung land- und forstwirtschaftlicher Betriebe (Grundstücksverkehrsgesetz) BT-Drs. 3/119 vom 07.01.1958 (zit. *Bundesregierung*, Entwurf eines Grundstücksverkehrsgesetzes, BT-Drs. 3/119 vom 07.01.1958)

Bundesregierung	Entwurf eines Gesetzes zur Änderung des Bundesbaugesetzes BT-Drs. 7/2496 vom 22.08.1974 (zit. *Bundesregierung*, Entwurf eines Gesetzes zur Änderung des Bundesbaugesetzes, BT-Drs. 7/2496 vom 22.08.1974)
Bundesregierung	Entwurf eines Gesetzes zur Beschleunigung von Verfahren und zur Erleichterung von Investitionsvorhaben im Städtebaurecht BT-Drs. 8/2451 vom 29.12.1978, S. 1 ff. (zit. *Bundesregierung*, Entwurf eines Gesetzes zur Beschleunigung von Verfahren und zur Erleichterung von Investitionsvorhaben im Städtebaurecht, BT-Drs. 8/2451)
Bundesregierung	Gegenäußerung der Bundesregierung BT-Drs. 8/2451 vom 29.12.1978, S. 41ff. (zit. *Bundesregierung*, Gegenäußerung zur Stellungnahme, BT-Drs. 8/2451)
Bundesregierung	Entwurf eines Gesetzes über das Baugesetzbuch BT-Drs. 10/4630 vom 10.01.1986 (zit. *Bundesregierung*, Entwurf eines Gesetzes über das Baugesetzbuch, BT-Drs. 10/4630)
Bundesregierung	Gegenäußerung zur Stellungnahme des Bundesrates BT-Drs. 10/5111 vom 27.02.1986 (zit. *Bundesregierung*, Gegenäußerung zur Stellungnahme, BT-Drs. 10/5111)
Bundesregierung	Entwurf eines Gesetzes zur Erleichterung des Wohnungsbaus im Planungs- und Baurecht sowie Änderung mietrechtlicher Vorschriften (Wohnungsbau-Erleichterungsgesetz – WoBauErlG) BT-Drs. 11/6508 vom 19.02.1990, S. 1 ff. (zit. *Bundesregierung*, Entwurf eines Wohnungsbau-Erleichterungsgesetzes, BT-Drs, 11/6508)

Bundesregierung — Entwurf eines Gesetzes zur Erleichterung von Investitionen und der Ausweisung und Bereitstellung von Wohnbauland (Investitionserleichterungs- und Wohnbaulandgesetz) BT-Drs. 12/4047 vom 29.12.1992 (zit. *Bundesregierung*, Entwurf eines Investitionserleichterungs- und Wohnbaulandgesetzes, BT-Drs. 12/4047)

Bundesregierung — Gegenäußerung zu der Stellungnahme des Bundesrates BT-Drs. 12/4208 vom 28.01.1993, S. 21 ff. (zit. *Bundesregierung*, Gegenäußerung zur Stellungnahme, BT-Drs. 12/4208)

Bundesregierung — Bericht zu den Ergebnissen der Rechtstatsachen- und Wirkungsforschung bezüglich der neuen und geänderten städtebaulichen Vorschriften BT-Drs. 13/5489 vom 04.09.1996 (zit. *Bundesregierung*, Bericht zu den Ergebnissen der Rechtstatsachen- und Wirkungsforschung, BT-Drs. 13/5489)

Bundesregierung — Entwurf eines Gesetzes zur Änderung des Baugesetzbuchs und zur Neuregelung des Rechts der Raumordnung (Bau- und Raumordnungsgesetz 1998 – ROG) BT-Drs. 13/6392 vom 04.12.1996, S. 1 ff. (zit. *Bundesregierung*, Entwurf eines Bau- und Raumordnungsgesetzes 1998, BT-Drs. 13/6392)

Bundesregierung — Gegenäußerung BT-Drs. 13/6392 vom 04.12.1996, S. 130 ff. (zit. *Bundesregierung*, Gegenäußerung zur Stellungnahme, BT-Drs. 13/6392)

Bundesregierung — Entwurf eines Gesetzes zur Anpassung des Baugesetzbuchs an EU-Richtlinien (Europarechtsanpassungsgesetz Bau – EAG Bau) BT-Drs. 15/2250 vom 17.12.2003, S. 1 ff. (zit. *Bundesregierung*, Entwurf eines Europarechtsanpassungsgesetz Bau, BT-Drs. 15/2250)

Bundesregierung	Gegenäußerung BT-Drs. 15/2250 vom 17.12.2003, S. 90 ff. (zit. *Bundesregierung*, Gegenäußerung zur Stellungnahme, BT-Drs. 15/2250)
Bundesregierung	Entwurf eines Gesetzes zur Verbesserung des vorbeugenden Hochwasserschutzes BT-Drs. 15/3168 vom 21.05.2004 (zit. *Bundesregierung*, Entwurf eines Hochwasserschutzgesetzes, BT-Drs. 15/3168)
Bundesregierung	Entwurf eines Gesetzes zur Erleichterung von Planungsvorhaben für die Innenentwicklung der Städte BT-Drs. 16/2496 vom 04.09.2006 (zit. *Bundesregierung*, Entwurf eines Gesetzes zur Erleichterung von Planungsvorhaben für die Innentwicklung der Städte, BT-Drs. 16/2496)
Bundesregierung	Gegenäußerung BT-Drs. 16/2932 vom 12.10.2006, S. 4 ff. (zit. *Bundesregierung*, Gegenäußerung zur Stellungnahme, BT-Drs. 16/2932)
Bundesverband Bioenergie	www.bioenergie.de/downloads/Positionspapiere/BBE-POSITION180603,DOC
Bunzel, Arno	Novelle des BauGB 2004 im Planspiel-Test ZfBR 2004, 328 ff.
Busse, Jürgen	Das Investitionserleichterungs- und Wohnbaulandgesetz BayVBl. 1993, 193 ff.
Büssemaker, Michael	Die Novellierung Baugesetzbuch Der Bauträger sucht seine Vorteile und findet Nachteile BTR 2005, 10 ff.
Degenhart, Christoph	Außenbereichssatzungen nach dem Wohnungsbauerleichterungsgesetz DVBl. 1993, 177 ff.

Deutscher Bundestag | Beratung des Antrags der Fraktionen der CDU/CSU, SPD, FDP betreffend Bundesbaugesetz (Nr. 2442 der Drucksachen)
Verhandlungen des Deutschen Bundestages
Stenographische Berichte Band 9 von der 162. Sitzung vom 13.09.1951, S. 6583 (D) bis 6587 (C)
(zit. *Deutscher Bundestag*, Stenogr. Br. der 162. Sitzung vom 13.09.1951)

Deutscher Bundestag | Beschluss zum Gesetz zur Erleichterung von Investitionen und der Ausweisung und Bereitstellung von Wohnbauland
(Investitionserleichterungs- und Wohnbaulandgesetz)
BR-Drs. 82/93 vom 12.02.1993
(*Deutscher Bundestag*, Beschluss zum Investitionserleichterungs- und Wohnbaulandgesetz, BR-Drs. 82/93)

Deutscher Bundestag | Beschluss zum Gesetz zur Erleichterung von Planungsvorhaben für die Innentwicklung der Städte
BR-Drs. 855/06 vom 24.11.2006
(zit. *Deutscher Bundestag*, Gesetzesbeschluss, BR-Drs. 855/06)

Deutsches Institut für Urbanistik/ Forschungsgruppe Stadt + Dorf | Planspiel BauGB-Novelle 2004
Bericht über die Stellungnahmen der Planspielstädte und Planspiellandkreise
Vorabfassung zur Planspielpräsentation
Berlin März 2004
(zit. *Deutsches Institut für Urbanistik/Forschungsgruppe Stadt + Dorf*, Bericht über Planspiel BauGB-Novelle 2004)

Dirnberger, Franz | Überblick über die Neuregelungen im Europarechtsanpassungsgesetz Bau
– EAG Bau 2004 –
ZfIR-Report 2004, 836 ff.

Dirnberger, Franz | Das EAG Bau 2004 – Was ändert sich für die Gemeinden?
Bayerischer Gemeindetag 2004, 402 ff.

Dirnberger, Franz
Erste Erfahrungen aus der Praxis mit dem neuen BauGB
– FAQ zum EAG-Bau –
Bayerischer Gemeindetag 2005, 44 ff.

Dolde, Klaus-Peter
Novellierung des Baugesetzbuchs
Bericht des Expertenkommission
NVwZ 1996, 209 ff.

Dolde, Klaus-Peter
Umweltprüfung in der Bauleitplanung – Novellierung des Baugesetzbuchs
Bericht der Unabhängigen Expertenkommission
NVwZ 2003, 297 ff.

Dombert, Matthias
Was bringt das EAG Bau im Bereich der Landwirtschaft?
AUR 2004, 393 ff.

Ehebrecht-Stüer, Eva-Maria
Der Außenbereichsschutz in Gesetzgebung und Rechtsprechung
Reformvorstellungen zu § 35 BauGB
Münster 1997
(zit. *E.-M. Ehebrecht-Stüer*, Der Außenbereichsschutz)

Ehebrecht-Stüer, Eva-Maria
in: Ernst/Hoppe/Suntum (Hrsg.)
Außenbereichsbebauung: Entwicklung und das geltende Recht
(§ 35 BauGB 1998)
Beiträge zum Siedlungs- und Wohnungswesen und zur Raumplanung
Band 177
Münster 1997
(zit. *E.-M. Ehebrecht-Stüer*, Außenbereichsbebauung)

Ehebrecht-Stüer, Eva-Maria
in: Stüer, Bernhard
Historische Entwicklung des Rechts der städtebaulichen Planung
Handbuch des Bau- und Fachplanungsrechts
Planung – Genehmigung – Rechtsschutz
2. Auflage, München 1998
(zit. *E.-M. Ehebrecht-Stüer*, in: Stüer, Handbuch des Bau- und Fachplanungsrechts)

Ehebrecht-Stüer, Eva-Maria in: Erbguth/Oebbecke/ Rengeling/Schulte (Hrsg.)	Entwicklung des Städtebaurechts, S. 39–73 Planung Festschrift für Werner Hoppe München 2000 (zit. *E.-M. Ehebrecht-Stüer*, Entwicklung des Städtebaurechts, in: FS Hoppe)
Ekardt, Felix/ Kruschinski, Henrike-Uljane	Bioenergieanlagen: Planungsrechtliche Minimierung möglicher Nutzungskonflikte ZNER 2008, 7 ff.
Erbguth, Wilfried/ Wagner, Jörg	Bauplanungsrecht 2. Auflage, München 1996 (zit. *W. Erbguth/J. Wagner*, Bauplanungsrecht (2. Auflage))
Erbguth, Wilfried/ Wagner, Jörg	Grundzüge des öffentlichen Baurechts 4. Auflage, München 2005 (zit. *W. Erbguth/J. Wagner*, Grundzüge des öffentlichen Baurechts (4. Auflage))
Ernst, Werner/ Hoppe, Werner	Das öffentliche Bau- und Bodenrecht, Raumplanungsrecht 1. Auflage, München 1978 (zit. *Bearbeiter*, in: Ernst/Hoppe, Das öffentliche Bau- und Bodenrecht (1. Auflage))
Ernst, Werner/ Hoppe, Werner	Das öffentliche Bau- und Bodenrecht, Raumplanungsrecht 2. Auflage, München 1981 (zit. *Bearbeiter*, in: Ernst/Hoppe, Das öffentliche Bau- und Bodenrecht (2. Auflage))
Ernst, Werner/ Zinkahn, Willy/ Bielenberg, Walter/ Krautzberger, Michael	Baugesetzbuch Kommentar, Band I Stand: 1. Mai 2007, München (zit. *Bearbeiter*, in: Ernst/Zinkahn/Bielenberg/ Krautzberger, Band I)

Ernst, Werner/ Zinkahn, Willy/ Bielenberg, Walter/ Krautzberger, Michael — Baugesetzbuch
Kommentar, Band II
Stand: 1. Mai 2007, München
(zit. *Bearbeiter*, in: Ernst/Zinkahn/Bielenberg/Krautzberger, Band II)

Ernst, Werner/ Zinkahn, Willy/ Bielenberg, Walter/ Krautzberger, Michael — Baugesetzbuch
Kommentar, Band IV
Stand: 1. Mai 2007, München
(zit. *Bearbeiter*, in: Ernst/Zinkahn/Bielenberg/Krautzberger, Band IV)

Ernst, Werner/ Zinkahn, Willy/ Bielenberg, Walter/ Krautzberger, Michael — Baugesetzbuch
Kommentar, Band V
Stand: 1. Mai 2007, München
(zit. EAG-Bau – Mustererlass, in: Ernst/Zinkahn/Bielenberg/Krautzberger)

Fachkommission Städtebau — Muster-Einführungserlass zum Gesetz zur Anpassung des Baugesetzbuchs an EU-Richtlinien (Europarechtsanpassungsgesetz Bau – EAG Bau)
(EAG Bau-Mustererlass) vom 01.07.2004
in: Ernst/Zinkahn/Bielenberg/Krautzberger, Baugesetzbuch Kommentar
Band V, Teil J. Mustererlasse I ARGEBAU
Stand: 1. Mai 2007, München
(zit. *Fachkommission Städtebau*, EAG Bau – Mustererlass, in: Ernst/Zinkahn/Bielenberg/Krautzberger, Band V, Teil J.)

Fachkommission Städtebau der ARGEBAU — Stellungnahme vom 22.03.2006
www.umwelt.digital.de/nd/189226/vorschrift.html

Fachverband Biogas e.V. — www.godis.de/fvb_datenbank/file/ notmember/fach/StN_%20EAG%20Bau_Jul03.pdf

Ferner, Hilmar/ Kröninger, Holger (Hrsg.)
Baugesetzbuch
Handkommentar
1. Auflage, Baden-Baden 2005
(zit. *Bearbeiter*, in: Ferner/Kröninger)

Fillgert, Astrid
Die Genehmigungsfähigkeit von Biogasanlagen
Agrarrecht 2002, 341 ff.

Finkelnburg, Klaus
Die Änderungen des Baugesetzbuchs durch das Europarechtsanpassungsgesetz Bau
NVwZ 2004, 897 ff.

Fischer, Hartmut
Herbsttagung der Arbeitsgemeinschaft für Verwaltungsrecht im Deutschen Anwaltsverein – Landesgruppe Nordrhein-Westfalen
NVwZ 2005, 909 ff.

Fraktionen der CDU/CSU, SPD, FDP
Antrag betreffend Bundesbaugesetz
BT-Drs. 1/2442 vom 06.07.1951
(zit. *Fraktionen der CDU/CSU, SPD, FDP*, Antrag betr. Bundesbaugesetz, BT-Drs. 1/2442)

Fraktionen der CDU/CSU und FDP
Entwurf eines Gesetzes zur Erleichterung von Investitionen und der Ausweisung und Bereitstellung von Wohnbauland
(Investitionserleichterungs- und Wohnbaulandgesetz)
BT-Drs. 12/3944 vom 08.12.1992
(zit. *Fraktionen der CDU/CSU und FDP*, Entwurf eines Investitionserleichterungs- und Wohnbaulandgesetzes, BT-Drs. 12/3944)

Frank, Oliver/ Lahme, Andreas
Entwurf eines Gesetzes zur Anpassung des Baugesetzbuchs an EU-Richtlinien (Europarechtsanpassungsgesetzes Bau – EAG Bau):
Bewertung und Vorschläge des Bundesverbandes Windenergie (BWE)
ZNER 2003, 319 ff.

Friege, Arne
Das EAG Bau 2004
ThürVBl. 2005, 217 ff.

Gaentzsch, Günter	Baugesetzbuch – BauGB mit BauGB-MaßnG Kommentar Köln, Berlin u. a. 1991 (zit. *Gantzsch*, Baugesetzbuch Kommentar)
Gaentzsch, Günter	Baurecht ’93 Baugesetzbuch mit BauGB-Maßnahmengesetz mit Einführungen und Erläuterungen zum neuen Recht Köln 1994 (zit. *Gaentzsch*, Baurecht ’93)
Gaßner, Otto/ Würfel, Wolfgang	Die Außenbereichssatzung nach § 4 Abs. 4 BauGB-MaßnahmeG BayVBl. 1996, 321 ff.
Gelzer, Konrad/ Bracher, Christian-Dietrich/ Reidt, Olaf	Bauplanungsrecht 7. Auflage, Köln 2004 (zit. *Berabeiter*, in: Gelzer/Bracher/Reidt, Bauplanungsrecht)
Gierke, Hans-Georg	Abhandlungen – Instrumente des Bauplanungsrechts zur Steuerung von Standorten für Tierhaltung im Außenbereich FuB 2003, 16 ff.
Gierke, Hans-Georg	Neue Steuerungsinstrumente für die gemeindenachbarliche Abstimmung und zum Schutz zentraler Versorgungsbereiche sowie für privilegierte Vorhaben im Außenbereich Institut für Städtebau 2004, 1 ff.
Grziwotz, Herbert	Neuerungen des EAG Bau, städtebauliche Verträge und Grundstücksverkehr DNotZ 2004, 674 ff.
Guckelberger, Annette	Die veränderte Steuerungswirkung der Flächennutzungsplanung DÖV 2006, 973 ff.

Haaren v., Christina	Die Integration von Landschaftsplanung, Eingriffsregelung sowie des europäischen Biotop- und Artenschutzrechts in die Umweltprüfung von Bauleitplänen Institut für Städtebau 2004, 1 ff.
Hammon, Michael	Zur Rechtsanwendung des EAG Bau (BauGB) bei Biomasseanlagen AUR 2007, 1 ff.
Hegner, Hans-Dieter	Die neue EU-Richtlinie „Gesamtenergieeffizienz von Gebäuden“ BBauBl. 2003, 29 ff.
Held, Jürgen	Flächennutzungspläne – Aktuelle Bedeutung und Umfang der Normenkontrolle LKRZ 2008, 367 ff.
Hendler, Reinhard	Der Geltungsbereich der EG-Richtlinie zur strategischen Umweltprüfung NuR 2003, 2 ff.
Hentschke, Helmar/ Urbisch, Kirsten	Baurechtliche Zulässigkeit für Biomasseanlagen im unbeplanten Außenbereich nach dem EAG Bau AUR 2005, 41 ff.
Hinsch, Andreas	Rechtliche Probleme der Energiegewinnung aus Biomasse ZUR 2007, 401 ff.
Hoppe, Werner	Die angemessene bauliche Erweiterung eines gewerblichen Betriebs im Außenbereich als Privilegierungstatbestand (§ 35 Abs. 4 Satz 1 Nr. 6 BauGB) DVBl. 1990, 1009 ff.

Hoppe, Werner in: Driehaus/Birk (Hrsg.) — Die rechtliche Wirkung von Zielen der Raumordnung und Landesplanung gegenüber Außenbereichsvorhaben (§ 35 Abs. 3 S. 3 BauGB), S. 89 – 110
Baurecht – Aktuell
Festschrift für Felix Weyreuther
Köln, Berlin, Bonn, München 1993
(zit. *W. Hoppe*, Die rechtliche Wirkung von Zielen der Raumordnung und Landesplanung, in: FS Weyreuther)

Hoppe, Werner/ Bönker, Christian/ Grotefels, Susan — Öffentliches Baurecht
Bauplanungsrecht, Bauordnungsrecht und Grundzüge des Raumordnungsrechts
2. Auflage, München 2002
(zit. *Bearbeiter*, in: Hoppe/Bönker/Grotefels, Öffentliches Baurecht (2. Auflage))

Hoppe, Werner/ Bönker, Christian/ Grotefels, Susan — Öffentliches Baurecht
Bauplanungsrecht mit seinen Bezügen zum Raumordnungsrecht,
Bauordnungsrecht
3. Auflage, München 2004
(zit. *Bearbeiter*, in: Hoppe/Bönker/Grotefels, Öffentliches Baurecht (3. Auflage))

Janning, Heinz — Die Bestandssicherung von städtebaulichen Plänen und Satzungen im novellierten Baugesetzbuch 2004
– bedingte und befristete Baurecht
Institut für Städtebau 2004, 1 ff.

Janning, Heinz in: Spannowsky/ Krämer (Hrsg.) — Die Novelle zum BauGB aus Sicht der Gemeinde, S. 11 ff.
BauGB-Novelle 2004
Köln, Berlin, München 2004
(zit. *H. Janning*, in: Spannowsky/Krämer, BauGB-Novelle 2004)

Jäde, Henning — Bauordnungsrechtliche Schnittstellenprobleme des EAG Bau
ZfBR 2005, 135 ff.

Jäde, Henning/ Dirnberger, Franz/ Weiß, Josef	Baugesetzbuch Baunutzungsverordnung Kommentar 5. Auflage, München 2007 (zit. *Bearbeiter*, in: Jäde/Dirnberger/Weiß)
Jung, Silke	Novellierung des Baugesetzbuchs BBauBl. 2003, 14 ff.
Kasten, Wolfgang in: Hoppenberg/ de Witt (Hrsg.)	Die formellen Zulässigkeitsvoraussetzungen, S. 1–73 Handbuch des öffentlichen Baurechts, Band 1 Stand: Oktober 2006, München 2007 (zit. *W. Kasten*, in: Hoppenberg/de Witt, Handbuch des öffentlichen Baurechts, Band 1)
Klinski, Stefan/ Longo, Fabio	Kommunale Strategien für den Ausbau erneuerbarer Energien im Rahmen des öffentlichen Baurechts ZNER 2007, 41 ff.
Koch, Harald	Investitionserleichterungs- und Wohnbaulandgesetz BBauBl. 1993, 410 ff.
Kotulla, Micheal	Das Gesetz zur Verbesserung des vorbeugenden Hochwasserschutzes NvWZ 2006, 129 ff.
König, Rainer	Wohnungsbau-Erleichterungsgesetz (WoBauErlG) – Auswirkungen im Außenbereich – BayVBl. 1990, 650 f.
Kraus, Stefan	Nochmals: Zur Privilegierung von Biogasanlagen im Außenbereich – eine Erwiderung UPR 2008, 218 ff.
Krautzberger, Michael	Überblick über das Investitionserleichterungs- und Wohnbaulandgesetz UPR 1993, 201 ff.
Krautzberger, Michael	Neuregelung der baurechtlichen Zulässigkeit von Windenergieanlagen zum 1.1.1997 NVwZ 1996, 847 ff.

Krautzberger, Michael	Zur Novellierung des Baugesetzbuchs 2004 UPR 2004, 41 ff.
Krautzberger, Michael	Europarechtsanpassungsgesetz Bau – EAG Bau 2004: Die Neuerungen im Überblick UPR 2004, 241 ff.
Krautzberger, Michael	„EAG Bau“ – Was hat die BauGB-Novelle 2004 für den Grundstückseigentümer gebracht? DWW 2005, 224 ff.
Krautzberger, Michael	Die BauGB-Novelle 2007 ist in Kraft getreten – Zum Gesetz zur Erleichterung von Planungsvorhaben für die Innentwicklung der Städte – UPR 2007, 53 ff.
Krautzberger, Michael	Gesetz zur Erleichterung von Planungsvorhaben für die Innentwicklung der Städte („BauGB 2007“) UPR 2006, 405 ff.
Krautzberger, Michael in: Spannowsky/ Krämer (Hrsg.)	Stand des Gesetzgebungsverfahrens zum BauGB und die wesentlichen Inhalte der beabsichtigten Novelle, S. 1 ff. BauGB-Novelle 2004 Köln, Berlin, München 2004 (zit. *M. Krautzberger*, in: Spannowsky/Krämer, BauGB-Novelle 2004)
Krautzberger, Michael/ Runkel, Peter	Die städtebaulichen Vorschriften des Investitionserleichterungs- und Wohnbaulandgesetzes vom 22.April 1993 (BGBl. I S. 466) DVBl. 1993, 453 ff.
Krautzberger, Michael/ Schliepkorte, Jörg	Vorbereitungen für ein Gesetz zur Anpassung des Baugesetzbuches an EU-Richtlinien (Europarechtsanpassungsgesetz Bau – EAG Bau) UPR 2003, 92 ff.

Krautzberger, Michael/ Söfker, Wilhelm — Baugesetzbuch
Leitfaden mit Synopse
Vergleichende Gegenüberstellung von neuem und altem Recht (Synopsen)
Ausführliche Kommentierung des neuen Rechts
8. Auflage, Heidelberg, München, Landsberg, Berlin Januar 2007
(zit. *Bearbeiter*, in: Krautzberger/Söfker, Baugesetzbuch)

Krautzberger, Michael/ Stüer, Bernhard — Städtebaurecht 2004 – zur Novellierung des BauGB
BauR 2003, 1301 ff.

Krautzberger, Michael/ Stüer, Bernhard — Städtebaurecht 2004: Was hat sich geändert?
DVBl. 2004, 781 ff.

Krautzberger, Michael/ Stüer, Bernhard — Städtebaurecht 2004: Umweltprüfung und Abwägung
– Vom schlichten Wegwägen zum Grundsatz der nachhaltigen Trauerarbeit –
DVBl. 2004, 914 ff.

Krautzberger, Michael/ Stüer, Bernhard — BauGB 2007: Stärkung der Innentwicklung
DVBl. 2007, 160 ff.

Krämer, Tim in: Spannowsky/ Krämer (Hrsg.) — Änderungen im Bereich des Plansicherungsinstrumente, S. 79 ff. BauGB-Novelle 2004
Köln, Berlin, München 2004
(zit. *T.Krämer*, in: Spannowsky/Krämer, BauGB-Novelle 2004)

Kruschinski, Henrike-Uljane — Bindung der Biogasanlage an den landwirtschaftlichen Basisbetrieb
– Anmerkung zu VG Stade, Urteil vom 9.12.2008 – 2 A 1457/07 –
BauR 2009, 1234 ff.

Kuchler, Ferdinand	Welche Vorschriften zur Planerhaltung gelten seit dem In-Kraft-Treten des EAG Bau – für vor und nach diesem Zeitpunkt aufgestellte Flächennutzungspläne und Satzungen nach dem BauGB und für solche, die auf Grund der Überleitungs-Vorschrift des § 244 BauGB aufgestellt wurden? BauR 2007, 37 ff.
Kunze, Roland/ Welters, Hartmut/ Jäde, Henning	BauGB-Novelle 2004 Synopse und Änderungen im Überblick Bobingen 2004 (zit. *R. Kunze/H. Welters/H. Jäde*, BauGB-Novelle 2004)
Kuschnerus, Ulrich	Der sachgerechte Bebauungsplan Handreichungen für die kommunale Planung 3. Auflage, Bonn 2004 (zit. *U. Kuschnerus*, Der sachgerechte Bebauungsplan)
Lampe, Inken	Die unterschiedlichen rechtlichen Anforderungen an die Zulässigkeit von Biomasseanlagen NuR 2006, 152 ff.
Lau, Petra	Planspiel des BMVBW zur Städtebaurechtsnovelle 2004 Intentionen, Durchführung und Ergebnisse Institut für Städtebau 2004, 1 ff.
Lau, Ulrich	Die Erweiterung von Gewerbebetrieben im Außenbereich – Zur Vorschrift des § 35 Abs. 5 Nr. 5 BBauG BauR 1981, 420 ff.
Lau, Ulrich/ Oebbecke, Janbernd	Teilprivilegierte Entprivilegierung – Zur Vorschrift des § 35 Abs. 4 BBauG – BauR 1977, 384 ff.

Lemmel, Hans-Peter	Zurückstellung eines Baugesuchs nach § 15 Abs. 3 BauGB Anm. zu OVG Rheinland-Pfalz, Beschl. vom 18.02.2005, BauR 2005, 1897 ff, in: BauR 2005, 1878 ff.
Lippert, Michael	Energiewirtschaftsrecht Gesamtdarstellung für Wissenschaft und Praxis Köln 2002 (zit. *M. Lippert*, Energiewirtschaftsrecht)
Loibl, Helmut	Genehmigungen und Genehmigungsprobleme bei Biogasanlagen www.paluka.de/service.html
Loibl, Helmut/ Rechel, Janine	Die Privilegierung von Biogasanlagen im Außenbereich UPR 2008, 134 ff.
Lüers, Hartwig	Bauland tut not Zum Bericht der Bund-Länder-Kommission Wohnbauland BBauBl. 1991, 646 ff.
Lüers, Hartwig	Investitionserleichterungs- und Wohnbaulandgesetz ZfBR 1993, 106 ff.
Lüers, Hartwig	Windkraftanlagen im Außenbereich – zur Änderung des § 35 BauGB – ZfBR 1996, 297 ff.
Mache, Hans-Michael	Anmerkung zu VG Mainz, U. v. 23.01.2007 – 3 K 194/06.MZ ZNER 2007, 241 ff.
Manssen, Gerrit	Stadtgestaltung durch örtliche Bauvorschriften Berlin 1990

Manten, Georg	Biogasanlage zwischen Immissionsschutz- und Bauplanungsrecht ZUR 2008, 576 ff.
Mantler, Mathias	Biomasseanlagen im Außenbereich BauR 2007, 50 ff.
Meißner, Jens	Baugesetzbuch 2004 Synopse Stuttgart 2004 (zit. *J. Meißner*, Baugesetzbuch 2004)
Ministerium für Infrastruktur und Raumordnung/ Ministerium für Ländliche Entwicklung, Umwelt- und Verbraucherschutz des Landes Brandenburg	Gemeinsamer Erlass zur bauplanungsrechtlichen Zulässigkeit von Biomasseanlagen nach § 35 Abs. 1 Nr. 6 des Baugesetzbuchs (Biomasseerlass) vom 05.04.2006 Amtsblatt für Brandenburg, Nr. 18, S. 354 ff.
Ministerium für Städtebau und Wohnen, Kultur und Sport des Landes Nordrhein-Westfalen	Runderlass vom 30.01.2005, IIA1–901.12 www.umweltdaten.de/publikationen/fpdf-L/3241.pdf
Mitschang, Stephan	Fachlich-methodische Anforderungen einer Umweltprüfung im Rahmen der Flächennutzungsplanung Institut für Städtebau 2004, 1 ff.
Mitschang, Stephan	Die Auswirkungen des neuen Hochwasserschutzgesetzes auf die Regional- und Bauleitplanung LKV 2006, 433 ff.
Moench, Christoph	Das Maßnahmegesetz zum Baugesetzbuch NVwZ 1990, 918 ff.

Nebelsieck, Rüdiger/ Schmidt, Jens — Der Entwurf des Gesetzes zur Anpassung des Baugesetzbuchs an EU-Richtlinien (Europarechtsanpassungsgesetz Bau – EAG Bau)
NordÖR 204, 93 ff.

Nicolai v., Helmuth — Welche Vorteile bringt ein Teilflächennutzungsplan der Gemeinde?
ZfBR 2005, 529 ff.

Niedersächsisches Ministerium für Soziales, Frauen, Familien und Gesundheit/ Niedersächsisches Ministerium für den ländlichen Raum, Ernährung, Landwirtschaft und Verbraucherschutz — Hinweise zu der bauplanungsrechtlichen Zulässigkeit von Biomasseanlagen nach § 35 Abs. 1 Nr. 6 BauGB vom 25.01.2005
www.cdl.niedersachsen.de/b/ob/images/C7872878_L20.pdf

Odenwald, Michael — Fäkaldüfte aus der Energiefabrik
Focus 2004, Ausgabe Nr. 33, 70 ff.
(zit. *M. Odenwald*, Focus 2004, Ausgabe Nr. 33)

Oerder, Michael — Genehmigung von Windkraftanlagen und Windparks unter Berücksichtigung des EAG Bau
BauR 2005, 643 ff.

Otto, Christian-Wolfgang — 40 wichtige Änderungen des Bauplanungsrechts durch das EAG Bau
Kommunalpraxis 2004, 228 ff.

Paul, Matthias/ Pfeil, Julia — Hochwasserschutz in der Bauleitplanung (unter besonderer Berücksichtigung des Hochwasserschutzgesetzes 2005)
NVwZ 2006, 505 ff.

Pietzcker, Jost/ Fiedler, Christoph — Die Umsetzung der Plan-UP-Richtlinie im Bauplanungsrecht
DVBl. 2002, 929 ff.

Porger, Karl-Wilhelm in: Spannowsky/ Krämer (Hrsg.) — Neue Anforderungen an die Flächennutzungsplanung und ihre Möglichkeiten, S. 67 ff. BauGB-Novelle 2004
Köln, Berlin, München 2004
(zit. *K.-W. Porger*, in: Spannowsky/Krämer, BauGB-Novelle 2004)

Portz, Norbert/ Runkel, Peter — Baurecht für die kommunale Praxis
Planung, Genehmigung und Auftragsvergabe bei Bau- und Sanierungsvorhaben
Berlin 1992
(zit. *Bearbeiter*, in: Portz/Runkel, Baurecht für die kommunale Praxis)

Reidt, Olaf — Novellierung des Baugesetzbuchs
– Zum Bericht der Unabhängigen Expertenkommission zur Vorbereitung von Gesetzesänderungen im Baurecht –
NordÖR 2003, 177 ff.

Ruf, Dietmar — Das Baurecht in der Gemeinde
BWGZ 2004, 661 ff.

Scheidler, Alfred — Erleichterung von Planungsvorhaben für die Innentwicklung der Städte nach dem jüngsten BauGB-Entwurf
ZfBR 2006, 752 ff.

Schlichter, Otto/ Stich, Rudolf — Berliner Schwerpunkte-Kommentar zum Baugesetzbuch 1998
Köln, Berlin, Bonn, München 1998
(zit. *Schlichter/Stich*, Berliner Schwerpunkte-Kommentar zum BauGB 1998)

Schlichter, Otto/ Stich, Rudolf/ Driehaus, Hans-Joachim/ Paetow, Stefan	Berliner Kommentar zum Baugesetzbuch Band I 3. Auflage 2002, Stand: Juli 2007, Köln, Berlin, München (zit. *Bearbeiter*, in: Berliner Kommentar, Band I)
Schliepkorte, Jörg	Regierungsentwurf für das Gesetz zur Anpassung des Baugesetzbuchs an EU-Richtlinien (Europarechtsanpassungsgesetz Bau – EAG Bau) ZfBR 2004, 124 ff.
Schliepkorte, Jörg/ Tünnemann, Margit	Änderungen im allgemeinen Städtebaurecht durch das Europarechtsanpassungsgesetz Bau (EAG Bau) ZfBR 2004, 645 ff.
Schliepkorte, Jörg/ Tünnemann, Margit	Überblick über die Änderungen im allgemeinen Städtebaurecht durch das Europarechtsanpassungsgesetz Bau (EAG Bau) Institut für Städtebau 2004, 1 ff.
Schmidt-Assmann, Eberhard	Grundfragen des Städtebaurechts Göttingen 1972 (zit. *E. Schmidt-Assmann*, Grundfragen des Städtebaurechts)
Schmidt-Eichstaedt, Gerd	Städtebaurecht Einführung und Handbuch mit allen Neuerungen des Bau- und Raumordnungsgesetzes 1998 3. Auflage, Stuttgart, Berlin, Köln 1998 (zit. *G. Schmidt-Eichstaedt*, Städtebaurecht (3. Auflage))

Schmidt-Eichstaedt, Gerd — Städtebaurecht
Einführung und Handbuch
mit allen Neuerungen des Europarechtsanpassungsgesetzes EAG Bau 2004 sowie des Gesetzes zur Verbesserung des vorbeugenden Hochwasserschutzes vom 03. Mai 2005
4. Auflage, Stuttgart 2005
(zit. *G. Schmidt-Eichstaedt*, Städtebaurecht (4. Auflage))

Schmidt-Eichstaedt, Gerd — Das EAG Bau – ein Jahr danach
– Zugleich eine Besprechung des Buchs von Jörg Berkemann, Günter Halama, Erstkommentierungen zum BauGB 2004 –
ZfBR 2005, 751 ff.

Scholz, Friederike — Europarechtsanpassungsgesetz Bau – EAG Bau
EurUP 2004, 134 ff.

Schreiber, Robert — Die Umsetzung der Plan-UP-Richtlinie im Raumordnungsrecht – eine Zwischenbilanz
UPR 2004, 50 ff.

Schrödter, Hans — Baugesetzbuch
Kommentar
7. Auflage, München 2006
(zit. *Bearbeiter*, in: Schrödter)

Schrödter, Wolfgang — Das Europarechtsanpassungsgesetz Bau – EAG Bau
Übersicht über die wesentlichen Änderungen des BauGB
NST-N 2004, 197 ff.

Söfker, Wilhelm — Einführung in das Europarechtsanpassungsgesetz
Institut für Städtebau 2004, 1 ff.

Söfker, Wilhelm — Das novellierte Städtebaurecht: zu den Änderungen des Baugesetzbuchs durch das Europarechtsanpassungsgesetz 2004
Der Landkreis 2004, 584 ff.

Söfker, Wilhelm in: Spannowsky/ Krämer (Hrsg.)	Neuregelungen im Bereich der planungsrechtlichen Zulässigkeit von Vorhaben, S. 87 ff. BauGB-Novelle 2004 Köln, Berlin, München 2004 (zit. *W. Söfker*, in: Spannowsky/Krämer, BauGB-Novelle 2004)
Söfker, Wilhelm	Zur bauplanungsrechtlichen Absicherung des Repowering von Windenergieanlagen ZfBR 2008, 14 ff.
Söfker, Wilhelm	Bauplanungsrechtliche Beurteilung von gewerblichen Tierhaltungsbetrieben im Außenbereich und die Steuerung ihrer Ansiedlung NVwZ 2008, 1273 ff.
Steiner, Udo (Hrsg.)	Besonderes Verwaltungsrecht 8. Auflage, Heidelberg, München, Landsberg, Berlin 2006 (zit. *Bearbeiter*, in: Steiner, Besonderes Verwaltungsrecht)
Steinkemper, Ursula	Die Änderungen des BauGB durch das Europarechtsanpassungsgesetz Bau (EAG Bau) im Überblick NZBau 2004, 495 ff.
Steinkemper, Ursula	Neuregelungen des BauGB durch das Europarechtsanpassungsgesetz Bau (EAG Bau) VBlBW 2004, 401 ff.
Steinmetz, Christiane	Das BauGB – Eine Bewertung aus kommunaler Sicht www.dstgb.de/index_inhalt/homepage/artikel/inhalt/brennpunkte/das_neue_baugesetzbuch/daten_fakten
Stemmler, Johannes	Stadtumbau und Soziale Stadt – Zu dem Neuregelungen im Regierungsentwurf für ein Europarechtsanpassungsgesetz Bau – EAG Bau – ZfBR 2004, 128 ff.

Stemmler, Johannes — Die Änderungen des Bodenordnungsrechts durch das Europarechtsanpassungsgesetz Bau
Institut für Städtebau 2004, 1 ff.

Stollmann, Frank — Die Außenbereichssatzung nach dem Maßnahmengesetz zum Baugesetzbuch
Zur Zulässigkeit von Festsetzungen gem. § 9 BauGB in einer Satzung nach § 4 IV BauGBMaßnG
NVwZ 1994, 43 ff.

Stüer, Bernhard — Städtebauliche Satzungen – Reformkonzept
DVBl. 1995, 121 ff.

Stüer, Bernhard — Novellierung des BauGB
– Vorschläge der Expertenkommission zur Novellierung des BauGB –
DVBl. 1996, 177 ff.

Stüer, Bernhard — Städtebaurecht 1998
– Vom Grundsatz der Planerhaltung zum Grundsatz der Normerhaltung –
DVBl. 1997, 1201 ff.

Stüer, Bernhard — Städtebaurecht 2001 BauGB – BauNVO – UVPG – ROG
Osnabrück 2001
(zit. *B. Stüer*, Städtebaurecht 2001)

Stüer, Bernhard — Städtebaurecht 2004 BauGB – BauNVO – UVPG – ROG – Plan-UP-RL
2. Auflage, Göttingen 2004
(zit. *B. Stüer*, Städtebaurecht 2004)

Stüer, Bernhard — Hochwasserschutz in der Bauleitplanung und bei der planungsrechtlichen Zulässigkeit von Vorhaben
ZfBR 2007, 17 ff.

Stüer, Bernhard/ Stüer, Eva — Planerische Steuerung von privilegierten Vorhaben im Außenbereich
NuR 2004, 341 ff.

Stüer, Bernhard/ Upmeier, Christiane — Städtebaurecht 2004
– Vorschläge der Expertenkommission zur Änderung des BauGB –
ZfBR 2003, 114 ff.

Tyczewski, Thomas in: Hoppenberg/ de Witt (Hrsg.) — Die materiellen Zulässigkeitsvoraussetzungen – Zulässigkeit von Vorhaben gemäß §3 33 und 35 BauGB, S. 1–50
Handbuch des öffentlichen Baurechts, Band 1
Stand: Oktober 2006, München 2007
(zit. *T. Tyczewski*, in: Hoppenberg/de Witt, Handbuch des öffentlichen Baurechts, Band 1)

Uechtritz, Michael — Die Änderungen des BauGB durch das Gesetz zur Erleichterung von Planungsvorhaben für die Innentwicklung der Städte – „BauGB 2007"
BauR 2007, 476 ff.

Unabhängige Expertenkommission — Bericht zur Novellierung des Baugesetzbuchs
Berlin, August 2002
(zit. *Unabhängige Expertenkommission*, Bericht zur Novellierung des Baugesetzbuchs)

Upmeier, Hans-Dieter — Einführung zu den Neuerungen durch das Europarechtsanpassungsgesetz Bau (EAG Bau)
BauR 2004, 1382 ff.

Upmeier, Hans-Dieter/ Brandenburg, Christoph — Neues Baugesetzbuch 2004 und weitere wichtige Gesetze
Einführung und Kommentierung der Änderungen durch das EAG-Bau 2004
Vergleichende Darstellungen des bisherigen und des neuen Gesetzestextes
6. Auflage, München 2004
(zit. *H.-D. Upmeier/C. Brandenburg*, Neues Baugesetzbuch 2004)

Wagner, Jörg — Privilegierung von Windkraftanlagen im Außenbereich und ihre planerische Steuerung durch die Gemeinde
UPR 1996, 370 ff.

Wagner, Klaus/ Engel, Thomas	Neuerungen im Städtebaurecht durch das Europarechtsanpassungsgesetz Bau (EAG Bau) BayVBl. 2005, 33 ff.
Weidemann, Clemens	Ziele der Raumordnung und Landesplanung als öffentliche Belange im Sinne der §§ 34, 35 BBauG? NVwZ 1983, 441 ff.
Weyreuther, Felix	Bauen im Außenbereich Köln, Berlin, Bonn, München 1979 (zit. *F. Weyreuther*, Bauen im Außenbereich)
Zschiegner, André	Die Vergütungsregelung des § 8 EEG für die Einspeisung von Strom aus Biomasse ins öffentliche Netz in der Praxis LKV 2006, 65 ff.

Regensburger Beiträge zum Staats- und Verwaltungsrecht

Herausgegeben von Gerrit Manssen

Band 1 Simone Maria Koitek: Windenergieanlagen in der Raumordnung. 2005.

Band 2 Barbara Reil: Reformüberlegungen zur Richtervorlage. Beitrag zur Funktionenverteilung zwischen Bundesverfassungsgericht und Fachgerichtsbarkeiten bei der Kontrolle des parlamentarischen Gesetzgebers. 2005.

Band 3 André Zorger: Der Beirat für Stadtgestaltung der Stadt Regensburg. Eine Untersuchung zur baurechtlichen und kommunalrechtlichen Zulässigkeit. 2005.

Band 4 Gerrit Manssen / Boguslaw Banaszak (Hrsg.): Religionsfreiheit in Mittel- und Osteuropa zwischen Tradition und Europäisierung. 2006.

Band 5 Markus Tändler: Umweltprüfung und Umweltkontrolle in der Bauleitplanung. Eine Bewertung aus juristischer und kommunalpraktischer Sicht. 2006.

Band 6 Christian Bartsch: Vorbeugender Hochwasserschutz im Recht der Raumordnung und Landesplanung. 2007.

Band 7 Anja Rösch: Das A-Modell im Bundesautobahnbau. Bau, Erhaltung, Betrieb und Finanzierung von Bundesautobahnabschnitten durch Private und Refinanzierung auf Grundlage der Autobahnmaut. 2008.

Band 8 Tanja Böhm: Nicht gemeldete erlaubnispflichtige Schusswaffen in Bayern. Eine empirische Untersuchung unter Sportschützen und Jägern. 2007.

Band 9 Gerrit Manssen (Hrsg.): Die Finanzierung von politischen Parteien in Europa. Bestandsaufnahme und europäische Perspektive. 2008.

Band 10 Stefan Diemer: Die Verantwortlichkeit der Organe öffentlich-rechtlicher Wettbewerbsversicherungsanstalten. Eine Darstellung unter besonderer Berücksichtigung der Versicherungskammer Bayern Versicherungsanstalt des öffentlichen Rechts. 2008.

Band 11 Martin Denecke: Das Selbstgestaltungsrecht der Gemeinde im baulichen Bereich. 2009.

Band 12 Albert J. Schmid: Die Eignung als Zugangskriterium für ein öffentliches Amt unter besonderer Berücksichtigung des Fragerechts des Dienstherren. 2009.

Band 13 Gerrit Manssen (Hrsg.): Die verfassungsrechtlich garantierte Stellung der Abgeordneten in den Ländern Mittel- und Osteuropas. 2009.

Band 14 Benedikt Grünewald: Die Betonung des Verfahrensgedankens im deutschen Verwaltungsrecht durch das Gemeinschaftsrecht. 2010.

Band 15 Marion Robl: Das beschleunigte Verfahren für Bebauungspläne der Innenentwicklung. Ein Aspekt des Innenstadtentwicklungsgesetztes („BauGB 2007"). 2010.

Band 16 Ines Jahnes: Initiativermittlungen im Bereich der Organisierten Kriminalität. 2010.

Band 17 Astrid Kühne: Die Änderungen der Außenbereichsvorschrift des § 35 BauGB durch das Europarechtsanpassungsgesetz Bau. 2011.

www.peterlang.de